김기림 전집 3
산문·기타

김기림 전집 3

바다와 육체(肉體)　　　문장론신강(文章論新講)

권영민 엮음

미수록 산문　　　소설·희곡·기타

산문·기타

민음사

『김기림 전집』을 새로 펴내며

김기림은 1908년 5월 11일 함북 학성(현재는 성진시)에서 출생했다. 1921년 상경해 보성고등보통학교에서 수학한 후 일본으로 유학해 1926년 니혼대학(日本大學) 문학예술과에 입학했다. 1930년 니혼대학을 졸업하고 귀국해 조선일보사 학예부 기자로 생활하면서 시와 시론을 발표했다. 이 시기에 《조선일보》에 발표한 그의 시는 「가거라 새로운 생활로」(1930), 「가을의 태양은 푸라티나의 연미복을 입고」(1930), 「훌륭한 아침이 아니냐」(1931), 「옥상 정원」(1931) 등이 있으며, 「시의 기술, 인식, 현실 등 제 문제」(1931), 「현대시의 전망」(1931) 등의 평문도 발표했다. 1933년 이태준, 정지용, 김유영, 이무영, 박태원 등과 '구인회(九人會)'를 결성하고 동인으로 활동하면서 이상(李箱)의 시를 새로운 초현실주의 시로 문단에 소개했다. 서구 모더니즘 문학론을 소개하는 데에 앞장섰으며, 이를 바탕으로 「현대시의 기술」(1935), 「현대시의 육체」(1935) 등을 비롯해 「오전의 시론」(1935)을 완성했다.

1936년 조선일보사 장학금으로 다시 일본으로 유학해 도호쿠제국대학(東北帝國大學) 영문학과에 입학했다. 장시 「기상도(氣象圖)」(1936)는 태풍의 경로를 표시하는 기상도의 변화를 통해 서구 문명의 동양 진출에 대한 비판적 인식을 시적으로 형상화하고 있다. 일본 유학 중 당대 영문학의 중추적인 이론가였던 I. A. 리처즈를 본격적으로 연구했으며 이러한 관심은 뒤에 그가 펴낸 『시의 이해』(1950)로 심화 확대되었다. 1939년 도호쿠제대를 졸업한 후 김기림은 다시 조선일보사로 복귀했고 평론 「모더니즘의 역사적 위치」(1939), 「과학으로서의 시학」(1940) 등을 발표했다. 그의 전반기 시를 총망라한 시집 『태양의 풍속』(1939)은 한국 모더니즘 시 운동의 실천적 성과로 손꼽힌다. 일제의 탄압으로 《조선일보》가 폐간되자 그는 고향으로 돌아가 함경북도 경성중학교 영어 교사로 활동했다.

1945년 광복 직후 상경해 문단 활동을 재개하면서 이태준, 임화, 이원조 등과 조선문학가동맹(1946)의 조직을 주도했고, 조선문학가동맹 시부위원장으로 활동하면서 새로운 국가 건설을 위해 문학인의 정치 참여를 주장했다. 서울대학교, 중앙대학교 등에서 문학을 강의했고, 시집 『바다와 나비』(1946), 『새노래』(1948) 등을 잇달아 발간했다. 자신의 시론을 모아 한국 현대시 최초의 시론집인 『시론』(1947)을 발간했고, 『문학개론』(1946), 『시의 이해』(1949), 『문장론신강』(1950) 등을 펴냈다. 1950년 한국전쟁 때 피난하지 못하고 서울에 머물러 있다가 북한 인민군에게 피랍되어 납북당한 것으로 알려졌으나 그 후 행방은 제대로 알려진 바 없다.

김기림의 문필 활동은 시 창작과 비평 작업으로 크게 나뉜다. 그는 과거의 시들이 감상성에 빠져들어 허무주의로 흐르고 있다고 지적하면서 여기에서 벗어나기 위해 건강하고 명랑한 '오전의 시론'을 가져야 한다고 주장했다. 실제로 그의 시는 밝고 동적인 이미지를 중심으로 현대 도시 문명의 속성을 형상화한 작품들이 많다. 그는 시적 모더니티를 추구하면서도 그 극복을 위한 다양한 방법을 비평적으로 모색하면서 한국 모더니즘 문학의 이론적 기반을 확립하는 데에 크게 기여했다.

이번에 민음사에서 새로 발간하는 『김기림 전집』은 21세기의 독자들에게 김기림 문학의 전모를 새롭게 보여 준다는 데에 목표를 두고 전체 3권으로 그 내용을 구성했다.

『김기림 전집 1권』은 김기림이 발표한 시 작품 전체를 수록한 책이다. 단행본 시집으로 나온 장시『기상도』(1936)와 창작 시집 『태양의 풍속』(1939),『바다와 나비』(1946),『새노래』(1948)에 실린 시들을 발간 순서대로 수록했으며, 시집에 수록하지 못한 미수록 작품들을 발굴해 함께 실었다. 전집의 편집 방침에 따라 시집에 수록한 작품의 원문을 정본으로 삼았으며 일부 고유어나 난해 어구에는 주석을 붙여 그 의미와 쓰임을 밝혔다. 현대 국어 표기법에 따라 고친 현대어 본을 각 작품의 맨 앞에 수록하여 일반 독자들이 편리하게 이용할 수 있도록 했으며, 잡지나 신문에 발표된 원문도 함께 수록하여 원문의 개작과 변모를 확인할 수 있도록 했다.

『김기림 전집 2권』은 김기림이 발표한 시론과 평론을 모두 수록한 책이다. 단행본으로 발간한『시론』(1946),『시의 이해』(1950)와『문학개론』(1936)은 책의 원문을 정본으로 삼아 현대 국어 표기법에 따라 고치고 한자 표기를 국문으로 바꾸어 수록했다. 단행본에 묶이지 못한 평론을 신문 잡지에서 모두 찾아 현대 국어 표기법으로 고쳐 함께 뒤에 실었다. 일부 외국 인명이나 작품명에는 주석으로 설명을 붙여 글의 이해를 도왔다.

『김기림 전집 3권』은 수필집『바다와 육체』(1948),『문장론 신강』(1950)의 원문을 정본으로 삼아 현대 국어 표기법에 따라 고치고 한자 표기를 국문으로 모두 바꾸어 수록했다. 그리고 단행본에 싣지 않은 산문과 함께 신문 잡지에 발표한 소설, 희곡 등도 모두 찾아 실었다. 발표 당시의 원문을 모두 현대 국어 표기법으로 고쳤으며 한자 표기를 없앴다. 3권의 부록으로는 연대기적으로 요약하여 기술한 김기림의 연보를 덧붙였다.

이 전집을 계획하면서 나는 두 차례 일본 센다이(仙台) 소재 동북대학을 방문한 일이 있다. 영문학과 사무실에서 그의 학적부를 확인하고자 했지만, 태평양전쟁 당시 모두 소실되어 졸업논문의 원본도 학적부와 함께 사라졌다는 것을 알았다. 다만 그가 영문학과 졸업 논문으로 「PSYCHOLOGY AND I. A. RICHARDS(심리학과 I. A. 리처즈)」를 제출해 통과했다는 사실을 당시의 『대학기요(大學紀要)』에서 확인했다. 이 전집을 새로 엮으면서 지금은 절판된 김학동 교수의 『김기림 전집』(심설당, 1988)을 참조했음을 밝혀 둔다.

이 책의 모든 원고는 버클리대학 동아시아에서 한국문학을 강의하는 동안 틈틈이 정리했다. 버클리대학 동아시아도서관 장재용 박사는 귀중문서보관소에 비치된 한국 해방 공간의 신문과 잡지를 특별 열람할 수 있도록 도와주었다. 그 덕분에 당시 신문에 발표된 김기림의 시 5편과 산문을 찾을 수 있었음을 밝히면서 장재용 박사에게 감사의 인사를 드리고 싶다. 버클리대학이 코로나 사태로 캠퍼스를 폐쇄했을 때 나는 한국학센터의 소장을 지내신 클레어 유 교수님 댁의 1층을 독차지해 살면서 '봄날은 간다'를 혼자 되뇌며 컴퓨터 자판을 두드렸다. 버클리 머리나를 내려다볼 수 있는 교수님 댁 앞뜰에는 커다란 감나무와 올리브나무 이파리가 햇살에 번득였다. 내가 팬데믹의 혼돈 속을 빠져나올 수 있도록 배려해 주시고 이 방대한 전집을 마무리할 수 있도록 도와주신 클레어 유 교수님 내외분의 후의를 잊을 수가 없다.

많은 자료 정리와 원고의 교열 작업을 도와준 서울대학교 현대문학교실 유한형, 서여진 선생께 고마움을 표한다. 어려운 출판 사정에도 출간을 맡아 주신 민음사에 고마움을 표하며 까다로운 편집 과정의 오랜 시간을 잘 견뎌 주신 민음사 편집부 남선영 팀장께 감사드린다.

2025년 6월
권영민

차례

머리말: 『김기림 전집』을 새로 펴내며   4

1부 『바다와 육체(肉體)』
(平凡社, 1948)

1

서문	19
여행	23
산	28
첫 기러기	32
결혼	34
생활과 파랑새	36
별들을 잃어버린 사나이	40
심장 없는 기차	43
오월의 아침	45
다도해 난상(亂想)	48
청량리(淸涼里)	50
길	52
여상(女像) 삼제(三題)	53
엽서	55
소나무 송(頌)	56
아이스크림 이야기	57
가을의 누이	61
봄은 사기사(詐欺師)	63
스케이트 철학	68
산보로(散步路)의 나폴레옹	74

진달래 참회(懺悔)	78
질투	84
초침(秒針)	89
전원일기의 일절(一節)	93
동양의 미덕	99
단념(斷念)	102
웅변(雄辯)	104
퍼머넌트	106
도망	108
공분(公憤)	110
행복	112
목의 문제	114
기적(奇蹟)의 심리	116

2

어머니와 자본	121
이브의 약점	123
하나 또는 두 세계	125
육체에 타이르노니	129
슬픈 폭군(暴君)	133

3

주을온천행(朱乙溫泉行)	141
생활의 바다	155

4

동양에 관한 단장	173

5

속 오전의 시론	185
시의 제작 과정	188
시인의 정신의 포즈	193
질서와 시간성	197
사상과 기술	200
말의 의미	205

2부 『문장론신강(文章論新講)』 209
(민중서관, 1950)

머리말 211

제1편 이론 편

서론	217
I 말이란 어떤 것	224
II 말과 글	240
III 의미(意味)	258
IV 말의 기능(機能)	284

제2편 실천 편

I 말과 글의 대상(對象)	299
II 말과 글의 여러 형태(形態)	316
III 구상(構想)과 구조(構造)	348
IV 말과 글의 기술(技術)	358
V 선전(宣傳)	381
VI 글의 해석(解釋)	387

부록: 우리말의 당면 과제
    새 문체의 요망   401
    새 문체의 갈 길   406
    새말 만들기   446
    한자어(漢字語)의 실상   469
    주요 참고서   552

3부   미수록 산문   555
(1930~1949)

    신문기자로서의 최초 인상   557
    두만강과 유벌(流筏)   560
    정조(貞操) 문제의 신전망   565
    찡그린 도시 풍경   584
    도시 풍경 1·2   587
    어째서 네게는 날개가 없느냐   592
    식전(食前)의 말, 우리의 문학   601
    환경은 무죄인가   605
    해소 가결 전후의 신간회(新幹會)   610
    바다의 유혹   618
    청중 없는 음악회   624
    풍운 중의 두 거성(巨星)   631
    붉은 울금향(鬱金香)과 로이드 안경   637
    월세계 여행   639
    미스코리아여 단발하시오   641
    가을의 나상(裸像)   643
    잊어버린 전설의 거리   647
    가상(街上)의 괴노인(怪老人)   649
    황금 진행곡   651

앨범에 붙여 둔 노스탤지어	654
봄의 전령(傳令)	658
비지	661
입춘 풍경	664
밤거리에서 집은 우울	668
직업여성의 성(性) 문제	673
코스모폴리턴 일기	681
여인 금제국(禁制國)	686
잊어버리고 싶은 나의 항구	693
협전(協展)을 보고	696
어둠 속에 흐르는 반딧불 하나	700
웃지 않는 아폴로 그리운 판의 오후	702
미래 투시기(透視機)	705
바다의 환상	707
어린 산양(山羊)의 사춘기	711
나도 시나 썼으면	714
그 녀석의 커다란 웃음소리	716
눈보라에 싸인 마천령 아래의 옛꿈	718
여우가 도망한 봄	724
사진 속에 남은 것	731
이화식(梨花式) 옷차림	734
상형문자(象形文字)	736
그 봄의 전리품(戰利品)	738
길을 가는 마음	742
내가 좋아하는 여배우의 인상기	745
능금(林檎)의 만가(輓歌)	747
수방설신(殊方雪信)	751
인제는 늙은 망양정(望洋亭)	756
사상(思想)의 가을	759

현대와 종교	761
가정론	764
정신의 상처	766
문단 불참기	768
인형의 옷	771
건강	776
건망증	778
분원 유기(分院遊記)	783
영광스러운 삼월	786
출판물 배급 시급(時急)	788
공위(共委) 휴회 중의 남조선 현실	790
나의 서울 설계도	792
꽃에 부쳐서	796
학생과 연애	801

설문답 기타

나의 총결산	839
당신이 제일 이쁜 때는	840
어머니	841
송년사	842
1934년에 임하여 문단에 대한 희망	843
피서(避暑) 비법	844
명사와의 독서 문답	845
작품 연대표(年代表)	846
신념 있는 생활	848
문학자의 말	849

4부   소설·희곡·기타   851

소설(1934~1936)
    어떤 인생   855
    번영기(繁榮記)   877
    철도연선(鐵道沿線)   907
    사랑은 경매 못 합니다(번역)   961

희곡(1931~1933)
    떠나가는 풍선(風船)   965
    천국에서 왔다는 사나이   981
    미스터 불독   1018
    바닷가의 하룻밤   1034
    어머니를 울리는 자는 누구냐   1046

부록   1055

    해설: 김기림의 산문과 수사학   1057
    연보: 다시 정리한 김기림의 삶과 문학   1063

『바다와 육체(肉體)』
(平凡社, 1948)

1

I

1

서문

　수필이라는 말이 언제 누구의 손으로 수입되었는지 나는 모른다. 다만 우리는 이 말을 서양의 Essai 혹은 Essay의 뜻으로 쓰고 있는 것만은 사실이다. 거기서는 논문처럼 룰이 째지 않은 비교적 짧고 가볍고 또 툭 털어 놓은 그러한 문장을 가리켜 그렇게 부르는 것 같다. Essai, 그래서 당당한 논문이면서 쓴 사람이 겸손하여 Essay on……, Essay concerning……, Essai sur…… 등으로 시작된 제목을 가진 것이 가끔 있다. 로크의 저 유명한 「오성론(悟性論)」도 드라이든의 「극시론(劇詩論)」도 그런 따위다. 그 경우에는 시론이라고 번역하는 게 나을까.
　그런데 이 수필은 문학의 한 장르로 다룰 것인가, 아닌가에 대해서는 의혹을 품는 사람이 적지 않다. 시나 소설이나 희곡이 문학이라는 데는 아무도 의심을 갖지 않는다. 그런 의미에서는 그것들은 문학의 당당한 적자(嫡子)들이라고 할까. 거기 비한다면 수필은 알쏭달쏭하다. 의젓하게 그들과 어깨를 나란히 하고 서지 못한다. 문학사 속에서도 대체로는 푸대접을 받는 게 상투다. 말하자면 문학의 대가족제 속에서는 서자(庶子)가 아니면 사생아처럼 눈총을 맞는다. 여하간에 사람들은 문학론이나 문학사를 써 가다가도 문득 이 수필을 어떻게 대접할까에 대하여 가끔 당황해지나 보다. 적어도 그때까지의 문학의 정의를 좀 뽀개 놓아야 할 것을 느낀다. 사실상 수필이 어떻게 한몫 단단히 문학에 끼어들어야 기행이니 일기니 이른바 기록문학이니 하는 따위들이 대서게 될 것이다.

여하간에 나는 문학의 정의야 어찌 되었든 간에 저 2급 이하의 소설이나 시쯤은 더러 잃어버리더라도 몽테뉴의 『명상록(瞑想錄)』[1], 파스칼의 『팡세』, 가까이는 알랭의 『단상(斷想)』들은 간직하고 싶다. 더군다나 영미 문학에 있어서 수필의 지위란 도저히 홀홀이 할 수가 없지 않은가. 램, 해즐릿은 오랜 얘기지만, 오늘의 밀턴의 경쾌와 유머를 어찌 버릴 수가 있는가. 린위탕(林語堂)은 또 어쩔 것이냐. 그러니 문학이라면 시·소설·희곡으로 막아 버리는 고집스런 생각은 이 또한 봉건주의의 찌꺼기라고 할까. 옹색한 정의의 동아줄을 풀어놓아서 적자·서자의 구별이 없이 좀 널리 들어오도록 해야 할지 모른다.

이른바 해방 뒤에도 이양하(李敭河)·근원(近園)·김동석(金東錫)·마해송(馬海松)·김철수(金哲洙)·배호(裵澔)·노천명(盧天命) 씨 등 여러분의 수필집이 차례로 나왔다. 거기는 제각기 다른 맛과 가시와 향기와 운치가 흘러서 좋다.

저자 또한 때를 따라 수필에 붓을 적셨다. 다만 문학의 정의의 테두리만 돌아다니는 이 불평분자인 수필의 편을 들려 한 데 지나지 않는다. 이제 1930년 이후 그때그때의 신문·잡지에 실렸던 저자의 주로 묵은 수필 등속을 모아 내놓으면서 참고 삼아 1933년

---

1 『수상록』.

《신동아》 9월호에 실렸던 졸고(拙稿) 「수필을 위하여」를 여기 달아 둔다. 이런 따위가 도대체 문학이 되는지 아니 되는지, 아니 수필인지, 아닌지도 나는 모른다. 나는 여하간에 나 딴으로는 까닭이 있어서 천대받는 수필의 편을 거들려 한 것에 지나지 않는다. 불평의 편을 드는 것은 역시 문학의 수명일지도 모르겠다. 그렇다. 수필이 또 문학이 되려면 시나 소설의 당당한 의관을 차리고 예복을 입으려만 들지 말고, 불평이 있는 곳에 반드시 불평의 편에 서기를 명심하면 그만이다.

수필을 위하여

(上略) 어떤 소설가는 혹은 이러한 것들(즉 수필)은 말하자면 잡문으로서, 천박한 '저널리즘'의 부산물이라고 말할는지 모른다. 《조선일보》 요지막 학예난을 읽은 일이 있는 독자는 아마도 이 일을 기억할 것이다.

그렇게 말하는 그가 소설가인 까닭에 소설 외에는 문학은 없다고 생각하는 것은 매우 단순한 일로서 애교가 있어 보인다. 그러나 나는 이것이 그 개인의 편견이고 결코 문단 전체의 편견이 아니 되기를 바란다.

나로 하여금 말하게 한다면 아무것도 주지 못하는 한 편의 소설을 읽은 것보다는 오히려 함부로 쓰여진 느낌을 주는 한 편의 수필은 인생에 대하여 문명에 대하여 어떻게 많은 것을 말하는지 모른다고 생각한다. 거기는 무시된 어떤 종류의 활동을 위하여 얼마나 넓은 천지가 허락되어 있는지 모른다.

그렇지만 수필이 가지는 매력은 무엇보다도 먼저 문장에 있다.

나는 최근에 와서 문장이라는 것에 새로운 흥미를 느끼고 있다.

문학이라는 것은 필경 '언어'로써 되는 것이고 언어의 온갖 콤비네이션이 문장이다.

언어는 어디까지든지 문학의 제일의(第一義)인 것이다 — 라는 의미의 리비스의 말을 나는 솔직하다고 믿는다.

T. S. 엘리엇은 에즈라 파운드에 대한 그의 논문 속에서 "나는 고백한다. 그가 말하는 내용에 대하여는 나는 거의 흥미를 느끼지 않는다. 그러나 오직 그가 말하는 방법에 대하여 흥미를 느낀다."고 말한 것은 좀 지나친 말이나 여하간에 어떻게 보며 어떻게 말하는가 — 그것은 스타일의 문제가 된다.

작자의 개성적인 스타일이 가장 명료하게 나타나는 것이 문학의 어느 분야보다 수필에서다.

한 편의 수필은 조반 전에 잠깐 끄적이면 되는 것처럼 생각하는 것과 같은 잘못은 없다.

향기 높은 유머와 보석과 같이 빛나는 위트와 대리석같이 찬이성과 아름다운 논리와 문명과 인생에 대한 찌르는 듯한 풍자와 아이러니와 패러독스와 그러한 것들이 짜내는 수필의 독특한 맛은 우리 문학의 의미의 처녀지가 아닐까 한다.

앞으로 있을 수필은 이 위에 다분의 근대성을 섭취하여 종횡무진한 시대적 총아가 되지나 않을까. (下略)

1948년 12월 1일
저자

여행

우리는 때때로 일터에서나 혹은 서재에서 골몰한 일에 묻혀 있다가도 저도 모르게 창으로 달려가서 활짝 밖으로 열어젖힌다. 우리가 가끔 길을 떠나고 싶은 충동을 느끼는 것도 별것 없이 어느 편으로 보면 징역살이에 틀림없는 인생에서 잠시 떠나서 푸른 하늘로 바다로 숲으로 향해서 창을 열고 싶은 까닭이다. 우리는 또 아는 사람 하나 있을 리 없는 남행열차를 전송하러 문득 역으로 나가기도 한다. 백화점 쇼윈도에 벌여 놓은 트렁크와 단장이 노리개처럼 무척 가지고 싶다. 그럴 적마다 내 심리의 약한 구석을 신통하게도 잘 노리는 장사붙이의 영리(怜悧)에 대해서 나는 탄복한다.

여행은 물론 약간의 틈과 또 불소(不少)한 현금을 요한다. 신혼여행조차도 필경 일생을 두고두고 연기하는 우리 신세다. 그러나 우리처럼 길을 떠나기를 무서워하는 종족도 적을 것이다. 지긋지긋이 고향에 내 집에 달라붙는다. 공자님은 주유천하(周遊天下)를 한 희대의 여행가지만 우리들은 『논어(論語)』 속에서도 여행하지 못하도록 된 구절만 가려서 썩 잘 지켜 왔다. 신혼여행을 할 수 없으면 결혼식도 좀 연기해 무방하리라고 나는 생각한다. 결혼이 만약에 연애의 무덤이라는 말이 참말이라면 연애의 장일(葬日)은 아마도 신혼여행이 끝나는 날일지도 모른다.

여행 속에 묻혀 있는 끝없는 비밀을 우리에게 일러 준 것은 반드시 얼마 전의 도피의 문학자들이 아니다. 근대인을 위해서 여행의 성서(聖書)를 처음 기초한 것은 아마 보들레르일 것이다. 마르코 폴로는 궁금해서 길을 떠났지만 인생의 절망으로부터 도망하려고 하는 악착한 일루의 희망을 가지고, 여행에 구원의 혈로(血路)를 구한 것은 보들레르에서 시작한 것 같다.

그러나 진짜 여행가는 다만 떠나기 위해서 떠나는 사람이다.

경기구(輕氣球)처럼 가벼운 마음, 결코 운명에서 풀려나지 못하면서도 까닭도 없이 그저 '가자'고만 외치는 사람이다.

이것은 『악의 꽃』속의 「길」의 일절이다.

오늘의 마를로나 지드는 말하자면 보들레르의 자손에 지나지 않는다. 랭보는 하도 동양이 구경하고 싶어서 시필을 내던지고 모피 장수가 되었다. 이상(李箱)은 날개가 가지고 싶다고 했다. 「부러진 날개」를 탄식한 것은 사로지니 나이두 여사였다. 그러나 나는 가을 봄으로 만리붕정을 내왕하는 계절조(季節鳥)들의 신세는 그다지 부럽지 않다. 필경 그것은 화전민의 이민 열차 여행과 비슷할 성싶다. 구라파 사람들은 실연을 하면 서편으로 간다고 한다. 하느님을 마음대로 믿게 못 해도 서편으로 갔다. 그러니까 르네 클레르의 '유령(幽靈)'도 유행을 따라서 서편으로 갔다. 그러나 그들은 서편으로 가서는 제 손으로 새 질서를 만들었다. 하지만 우리 조상들은 보따리를 꾸려 가지고 강동(시베리아)이나 북간도

(北間島)로 무척 많이 갔지만 거기서도 러시아 사람이나 토착인들에게 실컷 아첨을 하다가도 마지막에는 괄시를 받고는 내버린 양복 기저귀나 집어 가지고 쫓겨났다. 나는 생각을 한다. 이상(李箱)이 그리워한 것은 반드시 괴로운 꿈 많은 계절조의 날개가 아닌 것 같다. 그는 차라리 천공을 마음대로 날아다니는 새 인류의 종족을 꿈꾸었을 것이다.

 나는 책상 위에 지도를 펴놓는다. 수없는 산맥, 말할 수 없이 많은 바다, 호수, 낯선 항구, 숲, 어찌 산만을 좋다고 하겠느냐. 어찌 바다만을 좋다고 하겠느냐. 산은 산의 기틀을 감추고 있어서 좋고 바다는 또한 바다대로 호탕해서, 경솔히 그 우열을 가려서 말할 수 없다. 그렇지만 날더러 둘 가운데서 오직 하나만을 가리라고 하면 부득불 바다를 가질밖에 없다. 산의 웅장과 침묵과 수려함과 초연함도 좋기는 하다. 하지만 저 바다의 방탕한 동요만 하랴. 산이 아폴로라고 하면 우리들의 디오니소스는 바로 바다겠다.

 나는 눈을 감고 잠시 그 행복스러울 어족들의 여행을 머릿속에 그려 본다. 해류를 따라서 오늘은 진주(眞珠)의 촌락, 내일은 해초의 삼림으로 흘러 다니는 그 사치한 어족들. 그들에게는 천기예보도 트렁크도 차표도 여행권도 필요치 않다. 때때로 사람의 그물에 걸려서 호텔의 식탁에 진열되는 것은 물론 어족의 여행 실패담이지만 그것도 결코 그들의 실수는 아니고, 차라리 카인의 자손의 악덕 때문이다. 나는 그들이 해저에 국경을 만들었다는 정열도 프랑코 정권을 승인했다는 방송도 들은 일이 없다. 그렇다. 나는 동그란 선창에 기대서 흘수선(吃水線)으로 모여드는 어린 고기들의 청초와 활발을 끝없이 사랑하리라. 남쪽 바닷가 생각지도 못하던 써니 룸에서 씹는 수박 맛은 얼마나 더 청신하랴. 만약에 제비

같이 재잴거리기 좋아하는 이국의 소녀를 만날지라도 나는 조금도 두려워하지 않고 서투른 외국말로 대담하게 대화를 하리라. 그래서 그가 구경한 땅이 나보다 적으면 그때 나는 얼마나 자랑스러우랴. 그러지 않고 도리어 나보다 훨씬 많은 땅과 풍속을 보고 왔다고 하면 나는 진심으로 그를 경탄할 것이다.

하나 나는 결코 남도 온천장에는 들리지 않겠다. 북도 온천장은 그다지 심하지 않은데 남도 온천장이란 소란해서 우선 잠을 잘 수가 없다. 지난봄엔가 나는 먼 길에 지친 끝에 하룻밤 숙면을 찾아서 동래온천에 들린 일이 있다. 처음에는 오래간만에 누워 보는 온돌과 특히 병풍을 두른 방 안이 매우 아담하다고 생각했는데 웬걸 밤중이 되니까 글쎄 여관집인데 새로 한 시 두 시까지 장고를 때려 부시며 떠드는 데는 실로 견딜 수 없어 미명을 기다려서 첫차로 도망친 일이 있다. 우리는 일부러 신경쇠약을 찾아서 온천장으로 갈 필요는 없다. 나는 돌아오면서 동래온천 시민 제군의 수면 부족을 위해서 두고두고 걱정했다.

나는 투어리스트 뷰어로로 달려간다. 숱한 여행안내를 받아 가지고 뒤져 본다. 비록 직업일망정 사무원은 오늘조차 퍽 다정한 친구라고 지녀 본다.

필경 정해지는 길은 말할 수 없이 겸손하게 짧다. 사무원의 책상 위나, 설합 속에 엿보이는 제일 먼 차표가 퍽으나 부럽다. 안내서에 붙은 일등 선실 그림을 하염없이 뒤적거린다.

그러나 나는 오늘 그 보스턴백과 그리고 단장을 기어이 사고 말겠다. 내일은 그 속에 두어 벌 내복과 잠옷과 세수 기구와 그러고는 ──『악의 꽃』과 불란서 말 자전을 집어넣자. 동서고금의 모든 시집 속에서 오직 한 권을 고른다고 하면 물론 나는 이 책을 집을 것이다. 그러고는 짧은 바지에 노타이로 한 손에는 보스턴백을 드리우고 다른 한 손으로는 단장을 획획 내두르면서 차표가 끝나는 데까지 갈 것이다.

모든 걱정은, 번뇌는, 울분은, 의무는 잠시 미정고(未定稿)들과 함께 먼지 낀 방 안에 묶어서 두고 될 수만 있으면 모든 괴로운 과거마저 잊어버리고 떠나고 싶다. 행장은 경할수록 더욱 좋다.

나는 충고한다. 될 수만 있으면 제군의 배좁은 심장을, 사상을, 파쟁을 연애를 잠시라도 좋으니 바닷가에 해방해 보면 어떻냐고―.

여행―그것밖에 남은 것은 없다. 내가 뽑을 행복의 최후의 제비다. 그것마저 싱거워지면 그때에는 쉬르레알리스트'의 그 말썽 많던 설문을 다시 한번 참말 생각해 보아야지.

집이 배좁았다.

고향이 배좁았다.

나라가 배좁아진다.

세계마저 배좁아지면 다음에는 어디로 갈까.

―《조선일보(朝鮮日報)》(1937. 7. 25~28)

산

오래간만에 해가 났기에 이부자리를 내건다. 구두를 닦는다. 4월에도 눈이 휘날리는 거리언만 인제 얼마 안 있어서 떠나리라 생각하니 어디라 없이 정이 붙는 데가 많다. 언제고 슬픈 것은 이별인가 보다. 그러기에 현명한 부인들은 남편의 정이 멀어 가는 눈치가 보이면 때때로 이별로써 위협한다.

그렇건마는 일부러 고향을 멀리 떠나려고 원하는 청춘도 있다. 가끔 돌아가고 싶어질 때는 문학도 청춘도 소름친다.

몇 번이고 설계를 뜯어고친 서투른 자서전이다. 영구히 만족할 길이 없다. 오직 얼마 안 되는 숙박 뒤에는 초조한 출정이 있을 뿐이다. 한편에서 인생은 언제고 그 탁류 속에 끌어넣으려고 꾀인다. 눈을 부릅뜨고 위협한다. 무척 탐이 나서 끌어안으려는 순간에 현실은 가면을 벗고 검은 이빨을 들추어 내놓는다. 청춘이 좋다고 하는 것은 그는 꿈과 환상으로써 인생의 유감을 물리치는 까닭이다. 그러나 조만간 그도 유토피아라는 무기를 꺾어 버리고 인생의 군문(軍門) 앞에 엎드리고 만다. 예외로 내 의지 아닌 것에 끌리지 않고 스스로의 생을 창조해 가려는 무모한 영웅들도 있다. 모든 벗들이 인생의 나래 아래서 가정을 가지고 예금을 가지고 전지(田地)를 가지고 번영할 때 영웅은 사장(沙場)을 피로써 물들이고 자빠진다. — 랭보, 고갱, 이상(李箱).

갑자기 동양이라는 말이 사람들의 입 끝에 오른다. 진실로 '동양의 얼굴'은 한 목계(牧谿) 속에 숨어 있는지도 모르겠다. 만약에 오늘 서양이 걸어가는 길이 단순히 인간의 기계화의 길이라고 말하면 3, 4세기를 두고 꾸민 찬란한 의상을 두른 구라파보다는 차라리 한 폭 목계를 가릴 것이다. 참말로 오늘의 혼란을 구원할 예리한 교훈을 동양은 가지고 있느냐. 눈을 감고 숨을 죽이고 그윽히 지나오고 지나가는 바람 속에서 '동양의 소리'를 들으려고 귀를 기울여 본다.

옆집에서는 새 아씨를 맞는다고 아침부터 짐바리를 끌어들이기에 분주하다. 드나드는 남녀가 모두 흥분했다. 프로이트 박사를 보이고 싶은 장면이다. 결혼. 결혼. 너는 언제고 축복을 받으려는 교태를 꾸미고 있고나. 이 살벌한 배신과 모함의 시장에서 한 마음이 한 마음을 믿고 또 위해 준다는 것은 얼마나 아름다운 일이겠느냐. 하나 거친 현실의 잡답(雜沓) 속에서 너의 항해는 늘 출발처럼 아름답기 어려울 것이다. 믿고 위해 주기를 끊어지는 순간 결혼은 그 어여쁜 기억 때문에 더군다나 세상에서도 가장 미운 무덤일 것이다.

입고 돌아갈 금의(錦衣)가 없다. 고향의 문전을 지날 적에는 될 수 있는 대로 밤중을 택하리라. 얼굴을 가리고 달음박질을 치리라 —.

　찬비를 맞을 적마다 정열은 식어만 간다. 번번이 그저 강해지라고만 편지하던 족하에게 오늘은 써 보낼 말이 얼른 머리에 떠오르지 않아서 붓대만 굴린다.

　그 우스꽝스러워 보이던 로맨티스트들이 고원(高原)이 — 구름과 갈대와 바람소리뿐인 고원이 오늘은 어쩌면 친해질 성도 싶다. 믿음은 다만 믿음이라는 까닭에 매력이 있어도 보인다.
　갈대는 바람에게조차 의지하려고 한다. 갑자기 파스칼의 『팡세』가 읽고 싶다. 만약에 책을 쓴다고 하면 백 권의 전집을 가지느니보다는 오직 한 권이라도 좋으니 괴로워하는 마음의 벗이 될 수 있는 것을 쓰고 싶다. 이제 신앙을 찾으려 하니 어느 종교고 사람의 때가 너무 묻었다. 십자가를 끌어안을 수도 없다. 마테를링크를 다시 찾아갈 수도 없다. 대년사(大年寺) 북소리도 요동하는 마음의 한 반주에 지나지 못한다. — 그림자와 같이 황혼 속에 서 있다.
　환경의 힘이 도저히 인력으로는 제어할 수 없이 압도적으로 커 보일 때에 사람들은 그것을 운명이라고 부르고 소름친다. 허무, 절망, 단념, 그것들은 모두 움직일 수 없는 상태에 있을 때의 분위기인 것 같기도 하다. 움직이면 흩어진다.

　산을 쳐다본다. 말이 없다. 일찍이 이 산이 화산일 적에 불꽃을 뿜는 것을 본 일이 없는 사람들은 산을 가리켜 벙어리라고 부른다. 흐린 날에는 산은 보이지 않는다. 구름은 흘러가고 안개는 날아가도 날이 개면 산은 산대로 있었다.
　산이 아니다. 구름인가 보다. 바람인가 보다. 위도(緯度)의 어느 점에도 뿌리를 박지 못하는 갈대인가 보다. 티끌인가 보다. 그림자인가 보다. 부끄러워서 달려 산을 내려온다.

——「선대객사(仙臺客舍)에서」,《조선일보》(1939. 2. 16)

첫 기러기

해마다 동짓달로부터 이듬해 2월까지는 가끔 사나운 눈보라의 방문을 받는 이 북쪽 나라가 지난겨울에는 어쩐 까닭인지 동짓달 그믐날 새벽 침침한 어둠을 새어 도적처럼 철 아닌 비가 내렸고, 이전 같으면 대지의 뚜껑을 굳게 잠그고 있을 얼음과 눈이, 혹은 지붕 위에서 낙숫물이 되어 시름없이 떨어지기도 하고 혹은 길가의 작은 홈을 실낱같은 시내를 이루며 흐르기도 하였다.

이곳에 사는 백성들은 '아마도 이것은 태양이 북쪽으로 더 가까이 걸어오는 까닭이나 아닌가' 하기도 하고, 혹은 원래 따뜻한 나라에서 살던 '저 사람'들이 건너온 뒤부터 이 북쪽의 겨울도 차츰 성질이 온순해지는 것을 보면 '저 사람'들의 '싱겐부구로' 속에는 '나막신'만이 들어 있는 게 아니라 더위가 슬그머니 그 속에 숨어서 이 땅으로 밀항해 들어온 것인가 보다 하고 말하기도 한다. 그 겨울 섣달보름께 어느 날 하늘 위에서 뜻밖에 기럭기럭 하는 연연하고도 가련한 소리가 들려왔다.

구름 없는 하늘 아득한 푸른 천정에 매달려 Y 자 모양으로 진을 치고 날아가는 것은 분명 한 떼의 기러기다. "세월이 어쩌자고 이렇게 빠르냐. 아직도 석 달이나 있어야 기러기가 들어갈 텐데"

하는 것은 아버지의 걱정이다. "글쎄요" 하고 대답하면서 나는 그들의 그 용감한 모험의 길이 부디 무사하기를 속으로 빌었다. 봉수산(烽燧山) 높은 봉우리를 넘어가는 그들의 뒤를 바라보면서.

그날 밤 갑자기 나는 깊은 잠에서 소스라쳐 깨어났다. 밖에서 바람이 진동치는 소리와 개천가 백양나무가 머리채를 휘두르며 우는 소리가 으앙으앙 신산하게 귀를 때리는 때문이었다. 문을 열어 보니 어슴푸레한 어둠 속을 거센 눈보라가 흰 팔을 휘두르며 땅판에서 미쳐서 날뛴다. 나는 베개에 턱을 고이고 그 전날 지나간 기러기들의 안부가 걱정이 되어서 도무지 마음을 놓지 못하였다.

눈보라가 지난 뒤에 혹은 강으로 얼음 끄러 나갔던 사람들이 눈 속에 파묻힌 기러기들의 시체를 얻어 볼 것이나 아닐까. 날쌘 눈보라가 온 지면에서 물바퀴 치며 모든 나뭇가지가 어지럽게 춤을 출 때 발붙일 곳을 찾지 못하고 하늘 위에서 광란하는 대지를 굽어보는 오 ― 영광스러운 선발대의 슬픔이여. 눈보라의 제단에 바쳐진 이 용감한 탐험대를 위하여 그 어느 누가 기념비의 건립이라도 발기할 것인가.

그러나 전설에 의하면 기러기는 계절을 가장 정확하게 그리고 먼저 눈치채는 천생의 기상학자라고 한다. 그렇다고 하면 나의 걱정은 부질없는 것이나 아니었을까. 그렇지만 '우스리'강 속에서도 맘모스의 동사체(凍死體)가 발견되었다는데 암만해도 나로서는 기러기의 기상학이 잘 믿어지지 않는다. 지난겨울에 들어간 첫 기러기 떼의 안부는 역시 오늘까지도 걱정이다.

―《신동아(新東亞)》(1932. 12)

결혼

　(A로부터 B에게 하는 편지) ── B군 자네 이 편지는 일절 자네 신부에게는 보이지 말아 주게. 군의 결혼 청첩은 받았네. 이런 변이 있나. 군도 필경 결혼의 빙하(氷河)에 떨어지고 말았네그려. 자네는 수증기와 같은 부인의 팽창한 혼을 결혼의 울타리 속에 가두었다고 안심하지만, 자네는 벌써 군의 영혼을 자유로 구사하는 채쭉을 부인 손에 쥐어 주고 말았으니 자네 일도 낭패일세. 나의 실험관 속에 나타난 궐녀(厥女)들의 뇌수의 구성 세포들의 이름은 이러하네. 왈(曰) 다이아 반지 ── 양식 ── 오후의 산보로 ── 백화점 ── 극장의 특등석 ── 예금통장 등등. 그것을 곱게 싸고 있는 것은 아름다운 '너울'이라네. 자네는 그러고도 신성한 결혼을 전취하였다고 자못 황홀하겠지. 지금의 세대에 그런 것이 땅 위에 있다고 믿는 것은 군축회의의 성공을 믿는 일 이상의 큰 미신일 거네. 현대의 여자 교육은 궐녀들에게 그 남편들을 저울질하는 데 어떻게 정확한 산술을 가르친 줄 아나. 그리고 '어떻게 함께 고생할까'가 아니라 '어떻게 잘 향락할까'를 생활의 유일한 방법론으로서 가르쳤다네. 원래 '신성한'이라는 형용사는 하느님 때문에 만들어진 말일세. 그 밖에 신성한 연애 등등 지상의 사물에 쓰여

질 때 그것은 '신성한 수목', '신성한 대야' 등 이상에 아무 의미도 없는 것일세.

궐녀로 하여금 최후의 결심을 전개한 것이 군의 인격 그것이 아니고 군의 지갑의 무게였다는 사실을 군은 그의 '나는 당신을 진정으로 어쩝니다.' 하는 말 때문에 말살하려는가. 연애란 일종의 전쟁이네. 남자가 용감하게 그 속으로부터 도망하지 않는 한 거의 예외 없이 남자의 패배로써 끝마치는…….

이 전쟁에서 쓰여지는 무기는 가로대, 키스 — 아양 — 곁눈질 — 속삭임 — 필요에 따라 느껴우는 울음 — 그래서 결혼에 이르러 비로소 남자의 영구한 굴복을 의미하는 휴전 상태로 들어가는 것일세. 오 — 패전병 B 군 자네는 인젠 길이 자네 자신이 아니네그려. 끝으로 부탁하지만 자네 이 편지는 일절 자네 신부에게는 보이지 말게.

—《신동아》(1932. 3)

생활과 파랑새

　서울서 오신 방형이 불란서 시집 한 권을 사다 주셨다. 그는 내가 시를 좋아하는 줄 알았던 까닭이다. 나는 나의 가난한 책장에 하늘빛 표지를 한 이 귀여운 책을 오래 꽂아 두고 그의 호의를 기념해야 하겠다. 전당포와 퇴물림 책점이 없는 이 시골에서는 안심하고 이 말을 할 수 있으리라. 그런데 방형은 무슨 뜻으로서인지 표지 안쪽에 이러한 글귀를 적어 주셨다.
　"시는 생활에서 온다."
　우연히 그리고 돌연히 생활이라는 두 글자가 나의 머리에 뚜렷하게 떠올라온다.
　어느 땐가 어느 동무가 굶주림과 모욕과 모함의 온갖 고난 속을 헤쳐 나가면서 겨우 쌓아 놓은 위신과 명예의 탑에 스스로 불을 질러 놓고, 다만 좀 '더 무거운 월급 봉투' 때문에 실로 그것 때문에 굴종과 비굴과 아유(阿諛)의 구원할 수 없는 상태에서 즐거이 자신을 발견함을 보았을 때 생활이라는 것이 얼마나 잔인한 것임을 나는 느꼈다.
　'밝은 조선의 새 문화의 선수'라고 자신하던 젊은 전사가 붓대를 꺾어 버리고 희망에 빛나면서 타고 간 기차를 거꾸로 도로 타고 초연(悄然)히 돌아오는 것을 맞을 때, 나는 다시금 생활이라는 놈이 얼마나 엄숙한 것인가 하고 낙담한 일이 있다. 어떤 날(서울 있을 때지만) 어느 벗을 만나서 이 이야기 저 이야기 하다가 벗은 누구를 평하는 말 가운데서 "그 사람이야 벌써 울고 싶은 때 웃을 줄 알고 웃고 싶을 때 울 줄 아는 능란한 처세술을 가진 사람이지." 하는 말을 한 일이 있다. 그 말이 지금까지도 나의 가슴에 깊이 인박혀진 대로 사라지지 않는다.

생리 조직이 지배하는 엄숙한 감정의 영역에서까지 사람의 가장 자연스러운 정서의 발로를 가장시키도록 강요하는 것이 그 무엇의 잔인한 장난일까. 믿을 수 없는 것은 입술에 루즈 칠한 궐녀의 달콤한 말뿐이 아니다. 당당한 신사의 표정에도 믿을 수 없는 것이 있다.(피에로여 너의 설움을 내가 안다.)

한 사람의 시인이 이건 또한 뜻밖에 눌언교정원(訥言矯正院)이나 정형외과원(整形外科院)을 개업하나 하였더니 웬걸 '시가교정영업(詩歌校正營業)'의 금간판을 높이 걸고 훤훤(喧喧) 효효(囂囂)의 비난 공격 속에서도 오히려 태연자약하게 '교정료 일금 30전 균일, 싸구려 싸구려'를 방송하는 것을 들었을 때 거기는 단순히 한 시인의 만용을 부르주아의 한때의 웃음거리에만 돌릴 이상의 것이 있다고 생각했다.

"나와 내 가족을 먹여만 줍쇼. 그러군 그저 죽이든지 살리든지 그것은 모두 당신의 자유올시다. 위신 명예 절조 말입니까. 그것은 벌써 주문하시기도 전에 나의 자전에서 말살해 버렸습니다." 하는 간판을 걸머진 정직한 인텔리 구직자가 이윽고 종로 네거리에 나타나지 아니 하리라고 누가 보증하랴.

생활에 대한 아무러한 예비지식도 없이 해마다 학창으로부터 실사회로 흘러 들어오는 돈키호테들의 아름다운 꿈이 얼마나 무참하게도 그 검은 사정없는 생활의 발굽 아래 짓밟혀 버리우고 마는가를 우리는 역력히 보아 왔다.

문과를 나와서 운송부 사무원을 하는 전(全) 군을 일전에 만났더니

"요 — 오래간만일세."

"어떤가?"

"이 사람아 그림자와 같이 밤낮 따라다니기는 요놈의 생활 때문에 솟아날 수가 없네."

나는 책상에 기대어서 나의 머리 위에서 메피스토펠레스의 찬웃음을 벙글거리고 있는 생활이라는 놈의 잔인한 얼굴을 힐끗 쳐다본다.

책상 위에 거꾸러진 붓대.

그것은 오랫동안 내가 나의 전야(戰野)에 버려두고 온 나의 유일한 무기다. 나는 다시 무기를 잡고 사장(沙場)의 홍진 속에 떨치고 나서야 하련만 — .

내 앞에는 또한 니체가 간디가 루터가 예수가 걸어간 길이 보인다. 생활의 무지에서 생활의 노예에 — 거기서 다시 생활의 초월에로 향하는 험하나 그러나 밝은 길이 — .

어지러운 생활의 탁류에 빠져 진흙투성이가 되어 헐떡이는 파랑새를 나는 아주 단념해 버릴까.

파랑새는 푸른 하늘 넓은 가슴 속으로 날아가고 싶어만 한다.

내가 나의 파랑새를 아주 잊어버리고 생활의 군문 앞에 마지막으로 항복하려고 하는 순간 파랑새는 나의 귀에 속삭이는 것이다. "너는 황금과 지위와 그리고 민중의 아유의 달콤한 유혹을 돌

보지 말고 나를 따를 수는 없느냐."

—《신동아》(1933. 1)

별들을 잃어버린 사나이

시월 고개가 절반을 넘어갈 때가 되면 과수원을 생업으로 하는 이 작은 동리는 갑자기 분주해진다. 사나이들은 헌 옷을 털어 입고 괭이를 둘러메고 과일밭으로 나간다. 아낙네들은 그들의 남편들과 오라버니들이 따 주는 과일 광주리를 머리 위에 올려놓고 바쁘게 달음질친다. 금년에 겨우 다섯 살을 먹은 금순이까지가 대야에 그 골보다도 더 큰 '명월(明月)'(배 이름)을 네 개나 담아 이고서 어머니 뒤를 따라가는 것을 보는, 배 나무에 걸터앉은 할아버지의 입술에는 미소가 떠오른다.

무르녹게 익은 과일들이 발산하는 강렬한 향기가 사람들의 코를 찌른다. 이윽고 열 칸이 넘는 지하실 움 속에는 가지각색 과일들이 구석구석마다 산더미같이 쌓인다. 우리들은 아낙들이 끓여 주는 뜨거운 국물로 종일토록 얼어붙은 뱃속을 녹인 후 우리들의 충실한 동무인 황소 목덜미에 과일 궤를 담뿍 실은 수레를 메워 가지고 이곳에서 십 리 밖에 있는 정거장으로 밤차 시간에 맞도록 바쁘게 수레를 몬다.

"또 왔소."

역에서는 낯익은 역부가 얼굴을 벙글거리며 아크 등을 내저으면서 다음 화물차가 와닿을 플랫폼을 가리킨다. 마지막 짐짝마저 부려 놓고 황소 머리를 돌이켜 놓으면 소는 벌판의 한줄기 큰 길을 내 집을 향하여 바쁘게 발을 옮겨 놓는 것이다. 우리들의 마음은 처음으로 오늘 하루의 의무에서 풀려서 갈앉는다. 우리들은 빈 수레 위에 가로 자빠진다. 한 가락 시절가가 누구의 입술에선가 흘러나오기도 한다.

어느덧 벌판 위에는 어둠이 두텁게 잠긴다. 바다로부터 불어 오는 축축한 바람이 얼굴 위를 씻고 달아난다. 침묵한 산들은 어둠의 저쪽에서 커다란 몸뚱이를 웅크리고 주저앉아서 별들의 숨은 노래를 도적질해 듣고 있나 보다. 그 어느 시절에는 황혼이 되면 나는 언덕 위로 뛰어 올라가기도 했다. 날아오는 별들과 더 가까이 가서 이야기나 하려는 것처럼 ─. 그렇지만 지금 수없는 작은 별들은 은하수를 건너서 더 멀리멀리 날아가지 않는가. 우주의 비밀을 감춘 별들의 노래는 지극히 먼 어둠의 저쪽에서 아마도 작은 천사들의 귀를 즐겁게 하고 있나 보다. 그것들은 지금의 내게서는 아주 먼 곳에 있다.

덜그렁 ─ 덜그렁 ─ 덜그렁.

수레바퀴가 첫 얼음을 맞은 굳은 땅을 깨물 적마다 금속성의 지치벅 소리가 땅에서 인다.

지금 수레는 넓은 들을 꿰뚫고 굴러간다. 그 위에서 나의 눈은 별들을 하나씩 둘씩 잃어버리면서 내게서 멀어져 가는 그들의 긴 꼬리를 따라간다.

일찍이 청춘이라고 하는 특권이 나에게 아름다운 저 별들을 좇아가는 환상의 날개를 주었다. 그렇지만 지금 그 날개는 시들어졌다. 나는 지금 나의 젊은 하늘을 찬란하게 꾸미던 뭇 별들을 잃어버린 대신에 대지 위에 무슨 발판을 찾고 있다 — 긴 불행과 고난 뒤에 돌아오는 '열매를 거두는 기쁨'. 봄이 오면 우리들은 들에 씨를 뿌릴 것이다. 그리고 가을이 되면 우리는 우리들의 땀과 기름으로 기른 열매를 거둘 것이다. 어둠의 저쪽에 잠기는 긴 기적 소리 — 국경행 최종 열차가 아마 저편 역을 떠나나 보다.

  더 높은 데로 더 높은 데로 날아만 가는 별들 — 나는 그것들과는 반대의 방향으로 가슴에 밤을 안고 굴러가는 수레에 몸을 맡긴다.

—《신동아》(1932. 2)

심장 없는 기차

 여기는 3월에도 하늘에서 비가 눈이 되어 내리는 북쪽 국경 가까운 동리라오.
 남포 소리가 산을 울리던 이듬해부터 7년을 기차는 들의 저편을 날마다 외투를 입은 구장(區長) 영감처럼 분주하게도 달려 다니오. 가을마다 기차는 그 기다란 몸뚱아리에 붙은 수십 개의 입을 벌려서 이 동리 사람들을 하나둘 하나둘 삼켜 가더니 지금은 마을의 절반이나 텅 비웠소.
 우리들은 지난밤도 마을에서 10리나 되는 정거장에서 떠나가는 이, 남아 있는 이 슬픈 '잘 가오'와 '잘 있오'를 몇 번이고 불렀소. 기차가 어둠을 뚫고 북으로 뛰어간 뒤에는 검은 철길이 우루루 울었소. 남폿불이 조는 시골 정거장에서 우리들의 그림자는 움직이지 않았소.
 편지는 없으나 바람과 같이 떠오는 말을 들으면 기차는 그들을 두만강 밖에 뱉아 버렸다는데 나오는 기차는 말이 없이 슬그머니 지나만 가 버리오.
 오늘 우연히 차 머리에 나갔더니 낯모를 외국 사람들의 흥분한 얼굴들만 차창마다 벌겋게 달아 있고, "간도(間道) 풍운(風雲)

위급(危急)", "동포 3명 마적에게 피살", "비적(匪賊) 방화(放火), 동포 촌락 소실" 등의 글자를 담뿍 실은 신문을 기차는 편지 대신에 가지고 왔오.

기차가 떠난 뒤 언덕에 걸터앉아 시들어지는 나의 마음이 땅 위에 남고, 보얀 연기 기둥이 푸른 하늘에 남소. 잊어버리운 연기는 사냥개처럼 궤도 위를 냄새를 맡으며 돌아다니오. 나의 마음은 송화강(松花江)가로 돌아다니오.

기차여 너의 기관차 화통에서 벌겋게 타는 것은 너의 심장인 줄만 알았더니 그것은 시커먼 석탄이었구나.

—《신동아》(1933. 5)

오월의 아침

아침에 —

문으로 달려 들어오는 주인집 어멈은 지난밤 사이에 일어난 놀라운 돌발 사건을 나에게 일러 준다. 그 돌발 사건이라고 하는 것은 딴 게 아니라 간밤 사이에 울타리 밑 개나리꽃이 모조리 떨어져 버렸다는 것이다.

그 꽃은 내가 아침마다 세숫물을 일부러 그 앞에 놓고 세수하면서 사랑하던 것인 줄을 어멈도 잘 아는 까닭에 목소리까지 떨리면서

"금방 나가 보았더니 글쎄 함뿍 무너졌겠지요." 하고 말하는 그는 꽃을 지게 한 것이 결코 그의 손이나 치맛자락이 아닌 것을 나로 하여금 믿게 하려고 애쓰는 겐가 보다. 나는 거울 속에서 이지러지는 나의 입술 틈에 쓸쓸한 웃음을 스스로 보았다.

옳다. 어멈에게는 죄가 없다. 있을 리가 없다. 그것이 누구의 짓인 줄 나는 잘 안다.

그러면서도 나는 전연 나의 세력 범위 밖에 있는 계절의 장난을 어떻게 할 수 없다. 지나간 그 봄에 우리들의 작은 넋은 얼마나 대담하게 봄이 펴는 포근한 잔디 위에서 갓난 양 떼처럼 날뛰었

던가.

훤화(喧譁)와 난취와 흥분과 여자의 분 냄새와 각테일과 재즈로서 된 봄은 카바레의 하루밤처럼 새어 버렸다.

지금 우리들의 혈관 속에서는 북끓어 넘던 피도 차츰 기원이 없어졌고 달콤한 피곤만이 네 활개를 날씬하게 만든다. 그리고 우리는 광란의 뒤에 오는 그 피곤을 풀어 줄 건강한 휴식을 찾는다. 그래서 왔다. 오월의 아침이 ─ .

훌륭한 화가(畫家)인 오월의 태양

거리 ─

살수차가 지나간 뒤의 먼지도 일지 않는 축축한 가로를 '세단'이 눈이 부시게 햇볕을 반사하면서 유쾌하게 달린다. 오월달 아침 공기 속에는 바닷물의 소금낀 찝찔한 냄새가 돈다.

그 냄새는 자주빛 옥도(沃度)를 품은 해초가 우울한 검은 바위들을 끌어안고 춤을 추는 바다로 나의 환상을 실어 간다. 파란 보닛을 쓴 가로수들이

"안녕합쇼."

하고 내게로 향하여 고개를 갸웃거린다. 두루미의 다리와 같이 가느다란 그 나무들의 다리 밑에 그것들이 옷을 갈아입을 때 흘렸는지도 모르는 속옷인지 수묵빛 그림자들이 나무 밑마다 뭉쳐 있다.

오월의 태양은 훌륭한 화가다.

포도 위에 그리는 그의 교묘한 빌딩의 입체화를 군은 본 일이 있는가. 그리고 공원을 걸어라. 그곳에 오월의 태양이 그리는 녹색의 화폭을 볼 것이다. 유리빛 투명한 대기 속에 초록빛 야회복

을 몸에 감은 여름 맨두리를 감춤 없이 차린 포플러, 아카시아, 벚나무 그것들은 오월 속에 사는 주민들이다.

그리고 오월 속에는 나의 생일도 있다.

고마운 오월 —

한여름의 폭군. 뜨거운 태양이 가장 노골하게 지상의 사람들을 학대하는 때도 머지않았다. 이윽고 도시에 사는 사람들은 태양이 휘두르는 플라티나의 채찍을 피하여 파라솔이나 맥고모자 밑으로 기어들 것이다.

그러나 염려 말아라. 그 전에 우리들의 건강한 휴식을 위하여 나무 밑마다 초록빛 담요를 펴 주려 오월은 파랑 치마를 입고 오지 않았나.

—《신동아》(1933. 6)

다도해 난상(亂想)

1

도난(盜難)의 염려가 있다.

2

선장은 아마도 끝이 없는 항해의 적요(寂寥)를 풀기 위해선가, 갑판 위에 한 쌍의 원숭이를 기른다.

선객들은 이 두 낯선 동물을 둘러싸고 혹은 놀리고 혹은 귀여워하고 혹은 몹시 굴음으로써, 역시 지리한 뱃길을 잊어버리나 보다. 도리어 원숭이 편에서 사람을 놀리고 재롱을 부리고 성을 냄으로써 그들의 얽매인 긴 항해를 잊어버리려고 함인지도 모른다.

나는 갑자기 그 원숭이가 바다에 빠져 자살을 하여 모두들 떠들어 대는 꿈에서 소스라쳐 깼더니 원숭이는 방금 사람들의 박수갈채 속에 거꾸로 섰다.

사람의 밑창을 구경했는지도 모른다.

3

다도해 어구에 들어섰다. 바다는 그리 넓지 아니하나 수 모를 섬들을 그 둘레에 배치한 것이 사나이 일대의 북받치는 꿈을 실현하기에 그리 비좁지 않다.

산수는 구태여 그다지 아름다울 것이 없어도 천고에 한 번이나마 값있는 순간을 위하여 으스대었다고 하는 것은 억년을 두고 그 근방에 그렇게 흩어져 있은 보람이 있고도 남는 일이 아닐까.

배는 3백 년 전 격전의 옛꿈을 깨트리면서 울돌목을 넘어서려 한다.

다도해의 풍광은 점점 가경에 들어서 가건만, 그처럼 늠름하시던 조선(祖先)들의 이처럼 초라한 후손은 차마 주위를 둘러보지도 못하고 눈을 감고 머리 수그리고 또 손을 모아쥔다.

(태서환(太西丸) 갑판 위에서, 1935. 8. 2)

―《조광(朝光)》(1935. 12)

청량리(淸凉里)

때때로 나는 서울을 미워도 하다가 그를 아주 버리지 못하는 이유의 하나에는 그는 그 교외에 약간의 사랑스러운 산보로를 가지고 있다는 점도 들어 있다.

산보는 군의 건강에는 물론 사상의 혼탁을 씻어 버려 주는 좋은 위생이기도 하다. 틈만 허락하면 매일이라도 좋지만 비록 토요일 오후나 일요일 아침에라도 동대문에서 갈라져 나가는 청량리행 전차를 갈아타기를 나는 군에게 권고하고 싶다.

왜 그러냐 하면 그 종점은 내가 사랑하는 그리고 군도 사랑할 수 있는 가장 아담한 산보로의 하나를 가지고 있는 까닭이다.

우리는 종점에서 전차를 내려서 논두렁에 얹힌 좁은 길을 따라가면 북으로 임업시험장 짙은 숲속에 뚫린 신작로에 쉽사리 나설 수가 있다. 세상 소리와 흐린 하늘을 피하여 우리는 숲속에 완전히 몸을 숨길 수도 있다.

군은 고요한 숲을 사랑하는 우량한 사상을 가지고 있으리라고 나는 믿는다. 일찍이 아리스토텔레스도 그 철학을 숲속에서 길렀다고 하지 않는가.

숲 가장자리에는 그리 높지 않은 방천(防川)이 좌우 옆에 갈잎을 흔들면서 맑은 시내물을 데리고 길게 돌아갔다. 이 방천을 걸으면서 군은 서편 하늘에 짙어 가는 노을을 쳐다볼 수가 있을 것이다.

풀잎에 맺힌 이슬방울을 손바닥에 굴릴 수도 있을 것이다.

은모래 위를 조심스럽게 흘러가는 그 맑은 시냇물에 군의 불결한 사상을 가끔 세탁하는 것은 군의 두뇌의 건강을 위하여 충분히 청량제가 될 수 있는 일이다.

숲속의 산보로 — 나는 때때로 붓대를 책상 귀에 멈추고는 생각을 그 길 위로 달리기도 한다.

—《조광》창간호(1935. 11)

길

나의 소년 시절은 은빛 바다가 엿보이는 그 긴 언덕길을 어머니의 상여(喪輿)와 함께 꼬부라져 돌아갔다.

내 첫사랑도 그 길 위에서 조약돌처럼 집었다가 조약돌처럼 잃어버렸다.

그래서 나는 푸른 하늘빛에 혼자 때 없이 그 길을 넘어 강가로 내려갔다가도 노을에 함뿍 자줏빛으로 젖어서 돌아오곤 했다.

그 강가에는 봄이, 여름이, 가을이, 겨울이, 나의 나이와 함께 여러 번 다녀갔다. 까마귀도 날아가고 두루미도 떠나간 다음에는 누런 모래둔과 그리고 어두운 내 마음이 남아서 몸서리쳤다. 그런 날은 항용 감기를 만나서 돌아와 앓았다.

할아버지도 언제 난지를 모른다는 마을 밖 그 늙은 버드나무 밑에서 나는 지금도 돌아오지 않는 어머니, 돌아오지 않는 계집애, 돌아오지 않는 이야기가 돌아올 것만 같아 멍하니 기다려 본다. 그러면 어느새 어둠이 기어 와서 내 뺨의 얼룩을 씻어 준다.

—《조광》(1936. 3)

여상(女像) 삼제(三題)

시골색시

머리가 삼단만 한 처녀는 게다가 삼까지 잘 삼아서 온 고을에 소문이 났다.

머리가 삼단만 한 처녀가 시집을 간 날 밤은 머리가 꽁지만씩 한 총각들이 마구 술을 먹었다.

―《여성(女性)》(창간호, 1936. 4)

촌 아주머니

마을 아낙네들은 쌀값이 올라가는 것보다도 밀가루값이 올라갈까 보아서 읍에서 돌아오는 우차편(牛車便)마다 걱정스럽게 밀가루 시세를 물어본다.

만주 조를 팔던 가게 앞에는 조 대신에 밀가루 포대가 쌓였다.

장날이면 아낙네들은 소나무단을 머리 위에 이고 또는 팥 되나 계란 개나 판 것을 모아 가지고 그런 것도 없으면 강아지나 도야지 새끼를 붙들어 이고 장에 와서는 밀가루를 바꾸어 가지고 돌아간다.

    장정들은 온 겨울을 밀가루 풀을 먹다가야 어떻게 단오에 씨름을 할 수가 있는가고 한숨을 쉰다.

—《여성》(1936. 6)

서울 색시

    파라솔을 얼마 들지 않은 것은 갑자기 근검저축을 하는 까닭일까. 치마 주름이 굵어져서 헝겊은 남겠다…… 하고 생각했더니 저고리가 도리어 길어졌으니 남을 게 없다. 너무 길면 허리의 흐르는 선(線)을 죽일 염려가 없지 않다. 복장의 안목은 요컨대 실용에 편하고도 보기에 아름다워야 할 일이 아닐까 한다. 올봄의 하늘빛 치마들은 매우 좋았다.

    그러나 너무 하늘하늘 자못 일없는 듯이 걸어 다니는 것은 아름다운 빛깔을 한 치마를 입은 사람답지도 않더라.

—《여성》(1939. 6)

엽서

구보(仇甫) 형에게

꿈 얘기를 써 보낸 긴 편지 읽었소. 소설가의 꿈이란 왜 그리 지저분하오. 찻집이 나오고 화신상회가 나오고 전차가 나오고……. 따님이 퍽 컸겠소. 편지에 따님이 지꿔 놓은 붓장난 자취를 보면 당신보다 앞으로 글씨를 더 잘 쓸 것 같소.

봄이 오니까 형도 '제비'가 그리우신가 보오. 돌아오지 않는 '제비'¹의 임자는 얼마나 야속한 사람이겠소. 동경(東京)을 지날 때는 머리를 수그리오.

―《여성》(1939. 5)

---

1 '제비'는 시인 이상(李箱)이 경영하던 찻집.

소나무 송(頌)

　남들이 모두 살찐 활엽(闊葉)을 자랑할 때에 아무리 여윈 강산에서 자랐기로니 그다지야 뾰족할 게 무어냐. 앙상하게 가시 돋힌 모양이 그저 산골 서당 훈장님과 꼭 같다. 밤은 그래도 가시 속에 향긋한 알맹이라도 감추었는데 솔잎이야 말라 떨어지면 기껏해서 움집 아궁이나 덥힐까.
　그러나 구, 시월달 횡한 날씨에 뭇 산천초목에서 푸른빛은 모조리 빼앗아 버리는 그 서리 바람도 솔잎새 가지만은 조심조심 피해서 달아난다 한다.
　그러기에 하얀 눈은 일부러 푸른 솔가지를 가려서 앉으러 온다. 봉황이가 운다면 아마도 저런 가지에 와 울겠지. 솔잎새 가지가 살가워 나는 손등을 찔려 본다.

―《여성》(1940. 1)

아이스크림 이야기

아침에 눈을 뜨니 베개맡에 그림엽서 한 장이 떨어져 있다. 엽서는 비로봉 해발 1천6백38미터의 장엄한 기상과 함께 산의 소식을 담고 왔다.

나의 머리가 산을 연상하는 것이 이 경우에는 가장 타당한 심리의 경로겠으나 나는 차라리 반동적으로 역시 이 종류의 잔인한 엽서인 잡지 《중앙》 편집 선생님의 명령을 생각했다.

그 편지는 딱하게도 나에게 납량(納凉) 페이지를 위한 시원한 항구 이야기를 쓰라고 조른 것이다.

나로 하여금 말하게 한다면 편집 선생은 그렇게 시원하지 못한 것 같다.

모기장도 없고 아이스크림도 없고 선풍기는 더군다나 없는 방 구석에서 원고지와 마주 앉아서 헐떡이는 붓대더러 아이스크림 같은 얘기를 쓰라니 엽서도 딱한 엽서다. 다행히 직업이 나를 놓아주어서 가벼운 트렁크 속에 지도 한 장과 기차 시간표만을 집어넣고 내가 만약에 바다로든지 산으로든지 갈 수가 있다면 그때에는 ─ 그렇다 잔인한 엽서여 나도 그대의 청대로 시원한 소식을 보내 주마. 만약에 그래서 내가 여행을 떠난다면 나는 첫째 맥고

모자를 쓰고는 가지 않을 것이다. 중절모는 더군다나 —.

나는 단연 캡을 사 쓸 것이다. 사지 않아도 좋다. 나는 벗의 집에서 언제 가든지 못에만 걸려 있는 실업한 캡을 본 것을 기억한다. 맥고라는 것은 대체로 찌는 더위 속에 사는 도시 사람들이 모양만으로라도 시원해 보이려는, 더위에 대한 실속 없는 시위운동에 지나지 않는다. 그리고 내가 만약에 세금 물러 관청으로 가지 않는다면 일생을 두고라도 그까짓 중절모는 안 쓴다고 할지라도 못 배길 것은 없을 것 같다. 더우기 나의 글 주머니가 말할 수 없이 빈약할 때 내 머리 위에 점잖게 앉아 있는 중절모의 허장성세(虛張聲勢)를 생각하면 스스로 코웃음이 날 때가 적지 않다.

그런데 무슨 까닭일지 항구의 사나이들은 얼마 중절모를 쓰지 않는다. 물론 항구에서도 면장과 소학교 교무위원은 중절모를 썼지만 대개는 나이 먹은 사람들까지도 캡을 쓰는 것이 보통이었다. 똑똑히는 모르지만 사실 중절모나 맥고를 쓰고 바닷가나 부두로 나갔다가는 그날 바닷바람에게 모자를 아니 일금 2원 혹은 2원50전을 삽시간에 빼앗길는지 누가 아느냐.

항구에서는 파인(巴人)의 「한강을 지켜라」를 노래하기 전에 사람들은 그들의 '모자를 지켜라'를 노래해야 할 현실적 필요를 느낀다.

우리집은 항구에서 30리였다. 그러나 나는 항구로 자주 놀러 갔다. 열두 살 때는 거의 1년이나 항구에서 살았으며 그 뒤에도 방학 때 집에 가면 반드시 항구에서 며칠은 쉬었다. 그러면서도 필경 헤엄조차 배워 내지 못했다. 그랬으니 더군다나 그 아름답고도 조용한 바닷가의 달 아래서도 아기자기한 사랑 한번 속삭여 보지 못한 것은 지금 생각하여도 남아 일대의 유한(遺恨)이 아닐 수 없다.

그러나 나는 잊지 않고 있다 — 붉은 태양이 황금빛 머리채로써 바다의 푸른 이불을 덮고 아직도 잠 깨지 않은 바다의 푸른 가슴 위에 웃음을 뿌리는 것을 보러 나루로 급히 걸어 나가던 여러 아침들 — .

검은 구름이 어두운 산맥 품속에서 뛰쳐나오던 날에는 바다는 가끔 노하기도 하였다. 나의 정성스러운 자장가는 들은 척 만 척 그는 놀란 아기처럼 종일토록 보채기만 하였다.

또한 —

물속에 빠져 식어 버린 차디찬 의지의 화석인 듯한 검은 바위를 으스러지라고 껴안는 물결의 군세인 탄력적인 팔의 맥박에서 나는 바다의 마성의 정열을 느끼기도 했다.

또한 —

철없는 나의 환상은 아마도 그 푸르고 맑은 기름을 상아의 해안에 부어 놓은 것은 그 산맥 위에 펴진 끝없는 하늘이리라고 정해 버렸다. 그러므로 어머니인 하늘의 얼굴이 비치어 아들인 바다의 얼굴은 그렇게 언제든지 젊은 것이라고 생각했다. 그리고 석양이면 반드시 바닷가로 찾아드는 갈매기는 푸른 하늘의 부탁말을 가지고 오는 하늘의 사자라고 생각하기도 했다. 항구의 뒷거리를 엿보는 그 바다 — 거리의 등덜미를 끊임없이 씻어 주는 그 바다 — 처녀들은 웃음을 감추려 나갔고, 젊은 크리스천은 어느새 검어지는 그들의 신앙을 빨려 나갔고, 사공은 고기 떼를 따라 나갔다.

그렇다. 내게는 바다는 영구한 생명의 고향이다. 바다는 내게 생명의 힘과 청신을 가르쳐 준 최초의 설교자였다. 그리고 나의 핏줄 속에 그의 핏줄의 한 끝을 박고 그 마성의 정열을 주사해 논

철없는 모독(冒瀆)의 모성(母性)이었다.

나는 바이런이나 셸리에게서가 아니라 그 항구의 바다에게서 처음으로 로맨티시즘의 시를 읽었다. 대체로 바닷가에서 자란 사람은 정열적이나 의지적이 못 되고, 산에서 자란 사람은 정열적은 아니나 의지적인 것 같다.

나로 하여금 내 자신이 그렇게 삼가며 피하려고 애쓰는 정열의 화독 속에 몇 번이고 나의 미친 날개를 담그게 한 그 장본의 장본의 또 장본의 하수인은 아마도 저 바다일 성싶다. 아마도 그럴 성싶다.

희랍의 하늘 위에 세계 문명의 동이 트려할 때 우주의 마음을 붙잡으려고 하여 아드리아 바닷가를 헤매이던 수없는 숨바꼭질 꾼(=철인)들 속의 그 누구는 드디어 "우주의 본질은 물이다." 하고 부르짖었다 한다. 그는 아마 바닷가에 살았나 보다.

지금은 그것은 고대철학사의 한 지나간 얘기처럼 전해져서 나의 머리도 그것을 웃어 버리기는 하나, 나의 피는 어느새 그와 반대로 그 말을 진리로써 긍정하고 싶어 한다. 그렇다. 푸른 바다는 생명의 가장 감춤 없는 표현이다.

그러니 어쨌단 말이냐. 이것으로써 청대로 되었다고 생각하느냐? 천만에! 편집 선생 전상서. 이 수필이 아이스크림보다 시원하지 못한 것을 관대히 용서하옵소서. 그리고 아이스크림을 청했는데 미지근한 향수를 대신 냈을지라도 그것은 선생의 청구서가 잘못된 것이 아니라, 사실은 본인의 상점에는 아이스크림은 처음부터 없었나이다. 돈수(頓首).

—《중앙(中央)》(1934. 8)

가을의 누이

누이야 너는 오늘을 무엇을 하고 있니? 강가의 수수밭에서 까마귀들이 숫까마귀처럼 흩어지는 것을 멍하니 바라보고 있니? 겨울이 허둥지둥 강면으로 썰매를 타고 오기 전에 그들의 기름진 슬픔을 묻을 데를 찾아서 산모록 수풀로 달려가는 것을 바래 보내고 있니? 까마귀 검은 얼굴은 겨울을 부끄러워한다더라.

네가 귀를 기울이고 있는 것은 성장이 멈춰 선 늙은이들의 분주한 파산정리인(破産整理人)인 가을의 발자취를 엿듣고 있음이냐? 먼길이 끝난 곳에서 매미 찌르레기 반딧불 귀뚜라미…… 내일을 가지지 못한 나그네의 한 떼가 그들의 장례(葬禮)에 대한 이야기를 하는 것을 웃고 있는 것이냐.

지금 가을은 석류알 날랜 주둥아리에 담북 깨물려서 붉게 피돋아 아프다. 또 가을바람이 우리들의 이마의 주름살을 헤이려 들을 건너온다. 누이야. 이 들을 책망하자. 들아 너는 완성의 설움이 오기 전에 언제까지든 나와 함께 여름처럼 젊고 있자던 약속을 저 버렸니.

누이야 설거지가 끝이 나거든 저 백양버들 밑으로 나가자. 거기 가난한 개천에 엎드려 저 늙은 할아버지처럼 슬퍼하는 가을에는 '잘 가거라'를 일러 주려…… 돌아와서 병자처럼 이 쓰러진 굴뚝을 손질하자. 그리고 잊어버렸던 검은 화덕에 붉은 불을 피우고 긴 항해의 이야기와 같은 겨울을 기다리자.

—《중앙》(1934. 2)

봄은 사기사(詐欺師)

　종로 누룸골 어귀 전차 정류장 남쪽에 라디오 상회가 요즈음 새로 생겼다.
　정면에 확성기를 내걸었는데 아침마다 그것은 거의 배우개시장에서 동대문까지 울릴 만한 요란한 소리로 「카르멘」의 발췌곡이나 혹은 이태리 민요를 연주하고 어떤 때에는 내게는 얼통당토아니한 「울어서 무엇하리」를 부르기도 한다.
　여하간 나는 아침 아홉 시마다 그러한 음악 연주에 전송되면서 그 정류장에서 유쾌하게 전차에 오른다. 그러니까 나는 서울 시내의 어느 정류장보다도 이 정류장을 불공평하다는 공격을 받는 한이 있을지라도 역시 제일 사랑한다고 할밖에 없다. 그렇지만 나의 행복의 전부가 겨우 그러한 정도에 그쳐서는 안 될 게다. 나는 나의 미래에 향하여 더 큰 행복을 구할 권리를 가지고 있다. 그런데 행복은 춘하추동 중에서도 흔히 봄하고 관련되어서 생각되고 이야기된다. 그렇지만 나는 나의 행복을 닥쳐 오는 새해 봄에게 기대하는 것은 단념하기로 했다.

　옛날부터 시문 속에는 봄을 그리고 봄을 즐기고 봄을 애석해

하는 것이 어느 때 어느 나라이고 수에 있어서 매우 많았다. 또한 문인 묵객 속에는 봄을 떼어다가 그 이름에나 아호에까지 붙여서 봄을 사랑하는 그의 마음을 일상으로 보존하려고 하는 이도 적지 않다. 춘해(春海)가 그렇고 춘곡(春谷)이 그렇고 춘성(春城)이 그렇고 춘산(春山)이 그렇고 춘정(春汀)이 그렇고 춘당(春堂)이 그렇다.

이것은 직접 봄이라는 글자는 떼어 오지 않았지만 동원(東園)이나 화성(花城)도 모두 봄을 그리는 마음을 그 이름 속에 그림자와 같이 감추고 있다. 봄은 또한 인생의 청춘과 비교하여 잘 쓰여진다. 사나이의 청춘도 봄이려니와 더우기 여자의 청춘이야말로 봄의 정화(精華)인 것처럼 생각된다. 그래서 모든 결혼식의 축사가(祝辭家)들은 그 감격 없는 연설 속에 봄을 인용함으로써 약간의 로맨티시즘을 뿌리는 것을 잊지 않는다.

어느 날 상허(尙虛)의 경독정사(耕讀精舍)에서 몇 사람의 벗이 저녁을 먹은 일이 있다. 그 자리에서 시인 이상(李箱)은 쥘 르나르의 『전원수첩(田園手帖)』 속에서 읽은 것이라고 하면서 이런 이야기를 하였다.

겨울날 방 안에 가두어 두었던 카나리아는 난롯불 온기를 봄으로 착각하고 그만 날개를 푸닥이며 노래하기 시작하였다고—.

우리는 르나르의 기지와 시심을 일제히 찬탄했다. 그러나 결국은 시가 오류의 심리까지를 붙잡은 것은 아니다. 사실은 시인이 그 자신의 봄을 그리는 마음을 카나리아의 뜻 없는 동작 속에 투영한 것에 지나지 않는다. 그렇게 생각하고 보니 그 이야기를 꺼내놓은 이상(李箱)의 마음에도 역시 봄을 그리는 생각이 남아 있어서 그 감정을 그러한 실없은 듯한 이야기 속에서라도 풀어 버리는 게 아닐까. 그렇다면 대체 두 장의 재판소 호출장과 한 장의 내용증명 우편물과 한 장 내지 두 장의 금융조합 대부 독촉장을 항상 가지고 다녀야 하는 이 시인과 온갖 찬란한 형용사에 의하여 형용되는 다채스러운 봄이 대체 무슨 관계가 있느냐. 봄은 그러면 영구히 달콤한 것인가.

이 이야기 뒤에 그 초당 주인은, 남쪽으로 뚫린 창을 가졌으며 산과 수풀과 시냇물에 둘려 있는 이 초당에서 겨울을 지내려면 봄을 기다리기가 안타까워서 못 견딘다고 말하였다. 이른 봄날 싹돋은 뜰의 풀이 찬 서리에 얼었다가 녹았다가 하는 양은 마음이 아기자기할 지경으로 애타는 일이라고 했다.

그도 그럴 게다. 도시의 홍진(洪塵)을 성북에 피한 이곳에서는 봄이 가고 오는 소식도 자세히 알 수 있으련만, 거리의 복판에서는 가을이 겨울로 변하고 겨울이 봄으로 옮겨 가는 그 경계선의 미묘한 음영은 도시 알 수가 없다. 붉은 벽돌이 그것을 말하지 않고 검은 기왓장의 물결 위에는 계절의 표정이 나타날 줄을 모른다. 그저 벚꽃 구경 광고를 전차 안에서 보고야 봄이 짙어 가는 줄 알고 김장배추 수레가 오고 가는 것을 보고야 어느새 가을을 다 지내 보낸 것을 새삼스럽게 아까와하는 도시인의 생활이다. 그렇게 황망하게 왔다가 가는 사이에 봄은 한 번도 우리들의 기대를 채워주고 간 일이 없다. 딴은 봄은 동산마다 수없는 꽃을 피워 놓고 강마다 풍만한 물로써 추겨 주었지만 '오늘도 벚꽃', '내일도 벚꽃' 하는 틈에 부대껴 사월 초하루날 펴놓았던 책장은 그달 그믐까지도 그대로 있었고, 석양마다 집에 돌아와 보면 와 있는 편지는 납세 독촉서나 백화점의 광고지나 원고 독촉 통지나 최악의 경우에는 이상(李箱)처럼 내용증명 우편이다. 나의 생활을 놀래 줄 만한 아무러한 편지도 나는 기다리지 않는다.

또 하나 예를 들면 내 친구 가운데 늙은 총각 한 사람이 있다. 그는 곁의 동무들의 온갖 조소와 놀림을 당할 때마다 희망을 '내년 봄'에다 걸어 둠으로써 그 수없는 모욕과 분노를 참아간다. 그렇다. '내년 봄이야 설마……' 하던 그 '내년 봄'을 벌써 세 번이나 지내면서도 수없는 다른 사람들의 결혼 청첩은 받았을지언정 그 자신은 끝내 결혼 청첩을 발송해 보지 못했다. 그러니까 새봄이 올 적마다 그는 누구보다도 가장 희극적인 존재인 것을 스스로 느껴야 한다. 결국 그는 줄곧 봄에게 속은 것을 깨달았다. 굳이나 내가 한가지로 이윽고는 봄의 사기사(詐欺師)의 피해자인 것을 발견하는 날이 올 게다. 그렇지만 봄은 언제고 우리에게 무슨 약속을 한 일은 없는 것이고 저마다 큰 소망을 봄에게 지운 것은 우리 자신이 제멋대로 하는 일인즉 봄에게는 실상 아무 죄도 없을 게다. 다만 우리가 미련했을 따름이다. 그러니까 서양 사람은 4월 초하루날을 에이프릴 풀(萬愚節)이라고 하여 일부러 설 속이고 웃어 주는 건가 보다.

어느덧 나이는 우리로 하여금 이 미련한 봄의 꿈에서 깨어나게 할 것이다. 또한 봄 자신도 이 이상의 벗이기를 거절할 것이다. 부는 바람은 강가의 버들가지를 제멋대로 흔들리라. 피는 꽃은 필 대로 피어서 그를 좇아 모여드는 못난 남녀를 맘대로 웃기려무나. 우리는 마땅히 우리의 마음에서 우리의 이름에서 우리의 작품에서 우리의 일기에서 봄을 떨어 버릴 준비를 해야 할 것이다. 그리고 차츰차츰 우리들 자신의 손으로 계절의 영향을 받지 않는 영구한 봄을 만들기에 달려붙어야 할 것이다. 그 봄만이 굳이나 나를 속이지 않는 정직한 봄일 게다.

오늘 아침도 나는 명랑한 라디오의 주악에 전송되어 누룹골 어귀 정류장에서 전차를 타면서 다음 봄에게는 반드시 속지 않으리라고 마음에 굳게 맹세한다. 그리고 그 대신 변하지 않을 영구한 봄의 설계를 또 계속해 본다.

―《중앙》(1935. 1)

스케이트 철학

초겨울이 되어 부엌에서 김장 준비에 착수하는 눈치가 보이면 벗은 벌써 약국에 가서 마스크를 사 온다. 물론 그는 누구보다도 모물(毛物)의 애용자의 한 사람이다. 털목도리, 털로 만든 귀걸이, 털신을 준비한다. 그는 이렇게 추위에 대한 온갖 무장을 단단히 하고는 겨울의 습격을 대기한다.

겨울 동안에 내가 조금이라도 감기나 걸려 드러누우면 그는 바로 나를 찾아온다. 방 안에 들어와서야 비로소 그는 마스크를 벗는다. 그러고는 그는 감기에 걸리지 않고 겨울을 지낼 수 있는 자신의 행운을 가장 자랑스럽게 선전한다. 딴은 마스크나 써 보았을걸 — 하고 나는 잠깐 후회한다.

그러나 병석에서 일어나면 나는 또 여전히 마스크를 사지 않는다. 대체 사람이 감기에 대해서까지 이다지 비겁할 게야 무에 있누 하는 같잖은 자존심에서다. 그뿐 아니다. 신장이 5척 4, 5촌을 넘는 체격 당당한 장부의 입과 코에 검은 마스크가 걸려 있는 꼴이란 나는 비록 천하의 약장사들의 항의를 받는 한이 있을지라도 그렇게 보기 좋은 풍경이라고 거짓말을 할 수는 없다. 또한 여자의 얼굴의 미란 그 50퍼센트 이상이 상긋한 코와 꼭 다문 입 맨

드리에 깃들여 있는 것인데 대체 그들은 무슨 생각으로 그들의 얼굴의 이 중요한 부분을 불결한 마스크로써 가려 버리는 겔까.

그러니까 나는 초겨울에 시골 항구에 있는 조카들에게 편지할 일이 있으면 끝에 가서는 으레 '너는 마스크를 쓰지 말아라.' 하고 두어 줄 덧붙여 보낸다.

그러나 모든 법칙에는 예외가 있다는 말은 여기서도 정당하다. 아무리 마스크 반대라 할지라도 아래에 열거하는 사람들에게는 마스크를 쓰기를 허락해야 할 것이다.

1. 레코드 가수
2. 환자
3. 미운 입이나 코를 가진 분
4. 남을 꼬집는 데만 익숙해 버린 문예평론가 '가십'자(子)
5. 언제든 명예훼손죄에 걸릴 수 있도록 남의 험구나 실언만 하고 돌아다니는 종족들…… 특히 최후의 두 부류에 속한 사람들에게는 마스크가 절대로 필요한 것이다.

이상의 예외를 제외한 범위 안에서는 나는 벌써 10여 년 전부터도 철저한 반마스크당에 속하지만, 이 신념에 더욱 자신을 갖게 된 것은 지난겨울에 스케이트를 시작한 다음부터다. 그 뒤로부터는 추위란 아주 무섭지 않은 것이 되어 버렸고 겨울은 어느새 나의 친한 벗의 하나가 되어 버렸다.

한강 언덕을 적시는 살찐 물굽이에 부딪혀서 부스러 떨어져 흐르는 엷은 얼음 조각에 실려 가는 겨울의 적막한 최후란 한없이 애처로운 것이 되어 버렸다.

내가 겨울을 좋아하는 이유는 또 한 가지 다른 데도 있다. 나는 무엇보다도 그의 솔직을 사랑한다. 냉혹한 폭군이라는 세상의 비난 공격이 아무리 훤훤(喧喧) 효효(囂囂)할지라도 그는 일찍이 그의 유일한 주장인 추위를 감춘 일은 없다.

그는 가을처럼 감상적인 시인의 흉내를 낼 줄도 모르고 봄처럼 정열에 다는 남국의 애인인 체하지도 않는다. 그러니까 봄이나 가을은 적막이나 허무를 남기고 갈 때에 겨울만은 모든 청춘의 얼굴에 씩씩한 기상을 새겨 주고 가는 것이다.

그러나 겨울은 세상의 뭇 직언자의 운명처럼 대체로 사람들의 원망과 미움을 산다. 이번 겨울만 해도 맨 처음에는 도무지 추워지지 않으니까 사람들은 여러 가지 이유로 이 겨울의 변절을 차라리 반가와 했다.

첫째, 덜 괴로우니까, 둘째 나무가 덜 드는 데다가 갑자기 헐해지니까, 셋째, 아이들이 스케이트를 사 달라고 조르지 않으니까 등등.

그러나 이러한 때에 마스크 당의 불안만은 여전했다. 내과의사들은 이렇게 기후가 변조일 때에 감기는 더욱 유행할 염려가 있다고 말했으니까 —. 그래서 그들은 더욱 마스크를 벗지 못했다.

그러나 나는 그들과는 전연 다른 이해관계에서 우세한 고기압이 어서 바삐 북악을 넘어 쳐들어와서 한강물을 얼려 놓기를 얼마나 초조히 고대했는지 모른다. 스케이트 계급과 비 스케이트 계급과 사이에는 이만한 감정적 대립이 있다.

바로 지난 정월 열흘께인가 청량리 스케이트장이 열었다는 소문이 들린 날은 참말로 나뿐 아니라 만도의 스케이트꾼들의 가슴은 불시로 울렁거렸을 게다. 나는 그보다 훨씬 먼저 벌써 섣달 초생에 스케이트를 새로 장만하고 얼음 얼기만 고대하던 판이었다.
 지난겨울에는 연습용을 썼으나 한겨울 동안에 꽤 자신이 생긴지라 이번에는 단연 경기용을 사기로 결심했다. 그러한 선택에도 나로서는 상당한 이론적 과학적 근거가 있었던 것이다. 첫째 우리가 스케이트를 좋아하는 것은 속력의 쾌감을 향락하려는 것이 목적이다. 속력은 실로 현대 그것의 상징이다. 그래서 스케이트는 사람이 기계의 힘을 빌렸다는 의식이 없이 속력의 극한을 그 몸으로써 경험할 수 있는 최고의 스포츠다. 또한 나는 그 오밀조밀한 피겨보다는 기다란 흰 날로 태양 광선을 선뜻 끊는 그 표연한 롱 스케이트의 모양을 매우 사랑한다.
 그러나 어느 날 오후, 처음 이 경기용 롱 스케이트를 신고 얼음판에 나섰더니 웬걸 그것은 연습용과는 아주 딴판이었다. 속력의 쾌감을 주지는 않았다. 나는 연습용을 쓰던 시대에 외람히 스케이트의 시를 쓴 것을 새삼스럽게 후회하지 않을 수 없었다. 그러나 검은 수풀에 둘려 있는 미끄럽고도 말쑥한 얼음판은 실로 순결 그것이 아니고 무엇이냐. 그것은 아무러한 시적 비밀도 감추고 있는 체 가장하지 않는, 자연의 양심 그대로다. 다만 그것뿐으로 좋지 않으냐. 그것은 철학이나 시나 종교처럼, 진리나 우울이나 신을 배워 주지 않아도 좋았다. 거기는 아무것도 딴 것을 의미하지 않는 명랑하고 순수한 스포츠가 있으면 그만이다.
 얼음판에 자빠져서 오래간만에 쳐다보는 푸른 하늘이란 말할 수 없이 아름다운 것이다. 그것은 처음 보는 신부의 얼굴처럼 부끄러움 속에서도 반기는 표정을 감추지 못한다. 또한 그 많은 스케이트꾼들 중에서 바로 지난겨울 청량리 논두렁에서 사람들의 눈을 피하여 가면서 와신상담, 굴욕과 고애를 함께 맛보던 동기생들을 간혹 발견하는 것은 더욱 기쁜 일이다.

그들도 어느새 나를 보고는 아직도 익숙지 못한 걸음걸이로 조심스럽게 이편으로 건너온다. 그러고는 서로서로 스케이트 도(道)의 곤란을 하소연하고는 동정하여 마지않는다.

그러는 동안에 나도 겨우 다른 사람들 틈에 섞여서 코스를 몇 바퀴씩 계속하여 돌아갈 만치 익숙해졌다. 비로소 소기한 최초의 목적인 속력의 쾌감을 즐기게 된 것을 스스로 만족하게 생각했다. 그러나 오래지 않아서 이 만족을 배반하는 우울한 사건을 나는 또 발견하고 말았다. 나는 맨 처음부터도 5백 미터 선수가 된다든지 1만 미터 기록을 가져 보겠다든지 하는 엉뚱한 야심은 털끝만치도 없으니까 따라서 몸이 아주 지치어서 땀이 쭉쭉 흐를 지경으로 달려 본 일은 물론 없다. 그러니까 잠깐 몇 바퀴 다른 사람들 틈에 끼어서 코스를 돌아가다가도 가끔 벤치에 돌아와서 앉아 쉰다. 그 동안에는 다른 사람의 다리 쓰는 방식, 굽이도는 법, 몸 가지는 자세 같은 것을 연구해 본다.

그러다가 우연히 실로 우연히 다른 사람과 나와의 속력을 비교해 보고 싶은 허영심이 문득 생겨서 나하고 항상 같은 보조로 붙어서 돌아가는 실력이 나와 막상막하한 동기생의 한 사람을 주목해 보았더니 어찌 뜻하였으랴. 암만 따져 보아야 그는 비참하게도 그 수많은 스케이트꾼들 중에서도 가장 속력이 없는 층 이상에는 결코 속하지 못하였다. (오, 맹랑한 허영심을 벌하여라. 너는 언제든지 나를 실수시켰다.)

나는 또한 물건의 가치판단이란 판단하는 당자의 위치에 따라서 다시 말하면 그 입장이 주관적인가 객관적인가를 따라서 그만치 달라진다는 것을 내 자신이 몸으로써 깨닫게 된 것을 슬퍼하였다.

그러나 내게는 여전히 그러한 불쾌를 보충하고도 남는 더 큰 소득이 있었다. 그런 기분의 문제는 여하간에 이 겨울에도 나는 스케이트 덕분에 더군다나 마스크를 쓰지 않고 지나게 되었던 것을 다행으로 생각한다.

—《조선일보》(1935. 2. 14)

산보로(散步路)의 나폴레옹

　나는 어느 날 내가 아는 병원에서 자기가 매우 사랑하는 테리어(개의 일종)에게 손가락을 물렸다고 하면서 한쪽 팔을 떠메고 달려 들어오는 신사를 본 일이 있다. 이 가련한 신사는 그가 그렇게까지 신임하고 사랑하던 테리어의 뇌세포 속에 어느새 불온사상이 성서 속의 도적과 같이 침입해 버린 일에 대하여 매우 분개했다. 그는 이 놀라운 사태의 원인을 그가 일상 미워해 마지않는 옆집 사나이가 독이 있는 고깃덩이를 테리어에게 몰래 던져 준 데 있다고 해석하는 모양이다.

　그런데 지난가을부턴가 자못 살찌고 영맹스러워 보이는 셰퍼드나 또는 앙탈진 테리어와 같은 서양개를 쇠사슬에 매어 이끌고 태평통 큰 거리나 조선호텔 앞 산보로를 걸어다니는 것이 일부 신사와 숙녀의 고상한 풍속이 되려고 하는 듯하다. 이것은 혹은 넘치는 정열이나 사랑을 떠나간 애인 대신에 기르는 개의 한 몸에 기울이면서 겨우 변태적으로 그들의 애욕을 향락하는 불란서의 미망인들이 마로니에나 혹은 플라타너스 그늘 깊은 거리를 산보하는 데도 반드시 그의 개를 동반하는 것을 하나의 도덕으로 생각하는 그러한 곳에서부터 불려온 풍속인지도 모른다.

물론 직수입은 아니고 동경이나 상해 등지에서 들어온 어느 니카보카[1] 입은 우리 신사가 이 풍속의 선구자일 것이다.

여하간 행복스러운 파리의 개들은 겨울이면 포근한 외투에 따뜻한 털신까지 받쳐신으며, 봄이면 목에 붉은 넥타이를 매고 털에는 비싼 포마드까지 바르고 다닌다고 한다.

그러기에 파리 교외 아니에르에는 공덕리(孔德里)나 홍제원(弘濟院) 묘지로는 도저히 비길 수도 없는 굉장한 견묘 묘지(犬猫墓地)까지 있다고 한다. 일찍이 세계유람선 타이타닉호가 대서양상에서 침몰이 되던 순간에 사랑하는 개 때문에 구조선에 오르기를 거절하고 개를 안은 채 타이타닉호와 운명을 같이한 어떤 부인 독지가의 이야기는 그들 서양 사람 사이에서는 우리가 생각하는 것처럼 한 토막 소화(笑話)가 아니고 차라리 미담처럼 전해지고 있을지도 모른다.

그렇지만 우리의 눈에는 서울 거리에서 구경하는 우리들의 애견가들은 사자 새끼를 사슬에 채워서 끌고 로마 거리를 활보하던 고대의 무사들처럼 그렇게 용장해 보이지는 않는다.

지난가을 일이다. 애견가인 어떤 친지를 나는 그가 시키는 대로 장난 삼아 때리는 체하였더니 그의 충실한 개는 자못 사나운 모양으로 날카로운 이빨을 들추어 내놓고 컹컹 짖으면서 내게 달려드는 것이다.

---

[1] 당시 유행했던 골프복.

그 주인은 "엑 — 나폴레옹 나폴레옹"(개의 이름인가 보다. 오 — 불쌍한 지하의 나폴레옹이여.) 하고 연신 부드러운 목소리로 겨우 이 노한 개를 진정시켰다. 그러고는 호주머니 속에서 비스킷 조각을 한 줌 움켜서 꺼내 가지고 개를 주었다. 그 용맹한 나폴레옹 군은 꼬리를 척척 좌우로 치면서 주인의 손바닥에서 비스킷 조각을 집어먹고는 즐거워한다.

이윽고 그와 그 부인과 나폴레옹 군의 일행은 떠났다. 나는 거리의 한 모퉁이에 서서 멀리 한길을 그들의 충실한 개를 데리고 걸어가는 젊은 내외의 자못 안심한 듯한 뒷모양을 바라보고는 생각하였다.

대체 그들은 몸에 얼마나 많은 금속과 비싼 의상을 걸고 다니기에 판판 대낮에 사나운 셰퍼드의 호위를 받으면서야 겨우 산보를 하는 겔까.

그렇지 않고 이 조선의 중산계급의 일원이 그의 호주머니 속의 무수한 전당표를 보호하기 위하여 개의 호위병을 붙인 것이 아니라면 다행이겠다.

그들의 행위는 또 한편으로는 만전을 자랑하는 오늘의 경찰망에 대한 모독이 아닌가 하고도 생각하였다.

나는 이 젊은 내외를 위하여 방금 그들의 행랑방에서 1전에 다섯 조각씩 하는 산성백토(酸性白土)가 섞인 값싼 비스킷을 사 달라고 졸라 대는 행랑아범의 어린 아들의 울음소리가 그치기 전에 그들의 발길이 그 문전에 닿지 말기를 속으로 빌었다.

이윽고 봄은 모든 사나이들과 여자들을 거리로 끌어내고야 말 것이다. 그러면 우리는 직수입이 아닌 애견가들을 이 봄에는 더 많이 거리에서 만날 것을 각오해야 할까 보다.

—《조선일보》(1934. 3. 11)[2]

---

2 원제는 「산보로의 이풍경(異風景) — 행복스러운 나폴레옹 군에 대하여」.

진달래 참회(懺悔)

어느 날 아침 곤한 잠을 깨어난 나는 무엇인지 얼굴 위에 간지러운 것을 느끼고 아마도 벌레인가 보다 하고 팔뚝으로 씻어 버렸다. 그러나 베개 밑에 흩어지는 것은 벌레가 아니고 빛을 잃은 진달래꽃 잎새들이다.

며칠 전에 누님이 병에 꽂아 책상 위에 놓아 주고 간 진달래 꽃병에서 떨어진 것이다. 꽂아 준 그날은 겨우 봉오리뿐이더니 계절에게 저항하지 못하는 온순한 이 꽃은 어느새 떨어지는 날을 맞았다.

나는 이불을 차고 일어나서 세수수건을 어깨에 걸고서 달력 앞에 섰다. 날마다 달력을 한 장씩 찢는 습관조차 그동안 며칠인가 잊어버린 내 자신을 갑자기 발견하고 나는 눈을 스르르 내리감았다. 부풀어 오른 흥분의 조수 속에 밀려가 버린 지나간 며칠 위에 고요히 반성의 눈을 돌려 본 것이다.

어느새 사람들은 벚꽃을 사랑하게 되어 해마다 그들이 꽃에게 바치는 흥분은 차츰 열을 더해 가서, 금년의 꽃철도 서울은 아주 시골의 명절이나 장날처럼 분주하고 시끄럽기 짝이 없다. 밀려 들어오고 나오는 사람 더미 때문에 끝내 저녁밥을 지을 시간까지 전차를 잡아타지 못해서 그날 밤 남편에게 무수한 꾸중을 듣고도 아무 말대꾸 못 했다는 젊은 여인 — 그보다도 심한 것은 집을 나올 때에는 분명 어린아이의 손목을 잡고 떠났는데 석양에 창경원 어귀를 나오다가 깜짝 정신이 들어 아마도 무엇을 잃어버리고 오는 것 같아서 순준 수예(巡逡須曳)에 겨우 그 잃어버린 것이 어린아이인 것을 깨닫고는 허둥지둥 파출소로 달려간 마나님도 있었다고 한다. 이것은 결코 나의 지어낸 이야기가 아니고 신용할 만한 장안의 대신문의 2면 기사가 전해 준 사실의 단편들이다.

4월 — 궐녀는 실로 난숙하고 흥분된 항구 뒷거리의 여자와도 같다. 궐녀가 궐녀의 본능으로써 우리를 완전히 사로잡고 있는 동안은 우리는 궐녀의 정열의 불도가니로부터 헤엄쳐 나올 수가 없다.

궐녀 때문에 나는 나의 친한 손이 꽂아 주고 간 진달래 꽃병에 아침마다 물을 갈아 주는 의무조차 잊어버렸다. 그래서 꽃은 제 한 명보다도 더 빨리 지난밤 꿈을 꾸는 나의 얼굴 위에 소리 없이 쓰러진 것이다.

내 고향에서는 음력으로 4월 초승 양력으로는 5월달에 진달래가 핀다.

그곳 색시들은 즐겨서 무거운 나뭇단에도 진달래를 꽂아서 머리 위에 이고는 저무는 산기슭을 타서 돌아온다.

4월 초파일날이면 마을 색시들은 산으로 올라가서 진달래 꽃잎새를 따와서 떡을 지진다. 나는 지금도 그들이 이러한 화전놀이 날 골짝에서 흰 연기를 올리면서 부르던 노래를 몇 가지 기억하고 있다.

그러한 진달래를 4월은 나로 하여금 잊어버리게 하였다. 나의 손아귀 속에는 몇 장의 달력 조각이 움켜쥐어져 있다. 꾸겨진 며칠이다. 그리고 지금은 그 왕성한 정열의 발열 뒤에 오는 졸리운 듯한 불쾌한 피곤이 나로 하여금 고요한 오후의 잔디밭을 그리게 한다.

5월은 겨우 달력의 엷은 종잇조각 한 장밖에 격해 있지 않다.
그런데 우연히도 나의 생일은 그 5월에 있다.
나는 5월의 아들이다.
그러나 내가 5월을 사랑하는 것은 그 속에 내 생일이 있는 까닭에 그에게 대하여 혈족의 인연을 느끼는 때문뿐이 아니다.
5월 — 그는 그의 성격인 명랑과 건강과 성장, 색채 그 모든 것 때문에 나의 베아트리체가 되기에 충분하다.
내가 그의 가슴속에 있는 동안은 나는 죽음을 생각할 수가 없다. 그는 죽음을 부정하는 한 개의 강한 의지다.
그는 나로 하여금 책장을 편 채 며칠이고 책상 위에 버리어져 있는 『쥬리앙의 여행』이며 먼지 낀 원고지들을 다시 친하게 해 줄 것이다.
금년에는 북으로 국경 가까운 도시에서까지 꽃구경꾼이 단체를 지어 왔다. 철도국은 꽃을 구경시키겠다는 목적을 위해서는 수단을 가리려고 하지 않았다.
어느 날 아침 임시 열차에 오는 친척을 맞으러 역에 나갔을 때에는 겨우 한 시간 동안에 플랫폼에 들어온 네 열차는 열 개로부터 열일곱까지 되는 긴 차량이 모두 산 사람의 순대였다. 나는 그 강철의 순대 속에서 사람들은 순대의 내용물 이상의 대우를 받았으리라고는 생각지 않는다. 사실 의자 밑에 들어가서 눕고도 오히려 자리가 부족해서 사람 다니는 길에 앉아서까지 왔다고 한다.

함경선 1천5백 리를 이렇게 순대의 내용물이 되어 온 내 친척을 안내하여 나는 어떤 백화점에 들어갔다.

양복쟁이 한 사람이 조선 천을 파는 곳에서 한 자에 30전짜리 인조견 여섯 자를 사는 것을 나는 보았다. 철이 되지도 아니하였는데 당황하게도 때 묻은 맥고모자를 쓴 것을 보면 결코 서울 사는 사람은 아니다. 그는 여점원이 물색 종이에 싸 주는 헝겊을 정하게 트렁크 속에 집어넣고 기둥에 걸린 시계를 쳐다보고는 그만 한길로 뛰어나가서 한강행 전차를 잡아탄다.

그는 아마도 꽃구경을 마치고 시골로 돌아가는 길인가 보다. 집에 돌아가는 날 밤 그는 부모의 눈을 피해 가면서 밤중에 바느질감을 들고 앉은 부인의 무릎 위에 슬그머니 그 물색 종이를 올려놓겠지. "무예요" 하고 펴 보는 그 여인의 자못 만족한 얼굴을 나는 눈앞에 그려 보았다. 그런데 나는 그날, 같은 곳에서 한 쌍의 신식 내외를 양직(洋織), 나사(羅紗) 등속을 쌓아 놓은 앞에서 만났다.

솔직하게 말하면 그 사나이는 여자처럼 그렇게 신식은 아니었다. 몸에 걸친 양복은 어느 백화점의 기성품 같고 그의 구두 끝에서는 철피가 번쩍이지 못한다. 여자는 치마 한 감에 10원이 가까운 이름 모를 얼룩덜룩한 헝겊에 기울어져서 미끈한 흰 손가락 사이에 그것을 주무르면서 좀체로 그 옆을 떠나려고 하지 않는다. 그러나 필경 그들은 그대로 돌아가 버렸다. 이튿날 또 다른 시골 손님을 안내해 가지고 같은 백화점으로 갔더니 공교롭게도 나는 헝겊 등속 진열장 앞에서 그 전날의 사나이와 마주쳤다.

그는 얼른 지갑 속에서 5원짜리 지전 한 장에 백동전 한 푼을 내던지고는 여점원에게 향하여 본견 치마 한 감을 청했다. 오늘은 무슨 까닭인지 그 사나이의 위 팔뚝에 전일의 시계가 감겨 있지 않다. 나는 이 사나이가 이윽고 집에 돌아가서 그의 아내 혹은 애인의 경대 위에 이 헝겊을 주저주저하면서 슬며시 놓을 광경을 상상한다. 이윽고 그 여자는 종이 속에 든 것이 그의 손가락들이 잘 기억하고 있는 그 전날의 그 헝겊이 아니고 겨우 5원 각수에 넘지 못하는 본견 등속인 것을 발견할 때 얼마나 실망하랴. 아니 혹은 히스테리가 또 발작할는지도 모른다. 그 때문에 죄 없는 몇 개의 가장등물이 부서질지도 모르고 그렇게 달콤하게 계획한 그날 밤의 꽃구경이 산산이 깨어지고 말지도 모른다.

불행한 이 사나이는 맥고모자 쓴 시골 신사가 오늘 밤쯤은 겨우 1원 80전을 가지고 불만 없는 단락(團樂)을 얻을 적에 그 3배에 가까운 돈을 치르고도 오히려 무안을 사고 말는지도 모른다. 예수나 소크라테스가 살지 않는 이 시대에 와서는 애정과 선물은 지극히 초보적인 산술의 법칙에 의하여 교환된다. 많은 노총각들이 약혼을 주저하는 까닭은 이러한 애정의 경제학을 잘 알고 있는 때문인지도 모른다.

그런데 선물 — 그것은 주는 사람의 부력(富力)을 나타낼 뿐 아니라 성격, 취미, 교양의 정도까지도 모르는 사이에 말해 준다.

그러나 그것이 주는 사람의 애정의 정도까지 보여 준다고 해서는 좀 곤란하다. 그렇다고만 한다면 한 여자가 한 사나이의 애정의 정도를 몰라서 가슴을 앓을 때에 그는 번민할 것이 없이 그 사나이가 준 선물을 가지고 백화점에 달려가서 평가를 받으면 매우 간단할 것이다.

그러나 그는 마땅히 그 선물에 깃들어 있는 보낸 사람의 마음을 읽을 줄을 알아야 할 것이다. 그것이 소중한 것이다. 그 선물은 혹은 화재나 홍수나 소매치기에게 잃어버리는 한이 있을지라도 그 속에 숨어든 마음마저 잃어버린다면 손실이 안팎으로 겹치게 되는 때문이다. 그러나 당대의 색시들은 그런 복잡한 계산은 귀찮아하지를 않나 보다. 사실은 나는 선물에 대하여 이야기하는 것이 본래의 목적이 아니었다. 약속을 어기지 않고 1년 만에 꼭꼭 돌아오는 충실한 애인인 나의 5월에게 나는 무엇이고 선물하고 싶었던 까닭이다. 혹은 내가 주려고 하는 선물이 너무나 빈약하니까 그 변명 삼아 이런 긴 말을 늘어놓는지도 모른다.

그러면 나는 대체 그에게 무엇을 줄까.

셸리는 일찍이 5월에게 시를 써 주었다. 그러면 나도 셸리와 같이 아름다운 찬가를 지어서 그를 위해 부를까. 그러나 나의 목소리는 그보다 도리어 이쁘지 못하다.

그러면 나는 대체 그에게 무엇을 선물해야 옳을까. 옳다. 나는 창을 활짝 열고 웃음 띤 얼굴로 그를 맞으리라. 웃는 얼굴 ― 그것밖에는 내가 그에게 보일 것이 없다. 그리고 나의 방을 그에게 명도(明渡)하면 그만이 아니냐.

―《조선일보》(1934. 5. 8~9)[1]

---

1 원제는 오월에게 주는 선물.

질투

만약에 내가 여기서 결혼식 폐지론을 제창한다면 맨 처음으로 반대해 올 사람은 아마도 천화당(千花堂)이라는 둥 무슨무슨 당(堂)이라는 둥 하는 결혼식장 장식을 직업으로 하는 사람들일 게다. 그러나 그 반면에 실로 결혼식 자금 때문에 결혼을 연기연기하고 있는 만천하의 당당한 신랑 후보들의 박수갈채를 얻을 것은 틀림없다.

그러나 나는 아직은 결혼식 폐지를 주장하여 일부의 비난일망정 사려 하지 않는다. 다만 많은 경우에 결혼식을 될 수 있는 대로 성대하게 거행하려는 희망은 대개는 신랑이 아니고 신부 편에 있는 것 같다는 말을 하려고 한데 지나지 않는다. 사실 거창한 결혼식을 구경할 적마다 나는 벌써 미래의 주부가 실질상의 가정의 주권자로서 남성 위에 얼마나 그 위력을 발휘하기 시작했는가를 느끼고 감탄한다.

왜 그러냐 하면 결혼식은 많은 경우에 신랑의 사회적 지위, 교육 범위, 품위, 계급, 재산 정도 등을 대체로는 솔직하게 표현하는 것이니까. 결혼식의 규모의 대소를 따라서 신부는 각각 그 정도의 훌륭한 남편을 가진다는 것을 세상에 향하여 뽐낼 수 있는 까닭이다. 따라서 결혼식을 어떻게 유효하게 연출할 수 있는가 없는가 하는 일은 그대로 한 남편이 결혼 생활에 있어서 얼마만한 위신을 아내의 위에 가질 수 있는가를 결정하는 것이기도 하다.

나는 오늘 아침에 일터로 나오다가 대문간에서 흰 각봉투 한 장을 집었다. 어느 벗이 보낸 결혼식 청첩이었다. 또 저녁이나 한 끼 생기는가 했더니 웬걸 거기는 식장이나 피로연에 대한 이야기는 한마디도 없다. 괘씸한 일이라고 속으로 생각하면서 자세히 살펴보았더니 그것은 '우리는 아무날 결혼했으니 그런 줄 아시오' 하는 결혼 보고서다. 취직 통지서라든지 해고 통지서와 같은 일종의 통지서다. 다만 그것뿐이다. 그것뿐으로 좋았다.

사실 1년에 전 조선 처 놓고 결혼하는 1만 8천2백75쌍(재작년 중 계출된 것만)의 선남선녀가 예식을 위한 거대한 비용과 번뇌를 약(略)하고, 오직 한 장의 결혼 통지서를 발송함으로써 그친다고 하면 경제적 이익은 물론이지만 세상일이 이로 인하여 얼마나 간편해질는지 모른다. 그렇게 되면 천화당이라든지 사회관의 수입은 줄어들겠지만 국가 백년의 대계를 위하여는 매우 좋은 일일 게다.

그러나 당분간 인간 사회에서 지위나 계급이나 품위의 구별이 없어질 때까지는 아마 결혼식이라는 것은 없어지지 않을 것인즉 천화당이나 사회관은 아직도 조금치도 그 전제를 비관할 필요는 없을 것이다. 내 친지의 또 한 사람은 벌써 5, 6년 전 일이지만 매우 신통한 고안을 한 일이 있다. 그는 우선 결혼식은 보통대로 했는데 식이 다 필한 다음에 주례는 피로연만은 적당한 기회에 다시 시일과 장소를 통지하겠다고 손님들에게 선언만 하고 말았다. 그런데 5, 6년이 지난 오늘까지 나는 그 친지의 결혼 피로연에 대한 통지는 받은 일이 없다. 그렇지만 친지는 벌써 옥동자까지 낳았고 사실 그의 결혼식은 피로연마저 첨부한 어느 결혼식보다도 못하지는 않았다.

이야기는 좀 더 근본적인 데로 옮겨 가서 결혼이라는 것은 대체로 우리들 젊은 사람에게 매우 좋은 영향을 미친다는 간편한 생각을 나는 가지고 있다. 그 실증으로 최근 결혼한 두 벗의 집을 오래간만에 찾았더니 우선 그 있는 방의 내부 장식이 괄목상대하게 된 데 놀랐다. 네 개씩 되는 체경(體鏡)과 역시 그렇게 여러 개인 괘종(掛鐘)과 좌종(坐鐘)과 자명종(自鳴鐘) 그리고 약간의 자수 액면 등 그것들은 새로 말쑥하게 도배한 벽을 배경으로 하고 각각 적당한 장소에 또는 부적당한 장소에 배치되었다. 그리고 그 너저분하던 테이블과 책장이 놓였던 자리는 백화점에서 금방 실어 들인 듯한 장롱과 양복장들이 빼앗았다. 그러니까 벗의 넥타이는 당분간 삐뚤어질 염려가 없고 또한 회사에도 지각할 리도 없을 게다. 그리고 그 가난 속에서 어떻게 살림을 해 가랴 하고 그 건강까지를 염려한 벗의 얼굴은 오히려 윤기가 돈다.

그러니까 우리는 조금도 스트린드베리나 버나드 쇼처럼 그렇게 결혼에 대하여 비통한 생각을 가질 필요도 없고, 구태여 미소니스트가 되어서 천하의 여성의 분노를 살 필요는 없다. 그러나 동시에 눈에 띄는 일은 그들 신혼 가정의 모든 실내 장치의 지휘자는 아마도 신부의 편이며 신랑의 의견은 지극히 적은 분량밖에는 그 속에 참가하지 못한 것 같은 점이다. 그것도 그럴 법한 일이다. 역사 있은 이래 5천 년을 남성의 독단 아래 출도할 수밖에 없었던 것이 여성해방의 소리가 들려온 지도 벌써 수십 년 오늘의 여성이 비록 가정에만이라도 지배권을 회복하는 일에는 신사는 이의를 신청해서는 아니 될 것이다.

그러나 지극히 공식적인 논리의 제약에서 제군과 함께 나를 구원하는 것이 나의 수필의 의도였으니까 제중에서 돌연 내가 페미니스트로 표변할지라도 제군은 관대해 줄 줄 믿는다. 나는 신혼 생활이 우리 젊은이들에게 좋은 영향을 미친다고 앞에서 말했다. 그런데 그렇게 축복받은 결혼 생활이 때때로 예상하지 않았던 불행을 불러오는 것은 무슨 까닭일까. 나는 그 가장 유력한 결혼 생활의 파괴자의 하나가 바로 질투라는 감정인 것을 발견하였다.

결혼 전 혹은 그 후에 다른 이성과 바꾼 한 장의 엽서나 실로 지극히 적은 명함판 사진 한 장이 뜻하지 아니한 커다란 가정 풍파의 원인이 되는 것을 우리는 구경한다. 19세기 말엽 이래 여러 신결혼관 — 예를 들면 엘렌 케이, 러셀, 콜론타이, 린제 등 — 에 의하여 우리의 결혼에 대한 생각에 많은 변천이 있었을 성싶건만 오히려 실생활에 있어서는 이 질투라는 감정은 벌써 맹장의 지위에 떨어졌어도 좋았을 것이다. 그렇게 되었으면 우리들의 결혼 생활은 지금보다 얼마나 더 명랑해졌었을지 모른다. 우리는 거리에서 적어도 지금처럼 그렇게 많이 이마에 주름살을 세운 젊은이들을 만나지 않고도 견디었을지 모른다.

또한 인류가 질투라는 감정을 아주 떼어서 휴지통에 집어던졌다면 첫째 질투 문학의 최고봉인 셰익스피어의 희곡 「오셀로」는 그 매력을 잃어버리고 말 것이다. 그리고 인간의 고질인 질투라는 것을 유일한 극적 갈등의 테마로 삼아서 속중(俗衆)의 눈에 아첨함으로써 존속하고 또 번영하는 세상의 그 불결한 대중문학 따위는 곧 없어지고 말 것이다. 남녀간뿐 아니라 나아가서 친구간이라든지 모든 사교에 있어서 국제간에 있어서 이 질투라는 부정물(不淨物)을 완전히 씻어 버릴 수 있다면 이 지상의 밤은 현재 우리가 느끼고 있는 것보다는 훨씬 덜 어두운 것일지도 모른다.

　어째 제군은 지금쯤은 이 질투라는 망상은 수술해 버려도 좋다고 생각해 본 일은 없는가.

―《조선일보》(1934. 12. 6~9)

초침(秒針)

소설가 A와 함께 거리를 걸으면 그는 실로 번거로울 만치 지나가는 사람들과 주위의 사물을 거의 빼놓지 않고 둘러보는 바람에 나는 가다가도 말고 돌아서서 그를 기다려야 한다. 그럴 적마다 나는 속으로 소설가란 아마도 저렇게 사소한 일에조차 일일이 주의해야 하는 종족인가 보다 하고 감명한다. 또 이러한 점잖지 못한 버릇을 숙명적으로 피할 수 없는 소설가가 되는 것은 삼가 평생에 원하고 싶지 않다고 생각했다.

그러던 것이 그와 여러 번 함께 걷는 동안에 어느덧 나에게도 그 버릇이 전염되고 말았다. 사실 거리에서 한길에서 보고 만나는 일과 사람을 요모조모로 눈여겨보면 볼수록 흥미가 솟는다. 그래서 요즈음은 한눈을 몹시 팔아야 되는 그 점잖지 못한 버릇을 업신여기지 않기로 했다.

가령 전차 안 같은 데서 함께 탄 여러 남녀들의 구두만을 볼지라도 가만히 보면 그 모양들이 참말 천차만별이다. 더우기 굽이 닳은 모양이라든지 끈을 맨 맵시라든지 심지어 신코가 추어든 모양까지가 하나도 같지 않다. 그 위에 그것을 통해서 그 임자의 성격, 직업, 주벽, 계급 혹은 댄스의 교졸(巧拙), 가정에 있어서의 그의 권위 등마저 상상할 때에는 흥미는 백배한다.

나는 또한 때때로 그 사람들의 얼굴을 비교해 본다. 그런데 얼굴에 달린 것 중에서 제일 우스워 보이는 것은 그 벌쭉한 귓바퀴다. 암만해도 그것은 필요 이상으로 삐죽히 올라갔다. 한동안 민감한 젊은 여자들은 그것을 아주 머리 속에 감추고 다녔는데 그때에조차 그들의 얼굴에서 그것이 없어졌다고 해서 아무도 이상하게 생각지는 않았다. 실용상으로나 미관으로나 그렇게 소용이 신통치 않은 것이라면 그것을 보육하기 위하여 우리는 얼마만한 영양상 칼로리를 부질없이 소비하는지 모르겠다.

그러다가 어느 날 오후에 나는 갑자기 귓바퀴에 대한 나의 편견을 수정해야 했다. 만약에 제군이 정오 조금 지난 태평통 큰 거리를 지나면 제군은 쉽사리 귓바퀴에 연필을 걸고 양복바지에 두 손을 꾹 박고는 맨머리 바람에 점심시간의 남은 몇 분을 산책에 소모하는 수많은 준 제4계급자들을 만날 것이다. 아담 이브의 그 옛날에 벌써 오늘의 봉급생활자들의 연필을 걸 편의를 위하여 귓바퀴가 마련되었다고는 아무래도 생각되지는 않는다. 결국은 사람의 육체란 노예에도 아무것에도 알맞도록 천하게 마련된 것 같다. 그러니까 귓바퀴에는 3H 연필도 걸릴 수 있는 게다. 그래서 심장과 클로버 잎사귀의 모양을 닮은 빨간 입술은 맹서도 할 수 있고 아첨도 할 수 있고 또 경우에 따라서는 우국의 열변도 토할 수 있고 모함도 할 수 있는가 보다. 그러나 나는 인젠 관할하는 버릇에서 적당하게 구원을 받아야겠다.

오늘도 나는 그 버릇 때문에 일을 하다 말고 바로 바른편 벽에 걸려 있는 전기시계를 쳐다보고야만 말았다. 그것은 분침 이외에 방정맞게도 초침마저 가지고 있어서 1초 1초 지나가는 것이 너무나 아프게 내 시각을 때린다. 더군다나 나의 의자는 불행하게도 나의 생명의 모래알이 한 알 두 알 간단없이 새어 버리는 것을 언제든지 쳐다볼 수 있도록 가장 적당한 위치에 놓여 있다. 나는 다른 모든 관찰의 이익을 버리고라도 이 초침의 관찰에서만은 벗어나고 싶다. 요즈음 와서는 그것은 나의 뭇생각 중에서 가장 주요한 자리로 뛰어올랐다. 그래서 나 자신뿐 아니라 내가 만나는 모든 사람의 얼굴에서조차 이 간단없는 초침의 운동을 환각한다. 오늘 아침에 일터로 나오던 길에 만난 여자의 일만 하더라도 이 초침의 연상이 없었던들 나는 간단히 잊어버릴 수 있었을 것이다.

   전차 정류장에서 우연히 만나서 눈이 둥그래진 그 여자는 5년 전이나 마찬가지로 미인이었다. 그러나 나는 끝끝내 그의 얼굴에서도 쉴 새 없이 돌아가는 초침을 바라고야 말았다.

   불란서 분, 아메리카 루즈 등등…… 비싼 화장품 효과의 슬픈 한도 — 그것들은 암만해도 그 여자의 두 눈자위에 세월이 긋고 간 미운 주름살을 지워 버리지는 못했다. 봄을 쓰라는 편집자의 주문인데도 한 줄의 봄조차 쓰지 못하고 나는 지금 퇴근 시간이 가까운 오후 네 시의 사무상(事務床)에 기대서 지칠 줄 모르고 달려가는 초침을 노려보고 앉아 있다. 그러고는 쓰다가 말고 찢어 버리는 원고지만 휴지통에 집어던진다. 그러면 나는 봄의 주문에 응하는 대신에 이 봄이 아닌 음산한 시고(詩稿)나 돌릴까 보다.

   생활의 바다 생활의 사하라
   잔인한 시간의 흔적만이 남는
   찢어진 일기장만 휴지통에 차 가는 사이에
   과거 속에 값없이 쌓여 가는 무수한 청춘

이윽고 망각이라 부르는 그 결백한 소제부는

휴지도 청춘도 함께 쓸어 가지고

역사도 모르는 무한의 바닷가에 내버릴 테지.

—《조선일보》(1936. 2. 28)

전원 일기의 일절(一節)

원산(元山)

수부(水夫)들은 바닷가의 이 작은 표착물을 도시 단념할 수 없나 보오.

그러한 까닭에 일요일이 되면 그들은 선술집의 술대에 기대어 마코를 피우기 위하여 먼 항해로부터 돌아오오.

정거장에만 닿아도 사람들은 해양 횡단의 기선의 갑판 위에서와 같이 바다의 이야기를 들어야 할 의무를 느끼게 되오.

여름이 되면 산속에 있는 도시로부터는 수없는 사나이와 여자들이 이 바닷가에 가벼운 로맨스와 책임 없는 행복을 잊어버리고 가기 위하여 기차를 달려오오.

행복을 미워함

바다의 푸른 애무(愛撫)에 젖는 것은 분명히 행복한 일이라고 생각하오.

더욱이 그대의 가슴을 시름없이 어루만지는 물결의 작은 발들이 실상은 먼 수평선을 걸어왔다는 것을 상상할 때에 —

행복에 대하여 사람들은 제각기의 의견을 가지고 있소.

어떤 때는 저 구름과 산 너머 행복은 산다 하오. 해초들의 옥도(沃度)빛 수풀 속에서 신선한 해어(海魚)들과 함께 산다고도 하오.

그러나 행복이여 —

나는 그대를 미워하오. 그대처럼 공평치 못한 놈이 또 어디 있겠소. 그대는 언제 그대의 뒤에는 결코 불행이 오지 않는다고 보증한 일은 없지 않소.

행복 — 틀어쥐면 어느새 손가락 사이로부터 새어 버리는 교활하고 잔인한 순간이여 —

풍경

지방이 넘쳐흐르는 포플러의 건강한 잎사귀들의 푸른 면이 끊임없이 쏴 내리는 태양의 광선을 튀겨 올리는 아침 —

기차는 녹색의 풍경을 종단하고 북으로 북으로 달리오. 기름진 검은 물에서 얼룩소들이 목욕하는 동안을 언덕 위에서 휘파람 불며 기다리는 사나이가 있소. 폭풍우가 지난 뒤라고 하는데 난폭한 그 놈도 억센 이 땅 위에는 아무러한 흔적도 남기지 못하였소.

함흥(咸興)

함흥 —
오 — 너는 좀 더 대담히 될 수 없느냐.
검은 산(山) 모롱이 밑에 쪼그리고 앉은 지극히 동양적인 가난한 마음이여 — 태양을 머금은 유리성(琉璃性)의 공기가 비눗방울처럼 뛰노는 탄력성의 벌판으로 나오지 않으련. 거리여 —

너는 어째서 아낌없이 바다에서 밀어 보내는 시원한 바람의 넓은 가슴에 안기기를 꺼려 하느냐.

화사한 얼음 장화를 신고 흰 털이 돋힌 눈보라 외투를 입은 겨울이 이윽고 이들을 찾아올 것만 무서워하는 조심스러운 너의 심장.

방설림(防雪林)

시월 그믐께로부터 3월 초승까지의 사이에 기차를 타고 여기를 지나는 사람들은 가끔 장난 심한 눈보라들의 교통 방해 사건을 목격하오.

여름에 여기를 지났더니 연선마다 방설림이라는 흰 목패(木牌)를 붙인 어린 아카시아 수풀들이 보였소. 이 센티멘털한 작은 나무의 종족들은 이윽고 겨울이 오면 산발을 넘어 들어오는 눈보라의 습격에 대하여 무장하도록 훈련을 받고 있소. 철모르는 사랑스러운 신입병 —

바다의 즉흥시(卽興詩)

먼 구름들의 침실 가에 뚜렷이 일직선을 그리는 대담한 수평선을 나는 사랑하오.

그의 마음의 아가멤논과 같은 대담(大膽)을 —

넓은 바다는 태양의 놀이터 — 그는 아낌없이 그의 백금 바구니를 바다의 푸른 치마폭 위에 쏟아 놓았소.
　갑자기 방파제 위로 기차가 고함치고 간 까닭에 몸서리치는 모랫가의 잠든 작은 물결의 아이들. 미소하는 바다의 가슴 위에 뜬 한 폭 흰 돛의 행복.

파시스트

　수평선 위에는 푸른 공기의 밀층(密層)의 층계가 있소.
　작은 수증기의 아이들이 층층계를 가볍게 밟고 올라가오.
　해안의 소나무들은 바람의 방향에 대하여 절대의 복종을 표시하고 있소.
　그러므로 바닷가의 바람은 흑의(黑衣)를 입지 않은 파시스트라오.

슬픈 의무

　사람이 소나 말이나 기계 대신에 수레를 끌고 달아나는 고전적인 풍경을 이 북국에 와서까지 나는 무슨 까닭에 보아야 할 의무가 있을까.

남편은 잔인하오

　석양이 되면 잔인한 바람은 또다시 방천 위의 버드나무들의 머리채를 휘두르려 바다로부터 불어오겠지. 북국에서 흔히 하는 남편들의 습관과 같이 ─

고향

고향 —
나는 이렇게도 보잘것없는 태작(駄作)을 본 일은 없오.
아주 잊어버릴 작정으로 나는 몇 번이고 낡은 기억의 책장 속에 집어던졌소.
그렇지만 기러기 북쪽으로 가는 새벽이나 여윈 달이 둥글어 가는 밤 벗들이 떠들고 돌아간 뒤면 이상하게도 끄집어내 보고 싶은 그 페이지 —
영구히 나의 기억 속에 뿌리 깊은 둥주리를 틀고 있는 독수리 — 그의 이름은 나의 고향이라 하오. 어린 시절의 철모르는 꿈, 작은 로맨스, 질투, 분격, 복수, 믿을 수 없었던 약속 — 그것들은 곱게 파묻어 둔 커다란 분묘 — 그러나 과거라는 질서 없는 추적 속으로부터 뛰어나오는 채색된 환상의 무지개를 나는 도시 말살 할 수가 없소.
오늘도 나는 오래간만에 이 먼지 낀 낡은 책 페이지를 저도 몰래 어느새 뒤적이고 있었던 것이다.

아버지

처음 서울을 떠날 때에 그리고 파사로프의 좋은 제자가 되기를 맹세하고 마지막 하직 인사를 하러 그의 방으로 들어갔을 때에도 그 눈에 눈물을 보여준 일이 없던 강한 아버지 —
오늘 갑자기 돌아온 아들 앞에서 주먹으로 얼굴을 가리고 돌아서는 약한 아버지 — 순간 나는 아버지의 이마 위에서 친근하게 입맞추는 그 무엇의 회색 그림자를 보았소.

이윽고 그와 나의 사이를 가를 영구한 이별의 예상은 나의 머릿속에 멜랑콜리의 파수를 일으켜 놓았소.

그 거친 물결은 나의 못 이성(理性)의 방파제를 넘쳐서 나의 감정의 세계를 뒤흔드오. "어버이 편으로 말하면 원근법의 이상한 법칙에 의하여 눈앞에서 커져 가는 그놈이 점점 자신으로부터 멀어 가는 것이다."(콕토의 「포토막」에서) 비극은 확실히 아들에게 있어서보다 어버이들에게 있어서 더 심각하나 보오.

―《조선일보》(1933. 9. 7~9)

동양의 미덕

흔히 문화의 발생을 위해서는 여유가 있어야 한다고 한다. 그래서 우리는 항용 시간과 물질의 여유가 없어서 아무 일도 아니된다는 탄식을 우리의 주위에서 듣는다. 그러나 그 역은 반드시 진리가 아니다. 그 반증으로 나는 얼른 미국을 들 수가 있다. 물질과 시간이 함께 너무 많아서 걱정이면서도 나는 근자에 「피페 르 목코」에 필적하는 미국 영화를 그리 본 일이 없다. 임화(林和) 씨가 어떤 사석에서 미국 사람이 애수를 알기 시작한 것은 미국에 문화가 생겨나는 증거라고 말하는 것을 들은 기억이 있다. 옳다. 연애나 골프나 드라이브나 외식에 행복스러운 동안 사람들은 문화에 대한 화제를 건드리려 하지 않는다. '일하고 놀고 사랑하고 신앙하는 것'을 미국 사람들은 생활의 최고 이상이라고 한다. 한 주일 동안 출근한다. 주말에는 해변이나 유원지로 가는 차를 탄다. 테니스를 하고 카드를 치고 그리고 가족이나 애인을 적당히 사랑한다. 일요일에는 예배당으로 가서 목사님의 설교를 들어 흘려 버린다. 그래서 그들은 세계에서도 가장 행복스러운 국민이라고 자처한다. 그러나 그것으로 인생은 족한가. 가령 그러한 엘도라도나 천국에 초대된다고 하면 헉슬리 씨나 지드 씨의 위복(胃

腹)이 이 자양이 많은 행복의 향연에 잘 견디어 나갈까 나는 의심이 난다.

행복이라는 것은 일종의 가사 상태(假死狀態)라고 나는 생각한다. 아름다운 아내를 동반한다든지 귀여운 아기들을 안고 데리고 저녁 거리를 산보하면서 소크라테스의 머리에 위대한 사상이 움직였으리라고는 생각되지 않는다. 신혼여행 중에 발생했다는 철학을 나는 아직 구경한 일이 없다. 이러한 서양적 행복의 내용에 하나 더 동양적인 조건을 가할 때, 나는 비로소 그 행복에 견딜 수 있으리라. 그것은 명상이다. 호화스러운 궁전이나 휘황한 야회를 차라리 피해서 한 떨기 수선화를 가꾸거나 어린 사슴의 등을 어루만지는 시간에 오히려 더 행복을 느끼는 경우가 있다. 역시 그것은 동양의 미덕의 하나인가 보다. 혹은 가족과 사무를 함께 버리고 혼자서 산이나 바다로 간다든지 그렇지 않으면 가족을 모두 시골이나 극장으로 보내 놓고 다만 혼자 자빠져서 달을 쳐다보는 괴벽의 효용을 가장 잘 아는 것은 역시 동양 사람일 성싶다. 위대한 시나 법칙이나 설계나 정책이 우연히 머리에 떠오르는 것은 사실은 전화 소리와 내객과 서류에 압도되는 시간이 아니고 이러한 게으른 시간이라고 하는 것은 주목할 일이다. 그러니까 내가 만약에 어느 회사의 중역이 된다면 나는 유능한 사원은 가끔 여비를 주어서 온천으로 보내겠다. 격무와 저녁밥과 잠자리와 아침밥과 격무 사이를 매일같이 왕래하는 것만이 일생이라면 역사가는 아무러한 새로운 돌발 사건도 이 세상에서 기대할 수 없을 것이다. 미국식 비즈니스 시스템은 말하자면 사상의 침입을 교묘하게 제외해 버린 당선 스케줄이다. 포드 씨가 무서워하는 것도 사실 사상의 탄생이었다.

나는 물론 '노승(老僧)이 망세월(忘歲月)하고 석상(石上)에 간홍운(看紅雲)'하는 그러한 허무에의 도망을 권하는 것은 아니다. 동양에는 확실히 그러한 유의 명상이 횡행했다. 굴욕과 무위에 찬 낡은 동양의 풍속이다. 젊은 동양이 가지고 싶어 하는 것은 그러한 미풍은 아니다. 흘러가는 구름 위에도 오히려 역사의 물굽이를 그려 보고, 바람 소리 속에서도 세기의 잡답 밑에서 꿈틀거리는 새로운 동향을 만져 보는 일이다. 고독과 정밀(靜謐) 속에 있는 때 비로소 우리는 일상적인 잡념을 거두어 버리고 본질적인 것과 가장 잘 마주 설 수 있는 때문이다.

―《문장(文章)》(1939. 9)

단념(斷念)

살아간다고 하는 것은 별게 아니었다. 자꾸만 단념해 가야 하는 것 — 그게 인생인 것 같다. 산 너머 저 산 너머는 행복이 있다 한다. 언제고 그 산을 넘어 넓은 들로 나가 본다는 것이 산골 젊은 이들의 꿈이었다. 그러나 이윽고는 산 너머 생각도 씻어 버리고 아르네는 결혼을 한다. 머지않아서 아르네는 4, 5남매의 복 가진 어버이가 될 것이다. 이렇게 세상의 수많은 아르네들은 그만 나폴레옹을 단념하고 셰익스피어를 단념하고 토마스를 단념하고 렘브란트를 단념하고 자못 풍정랑식(風靜浪息)한 생애를 이웃 농부들의 질소(質素)한 관장 속에 맞추는 것이다. 그러나 모든 것을 아주 단념해 버리는 것은 용기를 요하는 일이다. 가계를 버리고 처자를 버리고 지위를 버리고 드디어 온갖 욕망의 불덩이인 육체를 몹쓸 고행으로써 벌하는 수도승의 생애는 바로 그런 것이다. 그것은 무에 접하는 것이다.

그런데 이와는 아주 반대로 끝없이 새로운 것을 욕망하고 추구하고 돌진하고 대립하고 깨트리고 불타다가 생명의 마지막 불꽃마저 꺼진 뒤에야 그치는 생활 태도가 있다. 돈 후안이 그랬고 베토벤이 그랬고 「장 크리스토프」의 주인공이 그랬고 랭보가 그랬고 로런스가 그랬고 고흐가 그랬다. 이 두 길은 한 가지로 영웅의 길이다. 다만 그 하나는 영구한 적멸로 가고 하나는 부단한 건설로 향한다. 이 두 나무의 과실로 한편에 인도(印度)의 오늘이 있고 다른 한편에 서양 문명이 있다. 이러한 두 가지 극단 사이에 있는 가장 참한 조행 갑(操行 甲)에 속하는 태도가 있다. 그저 얼마간 욕망하다가 얼마간 단념하고…… 아주 단념도 못 하고 아주 좇아가지도 않고 그러는 사이에 분에 맞는 정도의 지위와 명예와 부동산과 자녀를 거느리고 영양도 갑을 보전하고 때로는 표창도 되고 해서 한편 아담한 통속소설의 주인공의 표본이 된다. 말하자면 속인 처세의 극치다. 20대에는 성히 욕망하고 추구하다가도 30대만 잡아서도 사람들은 더욱 성하게 단념해야 하나 보다. 학문을 단념하고 연애를 단념하고 새로운 것을 단념하고 발명을 단념하고 드디어는 착한 사람이고자 하던 일까지 단념해야 한다. 30이 넘어가지고도 그저 시인이라는 것은 망나니라는 말과 같다고 한 누구의 말은 어쩌면 그렇게도 신통한 명구(名句)냐.

약간은 단념하고 약간은 욕망하고 하는 것이 제일 안전한 일인지도 모른다. 아름다운 단념은 또한 처량한 단념이기도 하다. 그러나 예술에 있어서도 학문에 있어서도 나는 내 자신과 또 친한 벗에게는 이 고상한 섭생법을 권하고 싶지는 않다.

"일체냐. 그렇지 않으면 무(無)냐."

예술도 학문도 늘 이 두 단애(斷崖)의 절정을 가는 것 같다. 안온(安穩)을 바라는 시민은 마땅히 기어 내려가서 저 골짜기 밑바닥의 탄탄대로를 감이 좋을 것이다.

—《문장》(1940. 5)

웅변(雄辯)

　언어의 마술성이라고 하는 것은 일종의 원시적 유물의 하나로서 주문(呪文), 축문(祝文), 경문(經文) 같은 것이 그 전형적인 예다. 그래서 주문이나 경문으로 귀신을 퇴치하였다는 고담 전설은 우리뿐 아니라 모든 나라 사람들이 수두룩하게 가지고 있다. 오늘에 와서 그 잔해는 가령 러브레터·광고문·진정서 같은 데 적지 않게 남아 있다. 그것들은 모두 다소간은 사실 이상의 언어적 과장의 힘으로써 상대편을 감동시켜려는 기교에 있어서 공통된 까닭이다.

　웅변은 처음에는 신의 제단에서 시작된 것으로 신을 감동시키려는 사람의 교지(巧智)였다. 그것이 매너리즘에 떨어지면(다른 것이 모두 그런 것처럼) 감동하는 것은 신도 아무것도 아니고 차디찬 수사법의 잔해만이 남았다. 그래서 웅변에서 수사학이 발달되어 그것은 문법·논리학 등과 함께 중세 대학의 중요한 과목이 되었다.

　웅변이 청중과 얼려서는 늘 항의의 형식으로 발달하였다. 브루투스의 연설은 시저에 대한 항의였고, 안토니오의 웅변은 또한 브루투스에 대한 비난이었다. 하늘 아래 과실 없는 사람이 있을 리가 없은즉 웅변의 기회는 고래로 아무 데나 딩굴고 있는 셈이다. 다만 '입은 화단(禍端)의 장본(張本)'이라는 속담이, 아무 시대에고 수 없었을 웅변가를 파묻어 왔을 따름이다.

이렇게 항의자로서의 웅변가는 늘 공격의 상대를 찾아 분격해야 한다. 일국 일당일 경우에는 설봉(舌鋒)은 날카롭게 외적에게로 향한다. 그래서 여당이란 겨우 여변(麗辯)의 온상이었고, 야당만이 늘 웅변의 분화구였다. 독군(獨軍)의 진격 앞에 위기가 절박하기까지는 근자의 영국 의회에는 웅변다운 것이라곤 하나도 없었다. '신이 주신 최대의 힘으로 싸우련다'라고 부르짖은 처칠은 실로 오래간만에 웅변의 찬스를 붙잡았던 것이다.

근자의 수사학이 거의 있는지 없는지 모를 정도로 자취가 희미해지고 만 까닭은 그것이 오직 어법의 변화에만 망설이고 있고, 웅변의 성립을 위한 시추에이션과 인간의 심리 같은 것에 도무지 눈을 돌리지 않는데 까닭이 있었는가 한다.

사실 사람들은 웅변가가 되기보다는 3류 시인이 되고 원장이 되고 지배인이 되는 것이 얼마 분격하지 않고 지낼 수 있다는 감정의 위생학을 잘들 깨닫고 있다.

—《조선일보》(1940. 7. 20)

퍼머넌트

　이번에는 참말 '영구히 떠납니다.' 하고 비장하게 악수를 하고 그리고 차를 타던 친구일수록 대개는 어김없이 히히 웃으며 뜻하지 않은 어느 날 도로 뛰어드는 것이다. 또 '나는 당신을 영구히 사랑합니다.' 하는 말은 모든 영화나 연애소설의 주인공들이 반드시 한 번씩은 입에 올려 보는 말이언만 그렇게 말한 애인일수록 오래지 못해 배반하고 마는 것은 반드시 소설이나 영화에만 있는 일이 아니다. 영구히 실로 '영구히'라는 말은 연애의 장래에 차라리 불길한 징후를 보이는 문구인지도 모른다.
　그러나 다시 따져서 살펴보면 그 말의 의미가 실은 이전보다 적지 않게 변해 왔던 것이다. 아브라함의 아내가 '영구히'라고 말했을 때 그것은 적어도 3, 4백 년의 기간을 가리킨 것이었고 빅토리아조의 사람들은 아마 적어도 '일생 동안은'이라는 의미로 이 말을 썼겠지만 지금에 와서는 기껏 가야 한 2, 3년 항용은 한 7, 8개월의 의미로나 쓰는 것일까.
　겨우 여섯 달을 견디나 마나 한 전발(電髮)을 가리켜 공공연하게 '퍼머넌트'라는 말은 영어에서는 '영구히'로부터 '항구적' 내지는 '내구적(耐久的)'에 이르는 의미의 농담(濃淡)의 차가 있다. 이런 말하자면 언어의 약점을 붙잡아서 곧 이용하려는 것이 상인의 기민(機敏)이다. 그래서 한 1년 가는 상품도 모두 퍼머넌트 A, 퍼머넌트 B 등등으로 통용된다. 그 과의 하나가 현대 동양 여성의 퍼머넌트 웨이브로 되어 '영구히'라는 말이 겨우 '6개월간'이라는 뜻으로 타락된 것이다. 그래서 오늘의 숙녀에게 결코 거짓말을 한다는 의식 없이 아무렇지도 않게 이 말을 쓸 수 있는 구실을 주었다.

언어의 타락의 뒤에는 반드시 모럴의 타락이 배경이 되어 있다는 것은 퍽 재미있는 일이다.

—《조선일보》(1940. 7. 17)

도망

 괴테는 자주 연애에서 도망했다. 범죄인도 도망하지만 불평가도 도망한다. 여행에서 일종의 모반감과 낭만주의를 즐기는 것은 전후 불란서의 도망 문학(逃亡文學)이었다.
 철로의 발달이 일반의 도망욕을 몹시 자극한 것은 사실이다. 수없는 휴대범인(携帶犯行), 인처유인(人妻誘引), 무임승차(無賃乘車) 등에 대하여 철도 당국도 다소 책임을 느껴야 할 것이다.
 구라파에서는 실연 청년은 서편으로 아메리카로 갔다. 유령(幽靈)도 서(西)로 갔다. 조선서는 이전이면 만주로 갔다. 지상에 미개한 대륙이 점점 더 남아 있지 않게 되었다는 것은 도망주의자에게 있어서는 치명적이다. 도망을 계획하는 것은 역시 젊은 사람의 특권인가 보다. 「탈출기(脫出記)」가 애독된 까닭도 여기 있다.
 만연히 여행을 하는 사람은 그러니까 다소간은 도망자다. 당국이 만연 도항자를 취체하는 것도 아마 그 까닭이리라. 기왕 도망인 바에는 두 번 갈 것을 한 번에 줄여서라도 3등차보다는 1등차가 좋다. 신분과 지위와 수입의 고려를 무시하고 잠시 파산(破産)의 환영(幻影)을 즐겨 보는 것도 이런 때다. 차창 밖에 내다보이는 수풀, 시내, 들, 바다 할 것 없이 자연은 언제고 인생보다는 아름다운 것을 가지고 있다.

다만 요즈음 특히 함경선 방면의 2등차를 타면 악골(顎骨)과 복부(腹部)가 부당하게 발육이 좋은 부류의 인사 외에 반드시 한두 사람씩 주장 산맥이라든지 화물 자동차에 대하여 실로 선풍기를 압도할 소음을 일으키면서 떠드는 것을 참을 각오를 해야 한다. 음성으로 미루어서 그들이 회화를 길들인 곳이 주로 야외였던 것을 짐작할 수 있으나, 그렇기로서 마치 그들이 사람들의 안면(安眠)조차를 방해할 권리가 있다고 자부하는 것은 좀 딱하다. 철도국은 이런 승객을 위해서는 어째서 무개차(無蓋車)를 준비하지 않는지 모르겠다. 과잉된 지방질의 출처에 대하여 자주 궁리하게 만드는 승객도 있다. 역시 창밖에 바다나 수풀이나 시내가 나섰다.

차삯의 고저가 아니라 무슨 다른 방법으로 1등차를 타는 권리를 정한다면 훨씬 사람들의 도망은 더 유쾌해질 수가 있으련만—.

─《조선일보》(1940. 8. 2)

공분(公憤)

　전차나 버스를 타면 저마다 성이 난 것 같다. 차장도 성이 났고 승객도 성이 났고 거기다가 운전수마저 성이 났다. 요새 같아서는 차 안에서 그만 잘못해서 옆사람의 발등이라도 밟을 수 없고 차장이나 운전수에게는 될 수 있는 대로 이편에서부터 친밀하려고 애를 써야 한다. 나는 대체 이 인민이 언제부터 이렇게 신경질이 되었을까 하고 생각해 본다.
　신경질이란 쇠약의 징후지 결코 건강의 표지는 아니다. 그런데 신경쇠약은 현대 문명의 둘도 없는 자랑스러운 소산이라 해서 환자는 오히려 그 병명을 명예스럽게 생각하는 눈치다. 신경이 굵다는 말을 현대인은 곧 모욕이라고 탄해 가지고는 또 노할 구실을 삼는다.
　현대의 그 난만한 신경질의 교사자(敎唆者)는 물론 문명 그 물건일 것이다. 그리고 갖고 싶은 것이 무수하게 번식하고 또 그 자극이 쉴 새 없이 연달아 오니까 거기 따라서 사람들의 욕망의 창고에는 빈 구석만 늘어 갈밖에 없다. 그 빈 구석을 메꾸고 타오르는 것은 울화(鬱火)의 불길이다. 가벼운 급료 봉투를 받아 가지고 날이 날마다 가족과 빈대가 웅실웅실하는 남의 집 건넌방으로 돌아가야 하는 차장 아가씨더러 어디 저 카네기 부인처럼 온후한 표정을 한번 지어 보라고 하는 것은 좀 억지일지 모른다.

거기다가 사람들은 따로는 분노를 정책으로까지 써야 되니 그들의 조건반사는 날로 더 완벽에 가까워 갈 뿐이다. 가령 영국에서는 누구나가 감옥 이외의 곳에서는 히틀러 씨에게 향하여 적어도 분노를 품을 의무가 있을 것이다. 사정은 독일에 있어서도 꼭 마찬가질 것이다. 나는 당분간 구라파에서 신경쇠약이 물러가리라고는 생각할 수가 없다.

가정에서 신경질이 아닌 남편, 직장에서 신경질이 아닌 사무원을 만나 보기에는 그러므로 현대는 가장 부적한 장소일지 모른다. 나는 가령 가족들의 정서 생활을 존중하여 사무소에서부터 나의 신경질을 억지로 무장해제를 하고는 집으로 돌아가는 버릇을 붙여 본다.

서로서로 대수롭지도 않은 작은 일에 노하지 않는 노력을 하고 싶다고 생각한다. 기실 여차장의 불친절에 성을 내기 전에 우리는 과장이나 주임을 아니 그보다도 전기회사 그것을 책해야 할지도 모르고 그 딱딱한 승객이나 운전수는 오늘 아침 자기 집에서 세상에서도 가장 불행한 남편이었을지도 모른다. 만약에 그러면 성을 내 볼 기회가 우리에게는 영영 없지 않느냐 하고 기어이 노해 보고 싶다는 사람이 있다면 그것은 아무 일도 없는 것이 그는 달리 얼마든지 성을 낼 기회를 참을 수 있을 것이다. 군이 공공의 이해에 관해서든지 공공의 부정에 대해서 노하는 것이라면 아무리 열화와 같이 노한다 할지라도 그것은 신도 사람도 더 말리지 않을 것이다. 공분을 질병으로 취급한 의사는 아직까지 없다. 건전한 사회에서는 그것은 차라리 국민의 미덕으로서 장려된다.

―《조광》6권 10호(1940. 10)

행복

행복이라는 것은 일종의 영토 관념이라고 생각한다. 그러기에 현명한 사람들은 그것을 지도나 특정한 물체 또 인물에 기대한다. 그러나 어떤 공상가들은 그것을 닥쳐 올 시간의 연장 위에 설정한다.

그러므로 독일 민족의 행복을 우크라이나나 아프리카 식민지에 상정하여 늘 민중의 식욕을 자극한 히틀러는 현실주의적 행복론자의 대표일 것이고, 행복에 대하여 연완(嚥婉) 수백 페이지를 우회한 끝에도 결국은 행복에 도달한 것이 아니라 그 투명한 예지의 사해(死海)에 도착하고 만 알랭은 말하자면 패배주의적 행복론자인 셈이 된다.

행복을 찾던 나머지 행복을 단념함으로써 행복을 찾으려고 한 스토아 사상은 말하자면 행복론의 한 패러독스이지만 영토적으로는 그것은 '무(無)'의 세계에 행복을 설정한 것에 지나지 않는다.

그러나 콜럼버스의 행복이라는 것은 반드시 서인도에만 있은 것이 아니고 실로 항해 그것에도 있었다는 것을 우리는 왕왕 잊어버리기 쉽다.

만약에 어느 날 아침 슬그머니 콩고나 우크라이나를 예쁜 포장지에 싸서 히틀러 씨에게 선물을 한다고 해도 그것으로 그가 갑자기 행복해지리라고는 생각되지 않는다. 그 뒤에도 그는 여전히 불행할지 모르고 또 다른 우크라이나, 콩고를 그릴 것 같다. 왜 그러냐 하면 그의 취미는 적지 않게 그의 거수의 예(禮), 연설, 전격전, 콩피에뉴의 회견 등에도 있은 때문이다.

그러므로 나는 거리를 걸어가는 성장(盛裝)한 부인이나 성대한 결혼식에 때로는 최대한 불행을 직감하는 대신 한 포기의 토마토를 정신없이 가꾸는 농부, 밤을 새 가며 실험관을 들여다보는 과학자에게서 차라리 최대의 행복을 바라보는 적이 있다. 나는 비로소 플로베르가 독신으로도 지낼 수 있는 이유를 안 듯싶다. 그의 행복은 실은 그의 '일' 속에 있었던 것이다. 굳이 그것을 헛 데로 찾아다니는 동안 그는 지상에서 가장 불행한 사나이일 것이다.

—《조선일보》(1940. 7. 18)

목의 문제

　봉건시대에게서 물려가진 어마어마한 말의 하나는 아마 목이 달아난다라는 말일 것이다. 영주나 성주의 눈초리를 한번 잘못 맞으면 농노나 상놈 한 사람의 목의 안부는 곧 현실의 문제로 절박해 온다. 그러기에 그들은 실로 그들의 목덜미에 싸늘한 칼날의 감촉을 연상함이 없이는 '목이 달아날라' 혹은 '그놈 목이 붙어 있는 게 성가신가 보다' 하는 따위의 농담일망정 주고받지는 못했을 것이다.
　그러나 현대인은 이런 말을 반드시 목덜미에 대한 어떤 감촉의 예감을 가지고는 쓰지 않는다. 다만 지금도 그보다 못지않은 쌀쌀한 생활난의 연상을 가지고 말하는 것만은 사실이다.
　회사를 쫓겨나면 '목이 떨어졌다'고 한다. 그토록 현대인은 직업과 목을 심각하게도 혼동한다. 만약에 모든 중역 회의가 이 말이 가지고 있는 봉건시대의 그 어두운 역사를 들은 일이 있다고 하면 그 피 없는 집행서에 도장을 찍기 전에 한번씩은 더 신중히 생각하게 될 것이다. 어원학자의 사회적 효용은 이런 데도 있을지 모른다.
　다만 현대의 목은 중세의 목과 달라서 이 회사의 의자에 걸어

놓았다가도 또 저 관청 입구에 걸어 놓을 수도 있게 간편하게 되었을 뿐이다. 중세의 농노들이 그처럼 한번 잃어버릴까 보아 겁을 내던 목을 지금은 그리 중하게 여기지 않는 듯도 하다. 그러기에 오늘은 A의 나팔을 불던 모가지가 내일은 B의 관(冠)을 쓰고 태연하게 자동차를 타고 신임 인사차로 방문을 떠난다. 어떤 교묘한 모가지들은 낮과 밤으로 두 입을 정묘하게 바꾸어 달기도 한다. 그러기에 하루에도 수 모를 모가지의 교체가 있으면서도 여전히 인구는 반 기하급수적으로 불어만 가는 것이다.

—《조선일보》(1940. 7. 21)

기적(奇蹟)의 심리

오를레앙을 쳐들어가던 독일 군수가 혹은 어디서 불길한 기적이나 퉁겨 나오지 않나 해서 좌고우면하면서 어름어름 지나갔는지 않았는지 나는 모른다. 그러나 필경 기적의 징후조차 나타나지 않았다. 다시 기적을 갈망한 것은 반드시 레노 수상뿐이 아니고 실로 불국민(佛國民) 전부의 심경이었는지도 모른다. 그러나 비단양말에 등 없는 야회복을 입고 인조 눈썹을 붙이고 루즈를 칠한 잔 다르크가 나타나리라고는 우리는 도무지 생각할 수가 없었다. 그런 기적을 믿는 곳에 패전 불국민의 어쩔 수 없는 심정이 드러난다.

그리스도의 설교는 어느 의미로 보면 기적을 갈망하는 이스라엘 민족에게는 너무나 삭막한 리얼리즘이었다. 왜 그러냐 하면 그는 이스라엘의 기적을 자기의 탄생으로써 한 기왕의 사실도 취소해 버렸기 때문이다. 기독교가 기적의 필요를 이스라엘인처럼은 느끼지 않은 서양의 유족한 여러 국민 사이에 널리 전파되고, 그 대신 유태인 사이에는 아직도 메시아의 출현을 미래에 기대하는 유태교가 전해 오는 것은 웬일일까. 그것은 메시아 출현을 지나간 일로 쳐 버리는 기독교 사상과 유태인의 현재의 운명 의식 사이에는 말하자면 건너뛸 수 없는 거리가 있는 까닭이다. 만약에 시온이 영국 통치 아래 그리고 회교도의 살벌한 위협 아래 있지 않고 매사추세츠주나 오하이오주나 어느 편리한 철도연선에 있다면 토마스 만이나 아인슈타인이 그렇게까지는 비통해 보이지 않을 것이다.

 기적, 그것은 민족의 유토피아다. 너무나 서슬이 퍼런 현실의 빈틈없는 진행에 대하나 낭만적인 반항 심리다. 그러기에 기적의 신앙은 웃음 받는 일조차를 두려워하지 않는다. 그것은 불안과 절망의 맏아들로 태어났기에 현실 속에서는 아무 유산도 찾지 못한다.

—《조선일보》(1940. 7. 29)

2

어머니와 자본

자본은 모험을 즐긴다. 그러기에 사나운 야만 지대에도 무인 지경에도 함부로 덤벼든다. 그러나 자본은 또한 말할 수 없이 비겁한 일면도 가지고 있다. 대체로 양심은 없거나 적은 것으로 되어 있다. 그래서 어느 낯선 고장으로 떠날 적에는 즐겨 군대의 호위를 붙이곤 한다. 신사의 양복바지 뒤 호주머니에는 왕왕 피스톨이 끼어 있곤 하는 것이다. 자본이 가는 곳에 필경에는 군대가 따라가고 마는 것이 근세사의 변치 않는 풍습이 되어 있다. 그렇지 않고서야 원동이나 중동 한 끝에 막대한 투자를 해 놓고 수만 리 밖 고층 건물 속에서 두 다리를 뻗고 자빠져 있을 미련한 신사가 어디 있겠느냐.

군대란 원래가 국가의 것일 터이다. 군대가 자본의 뒤만 따라다니다가는 결국 경을 치는 것은 군대요 안전한 것은 자본이 된다. 그러니까 사람들은 군대의 행방을 살피기 전에 자본의 동향을 눈여겨보아야 하는 것이다. 처음에는 평화 상품이 가지만 다음에는 무기가 따라가기 쉽고 나중에는 암만해도 나라의 소중한 젊은 이마저 투자하게 될지도 모른다고 월리스 씨가 경고함 직도 하다. 그러므로 자본의 행방은 드디어 자식을 가진 부엌의 어머니들에게까지 걱정거리가 되는 것이다. 무심히 지나가는 깡통이나 초콜 릿 화물자동차에도 어찌 보면 자본의 의지가 담겨 있는 것 같기도 한 것은 반드시 신경질 탓일까. 지금까지의 자본의 품행 조사의 결과는 무릇 그런 것이다. 자못 태연자약을 꾸미는 것이야말로 무지나 불감증이 아니면 민족의 피보다도 더 짙은 자본과 자본의 혈연관계에서 오는 호의의 중립이라고밖에는 볼 수 없으리라. 20세기에 들어서 벌써 두 차례 참담한 대전을 치른 인류가 오늘 꼭 해결해야 할 두 개의 과제가 있다. 하나는 항구적 평화의 수립이요 다른 하나는 전 세계 약소민족의 완전한 해방이다. 그를 위해서는 우선 무엇보다도 자본의 엉뚱한 모험을 세계적 체제에서 제어하는 길을 강구해야 할 것이다. 그리해야 어머니들도 마음을 놓게 될 것이다.

   자본은 무장을 해제하고 나서야 할 것이다. 평화와 인류 공동의 복리 확립에 충성을 맹세하고 나서야 될 것이다. 이것이 오늘의 새 시대가 자본에게 요구라는 최소한도의 양심일지도 모른다. 그 뒤 호주머니 속의 피스톨도 뽑아 놓고서 나서야 할 것이다. 재래의 자본으로서는 아마도 이것이 최후의 모험일 것이다. 하지만 그렇지 않고는 자본은 세계 도처에서 오직 불 속의 밤송이를 주울 뿐이다.

―《문화일보(文化日報)》(1947. 4. 11)

이브의 약점

요즈음 젊은 남녀 사이에 그 오래인 봉건적인 장벽이 급작스레 무너지기 시작한 것은 매우 반가운 일이다. 벌써 서로 높은 담장을 격해서 피차의 세계에 대해서 췌마(揣摩)억측을 한다든지 엉뚱한 환상을 그릴 필요는 없다.

어릴 적부터도 남녀 사이에 자유로운 교제가 있다면야 서로서로 대수롭지 않게 여길 것이고 터무니없는 과대평가는 아니 할 것이다. 그러나 요즈음처럼 학교 또는 직장에서 갑자기 이성 사이에 교제가 성해지자 처음 만나는 이성에게 다짜고짜로 호기심부터 가지고 대하는 데서 상대편에 대한 정당한 평가를 못하고 자칫하면 그만 근거 없는 신뢰와 존경을 사기당하는 일이 많은 것이다. 이 점에 있어서는 물론 옛날부터도 편무적(片務的)으로 부당한 구속을 많이 받던 여성 편에 피해율이 더 높을 것이다. 그러나 젊은 남성 편에도 이런 이그조티시즘에 붙잡혀 부당하게 이성을 여신화할 염려가 있다. 피차에 잘 알고 보면 한 약한 인간에 지나지 않는 것이 사람의 세계다.

지금과 같은 과도기에 있어서는 이런 데서 여러 가지 피해와 혼란이 생기는 것이다. 그렇다고 봉건적 구속을 다시 가하여 이를 고치려는 것은 우스운 일이다. 차라리 어려서부터도 자유롭고 자연스럽게 줄곧 사귀게 하여 이성에 대한 환상을 가지는 일이 없고, 정확한 인간적 이해를 가지게 해야 할 것이다. 그러한 예비와 준비 위에서 연애나 결혼의 상대를 찾았다면 실수가 적었을 것이다.

   과도기의 또 하나 다른 폐해로 연애를 한 향락 수단으로 악용한다든지 다른 일을 제쳐 놓고 연애에 지상 가치를 돌리는 좋지 못한 경향을 경계해야 할 것이다. 무엇보다도 상대편의 인격에 대한 존경과 인간에 대한 이해와 특히 상대편이 심혈을 기울이고 있는 '일'에 대한 공명(共鳴)이 없는 오직 거죽뿐인 연애는 말하자면 결혼식장을 꾸며 놓은 조화나 마찬가지일 것이다. 조화야 생명의 흐름은커녕 향내조차 풍길 리 없다. 눈부시는 조화 사태 속에서는 결국은 먼지 냄새밖에 맡을 것이 없고 차라리 한 떨기 들장미에서 우리는 생동하는 미에 접하는 것이다. 이성이 없는 호의─그것이 바로 사탄이 이용한 이브의 약점이었다.

─《만세보(萬歲報)》(1947. 4. 20)

하나 또는 두 세계

지금은 고인이 되었지만 일찍이 고 루즈벨트 씨의 대통령 선거전의 적수였고 또 루 씨의 특사로 동양에도 왔던 월키 씨의 저서에 『하나의 세계』라는 책이 있다.

세계가 하나가 되었으면 좋을 것 같다. 한 옛날에는 산이 막히고 내가 질려서 온 세계가 조각조각이 나서 살았다. 그 전에는 세계를 분할하는 한계란 결국은 자연의 조건 그것이었다. 사람의 행동반경은 말하자면 사람의 생리적 조건에 의해서 결정되는 것이었다. 교통의 최상의 도구는 두 다리 자체였고, 수레를 탔대야 속력에 있어서는 아무런 결정적인 변화는 없었던 것이다. 마라톤 경기를 고안해 가지고서라도 어떻게 세계의 거리를 정복해 보려고한 것은 희랍인의 소박한 착상이라 하겠다. 그러나 이 거리의 문제를 처음으로 획기적 규모에서 해결 지은 것은 성길사한(成吉思汗) 일족의 몽고 군대였다. 그들은 사람의 다리 대신에 말다리라는 다른 동물의 생리적 조건을 원용함으로써 이일을 이루었던 것이다. 이리해서 그들은 아세아와 구라파의 거리를 말의 다리로써 연결한 말하자면 한 야생의 세계인이었다.

이윽고 사람들은 화륜선을 만들었고 비행기를 날려서 이 거리의 난관을 이번에는 기계의 힘을 빌려 해결하였다. 이리하여 세계는 끊임없이 그 조각난 상태로부터 분할되지 않은 한 세계로 향해서 저도 모르게 말할 수 없는 굳센 힘으로 끌려가는 게 분명하다. 애급 사람들은 어찌 보면 저들의 나일 강변을 저들의 세계의 전부로서 승인하고 그만 거기 단념하고서는 피라미드라는 형태에 의하여 어쩔 나위 없는 그들의 평면적 팽창욕을 차라리 입체적인 형식으로 우물쭈물 무마시킨 듯하다.

마라톤 선수에게 기울인 아테네 시민의 찬탄은 다름 아닌 희랍인의 '하나의 세계'로 향한 진정할 수 없는 신경질의 발로로서 필경 알렉산더대왕의 군사적 야망이 되어 나타나기도 했다. 파르테논의 프리즈의 개개의 조각을 보라. 프락시텔레스의 아프로디테를 보라. 그건 어느 한 도시의 시민도 아니요, 어느 한 도락의 부락민은 더군다나 아니요, 실로 한 세계인의 형상이 아니었던가. 그런 훌륭한 인간은 시저의 궁정에도 샤를마뉴의 왕국에도 프랑코의 서반아에는 더군다나 적을 둠 직하지 않고, 한 궁정이나 왕국을 훨씬 초월한 곳에 살 것만 같다. 옹색한 조각난 세계를 멀리 초월한 곳에 분명 희랍의 예술은 속하는 듯하다.

세계는 하나가 되고 싶어 한다. 한 세계로 향하는 의지는 인류의 역사의 저류에 꿈틀거리는 한 커다란 의욕인 것 같다. 이것을 부인하는 것은 무슨 고의가 아니면 전진하는 역사의 방향에 등을 돌리고 돌아서서 역사를 거꾸로 바라보는 것일 터이다.

그러면 누가 이 하나이려고 하는 세계를 갈갈이 쪼개 놓으려 했던가. 우선 그것은 왕들이었다. 다음에는 열악한 상품을 억지로 먹이려는 장사치의 집단이었다. 그러고는 문화적 시골뜨기거나 개구리거나 골목대장들이었다.

국제연합기구도 말하자면 이러한 한 세계로 향하는 현재의 세계 각 국민의 의식적 또는 무의식적인 의욕의 발현이라 할 수 있겠다. 지상의 모든 국민과 민족이 각각 압제 없고 침략 없는 국제 관계 아래서 전쟁의 악몽을 잊어버린 채 평화와 자유와 번영을 누릴 수 있는 한 세계 — 그리고 그 세계에서는 한 국가나 민족의 각 성원이 빈궁과 압제와 혹사와 박해의 염려 없이, 자유와 행복을 골고루 누릴 수 있는 그러한 세계는 이윽고는 전 인류의 것으로서 실현될 날이 아니 오리라고 누가 말하랴.

그러나 세계가 최단 거리를 거쳐서 곧 그리로 가리라고는 물론 생각되지는 않는다. 저 두 차례의 세계대전을 생각해 보기만 해도 한번 뚜렷해진 역사의 방향이면서도 그것을 방해하고 혼란케 하는 수없는 요소가 얼마나 복잡 거대한 모양으로 뒤볶이는가를 알 수 있을 것이다. 그래서 역사의 방향을 따라 세계를 추진시키려는 노력과 그 반대의 노력 사이에는 당분간 충격과 마찰의 여러 파란이 중첩 기복할 것을 면치 못할 것 같다.

아마도 왕들과 왕적인 신사들은 이 하나이려고 하는 세계의 분류(奔流)를 여전히 몇 갈래로 자꾸 쪼개려 하며 또 갈래갈래 사이에 높은 담을 쌓아 두려고 전력을 다할 것이다. 적어도 세계를 두 세계로 가르려는 계획은 오늘 분명히 우리 눈앞에서 현실적으로 육박하고 있다. 그러나 정치의 면에서, 경제·문화의 모든 면에서 분할되는 세계를 다시 꿰매려는 요소와 움직임은 드디어 왕들을 피로 또 실망하게 할 성싶다. 말하자면 저 대공을 흐르는 전류를 드디어 갈라놓지 못하는 곳에 초조한 왕들의 비극이 있는 듯하다.

고래로 왕들은 세계를 촌단(寸斷)하는 데 있어서는 비상히 숙련한 기술을 가졌다. 오늘 세계를 분할하려는 것은 차라리 금융자본가 신사 제군이다. 그러나 그들은 신사인 까닭에 체면상 노골로 그럴 수는 없다. 그러니까 분할의 전문가인 왕들이 세계의 각처에서 실업 상태로부터 다시 채용되기 시작하였다. 희랍 왕정이 복고된 것은 두말할 것 없고 서반아가 그렇고 안남(安南)에서도 왕정 복벽(復辟)의 잠꼬대가 들려온다. 어디선가 민주주의가 앙천대소하고 있는 것만 같다.

―《신문평론(新聞評論)》(1947. 4)

육체에 타이르노니

　가령 완당(阮堂)이나 심전(心田)이 한 자루의 붓 또는 채관(彩管)에 의지해서 살아갔다고 말한다고 하면 동양적인 운치와 풍류를 암시하는 듯하여 족히 멋진 수필의 한 소절이 될 성싶다. 우리는 이른바 문인·묵객에 대한 이 종류의 묘사를 늘 한 비유로서, 더 소상하게 말한다면 문학적으로 받아들이는 버릇이 있다. 내게도 그런 버릇이 있었을세 옳다. 그런데 요즈음 잉크병에 비스듬히 꽂은 대로 철필대를 책상에 마주 앉은 채 물끄러미 바라본다든지, 또는 원고를 쓰다가 말고 잠시 손가락 사이에서 굴리는 철필대를 하염없이 굽어보는 새 습관이 생긴 것은 반드시 나만의 일일까.
　오늘 한 작가나 시인이 한 자루의 철필에 의지해서 산다는 말은 차마 입밖에 낼 수가 없는 것 같다. 우리들 동양류의 감성은 그러한 너무나 절실한 사실주의적 표현에는 견디어 낼 수가 없는 때문이다. 오늘의 작가나 저술가의 대부분이 그 숙련된 요술쟁이에 필적하는 휘황찬란한 모리술과 날조 기사와 인플레와 묵묵한 인권 옹호 동맹의 침통한 표정 속에 휩싸여서 생활을 유지해 가기 위하여는 그래도 돌아와 한 자루의 철필에 의지할밖에 없다는 것은 무어니 무어니 해도 속일 수 없는 사실인 것 같다. 아니 표현의 정확을 기하기 위해서 앞의 글귀에서 글자 하나는 정정해 두는 게 옳겠다. 생활이 아니다. 그런 건 생존이라고 하는 게 적절하겠다. 철학도라면 베르그송의 어법을 좇아서 지속이라고 불러도 좋겠다. 여하간에 금을 휘감은 파커, 워터맨은 고사하고 대중적인 에버샵쯤에 의지한대도 모르겠는데, 한낱 칠 벗은 대와 잉크에 얼룩진 크롬 촉에 간신히 의지해야 하는 그러한 초라한 물건 따위를 생활이라고 부르는 것은 아무리 생각해 봐도 사치한 일일 성싶다. 그것도 제 혼자쯤이라면 헤르만 헤세의 주인공이나 「장 크리스토프」나 또 무엇을 환각하면서라도 지붕 밑층 첫방에서 꿍꿍거릴 수도 있으나 불행히 그에게는 아예 격에도 맞지 않는 가족조차를 거느렸을 경우를 생각해 볼 적에 오늘 남조선 과도정부는 분명한 사람의 작가나 저술가에게 너무나 과중한 부담을 기대하는 듯하다.

사실 요즈음의 물가고라는 것은 좀 얼떨떨한 축으로서는 현훈(眩暈)을 일으키지 않으리라고 보장하기가 어려울 지경이다. 가령 반찬 가게 모판에 남은 두부 한 머리가 제 체적과 중량에는 변동이 있은 기억이 없으면서도 하룻밤 사이에 그 지위가 3, 4할 높아진 것에 스스로 놀라야 하는 것이다. 그런데 남조선에 내왕하는 것치고 물가고를 부채질하지 않고 그저 지나가는 것은 없다. 마카오 내왕 선편은 말할 것도 없거니와 유엔위원회 내경(來京) 이래로 갑자기 종이값이 몇 곱절 뛰어오른 것은 위원회 자신의 조사에도 빠져 있는 것 같았다. 그 덕으로 출판은 사실상 정돈(停頓) 상태에 빠지고 작가나 저술가는 최후로 남은 한 자루 붓에조차 의지할 수가 없이 되어 간다. 적어도 선거가 기껏 종이를 소탕해 버리고 날 때까지는 이 상태는 계속되어야 할 것이다. 그동안에 그들은 메논 씨의 미문(美文)만 배를 졸라매 가면서 감상하고 앉아 있어야 한다.

게다가 이 물가고 운동은 어딘가 물리적인 수평운동에 흡사해서 지금 이 가게에서 양말을 사려다가 깜짝 놀라고 나서, 금방 다른 가게에 들어가서 비누를 사려다가 두 번 놀라 뛰고, 그길로 간단한 찬거리나 어저께대로 사 가지고 집에 들어가려고 반찬 가게에 들렀다가는 이번에는 놀랄 기운조차 풀어져서 한숨을 삼키면서 돌아서곤 하는 것이다.

생각하면 너나없이 누가 붓 한 자루에 의지하고 싶어 의지하게 된 것은 아니다. 독립을 기다리노라 2, 3년 동안에 모두들 있는 것은 탕진해 버린 나머지, 배운 재주가 그뿐이라던 격으로 어찌어찌해서 원고 파는 것이 생업이 되어 버린 것이다. 그야말로 물에 빠져 가는 사나이가 지푸라기를 휘어잡듯 잡은 것이 바로 철필대였던 것이다.

오늘도 손때 묻은 철필대를 세 손가락 사이에서 굴려 보면서 이 가냘픈 물체 위에 염치 불구하고 마구 기울어져 업히려 고만 하는 육중스런 생활이라는 것의 무게를 속으로 헤아려 보는 것이다. 창머리에는 꽃 소식을 재촉하는 이른 봄볕이 조수(潮水)처럼 다가온다. 나는 갑자기 무언가 잘못된 것을 느낀다. 가느다란 한 자루 철필대를 동정해서가 아니라, 거기 의지하려고 하는 제 자신의 하잘것없음이 업신여겨져 마지않는 것이다. 결국은 정신을 짜내고 그것을 마구 부려서 그것으로 생활해 간다고 하는 일은 어딘가 허망하기 짝이 없는 데가 있어 보인다. 보다더 굳건하고 구체적인 것, 말하자면 정신이 아니고 차라리 육체를 짜내고 그것을 부려 가면서 살아가는 게 떳떳하겠다.

얼마나 아끼고 소중하게 여기고 감추어 가지고 돌려놓고 남몰래 북돋군 하던 정신이냐. 그것을 생활 자료와 악착스레 바꾸어서 소모해 가는 데 젖어 버린 것은 언제부터 시작된 나의 타성일까. 아무래도 이는 정신에 대한 무슨 모독 같기만 하다. 적어도 생활의 전 부담으로부터 붓대를 해방해야 하겠다. 좋은 독서와 회화와 건강한 사색에 의해서 정신에게만은 자유롭고 옹색스럽지 않을 만한 여유와, 될 수만 있으면 무럭무럭 자라날 기회를 주어야 하겠다. 그래서 나는 지금 나의 육체에 타일러 주어야 하겠다. ……네게는 아직은 짐수레나 지게가 그리 무겁지 않을 만한 등짐이 있어 보인다. 낫과 호미와 곡괭이를 휘두를 수 있는 완력이 있어 보인다. 무언가 해 보자. 그리고 저 생활의 무게에 눌려 허덕이는 정신의 어깨에서 네가 대신 짐을 갈아 주면 어떠냐…….

—《신세대(新世代)》(1948. 3)

슬픈 폭군(暴君)

 질 르나르의 「포일 드 카로트」[1]의 주인공인 소년은 그 아버지에게 향해서 제 동무가 되어 달라고 항변한 일이 있다. 그렇다. 그 항변을 아마도 지금 집의 어린것들이 바로 내게 향해서 제가끔 가슴속에 준비하고 있는 것이리라. 옳은 생각이다. 나는 너희들의 벗이 되마. 너희들의 자유와 개성을 십분 존중하는 훌륭한 아버지가 되리라……. 그들에게 대하여 너무나 많은 '그래서 아니 된다'를 예비해 가지고 있어서는 아니 된다. 노한다고 하는 것은 온통 어른이 내 입장에서 내린 판단의 귀결에 연유하는 것일세 옳다. 그들에게는 그들의 입장이 따로 있을 수 있는 것이다. 일전에 큰놈에게 벽에 써 붙이라고 일러 놓은 '웃으며 살자' 그리고 '서로 참자'라는 표어는 결코 그들에게만 위로부터 부과된 일방적인 헌법이어서는 아니 된다.
 말하자면 그 가헌(家憲)은 동시에 나까지도 구속하는 권위를 가져야 할 것이다. 나는 그 권위에 복종하리라. 첫째 너희들은 오랫동안 아버지의 사랑이라는 것에 주려 온 것이다. 변변치 못한

---

[1] 「홍당무」.

아 비는 무슨 버젓한 망명 생활이라도 하노라서가 아니라 그저 정신적인 안정을 갖지 못한 탓으로 해서 집을 버리고 객지로만 돌아다녔던 것이구나. 그 위에 적어도 너희들의 세대는 우리들보다는 더 훌륭해야 되고 더 기를 펴고 자라날 권리가 있는 것이다. 어른들을 닮지 말아라 — 부디 그것만은 명심해야 한다. 낡은 세대는 닥쳐 올 새 세대의 자못 겸손한 종이 될밖에 없다…….

 이렇게 해서 우리 집의 데모크라시의 정신적 기초는 우선 섰던 것이다. 이상과 실천 사이에는 이 경우에는 늘 거리가 있었으나 그러면서도 꽤 충실하게 이상은 추구되었다. 모두가 즐거웠다. 아무일도 못 치르고 집에 돌아가도 그들은 웃음소리와 환호로써 나를 개선장군처럼 환영하는 것이다. 팔씨름 상대도 되어 주고 앞발이 짧은 말 노릇도 하고 딸들 가족의 방문객도 되어 보고 그 밖에 모든 것이 된들 내가 피할 것이 있으랴. 그리해서 집에서 하는 나의 구실이라고 하는 것은 다소 복잡하여졌다. 어멈으로부터 머슴으로부터 가정교사로부터……. 조금 종목을 들기가 뭣할 정도의 노릇까지 다 해야 한다. 그래도 좋았다. 그동안에 가장이라든지 호주의 위엄이라는 것은 부려 볼 기회도 좀체로 없는 사이에 유야무야해 버릴밖에 없었다.

 순이가 풍로를 처음 깨트렸을 적에는 불같이 나는 성이 났다. 계집애가 그렇게 조심성이 없어 무엇에 쓴담. 글쎄 아무리 방장이 팔에 걸리기로서 그만한 조심이야 없어. 성을 낸 것은 거의 나의 본능에서였다. 나는 곧 그게 우리 집 가헌과 나의 민주주의에 어긋난 일임을 깨닫고는 몹시 마음이 아팠다. 며칠 못 가서 둘째 풍로를 걷어차 깨트렸을 적에는 나는 꼭 참을 수가 있었다. 무색해서 얼른 방으로 들어오지 못하고 부엌에 쭈그리고 서 있는 것을 이번에는 좀 더 튼튼한 놈을 사자고 내 편에서 위로해 주면서 도대체 그렇게도 수월하게 부스러지는 풍로를 만들어 파는 요즈막 장사꾼의 도덕의 타락을 도리어 나무랄 수가 있었다. 인제 며칠 못 가서 또 새 풍로를 이번에는 방바닥에 온통 불꽃과 재와 함께 떨어트렸으니…… 그렇지만 그렇지만 이번에도 나는 참을 수가 있기는 하다. 인제부터는 적어도 풍로 운반만은 너를 시키지 않고 내가 손수하기로 결정을 한다. 하지만 나의 물질적 부담을 도무지 고려하지 않는 너의 실수란 참 딱한 것이다. 그러기에 실수라 부르는 것이기는 한가 보다마는 — 풍로 운반마저 내가 맡는다면 내 일 몫이 좀 과중하다고 느끼지는 않느냐. 원고는 언제 쓰며 일전에 사다 쌓아 둔 책들은 언제 읽으란 말이냐. 도대체 유리창이 너무 부서지는구나. 마루가 진흙투성이니 어쩌니. 문창호지마다 찢어져 바람에 펄럭이니 방 안이 추울밖에. 벽이 성한 데가 있느냐. 어느새 아비 스웨터를 입어 버렸구나. 장갑도 달아났네. 연필이란 글씨 쓰는 물건이지 깎는 연습을 하기 위한 것은 아닐 터이다. 먼지와 휴지를 거두기 위해서 휴지통이라는 게 원래부터 전문으로 된 것이 방구석에 있지 않느냐. 급할 적에는 신발을 신은 채 한두 걸음쯤은 마루에도 마구 올라오다가도 주춤거리는 일은 있을 수 있으나 미닫이까지 말하자면 마루 오지까지도 남은 이 진흙 발자국은 분명 '윤'이란 놈의 짓이겠다. '연'이는 대체 말이 너무 많아. 아버지도 한번 쭉 듣고 나면 다 알아들을 수 있을 터인데도 너는 같은 말을 한 줄에 몇 번이고 되풀이해서 냅다 쏟는 게 네 딴으로는 심리학상 빈도에 의한 효과를 거두려 하는 듯하나, 첫째로는 나의 이해력에 신임을 두지 않는 듯해서 나는 불만이고 둘째로는 지나치게 시끄럽구나…….

그리해서 나는 나의 자유주의에 어느 정도 수정을 가하며 나의 민주주의에 약간의 회의를 할 위기에 직면하게 되었었다. 원래가 내게는 어린것들에게 대한 한 폭군이 될 소질이 풍부했던 터이다. 어저께의 민주주의적 아버지가 하룻밤 사이에 '네로'로 변하기란 아주 쉽고 편한 일이었다. 벽에 붙인 표어도 당분 치워 버리기로 할 수 있다. 무슨 규율과 같은 것을 엄중하게 세워 가야 할 것 같다. 노동에 대한 배분에 대해서만 너희들은 자기 본위로 생각하는 경향이 없지 않아 있는 것 같다. 대체로 나이에 따라서 내 딴으로는 적당하게 일의 몫이 나까지 넣어서 너희들 사이에 배정되었다고 생각하는데, 더군다나 풍로 운반은 예정보다 내가 한 가지 더 맡았고, 순이는 그만치 일이 가벼워졌는데도 무슨 불평이 그리 많을까. 어멈만은 절대로 안 쓰기로 하고 제각기 힘에 따라서 집안일을 우리끼리 맡아 하기로 하지 않았더냐.

나는 나의 방침을 변한 탓으로 해서 몇 개의 풍로를 구제하였으며 문창과 유리를 살리고 더 깨끗한 마루와 성한 벽을 유지할 수가 있었으나, 그러나 적지 않은 웃음과 화기 있는 표정과 노래 소리를 우리 집에서 잃어버리고 만 것이다. 나는 또다시 내 방침을 고쳐야 할 성싶다. 도대체 두 평 반의 뜰은 '윤'이 넘치는 활력에는 너무 좁은 지역일세 옳다. 깡통이 널빤지를 뚫고 옆집 뜰까지 침입한 것은 자칫하면 이웃과의 옥신각신을 일으킬 위험성이 있었으나, 한편 '윤'의 발길은 그만치 강했던 것이다. '연'의 딸네 가족은 좀 더 수가 많아야 할세 옳다. 나도 그 인구 이론에는 전연 동감이다. '환'과 '순'은 좀 더 시간을 내 가지고 숙제를 해야 하지. 14세 미만인 '순'에게 주부의 일의 반을 부담시킨다는 게 원래 무리였다. '환'은 공을 칠 시간도 있어야 쓰겠다. 책장 유리가 깨진 것은 좀 내게 지나친 부담이기는 했으나 그게 얼마나 딴딴한가 한번 발길로 차 보고 싶어 한 '윤'의 의문에도 상당한 무슨 이유가 없었던가 보다. 신을 신은 채 줄을 뛰기에는 '윤'의 발은 너무나 텁텁함을 느꼈을 것이며 그 발로 그대로 방에 뛰어 들어와야 할 무슨 긴요한 사연이 있었을는지도 모른다. 여하간에 너희들 모두를 위해서 좀 더 넓은 뜰과 시설과 여지와 편의를 주어야 하겠다. 너희는 새로운 세대라는 일만으로 그것을 요구할 권리가 있을 터이다. 국가는 책임을 지고 어린 국민을 똑바로 고이 튼튼히 즐겁게 길러 가야 할 게 아니냐. 국가는 그 일을 해야 할 것이다. 국가는 그 일에 성의를 다해야 할 것이다……

우선 올겨울 안으로 햇볕 잘 드는 남향집으로 옮기기로 하자. 그 일만은 아버지가 맡아 해야 하겠다. 그리고 아버지는 여전히 너희들의 친구라고 믿어도 좋다.

—《민성(民聲)》(1948. 3)

3

주을온천행(朱乙溫泉行)

1934년 10월 17일 아침 일곱 시 —

양치물을 뱉고 머리를 들어 보니 흐릿한 안개를 둘러쓴 어두운 바다가 눈 앞에 부풀어 오른다.

그 위에 얼빠진 윤선 한 채가 흰 연기를 가늘게 올리고 있을 뿐, 아무 데도 이 항구를 둘러 안은 주회(周廻) 산맥은 보이지 않는다.

그렇도록 청진(淸津)은 항구로서는 형승의 지가 아닌 것 같다. 그는 도무지 바다를 무서워하지 않는다는 것처럼 그 가슴을 아무 두려움 없이 바다의 복판에 내밀었다.

내가 든 여관은 산등어리의 겨우 중쯤에 있다. 바다와의 사이의 좁은 땅 오라기에 역시 좁은 외통 거리가 겨우 몸을 비비고 들어앉은 이 항구에서는 사람들이 들어 사는 집은 될 수 있는 대로 산으로 바라 올라갔고 그 산꼭대기에는 도야지울들이 삐뚤어져 붙어 있다. 일제히 바다로 향하여 창을 붙인 그러한 산등허리의 우스운 집들을 바라보면서 있노라니까 우연히 동행이 된 박 형(朴 兄)이 쫓아와서 기위 이곳까지 왔던 김이니 주을온천(朱乙溫泉)을 구경하는 것이 어떠냐고 자주 유인한다. 사실 다음 날까지 우리는 이 항구에서 별로 할 일을 가지지 않았다. 박 형의 말에 의하면 그것이 모두 우리를 위하여 준비된 천재일우의 기회라는 것이다.

한편으로 생각하면 주을 구경은 이번 길의 부산물이라면 그 위에 없는 부산물일 것임에 틀림없을 것 같아서 나도 곧 찬동하고 아침밥을 얼른 치르고 나서 아홉 시 25분에 청진역을 떠나는 기차를 타기 위하여 황망히 여관을 나섰다.

일행은 박 형과 그리고 요즈음까지 《중앙일보(中央日報)》 청진지국(清津支局)을 경영하시던 남(南) 씨와 겨우 세 사람의 쓸쓸하나마 그러나 지극히 단란한 행중이었다.

신암동(新岩洞) 어구에서 버스를 기다려 탔다. 이곳 버스는 사실 나그네에게 그 위에 없이 정다웁다. 정해 논 정류장이라고는 없고 아무 데서라도 손님이 손만 들면 누런 칠을 한 버스는 반드시 그 손님 앞에 와 서며 또한 볼일이 있는 곳에서 스톱만 부르면 아무리 급한 스피드로 달리다가도 딱 서서 손님을 내려놓고야 간다. 이 일은 실로 청진 항구가 그를 처음 찾아가는 손님에게 바칠 수 있는 가장 큰 친절일 것이다.

버스는 정어리 냄새가 무륵무륵 코를 찌르는 길을 먼지를 차일으키면서 천마산을 끼고 돌아간다. 거기서는 수많은 인부들이 천마산을 깨트려서 바다를 메우는 공사에 바쁘다. 너무 지나치게 우뚝 바다로 삐져나온 천마산은 사실 청진의 번영을 가로막는 한 커다란 천연적 장해물일 것이다. 그렇게 옹색한 곳에 거리를 경영하고 있는 청진시민들도 무척 우김새가 많기는 하다. 강적 나진(羅津)이 등덜미에서 잔뜩 위압하고 있는 오늘날 청진은 역시 천마산을 부수고 수성평야(輸城平野)로 진출을 꾀할밖에 없을 것이다.

역에 왔더니 뜻밖에 《조선일보》 청진지국장 박 씨가 어디로부터 달려와서 행중에 뛰어들었다. 이에 다소간 사람의 수효로 보아서 적막하던 행중은 갑자기 화창해졌다.

우리를 태운 기차는 수성평야의 동쪽 깃을 주름잡으며 북으로 거슬러 올라간다. 평야 복판을 가리고 흘러가는 수성천(輸城川) 맑은 시냇물이 서편으로 기울러지는 것을 가로막아서 간 콘크리트 방천이 바닷가까지 늘어졌다.

남 씨는 그 물을 차창으로 가리키면서 '청진의 생명수'라고 일러 준다.

이 평야는 이윽고 면모를 일신하고 지도 위에 새로운 중요점이 되어 나타나리라 한즉 그 위에 이들의 서편 끝인 나남(羅南)이 동으로 팽창하고 청진이 또한 서편으로 발전한다면 수성·나남·청진을 세 정점으로 한 각 변 30리의 3각형을 이룬 일대의 땅에 누만(累萬)의 인구를 포용할 대도시를 그리는 청진 주민의 꿈도 결코 한 조각 몽상이 아닐 것이다.

뿐만 아니라 지리적으로 경제적으로 수성평야는 한 개의 예단할 수 없는 가능성을 갖고 있는 것만은 여하간 사실인 것 같다. 북조선 경기의 고기압의 중심이 나진(羅津)에 있음에도 불구하고 청진 거리에서 만나는 사람들의 얼굴에, 화물자동차의 고함 소리에 신암동의 훤소(喧騷) 속에 일종의 진정치 못하는 활기가 흐르는 것도 그 까닭이 아닐까.

그러나 그러한 것들이 과연 얼마나 영구적이며 또한 아님을 나는 모른다.

수성에서 기차는 다시 남으로 꺾여져서 이번에는 평야의 서편을 끼고 내려간다.

기차를 피하여 달아나는 송아지는 언덕 위에 올라서서 가볍게 떠 있는 푸른 하늘에 머리를 추어들고 입을 벌렸다 닫았다 한다. 아마도 겁난 김에 엄마 소를 부르나 보다.

아직 채 거둬들이지 않은 논두렁에 걸터앉아서 모진 일 뒤의 짧은 쉬임시간을 즐기고 있는 아청 저고리에 검은 치마 두른 아낙네들이 군데군데 굽어보인다. 햇볕에 그을린 구리빛 얼굴들이 이쪽을 향하여 노려보기도 한다. 진한 눈썹 아래서 둥근 눈방울이 검게 빛난다. 박형은 두 번 세 번 입맛을 다시며 관북 여성의 건강한 미를 찬탄하여 마지않는다.

작은 사과밭과, 양철 지붕과 아카시아에 덮힌 길이 있는 지극히 조용한 거리의 역에 차는 잠깐 섰다. 경성읍(鏡城邑)이다.

읍은 산모퉁이에 돌아앉았는지 인가도 성터도 학교도 잘 볼 수가 없다.

오전 열시 반 주을역에 도착하였다.

역 앞 넓은 뜰에서는 커다란 버스 한 대가 머리를 서편 산골 쪽으로 두고 서서 손님을 기다린다. 온천은 여기서도 30리를 더 들어간 산골이란다. 그곳까지 자동차 값이 40전.

쉬는 날인 까닭인지 버스는 어느덧 만원이고 점심을 둘러멘 사람, 지팡이를 짚은 사람, 아직 10여 명이 버스 밖에 밀려 나와 다음 차편을 물어본다.

술집인 듯한 말쑥한 집들이 서로 마주 보고 있는 그렇게 짧지 아니한 거리를 아주 빠져나오자 버스는 숨을 가다듬어 가지고 더욱 기운차게 구르기 시작한다.

운전대 바른편에 시든 단풍나무 가지가 꽂혀서 자동차가 앞뒤로 드놀 때마다 쪼개진 잎사귀들이 젊은 운전수의 얼굴을 때린다. 그래도 그는 도무지 머리를 피하려 하지 않는다. 마치 오래지 않아 떠나가려는 계절의 가책을 마음껏 몸에 새겨 두려는 듯이…….
몇 굽이 산길을 지나는 동안에 길은 어느새 개천가에 나섰다. 좌우에 늘어선 산빨은 푸른 솔밭 사이에 군데군데 붉은 단풍을 입었는데 그 산과 산 틈에 희디흰 돌멩이가 깔려 있고 그 위를 맑디맑은 시내물이 비단폭을 흘리는 듯이 미끌어진다. 평평한 곳에서는 물줄기가 부채살처럼 펴져서 햇빛을 거르기도 하고, 여울이 진 곳에서는 갑자기 굵은 물결이 단이 되어서 용솟음치기도 한다.

그리 높지 않은 바위에서 낚싯대를 여울에 드리우고 하염없이 물속을 들여다보고 있는 늙은이가 있다. 아마도 오늘 하루만은 그의 뒤를 좇아다니던 속무가 그를 놓아준 게다. 한 마리의 날랜 산천어 때문에 그는 오늘 하루를 완전히 잊어버릴 수 있을 게다. 새삼스럽게 고르지 못한 인생의 배치를 웃어 주고 싶다.

차는 또다시 시내를 끼고 조급히 밭 두둔덕과 두둔덕 사이의 언덕길을 올라간다.

내 앞에 앉았던 남 씨가 갑자기 왼손편 밭이랑 속에 뚫린 좁은 오솔길을 손가락질하면서 용연폭포로 내려가는 길이라고 가르쳐 준다.

흰 석벽에 그리는 그 상쾌한 모양은 언덕이 가려서 물론 불길이 없거니와 용담을 울리는 장쾌한 그의 울음조차 쉴 새 없는 발동 소리에 저해되어 드디어 들을 수 없다. 용연아 다음 기회에는 오늘의 일정에서 제외된 너의 설움을 반드시 풀어주마.

속세의 시끄러운 조음(噪音)을 싫어하는 온보(溫堡)는 산으로 둘러싸고 또 둘러싼 골짜기 속에 깊이 숨어 있어서 길게 목을 빼 들고 이리저리 살펴보는 나의 눈앞에 좀체로 그 모양을 나타내려 하지 않는다. 한편 차는 온보가 숨은 곳을 찾아 헤매는 듯 붉고 푸른 산길을 한 겹 두 겹 젖히면서 산맥의 품속을 헤치고 더욱 깊은 데로 들어간다.

이윽고 길게 가로막아 앉은 산을 돌아갔더니 우뚝 솟은 높은 봉우리 발밑 낮은 곳에 긴 방천 저편에 역시 낮은 지붕과 흰 벽들이 가라앉아 보인다. 인제야 그것이 주을 온보란다.

오전 열한 시가 조금 지나서 버스는 오래간만에 나타난 산중의 작은 거리 복판에 손님을 내려놓는다.

우리는 온보 거리에는 발을 멈추지 않고 그 길로 먼 산골짜기로 꼬리를 감춘 탄탄대로를 더듬어 올라갔다. 천험(天險) 세 영(嶺)을 넘어서 무산(茂山)으로 통하는 2등도로다.

아카시아 나무 그림자가 엷게 깔린 길을 거리에서 2리가량 올라가서 우리는 '사나운 개가 있소. 주인의 허가 없이 들어오지 마오'라고 쓴 게시판이 붙은 돌문 앞에서 멈춰 섰다.

문 안에는 서리 맞은 검푸른 상록수와 잎사귀를 반나마 잃어버린 활엽수와 관목의 떼로 된 거친 정원이 있고 그 정원 군데군데 양철 지붕이 햇빛을 이고 떠올라와 보인다.

이것이 주을온천에 한 특이한 매력을 주는 백계로인(白系露人) 양코스키 별장촌(別莊村)이다. 그 정원을 굽어보는 북쪽 산등허리 중품에도 역시 여기저기 매우 경쾌해 보이는 간단한 양풍 별장들이 솔밭 속에 흩어져 있다.

여름이면 상해(上海) 하얼빈(哈爾賓) 등지로부터 수백 명의 백계로인 남녀가 이곳에 모여들어서 밤을 새어 강한 '윗카'를 기울이면서 사바귀춤을 추며 혹은 볼가의 뱃노래를 부르면서 광란의 한여름을 보낸다고 한다. 정원 한복판에 세운 높은 기죽(旗竹) 꼭대기에서는 제정 러시아의 옛 국기를 한구석에 떠붙인 흰 삼각기가 푸른 하늘을 등지고 펄럭거린다. 무너져 버린 그들의 옛 영화와 꿈에 대한 영구한 향수와 추억의 표상이다. 그들은 아침마다 레코드로 옛 국가를 들으면서 이 상복(喪服) 입은 기폭에 향하여 거수의 예를 함으로써 지나간 날에 대한 경의를 표한다고 한다.

지금 그 여름이 다 가고 그들이 또한 짐을 싸 가지고 동양의 구석구석으로 흩어진 뒤라 정원에는 가을바람조차 얼마 설레지 않고 소리 없는 적막만이 흐른다. 우리는 고무 볼이 아니고 마른 나뭇잎사귀가 굴러다니는 쓸쓸한 테니스 코트를 지나서 나무그루 사이에 비틀어진 오솔길을 연기가 나는 오직 하나뿐인 지붕 쪽으로 향하여 내려갔다. 거의 울적에 가까운 이 백인 가족의 왕성한 식욕을 기다리는 토종 암탉 두어 마리가 햇볕에 몸뚱아리를 씻으면서 길 양쪽에서 놀고 있는 것이다.

과연 마루 밑에서 낮잠을 자던 험상한 셰퍼드가 벌컥 머리를 들고 성낸 눈짓으로 낯선 손님들을 노려본다.

우리는 개의 시선을 될 수 있는 대로 피하면서 조심스럽게 낮은 널문을 두드렸더니 나온 것은 짧은 에이프런을 두른 청년이다.

그의 말에 의하면 주인 양코스키는 웅기(雄基)로 볼일이 있어 갔고 마담 양코스키도 역시 그들의 경영에 속하는 용현(龍峴) 해수욕장으로 가고 없고, 다른 식솔들은 모두 밖에 나갔다는 것이다. 그의 호의로 우리는 주인 없는 빈 뜰을 마음대로 구경할 수 있었다.

우리는 우선 그 사나운 셰퍼드를 처치해 주기를 청하였다. 청년은 누워 있는 셰퍼드의 등에 눈웃음을 던지면서 "아무 일 없소. 아주 순한 개요." 하고 대답한다.

그렇게 듣고 나서 다시 그 개를 굽어보니 어디까지든지 낮잠을 들려고 애쓰고 있을지언정 그 졸리운 듯한 표정이 우리에게 향하여 아무런 악의도 품고 있지 않은 것이 분명하다. 그리고 본즉 역시 대문에 붙인 게시는 외국에 와서 사는 사람들의 비겁한 심리가 시키는 한 시위운동에 지나지 않는 겐가 보다. 우리는 쓴웃음을 웃으면서 돌층계를 돌아서 물소리를 쫓아 내려갔다. 골짜기를 굴러 떨어지는 급한 물은 한데 모여서 이 정원 한가운데 시퍼런 소를 이루었다. 깨끗한 모래가 그 푸른 소를 조심스럽게 담고 있고 깎아 세운 듯한 바윗돌들이 그것을 다시 에워싸고 있다. 높은 바위와 바위 사이에 걸터놓은 위태로운 나무다리를 건너서 우리는 하늘을 가리는 깊은 숲속 오솔길을 헤치고 낮은 골짜기의 모래불까지 내려갔다.

우리의 체중을 실고 추기던 허공다리가 아찔하게 머리 위에 쳐다보인다. 여기서 여름이면 수많은 뜻 잃은 백인 남녀가 어리꾸진 물장난과 마음 빈 웃음소리와 아우성 속에 잃어버린 그들의 왕국에 대한 끝이 없는 향수를 흘어 버리면서 피부에까지 치밀어 오는 고국으로 향하는 끊임없는 정열을 한가지로 시킨다고 한다.

오심암(吾心岩)

우리는 마치 어느 러시아 작가의 소설 속을 헤매고 난 듯한 막연한 느낌을 가슴에 받아 가지고 그 센티멘털한 뜰을 나와 버렸다.

그리고 보니 작은 골짜기를 사이에 놓고 마주 안고 뻗어 나간 이 장백산맥 지맥의 그 어느 봉우리고 감상에 젖어 있지 않은 것이 없다. 가을은 저의 슬픔을 감추지 못하는 정직한 계절이다. 오지의 재목을 나르는 '또롱이' 철길을 따라서 우리는 더욱 올라간다. 들어가면 갈수록 붉은빛이 엉클어져 꾸미는 산빨이 티 하나 없는 남벽(藍碧) 하늘의 캔버스 위에서 한층 선명히 떠오른다. 발길이 더듬어 들어가는 곳에 산의 기개는 더욱더 날카로와져서 검은 바위가 남빛 하늘을 찌르고 있고 그 산 어깨와 몸뚱어리에는 정묘(精妙)를 다한 한 폭 자수가 둘려졌다. 누구의 발명인지는 모르되 금수강산이라는 말이 오늘 비로소 실감을 가지고 나의 마음에 떠오른다.

소를 모는 농부더러 그 산의 이름을 물었더니 이름이 없다고 머리를 절레절레 흔들어 보인다. 옳겠다. 그것으로 좋다. 산아 너는 이름도 아무 전설도 가지지 말아라. 다만 너를 찾는 사람의 흐린 가슴에 너의 맑은 그림자를 드리워 보이면 그만이다. 그 어느 문호나 묵객의 서투른 문장이나 화폭 속에 남는 것보다도 너는 해오라기와 같이 여기에 겸손하게 서 있음이 얼마나 좋을지 모른다. 이 부드러운 풍경 속에 점점 녹아 들어가는 자신을 걷잡지 못하면서 우리는 단애(斷崖)의 낮은 허리를 감돈 길을 돌아간다. 문득 머리 위에 혹은 손 아래 무리를 떠난 외나무 단풍이 나타난다. 빨간 분수같이 붉은 물이 그대로 스치는 사람의 옷깃을 적실 것만 같다.

두보(杜甫)는 봄을 그려서

강벽조유백(江碧鳥愈白)
산청화욕연(山靑花慾燃)

이라고 하였단다.

그 비유도 아름답지만 이 산의 단풍이야말로 꽃처럼 불타고 있는 것이 아니냐. 아니다. 탈 대로 타고 또 타다가 드디어 정열의 최고조에서 그 이상 탈 수가 도시 없어 일순간 불꽃에서 열을 식어 버리고 색채만 남은 것이나 아닌가 싶다.

발아래는 누구의 손으로 다듬었는지 모르는 깨끗한 화강석이 가지각색으로 깎여져서 미끄러운 돌판을 이루었는데 그 복판의 느린 층층계를 점잖은 물이 하늘의 푸른빛을 띠고 그다지 총총하지 않게 그다지 느리지 않게 흘러간다. 길게 앞을 가린 산을 돌아서 병풍처럼 둘러선 벼랑을 한 굽이 끼고 돌아갔더니 갑자기 길가의 바위가 은은히 울기 시작한다.

바라보니 거기도 또한 작은 병풍이 비스듬히 버려진 곳에 담회색 바위가 좌우로 날카롭게 일어섰고 그 사이를 두터운 폭포가 1만 줄기의 명주실을 늘이면서 드리웠다. 그윽한 물소리가 먼 벼랑에 울리는 음향과 또 여음에 서로 조화되어 은은한 교향악을 듣는 것 같다. 엉성한 수풀 속을 헤치고 마른 잎사귀를 밟으면서 폭포까지 내려가서 그것을 버티고 있는 바위 위로 기어 올라갔다.

그 바위를 가리켜 어느 건방진 옛사람이 오심암(吾心岩)이라고 이름을 지어 주었다 한다. 그보다도 조금 겸손한 누구는 세심암(洗心岩)이라고 불렀다 한다. 기운차게 일어선 산빨이 이곳에 이르러 오심암의 절경을 남기기 위하여 한 둥근 골짜기를 이루어 놓고 다시 다물어졌다.

짙은 단풍빛에 붉게 누렇게 물든 검은 절경의 성장(盛裝), 그것을 선을 두른 동해보다도 더 푸른 하늘빛, 천사(天使)가 흘리고 간 형겊인 듯 봉우리 위에 가볍게 비낀 백옥보다도 흰 엷은 구름 조각. 이것은 분명히 자연히 흘려 논 예술의 극치다. 그러나 겸손한 자연은 그의 귀한 예술이 홍진(紅塵)에 물들 것을 염려하여 그것을 이 깊은 산골짜기에 감추었던 것인가 보다.

어구까지 버스를 불러오고 이곳까지 2등 도로를 끌어오는 것은 본래부터 그의 뜻은 아니었을 게다. 오직 사람만이 장하지도 아니한 그들의 예술을 천하에 뽐낼 기회만 엿보나 보다. 둘러보건대 이 골짜기에는 일찍이 먼지를 품은 미친 바람과 같은 것은 지나가 본 일이 아주 없었나 보아서 아득히 쳐다보이는 높은 하늘 아래 티끌을 품은 듯한 아무것도 없다. 잠깐 내 자신을 굽어보니 허옇게 먼지 낀 의복, 그 밑에 숨은 먼지 낀 내 몸뚱아리, 그리고 또 그 속에 엎드린 먼지 낀 내 마음, 나는 그 툿기 모르는 순결한 자연 속에 쓰레기처럼 동떨어진 내 몸의 더러움을 새삼스럽게 부끄러워 하였다.

바위를 소름치게 하는 찬 물방울, 그 밑에 굽이치는 사나운 물바퀴, 그 물에 적시기 전에 내 마음은 골짜기를 채우는 물소리에 벌써 씻겨지기 시작하였던 것이다. 우선 돌아가고 싶은 마음을 씻어 버렸다. 다음에는 행중의 그 누가 모두 일제히 그 물에 빠져 죽자고 한 말이 결코 부자연하지 않도록 벌써 생에 대한 그 꾸준한 애착을 씻어 버렸다.

차디찬 바위 위에 신발을 벗고 모자를 던지고 외투를 벗어 팽개치고 반듯이 누워서 눈을 감으니 인생도 예술도 다 어디로 사라지고 오직 끝없는 망각이 내 마음을 아니 우주를 채우며 온다. 그러나 몸을 식히며 스며드는 찬기는 어느새 거리에서 멀리 떨어진 우리들의 위치를 깨닫게 한다. 우리는 채 씻기지 않은 마음을 거두어 가지고 잠시나마 정을 들인 오심암을 두 번 세 번 돌아다보면서 간 길을 다시 내려오기 시작하였다. 좋은 벗 떠나기란 싫은 것처럼 좋은 자연에도 석별의 정은 마찬가진가 보다. 또한 좋은 음식을 만났을 때 벗을 생각하는 것이 자연스러운 것처럼 떠나고 싶지 않은 자연을 앞에 두고는 멀리 있는 벗들이 갑자기 그리웁다. 나는 마음속으로 어느새 오심암에게 무언의 약속을 주어 버렸다.

"내년에는 벗을 데리고 또 찾아오마"고 ―.

오심암에서 러시아인 별장까지 3리가량 내려오는 길은 가던 길보다 훨씬 빨랐다. 마침 별장 문전에서 이리로 나오던 러시아 청년 한 사람을 만나서 그 별장에 대한 약간의 삽화를 들려주기를 청하였다.

청년은 돌아서서 안을 향하여 우렁찬 바스로 소리친다.

"오라, 오라."

"다아."

하고 대답하면서 나온 것은 니카보카에 담뱃대를 든 젊은 여자였다.

양코스키의 영양(令孃) 빅토라는 스물다섯 나는 처녀다. 청년은 우리들을 여자에게 맡기고 휘파람을 불며 산으로 올라간다. 우리는 여자가 인도하는 대로 식당으로 잠깐 들어갔다. 방 한구석에는 호화로운 꽃병에 국화과의 여러 가지 가을꽃들이 풍만하게 피어있고 벽에는 시베리아 풍속인지 액면 대신에 곰의 가죽을 걸어 놓았다.

여자는 여러 권의 두터운 앨범을 들고 와서 식탁 위에 쌓아 놓는다. 그 속에는 지나간 날 그들의 호사스럽던 생활의 면모가 그대로 남아 있다.

양코스키라고 하면 몰라도 '네 눈'이라고 하면 한때 강동(해삼위) 출입이 잦던 함경도 부로(父老)치고 모르는 이가 별로 없을 것이다. '네 눈'이란 하도 사냥을 잘해서 뒤로 돌아서서 총을 놓아도 영락없이 맞춘다고 해서 조선 사람이 붙여 준 별명이다. 바로 해삼위 앞바다에는 '네 눈이네 섬'이라고 부르는 양코스키 개인 소유의 섬까지 있어서 말이랑 사슴이랑 방목하였었다고 한다.

시베리아를 지동치는 혁명의 눈보라에 휩쓸려서는 그는 온 가족과 그리고 수많은 말들과 자동차들을 끌고 이곳으로 피난해 온 것이다. 양코스키의 아우는 제정 러시아 최후의 비행(飛行) 중위(中尉)로서 시베리아에서 혁명을 맞아 체코 병과 함께 싸워서 필경 열두 곳의 상처를 몸에 받아 가지고 역시 이곳으로 왔다는 것이다. 혁명은 성공하였고 오늘 그들은 멀리 쫓겨나서 길이 돌아가지 못하는 신세가 된 것이다.

"고국에 가고 싶지 않소?" 하고 물었더니

"갈 수나 있다구요." 하고 미스 양코스키는 쓸쓸히 머리를 흔든다.

친절한 이국 색시는 잠가 두었던 그 아버지의 서재도 열어서 구경시키고 집에서 기르는 호랑이 새끼까지 끌어내서 보여 준다. 돌이 겨우 지났다는 구스(호랑이의 이름) 군, 인제는 아주 야산의 풍속을 잊어버리고 이 이국 색시에게 강아지처럼 추근해졌다. 그는 아가씨의 가슴에 안겨서 아가씨의 키스조차 거절하지 않는다. 그는 그 넓은 뜰을 세퍼드와 암탉들과 함께 산보하고는 석양이면 울 속으로 돌아와서 토끼고기로 된 저녁밥을 기다린다고 한다.

이국 색시는 문밖까지 나와서 여러 번 작별의 인사를 되풀이한다.

거리에 돌아오니 겨우 오후 2시, 조선 여관으로서는 집안에 따로 목욕탕을 가진 오직 한 집이라는 용천관에 들었다. 포근한 온돌 기분을 찾아들었지만 대하는 법이 하나도 조선식이 아니다. 더군다나 젊은 여자 두 사람이 손님을 맞아들이고 밥상에 동무하고 목욕간에 인도하는 것이 모두 이 얌전한 산중에서 우리가 기대한 것은 아니었다. 북도 아낙네들이 그 손발이 온몸과는 조화되지 않도록 크지만, 오히려 나그네의 찬탄을 받는 까닭은 어디까지든지 굳센 자립의 정신과 분투의 기개가 그 건장한 육체에 넘치고 있는 까닭이다. 그들의 자랑은 서울 등지의 하도 많은 기생과 창기 속에서도 좀체로 그들 북도 출신을 찾아볼 수가 없는 곳에 있었다. 지금 그리 고상하다 할 수 없는 이 직업에 종사하는 그들을 앞에 놓고 거기서도 역시 자본의 공세 아래 힘없이 쓰러지는 지나간 날의 탄식을 듣는 것이다.

기어이 붙잡는 세 형을 물리치고 나만은 돌아오지 않아서는 아니 될 일을 청진에 너무나 많이 가지고 있었다.

막 버스는 오후 다섯 시. 엷어져 가는 산빨의 석양볕을 등지고 온보를 떠난다.

마음은 오심암 짙은 단풍 속에 길이 남겨 둔 채 미련한 버스는 나의 빈 몸뚱아리만 싣고 터덜터덜 산길을 돌아온다.

—《조선일보》(1934. 10. 24~11. 2)

생활의 바다

제주도 해녀 심방기(尋訪記)

갈매기 조는 남쪽 바다에는 노래가 흐르고 로맨스가 떠 있고 또 영원한 청춘이 깃들어 있다고 뭍의 사람들은 말한다.

봉직하는 조선일보사의 사명(社命)을 받고 시와 전설의 나라를 찾아 남으로 2천 리 산과 바다를 건너왔다가 내가 집은 것은 뜻밖에도 노래와 로맨스의 부스러진 조각조각 그리고 또 깨어진 생활의 파편들이었다.

북위 34도에서도 훨씬 멀리 태양의 직하에 가까운 남쪽 바다에 잊어버리운 것처럼 떨어져 있는 제주도는 봉래산 전설과 귤과 비자(榧子)와 또 해녀의 나라로서 유명하다. 4백 리 남짓한 섬의 주위를 둘러싸고 쑥보다 짙은 바다가 둥그렇게 원주를 그리고 돌아갔다.

지도를 펴면 응당 수평선 저편에는 육지도 있으련만 바라보는 그 눈을 가로막는 것이란 아무것도 없는 그야말로 바다에서 해가 떠서 바다에서 해가 지는 남해의 외로운 섬이다. 흰 구름이 가끔 멀리서 흘러왔다가도 그만 떠나가곤 한다. 이 남빛 바다가 말하자면 해녀들의 즐거운 일터다. 섬에서는 해녀를 잠녀(潛女)라고 부른다. 바다는 그들에게 있어서 벌써 꿈을 기르는 동경의 대상도 싸움을 부르는 공포의 대적도 아니다. 다만 그들의 마음 있는 벗이요 대수롭지 않은 부엌의 연장이요 환희와 개의 놀이터다.

그래서 섬의 아기네들은 말하자면 성에 눈뜨기 전에 바다와 먼저 결혼한다. 하늘보다도 이쁜 바다 빛깔에 반하는 것이다. 유난스럽게도 부드러운 그 탄력과 감촉에 휘지는 것이다. 거기서 그들은 아낌없이 녹아내리는 햇볕에게 애무를 받기를 즐기는 태양의 딸들이다. 어린 해녀들은 사실로 인생의 결혼을 맞기 전에 바다와 태양에게서 두 가지의 선물을 받는다. 하나는 혼수 밑천이요 다른 하나는 구릿빛 피부 — 즉 건강이다. 여자가 사나이의 수보다도 엄청나게 많은 이 섬에서는 잠녀라고 하는 일은 그대로 결혼의 유력한 피선권(被選權)이 된다.

하루 중에도 조수가 가장 많이 밀려 나가는 동안이 바로 이 해녀들의 축복받은 그러나 아무의 구속도 받지 않는 기꺼운 노동시간이다. 이때를 노려서 그들은 갈매기처럼 바닷가에 모여든다. 그러고는 바다를 향하여 바쁘게 무장을 한다. 우선 검정 빛깔의 잠수복으로 동체의 중요한 부분을 가린다. 머리를 감아올린다. 수경(水鏡)을 건다. 그러고는 바른손에 한 자 남짓한 비창을 휘감아 잡고 왼손으로는 '컥'과 망태를 끌고 달아나는 조수를 쫓아서 떼를 지어서 바다로 뛰어든다. 나는 이 잠수복을 보고 얼핏 생각하기를 아마도 이것이 해수욕복의 원조가 아닌가 했더니 그런 게 아니라 육지로 벌이를 갔던 해녀들이 어느 해수욕장에서 해수욕복을 구경하고는 곧 그 모양을 수입해 들인 것이라 한다. 그리고 박을 말려서 속을 뺀 것을 '컥'이라고 하는데 이것이 바로 해녀의 작업 중의 '부이'여서 그들의 생명의 항공모함 노릇을 하는 것이다.

바다의 표정은 칠면조보다도 더 변화가 잦다. 어떤 때에는 양처럼 순한 얼굴로 바다의 딸들을 달래 주는가 하면 갑자기 성을 내서 그들을 흘기며 호령하기도 한다. 이리처럼 사나워진다. 그렇다고 반드시 노한 때문뿐만은 아니다. 따스한 모성의 사랑에서 나오는 걱정일 경우도 있다. 가령 남양(南洋)의 폭한(暴漢)인 태풍이 가까와 오는 눈치면 벌써 바다의 얼굴은 빛이 달라진다. 몸소름 친다. 그래서 해녀들은 이 바다의 표정을 살피고는 혹은 일을 떠나고 혹은 그날의 출정을 중지하기도 한다. 그러니까 바다는 그들에게 있어서 다시없이 친절한 기상학 기사이기도 하다.

수평선 위에 구름이 가볍게 날리는 어느 택함을 받은 날 바닷가에서 우리는 기러기처럼 진을 치고 헤엄쳐 나가는 해녀의 한 떼를 쉽사리 구경할 수 있을 것이다. 그리고 또한 물결 위로 흘러오는 이러한 노래도 들을 것이다.

이여도 하라 홍
이여도 하라 홍
양식싸라 섬에 가게
총각차라 물에 들게
이여도 하라 홍
이여도 하라 홍

바람에 불려 이여도로 흘러간 남편이다. 그러니까 그리운 것은 밤이나 낮이나 이여도 밖에 없다. 이여도로 가자. 양식을 싸라. 총각처럼 드리운 머리를 감아올리고 물에 뛰어들자. 망망대해에 널조각처럼 떠 있는 섬의 슬픈 이야기가 저절로 빚어낸 노래다.

돌아오지 않는 배를 기다리는 것은 반드시 남편을 보낸 아내들뿐이 아니다. 해녀의 대부분은 삼십이 넘은 장년이라고 하면서도 우리는 가끔 바위 위에서 성숙할 대로 성숙한 충실한 몸뚱아리를 한 겹의 엷은 잠수복으로 간신히 가린 열일고여덟 나는 젊은 해녀들을 적지 아니 만나기도 한다. 그들은 모두 상어라도 연모함 직한 어여쁜 처녀들이다. 그러니까 이여도에는 남편도 갔으려니와 그들의 마음을 이어 놓고 간 총각들도 갔을지 모른다.

얼마쯤 바다에 나간 그들은 이윽고 머리를 물속에 박고 그들의 수확물을 정찰하기 시작한다. 바다의 싸움의 전초전이다. 필경 어느 불행한 전복이나 소라나 해삼이 바위틈에서 방심하고 낮잠을 자다가도 그만 수경의 탐조광에 걸린다.

다음 순간. 해녀가 있던 곳에는 팔 대신에 두 다리가 한번 물 위에서 펄럭하고 그다음에는 '컥'만이 남아서 떠다닌다. 일 분…… 삼 분…… 혹은 오 분. 이렇게 해서 마지막에는 험상궂은 소라나 전복을 산채로 찍어 내 가지고 올라와서 한번 머리를 털며 물을 내뿜는다. 그러고는 커다랗게 푸른 하늘을 들이킨다.

이리하여 항용 여름에는 한 시간씩 겨울이면 십오 분이나 삼십 분씩 바다에 있다가도 드디어 암갈색의 사지가 노곤해지면 그들은 바삐 섬 가장자리의 바위로 돌아와 매달린다. 그리해서 섬은 그들의 공동 '부이'다. 그것은 또한 그들의 작전 본부이기도 하다. 왜 그러냐 하면 이렇게 쉬는 짧은 동안에도 벌써 그들은 다음 싸움을 계획하고 책략하기를 잊지 않는 까닭이다.

제주읍에서 동으로 해안선을 쫓아서 약 두 시간가량 자동차를 달리면 성산포(城山浦)라는 작은 포구에 닿는다. 이 일대가 제주도에서도 해녀의 활동의 중심 지대다. 나는 바다에서 혹은 상어나 그 종류의 사나운 고기를 만나서 고생하는 일은 없느냐고 어떤 해녀에게 물어보았다. 그는 조개껍질보다도 더 흰 이빨을 보이면서 고개를 설레설레 흔든다. 만물지장인 사람의 위력은 열길 스무길 바다 밑에도 미치는 모양으로서 아무리 사나운 고기라 할지라도 사람을 보기만 하면 저편에서 먼저 달아난다는 것이다. 그러니까 이편에서는 언제든지 부전승의 유리한 게임을 하게 되는 것이다. 따라서 그들은 바다에서는 좀처럼 실수하는 일이 없는 상승장군의 일행이다.

대체로 해녀들은 열길까지는 어렵지 않게 잠수하니까 열길 좌우의 바다까지는 해저의 멋쟁이인 전복이나 소라의 안전한 산보로가 될 수는 없다. 어느새 새매와 같이 민첩한 해녀가 와서 채가는 까닭이다.

그러나 늘 잡혀만 다니는 이 해저의 피약탈계급(被掠奪階級)도 잔인한 복수를 감행하는 때도 있다. 간혹 수확물을 쫓아서 한번 물속으로 잠겨 버린 해녀가 십 분이 지나도 삼십 분이 지나도 좀체로 뜨지 않는 경우가 있다고 한다. 그들은 가끔 해저의 벼랑에 달라붙은 크기가 대접보다도 더한 전복을 만나는데, 물론 비창을 바위와 전복 틈에 찍어 넣지만 어떤 때에는 두터운 갑추를 입은 거인 전복이 깜짝 놀라서 필사적으로 비창을 물고 놓지 않는다고 한다. 워낙 물에 잃어버릴 것을 염려하여 팔목에 비끌어 맨 비창이라 미처 풀어 던지기도 전에 오 분…… 십 분…… 이십 분…… 삼십 분, 이리하여 내수시산(耐水時間)은 사정없이 지나가서 필경 바다는 무언의 녹아웃을 선언하고 다음에는 그를 위하여 해초의 수의(襚衣)를 준비하지 않으면 아니 된다.

이러한 전사자가 예전에는 일 년치고도 섬에서만 몇 명씩 생겼지만 지금은 비창의 구조에 새로운 의장(意匠)을 베풀어서 겨우 온 섬을 떨어서 일 년에 한명이 되나 마나 하다고 한다. 노랫소리가 무시로 흐르는 그들의 일터는 사실은 이렇게 사선에 연이어 있는 것이다.

그러나 그들이 싸움을 결의해야 되는 것은 결코 바다에 향해서가 아니다. 기실은 현실의 바다보다는 몇 곱이나 망망하고 거칠은 생활의 바다에 향하여서나 워낙 그 어느 옛날에 한라산 꼭대기가 폭발되어 넘쳐 버린 용암의 붉은 흐름이 간물에 거멓게 식어 엉클어져 된 섬이다. 그 위에 바람과 물길에 불리고 밀려온 흙이 발려서 겨우 땅을 이루었나 보다. 그러니까 거기에 붙이는 곡식은 섬에 사는 사람들의 생도가 될 수가 없다.

다만 너무나 끝없는 지구전(持久戰)인 까닭에 사선도 아주 익숙해 버려서 아무렇지도 않게 착각이 되고 있을 뿐이다. 저도 몰래 속아넘어가는 타성이 된 안전감이다. 그러니까 이 말이 없는 바다의 제단은 얼마나 많은 산 제물을 삼켜 버렸을까. 달밤에 부르는 해녀의 노래는 또한 바다의 엘레지이기도 하다. 만약에 그것이 생활의 개가(凱歌)라고 하면 그것은 얼마나 비싼 것이랴. 생활을 위하여라면 상어하곤들 싸우지 못하랴.

바다의 비극을 이야기하는 이 늙은 전사(戰士)의 의기는 자못 등등한 바가 있다. 그가 흥분에 들뜬 채 전하는 해녀의 생활 전사의 또 다른 페이지는 이러하다.

때는 1932년 이른 봄, 당시 관제 해녀조합에 웅거한 방간층(幇間層)의 중간 착취에 대한 비난 불평의 소리는 이 체펠린 형의 섬의 포구마다 노도와 같이 높아 갔다. 솔선하여 반대의 봉화를 든 것은 바로 이 성산포에 인접한 구좌면(舊左面) 일대의 2천여 명 해녀였다. 워낙 높은 하늘 넓은 바다 사이에서 아무것에게도 얽매인 일이 없이 구름같이 길러난 호활한 정신의 임자들이다. 그 위에 잠행 운동이라고 하면 본래부터 선수들이다. 게다가 인면 수천 해녀의 열화 같은 응원이 있어서 이 평화의 섬은 삽시간에 제네스트 전날 밤의 긴장한 공기 속에서 떨리었다. 필경 해녀들의 요구는 대체로 관철되고 전화(戰火)는 꺼졌다.

그러나 그해 3월 31일 오전 네 시를 기하여 이 섬에서는 처음 보는 대검거의 선풍이 전도를 휩쓸었다. 바다의 스트라이크 동안에 해녀들과 긴밀하게 타이업 되어 있던 사나이들의 지하조직이 발각된 것이다. 남편과 오빠들을 불시에 뺏긴 해녀들의 이날에 부르는 이여도의 노래는 더욱 슬펐을 터이다. 그리하여 이 사건은 평온무사하던 해녀 발전 사상에 우울한 몇 페이지를 남기기는 했으나 이로 인하여 해국 여성의 맹렬한 존재는 널리 사방에 떨쳤던 것이다. 사실로 섬에 발을 들여놓으며부터 놀랐지만 여자가 사나이 수보다 압도적이다. 거리를 걸어가는 행인도 가게에 모인 흥정꾼도 그 대다수는 여자다.

최근의 공식 조사에 의하면 외인을 제한 순수한 도민은 18만 8천5백인인데 그중에서 여자의 수는 10만 6백을 넘는다고 한다. 그러니까 섬의 주민들조차 섬은 석다(石多), 마다(馬多), 풍다(風多), 여다(女多), 사다(四多)의 나라임을 부정하지 않는다. 이 여성 인플레의 현상은 산지로 붙어 해변에 이를수록 점점 현저하다. 그런데 그 많은 여자의 약 20퍼센트는 해녀다.

현재 제주도 해녀어업조합에 등록되어 있는 해녀의 수는 도내 12면을 통하여 1만 2천 여명인데 그것은 16세 이상 50세 이하의 중견 부대요 여기에 15세 이하의 후보생급과 50세 이상의 예비역급을 합치면 2만은 무난히 돌파하리라 한다. 이들 해녀의 한 해 동안의 수입은 백 원으로부터 삼백 원까지. 그들의 설합 속에는 사오백 원쯤의 저금 통장은 대수롭지 않게 뒹굴고 있다고 한다. 그래서 섬의 경제생활의 절반은 이 해녀들의 볕에 그을린 두 어깨로써 버티어 가는 것이다. 섬의 중요한 생산업은 물론 어업인데 가령 섬에서 제일 큰 제주읍 어시장에 나가 보면 그것은 완전히 해녀들에게 점령되어 있는 것을 발견할 것이다.

한 시간 혹은 두 시간씩의 바다의 노동이 필하자 해녀들은 우선 바닷물에 머리를 감고 옷을 바꾸어 입고 나서는 기구와 수확물들을 바구니에 담아서 옆에 끼고 바삐바삐 집으로 돌아간다. 왜 그들의 걸음이 그다지 바쁜가 했더니 그들은 집에 가서는 즉시로 감물로 벌겋게 물들인 이 섬 특유의 제복을 갈아입고, 사나이들의 일을 도와주려 밭으로 나가지 않으면 아니 되는 때문이다.

남빛 원주의 한구석에 해가 지려고 하면 그들은 또다시 산길을 굴러 내려와서 보리밥을 지어야 한다. 이렇게 섬의 여자의 하루는 근로 그것의 되풀이다. 그들의 자전(字典)에는 태만이라는 문자가 없다. 그러니까 섬의 사나이들은 그들의 아내나 딸이나 누이를 허술하게 굴지는 못한다. 그러기만 하면 비린내가 묻은 저금 통장이 곧 위력을 발휘하여 다음 날부터는 가계(家計)에 중대한 영향을 미칠지 모르는 까닭이다. 따라서 섬에서는 남녀의 계급이 없다. 그것은 여성해방론 이전이다. 서러운 것은 노라가 아니고 차라리 헬만인 경우가 많다고 한다.

익숙해지면 섬은 의외에도 비좁은 곳이다. 그러니까 해녀들은 넘치는 투쟁력을 펼 곳을 찾아서 창파를 헤치고 수평선을 넘어간다. 그래서 그들의 도외 진출은 해마다 왕성해 가서 반도의 남해안은 물론 북으로는 청진(淸津)·강화도(江華島)에까지 그들의 전장을 확장하였다. 그러나 그뿐이랴. 최근에는 녹아도(鹿兒島)로부터 동경만(東京灣)에 이르는 일대의 해안에서조차 바위 위에서 '컥'을 붙잡고 물속을 노려보는 우리들의 바다의 새매들을 무수히 발견한다고 하니 해국 여성의 한 자 남짓하는 비창은 실로 태평양의 서안 일대를 휩쓸고 있는 것이다.

현재 밖에 나가 있는 해녀는 수로 5천여 명. 3월이 되어 남국의 바닷가에 올리브기름같이 부드러운 난류가 흘러오면 그들은 집을 버리고 남편을 버리고 아기를 떠나서 낯선 천지로 출정한다. 미지근한 가정의 단란보다는 사나운 바다와의 싸움이 얼마나 그들의 성미에 알맞는지 모른다. 그랬다가도 시월을 잡으면 그들은 다시 기러기처럼 따스한 섬의 품속으로 날아든다. 그래서 한 해 동안에 해녀들의 바구니에 담겨서 섬으로 흘러 들어오는 돈은 70만 원을 헤인다 한다.

그러니까 시월이 되면 갑자기 섬에는 번영기가 시작된다. 대차 관계는 말쑥하게 청산되고 집집 부엌에는 기름이 흐르고 어른과 아이들의 애애한 웃음소리가 돌담을 넘어 흘러오며 마을에는 잔치가 잦다. 섬에서는 해녀야말로 경기(景氣)를 가지고 오는 복스런 계절조(季節鳥)다.

재외부대(在外部隊)가 이렇게 도외에서 분투하는 동안에 섬의 진지를 지키는 것은 물론 후보생급과 예비역급과 그리고 갓난애기를 가진 해녀들이다. 따라서 도내에서 버는 그들의 한 해 수입은 겨우 27만원밖에 아니 된다.

섬에서는 어린 계집애들을 '비발'이라고 부른다. 비발은 벌써 팔구 세만 되면 어머니를 따라서 바다로 나가서 거기서 공해술(攻海術) 제1과를 배운다. 헤엄을 배우고 잠수의 가진 묘기를 닦고 나서 15, 6세만 되면 벌써 한 사람의 당당한 해녀가 된다.

섬의 서안에 있는 한림(翰林)이라는 어항에 이르자 우리는 그 해안 일대에서 이 바다의 유치원아(幼稚園兒)들의 한 떼를 발견하였다. 나는 그중의 한 비발을 붙잡고 그 부근에서 배운 어항력을 곧 시험해 보았다.

"니네 오망 오시냐?"

이는 너의 어머니가 어디 계시냐 하는 뜻이다. 그는 말 대신에 손으로 바다를 가리키고는 바위 틈바귀에 소라처럼 숨어 버린다. 이윽고 한 떼의 해녀가 소녀가 가리키던 바다 편으로부터 올라온다. 60여 세까지의 늙은이패다. 그중에서도 제일 고령자인 한림시내의 김신성(金信誠, 65세)노파에게 빛나는 지나간 날의 무용전(武勇傳)을 듣기로 했다.

그는 일찍이 열다섯 살에 해녀 생활을 시작했다고 하니 금년이 바로 50주년 기념이다. 바다와 싸우는 반세기 동안에 그의 발길은 멀리 강화로부터 대마도(對馬島)에까지 뻗치어서, 30마지기가 섬에서는 얼마나 되는지 몰라도 그만한 땅을 비창 하나로써 장만하였다고 한다. 지금도 열 길쯤은 아무렇지도 않게 자맥질을 하는데 하루라도 바다에 들어가지 않으면 식욕이 줄어든다고 한다. 할머니에게 있어서는 바다는 또한 식후의 산보장이다.

그렇게 말하는 용암처럼 그을은 그의 피부에는 한 줄기의 이완도 없고 왼손에는 금방 붙잡아 가지고 나온 문어가 움켜쥐어져서 여덟 다리를 허우적이는 것이 백전노장의 원기에 아직도 아무 이상이 없음을 시위하는 듯하였다.

거칠은 바다에 시달리다 돌아오는 발길이다. 생활의 위협에 무시로 쫓겨다니는 신세다. 그러한지라 끝없는 근심 걱정의 토막

토막 사이의 생활의 여백을 메워 주는 그 무슨 위안이고 그들은 목말라 가지려 한다. 한 제3기 사화산이 빚어 논 절묘한 풍광을 요람으로 하고 자라난 그들의 가슴에 노래를 그리는 정서가 흐르는 것은 지극히 자연스러운 일이다. 노래는 섬의 아낙네들이 가장 즐겨하는 노리개다. 섬에 민요가 많은 까닭이다.

섬의 노래는 현재 구전되어 내려온 것만 4백여 가지다. 그 노래의 대부분은 여자의 것이다. 서러울 때나 괴로울 때나 섬의 사포는 노래를 불러 잠시나마 이승의 밧줄에서 풀려서 아지 못할 나라를 헤매는 것이다. 그래서 바다에서 올라와서 해변의 잔디밭에서 숨을 돌리는 짧은 동안 해녀들은 항용 이러한 장난을 한다.

이삼십 명씩 한 떼가 되어서 손에 손목을 마주잡고 돌아가면서

이여 이여 이여도하라
이여 이여 이여도하라

로써 시작하는 섬 노래를, 굳은 현무암의 절벽에 부딪쳐 울리는 굵고 가는 물결 소리를 반주 삼아 합창하는 것이다.

더군다나 겨울날 모닥불을 가운데 두고 구슬픈 멜로디에 맞추어 움직이는 인어들의 원무는 이 전설의 나라에서도 유달리 신기하고 아름다운 이국정조 난만한 남국 풍경의 하나라고 한다.

거지반 벌거숭이가 되어 일하는 까닭에 해녀들은 그들의 일하는 양이나 쉬는 모양을 사나이들에게 구경시키는 것을 부끄러워는 아니하면서도 짝없이 싫어한다. 그래서 전에는 그들은 가끔 그들의 쉼터를 지나가는 사나이를 얼굴을 알고 모르는 것을 막론하고 무리져서 완력으로써 사로잡았다 한다. 그리고는 그들 중에서

아무의 것이고 잠수복을 벗어서 사나이 머리에 거꾸로 씌워 놓고 팔과 다리를 들어서 추키고는 손뼉을 때리며 웃어 주는 습관이 있었다고 한다.

이러한 경우에 사나이는 완전히 아무 반항도 할 수 없는 바보가 된다. 이 잠수복 뒤집어 쓰기는 남국의 사나이들이 삼가 피하는 액운(厄運)의 하나다. 이는 또한 아무 데나 있기 쉬운 변태성의 사나이를 멀리하는 유력한 형벌이기도 하다. 어쨌든 창파에 부대끼는 마음의 무료(無聊)가 찾을 법한 신랄한 장난이다.

원래 바다에서 단련된 미끈하고 건강한 체격은 해국 여성의 그 위에 없는 자랑이다. 그러니까 일의 틈틈에 하는 그들의 장난도 결코 육지의 부녀들이 하는 숨바꼭질 정도의 여성적인 너무나 여성적인 그런 종류의 것은 아니다. 어디까지든지 초남성적인 것이다. 그래서 씨름은 그들의 쉬는 시간을 즐겁게 하는 중요한 놀이의 하나라 한다.

그러나 무어니 무어니 해도 섬의 여자들의 가장 즐겁고 유쾌한 시간의 황혼이다. 서편 하늘로부터 퍼져 오는 시원한 석양빛이 분수와 같이 섬을 축이기 시작하면 그들은 설거지를 얼른하고 옷을 바꾸어 입고 물그릇을 한 손에 드리우고는 마을의 목간터로 간다. 섬에는 거의 마을마다 이 목간터가 있는데 이는 이 섬 특유의 샘물이 활활 쏟아지는 곳을 가려서 돌담을 둘러서 만든 것이다. 목간터는 해녀들의 몸에 배인 하루의 땀을 씻어 버리는 곳, 또 하루의 근심 걱정도 씻어 버리는 곳이다.

그들은 말쑥해진 몸뚱어리를 눈같이 흰 모시옷에 싸 가지고 한 손에 샘물을 길어 들고는 으스름길을 발자국 소리도 없이 뱀처럼 새어서 등불이 적막한 그들의 지붕 밑으로 돌아간다. 어디서 부엉이라도 울고 로맨스가 금방 터져 나올 듯한 정경이다.

제주도에서는 세월 없는 장사가 두 가지가 있다. 하나는 인조견(人造絹) 장사, 하나는 화장품 장사. 섬 여자들은 도무지 번쩍번쩍하는 인조견의 호화를 즐길 줄 모른다. 그 대신 무명이나 베나 모시의 질박을 사랑할 줄은 안다. 일할 때에는 무명이나 베에 감물을 뻘겋게 물들인 이 섬 특유의 노동 제복을 입었다가도 외출할 경우에는 말쑥한 한산 세모시를 갈아입고는 머리와 얼굴을 수건으로 가리고 나선다. 그들은 실로 나면서부터 변할 줄 모르는 물산장려회원(物産獎勵會員)이요, 옛날을 잊지 않는 배달의 따님네다.

바다에서 올라와서는 해녀들은 옷을 갈아입기 전에 먼저 간물에 젖은 머리를 풀어내리고 빗질을 한다. 남빛 바닷물은 자연이 그들에게 주는 값 모르는 머릿기름이다. 달밤에 우는 인어의 머리가 바위를 덮는다는 전설도 아마 이러한 데서부터 생겼나 보다. 또한 섬에는 마을마다 동백나무가 우거졌다. 동백기름의 본토인 때문이다. 그리고 섬의 여자들은 그들의 머리를 학대하지 않을 줄을 안다. 무엇이고 옮겨 가려고 할 때에는 머리에 올려놓지 않고 물동이조차 바구니에 담아서 지고 다닌다. 그러니까 상체가 비뚤어지지는 않는다. 여하간 바다와 태양의 훈련과 보호 아래서 받아 가진 균정된 체격과 건강색은 축복받은 섬의 색시들의 자연의 화장법이다.

그 위에 남국의 아름다운 자연의 숨결이 그대로 맥박이 되어 섬 색시의 몸뚱어리에서 물결친다. 그것이 그대로 섬 색시의 얼굴에 나타나서 말할 수 없이 미묘한 깊이와 음영을 남겼다. 그들은 구태여 도회지 여자들처럼 이즈러져 가는 모양과 퇴색하는 얼굴빛을 가리기 위하여 비싼 화장품을 쓸 필요는 느끼지 않는다.

섬사람들은 아기때부터도 부자연한 모양으로 길러지지 않는다. 마을을 걸으면서 이상하게 생각하는 일은 아기 울음소리를 들을 수 없는 일이다. 섬에서는 길이가 석자, 넓이가 자반가량되는 바구니 속에 보리 짚을 도톰하게 깔고 그 위에 아기를 누이고는 아버지나 아저씨들이 엄마가 바다에서 돌아오기까지 흔들어 준다. 아기들은 그 요람 속에서 사지를 쭉쭉 뻗고 천사의 꿈을 꾸는 것이다.

제주도의 남쪽 끝 아니 조선의 남쪽 끝인 감상(感傷)의 항구 서귀포(西歸浦)는 풍광도 아름답기가 섬에서 으뜸이지만 섬의 생산물이 집산하는 요충의 땅이다. 나는 이곳 해안에서 잠깐 한 해녀의 바구니 속을 뒤져 보았다. 큰 전복 한 개, 보통 전복 두 개, 소라 세 개. 여기에 해삼, 천초(天草), 미역을 가하여 이것들이 해녀들의 중요한 전리품들이다.

나는 그 전리품들의 행방이 궁금해서 그 뒤를 따라갔더니 거기는 항구의 서편 강성익(康性益) 통조림 공장이다. 거기서 전복은 한 근에 2전 5리의 해녀조합 공정가격에 의하여 공장의 손으로 넘어간다. 그 뒤에는 살은 통조림이 되어 부산·대판(大阪) 등지의 대매상의 손을 거쳐서 세계의 구석구석으로 흩어지고 또 껍질은 그곳 부속 공장에서 단추의 원형이 되어 태평양을 여행하여 미국에서 가공되어서는 찬란한 단추가 되어 다시 조선으로 세금을 붙여 가지고 금의환향을 한다고 한다.

그래서 섬에는 해녀가 잡는 순전한 조개 등속을 전문으로 하는 통조림 공장이 여섯 곳, 단추 공장이 여덟 곳이다. 이 여러 공장에서 한 해 동안에 만드는 통조림은 소라가 9만 9천4백50원어치요 전복이 1만 5천2백95원어치요 단추 원형이 1만 4천80원어치라

한다. 섬의 카네기는 기껏해서 20만 원 정도라고 하니 섬의 부(富)의 정도도 스스로 미루어 생각할 수가 있다. 척박한 환경이 근면의 정신을 길렀고 척박한지라 부의 팽창에 스스로 제한이 생겼다.

지금은 도청에서 현재의 섬의 경제기구를 갑자기 깨트리는 것을 염려하여 공장 수를 통제하고 있으나 섬에는 이미 통조림 공장 외에 수산업과 목축과 임업을 토대로 한 각종 공장이 이 포구 저 포구에서 검은 연기를 무럭무럭 토하고 있으며 또 근자에는 경도(京都)·대판(大阪) 등지의 이권 운동자들의 신랄한 손이 자주 섬에 뻗치고 있다고 하니 남해의 영주(瀛洲)로 자본주의의 거친 물결에 나날이 휩쓸려 들어가고 있는 것이다.

나는 될 수만 있으면 오직 이 섬만이라도 자본의 철제에서 곱게 감추어서 꿈과 전설과 로맨스와 노래의 나라로서 길이 남겨 두고 싶었다. 그러한 생각을 하면서 섬을 떠났다.

—《조선일보》(1935. 8. 2~9)[1]

---

1 원제는 '생활해전종군기—제주도 해녀편'.

4

동양에 관한 단장

원시민족과 및 그 문화에 대한 연구는 19세기 이래 갑자기 성해졌다. 그리하여 땅 위에 남아 있는 뭇 원시민족은 실로 수없는 인류학자, 고고학자, 민족심리학자, 인종학자들의 간단없는 방문으로 해서 번거로울 지경이었다. 그래서 이 방면에 관한 저술은 날로 성해 갔다. 우리는 그중에서도 유명한 프레이저, 말리놉스키, 라차루스, 그로세, 분트 등의 이름을 얼른 들 수가 있다. 그러던 끝에 그들 원시민족과 그 문화는 드디어 이른바 진보한 서양인 일부의 찬탄의 적(的)이 되기까지 하여 이런 종류의 감상가가 도처에서 생기게 되었다. 고갱이 타히티섬으로 영주의 땅을 찾아간 것은 유행 소설 같은 이야기가 되었지만 인상파에 지쳐 버린 화면에 원시시대를 재현하려고 한 야수파는 드디어 이러한 감상을 한 개의 예술운동으로 승화시켰던 것이다. 로런스는 원시생활을 모럴에까지 끌어올려서 필경에는 춘화(春畵)가 신성한 것이 되어버린 느낌이 있었다. 원시에의 귀의는 한편 소아 동경 사상으로 나타났었다. 루소는 때때로 성서처럼 인용되기도 하였다.

생각건대 이러한 일련의 원시 숭배, 소아 동경이 생기는 심리적 근거의 반면에는, 늘 인공적인 너무나 인공적인 물질문명과 그 교지(狡智)에 대한 강한 항의가 숨어 있었던가 한다. 그 무슨 병증(病症)에서 오는 신음의 일종이었던가 한다. 오늘 자유주의나 개인주의를 비방하는 것은 벌써 한낱 상식이 되어 버렸지만, 끊임없는 이윤 추구의 자유와 권리를 추상화하여 관념적으로 정리한 것이 틀림없는 근세 자유주의와 근세 개인주의의 정체였다. 그것을 인격의 자유 등의 이념으로 끌어올리려는 정신주의적인 시험도 있기는 했으나 그것들은 대개는 문화가 필연적으로 의존하는 물질적 지반을 무시한 아름다운 꿈에 그치고 말았다. 그러나 정신분석학이 나중에 가서 보여 준 종족 발생적인 뭇 음산한 증언은 이것도 저것도 다 비웃어 버리는 근대인의 일종 자포자기이기도 하였다. 근대 문화의 말기 현상은 반드시 슈펭글러의 '서양의 몰락'을 기다릴 것 없이도 식자(識者)의 걱정을 사기 시작하였던 것이다.

그리하여 근대 문화는 모순 상극에 찬 그 말기 징후를 조만간 청산할 국면에 직면해야 하였다. 그런데 문화의 발전은 대개는 다른 문화와의 접촉 교류 종합의 과정을 거쳐서 실현되는 것이지만, 몇 세기를 두고 통일된 모양으로 지속되었던 문화가 이미 말기에 도달하여 새로운 단계로 비약할 적에는 거기는 이지의 문화와의 전면적인 접촉 종합이 자못 효과적인 계기를 이루는 경우가 많다. 희랍 문화도 사실은 그 선주민족(先住民族)의 문화와 애급(埃及)과 소아세아를 거친 동방 문화와의 접촉 속에 은연중 배태되었던 것이며, 헬레니즘은 사실에 있어서 혼혈 문화이고 르네상스가 고전 문화의 자극에서 촉진된 것임은 이미 승인된 사실이다. 그러나 이러한 이질 문화 상호간의 접촉 교류의 예로서는 근대 문화와 동양 문화와의 상봉보다도 더 규모가 크고 결과에 있어서 심각한 경우를 역사상 찾아볼 수가 없다. 바로 동양이 늙어 지쳤을 때 그는 젊은 서양과 만났던 것이다.

일찍이 동양이 처음으로 이질의 서양 문화를 받아들일 적에는 열광적 경도로 나타났던 것은 피할 수 없는 일이었다. 이런 시기에 있어서 한동안의 감상주의는 도리어 관용되어야 할 것이었다. 다만 주목하고 싶은 일은 당시의 동양은 동양 문화 자체의 온상으로서는 벌써 한 한계에 도달하여서 그것은 실로 어느 모로 보든지 갱신과 비약을 기다려 마지않은 때였더라는 일이다. 그런 때에 마침 들어온 것이 면목이 아주 다른 서양 문화였고, 또 오늘 와서 생각하면 이윽고 포화 상태에 다닥칠 서양 문화로서도, 동양 문화라는 아주 다른 풍토 속에 전지(轉地)한 셈이었다. 동양이 서양 문화를 받아들일 적에 전혀 수동적인 자세에서 한 것은 당시 동양 문화가 완전한 정체 부식 상태에 있은 때문이다. 민족의 발전이라는 모에서 보든지 개인의 인간성의 발휘라는 점으로 보든지 간에, 그것은 한 발효하는 물구덩이에 불과하여, 모든 생동하려는 것의 질곡밖에 아무것도 아니었던 것이다. 이런 때에 실로 맹목에 가까운 발동을 그 생명으로 삼는 듯한 서양 문화가 밀물처럼 밀려 들어왔던 것이다.

한 문화가 새로운 단계로 뛰어오르기 위하여 새로운 탄력을 구할 적에는 앞에서도 말한 것처럼 그것은 왕왕 과거의 역사 속에서 새 이념의 원형을 찾거나 그렇지 않으면 지리적으로 딴 지역의 문화에 새로운 동력을 구할밖에 없었다. 서양 문화의 말예(末裔)들이 드디어 이 원시문화에서조차 자문화의 해독안을 구하려 한 것은 심리적으로 이해할 수 있으나, 과연 비판적 태도였으며 이성에 비추어 어긋나는 일이 아니었을까? 서양인 사이에도 약간의 동양 문화에 대한 연구자와 이해자가 생기기는 했으나 서양인에게 있어서는 동양 문화는 겨우 한낱 지식에 그치는 정도여서 체험을 거쳐 체득될 수는 거진 없었다. 윌레, 비논 등의 연구와 소개가 그 전형의 하나라고 할 수 있겠다. 이것은 극단의 예겠지만 서양인에게 있어서는 『서(書)』와 같은 것은 아주 미득(味得)될 길이 없다. 여하간에 서양 문화가 그 난숙기를 거쳐 분해 과정이 시작되었을 때 그것이 우러러볼 것은 원시문화여서는 아니 되었다. 부분적으로는 그러한 근거와 이유가 있었겠지만 역사를 거꾸로 세우려고 하는 것은 언제고 무모한 일이다. 그것은 서양인 중의 몇 몇 개인을 건질 수는 있었을지 몰라도 서양 문화의 방향에 대하여는 아무러한 굴절 작용을 일으킬 힘도 될 수가 없었다. 원시인으로 돌아가서, 원시인과 같이 전혀 자연에 의존하며 굴복하여 살아간다고 하는 것은 서양 문화에 대한 개인적인 복수나 야유는 될지언정, 서양 문화를 초극할 새로운 문화 이념으로서는 차라리 황당무계에 가까운 일이다. 그러한 시기에 서양이 마땅히 우러러 보아야 할 것은 동양이었다.

 동양 문화라는 것은 벌써 역사상의 사건으로 영구히 결제(決濟)된 사항이어서는 안 되었다. 딴은 서양 문화의 도도한 압력에 여지없이 수그러든 동양 문화였다. 그것은 그 자체가 한 독립한 시초와 발흥기를 가졌었고 드디어 완결된 한 독립한 역사의 분절로 그치기는 하였다. 그것은 역사적으로 있는 그대로의 모양으로 현대에 회생할 권리는 없다. 우리는 "문화는 인류와 함께 있다."는 말을 기억하려 한다. 그 말은 결코 인류는 지금까지 시간과 공간을 초월하야 오직 한 개의 문화를 가졌다는 것은 결코 의미하지 않는다. 문화는 민족을 따라 시대를 따라 늘 그 받아들이는 태도에 있어서 양식에 있어서 가치의 단계에 있어서 달라 온 것이 지금까지의 사실이었다. 근대 문화사는 늘 발전이라는 모양을 거쳐 변하며 움직여 왔다.

동양에 태어난 문화인에게 있어서 이 순간은 바로 새로운 결의와 발분과 희망에 찰 때라 생각된다. 수동적으로 압도된 모양으로만 넘쳐 들어오던 서양 문화는 드디어 우리와의 사이에 한 거리를 두고 잠시 물러섰다. 아니 차라리 한 개 현혹에 가까운 태도로써 몸을 그 속에 던져 있었던 서양 문화에서 잠시 우리가 물러서게 되었다. 나는 일찍이 조선 신문학사를 서양의 르네상스의 모방, 추구의 과정이라고 단정하였다. 그래서 바로 이 순간은 '서양의 파탄' 앞에 저들 서양인이나 그 뒤를 따라가던 우리나 마찬가지 열에 늘어서게 되었다고 하였다. 그래서 이 순간에 유달리 흥분에 차는 까닭은 닮은 것의 추구는 이에 끝나고 새로운 것의 구상과 건설을 향하여 바야흐로 너나없이 용기를 떨쳐야 할 때임으로서다. 그러면 서양 문화는 완전히 포기되어야 할 것인가? 그리하여 순수한 '무(無)' 속에서 새로운 것은 아침 안개와 같이 피어오를 것인가? 두께가 없는 것 모양이 없는 것은 혹은 안개와 같이 피어날 수 있을지 모르나, 문화는 비유해서 말한다면 체중을 가지고 식물처럼 성장하는 것이라야 할 것이다. 근대 서양의 파탄을 목전에 보았다고 곧 그것이 포기, 절연을 결의하는 것은 한 개의 문화적 감상주의에 넘지 않는다.

또 하나의 다른 감상주의가 있다. 오늘 와서는 서양은 돌아볼 여지조차 없는 것이라 속단하고 그 반동으로 실로 손쉽게 동양 문화에 귀의하고 몰입하려는 태도가 그것이다. 그것은 관념적으로는 매우 하기 쉬울 일이고 또 경솔한 사색 속에 즉흥적으로 떠오르기 쉬운 아름다운 포말이기는 하다. 이러함으로써 동양 문화는 그 진가 있는 부면이 오히려 희미하게 보여지고 우리가 그중에서 청산하여야 할 가치 없는 부분마저를 아름다운 감상의 연막으로 휩싸 버릴 염려가 있는 때문이다.

서양 문화가 일정한 거리에까지 둘러선 것처럼 동양 문화도 한번은 어느 거리 밖에 물러가서 우리들의 새로운 관찰과 평가에 견디어야 할 것이다. 그래서 그것은 우리들의 새로운 태도와 방법으로써 다시 발견되어야 할 것이다. 참말 가치 있는 것이 발견되며 그 가치의 현상이 명료하게 지시되며 또 체험되어야 할 것이다. 있은 그대로의 동양 문화 있는 그대로의 동양 문화가 곧 역사에 등장하는 것은 아니다. 역사적 자각과 시대의식의 연소(燃燒)를 거쳐서 그것은 그 허화(虛華)한 외의(外衣)와 협잡물을 청산하고 그 정신에 있어서 그 근원적인 것에서 새로이 파악되어 내일의 문화 창조의 풀무 속에 던져져야 할 것이다.

그러나 아직까지는 우선은 발견의 시기다. 정련의 시기다. 역사에 남을 문화는 조제남조(粗製濫造)여서는 아니 된다. 그런 급조품으로서는 오늘 동양의 문화인들의 커다란 공허감을 채울 수는 없다. 그런 것으로는 끝없는 환멸을 낳을 뿐일 것이다. 이제 새롭게 창조될 문화는 서양 문화의 말로를 당하여 지리멸렬해진 현대인의 정신을 다시 수합할 수 있어야 하며 적어도 닥쳐올 수백 년간 인류의 생활을 풍부하게 하고 심화하고 희망과 용기와 건설과 인간성의 충실과 동(動)하는 질서와 조화를 가져올 수 있으며, 근대 문화보다도 다시 더 높은 단계, 함축 있고 포괄적인 것이라야 할 것이다. 그러한 대사업인 까닭에 비로소 오늘의 문화인의 흥분과 부담이 보람 있는 것이며 더군다나 아직 완전히 열려지지 않은 보고(寶庫) 동양에 태어난 오늘의 문화인의 자부가 큰 까닭도 거기 있다. 이 크나큰 일은 결코 성급하게 공을 다루어서는 안 되리라 생각한다. 근대 문화의 효종(曉鐘)인 르네상스의 발상은 결코 하룻밤 사이에 '단테'의 머리에 떠오른 즉흥시는 아니었다. 플로렌스를 비롯한 여러 도시와 또 대륙과 영국의 여러 대학에 모여들어 고전 문헌을 파고든 수많은 학자, 문인들이 일이백 년에 긍(亘)한 땀에 밴 연구와 사색의 퇴적을 생각하라. 레오나르도 다빈치나 미켈란젤로의 예술조차가 여신에 축복된 우연한 영감에서 하루아침에 피어난 것은 아니었다. 한 새로운 문화의 발생은 그처럼 고난에 찬 연구의 역사를 거름으로 삼았던 것이다. 현대인이 효망(曉望)하는 새 문화가 위대하고 항구적인 것이면 것일수록 그것을 위한 탐구의 길도 더욱 근기(根氣) 있고 주밀해야 할 것을 예기함이 마땅할 것이다.

동양은 거저 덮어놓고 경도될 것이 아니라 다시 발견되어야 하리라고 말했다. 그러면 어떻게 발견될 것인가? 서양적인 근대 문화가 우리들의 시야에서 한창 관찰되기에 알맞은 거리로 마침 우리가 물러선 기회에 우리는 이 근대 문화의 심판장에서 무엇을 명일의 문화로 가져갈 유산일가를 반성해야 할 것이다. 우리는 서양적인 근대 문화가 다음 문화에 남겨 둘 가장 중요한 유산의 하나는 과학적 정신＝태도＝방법이 아닌가 생각한다. 과학 문명이 아니다. 과학하는 정신, 과학하는 태도, 과학하는 방법이다. 근대 문화는 물론 허다한 편견, 미신, 독단의 잡답(雜踏)한 족생(簇生)을 만발케 하여, 드디어 조화(造花)의 무리와 같이 무너지려 하지만, 이러한 혼잡 가운데서도 그 가치 있는 부분을 지지해 온 것은 틀림없는 과학 정신이었고, 편협한 경향에서 사고를 정도로 몰아온 것은 과학적 태도였고, 정확한 해답에 가까워 온 것은 늘 과학적 방법의 혜택이었다. 자칭 과학적 정신, 사이비 과학적 정신＝태도 ＝방법에서 진정한 그것을 구별해서 파악하는 것은 역시 오늘의 우리들의 과제의 하나일 것이다. 과학론을 종래의 통속론과 형이 상학에서 끌어내서, 좀 서투른 형용이나 과학적인 과학론을 확립 해야 할 것이다. 이리하여 동양의 새 발견을 위하여 서양이 참여 할 수 있는 것은 바로 이 방법이라는 분담에서가 아닐까? 동양은 감상적으로 즉흥적으로 현학적으로 몰입되거나 감탄만 될 것이 아니라 바로 과학적으로 발견되어야 할 것이다. 이것이 오늘 우리 앞에 가로 놓인 한 급한 과제의 하나가 아닐까?

그러면 동양은 대체 어디가 발견될 것인가? 근세의 동양 문화 란 동양에서는 어느 시기에 벌써 완숙한 경지에 도달했던 낡은 문 화의 한 여운으로 볼밖에 없다. 우리는 동양의 가장 빛나던 얼굴 을 차라리 고대와 중세에서 찾을 수밖에 없다. 그것은 그 시기에 있어서 그 자체의 가장 건전하고 생산적인 형성력을 발휘하였던 때문이다. 그러나 우리는 동양의 광영을 그 과중한 유지력(維持力) 에서 보지 않고 어디까지든지 그 창조력에서 보고자 한다.

그러면 고대나 중세가 동양 문화 발견의 구체적 자료로서 우 리에게 제공할 수 있는 것은 무엇일까? 그것은 주로 그 시기의 유 산인 문학, 예술일 것이다. 그런 것들 속에서 한 민족이나 시대는 그것의 형성력과 정신을 가장 구체적으로 발양하는 때문이다. 때 로는 제도의 억압, 인습의 중화 작용에 의하여, 한 집단의 창조력 과 의욕이 명랑하게 그 현실 생활 위에 발현되지 못하는 경우가 있다. 우리는 동양에서 오래인 봉건제와 봉건유제(遺制)에 의하여 또는 유교 사상에 의하여 이러한 억압 중화 작용이 불행하게도 장구한 동안 계속되었던 것을 뼈아프게 알고 있다. 이러한 경우에 표면의 동면 상태로써 곧 한 민족의 창조력의 고갈의 표징을 삼는 것은 속단이다. 그러한 경우일수록 도리어 예외적으로는 문학이나 예술에, 뒷골목으로만 몰렸던 그들의 창조력이 반발적으로 표현될 수도 있는 것이다. 그러므로 진정한 동양의 거처를 제도나 인습의 외곽에서 찾지 못하였을 때 또는 외곽에서 만난 것이 본인의 얼굴이 아닌 듯한 경우에는 우리는 마땅히 문학 또는 예술의 심실(深室)로 그를 찾아 들어가야 할 것이다. 제도나 인습은 집단 생활의 지배 체제의 유지를 위한 의식 또는 방편으로서 작용하는 것이 통례이다. 그것은 늘 기존의 형태를 보존하려는 일종의 보수주의를 그 의도로 삼는다. 그와 반대로 예술은 한 집단이나 개인의 창조력을 가장 아낌없이 개방할 수 있는 영역이다. 인습 속에서 한 집단은 자주 거짓말을 하나 그 예술에서나 문학에서는 자기를 속이지 못하는 것이 보통이다. 이렇게 자기를 속인 예술이나 문학이라는 것은 설사 있을 수는 있다 할지라도 도저히 오래 지속할 수는 없었고 제도나 인습 위에 돋은 버섯처럼 하루살이의 목숨밖에는 가지지 못하였던 것이다. 자기를 속인 예술과 그렇지 않은 예술과는 그 박력에 있어서 (혹은 생명감에 있어서) 곧 색별(色別)될 수 있다. 비교적 낮은 원시민족의 문화 속에서조차 거기 원시민족의 속임 없는 표정이 엿보여 감명을 받는 경우가 많다.

    고대 중세라는 시기를 제한하고 또 문학·예술이라는 범위를 우선 한정한 것은 거기 동양의 본연의 모습이 집중적으로 비교적 섞임 없이 나타나 있는 증거가 여러모로 보아서 확연한 때문에 지나지 않는다. 그 이외의 시기 그 이외의 영역에도 발굴의 손은 복사적(輻射的)으로 확장되어야 할 것이다. 동양 문화와 서양 문화의 결혼 —— 이윽고 세계사가 구경하여야 할 한 향연일 것이고 동시에 한 위대한 신문화 탄생의 서곡일 것이다.

—《문장》(1941. 4)

5

속 오전의 시론

몇 개의 단장(斷章)

*

당신 이 만약에 대낮의 주민이라면 아마도 대낮의 은혜에 대하여 무감각할 것입니다.

만약에 밤의 주민이라면 당신은 새벽을 가장 사랑한다고 말할 권리가 있습니다. 그러므로 표면은 '아메리카' 기수처럼 지극히 화려해 보이는 명랑성(明朗性)의 안을 뒤지면 그것은 뜻밖에도 흑진주보다도 더 어두운 밤일지도 모릅니다.

*

애상, 비탄, 체읍, 절망, 단념, 그것들은 허무의 나래 밑에서 길러난 얼마나 잔약(殘弱)한 병든 병아리들이냐?

그것은 모두다 드디어 삶의 의욕을 단념한 상태다.

이것들보다도 조곰 진보된 병아리가 있다.

그것은 조소(嘲笑)다.

어떠한 시대이고 간에 그 시대의 새타이어의 문학의 근저를 흐르고 있는 저류는 이것이다.

엘리엇, 헉슬리, 웨스트 등 오늘의 새타이어 문학의 중심에서 울려나오는 것도 문명에 대한 이 조소의 소리에 틀림없다. 허나 그들은 분노까지는 가지 못하였다.

그것은 보다 더 적극적인 것이다.

그것은 다음 순간에 가질 행동의 준비 자세거나 그렇지 않으면 적어도 행동에의 가능성을 가지고 있다.

*

감성이라는 말을 너무나 한글 같은 의미로 쓰는 것은 오해를 사기 쉽다.

비둘기같이 얌전하고 조심스러운 감성과 독수리같이 거칠고 틱틱한 감성은 각각 질에 있어서 다른 것이다.

문명이 지극히 안정된 상태에 도달하여 다만 수동적이고 향수적인 감수 상태를 요구할 경우에는 전자가 존중되며 그렇지 않고 그것이 피로하여 그 속에서 새로운 것과 낡은 것과 의지와 단념이 함께 뒤볶이는 속에서는 차라리 후자가 요망되는 것이라고 생각한다.

우리들의 위대한 전기 기사들은 약간의 성좌(星座)를 만들어서 흐린 하늘에 걸어서 음산한 해수욕장의 밤을 밝힐지도 모릅니다.

그러면은 우리들의 선배의 한 분은 이렇게 말할 것입니다.

"그러나 별빛의 찬 숨결만은 아마도 별에게서만 올 수 있는 것이다."

　그렇지만 오늘의 자손에게 있어서는 전기 장식의 가로등 밑에 기대서서 문명의 피로를 근심하는 것이 얼마나 그들에게 알맞은 포즈입니까?

　시인의 내부에서 아름다운 행동과 아름다운 시에 대한 선택이 절박(切迫)되었을 때에 그 어느 것을 택하느냐 하는 것은 대체로 그 순간의 시인의 모럴이 결정할 것이나 인간의 일반적인 전체적인 기준에서 볼 때에는 아름다운 행동은 아름다운 시보다 더 아름다울 것이다. 내 자신에 대하여 말한다면 나는 물론 아름다운 시보다는 아름다운 행동을 사랑한다.

　아니 때때로는 아름다운 체격조차를 아름다운 시보다도 훨씬 사랑한다.

　그러한 의미에서 나의 시는 혹은 아름다운 행동에 대한 향수일지도 모른다.

　한 줄의 시도 쓰지 아니한 제크 바쉐를 시인이라고 부르는 것은 그는 행동으로써 다다이즘의 시를 썼다는 때문이 아니면 아니 된다.

　시인은 차라리 그의 회심의 작을 너무나 좋은 시이기 때문에 묶어서 화덕 속에 던질 경우도 있을 것이다.

　저 유명한 예술지상주의자 단테, 게이브리얼 로세티조차가 그 시를 애인의 관 속에 묻어 버리지 않았더냐? 시를 아름답게 하는 것은 아름다운 인간, 아름다운 행동, 아름다운 생활에 대한 그리움과 추구밖에 또 무엇이냐.

―《조선일보》(1935. 6. 5)

시의 제작 과정

시가 제작되는 과정을 나는 이렇게 생각한다.

1. 생에 있어서의 정신 연소(燃燒)
2. 창조적 정신
3. 작품

 결국은 시작(詩作)은 삶의 복판에서 연소하고 있는 시인의 정신이 창조적 정신이라는 예술 활동의 풀무를 거쳐서 그리하여 작품으로 결실하는 것이라고 생각된다. 여기서 말하는 삶이라고 하는 것은 시대의 색채에 강렬하게 침투된 것임은 물론이다. 소박한 로맨티스트들은 시가 제작된다는 말에 불쾌를 느낀다. 봄 들에 꽃이 피는 것처럼 그렇게 시도 사람의 심령 속에서 피어나는 것이라고 그들은 본다. 그러니까 시는 천재의 참여에 의하여 탄생하는 것이지 제작되는 것은 아니라고 해석한다. 즉 어디까지든지 시는 자연발생적인 것으로 생각하고 그것에서 목적의식을 인정 않는다.
 이러한 부류의 시는 잠깐 우리의 대상으로서는 제외하고 오늘의 지식계급의 손으로 되는 시의 가장 진보된 영역에서는 그 창조적 정신에 있어서 실로 선대에 필적할 바를 찾을 수 없을 만치 치열한 것을 볼 수가 있다.

그러나 불행하게도 그들의 시는 생에 대한 탄력을 잃어버리고 있는 것도 사실이다. 그들의 정신은 시 속에서 불타기는커녕 오히려 그 중압에 눌려서 바야흐로 꺼져 버리려고 한다. 그러므로 이러한 시 속에서 연소되는 정신을 상실한 시는 그 강렬한 창조적 정신의 발랄에도 불구하고 일종의 장식에 떨어지고 마는 것은 거진 필연한 결과이다.

*

그러나 생과 시와의 관계에는 또한 아래와 같은 한계가 있는 것을 잊어서는 아니 된다. 유산으로서의 시에 있어서는 그것을 사상과 방법(기술)의 두 방면으로 구분해서 가상할 때에 사상은 보다 더 시대의 변천의 영향을 받는 것이고 방법은 보다 더 뒤까지 남아 잠행하는 것 같다. 시 속에 담긴 사상은 곧 시대에 뒤지기 쉬우나 어떤 시인이 발명한 새 방법은 무슨 형식으로든지 다음 대의 시인에 의하여 계승되고 활용되는 일이 얼마나 많았더냐. 예를 들면 모더니스트에 의하여 일부 상속된 것은 브라우닝의 사상이 아니고 그 기술적 성취였던 것은 누구나 인정할 사실이다.

또한 이 1장의 모두(冒頭)에 제시한 것은 제작 과정의 분석이나, 사실로 제작에 있어서 일의 대부분은 기술적 실험인 것도 지적할 수가 있다. 그렇다고 해서 기술적 앙양만으로 시를 만들라고 장려하는 것은 아니다. 우리는 조금도 다음 대에 남길 유산＝화석만을 제작할 필요는 없다. 오늘의 시는 우선 현실의 시, 산 시가 아니면 아니 된다. 산 시라고 함은 사상과 기술이 혼연 융합한 전체일 것이다. 차대의 자손들이 그 속에서 무엇을 택할까는 오로지 그들의 자유의사에 속하는 일일 것이다.

*

단순한 기술적 장식의 예술을 바라는 것은 누구냐? 그것은 틀림없이 문명의 현상에 대하여 주저 없는 비판을 꺼려 하는 사람들일 것이다.

*

시인이 좋은 시를 쓰기 위하여만 산다고 하는 것은 시인에 대한 최대의 모욕이 아니면 아니 된다.
좋은 시를 쓴다고 하는 것은 삶 자체의 유일한 목적이 될 수는 없다. 그것은 단순히 제작하는 시인의 그때의 목적에 불과하다.
좋은 삶을 살기 위하여 — 이는 시인뿐 아니라 모든 사람의 윤리의 알파요 오메가다. 시인의 이러한 태도는 시의 전 제작 과정을 떠밀고 있는 인간적 기본 요청이고 시의 제작에 손을 대는 순간부터는 그의 전 목적은 이 기본 요청과 조화되는 의미의 좋은 시를 쓴다는 일점으로 향할 것이다.
즉 시인은 좋은 삶과 바꾸기 위하여 시를 쓰는 것은 아니다. 다시 말하면 시는 생의 대용(代用)은 못된다. 존엄성에 있어서 삶은 월등 시보다 높다. 그러나 시는 삶에 대한 함축으로 자신이 충실해야 할 것이다. 그것을 삶의 성실성이라고도 불러 왔다.

좋은 시는 옛적부터 두 함정을 피하면서 실로 단애의 절정을 따라 제 길을 쌓아 올렸다. 하나는 시를 생에 있어서의 모든 가치의 계열의 최고위에 올려놓는 일 그래서 때때로는 생 그것보다도 더 높은 곳에조차 시를 모시는 일. 다른 하나는 생 그것에서 시는 샘처럼 솟을 것이고 그것만으로 시가 된다고 생각하는 일. 고래로 수없는 시인들이 이 두 함정 중의 어느 곳에 빠져서는 시들었고 오늘에 와서조차 그 속에서 헤매는 수없는 그 일족들을 본다.

일찍이는 예술지상주의자가 제일의 함정에 빠졌고 그보다도 더 많은 로맨티스트들이 제이의 함정에 빠져서 시를 잃어버렸다.

*

시에게 너무나 지나치게 생의 압도(壓倒)를 방임할 때 그것은 그릇된 로맨티시즘에 흘러 버리고 그와 반대로 아주 생의 침입을 거부할 때 그것은 똑 마찬가지로 과도한 고전주의로 떨어지고 만다.

*

삶의 냄새라고는 도무지 풍기지 않는 시가 있고 또 그것을 목적하는 시론도 있다. 그러나 그러한 시에조차 어떠한 모양으로든지 그 시인 자신의 생활의 그림자가 깃들어 있는 것이라고 생각한다.

생에서 전연 절연되려는 시는 생에 대하여 절연 상태를 기도하는 그 시인의 생활 태도를 반영시키고 있다고 볼 것이 아니냐?

이 점에 대하여는 시인과 비평가의 습성은 각각 대각선으로 배치한다.

즉 시인의 편에서는 그의 시를 될 수 있는 대로 그의 개성과 생활에서 절연시켜서 독립한 객체를 만들려고 한다. 완성되어 한번 그의 손을 떠난 한편의 시는 그와는 아무 관계없이 그것 자체의 독창성에 의하여 호흡하기를 원한다.

그렇지만 그것을 대상으로 하는 비평가의 편에서 본다면 어떠한 시도 그 작자의 정신 더 정확하게 말하면 생리의 일부분으로서 비칠밖에 없다. 다시 말하면 시는 시인의 생활의 표착물이거나 결실이다.

그러니까 비평가는 어떤 시든지 그 시와 작자의 인간과의 관계에서 고려할 수밖에 없이 된다. 나아가서는 그 시 속에 담긴 인간적 가치를 발견할 것이다. 더 단순하게 사상이라고 부르는 사람도 있다.

다음에 기술적 가치를 추출한다. 그래서 그의 최후의 또 최고의 일은 이 인간적 가치와 기술적 가치가 혼연히 빚어내는 종합적인 예술적 가치를 발견하는 일이다. 그러나 그는 시 이외의 외재적 가치 — 즉 정치라든지 종교라든지 윤리에 비추어서 어떤 개개의 작품의 가치를 논해서는 아니 된다.

—《조선일보》(1935. 6. 6-7)

시인의 정신의 포즈

*

한번은 모든 예술이 사람에게서 출발한 것은 사실이다. 그렇게 사람에게서 출발한 예술이 다음에는 사람을 떠나기 시작하여 예술 자체 속에 응결해 버렸다. 그것이 오늘의 예술의 현상이다.

허나 그것은 다시 사람에게로 돌아가려고 한다.

*

누가 예술은 항상 사람을 동경한다고 말하였다. 그것은 바른 말이다. 그러면서도 이 말은 거진 19세기를 망쳐 놓은 말이다. 과오는 그 말 자체에 있는 것이 아니라 그것을 오해하는 사람들의 편에 있다. 즉 예술은 사람만을 동경한다고 조급하게 해석해 버린 것이 과오의 근원이었다. 한 개의 부사(副詞)는 왕왕히 이렇게 한 세기를 그르치기도 한다.

엄밀한 의미에서 물질적으로 해석한다면 시는 말만을 재료로 삼는다. 그런데 그 말이 대표하는 물상이나 관념은 왕왕히 시의 대상이라고 해석되어 왔다. 이 가정을 잠깐 긍정하고 그러면 대체 시의 대상은 어떠한 것들인가?

1. 자연
2. 인간＝생활
   A 행동
   B 정의(情意)
   C 기타의 활동
3. 사상(혹은 관념)

허나 이것들이 시 속에 들어올 때에는 벌써 그것들 자체의 자주성을 잃어버리고 전체적 구성의 일부분을 이룸에 지나지 않는다는 것을 잊어버리는 사람들에게는 시의 대상을 따로이 생각하는 것은 위험한 일이다.

왜 그러냐 하면 그 일은 자칫하면 시는 그 대상을 위하여 존재하는 한 개의 방편처럼 오해될 염려가 있는 까닭이다. 딴은 지금까지의 작시의 풍속에 의하면 시는 대상을 통하여 주관을 노래했거나 그렇지 않으면 대체로 대상의 인상을 노래한 것이었다.

그러나 오늘에 와서는 일견 대상처럼 보이는 것은 모두 시적인 것으로 변형되어 시 자체의 세계를 구성하는 한 부분적 재료에 지나지 않는다는 것이 상식이 되었다.

시인은 한 개의 감정을 지어낼 수가 있다. 한 개의 감각의 세계도 지어낼 수가 있다.

그러나 시는 그 속에 쓰여진 자연이나 개념을 위하여 있는 것이 아니다.

다시 말하면 시의 대상은 시 자체고 시의 속에 쓰인 얼른 보면 대상처럼 보이는 것은 모두 시의 재료에 지나지 않는다.

막스 자코브는 말하였다.

"한 개의 작품의 가치는 무엇에 있느냐 하면 그 자체에 있는 것으로서 그 작품이 현실과 일치하느냐 않느냐 하는 일과는 관계가 없다."

왜 그러냐 하면 시 속에 쓰여진 모든 현실은 현실 자체를 위하여 있는 것이 아니고 시를 위하여 있는 까닭이다. 그래서 그 현실의 단편은 시인의 감정의 대표라든지 인상으로서가 아니라 시의 건축을 위하여 면밀하게 계산되고 재단되어 활용되는 데 지나지 않는다.

*

나는 이상의 의미 내용을 다른 말로 바꾸어서 시인의 정신의 포즈의 방면으로부터 생각해 보고자 한다.

시인의 정신의 포즈는 대체로 아래의 세 가지로 가정할 수가 있다.

1. 내 자신을 노려봄
2. 나에게 반영된 세계를 굽어봄
3. 나를 통하여 세계를 바라봄

이미지스트(사상파, 寫象派) 이전의 모든 유파와 시인의 정신적 포즈는 대체로 제일의 것이었다. 이미지스트의 포즈는 제이의 것이다. 여기까지는 시인은 현실에서 될 수 있는 대로 멀리 떨어져서 그것을 피하려고 했다. 다시 말하면 리비스의 소위 '은퇴의 시'였다. 너는 어째서 오늘도 장미와 노을과 별과 캐너리와 해변과 꿈과 동경과 중세기적 연애와 해오라비와 천사와 아가씨의 정원과 갈매기와 묘지와 요람과 참새들과만 놀고 있느냐? 이것이 보수적인 시인들의 시적 재료의 목록이다. 창녀의 목 쉰 소리, 기관차의 메커니즘, 무솔리니의 연설, 공동변소의 박애 사상, 공원의 기만, 헤겔의 변증법, 전차와 인력거의 경주 ― 우리들의 주위를 돌고 있는 이 분주한 문명의 전개에 대하여는 그들은 일체 이것들을 비시적(非詩的)이라고 하여 얼굴을 찡그리고 돌아선다.

오늘의 시인에게 요망되는 포즈는 실로 그가 문명에 직면하는 것이다. 그래서 거기서 그의 손에 부딪치는 모든 것은 그의 재료가 될 수가 있다. 그러나 그는 항상 그 속에서도 그 현란하고 풍부한 재료에 압도되지 않기 위하여 강인한 감성과 건실한 지성의 날을 갈아야 될 것이다. 예를 들면 일찍 엘리엇은 빅토리언의 전원과 이마지스트의 미학의 동산에서 시를 현대 문명의 '황무지' 속에 끌어내 오기까지는 좋았으나 그는 드디어 방대한 현실에 압도되어서 겨우 충실한 카메라와 같이 향수할 뿐이었다. 나아가서 그는 굳센 비판까지는 가지지 못하였다.

―《조선일보》(1935. 6. 8)[1]

1 원제는 「시인의 포즈」.

질서와 시간성

아나톨 프랑스는 말하였다. "비평은 기념의 남은 향기에 풍부하고 또한 전통도 때가 지나서 낡아 버린 매우 문화가 개발된 사회에 놀라울 만치 적합한다. 비평은 천착(穿鑿)하기를 좋아하고 학식이 있는 세련된 인종에게는 신기하게도 적응한다." 또한 T. S. 엘리엇은 "현대적이라는 것은 사실상 더욱 실증적으로 비평적으로 되는 일"이라고 말하였다. 이것은 모두 현대의 두뇌의 한 습성을 가장 잘 지적한 말이다.

사실에 있어서 20세기는 소설의 시대도 아니고 시의 시대는 더군다나 아니고 바로 비평의 시대임은 누구나 지적할 수가 있는 일이다. 문학의 역역에 있어서 실증적인 점은 과학에서 비평적인 점은 철학에서 영향된 것은 물론이다. 따라서 그 극단의 산물로 다소 현학적이고 궤변적인 현대의 많은 스노브들을 들 수가 있다.

그런데 앞에 인용한 말들은 사실을 사실대로 지적한 것은 물론이지만 그 위에 각각 그 필자들의 기원도 포함시키고 있는 것을 잊어서는 아니 된다. 혹은 사람들은 현대의 정치 방면에 있어서의 여러 가지의 무비판적 행동의 승리를 인증하여 나의 말을 반박할지 모른다. 그러나 우리들의 환경이 무비판적 발작적 반사적이면 그럴수록 그 속에서 호흡하는 우리의 문학은 더욱더 착실하고 평정하고 강인한 자세를 잃지 말아야 할 것이라고 생각한다. '비평적'이라고 함은 현대의 사실이고 동시에 당위가 아니면 아니 된다. 또한 문학사는 반드시 정치사와 일치할 것도 아니오 하는 것도 아니다.

문학은 때때로 정치보다도 훨씬 먼저 시대의 전율을 느끼는 것이 차라리 사실이다. 문학에 있어서의 무비판적 행동의 발작은 이미 '다다'나 미래파에서 경험하였고 표현파에서도 다소 경험한 것이다.

*

비평적인 시대에 가장 적합하고 유용한 무기는 틀림없이 지성이다. 사실에 있어서 오늘의 시인을 어저께 이전의 시인에서 구별하는 것은 이 지성의 유무다.

지성은 두 방면으로부터 생각할 수가 있다.

하나는 수단(방법)으로서의 지성

다른 하나는 목적으로서의 지성

오늘의 비평적 정신이 기구하고 원하는 것은 바로 수단으로서의 지성이다. 목적으로서는 우리는 지성 이상의 또 이외의 여러 가지를 의욕한다.

수단으로서의 지성은 위선 시와 시인 사이에 거리를 설정한다. 그래서 작품 그것에 위치를 부여한다. 다음에는 문학 자체에 질서를 준다. 또한 개개의 작품에 그것에 해당한 질서를 준다. — 아름다운 상(想)이다. 형태의 질서성을 준다 — 아름다운 스타일이다. 비록 그 속에 로만적인 것처럼 보이는 것이 있을지라도 그것은 벌써 통어되고 계산된 것일 것이다. 어떠한 시대에도 진보적인 두뇌는 개인적으로라도 풍부하고 강한 지성을 가지고 있었다는 것은 기억할 가치가 있는 일이다.

*

따라서 모든 예술은 두 가지의 상반하는 범주에 나누인다.
1. 의식적 계산적 지적 예술
2. 무의식적, 자연발생적 사실적 예술 (여기서 사실(寫實)적이라 함은 대상의 소박한 모방을 의미한다.)

전자는 작품의 이름에 해당하지만 후자는 사실은 인간의 지성이 참여하지 아니한 무책임한 자연(본능)의 배설에 지나지 않는다.

—《조선일보》(1935. 6. 12)[1]

---

1 원제는 「질서와 지성」.

사상과 기술

　시를 말할 때에 내용과 형식을 항용 구별한다. 내용은 사상이라고도 불러지고 형식은 기술이라고도 불러진다. 그래서 내용주의라고 함은 사상을 편중하는 것이고 형식주의라함은 기술을 편중하는 것을 가리켜 이르는 것이다. 내용과 형식=사상과 기술의 혼연한 통일체로서만 시를 이해하려는 의견은 전체주의라고 불려도 좋을 것이다. 이 세 가지 태도의 근본적 차이로부터 예술에 대한 의견도 각각 달라진다.

　　　＊

　시는 어떠한 사물에서 받는 영감에서 또는 우연한 영감 그것에서 향기와 같이 피어오르는 것이라는 생각은 로맨티스트의 시론의 중심이었다. 이렇게 영감에서 천재적으로 발현하는 시에 기술의 문제는 따로히 고려될 필요가 없다. 그러한 한도 안에서 19세기의 로맨티시즘과 그 후예는 범박하게 말하면 내용주의에 속한다. 그런데 19세기의 로맨티시즘은 영감의 원천으로 감정 속에서 찾았지만 20세기에 유행한 네오로맨티시즘들은 대개는 사상 속에서 그것을 찾으려 했다. 엄밀하게 말하면 사상의 흥분 속에서 그것을 찾으니까 역시 감정을 존중하는 전통에 귀속한다고 해 무방하다. 둘 다 기술을 무시 또는 경시하는 경향에서 똑같은 편향에 흘렀다.

 사상만 있으면 시가 된다든지 시적 영감만 있으면 시가 된다든지 하는 편리한 생각은 어느 시기의 우리 시단을 풍미한 법전이었다. 그러나 남은 것은 시가 아니고 감정의 생경한 원형이거나 관념의 화석인 경우가 많았다.

*

 이 나라에서의 기술주의의 대두는 이러한 원시적인 소박한 풍조에 대한 안티테제로서 제출된 것이다. 정서와 사상과 감흥과 영감의 만능에 대한 반역이었다. 아주 기술의 문제를 잊어버릴 뻔한 벌판에 그것을 다시 불러일으키기 위하여는 기술주의는 너무 과격하였다. 성급하였다. 극단으로 흘렀다. 그것은 물론 첫째로 강렬한 문학적 반역의 정신 위에 섰고 적어도 문학적으로 시대적 의의를 의식한 행동이었다. 둘째로 그것은 시의 순수를 열망하는 시적 정열의 소산이었다. 정서적 사상적 영감의 압도 밑에서 숨을 죽이고 있던 시적 정신은 드디어 그러한 것들을 시의 본질하고는 관련이 없는 것으로 고발하기 시작하였던 것이다. 그래서 더한층 순수한 시의 본질을 기술 속에서 발견하였다고 생각한 것이다. 음악에 있어서의 순수음악의 가능, 그림에 있어서의 순수 회화의 가능을 믿게 하였고 또 그 기도를 종용하였다. 순수에의 길 ― 그것은 시뿐 아니라 현대의 모-든 예술의 어떤 일반적인 지향인 듯도 하였다. 그러나 기술주의는 내용주의가 그러했던 것처럼 기술의 편중이라는 경사를 성급하게 달리고 있었던 것이다.

둘째로 그것은 시의 순수화의 방향을 더듬다가 그릇 기술의 일면화에 떨어졌던 것이다. 셋째로 그것의 반역은 문학 정신의 한도 안에 그치고 시의 근원인 인간 정신의 전체적 파악에까지는 발전하지 못했다.

물론 기술적 혁명이 없는 예술 혁명은 생각할 수가 없다. 기술의 문제는 모든 문화의 근원적인 문제다. 그러나 그것은 문제의 전체는 아니다.

기술적 혁명과 생활에서 우러나온 사상의 혁명이 함께 있는 예술 혁명이야말로 진정한 예술 혁명의 이름에 해당할 것이다.

*

맨 처음 어떠한 시상에 머리에 떠오른다. 그것은 정신 자체에서 올 때도 있고 어떠한 사물에 의하여 환기된 것일 때도 있다. 어쨌든 그 시상이 시의 동기가 된다.

나는 여기서 사상이라는 말을 피하려 한다. 사상이라고 함은 보다 더 큰 체계와 조직을 가진 광범한 관념 내용을 말하는 것이 보통이다. 그런데 시 작품에 나타나는 것은 그러한 체계 선 사상 그것이 아니고 차라리 그 단편 단편이다. 그러한 쪼각쪼각을 한 시대의 여러 작품에서 또는 한 사람의 일생을 통한 작품 속에서 종합해서 사상으로서 제시하는 일은 비평의 다른 한 개의 일일 것이다.

그러므로 개개의 시 또는 시 일반을 논할 때에 그 내용을 이루는 관념을 나는 상(想)이라고 불러서 사상과 구별하련다. 그런데 이 동기로서 생겨난 상을 한 개의 시적 통일의 세계로 조직하는 방법이 기술이겠다. 이것은 시작의 심리적 과정의 편의상 하는 분석에 지나지 않고 부여된 작품은 벌써 상과 기술의 별개의 것으로 병존하는 것이 아니라 불가분의 관계에서 서로 융합하는 것이다. 우리들의 감상과 이해와 평가의 대상으로서 제공되는 것은 실로 이러한 시 전체다.

우리는 다만 그러한 전체에서 마치 생리학자가 사람의 몸에서 골격과 근육을 구별하는 것처럼 상이라든지 기술을 추상할 수가 있을 뿐이다. 거기서 기술을 통하여 인지되는 이상 또는 이외의 상을 기대할 수가 없고 부여된 기술 이상의 또는 이외의 기술을 상정할 수가 없다. 아무리 우수한 상도 서투른 기술을 통해서 나타난 일은 없다. 아무리 우수한 기술도 기술만으로는 유희요 장식에 지나지 않는다.

아름다운 상은 그것에 상응한 아름다운 기술을 통해서만 인지할 수가 있다. 여기서 주의할 것은 부여된 것은 오직 부여된 것의 전부라는 일이다. 비평이 부여된 것 이상의 것 — 외재적인 것 — 을 가지고 그 시의 평가에 원용하는 것은 부당하다. 그 작자가 레닌이라든지 무솔리니라고 해서 그 시가 더 가치가 있다고 해서는 아니 된다.

한 작품이 가진 가치를 사회적 윤리적 정치적 기타 여러 가지 각도로부터 바라보는 것은 좋으나 부여된 작품의 기술과 또 그것을 통하여 제시된 상 이전의 다른 일 — 예를 들면 의도가 좋았다는 둥 하는 일을 가지고 어떠한 시의 유치를 옹호하는 것과 같은 일은 아니 된다. 만약에 그림에 있어서 선이라든지 색채라든지를 기술적으로 파악해서 배합해 본들 그것은 한 작품에 지나지 않는다.

시에 있어서도 마찬가지다. 추상 기술의 운동은 해골의 무질

서한 동요에 그칠 것이다. 거기는 기술이 유발되어 조직하는 통일된 한 개의 목적이 있어야 할 것이다. 기술이란 이러한 목적의 실현을 위한 방법의 조직이라고 생각한다. 기술주의는 1930년 전후로부터 우리 시에 약간의 기술상의 가능성을 개척 또는 암시한 것은 사실이면서도 항용 이 목적을 잊어버리기 쉬웠던 것이다. 물론 그 기술의 실험 자체를 통일하는 원리는 있었지만 — 추상화에 있어서처럼 — 그것은 장식적 평가에 지나지 않았고 인간 정신 속에 뿌리를 박은 예술적 발화 그것은 아닌 경우가 많았다.

나는 이미 기초론에서 시의 원천으로서의 인간 정신의 문제를 제시하였거니와 그러한 기초 위에서 상과 기술의 완전한 조화의 세계로서의 새로운 시적 가치를 계획하려는 것이다. 오늘의 우리를 매혹하는 것은 실로 이러한 종합의 세계다.

*

그런데 지금까지도 시에 있어서 기술의 연마는 약간 중세적인 수도의 길을 통하여서만 기대할 수 있을 따름임은 유감이다. 즉 기계적으로 과정을 밟아 배워지는 것이 아니라 그 길을 걷는 사람만이 그것을 부단히 실천해 감으로써 체득해 갈 수 있는 성질의 것이다. 옛날부터도 뛰어난 운율학자가 반드시 시인이 될 수 있는 것은 아니었다는 사실의 원인은 여기 있었다. 시의 기술의 진전은 시적 정신과 또 시의 실천과 병진하는 것이다.

—《조선일보》(1935. 9. 17~19)[1]

1 원제는 「사유와 기술」.

말의 의미

　시는 우선 말의 예술이다. 말을 유일한 표현 수단으로 하는 예술이다.
　폴 발레리는 '말의 축제'라는 말을 썼다. 시란 '말의 무용'이라고 해도 좋을 것이다. 말을 단순히 주관의 주책없는 배설물이라고 하는 생각은 역시 로맨티시즘의 시론이다. 말을 통제하는 일은 시작에 있어서 가장 초보적인 또 가장 근본적인 준비다.

　　　*

　말은 처음에 입으로 말해졌다. 그것이 이윽고 글로 쓰여지기 시작했다. '말해지는 말'과 '쓰여지는 말' 말이 문자로 쓰여질 때에 그것은 두 가지의 다른 방식을 가졌다. 표의문자(혹은 상형문자)와 표음문자가 그것이다. 하나는 회화적이요 다른 하나는 음악적이다. 그러나 이 구별은 상대적인 것이요 절대적인 것은 아니다. 가령 회화적인 상형문자에도 물론 음악성은 있는 것이고 표음문자에도 회화적인 데가 있을 수 있기 때문이다.
　맨 처음에는 입으로 '노래해지는 시'가 있었다. 그 전수와 전파의 방법도 오로지 입을 통하여 되었다. 이윽고 문자가 생겨난 뒤부터 그것은 어느새 쓰여지기 시작했다. 처음에는 단순히 전수나 전파의 방편으로서 문자로 옮겼을 뿐이었다. '노래불려지던 시'는 읽혀진다는 새로운 성질을 가지기 시작했다. 즉 문자가 있기 전에는 '노래불려지기만 하던 시'가 문자가 생긴 뒤부터는 '읽혀지는 시'라는 새로운 성질을 갖추게 된 것이다. 그러나 이때까지도 시는 여전히 들려지는 것이었다. 즉 우리가 그것을 감수하는 감관은 오직 귀뿐이었다. 또한 시의 초창 시대에는 그것은 음악과 무용과 불가분의 관계를 가지고 있었다는 것이 학자들의 정설이다. 그것은 절조를 맞추어서 노래해졌으며 그 노래는 온갖 원시인의 의식이나 가악에서 춤에 맞추어 불려졌다. 아니 그러한 노래 속에 시의 원형이 있었다는 게 더 옳겠다. 그래서 시가 음악이나 무용에서 떠나서 독립한 뒤에도 그것은 음악성을 표현의 생명으로 하였었다. 이 일은 시는 귀로 들려지고 있었다는 사실과 또한 불가분의 관계가 있는 것이다.

 1454년 쿠텐베르크에 의한 활판 인쇄술의 발명은 실로 시의 기술에도 중대한 충격을 가져왔다. 이때를 계기로 '노래해지던 시'는 결정적으로 '읽혀지는 시'로 변하였으며 오직 귀를 통하여 듣는 시는 눈으로 읽는다는 새 방식을 얻어 가진 것이다. 그래서 오늘의 우리가 시의 기술을 연구함에 당하여 생각되는 말은 벌써 말해지는 말만이 아니고 쓰여지는 말이라 함을 잊어서는 아니 된다.

 항용 우리는 말에는 소리와 뜻의 두 모가 있다고 한다. 문자로 쓰인 말은 그러나 이 소리와 뜻 밖에 '모양'이라는 모를 가지고 있다. 개개의 말에서 이것을 그려 보면,

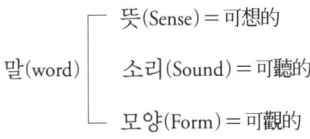

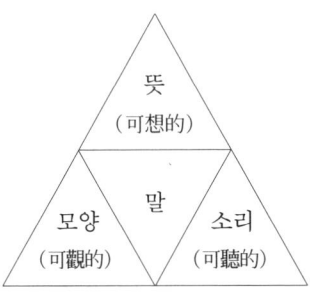

　이 소리와 모양을 한데 넣어서 형태라는 더 넓은 말 속에 포함시키는 일도 있으나 나는 차라리 편의상 절연하게 구별하는 게 좋다고 생각한다.
　말(언어)의 단위는 물론 개개의 낱말(단어)이다. 이 개개의 말은 독자의 자격으로 시에 참여하는 것은 아니다. 개개의 말의 결합의 여러 가지 방식에 의하여 된 구, 문구, 구절로 그리하여 문장 전체의 한 제약된 성분으로서 시에 참가한다. 따라서 개개의 말은 요소나 단위가 아니라 한 기능으로서 전체의 문장 속에 융해되는 것이다.

　1. 뜻(의미, Suggestion 혹은 Idea, Pensee, Significance, Thought)
　1. 소리(음향, 개개의 말의 음의 연락, 반발, 충돌에서 생기는 단어 자체의 효과, 운율, 두운, 압운, 유음 등)
　1. 모양 (개개의 말과 그 배열)

전 결합에서 규정되어 오는 개개의 말의 가치, 특수한 결합방식 및 배치에 의하여 거기는 영상, 상징, 은유, 직유, 기지, 속도, 비약, 구성미, 유머, 아이러니, 풍자, 운동감, 몽타주, 대위, 역설 등의 온갖 관념 무용의 효과가 빚어지는 것이다.

―《조선일보》(1935. 9. 22~26)[1]

1　원제는 「언어의 요소」.

『문장론신강(文章論新講)』
(민중서관, 1950)

2

머리말

　세상에는 보람 있는 싸움, 피치 못할 싸움도 있지만 또 부질없는 싸움, 안 해도 좋은 싸움을 굳이 하고 있는 경우가 적지 않다. 그런데 그런 실속 없는 싸움의 대부분은 기실은 무슨 큰 이해 충돌이나 의견 대립에서 오는 것이 아니라, 주고받는 말의 오해에 연유하는 경우가 많다. 일부러 분명치 않은 말씨를 쓰거나 혹은 부주의로 해서 분명치 못한 말을 쓰는 경우 또는 일부러 악의로 남의 말을 비뚜로 듣기만 하거나 제가 불민해서 남의 말을 종내 알아차리지 못하는 것 — 이러한 것들이 통틀어 오해의 여러 장본인 것이다.
　이 갖은 오해를 물리쳐 버린다면, 즉 국제 간이나 개인 사이가 훨씬 더 명랑해질 수가 있을 것이다. 말은 또 해 놓고 보아야 아는 것이다. 속으로 우물쭈물만 해서는 "벙어리 속은 어머니도 모르는 법이다". 말할 바에는 충실하게 분명하게 효과 있게 말해야 된다. 글을 쓸 적에도 마찬가지다. 뜻하는 바가 충실하다는 것은 사실을 이야기할 경우에 사실에 차 있어야 한다는 말이다. 전달하려는 사실에 대한 소식이거나 자기의 의사는 내용이 환하고 그러고도 테두리가 두드러지게, 즉 분명하게 나타나 있어야 할 것이다. 또 상대편에 무엇을 알리려는 데 목적이 있다든지 감동시키려는 데 목표가 있다면 그 목적 목표의 과녁을 뚫도록 해야 할 것이다. 그것이 효과적인 말이요 글이다. 실속과 능률(能率)은 글의 최고의 덕이다.

이렇게 실속 있는 말과 글을 능률적으로 하고 쓰는 반면에, 또한 남의 말과 글을 똑바로 알아듣고 보는 법, 즉 옳은 해석(解釋)과 이해(理解)의 이론을 수립하는 것은 언어 실천의 또 하나의 중요한 반면이다.

이리하여 진술(陳述), 표현(表現), 해석의 전 과정을 통한 말과 글의 전달(傳達) 작용의 전모를 통일된 종합적인 언어 이론의 기초 위에서 파악해야 할 것이다. 이 작은 책자 속에서 저자는 그러므로 처음에 일반적인 언어 이론 다음에 말과 글의 실천의 여러 양식(樣式)과 기술(技術)을 캐어 보는 것이 옳은 순서라고 생각했다. 아울러 우리말과 글이 오늘 겪고 있는 이 혼란과 곤란의 중심 과제를 몇몇 들어서 분석과 해결 방식을 시험해 보았다. 무엇보다도 글은 말에 기초를 둔, 즉 어문일치(語文一致)의 문체(文體)를 확립하는 동시에 글의 기재 방식을 우리말에 가장 잘 맞는 쉽고 합리적이요 쓸모 있는 우리글로 통일하는 것과 같은 우리말 운동의 당면 과제를 다루어 보았다.

원래 말과 글은 우리의 인식(認識)을 교환하며 의사를 소통하며, 나아가서 문화를 보존하며 전달하는 자못 중요한 연장으로서, 그것이 있음으로 해서 비로소 우리의 역사적·사회적 문화의 전통이 이루어져 갈 수 있는 것이다. 말과 글은 그리하여 사람이 그 환경을 극복하며 공동생활을 추진하는 데 있어서 연대 관계를 성립시키는 가장 유력한 무기다. 그러나 연장이요 무기인 까닭에 그 성능을 잘 알아서 건설적인 목적을 위해서 숙련된 솜씨로 잘 써 간다면 그 본래의 사명을 다할 수 있겠지만, 그 성능을 잘 알지 못한다든지 그릇된 목적을 위해서 서투르게 다루거나 함부로 휘두를 적에는 헤아릴 수 없는 큰 화단을 끼치는 것이다. 마치 사람의 편인 프로메테우스가 위험을 무릅쓰고 신(神)의 나라로부터 훔쳐다 주었다는 불은, 그 성능을 살려서 잘 쓰기만 하면 중공업으로부터 부엌 일에 이르기까지 인류의 생활에 이루 말할 수 없는 도움이 되다가도 한순간 불조심을 잘못한다든지 흉악한 목적으로 쓰여질 적에는 그 미치는 손해는 실로 막대한 것이다. 말과 글을 다루고 길들이고 부리기를 실로 불 다루듯 해야 할지 모른다. 언어의 과학으로서 언어학(言語學)이 있는 한편에 말과 글의 실천의 모에 있어서 언어학을 기초로 한 한 개의 응용과학으로서 새로운 의미의 수사학(修辭學)은 있어야 할 것같이도 생각된다. 이 책의 의도는 주로 그런 데 있었음은 물론이다. 선배와 동학 여러분의 비판과 가르침이 많기를 그윽히 기대하는 바이다.

　또 이 책이 의도한 또 하나 여벌이라고도 할 효과는 언어학의 한 부면일망정 과연 좀 쉬운 말로는 서술될 수가 없을까 ― 어려운 한자와 한문 투로서만 학문은 기재될 수 있는 것일까 ― 하는 문제를 스스로 힘 자라는 데까지는 한번 시험 삼아 해결해 보려는 데 있었다. 저자의 생각으로는 까다로운 한자와 한문 투로 된 개념 구성과 서술은 그 대부분은 학문의 위풍을 떨어 보려는 속없는 허장성세인 경우가 많은 것 같다. 높은 진리(眞理)일수록 쉬운 말 쉬운 글로 나타내는 것 ― 그것이야말로 말과 글의 극치일 것이다. 우리에게 중요한 것은 중국식 도금칠한 말치레에서 오는 눈어림이 아니라 충실한 의미의 전달이요 감명인 것이다. 우리는 반드시 진리를 신전에 모실 필요는 없다. 휘황찬란하고도 황당무계한 한자 및 한문 투의 신전 깊숙이 모셔 둔 것은 뜻밖에도 진리 그것이 아니라 진리의 탈을 쓴 우상일지 모른다. 진리는 우리의 곁 바로 손 닿는 데 있는 것이며 생활을 통하여 끊임없이 우리와 현실적으로 교섭하는 것이라야 할 것이다.

진리를 가장(假裝)하지 말아라. 새로운 수사학은 그러한 사기술을 폭로할 것이다.

진리를 너무 경원치 말아라. 또는 지나친 의상으로 장식하려 들지 말아라. 진리는 소박할수록 더 좋다. 진리로 하여금 우리 곁에서 마음놓고 숨 쉬게 하며, 수월한 말로 서로 말을 건너게 하자.

진리와 진실한 생각과 감정을 가장 잘 교환하는 길 — 그것밖에 또 수사학의 딴 목표가 있을 리 없다.

1949. 7. 7.
저자

제1편 이론 편

서론

1 벙어리의 설움

벙어리의 성미는 매우 고약하다고 한다. 무척 난폭한 일을 저지를 적이 많다. 다른 까닭이 아니라 몹시 갑갑해서 그렇게 되는 것이다. 그는 말하고 싶은 것을 마음대로 말해 낼 수가 없는 데다가 남들이 떠들어 대는 것을 도무지 알 수가 없는 것이다.(벙어리는 으레 생리적으로 동시에 귀머거리인 것이다.) 그러니 답답할밖에 없다.

말을 들을 수가 있고 할 수가 있다는 것은 너무나 평범한 일이기 때문에 사람들은 그게 얼마나 귀중한 재산이요 권리라는 것을 잊어버리기 쉽다. 한번 벙어리가 되었다고 생각만 해도 얼마나 억울할까. 그러므로 '언론(言論)의 자유'를 한때 우리 조상들은 목숨을 내걸고까지 주장하였던 것이다. 말은 물론 첫째는 무슨 필요가 있어서 하는 것이다. 맞은편을 위해서 들려주어야 할 일이 있어서도 하지만, 이편이 어떤 목적을 이루기 위하여 꼭 말해야 할 경우도 생긴다. 지금 동리에 불이 나서 때마침 서남풍에 불길이 하늘하늘 일어나는데 어떻게 이웃에 알려 주지 않고 태연하고 있을 수가 있겠는가. 그런 얼빠진 수작을 하다가는 반(班)에서 몰려나기

일쑤겠다. 이번 일에 대해서 나는 이렇게 생각하노라고 당당하게 내붙여야 할 경우가 있다. 그저 벙어리가 되는 것이 제일은 아니다. 그리스 속담에 "침묵은 금이요 웅변은 은이다."라는 말이 있었다. 그것은 아마도 어느 수다스럽기 짝이 없는 할머니를 너무 시끄러우니까 놀려 주기 위해서 한 지혜스런 사람의 말인지도 모르겠다. 옛날에 그리스에 라코니아(Laconia)라는 지방이 있었다. 엄격한 자녀 교육으로 이름이 있는 스파르타가 바로 거기다. 그 지방 사람들은 말머리가 무겁기로 또한 소문이 높았었다. 한번은 이것은 또 아주 딴판으로 수다스럽기로 유명한 아테네 사람 하나가 라코니아에 구경을 갔다가 어떤 그 지방 농부를 붙잡고 그저 귓전에 들지 않는 말을 자꾸 물어 대는데 라코니아 농부는 성미가 그런지라 잠자코 한마디도 대꾸를 하지 않았다. 아테네 사람은 그래도 쉬지 않고 물어 대다가 나중에는 라코니아에서 제일 잘난 사람은 누구냐고 가르쳐 달라고 졸랐다. 농부가 참다못해 머리를 돌려 대답한 말은 이 말이다. "바로 당신 같지 않은 사람일 게요." 그 뒤로부터 '라코니아적(Laconic)'이라는 말은 '말이 없는'이라는 뜻이 되어 버렸다는 이야기가 있다.

    그러나 그보다 더 중요한 것은 사람은 말을 하지 않고는 배기지 못하는 것이다. 저 아테네 사람이 그것이다. 또 장터나 우물가에서 보면 부인네들이 서넛씩 모여 서서 이야기가 한창인데, 자세히 여겨 보면 이상한 것은 그 세 분이나 네 분 가운데서 어느 한 사람이 말을 하고 다른 사람들은 듣고 있다든지, 또는 한 분이 말이 다 끝나면 딴 분이 나서는 게 아니라, 세 분이나 네 분이 한꺼번에 모두들 이야기하고 있는 것이다. 그러니까 분주할밖에 없다. 사실은 그들 가운데 아무도 남의 이야기를 들으려는 게 아니고 내 말이 하고 싶어 못 견디는 것이다. 그러므로 소학교 선생님들은 '잠자코 서 있으라.'는 것을 아이들에게 대한 효과 있는 형벌로 쓰고 있는 것이다.

특히 사람들은 무척 기쁜 일이 있거나 또는 무척 우울할 적에는 누구하곤가 그 일을 말하고 싶어 못 견디는 것이다. 가령 고민의 절정에 있을 적에 햄릿은 누구더러 들으라는 것이 아니라 혼자 소리인 독백(獨白)으로 허공을 향하여

To be, or not to be —— that is the question:

살아야 할 것이냐 죽어야 할 것이냐 —— 그게 문제구나 ——

하고 소리 지른 것이다. 말하지 않고는 배기지 못하는 본능적 (本能的) 충동(衝動)이 있기 때문에 그렇게 신신당부한 비밀도 새 나오고 마는 것이다.

침묵이 금이라고 해서 저마다 입을 다물고 만다고 하면 세상은 어찌 될 것인가. 제아무리 교묘하다손 치더라도 손짓 눈짓뿐인 묵극(默劇)으로서만 세상일이 되어 갈 것이냐. 그러지 않아도 오해(誤解)·곡해(曲解)로 해서 탈이 많은 판에 이러한 묵극은 이 땅 위를 말할 수 없이 참담한 수라장으로 만들기 십상이다. 아무래도 말해야 배기고 또 말할 필요가 있는 바에는 우리는 잘 말하고 정확하게 말하고 바로 알아듣는 방법과 버릇을 배워야 하겠다. 그것은 훨씬 사람들로 하여금 의사를 소통하게 하며 이해(理解)를 돕고 한결 친밀하게 만들 것이다. 또 자연(自然)을 지배하고 우리의 사회생활을 더 효과 있게 해 나가기에 필요한 지식을 교환할 수가 있게 될 것이다.

그리스의 옛날부터도 사람들은 효과 있게 말하고 쓰기 위한 방법을 연구하는 수사학(修辭學, Rhetoric)이라는 학문이 있었고 중

세(中世) 대학에서는 신학(神學), 수학, 음악, 문법과 함께 수사학
은 필수과목의 하나였던 것이다.

2 수사학(修辭學)의 임무

수사학이라는 학문을 처음 만들어 낸 것은 역시 저 고대의 천
재적 민족인 희랍 사람이었다. 『시학』(詩學, Poetics)을 쓴 대학자 아
리스토텔레스(B. C. 384~B. C. 322)는 이미 『수사학』을 써서 남겼
다. 그런데 그의 수사학의 첫 목적은 재판정에서 어떻게 하면 잘
변론할 수 있나 하는 기술을 생각해 내는 일이었다.

"수사학은 듣는 사람을 믿게 하기 위한 어떤 제목에 대해서 우
리 차례가 왔을 적에 도움이 될 일을 알려 주는 능력이다.

믿음을 얻게 하는 사물에 대하여 어떤 사람들은 우리가 발견
하는 것이 아니라 이용하는 증인과 증거와 그런 것 모양으로 기술
(技術)의 도움을 요하지 않는다. 어떤 사람들은 기술을 요한다. 그
래서는 우리의 손으로 발견하는 것이다.

우리의 발명에서 나오는 믿음은 더러는 말하는 사람의 행동에
서 온다. 더러는 듣는 사람의 열정에서 온다. 그러나 그중에도 우
리가 주장하는 일의 증거에서 오는 것이다.

증거는 수사학에서는 논리학(論理學)에 있어서의 귀납(歸納)이
나 3단논법(三段論法)과 마찬가지로서 예증(例證)이거나 2단논법
(二段論法; 3단논법에서 전제(前提)를 하나 줄인 식, Enthymemes)이다. 왜
그러냐 하면 예증은 짧은 귀납이요, 2단논법은 짧은 3단논법이다.
그것에서는 듣는 편이 알고 있음에 틀림없다고 생각되는 것은 장

황한 것을 피하기 위하여 소용없이 공사(公事)상의 시간을 허비하지 않기 위하여 대수롭지 않다고 해서 빼 버린 것이다."[1]

수사학에 관련이 있는 저작으로서 그 뒤에 고전(古典)이 되어 있는 롱기누스(Longinus)의 『숭고(崇高)론』을 비롯해서 그보다는 덜 유명하나 연대는 먼저라고 생각되는 데메트리오스(Demetrius)의 『문체론(文體論)』 등이 있었으나, 중세에 들어와서 수사학은 그 때의 다른 학문이 그랬던 것처럼, 속살 없는 공소한 말치장을 궁리해 내는 장인바치의 장단이 되어 버렸다. 기술 그 자체에 무게를 두지 않고 어디까지든지 증거를 존중하던 아리스토텔레스의 수사학의 정신은 벌써 땅바닥에 떨어지고 스콜라 철학의 관념(觀念)의 장난이 이에 대신한 것이다.

근세(近世)에 들어서면서부터 실증적(實證的)인 과학의 기풍이 차츰 성해지자 이런 내용이 공소한 말장난을 일삼는 수사학은 새로 일어난 사실(事實)의 위력에 억눌려서 자취를 감추어 버렸다. 그래서 수사학이라는 이름으로 나온 책치고는 옛날 수사학의 김 빠진 되풀이로서 학교 교과서 종류가 몇몇 있었을 뿐 처들 거리가 못된다.

영국 케임브리지대학 교수였고 현재는 미국 하버드대학에 가 있는 I. A. 리처즈 교수가 1936년에 낸 『수사철학(*The Philosophy of Rhetoric*)』에 이르러 비로소 현대 의의학(意義學, Semasiology)의 각도에서 다른 새 수사학을 구경하게 되었던 것이다. 그는 수사학을 정의해서 "수사학은 나는 주장하거니와 오해(誤解)와 그 치료법의

---

[1] Aristotle's *Rhetoric*(Hobbes' degest), Book 1. chapter 2.

연구라야 할 것이다."²라고 했다. 그는 또한 "수사학의 여러 문제에 대한 꾸준한 연구는 말의 잘못된 해석의 원인과 방식을 적발하여 가는 동안에 더 심각하고 더 우려스러운 혼란을 밝히며 그것을 고치는 훈련을 암시하며, 우리의 일상 있는 말의 오해에서 보는 적은 또는 한 부면의 잘못이 우리의 인격의 발전을 저해하는 더 큰 잘못의 축소된 표본일 적에 그 연구는 또한 이들 큰 불행은 어떻게 피할 수 있을까 한 데 대하여 더 많이 보여 줄는지 모른다는 희망"을 심리학과 수사학의 발달에 기대한다.³

과거의 수사학이 주로 자기 주장을 하는 유력한 방법 즉 표현(表現)의 기교(技巧)에 주력한 데 대해서 그는 표현의 가장 바른 해석(解釋)을 도리어 수사학의 임무라고 생각했다. 요컨대 우리는 있는 것을 있다고 하고 없는 것을 없다고 하며, 자기의 희망과 사실을 혼동하지 않고 잘 가려 말하는 버릇을 길러야 할 것이다. 또 그보다도 더 중요한 것은 남의 말을 똑바로 알아듣고 보는 재간을 훈련해야 하겠다. 무엇보다도 거짓과 참말을 잘 분간할 줄 알며, 말에 속지 않을 줄 알며, 또 감동할 만한 말에는 충심으로 감동할 줄 알아야 하겠다.

이러한 버릇과 훈련이 덜 된 데서 과학과 과학 아닌 것, 사실과 허구, 참과 거짓이 혼동되어 세상을 혼란케 만드는 것이다. 일찍이 베이컨(Bacon)은 사실을 가려 버리는 환상이나 편견을 '우상'(偶像, Idola)이라고 불러 경계하였다. 그가 고발한 네 개의 우상은 첫째, 사람이 나면서부터 가지고 난 오해, 매사를 사람에게 좋도록만 해석하는 '종족(種族)의 우상(Idola tribus)' 둘째, 각 개인의

---

2   I. A. Richards, *The Philosophy of Rhetoric*, p. 3.
3   Ibid., pp. 136~137.

성미를 따라 생기는 '굴속의 우상(Idola specus)' 셋째, 사람 사이의 교섭에서 생기는 오해, 그중에서도 서로 쓰는 말이 애매해서 없는 것도 있다고 생각하는 '장터의 우상(Idola fori)' 넷째, 전통적 신화(神話) 전설 독단적인 기성철학(旣成哲學)을 마치 연극을 연극인 줄 모르고 참이라고 믿듯 아무 비판없이 믿어 버리는 '극장의 우상(Idola theatri)'이었다.

17세기의 첫 무렵에 그가 이 우상을 파괴하기 위하여 과학 정신의 봉화를 높이 든 후 3백 년이 지난 오늘까지도 이러한 도깨비들은 아직도 우리 주위에서 무수히 떠돌고 있는 것이다.

I __ 말이란 어떤 것

1 말의 기원(起源)

　먼 선사시대(先史時代) 인류의 조상들이 겨우 짐승의 경지를 벗어났을락말락 했을 적에 그들은 무엇으로써 의사를 소통했을까. 필시 말하고 싶은 일과 또 충동이 동하였을 것이다. 태초에 말이 있은 게 아니라 필요가 있었던 것이다. 그들이 먼저 이용한 것은 아마도 몸짓이었던 것 같다. 온갖 몸짓으로 우선 당장 필요한 것만은 나타냈던 것이다. 이 '몸짓말(Gesture language)' 즉 몸짓을 가지고 말을 할 적에 어느 틈에 지르는 목소리가 끼어들었으리라는 것도 오늘 벙어리의 아우성과 몸짓, 어린아이의 저 혼자 소리, 짐승들의 낑낑거리는 소리 같은 것을 들어서도 짐작할 수 있는 일이다.
　몸짓 가운데서는 아마 손으로 하는 손짓이 제일 중요했을 성싶다.
　"손과 말, 이 둘에 인간성이 포함되어 있다. …… 동물의 역사가 끝나고 인간의 역사가 시작하는 것을 표시하는 것, 그 하나는 말하자면 손의 발명이요, 다른 하나는 말의 발명이다. 이들 속에 인류를 특징짓는 실천(實踐)의 논리와 정신의 논리에 있어서의 결정적인 진보가 숨어 있는 것이다."[1] 그러나 말의 초시작에 있어서도 실상은 손이 맡아 한 몫은 생각하는 것보다는 실로 컸을지 모른다. 오늘 헬렌 켈러 여사가 반벙어리면서도 말하는 사람의 입술에 손을 대 놓고는 그것을 알아듣는다는 이야기가 있는 것도 반드시 연유 없는 일은 아니다.

이 몸짓말에 처음 끼어든 소리는 물론 지금 생각하면 괴상망측한 것일 터이나, 이 단계의 말을 우리는 항용 자연어(自然語, Natural language)라고 부른다. 이에 대해서 오늘 우리가 가지고 있는 소리의 일정한 체계로 된 말은 전통어(傳統語, Traditional language)라고 부른다. 전통어가 맨 처음에 자연어에서 출발하였던 것은 두말할 것 없다. 그런데 이 자연어는 일부분은 몸짓으로 또 일부분은 그것들이 대표하는 관념(觀念)과 직접 달라붙은 소리 또는 소리의 떼와의 혼합으로 된 것이었다. 이렇게 관념과 소리가 달라붙는 방식에 세 가지가 있다. 즉 ① 모방어(模倣語, Imitative words), ② 감탄어(感嘆語, Interjectional words), ③ 상징어(象徵語, Symbolic words)가 그것이다.[2]

우리말의 '뻐꾸기' '딱따기' 같은 것은 그 말이 대표하는 날짐승이나 물건의 울음소리나 나는 소리를 모방한 것임은 확연하다. 영어의 'Cuckoo'도 마찬가지다. 중국말과 애급말로 고양이를 '마우'라고 하는 것도 바로 그것이다. 또 아직 말이 서투르던 시절의 인류의 조상은 아마도 사냥을 생업으로 했을 단계였으므로 짐승을 잡느라고 후려내는데, 그 짐승의 소리를 흉내 내 가면서 했으리

---

[1] *Bulletin de la Societe francaise de philosophie*, Feb. 1912, pp. 69~72.
[2] Cf. Henry Sweet, *History of Language*, p. 33.

라는 것도 요새 봄날 논둑에서 그물을 늘여 놓고 새잡이를 하는 소년들의 신통한 새소리 흉내를 보아 미루어 짐작할 수 있는 일이다.

흉측하다든지 싫다든지 좋다든지 굿다든지 하는 여러 가지 감정을 나타내는 소리를 인류의 조상들이 냅다 질렀으리라는 것도 의심할 나위가 없다.

제일 중요한 것은 물론 상징어일 것이다. 소리를 가지고 단지 모방하거나 자연히 지르는 동안에 말이 된 것과 달라서 어떤 버릇과 말없는 약속에서 일정한 소리가 일정한 뜻을 대표하도록 마련된 것이다. 오늘의 전통어는 이 상징어의 방식을 그 근간으로 삼고 있는 것은 두말할 것도 없다.

그러면 이러한 세 방식 가운데서는 과연 어느 것이 시초였던가. 이 일에 대해서 사실은 아무 확증도 잡을 길이 없다. 아까 말한 것처럼 괴로움이나 무서움, 놀라움이나 승리감 또는 기쁨을 밖에 내뿜는 개개의 소리에서 인류의 말은 시작되었다고 주장하는 사람들이 있다. 그러한 소리를 그러한 감동이나 감정을 전달하는 데 쓸 적에 말이 되는 것이다. 이렇게 어떤 감정의 폭발이나 배설에서 말이 시작하였다고 주장하는, 말의 기원에 대한 학설을 '푸푸설(Pooh-pooh theory)'이라고 한다. 또 동물이 자연히 부르짖는 소리에서 말이 시작된 것이라고 주장하는 설을 가리켜 '웡설(Bow-wow theory)'이라고 한다.

앞에서 본 모방어와 같이 자연의 소리를 그대로 모방한 것에서 말은 시작된 것이라고 주장하는 설을 '뎅뎅설(Ding-dong theory)'이라고 하기도 한다. '아—', '오—'의 감탄사라든지, 혼사에는 '흥' 소리도 ?이라는 그 '흥'이라든지는 모두 '푸-푸'와 일가다. '응', '응?' 하고 대답하며 되쳐묻는 말은 '웡웡'과 한패일 터이며 '개구리'·'날나리' 같은 것은 '뎅뎅'과 한 축이다.

그러니까 땅 위의 이 구석 저 구석에서 짐승에서 별로 다름없는 사람의 조상들이 마구 지껄여 대는 소리란 시끄럽고도 갈피를 잡을 수 없는 짐승의 울부짖음에서 과히 다를 것 없는 것이어서 '바벨의 탑(The tower of Babel)' 이야기까지 생겨난 것이겠다.

2 말의 기반(基盤)

어떤 어쩔 수 없는 충동과 긴박한 필요에서 생겨 나온 말의 원시적(原始的)인 모양은 자주 되풀이되는 동안에 어느덧 한 사회적 버릇이 되어 버렸다. 게다가 충동의 내용이 점점 더 복잡해지고 필요의 범위와 정도가 더 넓어지고 깊어 감을 따라 거기 맞추어 가노라니 말도 차츰 발전해 올밖에 없었을 터이다.

우리가 나자마자 일정한 '말하는 사회'·'말 사회'에 떨어지는 것은 사실이다. 그런 데서부터 마치 말이라고 하는 것은 우리가 나기 전부터 벌써 있었던 것으로 신(神)이나 누가 준 기적(奇蹟)과 같은 것이어서 그 자체의 필연성(必然性)을 가지고 마련된 사람의 힘을 초월한 무슨 신비롭거나 신령스러운 무엇이라고 생각하는 사람들이 생긴다.

그렇지는 않다. 우리가 처음 '말 사회'에 떨어졌을 적에는 실상은 무의미하고 시끄러운 소리의 난장판으로밖에는 들리지 않았을 터이다. 어머니의 품속에서부터 그는 차츰 누가 발음하는 일정한 소리가 그가 몸소 보는 환경에 일으키는 영향이 일정한 모양으로 되풀이되는 것을 보고는 그 소리에 그 영향과 관련되는 일정한 뜻이 붙어 있는 것을 느끼게 될세 옳다. 가령 "문을 닫아라." 하는 엄마 말이 떨어지면 누나가 늘 문을 닫는 것을 보고는 그 말과 문 닫은 일과 긴밀한 관련이 있는 것을 느끼고는 같은 효과가 아기에게 필요해졌을 적에 그는 전에 들은 소리를 모방해 보게 될 것이다. 아기는 젖이 먹고 싶으면 우는 게 보통이다. 그다음 단계에 가면 아기는 제가 무심히 토해 본 "맘마." 소리만 들어도 엄마가 달려와서 젖을 주니까, 그는 젖이 생각나면 "맘마, 맘마." 하고 소리치는 것이며, 이윽고는 '젖'을 '맘마'라고 생각하게 된다. 이리해서 아기들은 어른과는 다른 저희 나라 말을 곧잘 만들어 쓴다. 다소간 공통성이 있기도 하지만 저마다 다른 말을 만들 적도 있다. '맘마'·'뚜뚜'(자동차)·'보치치'(기차)·'앙오'(고양이) 같은 것이 그것이다.

그러나 그는 이윽고 어른들의 말의 세계와 맺고 있던 부분적이며 그리 긴밀치 못하던 관계를 연출로, 차츰 저들의 특수한 좁은 말의 습성을 떨어 버리고 아주 보통 '말 사회'에 들어오고 마는 것이다. 거기는 신비로운 아무것도 없다. 불행히 섬에 혼자 나서 혼자 자랐다면 벙어리와 마찬가지가 되었을 것이요, 에스키모 속에 나서 자란다면 에스키모 말, 제주도에서 났다면 제주도 사투리를 하게 되었을 것뿐이다.

그러나 말은 맨 처음부터도 딱 틀에 박혀 꼼짝달싹 못 하는 것을 그대로 받아 가지고 내려오는 유산이 아니라 사람들의 필요를 따라 무수한 변천을 해 온 것이다. 말을 마치 사람과는 아주 떨어진 것으로 그 자체의 법칙을 좇은 한 절대적인 실체(實體)처럼 생각하는 것은 터무니없는 소리다.

말은 첫째 사람의 발성기관에 근거해야 하는 까닭에 사람의 생리작용에 얽매여 있을밖에 없다. 따라서 그것은 성음(聲音)상의 법칙에 복종하게 된다.

둘째는 그것은 소리의 뒤죽박죽이 아니라 어느 정도 질서와 조직이 정연한 체계이므로 문법(文法)상 형태(形態)상의 법칙을 좇아야 할밖에 없이 된다.

셋째로 소리와 뜻과 연합(聯合)하는 의미(意味)의 법칙에 말은 복종해야 한다.

이러한 여러 갈래의 법칙을 좇으며 또 만들어 가는 동안에 그것이 제멋대로 뿔뿔이 달아나지 않고 한 통일된 말의 체계로 어울려 가는 것은 어떻게 되어선가. 그 통일 작용을 하는 것은 다름 아닌 사회 그것인 것이다. 그러므로 말이 개인의 목소리에 얽매여 있으면서, 그 문법 체계가 널리 통하는 보편성을 가지며, 의미 연합과 성음 조직이 심리적·생리적 제한 안에서도 또한 어떤 일반성을 가지게 되는 것은 개인의 생활이 곧 사회생활에 연이어 있고 거기 포섭되어 있고 접해 있는 때문이다. 말의 사회성을 말할 적에 자칫하면 말은 사회의 산물이라는 뜻으로 알기 쉬운데, 그런 의미의 연약한 관련이 있는 게 아니라 말이야말로 사회를 성립시키는 요인(要因)의 하나라 하는 게 더 옳겠다. 사람이 동물의 영역을 벗어나 극히 단초적인 사회적 생활을 시작하는 그 순간부터 말은 그러한 사회생활을 가능하게 하는 유래로서 그 단계에 맞는 정도로는 기능을 발휘했던 것으로 보인다. 그러므로 말은 인류와 함께 시작된 것이라고도 하겠다.

또 한편 말은 루소의 '사회계약설(社會契約說)'에서와 같이 잠잠한 어떤 정태적(情態的)인 의미의 사회에서 튕겨져 나온 것이 아니라, 사회적 생활 그것에 뿌리박은 즉 희노애락과 생존을 위한 피비린내 나는 싸움과 그런 것으로 잔뜩 차 있는 인간 사회의 자못 극적(劇的)인 장면에서 그런 의미의 동태(動態)로서의 생활 속에서 솟아 나온 것이다.

그러므로 말의 원시 단계라고 하는 것은 사람의 감정과 의지의 모가 풍부하게 담긴 자못 정의적(情意的, Affective)인 것이었음에 틀림없다. 어떤 감정의 번역인 울부짖음이면서도 그것은 행동과 관련이 있었을세 옳다. 무엇을 호소한다든지 간청한다든지 명령한다든지 위협한다든지 하는 '행동의 말'이 생겼을 터이다. '정적인 말'과 '행동의 말'은 처음부터도 한데 얼려서 생겼을지도 모른다.

불란서 사회학파(社會學派)의 거장 방드리스(Vendryes)는 이렇게 말하였다.

"말의 진화는 직접 역사적 정황에 의존하는 것이다. 말의 진화와 그것이 통해 오는 사회적 조건 사이에는 분명한 관계가 있다. 사회의 발전은 한 정해진 길을 좇아 말을 인도해 간다. 그러므로 우리가 말의 역사에서 문명의 역사의 반영을 찾는 것은 정당한 일이다."[3]

또 이렇게도 말했다.

"여러 나라 말은 정도의 차는 있어도 문명의 일정한 상태에 적응할는지 모른다. 말의 진보는 한 말이 그것을 쓰는 사람들의 필요에 가장 잘 적용할 수 있을 적에 이루어진다. 그러나 아무리 이

---

3   Vendryes, *Language*(Eng, ed). pp. 352~353.

진보가 참말일지라도 결코 결정적인 것은 아니다. 한 나라 말의 특징은 그 말을 쓰는 사람들이 같이 생각하는 방식을 보존하는 동안에 유지된다. 그런데 그 특징들은 변하며 퇴화하기도 쉬우며 또는 아주 없어지기도 쉽다."4

이리하여 말이라고 하는 것은 사람과 사람 사이의 전달의 필요를 채워 주는 사회적 행동이며, 동시에 그것은 여러 시대를 통해서 그 시대 시대의 특징을 잔뜩 받아 가지고 있는 역사적 사실이다.

우리는 언제고 반드시 진리(眞理)를 먼 곳에 찾을 필요도, 너무 높은 데다가 일부러 떠받칠 필요도 없다. 진리는 차라리 고독을 싫어하는 것 같다. 그것은 우리와 좀 더 친하고 싶어 한다. 우리들의 생활 속에 있어야 할 것이다. 사실 진리는 우리의 신변 가까운 데 뒹굴고 있는 것이다. 그것은 마치 인간 사회에 내려와서 살기를 좋아하던 희랍 신(神)들과도 같다. 어마어마한 개념(概念)이나 술어(術語)를 늘어놓지 않고는 학문이 되지 않는다고 생각하는 것은 독일 관념철학(觀念哲學)의 좋지 못한 선물이다. 그러한 미신을 깨뜨릴 수만 있다면 이 책은 무엇보다도 먼저 그 일에 달라붙어야 할 것이다. 진리는 오히려 우리의 일상생활 속에 섞여서 그것을 위하여 보탬이 되기가 소원이다. 높은 구름 속이나 신전(神殿) 속에 떠받쳐 있고 싶어는 하지 않을 것이다. 그런 곳에 있는 것은 산 진리가 아니라 진리의 가면을 쓴 허수아비인 경우가 많다.

그리하여 우리는 말이라는 것도 별게 아니라 사람들이 사회생활을 해 오는 동안에 긴급한 필요와 충동에서 생겨나 발전해 온

4　Ibid., p. 356.

다름 아닌 역사적인 사회적 버릇(Social habit)이라는 평범하면서 중요한 진리에 도달한 것이다.

일찍이 소쉬르(Saussure)가 말활동(Langage)을 설명하여 심리적 방면과 생리적 방면을 합친 종합적인 행동이라고 하였거니와, 그러한 활동으로 된 개인의 말을 '파롤(Parole)'이라 하고, 사회 일반의 말을 '랑그(Langue)'라고 하여 구별한 것에도 같은 소식을 엿들을 수 있다.[5] 가디너는 같은 취지의 말을 이렇게도 했다.

"이(언어) 활동을 기술함에 있어서 우리는 그것이 보편적으로 가지고 있는 지식(Science)의 적용으로 되는 것을 발견할 것이다. 즉 우리가 언어라고 부르는 지식이다. 헤아릴 수 없는 고통을 겪어 가면서 어린아이들은 회화로서 활용하기 위하여 말을 배운다. 이 두 사람의 행동, 즉 지식으로서의 언어와 그 능동적인 적용으로서의 회화는 너무나 자주 서로 혼동되거나 같은 것으로 생각되어 왔다. 그 결과는 그것들의 구경의 요소인 낱말(Word)과 구절(Sentence)에 대하여 분명한 설명을 해낼 수가 없이 된다."[6]

그런데 말의 사회성을 말할 적에 그것을 반드시 무슨 집단적(集團的)인 것으로만 생각할 필요는 없다. 차라리 회화가 실제로 일어날 적에는 두 사람 사이거나 그렇지 않으면 간혹 한 사람과 여러 사람과의 사이에서 일어나는 것으로 거기는 개인적 활동이 매우 농후하다. 다만 회화를 일어나게 하는 언어적 기초가 사회적이라는 의미와, 회화 자체가 어떤 사회적 행동의 연출의 한 토막

---

5 Cf. Ferdinand de Saussure, *Cours de linguistique générale*.
6 Gardiner, *The Theory of Speech and Language*, pp. 62~63.

으로서 일어난다는 의미에서 사회적이라고 하는 것이다.

3 말의 힘

원시 사람(原始人)들이 그들의 소원이나 간청이나 경고를 서투른 말로써 나타냈을 적에 맞은편에서 이편 뜻대로 움직여 주거나 청을 들어주거나 경고대로 방비 태세를 취할 적에, 그들은 저들 자신의 힘(남을 움직이는 힘)에 자못 스스로 감탄하였을 것이다. 그리고 그 힘이 바로 저들의 말 그것에 유래하는 것을 깨달았을 적에 그들은 다시 한번 새삼스럽게 말의 위력에 탄복하였었다.

그리하여 인류는 그들의 사회생활을 밀어 나가는 데 있어서 말을 유력한 연장(Instrument)으로 썼던 것이다. "지식은 힘이다." (Knowledge is power.)라고 부르짖은 것은 베이컨이지마는, 그야말로 말은 힘이다.

이 원시 사람들이 말의 이 위대한 힘을 가장 긴하게 쓴 것은, 그것을 귀신들을 달래는 주문(呪文)에 이용했을 적이다. 원시 사람들은 산천초목 할 것 없이 천지간의 만물 뒤에는 모두 심령한 힘이 있어서 홍수와 폭풍·가뭄·죽음 같은 것이 모두 이 신령한 힘 또는 귀신들의 흑장질이라고 생각하였다. 이 귀신을 퇴치하여 불행과 재난으로부터 사람을 구해 내기 위하여 그들은 그들이 가지고 있는 가장 신령스러운 무기인 말을 이용하였다. 민속학(民俗學)의 거두 영국의 프레이저(Frazer)의 『황금 가지(*The Golden Bough*)』, 『미신(*Psyche's Task*)』 등 저서에 의하면 미개사회(未開社會)에서는 귀신을 달래는 주문을 외우는 일은 그 종족의 왕의 행정사무에 속하는 일로, 그는 그 방면의 전문가라 한다. 주문을 외워 능히 귀신도 물리치는 까닭에 왕은 그 종족의 존경을 한 몸에 받으며 그들 위에 큰 권위를 가지고 임하는 것이다.

그다음에 긴하게 쓴 것은 그들이 미워하는 어떤 원수에게 당장 재난이 떨어지라고 저주하는 데 말을 쓴 일이다. 말은 힘인 까닭에 능히 귀신도 물리쳤을진대, 그까짓 원수를 저주하는 일쯤 말의 위력으로 안 될 리 없겠다.

신(神)을 말로 달래는 이 습관이 나중에는 기도(祈禱)로 되었다. 오늘날 와서는 여러 나라 사람들이 제각기 제 나라 말로 기도를 드린다. 만능의 신인 까닭에 신은 혹은 이 여러 나라 말을 더군다나 수없는 사람들이 한꺼번에 지껄이는 것을 일일이 분간해 들어 알지는 몰라도, 뜻밖에 그야말로 '바벨의 탑' 모양으로 그저 시끄러운 것뿐인지도 모른다. 여하간에 기도라는 형식에 인류의 조상들이 문명의 동이 아직도 틀락 말락 할 무렵에 저들의 서투른 말의 위력을 과신하였던 흔적이 남아 있는 것이다.

속담에 "여자의 말은 유월에도 서리가 선다."는 말이 있다. 여자의 원망을 한번 잘못 샀다가는 그 저주에 그만 녹는다는 것이다. "날 버리고 가시는 님은 십리도 못 가서 발병 나리.", "그놈의 집 망해 빠지지.", "날 괄세하는 놈들 어찌 되는가 보지." 하는 게 모두 기실은 원시적인 저주의 남은 흔적이겠다. 매파들이 중매 서는 데 주장 쓰는 수법도 말이거니와 제아무리 벽창호라도 내 말에는 녹는다는 말의 위력에 대한 원시적 자신(自信)이 그에게는 만만한 것이다.

웅변은 맨 처음에는 기도신을 의미하는 '오라토리움(Oratorium)' 안에서 신에게 기도하는 말에서 시작한 것이었다. 여기서부터 '오레이션(式辭, Oration)', '오레이터(웅변가, Orator)'라는 일련의 말들이 '라틴'의 '입'·'말한다'를 뿌리로 하고 뻗어 나온 것이다. 마케도니아의 필립 왕과 알렉산더 대왕의 침노에 반항하여 일어난 아테네의 자유의 대변자 데모스테네스의 일대 웅변에서 말의 이 방면의 발달은 그 절정에 도달했던 것이다.

오늘 말의 힘이 가장 쓸모 있게 쓰여지고 있는 것은 다름 아닌 과학(科學)에서다. 말이 없이는 생각해 갈 수 없다는 것은 잘 알려지고 있는 일이다. 우리는 과학의 힘으로 자연환경을 지배하며 사회 환경을 통어한다. 그런데 그 과학은 그것을 표현하는 말의 힘을 빌리지 않는다면 그것이 다루는 대상의 세계를 기술(技術)해 낼 도리가 없으며 그것을 일반화(一般化)하여 정식(定式)을 세울 길이 없었을 것이다.

사람들은 또한 저들의 정(情)의 세계를 가장 잘 조절하기 위하여, 태도(態度)를 정돈하기 위하여, 세계와 인생에 대한 전체적인 통찰을 파악하기 위하여 문학, 그중에서도 시(詩)라고 하는 말의 순수한 모양을 확립시켜 왔다.

그러나 현대에 와서 말이 가장 그 위력을 발휘하고 있는 것은 우리가 선전(宣傳, Propaganda)이라고 부르는 방면일 것이다.

선전은 반드시 오늘 어저께 시작된 것은 아니다. 정치(政治)가 있는 곳에 선전은 반드시 있어 왔다. 고대의 선전은 소문의 형식으로 되었었다. 어떤 소문 제작의 명수가 나와서 왕이면 왕, 정승이면 정승에 대한 그럴듯한 소문을 퍼트렸던 것이다. 정도전(鄭道傳)이 한양(漢陽)에 도읍 터를 정할 적의 소문 같은 것이 그것이다. 또 옛날 사람들이 곧잘 쓴 선전 수단은 동요(童謠)였다. 한신(韓信)을 꾀어서 촉(蜀)으로 데려가기 위하여 장량(張良)이 쓴 선전 수단은 동요였다. 시중 아이들이 누가 지은 것인 줄도 모르고 부르는 동요를 듣고 한신의 마음은 설레인 것이다. 백제(百濟) 왕자 서동(薯童)이 신라 공주를 채가기 위하여 날조한 내용을 한 동요를 퍼트려 성공한 것도 같은 수법이었다. 그것이 향가(鄕歌)·서동가(薯童歌)의 유래라 한다.

그러나 오늘 와서는 이 선전이 실천되는 기관은 벌써 그런 정도의 유치한 것이 아니고, 훨씬 대규모의 전파력을 가진 신문과 라디오다. 총칼을 들고 싸우는 게 아니라 신문과 라디오를 통해서 서로 서로 신경(神經)을 건드려 상대편에 수면 부족이 되도록만 된 불쾌한 소식을 골라 전하는 것이다. 그러므로 신경전이라고 한다. 또 화력(火力) 무기를 써 가면서 싸우는 게 아니고 쌀쌀한 활자와 싸늘한 전파(電波)를 가지고 싸우는 냉랭한 싸움이기에 냉정전쟁이라는 것이다. 여하간에 그게 다 일어이폐지하면 선전전(宣傳戰)인 것이다.

그러나 말뿐이라고 얕보아서는 아니 된다. 이번 전쟁에만 해도 미국이 참전하기 전에 벌써 루스벨트 대통령이 영국 수상에 대하여 원조를 약속한 뉴스가 한번 전파를 타고 활자의 모양을 갖추었을 적에 히틀러와 독일 장병의 사기에 그것이 미친 영향은 지대하였던 것이다. '민주주의의 병기창(兵器廠)'·'민주주의를 위한 싸움'·'진주만(眞珠灣)을 잊지 말라' 등의 하찮은 듯한 구호가 미국민에게 불질러 놓은 전투 정신은 결코 무시할 수 없는 것이다. 오셀로는 이아고의 간언질에 드디어 무죄한 아내를 눌러 죽이지 않았는가. 오늘 원자탄이라는 말이 사람들에게 인상 준 위력에는 '원자탄의 실력+선전력'의 두 겹의 힘이 엎쳐 있다고 하는 게 옳지 않을까. 말은 벌써 경우를 따라서는 비수보다도 몇 사단의 병력보다도 몇 배 더한 무서운 무기인 것이다.

4 말의 마술(魔術)

레비브륄은 미개사회(未開社會)의 원시인(原始人)의 심리의 특징으로 두 가지를 들었다. 그 하나는 전논리적(前論理的, Prelogique)이라는 점이요, 다른 하나는 신비적(神秘的, Mystique)이라는 점이다. 원시인의 이 두 가지 심리적 특징은 곧 심리 활동과 떼려야 뗄 수 없는 그들의 말에도 나타나 있으며 특히 그 언어 심리에 잘 엿보인다.[7]

즉 그들의 말은 보다 더 정적(情的)인 까닭에 그들의 감정과 의지를 담북 담아 가지고 있는 대신 사물의 논리적 관계는 매우 등한히 되어 있다. 말이 뒷날 발달한 다음에 점점 더 추상적(抽象的)인 것이 들어왔지, 원시인의 말에는 구체적(具體的)인 것이 압도적이었다. 일반적인 것을 나타내는 말은 거의 없었고 하나하나 특수한 것을 떼어 지목해서 말하는 버릇이 성행했었다.[8]

다음에 원시인의 심리의 신비적인 면은 레비브륄의 이른바 파르티시파시옹(Participation) 현상에 잘 나타나 있다. 즉 원시인의 마음에 비치며 떠오르는 물건이나 생물이나 현상은 그 자체면서 동시에 그 자체 아닌 것을 포함하고 있다는 것이다. 그래서는 그것과는 따로 느낄 수 있는 신비스러운 무슨 힘이나 성질이나 일을 주고받는다는 것이다. 모든 사물과 현상에는 그 사물과 그 사물 아닌 신비한 것이 참여하고 있다는 의미에서 파르티시파시옹(참여)의 법칙이라고 부른 것이다.[9] 이 파르티시파시옹의 법칙의 한 유추(類推, Analogy)로서 원시인은 저들이 말하는 허망한 말에조

---

7 Levy-Bruhl, *Les fonctions mentales dans les societes inférieures*, p. 9.
8 Vendryes, op. cit., pp. 354~355.
9 Levy-Bruhl, op. cit., p. 77.

차 그 말에 해당하는 사물이 실재(實在)해 있다는 환각(幻覺)을 공공연하게 가지는 것이다. 사물 뒤에 실상은 없는 무엇을 상상하고 그것을 실재한 힘으로 환각하듯, 말에도 그것이 대표하는 관념마다 거기 마주 설 무슨 사물이 참말 있다고만 느끼는 것이다. 처음에는 없는 것을 있다고 생각하고 이름을 지어 놓으면 이번에는 거꾸로 그 이름이 있으니까 그 이름에 해당하는 사물이 반드시 있다고 생각하는 것이다. 헤겔이 말하듯, 관념은 처음에 사람이 만든 것인데, 나중에는 거꾸로 관념이 사람을 지배하게 되는 것이다.

앞에서 말한 것처럼 이리해서 말에는 뜻하지 않은 마술성(魔術性)이 붙게 된 것이다. 그 마술성은 무슨 생활의 여가에 나타나는 한가한 장난꺼리가 아니라, 실상은 그들의 행동의 실제적인 마당에 그때그때 깊은 생활상의 내용을 가지고 쓰여지며 믿어진 것이다. 이 말의 마술적인 위력을 부려서 그들은 그들의 힘에 넘는 자연과 주장 싸워 왔다. 그러나 말에 붙여 준 그 부당한 신비력이 번번이 효력이 날 리가 없다. 가령 아무리 신에게 빌어 보았댔자, 불행이나 병고를 일일이 다 제쳐 놓을 수는 없었다. 그런 경우에도 또한 그들은 그것을 어떤 불가항력(不可抗力)을 가진 운명의 장난으로 여겨 버린다. 말의 위력을 가지고도 어쩔 수 없는 운명의 신의 의사를 전해오는 수단도 역시 말이었다. 그 말을 신을 대신해서 속삭이는 것은 무녀였으며 그 말은 신탁(神託, Oracle)이라고 하여 무녀는 그때에 신의 대변자 노릇을 하는 것이다. 이 신탁이라는 매우 편리한 제도로 해서 말은 제가 걸머지워진 부당한 부담에서 풀려날 기회를 가졌었던 것이다.

무당은 혼자서 발괄(白活)과 신탁을 한꺼번에 해치우는 것이다. 무당을 찾는 사람들은 무당의 긴 사설 바람에 마음의 위안을 받는 것이며, 그로 해서 몸에도 다소간 좋은 영향을 받을는지도 모른다. 그만한 효과는 있었을지 모른다. 사람과 사람 사이의 대화가 아니라, 신과 사람과의 대화는 오늘의 우리가 가지고 있지 못한 특수한 원시적 대화 방식이었던 것이다. 가령 처용(處容)이 밤늦게 집에 돌아오니 역신(疫神)이 안방에 침노했었다 한다. 처용은 그를 물리치기 위하여 말의 한 형식인 노래를 지어 불렀다. 그랬더니 역신은 그만 내뺐다 한다. 이것이 향가의 처용가 내력이라 한다.

이러한 마술의 안개 속에서 말이 빠져나와 논리성을 차츰 갖추게 된 것은 썩 나중 일이다. 호머의 서사시(敍事詩)와 아리스토텔레스의 학문과 피타고라스와 유클리드의 수학을 낳은 희랍 사람들은 벌써 논리와 이성(理性)의 높은 기능을 잘 살린 고대의 천재들이었다. 그리해서 그들의 '로고스(Logos)'라는 말에는 두 가지 뜻이 있었다. 하나는 말이라는 뜻이요, 다른 하나는 이성(理性)이라는 뜻이다.

전 논리적인 성질을 버린다는 말은 말이 구체(具體)에서 추상(抽象)으로, 특수(特殊)에서 일반(一般)으로 퍼져 가는 것을 의미한다.

한편 말에 대한 미신은 차츰 뒤로 몰려가고 그 대신 말의 현실적인 힘이 활용된 것이다. 웅변은 신전(神殿)에서 나와서, 정치적 자유를 부르짖는 무기로 변했고, 변증법(辨證法, Dialectic)은 헤겔 이후 오늘에 와서는 딴 의미로 쓰이지마는 희랍 사람들에게는 (특히 소크라테스에게는) 말을 통해서 진리(眞理)에 도달하는 한 방법이었던 것이다. 말은 신을 설복하는 허망한 일에서 해제되어 진리를 찾아내는 성스러운 길로 들어선 것이다.

II __ 말과 글

우리가 오늘 가지고 있는 이른바 전통적 말은 소리를 근간으로 한 꽤 복잡한 기호 조직(記號組織)이다. 말이라고 할 적에 우리가 가리키는 것은 바로 그것이다. 그러나 말에는 소리로 말하는 말과, 그 소리를 글로 옮겨 놓은 쓰여진 말의 두 가지가 있다. 즉 넓은 의미로 말이라고 할 적에는 쓰여진 말과 말하는 말 둘 다를 포섭한 것이요, 좁은 의미로 쓰일 적에는 그중에서 말하는 말만 가리키는 것이 된다.

그런데 말을 좁히는 의미의 말, 즉 말하는 말과 글로 나누어서 말이라면 으레 말하는 말로만 생각하는 것은 우리의 오래인 잘못된 버릇이 있었다. 이러한 말버릇은 말과 글을 아주 갈라놓아 버려서, 글은 말과 동떨어져 저의 딴 길을 걸어가도 무방하다는 폐로운 생각이 그대로 통용되었다. 그 결과는 입으로 말하는 우리나라 말은 말대로 버려두고, 그것과는 성음(聲音) 조직의 다른 남의 나라 글, 즉 한문(漢文)을 1천여 년 동안 써 오면서도 그 불합리와 불편을 깨닫지 못하였고 극복하지도 못하였던 것이다. 따라서 말과 글의 긴밀한 호상 관련과 작용에 의한 자연스러운 발전을 보지 못한 병적 사태를 연출하였던 것이다. 우스운 일은 그 한문 자체는 본토인 중국에서는 그 나라 말과 긴밀하게 관련이 있었으며 그 말을 뿌리로 한, 즉 소리의 기호 조직을 다시 시각(視覺)의 기호 조직으로 고친 것이었다. 그러니까 우리는 우리말은 어디다 버려두고, 남의 말을 기초로 한 남의 글을 빌려다 썼던 것이다.

이 일에 크게 깨달은 세종(世宗)은 과연 큰 형안을 가졌었다고 할밖에 없다.

또 이런 데서 한 가지 큰 폐단이 생겼다. 즉 말은 천한 것이요 글만이 소중하고 대단한 것으로 아는 잘못이 그것이다. 더군다나 글은 봉건시대(封建時代)에는 양반이라는 특권층의 특권이요 전유물처럼 되어 버려 점점 더 뽐내게 되고, 그 대신 우리말은 천대받았고, 그러자니까 모처럼 세종이 정해 논 우리글이야말로 우리말에 맞는 것이언만 그것마저 언문이라 하여 괄세하였으며, 겨우 부녀자의 글이라는 좁고 낮은 지체를 주어서 안방이나 부엌에 몰려가 숨을밖에 없이 만들었던 것이다.

이제 우리가 바로잡아야 될 중대한 일이 두 가지가 있다.

(가) 우리말은 하나라는 것, 그 하나인 말은 어디까지든지 말하는 말이 줏대가 되는 것이요 쓰는 글은 본질에 있어서는 그 말을 눈으로 보는 시각적 기호 조직으로 옮겨 놓은 것이라는 것, 따라서 말과 글은 말을 중추로 해 가지고 통일되어야 한다.

(나) 글만이 소중하다는 미신을 버려야 할 것, 글은 말의 번역인 까닭에 그 존재 가치가 있는 것이며 말은 일정한 사회적 기능을 하는 까닭에 소중한 것으로, 다시 말하면 우리의 생활과 실천을 위한 전달의 임무를 다 해 주는 까닭에만 그것이 값이 있는 것이다. 생활과 실천을 떠난 말이 무용의 장물이듯 더군다나 말을 떠난 글이란 공소한 것이 될밖에 없다.

1 대화(對話)의 연극성(演劇性) ─ 그 네 가지 요인(要因, Factor)

사람의 행동을 반사운동(反射運動)과 의지적(意志的) 행동의 둘로 심리학(心理學)에서는 나눈다. 가령 불에 단 난로에 모르고 손을 가져갔다가는 그만 손을 홱 당긴다. 그러려고 마음먹은 것도 아닌데 저절로 손이 당겨진다. 이에 대해서 이러저러하게 행동하겠다고 마음먹고 하는 행동, 가려 가면서 행동하는 것을 가리켜 유의적 행동이라고 하는 것이다.

그런데 실제로 말을 주고받을 적에는, 하는 편의 말은 자극(刺戟)으로서 들어오는 것이고, 이에 대한 대답은 반응(反應)으로서 되어지는 것이다. 이 반응이 저편에 다시 자극이 되어 새 반응으로서 대답을 받는다. 대화(對話)는 자극과 반응, 자극과 반응의 무수한 되풀이로 되어 있는 것이다. 그때에 이 자극과 반응 사이에는 의지(意志)의 선택 작용이 끼어들어, 이 물음에 대하여는 무엇이라 대답할 것인가 헤아려 보다가 대답을 결정하는 경우도 많지만, 묻는 말이 떨어지자마자 곧 대답하는 반사적인 반응을 하는 경우도 적지 않다. 그러니까 실제로 말로 하는 말이 행해질 적에는 실로 빈틈없는 긴장한 생활의 현장에서 풍부한 실감(實感)을 풍기면서 생활의 실천의 한 토막으로서 거기 연출되는 것이다.

거기는 언제고 어떠한 정황(情況, Situation)이 예비되어 있는 것이다. 정황이라고 하는 것은 그 대화가 일어나는 일정한 배경(背景)과, 그리고 그 대화에 참여하는 사람들이 그 순간에 미리 처해 있던 어떤 특수한 사회적 관계를 합친 것을 이름이다. 거기는 특수한 예외를 내놓고는 언제고 말하는 사람과 듣는 사람 두 편의 인물이 등장하는 것이다. 아까도 본 것처럼 말하는 사람과 듣는 사람은 끊임없이 그 위치가 바뀌는 것은 물론이다. 그리하여 이 두 편의 인물은 그들이 다닥친 그 정황에서 진행하는 또는 발전하는 사건의 한 구비로서 대화를 하는 것이다.

그것은 매우 일장 연극에도 비할 입체적(立體的)인 사태라 하겠다. 가령 절망과 분노 속에서도 이미 박두해 오는 운명의 발자취 소리를 귀여겨듣는 햄릿은 제5막 제2장에 그 친구 호레이쇼와 더불어 등장하여 이 비극을 대단원으로 향하여 재촉하는 것이다.

카를 뷜러(Karl Bühler)는 이리해서 말하는 말의 네 가지 요인(要因, Factors)을 아래와 같이 들었었다.

① 말하는 사람
② 듣는 사람
③ 언급하는 사람
④ 언어적 재료

이 네 가지가 얼러져 대화에서 보는 생생한 말하는 말이 성립되는 것이라고 하였다.

이에 대하여 가디너(Gardiner)는 말의 요인을 다시 셋으로 줄여서

① 말하는 사람
② 듣는 사람
③ 사물

이라고 하였다.[1]

그리하여 그는 대화로서의 말(Speech)을 일반적 개념으로서의 언어(Language)에서 구별하여 아래와 같이 정의를 내렸다.

---

[1] Gardiner, op. cit., p. 24.

"우선 근사한 것으로, 말하는 말(Speech)을 사람과 사람 사이의 소원과 사물에 대한 견해의 전달을 위한 분절(分節)이 분명한 음성기호(音聲記號)의 사용이라고 정의하기로 하자."[2]

"이리하여 모든 계제에서 말하는 사람과 듣는 사람의 서로서로의 교섭(교호 작용)이 예상된다."[3]

말이 말하는 사람 없이는 있을 수 없는 때문에 말의 요인으로서 말하는 사람을 드는 것을 누구나 곧 용인하겠으나, 그와 대등한 요인으로서의 듣는 사람은 무시되는 게 보통이었다. 생생한 극적 장면의 생동하는 사건으로서의 말에 있어서는 듣는 사람은 말하는 사람에 필적하는 본질적인 요인이다. 또 말의 요인으로서 듣는 사람을 인정하면서도 그 임무를 경히 여기는 폐단이 있기 쉽다. 이 일을 경계하여 가디너는 "다른 편에 있어서 듣는 사람의 맡은 일은 전혀 피동적이라는 추단(推斷)에 대하여 우리는 경계해야 한다. 말할 것도 없이 그는 발기하는 사람이라느니보다는 받아들이는 사람이다. 그러나 이해(理解) 활동은 상당한 정신상 노력을 요한다. 따라서 듣는 사람의 활동이라는 관점에서 보면 말하는 활동은 사회적임과 마찬가지로 개인적인 것이다. 듣는 사람이 맡아하는 일은 때로는 단순한 알아채려는 노력을 대단 초월한다. 질문이나 명령에서는 어떤 결정적인 반응 운동이 그에게 요망된다. 이 반응 운동은 말하는 사람 자신의 언어활동 밖에 있다는 것은 참말이다. 그러나 어느 의미로는 그것에 속해 있는 것이다. 그렇지 않

2 Ibid., p. 18.
3 Ibid., p. 21.

고서는 질문과 명령은 실행될 수 없는 때문이다."[4]

연극은 행동으로 되어 있다 함은 항용 말하는 소리다. 대화를 한 연극이라 한 말은 고쳐 말하면 대화를 어디까지든지 한 행동 그중에도 사회적 행동이라 함을 고조한 것이다. 그 사회적 행동은 그러나 눈에 뜨이게 개인적인 행동인 면을 가지고 있다. 더 분명하게 말한다면 그 일에 준비된 사회적 기초를 충분히 이용하면서 복잡하기 짝이 없는 사회적 관계에 얽혀들어, 그러면서도 그것을 한 개인의 기능에 집중시켜 행동하고 있다는 의미에서 사회적인 그러한 성질의 일이다.

또 한 가지 주의할 것은 이렇게 개인적인 면과 사회적인 면이 서로 대립한 채로 종합되어 이루어지는 회화는 매우 손쉽게 그리고 빈번하게 우리의 일상생활에서 일어나는 것이다. 너무 자주 일어나는 까닭에 손쉽게 되어 버리는지도 모르겠지만 한편 그것은 우리의 일상생활의 필요와 요구에 너무나 긴밀하게 연결되어 있는 때문이기도 하다. 말을 빼 버린 세상 — 그것은 얼마나 심심한 세상이랴. 또 말은 아마도 우리의 사회적 활동의 대부분을 빼앗아 가지 않고는 저 혼자만 없어질 수는 없을 것이다.

2 말이 좋은 점과 못한 점

가령 지금 사무실 창머리에서 내가 가서 선 순간 방 안에서 일 보는 여사무원을 돌아다보고 활기 띤 말씨로
"불이다!"

---

[4] Ibid., p. 65.

하고 소리쳤다면 이러한 사태에 대하여 우리 여사무원이 어쩔 것이라는 것은 대체로 어김없이 짐작할 수 있다. 그는 이 말을 일정한 정황 아래서 한순간 이해해 버린 것이다.

나는 이 말을 할 적에 어떤 예약된 구조를 가진 소리의 기호만을 이용하도록 냉혈동물일 수는 없다. 나의 목적은 맞은편에 지금 길 건너 집에서 일어나고 있는 긴급한 사태를 나의 동료에게 될 수 있는 대로 정확하고 신속하게 알리려는 것이다. 그뿐 아니다. 이러한 사태의 인식이 목적인 동시에 거기만 그치지 않고 나아가서 그 비상사태에 대처할 긴급 태세를 취하는 것까지를 나의 동료에게 바라고 있는 것이다.

이 이중의 통일된 목적을 달성하기 위하여 내가 채용할 수단은 무엇보다도 먼저 말이었다. 나는 이 말의 효과를 될 수 있는 대로 보장하기 위하여 내 손이 미치는 온갖 수단을 동원하여 응원을 받는다.

첫째 동원되는 것은 몸짓(Gesture)일 것이다. 소리로 말하는 말이 있기 전에 우리는 몸짓으로 우리의 감정과 의지와 의사를 서투른 대로 나타낸 것이 있다. 그것이 이른바 몸짓말(Gesture language)이다.[5] 몸짓은 그 뒤에 자연어(自然語)인 적에도 매우 많이 쓰였다. 그 뒤의 오늘의 전통어(傳統語)의 단계에 들어선 다음에도 몸짓은 꽤 중요하게 말을 도와주고 있는 것이다. 그런데 그 몸짓 가운데서 제일 많이 쓰이는 것은 아마도 손짓일 것이다. 손은 일찍이 입을 대신해서 말을 한 적이 있었다. 사실은 처음에는 입이 지금 손이 하는 일의 대부분을 맡아 한 적이 있다. 지금 짐승들이 하고 있는 게 바로 그것이다. 무엇을 들고 다니는 것, 붙잡는 것, 잡아당기

---

5   Cf. Henry Sweet, op. cit., 33.

는 것, 싸우는 데까지 입이 중요한 일을 했다. 그러다가 손이 이러한 일들을 가로맡아 하게 되었으며 입은 주장 먹는 일과 말만 하게 되었었다. 그리하여 입은 본래의 그 완강한 구조에서 점점 퇴화하고 고운 빛마저 잃어버려, 현대의 여성들은 루즈를 칠해서 입술가의 생기를 겨우 유지하게까지 되었다.

말을 입에게 맡긴 다음에도 손은 적지 아니 입을 도와왔다. 아마 지금 내가 "불이다!" 하고 소리 질렀을 적에도 내 손은 내 말을 돕기 위하여 밖을 가리켜 주었을 것이다.

다음에 내 얼굴의 놀란 표정(表情)이 말을 듣기 전부터도 무슨 비상한 사태가 발생했다는 눈치를 맞은편에서 알아차리도록 했을세 틀림없다. 눈이 둥그레졌을 것이고 얼굴빛은 좀 핼쑥해졌을 것이고 말이 끝난 순간에는 입이 좀 벌려진 채 다물지 않았을지도 모른다.

이런 것은 모두 말하는 소리 이외의 것에서 오는 응원이지만, 말소리 자체에도 여러 가지 변화가 있는 것이다. 놀라운 사건을 말할 적과 슬픈 사연을 하소연할 적과 기쁜 일을 토로할 적에는 첫째, 그는 어감(語感, Feeling)이 달라진다. 보고할 적과 명령할 적, 윗사람과 아랫사람을 대해서 말할 적에는 어조(語調, Tone)가 달라진다. 말하는 편의 목적을 따라, 우겨 댈 적과 범연할 적과 냉담할 적을 따라서는 어세(語勢)가 달라진다. 목소리의 이러한 모가 색채 농후하게 생동할 적에 그 말은 생기 있어 보인다. 한 나라 말도 마찬가지다.

불행히 우리는 유교(儒敎) 수백 년의 그릇된 교훈으로 해서 희노애락을 표정에 나타내는 것을 천하다 하여 금지당해 왔다. 그러니까 우리의 얼굴은 표정이 죽은 데스마스크에 가까워졌다. 몸짓 역시 마찬가지다. 또 목소리의 모든 능률도 될 수 있는 대로 눌러서 김빠진 말씨가 존중되었다. 우리말은 다시 감정과 색채가 풍부한 싱싱한 모습을 회복해야 할 것이다. 우리의 얼굴은 기쁠 적에는 활짝 피고 슬플 적에는 시드는 것이 확실해야 할 것이다. 표정은 감정의 자연스러운 생리적 표현이다. 표정을 누른다는 것은 감정을 누른다는 말이다. 감정이 눌리면 그만치 그 정신이 이즈러지는 것이다. 마음이 자유롭고 자연스럽게 기를 펴야 씩씩한 사람이 되는 것이다. 말과 표정과 마음을 바로잡는 것, 쪽쪽 뻗게 하는 것 ─ 예술(藝術)은 주로 그러한 일을 맡아 하는 것이다.

이렇게 활기 있는 극적(劇的) 계기가 풍부한 회화로서의 말, 즉 말하는 말에는 그러나 피하기 어려운 결함이 있다.

생생한 그 순간의 정황에서 순간적으로 튕겨지는 말이기 때문에 풀이할 수도 없으며, 되풀이한댔자 첫 번과 같은 생생한 효과는 제대로 나오지 못한다. 즉 말은 순간적인 서러운 운명을 가진 것이다. 그 순간이 지나면 똑같은 무게를 가지고 다시 돌아오기가 어렵다. 흘러가는 물, 사라지는 연기, 꺼지는 불꽃이기 쉽다. 사라지면 다시 붙잡아 오기가 어렵다.

따라서 말은 단 한 번뿐(一回的)인 것이다. 생각해 가면서 짓고 고칠 수 없이 한 번 있으면 그만, 다시 두 번 있을 수 없는 일을 저지르게 된다. 쏟아진 물이나 마찬가지다. 한번 입 밖에 나와 버리면 천생 도로 끌어들일 수 없는 것이다.

다음에 말은 말하는 그 현장에 그 효과가 국한되는 것이다. 그 현장에 참여하지 못한 사람에게는 딴전의 일이 된다. 이를 가리켜 말의 현장성이라고 해도 좋겠다.

그러나 오늘 와서는 문명의 이기를 이용해서 말의 순간성 1회성의 제한은 적지아니 구제되게 되었다. 물론 이 말이 있을 적의 정황을 엄밀하게 다시 나타낸다는 것은 있기 어려우나 녹음(錄音)에 의해서 또는 딕타폰(Dictaphone)에 의해서 말만은 보존하여 되풀이할 수가 있다. 발성영화로 박아서 몸짓까지라도 어느 정도 이미지로서 재현시킬 수 있다. 그러나 모두 편의상의 문제로서 연설 강연 같은 데는 잘 적용되어도 생생한 현실의 회화를 그 특수한 분위기마저 고스란히 되풀이하기란 거의 불가능할 것이다.

또 라디오, 텔레비전을 통해서 말은 어떤 특수한 부문에서는 그 현장성의 제한을 깨트리고 넘어갈 수 있다. 즉 강연·연설·현장 방송 같은 데서만 비교적 효과 있게 현장성의 테두리를 넘어서지만, 그 밖에 경우에는 현장에서 오는 말의 실감은 방송을 거쳐 들어오지는 못한다.

3 글이 생기기까지

오늘 와서는 (좁은 의미의) 말에 대하여 글은 말이 소리의 기호 조직인 데 반해서 그 소리의 조직을 눈으로 볼 수 있는 시각적(視覺的) 기호 조직으로 다시 옮겨 놓은 것으로 되어 있다. 글은 그러므로 말하는 말에 대하여 쓰인 말이라고 하는 것이다.

그러면 사람은 언제부터 어떻게 말하는 말 밖에 쓰인 말, 즉 글을 가지게 되었나. 그러면 글이 있기 위해서는 즉 말하는 말을 글로 옮기기 위해서는 우선 글자가 준비되어야 했다.

우리나라와 같이 한 완성에 가까운 조직된 글자와 그 철자법이 국가적 추진으로 정해져 펴진 것은 특별한 일이고, 인류의 한 옛날 조상들이 글자의 원형을 가지게 된 것은 결코 그리 뒷날 일은 아니었다.

미개인(未開人)들에게 있어서는 가령 어떤 동물의 그림은 그대로 그 동물을 의미하는 것이었다. 우리는 오직 그 그림을 보고 동물을 생각할 따름이다. 만약에 그 그림이 어떤 적의를 가진 흉악한 동물일 경우에는 그 그림을 보는 사람은 큰 재앙을 받는 것으로 생각하고 굉장히 겁을 집어먹는다. 눈에 보이는 기호로 된 말도 그러므로 이러한 태도로 미개인 사이에서 다루어지고 있었다. 호랑이나 하마를 그리는 것은 그런 흉한 동물의 이름을 부르는 거와 매한가지로 그들의 꺼림을 받았다.

그러나 미개인들은 그와는 정반대의 동기에서, 즉 자기가 싫어하는 적이나 동물과 친하기 위하여 그것을 그림으로 그리기도 하였다 한다. 가령 지혜를 나누어 가지기 위하여서는 뱀을, 그리고 용맹을 빌기 위해서는 표범을 그리기도 했다 한다. 이렇게 해서 그림으로 장식한 창이나 방패는 어떤 마술적인 힘을 받아 가지게 된다. 미개인들에게 있어서는 짐승의 이름이나 그림은 그대로 짐승의 일부분으로만 생각되었던 것이다. 그리하여 그들 사이에서는 상징적(象徵的)인 의미를 가진 '이미지'의 작용이 성하였다.

어떤 표징(標徵, Sign)은 이리해서 신비스러운 마력을 가지게 되어 부적 같은 것이 생겨난 것이다. 그런데 그 표징은 어떤 객관적인 물체를 그린 것이었다. 이렇게 어떤 물체를 그린 그림에서 차츰 마술적인 힘이 날아가 버리면 그다음에는 표징만 남을밖에 없이 된다. 가령 창끝에 표범을 그린 것은 맨 처음에는 그 창에 어떤 마술적인 힘을 붙여 주기 위한 것이겠으나 나중에는 다른 사람들이 같은 표징을 쓰지만 않는다면 표범 그림은 그 사람의 창이라는 것을 표시하는 소유권 등기(所有權登記)와 같은 효력을 낸다. 이리하여 처음에는 마술이 걸려 있는 모호한 상태에서 차츰 합리적인 부면이 점점 더 뚜렷이 떠올라 와서는 그게 마술적인 부면을 압도해 버리게 된다. 또는 무슨 마술적인 필요에서 길바닥에 던져 둔 나뭇가지가 어느새 길을 가르쳐 주는 기억하기 위한 표지가 되어 버린다. 이러한 소유를 표시하는 표지, 기억하기 위한 표지는 바로 글자의 시초로 보인다.[6]

글자에는 오랫동안 받은 마술적인 작용이 붙어 있었다. 나무 조각이나 짐승의 가죽에 이름을 적어 놓으면 그 이름 임자를 이편에서 마음대로 할 수가 있다고 생각하였다. 앞에서도 본 일이 있듯, 입으로 하는 말에만도 마술적 힘을 인정했을진대, 쓰인 글자에는 더욱 그렇다고 생각되었었다. 미개인들에게는 글자와 운명과는 통하였다. 켈트 여러 종족들과 게르만들에게 있어서는 글쓰기는 '신비한 일'로서 마술 부리기의 한 부문이었다. 나무때기에 판 글자들은 무당이 이용하는 일이었다.

따라서 이러한 시절에는 사람들은 엄밀하게 말한다면 말을 쓰는 게 아니라 어떤 생각(Idea)을 쓰는 것이었다.

그러니까 어떤 물체의 표징으로서는 그 물체의 그림이 많이 쓰여졌다. 상형문자(象形文字)야말로 그림에서 출발한 것임은 너무나 명백하다. 중국 고대의 한자의 시초가 그랬었고 고대 애급의 글자가 그랬었다.

이렇게 그림 그리기에서 출발한 글씨는 드디어 소리로 된 말을 귀 아닌 눈으로 보는 기호로 다시 번역하는 데 쓰여지게 되어 오늘의 글에까지 발전한 것이다.[7]

---

6   Vendryes, op. cit., pp. 316~318.
7   Cf. Gardiner, op. cit., p. 109.

4 글이 좋은 까닭

한 옛날 애굽 사람들은 벌써 파피루스라는 종이 비슷한 것을 만들어 거기다가 그들의 상형문자를 적었다고 한다. 그 뒤에 서양에서는 양의 가죽에 쓰는 버릇이 있었다. 유프라테스강 골짝에서 얻어 본 것처럼, 흙판에 써서 구워서 벽돌처럼 된 것도 있다. 동양에서는 대에 글을 쓰기도 하였고 돌에 쓴 다음 파기도 했다. 여하간 글자를 쓰게 되면서부터 사람들은 입으로 하는 말의 하잘 수 없는 순간적인 성격, 단 한 번뿐인 제약을 깨트렸다. 즉 우리는 말로 한다면 금방 사라지고 말 일도 글로 적어서는 오래오래 둘 수가 있다. 보존하기 쉽고 또 하도록 되어 있다는 점은 글의 좋은 점의 으뜸가는 조목이다.

따라서 그것은 말이 그 현장에서만 효과가 국한되는 데 대해서 글을 적어서 멀리 사방으로 전파할 수가 있다. 말하는 말도 오늘은 라디오를 통해서 전파될 수 있으나 그것도 방송되는 그 시간만 전파(電波)를 타는 것뿐이다. 이에 대해서 글은 그 본래의 보존성과 어울려서 두 겹 세 겹의 전파력을 발휘하는 것이다.

보존될 수 있다는 말은 즉 영속성(永續性)이 있다는 말과 마찬가지다. 계약을 하면 입으로 하는 구두계약이거나 글로 된 서면계약이거나 법률상의 효과는 마찬가지다. 그렇건마는 계약은 어째서 하필 글로 된 계약서가 행세하나. 말은 순간적이요 단 한 번뿐인 때문에 베어 먹기 쉬운 데다가, 기껏해야 말은 사람의 기억력에 의거해서 돌이켜 생각하는 것인데 그 기억은 세월이 갈수록 희미해지는 믿을 수 없는 것이다.

한 나라의 사신이 다른 나라 정부에 항의하거나 통고하거나 사신끼리 언약할 적에 경한 내용의 것은 입으로만 하는 구두 전달(Oral representation)로 하지만, 좀 더 중요한 것은 글로 쓴 각서(Memorandum)로 한다. 그러나 거기는 서명은 하지 않는다. 내용이 좀 더 심각해지면 이번에는 서명까지 한 통첩(Note)의 형식을 밟는 것이 관례가 되어 있다.

또 글은 소원과 희망을 따라 서서히 또는 두었다가 두고두고 읽을 수도 있다. 그것은 말처럼 그 당장에서 무슨 회답을 해 주기를 요구하는 것은 아니다. 최후통첩(Ultimatum)에도 적어도 24시간의 여유를 붙여서 회답을 독촉하는 게 보통이다.

다음에 글은 통일된 긴 서술(敍述)이 가능하다. 말로서도 꽤 긴 이야기나 진술이 아주 될 수 없는 것도 아니지만 글에서처럼 장황한 서술은 매우 어렵다.

따라서 세밀하고 정밀한 서술도 역시 글의 장점의 하나겠다.

이러한 정밀한 서술이 가능하다는 점은 글의 가장 중요한 장점으로서, 근세 과학의 발달은 그것을 기술하기 위한 또 할 수 있는 정밀한 글의 도움이 아니었던들 기대하기 어려울 정도였다.

외연(外延)과 내포(內包)를 분명히 하는 개념(槪念)의 구성, 그 명석성(明晳性, Clearness)과 판명성(判明性, Distinctness)의 확립은 글의 안정성(安定性)의 혜택으로 비로소 기약할 수 있는 것이다. 형식논리의 3단논법의 식(式)을 세우는 것도 대전제·소전제·결론의 전칭(全稱)·특칭(特稱) 관계에 이르기까지 글로 써서 분명히 고정시켜 놓지 않고서는 추리(推理)의 정확을 도모하기가 어렵다.

이것은 좀 특수한 예이지만 수학에 있어서 글에 의한 정의(定義)·공리(公理)·정리(定理)의 정립(定立)은 물론이고, 증명(證明)·운산(運算)에 이르기까지도 만약에 우리가 입으로 하는 말만을 가졌다면 과연 할 수 있었을까 없었을까가 의문이겠다.

정밀과 정확을 거의 그 생명으로 하는 근세 자연과학이 글에 빚진 바는 실로 크다. 많은 예를 주워 모아야 하는 귀납(歸納)·관찰(觀察) 결과의 기재·정리·보고·전달에 이르기까지 글이 아니고는 하기 어려운 모가 실로 많다. 오늘 글과 학문이 실로 떼려야 뗄 수 없는 긴밀한 관계에 있어서 글을 알고 모르는 것이 곧 유무식을 가려내는 표지가 되다시피 되어 있는 것도 그럴법한 일이다.

말에서는 얻기 어려운 보존성·전파성으로 해서 글은 시간과 공간의 제한을 넘어서 먼저 시대에서 다음 시대에, 이곳에서 저곳으로 문화를 보존하여 전승해 가며 옮겨 가지고도 다녔다. 개인의 의사를 보존, 전달하는 경우도 마찬가지였다. 글이라는 유효적절한 보존·전달 수단이 없었던들 문화의 발달은 오늘의 성황을 이루기 어려웠을 것은 쉽사리 알 수 있다.

또 글뿐 아니라 말에서도 물론 그랬지만 우리가 흐릿하던 생각을 정돈하여 테두리를 잡고 갈피를 캐는 데 있어서 말이 맡아 하는 몫이 매우 큰 것은 주목할 일이다. 정확히 말하면 우리는 말을 가지고 생각한다. 목소리에 내지 않고 하는 생각은 행동주의 심리학자(Behaviorists)가 말하듯 속에 숨은 우리의 모든 육체적 행동에 포함되어 있는 듯싶다.[8] 여하간에 이러한 숨은 행동은 맨 처음에는 지극히 단순한 것이었으나 말을 통해서 그것이 한층 더 갈리어 나가고 정돈되어 가는 것만은 사실이다. 말에는 우리들의 생각하는 행동이 반영되어 있고, 거꾸로 생각하는 행동은 말을 재료로 하는 것이다. 더 안정성이 있는 글에서는 생각을 발전시키고

---

[8] B. Watson, *Psychology from the Standpoint of a Behaviorist*, p. 295.

정리하기가 훨씬 더 좋다. 우리는 가끔 막연히 생각하고 있던 자기의 생각을 남하고 회화를 바꾸어 가는 동안에 저도 모르게 분명해지는 것을 깨닫는 적이 많다. 또 어느 정도 테두리가 잡힌 생각을 글로 써 가는 동안에 의외에도 더 분명해지고 뜻하지 아니한 발전을 하는 것을 발견할 적이 적지 않다. 말 더군다나 글은 우리의 생각하는 행동을 추진하는 데 유기적(有機的)인 관계가 있음을 깨달아야 할 일이다. 똑바로 생각하는 일을 길들여 가기 위해서는 똑바로 말하며 똑바로 글을 쓰는 버릇을 길러야 할 것으로, 실상은 이 둘은 떨어져 있는 게 아니라 하나라고 해야 옳을 것이다. 희랍의 성인 소크라테스가 진리를 탐구하는 가장 유력한 길로서 서로서로 제목에 대한 대화(對話)라는 방식을 채용하였으며 권한 것은 딴은 지혜로운 생각이었다. 그것이 변증법(辨證法, Dialectic)의 시초였다.

그러나 글에는 말에서 보는 그 생생한 현장성에서 오는 정황의 실감이 매우 희박한 것은 어찌할 수가 없다. 대개의 경우에는 그 정황이 문맥(文脈)을 통하여 어슴푸레하게나마 지시되어 있다. 특히 시(詩)와 같이 극히 압축된 암시적인 형태의 표현에서는 이 정황을 읽는 사람 자신이 추정해서 재건해야 되는 불편이 있다. 글에 분명히 나타나지 않은 것을 미루어 다시 테두리를 잡자고 하니까 결정적이 될 수 없다. 그러므로 시를 읽을 적에는 다른 것보다는 잘못 해석할 위험이 많이 따르는 것이다.

글은 그 본질에 있어서 말이라는 소리의 기호 조직을 눈으로 볼 수 있는 시각적 기호 조직으로 옮겨 놓은 것이므로, 따라서 거기도 가디너가 말한 세 요인, 뷜러가 말한 네 가지 요인이 그대로 있을밖에 없다. 그러면서도 말과는 다른 점은 이 네 요인 중에서

말하는 사람 즉 쓰는 사람이 유달리 자기 존재를 의식하게 되는
점이다. 그 대신 그는 목전에 듣는 사람 즉 읽는 사람을 마주 보
지 않기 때문에 읽는 사람의 존재를 아주 잊어버리거나 무시하
기 쉽다. 따라서 읽는 사람에게 대하여 깊은 책임감을 가지지 않
고, 글의 전달성이라는 주요한 사회적 기능을 돌보지 않는, 쓰는
사람만의 독선적인 자기도취에 빠지기 쉽다. 다다이즘의 시가
필경 쓴 사람 혼자의 붓장난에 그치고만 것 같은 것은 그 한 예라
하겠다.[9]

또 말에서는 한마디 한마디가 현장에서 격발되는 자극 또는
그 반응으로서 순간순간 일어나는 긴박한 것임에 대해서, 글은 서
서히 생각하며 지우며 바꾸어 놓으며 써 가므로 쓰이는 글이 유달
리 쓰는 사람의 손아귀에서 늦쳐진다. 그러므로 글로서는 말에서
보다 다듬고 깎고 기교를 부릴 기회가 훨씬 '수단을 위한 수단'이
클로즈업되기 한창이다. 기교주의(技巧主義)가 침노할 틈이 아니
라 대문이 여기 준비되어 있는 것이다. 글이 전달하려는 '의미'는
이 경우에 외부 장식 때문에 유실되고 만다. 우리의 큰 목적은 상
대편에 '무엇'인가를 말하려는 데 있을 터이다. 상대편도 잊어버
리고 말하려는 '무엇'도 행방불명이 되면 남는 것은 말하는 편의

[9] "학자의 너무나 유달리 책에 달라붙는 습관은 아마 이런 착각을 북돋는 데 많은 도움이 되어 왔을
것이다. 책에서는 말하는 사람과 듣는 사람과 사물은 십상 문제 밖이게 된다. 말들만이 인쇄된 종
이 위에 나타난다. 말들은 분명 내가 말들에 덧붙였으면 하는 세 가지 요인에는 언급하지 않은 채
그 의미를 걸머지고 간다. 그러나 차츰 언어 이론에 대한 저자들은, 실제의 회화야말로 언어 문제
에 대한 더 튼튼한 견해를 홀로 얻을 수 있는 원천이라는 점을 알게 되었다. 요즈막 논문들에서는
말하는 사람과 듣는 사람은 이리해서 저들에게 맞는 응분의 중요성을 적지 아니 회복하였다. 다
른 편에 있어서 사물은 거지반 완전히 무시되고 있다. 그래서 대부분의 인사들에게는 말의 의미
와 그 말에 의하여 의미되는 사물 사이에 구별을 지으려는 원칙은 비록 나쁜 이단(異端)이 아니
면 혁명적인 제의처럼 보이게 되었다."(Gardiner, op. cit., p. 29)

속없는 말치례뿐이 된다. 회화로서의 말에는 그런 일이 일어나기 어려우나 글에서는 그리될 경향이 매우 짙은 것이다.[10]

10 "쓰는 사람과 읽는 사람을 연결하는 공통된 물질적 정황(情況)이 없다는 일은 쓰는 사람(전에는 '말하는 사람'으로 하여금 회화를 할 적보다는 더 분명히 나타내야 할 필요를 느끼게 한다. 얘깃거리 자체와 그리고 글은 말로는 사라지기 쉬운 것에 어떤 종류의 지구성(持久性)을 붙여 준다는 것을 알고 있다는 점은 더 세련을 선택하도록 타일러 준다. 어조와 몸짓에서 오는 도움은 없어지고 구두점(句讀點)과 '이탤릭'으로 쓰는 방련된 표식이 대신된다. 이 몇 가지 상이점을 지목하는 것으로 충분할 것임에 틀림없다.
글은 한낱 말의 여별 가는 형식은 아니다. 글에서 갈려 나온 것의 하나는 예를 들면 점자(點字)가 그것이다. 거기서는 눈에 보이는 글자는 장님들이 쓰기 위해서 만질 수 있는 기호로 고친 것이다. 전신과 전화는 유다른 특징을 가지고 있다. 전신은 저만 가진 문체(Style)조차 가지고 있다. 축음기 판은 지금 마디마디 발음되는 말에 영속성을 붙여 준다. 우리는 장난삼아 또는 그 밖의 목적으로, 편지로 하는 통신 대신에 딕타폰 판에 의한 방식이 들어설 날을 가까운 장래에 기대해 무방할 것인가. 읽고 쓰는 버릇은 터무니없이 시끄러운 세상에 침묵에 반갑게 접근할 길을 열었다. 이 선물은 마디마디 발음하는 말을 재생시키는 수많은 기계적 고안을 통해서 점점 더 줄어들 것 같다는 불행한 증후가 있어 보인다."(Ibid, pp. 109~110)

III __ 의미(意味)

1 의의학(意義學)의 일

　말 또는 글은 전달(傳達)의 도구요 수단이라고 하였다. 그러므로 그것은 '무엇'인가를 전달하는 것이다. 그 '무엇'을 가리켜 우리들은 막연히 의미라는 말을 써 왔다. 어떤 말이 무엇을 의미하나, 하고 물을 적에 우리는 스스로 말을 그것이 의미하는 무엇을 전달하는 수단이라고 생각하고 하는 말이다.

　말이 의미(또는 내용, 함축이라고 하는 것)를 가지기 위해서는 그것은 가진 약속을 지켜야 한다.

　그 하나는 소리의 체계로서의 약속, 즉 성음학(聲音學)상의 약속과 문법(文法)상의 약속이다. 이 두 방면은 각각 역사적·사회적 전통을 그 뒤에 끌고 있는 것이다. 기호 조직으로서의 소리의 체계를 해석하는 무언의 역사적·사회적 약속이 그것이 통용되는 테두리(항용 그 테두리를 정하는 것은 민족이다.) 안에서는 말할 적에 지켜져야 듣는 편에서도 그 의미를 이해하게 될 것이다.

　또 하나는 말이 충실하게 '무엇'이라는 말로써 대표되는 사실의 무리를 반영해야 한다는 일이다. 우중에도 사실의 무리에 얽혀 있는 논리적(論理的) 관계가 정확하고 충실하게 반영되어야 그 말은 의미가 있어 온다.

　말의 의미를 분석하며 그 내력을 더듬어 찾아내는 즉 의미를 연구하는 언어학(言語學)의 한 부분이 의의학(意義學, Semasiology 또는 Semantics)이다.

　이 방면에 있어서 두 갈래의 부문이 갈려 발전하였다. 하나는 오그던(Ogden)과 리처즈(I. A. Richards), 그리고 폴랑(Paulhan) 등의 말의 기능(機能, Function) 분석, 및 그 정적(情的)·지적(知的) 작용의 해명으로 나갔다. 또 하나는 비트겐슈타인(Wittgenstein), 슐리크(Schlick) 등 이른바 '비엔나 학단(學團)(The Vienna Circle)'에서 시작되어서 오늘의 카르나프(Carnap), 모리스(Morris) 등 '시카고 그룹(The Chicago Group)'에 계승되어 있으며 영국에서는 러셀(B. Russell), 에이어(A. J. Ayer) 등이 하고 있는 주로 말의 논리적 구조(論理的 構造, Logical Syntax)의 분석으로 나가고 있다. 앞의 것은 자연 말 가운데서도 그 정의적 함축이 가장 압축되어 있는 시(詩)의 성질을 밝히는 데 크게 도움이 되었고, 뒤의 것은 자연 과학론(科學論)으로 전개될밖에 없었다.

　의의학을 전공한 학자는 이 밖에도 많은 이름을 들 수 있겠고, 거기다가 철학·심리학·언어학의 다른 부문으로부터 이 의미의 연구에 까지 발을 들여놓은 사람도 상당한 수에 도달한다. 바이힝거(Veihinger), 미드(Mead), 피어스(Pierce), 화이트헤드(Whitehead), 러셀의 공저자(共著者) 후설((Husserl), 카시러(Cassirer), 코타르빈스키(Kotarbinski), 커닝엄(Cunningham), 마르티(Marty), 가디너(Gardiner), 모트너(Mauthner), 예스페르센(Jespersen), 사피어(Sapir), 프로이트(Freud), 융(Jung), 뷜러(Bühler), 셸러(Sheler), 만하임(Mannheim), 타르스키(Tarski), 바이스만(Weismann) 등등······.

시카고 대학의 모리스(Charles W. Morris) 교수는 조직적인 '기호(記號)의 과학'으로서 Semasiology, Semantics 대신에 Semiotic이라는 말을 제안하고 있다.

2 의미의 분석(分析)

말은 의미를 전달하는 기호 조직이라고 하였다. 이러한 기호로서의 말은 세 가지 모양의 관계를 가지고 있다고 하겠다.
① 객관적 대상, 또는 간단히 객체(客體, objects)라고 부르는 것에 대한 관계
② 사람끼리에 대한 관계
③ 기호끼리 가지는 관계

가령 '집'이라는 말을 두고 생각하면 첫째 그 말은 어떤 물리적인 객체와 연관되어 있어서 경우에 따라서는 그 객체와 바꾸어 놓을 수 있는 것이다. 또 실제로 말 속에 쓰여질 적에는 일정한 방식으로 심리적·생물적(生物的) 및 사회적 성질의 반응을 일으킨다. 그리고 또 그 말이 한 부분으로서 참여하고 있는 다른 기호들과의 사이에 일정한 관계를 가지는 것이다.

자연과학 또는 재래의 경험론자들은 첫째 것을 주장 다루는 것이요, 프래그마티스트·심리학자·생물학자·사회학자들은 둘째 계열의 관계를 든 것이고, 언어학자·수학자·논리학자는 세째 관계만을 눈박아 보는 것이다.

말하는 사람은 자기의 말에서 객체들을 듣는 사람이 그 말을 듣고서 기대하기를 원하는 것이다. 그는 그 말이 듣는 사람에게

어떠한 생리적·심리적 반응을 일으킬 것을 예기해야 한다. 그러한 효과를 가져오기 위해서는 일정한 예비된 일반적인 말버릇의 약속 안에서 다른 말과 관련시켜서만 그 말을 쓰는 것이다. 모리스는 이것을 아래와 같은 약호(略號)로써 표시했다.

ME(=existential meaning)
MP(=pragmatic meaning)
MF(=formal meaning)

그 결과 아래와 같은 식이 나오게 된다.

M (=Meaning, 의미)=$M_E + M_P + M_F$

그러나 여기서 주의할 것은 의미의 이 세 면은 서로서로 얽혀 있는 것으로, 따라서 의미연관(meaning-situation)은 한 유기적인 전체를 이루게 되는 것이다. 우리가 의미를 해석할 적에는 필요와 취미를 따라서는 이 세 개의 면의 그 어느 하나에 중점을 두고 그 모로부터 따져 갈 수 있는 것이다. 그러나 가장 중요한 일은 그 말이 던져진 그 현장의 정황이 요구하는 조건에 맞는 가장 정확한 해석을 하도록 해야 할 것이다.[1]

오그덴과 리처즈가 객관세계에 대한 의미 연관에 대하여 보인 그림을 우리는 참고하기로 한다.[2]

---

[1] CL Charles. W. Morris, *Logical Positivism, Pragmatism and Scientific Empiricism*, pp. 25~26, 65.
[2] C. K. Ogden & I. A. Richards, *The Meaning of Meaning*, p. 14.

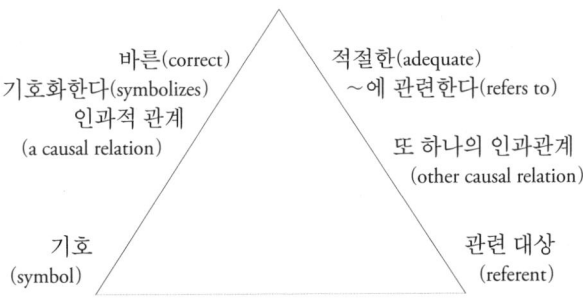

객관세계가 우리의 의식(意識)에 반영되어 혹은 모사(模寫)되어 기호로서의 말에 연결되는 관계는 지금 본 의미3각형에서처럼 인과관계(因果關係)로 맺어져 있다. 객관세계가 우리의 의식, 여기서는 생각 또는 객관세계에 대한 연관(聯關)으로서 비칠 적에는 그것은 어떤 임의로 또는 제멋대로 꾸미는 관계가 아니라 인과적인 필연적 관계다. 그것이 다시 말로써 기호화될 적에는 엄밀한 의미에서, 그 말이야 어느 나라 말이든 어떤 말이든 가장 충실하게 어김없이 그 관련을 제 조직에 반영시켜야 할 것이다. 3각형의 두 변으로써 나타나는 두 갈래의 관계의 어느 구석에서고 조금이라도 빈틈이 있기만 하면 결과에 가서는 그 기호는 객관세계를 충실하게 바로 알린다고 할 수는 없이 된다. 즉 우리는 그 기호를 사실의 반영으로 신용할 수 없이 된다.

관념론자·유심론자들은 이 3각형의 오른편 반분을 잊어버리는 것이다. 즉 말과 연관 사물 즉 객관세계와 연관을 끊어 버리고 말은 생각만을 대표한다고만 주장하려 든다. 생각을 객관세계에 바꾸어 놓고 그것에 대신될 만한 무게를 생각에 붙여 준다. 그러니까 객관세계라는 생각은 그들에게서는 자취를 감추고 주관(主觀)의 의식의 세계만이 확대되어 전면에 떠오른다.

그러나 말은 기실은 객관세계 그것에 대하여 마주 서 있는 것으로 우리의 주관 또는 의식은 생활의 주체라는 입장에서 자못 긴장한 가운데서 객관세계와 관련하는 것이며, 말은 그 관련의 한 방식으로서 그것을 정착시키고 분간하여 지배하기 위한 연장이었다. 그러므로 주관의 의식은 무대의 뒤에 서 있는 것으로 말이 주관과 의식만을 반영하는 것이라면 말은 허황한 허수아비가 되어 버리고 말 것이다. 적어도 말의 주요한 임무, 또 일의 대부분은 객관세계와 생활의 주체로서의 사람과의 연관, 특히 그 지배와 통어를 위한 일이었다. 물론 말에는 객관세계에까지 이르지 않은, 주관적인 의식의 내부에서 일어나는 일만을 표현하는 경우가 있다. 그러나 그 경우에도 그 대부분은 객관세계의 어느 모하고든지 관련이 있는 주관적 판단이요, 의견이요, 요구인 것이다. 또 어떤 정적(情的)인 반응을 일으킴으로써 완결되는 것을 목적으로 하는 표현에 있어서는 객관세계 그것이 아니라 그 가상(假想, Fiction)이 정의적 반응을 촉발하는 계기로서 이용되는 경우도 물론 있기는 하다. 그러나 앞에서도 강조하듯, 말의 의미의 주요한 몫은 객관세계를 지시하며 반영하며 대표하며 대응하는 일에 있다. 두 개의 인과관계를 거쳐서 맺어진 관계이므로 그러한 긴밀한 관계에서 대응하는 것이다.

그러나 객관세계가 의식을 통과하여 말에 자기를 반영시키고 말기까지, 즉 그 통과하는 중간에서 객관세계 자체 이외의 것을 붙여 가지게 된다. 이 말은 결코 의식을 통과할 적에 어떤 굴절(屈折) 작용을 겪는다든지 거기서 다시 구성(構成)된다든지 가공(加工)된다는 의미가 아니다. 그러한 칸트류의 구성론은 우리 의식에 있어서의 객관세계의 충실한 반영을 부인하는 것으로 과학의 확실성에 동요를 가져오는 것이 된다. 물론 객관세계를 빈틈없이 반영할 수 없음은 피할 수 없는 일이며, 우리의 감각을 통하여 다음에는 과학과 기술의 힘으로 그것을 확장하여 가면서 그 범위 안에서 객관세계의 토막토막을 반영하고 있을 뿐이다. 과학의 힘으로 반영하는 영역을 점점 더 늘리면서 보다 더 내용이 충실한 객관세계의 인식으로 높아 가는 것이다.

그러면 객관세계에 대한 연관은 의식을 통과할 적에 충실하게 두 번 다시 말에 반영될 것이나, 그적에 그 객관세계가 도중에서 덤 붙여 가지고 가는 것은 무엇인가. 그것은 다름 아닌 생활의 주체로서의 주관이 생동하는 정황에 영향되어, 말의 재료로서 등장하는 객관세계의 그 토막에 대한 말하는 사람의 느낌, 듣는 사람에게 대한 태도, 이런 것들마저 말에 붙어 들어가는 것이다. 또 주관적으로 일부러 객관세계의 반영을 비뚜로 하거나 모양을 고쳐 버리는 경우가 있으며 그것을 말에 반영시키는 수도 있다. 그 경우에는 객관성을 띤 반영이 될 수 없고 예외적인 주관적 환상이 되어 버릴 것이다. 그것은 그 한 사람의 환상을 묘사하였다뿐, 아무런 보편성도 객관성도 가질 수 없을 것은 물론이다.

그러면 기호 조직으로서의 말에 반영되는 의미에는 어떠한 것이 투자되어 있나. 따라서 우리가 보다 더 충실하게 말을 받아서 해석할 적에 거기서 파악하는 의미는 어떠한 면을 가지고 있나.

① 객관세계와의 연관이 기호화한 면, 즉 객관세계가 그대로

반영된 부면이다. 물론 단편적인 경우가 많다.

② 듣는 사람에게 대한 태도가 나타난다. 경의라든지, 호의라든지, 범연하다든지 할 적 모양으로 듣는 편에 대해서 가지는 태도도 가지가지다. 보통 그것은 어조(語調, Tone)에 나타난다.

③ 연관되는 객체에 대한 태도가 나타난다. 주제로 등장한 객체를 강조할 적도 있고 두 겹·세 겹 보강할 적도 있다. 그런 것이 의미에 덤 붙는다.

④ 목적한 효과를 추진하는 말하는 편의 의도(Intention)가 나타난다.

⑤ 의미의 연관을 지탱하는 데 있어서 안이감(安易感)을 가질 적과 그와 반대로 곤란성(困難性)을 띨 적이 있다.

말이 전하는 의미는 이렇게 결코 사람들이 흔히 생각하듯 한 갈래인 것도 아니요 그처럼 단순한 것도 아니다. 쓰는 편에서 그 중의 어느 한 모를 특별히 목적으로 하고 쓸 경우를 제하고는 보통 때에 하고 쓰는 말과 글에는 위에서 본 것과 같은 여러 모가 실상은 한데 얽혀서 한 전체적인 의미를 나타내는 것이다.[3] 이러한 의미를 나타내기 위해서는 말할 적에는 여러 가지 미리부터 있던

---

3   Ibid., pp. 357~360.
리처즈는 *Practical Criticism*, Pt. Ⅲ. ch. 1.에서 의미를 1. 뜻(Sense), 2. 감정(Feeling), 3. 어조(Tone), 4. 의도(Intention) 의 넷만 들어서 연관 사물을 지시하는 안이감과 곤란성은 2의 감정 속에 포함시켜 버렸다.
또 *Coleridge on Imagination*, p. 88에서는 의미의 가장 유용한 부분으로서 1. 말을 구성하는 낱말의 무리(Words)로서 의식하는 것. 종이 위에 인쇄된 글자, 발성기관의 운동, 그것과 연닿은 소리 등 감각에 떠오르는 모. 2. 뜻(Sense). 낱말을 의식하면서 떠오르는 사물 또는 어떤 사태에 대한 생각(Thought). 3. 감정(Feeling). 사물과 사태, 또는 그런 의미로서의 생각에 대한 반향 또는 정적(情的) 실천적 태도. 4. 어조(Tone). 읽는 편이 쓴 편에 대한 또는 쓴 편이 읽는 편에 대한 태도. 구절마다에 나타나 있는 것.

모든 보조수단, 예를 들면 몸짓과, 또 목소리의 조절 작용 등 가지가지 수단을 다 이용하게 되는 것이다. 위에서 말한 다섯 가지 주요한 기능을 발휘하기 위해서는 결국 기호 조직의 구조에 여러 가지 변화를 가하게 되는 것이다.

3 낱말(單語)의 뜻

낱말 하나하나가 가지고 있는 가치는 무엇일까. 그것은 그 말에 고정한 뜻을 가지고 있는 것일까. 있다고 하는 것이 상식이다. 그러므로 가령 우리말 가운데 나오는 한자어 같은 것도 그 한마디 한마디에 고정된 뜻이 있는 거라고 여기는 때문에 그 말을 국문보다도 한자로 적어서, 눈에 띄기 바쁘게 곧 뜻을 알게 하자는 주장이 생긴다.

그런 게 아니라 개개의 낱말은 고정된 의미를 가지고 있는 것이 아니고, 여러 가지 의미의 가능성을 품고 있는 것으로 그 한마디만 가지고는 도무지 무어라 말할 수 없는 허망한 것이다. 그것은 어떤 문맥(文脈) 속에 들어 끼일 적에 비로소 움직이기 시작하는 것이다. 즉 그 문맥 속에서 전후에 있는 낱말들과 연락이 붙어서는 마치 피가 통하고 신경이 통하여 생활하는 유기체(有機體)처럼, 글이 한 전체적인 기능을 발휘하는 데 한몫 참여하는 것이다. 우리가 사전(辭典)을 이용할 적에도 거기 열거된 낱말의 뜻은 그 말의 여러 가지 가능성을 보인 것으로, 그 어느 하나가 우리에게 필요해 올 적에 우리는 그것을 집어다 쓰는 것이지, 그 말에 무슨 고정불변한 뜻이 하나씩 붙어 있는 것은 아니다. 가령 '집'이라는 말을 생각해 보라.

"세상에 좋은 곳은 내 집밖에 없다."
"아가, 너 큰집에 댕겨온."
"그 사람 요즈음 큰집 출입이 잦드군."
"몇 간짜리 집인가?"

이 네 구절(Sentence)에서 집이라는 한마디는 가정, 큰댁(형제간의 집을 구별하는), 감옥, 구체적인 집 등 각각 다른 뜻으로 쓰이고 있는 것이다. 이렇게 낱말만으로는 아무 일도 치르지 못하는 것으로 문맥 속에 뛰어들어 비로소 그것은 생동하게 되는 것이다.

그러면 이 가능성이라고 하는 것은 어디서 생기는 것일까.

"모든 낱말은 과거로부터 받은 유산이다. 그래서 서로서로 다소간을 막론하고 다른 수없는 특수한 사태에 적용했던 실적에서 그 뜻을 갈라내 가지게 된 것이다. 내가 지금 그러한 한마디를 입 밖에 낼 적에, 나는 듣는 편 머리에 이 모든 선례의 남은 자취를 통틀어 던지는 것이다. 사실 그 밖에 또 도리가 어찌 있을까 보냐. 낱말이 대부분은 즉석에 발음되는데, 그렇게 몹시 짧은 동안에 그 수많은 뜻 가운데서 현재의 장면에 잘 맞을 그 뜻을 어떻게 집어낼 수가 있을까. 낱말 하나를 입 밖에 내보낼 적에 말하는 사람은 듣는 사람에게 어쩔 수 없이 그 말의 뜻의 전 범위를 제공하는 것이다. 그 한마디에 관한 한에서는 그는 달리 딴 도리가 없는 것이다. 그는 그가 그 말의 뜻 어떤 부분을 예기한다는 것을 보여 주는 다른 낱말들을 덧붙일 수는 있으며, 사실 그러는 것이다."[4] 그러므로 낱말은 한 단서(端緒)에 지나지 않는다. 낱말 그 자체로서는 뜻이 분명치 않아도 듣는 편의 주의 깊고 기민한 순간적 활동으로

---

[4] Gardiner, op. cit., p. 35.

어느 것이라는 것이 그때그때 파악되는 것이다.5 우리는 어릴 적부터 수없는 실천을 통해서 말을 하고 또 들어 아는 법을 배워 온 것이다. 말하는 편이나 듣는 편이나 마찬가지로 말할 적에는 무수한 낱말의 뜻의 가능성에서 당면한 문맥에 알맞는 것만을 가려내고 다른 것은 쓸어 버리면서 쓰며 또 읽어 아는 것이다. 오래인 버릇의 결과 대개는 자동적으로 일순간 그 일을 해제시키는 것이다.

물론 말하는 편이나 듣는 편에서 던지고 받는 것은 어떤 소리의 토막토막뿐이다. 소리의 토막토막만으로서는 아무것도 아닐 터이다. 그 소리가 어떤 뜻을 걸머진 기호로서 쓰이고 있기 때문에, 양편에서 다 소리와 동시에 뜻을 주고받는 것이다. 베게너(Wegener)가 회화의 이 기계적 활동을 매우 강조한 것도 그럴 법한 일이다.

그리하여 낱말 하나하나를 떼어 놓아서 내세울 적에는 그것은 어리둥절할 밖에 없다. 어떤 말이나 글 속에 들어서서 임무를 똑바로 정해 주었을 적에 비로소 능률을 발휘하는 것이다.6

물론 수학이라든지 이미 일의적(一義的)으로 그 술어들의 정의(定義)가 어느 기간까지는 고정이 되어 버린 기술어(Technical language)에서는 그 술어의 하나하나의 뜻이 고정되어 딴 길로 흐를 염려가 비교적 적을 수도 있다. 그러나 보통 글이나 말에서는 그런 일은 있기 어렵다. 낱말은 기실은 넓은 뜻의 폭을 가지고 있어서, 그러한 변통성이 없다면 우리의 말의 능률은 매우 제한을

5　Ibid, pp. 50, 80.
6　I. A. Richards, *The Philosophy of Rhetoric*, p. 9.
　　"일상생활에서 쓰는 말에서는 같은 한마디 말이 두 가지 다른 방식으로 의미를 가지는 일이 매우 많다. …… 그러므로 두 다른 기호에 속하는 것이다. …… 또는 서로 다른 방식으로 뜻을 가지는 두 개의 낱말이 명제(命題) 속에 분명 똑같게 적용되는 일이 매우 많다."(Wittgenstein, *Tratus Logi-co-Philosophicus*, 2, 323)

받게 될 것이다. 헤아릴 수 없는 음영을 가진 함축 있는 표현은 기대하기가 어렵게 된다.

그러면 낱말의 뜻은 하나하나 굳이 정해 놓으면 그만이 아닐까 하는 의견도 있겠으나, 물론 그런 계획은 과학이나 수학에서는 현재도 하고 있는 일이다. 그러나 과학은 사실의 인식과 그 지배라는 인간 활동의 한 부문(물론 가장 중요한 부문이기는 하나)일 따름이요 그 이외의 부문이 널리 참가해서 인간 생활의 전체를 이루는 것이다. 그러므로 이러한 전체적인 인간 생활에 상응하는 말은 그만치 진폭이 넓을밖에 없다. 그러나 그뿐이랴. 역사적 사실로서 자라나는 전통적인 말에 무리한 삭감과 제한을 억지로 붙이기란 어려운 일이며 또 할 필요도 없다. 물론 정돈과 육성은 필요하나 한 사회의 언어생활 위에 폭군처럼 임할 구실은 서지 않는다. 차라리 우리는 이러한 의미의 변동과 말의 기능을 면밀하게 분석하여 그 실상을 파악함으로써 말의 비밀을 될 수만 있으면 그것을 잘 가려 쓰고 해석해서 표현의 혼란과 오해를 피하도록 할 일이다.[7]

4 구절(句節)

가디너는 일찍이 언어(Language)와 회화(Speech)를 갈라서 다루었다. 소쉬르의 langue와 parole의 구별에 대응하는 것이라고 하겠다.

언어라고 하는 것은 그는 말하기를 일상 사람과 사람 사이에서 교환되는 실제의 회화의 배후에 있는 것, 구절구절의 배후에 있는 것이라 하였다. 그것은 낱낱의 낱말을 부려서 말이라는 기호

---

[7] I. A. Richards, op. cit., pp. 72~73.

조직을 활용할 수 있는 모든 지식의 총화를 이름이라고 하였다.[8]

물론 그 지식은 어제오늘 갑자기 된 것이 아니고 개인으로서는 어릴 적부터 배운 버릇이다. 언어는 말하자면 유산의 총액인데, 회화는 그것을 투자하여 활용하는 게 된다. 그러나 그 언어는 어떠한 '아프리오리'한 것으로 된 하늘의 선물도 아무것도 아니요, 실로 수없는 회화의 무수한 예에서 나온 결과인 것이다.[9]

우리가 자라 가고 배워 감을 따라 우리의 어휘(語彙)는 그 범위가 점점 더 넓어지고 한마디 한마디의 뜻도 그 쓰이는 폭이 늘어나는 것이다. 그리하여 우리의 언어의 수원지(水源池)를 더 풍부하게 장만하도록 만든다.

그리하여 언어의 가장 중요한 구성 요소는 낱낱의 낱말(Words)이다. 물론 언어의 구성 요소 가운데는 낱말 이외의 다른 것도 있다. 그 낱낱의 낱말을 연결하는 규칙도 그 요소의 하나려니와, 그 말들을 발음할 적에 올렸다 낮추었다 하는 어조의 가지가지 변화도 그 구성 요소의 하나일 터이다. 언어라고 하는 것은 말하자면 정태(靜態)에서 본 한 언어의 총량이라고도 할 것으로 그러한 정태적 언어의 정태적 구성 요소가 낱말이 된다. 군대의 예비역(豫備役)과 같은 것으로, 불려 나가면 병정으로서 한몫 일하게 되는 것이다.

그런데 그러한 개개의 낱말들이 불리어서 실제의 회화에 쓰이게 될 적에는 그 분대나 소대, 중대 등등의 한 성원이지, 제 자신의 독립한 존재라고 하는 것은 없어진다. 마찬가지로 낱말이 회화에 들어올 적에는 벌써 그 단위가 될 수 없다. 언어에서는 한가지

---

8 Cf. Gardiner, op. cit., p. 88.
9 Cf. Ibid., p. 112.

의미도 형태가 잡힌 적이 없다. 그야말로 무수한 가능성이 거기서 잠자는 곳이다. 따라서 한가지도 이것만이라고 내세울 뜻이라고는 정해진 것이 없다. 쓸 수 있는 만단 준비만 되어 있는 것이다.

회화로서의 말은 그러한 재료의 교환이 아니라 어떤 통일된 의미의 교환을 하는 행동이다. 그러므로 그 단위가 되는 것도 큰 우주(宇宙) 속의 작은 우주라는 의미에서, 규모가 작은 통일된 의미를 갖춘 것이라야 할 것이다. 어떤 구체적인 정황에 있어서 최소한도의 통일된 의미를 가진 것이라야 할 것이다. 회화나 글에서는 특히 글에서는 적어도 '피리어드'와 '피리어드' 사이의 토막인 구절(Sentence)이다.

그것은 적어도 한 개의 주어(主語, Subject)와 그것에 대한 술어(述語, Predicate)를 갖춘 문법상의 구절을 반드시 의미하는 것은 아니다. 비록 한마디 말뿐이라도 그 정황에서 최소한도의 의미만 나타낸다면 의의학상으로는 충분히 구절이라고 할 수 있을 것이다. 가디너는 구절을 이렇게 정의했다.

"구절(센텐스)은 휴식(Pause)이 뒤따르는, 한가지 분간해 낼 수 있는 목적을 보이는 한 마디의 말(Word) 또는 여러 마디 말의 한패(a set of words)다."[10]

디오니셔스(Dionysius)의 유명한 정의를 빌리면

---

[10] Ibid., p. 88.
가디너는 구절(Sentence)의 중요한 네 형(型)으로 1. 진술(Statements) 2. 감탄(Exclamations) 3. 질문(Questions) 4. 요청(Requests)을 들었다.

"구절은 제 스스로 충족한 의미를 보이는 낱말들의 결합이다."

그런데 여기서 보듯 구절은 옛적부터도 문법이라는 모에서 바라보는 버릇이 있어 왔다. 낱말들의 결합이라는 말에는 은연중 주어(主語)와 술어(述語)의 결합을 말하는 것임에 틀림없다. 문법상으로는 인도·유로피안 어족에 속하는 말에서는 특히 명령형(命令形) 같은 데서 '구절＝주사＋술어'의 정식을 깨트린 예외를 구성한다.

Go away!(가거라!)

에는 주사가 따로 없다. 문법학자들은,

You must go away!

와 같이 You must 를 보충해서 설명하려 든다.

Fire!(불이야!)

는 그 앞에 It is를 보충해야 완전한 구절이 되는, 그런 구절의 한 생략(省略)이라고 설명하는 것이 보통 문법학자들이 하는 일이다.

그러나 그때그때의 정황을 따라서는 한마디만으로도 넉넉히 의미의 완결된 한 단위가 될 수 있으며, 따라서 그것을 생략이 아니라 충분한 자격을 가진 구절로 대우해야 한다. 가디너가 구절을 정의하면서 특히 "한마디의 말 또는 여러 마디 말의 한패"라고 하여 "한마디의 말"을 끼워 넣은 데는 그런 용의가 있었던 것이다.

영어 같은 말의 소양을 쌓은 사람들이, 우리말에서도 영어와 같이 주어(主語)라는 관념에 항용 너무 붙잡히기 쉬운 것은 흔히 볼 수 있는 일이다. 한 구절을 생동하게 만드는 것은 어떤 형식은 아니다. 그때그때의 현실적인 정황이 거기 던져지는 한마디 낱말도 통일된 의미의 단위가 되게 하는 것이다. 회화에서 한마디 한

마디를 발음할 적에 기실은 그 순간에 그것에 숨을 불어넣는 게 된다. 낱말은 구절 속으로 녹아 들어가며, 언어는 회화로 되어 숨쉬며 움직이는 셈이다. 그리하여

"화화(Speech)는 추상적인 명사다. 그러나 구체적으로 쓰일 수 있으며, 듣는 사람의 입장과 마찬가지 입장에서 볼 적에, 말하는 사람의 분절(分節)이 맞는 발음의 소산에 적용될 수 있다. 이러한 의미의 회화의 특징은, 첫째 어떤 특수한 경우와 듣는 사물에 연관된다는 일이다. 다음에는 말하는 편의 의지(意志)에 달려 있어서, 그의 분절이 나누인 발언이 쓰이는 말 기호(the word sign)를 현실 속에 쫘 넣어서 다른 적에는 그것에 없는 생기를 말들에게 부여하는 것이다."[11]

5 문맥(文脈)

한마디의 낱말은 저 혼자 있을 적에는 아무것도 아니었다. 불리어서 어느 구절(Sentence)에 등용될 적에만 한몫 본다. 게다가 낱말이라고 하는 것은 자못 융통성이 있는, 뜻의 폭을 가지고 있는 것으로서 구절 속에 나타날 적에는 그중에서 어느 부분만이 활용되는 것이다. 그러면 구절 속에 나타나는 낱말의 뜻이 그 넓은 폭 중에서 다른 것이 아니고 바로 그 부분이라고 결정되는 것은 무엇의 힘에 의해선가. 그것은 다름 아닌 구절 그 자체의 전후 관계겠다. 전후 맥락이라고 해도 좋을 것이다. 어찌 보면 이 전후 맥락 관계라는 조명(照明)이 그 정황에 가장 잘 맞는 부분(낱말의 뜻의)에

---

[11] Ibid., p. 97.

비침으로써 그 부분만이 눈앞에 떠오르는 것이라고도 하겠다. 같은 말이라 할지라도 다음 순간에 장면이 바뀌면 조명을 받고 떠오르는 부분이 달라질 것이다. 그러므로 낱말의 뜻은 함수적(函數的)인 것이라고 하겠다.

한 개의 영상(映像)이 여러 개의 비슷비슷한 사물을 모사(模寫)한다는 의미에서 대표하기도 한다. 그러나 그것은 극히 비슷비슷하다는 제한 아래서 매우 국한된 것이다. 그러나 낱말이 대표하는 뜻의 폭은 그보다도 훨씬 더 넓은 것이다. 그 한마디가 대표하는 사물이 그렇게 단일하지 않은 데다가 그 말이 그때그때 가질 수 있는 감정적 영향의 변화란 또한 막측한 것이다.

"낱말은 수많은 다른 영향력이 교차되고 결합되는 일점이다. 산문(散文) 토론에 나타나는 위험성 조심성 없는 시(詩)의 독자를 위한 음모가 거기 유래하는 것이다. 그러나 그와 동시에 대가의 손에서 노는 말의 유다른 반 마술적인 농락이 거기 유래하는 것이다. 낱말들의 일정한 연결은 더러는 그 내용을 통해서, 그리고 바로 그 다의성(多義性)에 의하여 만들어 내는 정적(情的) 영향력의 배치를 통해서, 다른 것으로서는 추진할 수도 결행할 수도 없는 지배력을 우리 마음에 발동하는 것이다."[12] 그리하여 한마디의 낱말이 가질 수 있는 변통성은 꽤 넓은 것이다. 그 막연한 변통성도 한번 구절 속에 그 말이 나타나기만 하면 매우 제한이 된다. 구절보다 더 긴 문장 속에 끼이면 그 전후 문맥(文脈) 관계로 해서 한 낱말의 뜻은 더욱 규정이 된다. 그러므로 한 낱말이 품고 있는 결정되어 있지 않은 가능성의 폭과, 그 말이 통용되는 특수한 경우와

---

12 I. A. Richards, *Practical Criticism*, p. 364.

의 사이에 성립되는 타협 — 그것이 그 경우의 그 말의 뜻이겠다.[13]

우리는 여기서 맥락(脈絡, Context)이라는 술어를 규정한 필요가 있겠다. 우선 리처즈와 오그덴의 정의를 듣기로 한다.

"맥락은 일정한 방식으로 관련된 실체(實體) — 사물 또는 사태 — 의 한 배치다. 이 실체들은 같은 성격을 가지고서, 같은 관계 방식으로 관련이 되기만 하면 다른 실체의 배치가 일어나게 되는 그러한 성격을 각기 가지는 것이다. 그래서 이런 사태는 거지반 일치하게 일어나는 것이다.

모든 생각하는 일, 모든 관련성은 외부의 문맥의 요소들을 함께 연결하는 심리적 문맥에 연유하는 적응이다."[14]

이것이 맥락이라는 술어가 가진 전문적인 의미라 하겠다. 그것이 글에 적용될 적에 우리는 그것을 문맥(文脈, Literary context) 또는 그저 Context라고 한다.

"문맥은 어떤 정해진 경우에 문맥을 가졌다고 말해지는 것은 무엇이고 간에 그것에 따라다니며 그것을 에워싸는 말들·사건들·생각들의 한 떼다. 그러면서도 결정성을 띤 문맥은 다른 성원들이 주어지기만 하면 되돌아들며 또 적어도 성원의 하나는 결정되어 있는 이 종류의 한 떼다."[15]

심리학자 티치너(Titchiner)도 유기체(有機體)가 처해 있는 어떤 정황을 통해서, 어떤 모체가 되는 생각에 대하여 그것이 발전해

---

13 Cf. Richards, *Principles of Literary Criticism*, pp. 10, 136.
14 Ogden & Richards, *The Meaning of Meaning*, p. 325.
15 Ibid., p. 146, note.

나오는 심리적 과정, 또는 심리적 과정의 복합(複合) 현상을 가리켜 심리학상 맥락이라고 한 일이 있다. 볼드윈(Baldwin) 교수도 그의 『사상과 사물(Thought and Things)』 속에서 이와 방불한 의미로 맥락이라는 말을 썼다.

그리하여 한 개의 표징(標徵, Sign)은 우리의 심리에 되돌아서 오는 해석될 맥락의 어떤 종류의 한 성원이 됨으로써 가치를 발휘하는 것이다. 가령 우리가 그것을 '가나다 파'라고 표에 놓는다면 '가나다'만이 되풀이되고 '파'는 나타나지 않았을지라도 그 결과는 '가나다 파'가 다 나타났을 적과 같이 되는 경우, 또 그럴밖에 없이 서로 관련이 되어 있는 것을 맥락이라고 부르며, 문장인 경우에는 문맥이라 부르는 것이다. 그러면 '파'는 '가'라는 표징(Sign)이 그것에 유래하며 그것을 의미하며 또는 대표하는 것이 된다.[16]

"인제야 맥락의 뜻을 살필 때다. 가장 일반적 의미에서는 함께 일어나는 사태의 전 모음(聚合)이다. 그것은 우리가 원인 또는 결과라고 지적해 무방한 것과 마찬가지로 요청되는 조건을 포함한 것이다. 그러나 의미가 의존하는 인과적(因果的)인 되풀이의 여러 방식은 내가 말해 온 대표 자격을 통해서 특수한 것이다. 이러한 맥락에서는 한 항목 ─ 전형적으로 한마디 말이지만 ─ 은 그 되풀이에서 제외될 수 있는 부분의 임무를 인계한다. 이리하여 생물에게서만 보이는 가장 널리 또 단호하게는 사람이 보여 주는, 맥락의 압축이 있게 된다. 이 압축이 일어날 적에는 표정 또는 말 ─ 이 대표 능력을 가진 항목 ─ 이 의미하는 것은 그 맥락에서 유실된 부분이다."[17]

그러면 글을 해석한다는 것은 나타나 있는 문면을 근거로 해

16　Richards, *Preface to a Dictionary*(Psycho, vol. XIII, p. 18).
17　Richards, *Philosophy of Rhetoric*, p. 34.

가지고 이 유실된 부분을 바로 찾아내는 것이 된다. 한 토막의 완결된 글은 한 완결된 모양을 우선은 갖춘 심리적 맥락을 대표하되 다수한 사람을 소수의 사람이 대표하듯 압축된 모양으로 대표하는 것이다. 작은 것, 나타난 것을 통해서 더 큰 것, 모양 없는 것에까지 소급하려니까 해석이라는 공작에는 각별한 조심이 필요하게 된다. "어떤 발언(發言)이 어떻게 해석되냐는 물론 일부분은 쓰는 사람이 제공하며 일부분은 읽는 사람이 공급하는 문맥에 의존한다. 그러면서도 그렇게 나타난 주어진 문맥에 있어서는 문구들은 다소간 예기된 의미와는 어긋난 한 방식으로 또는 여러 방식으로 해석될 수 있는 그 능력에 대단한 차이가 있다."[18]

그렇지만 해석하는 편에서는 어떤 말이나 구절의 이 대표 능력을 점점 좁혀서, 그 마당에서만 요구되는 부분을 결정지어야 할 것이다. 그것은 마치 카메라의 초점을 맞추듯, 나타나 있는 문면이 걸머지고 있는 더 큰 심리적 맥락에 의하여, 즉 이러한 의미의 문맥에 의하여 두드러지게 될 것이다. 다시 말하면 문맥이라고 하는 것은 어떤 유기적 관계로 긴밀하게 관련된 전체이며, 그 전체에서 기호(記號)가 대표하는 것은 그 일부분인데, 이 일부분을 단서로 잃어버린 부분을 찾아내는 해석의 대상이 되는 것이다. 우리의 일생이라고 하는 것도 결국은 이러한 맥락이 무수히 얽힌 더 큰 맥락의 전체다. 이 심리적 맥락은 다시 그 배경에 더 큰 역사적·사회적 맥락을 걸머지고 있는 것으로 우리의 해석의 탐조등은 거기까지도 거슬러 올라가야 비로소 완전한 해석이라고 부를 수 있을 것이다.

그런데 이 맥락이라는 말을 '문장의 맥락' 즉 문맥이라는 뜻으

---

[18] Richards, *Definiteness*(Psycho, Vol. XV, p. 83).

로 더 한정해서 쓴 것은 방드리스다. 심리학자들과 또는 심리학의 영향을 많이 받은 사람, 예를 들면 리처즈 같은 사람들은 이 맥락이라는 말을 보다 더 심리적 맥락(Psychological context)의 뜻으로 쓰는 경향이 있다. 이에 대하여 방드리스는 보다 더 언어적 맥락, 그러니까 문맥의 뜻으로 쓰고 있는 것이다.

"낱말들은 항상 통용 가치 즉 그것이 쓰는 그 당장에만 한정된 가치를 가지고 있다. 그리고 그것들이 쓰여진 그 시기에 맞는 용법과 관계하는 특수한 가치를 가지고 있다."[19] 그리하여 "한 낱말이 가지고 있는 여러 가지 갈린 뜻 가운데서 의식에 떠오를 유일한 것만이 문맥에 의하여 결정된 뜻이다. 모든 다른 뜻들은 없애버리며 사라지며 존재하지 않는 것이다."[20]

그래서 말의 가치를 결정하는 것은 바로 문맥이 된다. 낱말 하나하나를 에워싸고 있는 분위기가 그 말의 가치를 그때그때 경우에 맞도록 결정하는 것이다. 그 말이야 여러 가지 뜻을 가졌든 말았든 문맥은 그때그때 그 말의 특수한 가치를 정해 주는 것이다. 동시에 그 말이 과거에 가지고 있던 가지가지 영상을 떨어 버리고 현재 이 마당의 뜻만을 가지게 하는 것도 다름 아닌 문맥이다.[21]

우리가 쓰는 문맥이라는 말은 방드리스와 리처즈 양편의 함축을 종합해서 심리적 맥락을 기초로 한 언어적 맥락의 뜻으로 쓸 뿐 아니라, 그 뒤에 배경이 되어 있는 역사적·사회적 맥락마저를 더듬어 가는 해석의 더 큰 연줄을 망라한 것이라고 할 수 있겠다. 그것을 그림으로 보이면 이렇게 된다.

19 Vendryes, op. cit., p. 176.
20 Ibid., p. 177.
21 Ibid., p. 180.

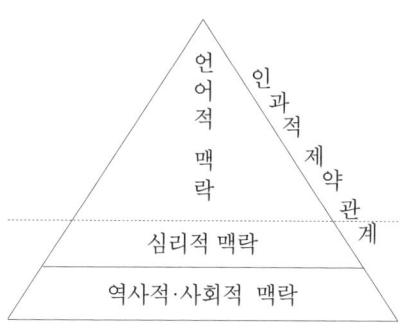

표현의 문맥

문면에 나타나 있는 것은 점선으로부터 위의 부분이다. 우리는 해석의 힘에 의하여 다시 그다음 층, 즉 심리적 맥락 관계에로 거슬러 내려가며, 거기서 다시 역사적·사회적 맥락의 맨 밑층에까지 내려간다. 이 각 층 사이의 관계는 어디까지든지 인과적(因果的)인 엄밀한 제약성(制約性)을 띤 것일 터이다. 제멋대로 하는 해석은 진짜 해석이라 할 수는 없다.

6 전체와 부분

우리가 말을 할 적에는 반드시 어떤 현실적인 정황 아래서 하는 것이며, 우리의 목전에는 우선 우리와 말을 바꾸는 또는 듣고 있는 한 사람 또는 여러 사람의 존재가 뚜렷이 육박하고 있는 것이다. 또 우리는 꽤 분명하게 우리가 '무엇'엔가에 대하여 말하고 있다는 것을 느낀다. 그러나 거기서 교환되며 보내는 '말' 그것에 대한 의식은 그리 떠오르지 않는다. 당장에 중요하게 떠오르는 것은 상대자요, 화제가 되고 있는 관계 사물인 것이다.

우리는 그 경우에 한 생활의 주체로서 실천자로서 현장에 임하고 있는 것이며, 우리의 줏대되는 관심은 목전의 그 정황을 어떻게 지배하는 가에 집중되어 있는 것이다.

그러나 글이 되면 사정은 달라진다. 글에서는 지면에 쓰인 또는 인쇄된 글자만이 뚜렷이 눈에 뜨인다. 쓴 사람도 읽는 사람도 말할 적처럼은 주의의 대상이 되지 않는다. 정황도 지면의 글자 훨씬 후면에 물러앉는다. 뿐만 아니라 영속성을 가진 그려진 모양으로 글자들은 즉 낱말들은 간격이 질려진 채 거기 고정해 있어서, 마치 각각 제대로 외형상 독립한 듯한 느낌을 준다. 따라서 그 하나하나의 낱말이 지니고 있는 뜻도 독립성을 띤 것처럼 착각하기 쉽게 마련되어 있다.[22] 그리하여 그 한마디 한마디가 실상은 한 커다란 문맥에 소속한 유기적 부분이라는 것을 잊어버리기 쉽게 된다. 말을 할 적에는 그렇지 않아서 일순간 발음되었다가는 허공에 사라지는 낱말이란 한낱 그림자에 지나지 않고 현장에 남는 것은 생생한 행동의 연속되는 인상뿐인 것이다.

이리하여 대화에서는 늘 전체적인 정황이 중심이 되는 데 반하여, 글에서는 낱말 또는 문구와 같은 부분이 먼저 눈에 뜨이는 것이며, 그 부분을 한 장 두 장 모아 놓은 산술적 합계가 책 하나가 되는 것처럼 생각하기 쉽게 된다.

이리하여 부분과 전체의 문제는 한번은 분명히 해야 될 과제인 것이다. 앞에서 보아 온 문맥의 이론에서 벌써 어느 정도 분명해졌겠지만

첫째, 부분은 부분만으로는 독립한 아무 힘도 의미도 가지지

---

[22] Cf. I. A. Richards, *Philosophy of Rhetoric*, pp. 47~48.

못한 것이다. 수술대 위에 떼어 놓은 팔다리가 해부학상 표본 이상의 아무것도 아닌 것처럼 글에서도 한 토막 한 토막만을 떼어 놓으면 문법상의 한 표본밖에는 될 것이 없다. 어떤 일반적인 구조의 예를 보이는 것밖에 아니 된다. 그것이 유기체의 한 부분으로 인접한 다른 부분과 연결되어 피가 통해질 적에는 면목이 확 달라진다. 그러므로

둘째, 부분은 인접된 전후 다른 부분과의 관계에 의하여 그 뜻도 가치도 결정이 되는 것이다. 과거에 그릇된 기교주의(技巧主義)적인 생각의 영향으로 토막토막의 낱말만 잘 치레하면 좋은 글이 되는 듯이 생각하는 것은 글을 혈맥이 통한 생명 있는 것처럼 보지 않고, 종이꽃 만들기가 수놓기처럼 여기는 폐풍을 남겼다. 사실주의(寫實主義)의 원조 플로베르가 "Un mot……"("한마디 말……") 하고 부르짖으며 찾은 말은 그 한마디가 그것대로 값진 말을 찾은 게 아니라, 그 전후 문맥으로 보아서 그 경우에 꼭 들어맞는 '바로 그 한마디'를 찾지 못하여 내뿜은 탄식인 것이었다.

셋째, 부분은 전체와의 관계에서만 뜻과 값이 정해지는 것으로 그 밖의 경우에는 아무것도 아니다. 전체적 관계만이 한 부분에 그 위치와 임무를 정해 주는 것이다. 그것을 떠난 부분이란 한 무의미한 토막이 되고 마는 것이다.

그리하여 한 구절(Sentence)은 한 절(節, Paragraph) 속에 놓고 보아야 하며, 절은 장(章, Chapter) 속에 놓고 보아야 하겠고, 장은 권(卷, Volume) 속에 놓고 보아야 바로 보는 게 된다.[23]

낱말 하나하나는 그것이 들어 있는 구절 속에서만 그 뜻이 정

---

23 Cf. Ogden & Richards, *The Meaning of Meaning*, ch, X.

해지는 것이다. 우리의 관심은 그 낱말 하나하나에 향해지는 게 아니라 구절의 전체로서의 의미 연관에 집중되는 것이다.[24]

오그덴과 리처즈는 개개의 낱말이 문맥에 충실하게 의존하는 경우를 말의 의존(Word-dependence)이라고 불러서, 그렇지 않은 경우 즉 말의 독립(Word-independence)에서 구별지었다.[25]

이리하여 부분을 가지고 전체를 판단하려 드는 것은 지극히 위험한 일이 된다. 특히 남의 글이나 말을 인용할 적에는 그 토막이 전체적 문맥 속에서 차지하고 있던 의미대로 인용해야 하지, 그렇지 않고 그 토막만 가지고 문제 삼는 것은 악질 비평가들이 항용하는 악랄한 수법이지만 피차에 경계해야 할 부도덕한 일이라 할 것이다. 가령

"민주주의는 포기해야 할 것인가?"

하는 한 구절이 그 전체적 문맥 안에서는 한 수사적 의문(修辭的 疑問, Rhetorical Question)으로 본인은 쓴 것을, 즉 그는 그래서 안된다는 확신을 듣는 사람에게 다지기 위하여 가짜 의문을 내거는 형식을 취한 것인데, 인용하는 편에서 거두절미해서 그 대목만 따내면 본인이 마치 그러한 의심을 사실상 가지고 있는 듯한 오해를 빚어내게 되는 것이다.

부분은 어디까지든지 전체의 효과를 위한 한 '덧취'와 같은 것으로 보아야 할 것이다. 앞에서도 말한 것처럼 부분에서 독립한 의미를 찾는다든지 붙여 주는 것은 전달의 수단으로서의 말이나 글의 작용을 그르치는 기교주의로 타락하는 첩경이 되는 것이다.

이 일은 말이나 글뿐 아니라 그림·음악·조각과 같은 예술 부면

---

[24] Gardiner, op. cit., p. 23.
[25] Ogden & Richards, op. cit., pp. 348~349.

에서도 마찬가지다. 거기서 중심이 되는 것은 전체적 효과로서 부분은 그때그때 거기 맞는 이바지를 하는 것뿐이다. 수단은 목적을 위해서 봉사하는 것이요 따라서 그런 관계에서만 평가되어야 할 것이다. 그렇지 않고 수단은 수단으로서만 아름다워도 좋다는 생각은 모든 부면에 경박한 '단디즘'(멋쟁이 취미)를 낳아 놓을 뿐이다.[26]

---

[26] "시(詩)에 있어서 rhythm, metre 그리고 tune 또는 cadence, 음악에 있어서 rhythm, pitch, timber 그리고 tune, 그림에 있어서 form과 colour, 조각에 있어서 volume과 stress, 모든 예술에 있어서 항용 형식적 요소라고 부르는 것은 통일된 반응을 낳기 위하여 의거하는 간단하거나 복잡한 자극이다. …… 전달(傳達)이 요구하는 것은 충분히 변화를 가지면서, 생리적으로 처리할 수 있는 자극에 의하여 분리될 수 있는, 통일된 반응이다."(Richards, *Principles of literary criticism*, p. 193)
"이리하여 한 단음(單音) 단색(單色)은 대부분의 사람에게는 그 감각적 특징밖에는 이렇다 알아볼 만한 효과를 가지기 어렵다. 그것이 다른 요소와 어울려서 일어날 적에, 그것들이 합쳐서 만드는 형식은 정서와 태도에 눈부시는 결과를 가져올 수 있다."(Ibid., p. 171)
(이러한 각도에서 보면 칸딘스키의 예술론은 정반대 입장에 선 것이 된다.)
"모든 것은 그것에 대하여 형(形)과 빛깔들과 한낱 수단밖에 아니 되는 목적, 전체적 반응에 의존한다. 수단과 목적 사이의 착오, 특수한 기술을 설명할 수 없는 장점으로 떠받쳐 올리는 일은 예술의 어느 다른 부분에서와 마찬가지로 그림의 비평에 있어서 적어도 공통된 일이다."(Ibid., p. 157)

IV __ 말의 기능(機能)

1 두 개의 기능

의미를 분석한 곳에서 우리는 네 가지 또는 다섯 가지의 갈래가 거기 얽혀 있다는 것을 보았다. 그러나 그것을 크게 갈라 적으면 둘이 된다.

하나는 어떤 객관적 사실 또는 사태를 대표하며 또는 지시하는 면(面).

또 하나는 거기 지시되는 사물이나 사태에 대한 태도, 듣는 편에 대한 태도와 발언하는 목적의식 등 통틀어 객관적 사태나 사물의 내용에는 가감할 수 없는, 다만 그것을 에워싸며 추진하는 정적(情的) 면.

앞의 것은 우리가 객관적 사태나 사물은 '아는' 지적(知的) 기능이요, 뒤의 것은 말하는 편의 감정과 의지를 '느끼는' 정적(情的) 기능이라 하겠다.

그런데 보통은 자연과학(自然科學)의 명제(命題, Proposition)는 이러한 지적인 말의 전형이라고 한다. 그것은 객관적 사태나 사건을 언어적 기호로써 대표시킨 것이기 때문에, 어디까지든지 그러한 임무만을 다하는 데 목적이 있는 것이다. 그러므로 이러한 지적 언어는 기호적 언어(記號的言語, Symbolic language)라고도 하며, 그러한 언어로서의 기능을 기호적 기능(Symbolic function)이라고 한다.

폴랑(Paulhan)은 le langage Sign과 le langage Suggestion, 또는 Signification과 Suggestion 둘로 나누어 말의 이 두 기능을 대립시켰다.[1]

가벨렌츠(Gabelenz)가 "말은 어떠한 사물을 표현하기 위해서만 사람이 쓰는 것이 아니라 그 자신을 표현하기 위해서도 쓰는 것이다."라고 말하였을 적에 그도 또한 말의 대립되는 두 기능을 가리킨 것이겠다. 한 편에서 관념을 정식화(定式化)하는 작용을 말이 하는가 하면, 다른 편에서는 그러한 관념과 말하는 사람의 감정과의 관계가 거기 나타나 있는 것이다. 그리하여 모든 말은 사물을 대표하는 면과 말하는 사람 자신이 그것에 덧붙이는 개인적 요소가 뒤섞여 있다는 것을 우리는 찾아낸다. 그것을 분간해 내지 않으면 우리는 어떤 발언의 뜻을 바로 파악했다 할 수 없게 된다. 하나는 논리적 요소요 다른 하나는 정적(affective) 요소다.

그러나 어떠한 지적 언어(기호적 언어)라 할지라도 거기는 약간의 정적 면이 덧붙어 있다는 것이 사실에 가깝다. 가령

"3각형의 내각(內角)의 화[2]는 2직각이다."

라는 기하학의 명제는 지적 언어(기호적 언어)임에 틀림없으나 아무리 냉철한 사람일지라도 그 명제를 읽을 적에 거기 나타나 있는 내용의 너무 정연한 논리적 투명성과, 개념(槪念)의 판명(判明)함

---

[1] Paulhan, Le double fonctions du langage, pp. 4, 17.
[2] 수학에서 '합'의 전 용어.

과 명석(明晳)함에 대한 감명 없이, 거기 조응되는 사실만 받아들인다고 말하기는 어렵다. 거기 느끼는 흥미와 그것을 지지하는 확신의 정도까지 넣는다면, 기호적 언어를 에워싸고 있는 정적 분위기를 아주 무시할 수는 없다. 더군다나

"악화(惡貨)는 양화(良貨)를 구축한다."

고 하는 그레샴의 법칙은 그것이 오래 두고 세상일에 비유로 쓰여왔던 까닭에 말하는 편이나 듣고 읽는 편에서 무수한 연상(聯想)에서 오는 정적 반응 없이, 다만 화폐 교체에 관한 법칙으로서만 알기란 어려울 것 같다. 다만 기호적 언어에서는 그 주 되는 목적 임무가 객관적 기술(記述)에 있으며 거기 따르는 정적 분위기는 전혀 문제가 되지 않는 것이랄 따름이다.

그리하여 방드리스는 말하기를,

"논리적 요소와 정적 요소는 말 속에 항상 뒤섞여 있는 것이다. 정의(定義)에 의해서 일상생활과는 떨어져 있는 기술적 언어 특히 과학어(科學語)를 제해 놓고는, 어떤 관념의 표현은 결코 약간의 정적 착색을 면할 수가 없다. 정적 음역(音域)에는 '정서가 없다는 것'에 해당하는 음정(音程)은 없다. 오직 서로서로 다른 감정에 해당하는 음정이 있을 따름이다. 여러 개의 서로 경쟁하는 표현이 같은 생각을 나타내려 할 적에 그중의 하나가 순전히 지적(知的)이어서 이성(理性)을 표현하거나 아주 적나라한 단순성대로 사실을 나타내는 일은 지극히 드물다."라고 하였다.[3]

이러한 감정은 문법적 형식에 변화를 일으키지 않은 채 사상의 표현 위에 떠도는 아지랑이와 같은 것이라고도 하였다. 그런데

---

3   Vendryes, op. cit., p. 138.

문장상의 이상으로 말하면 이 두 기능을 각각 따로따로 갈라서 제각기 표현하는 방도가 있어서 서로 엇갈리지 않으면 좋겠다. 그렇게 되려면 말은 대수(代數)와 같이 고정된 것으로서 그 공식(公式)이 한번 결정되면 운산되는 동안에 전후를 일관해서 변함이 없어야 할 것이다. 그러나 일상 쓰는 말이나 글의 구절은 그런 수학의 공식 같을 수는 없다. 정적 요소는 사고(思考)의 논리적 표현을 항상 싸안고 있으며 그것을 착색하는 것이라고 방드리스는 말하였다. 우리는 뜻이 똑같은 문구를 두 번씩 쓰는 일이 없다고 한다. 마찬가지로 똑같은 가치를 붙여서 같은 낱말을 되풀이해서 쓰는 적은 없는 것이다. 이러한 일은 우리의 정의의 활동을 에워싼 뭇 조건에 끊임없이 변화를 가져오는 정황 때문에 생기는 일이라고 하였다.

2 기호언어(記號言語)

우리들이 길에서나 어디서 만나서 바꾸는 일상 회화는 여러 가지 기능을 한꺼번에 하고 있는 것임은 물론이다.

공리주의자(功利主義者, The utilitarian)들은 일상 말에 있어서 주가 되는 것은 기호적 기능(記號的機能, Symbolic function)의 면이 아니라 정적(情的) 행동의 면이야말로 중요한 것이어서 기호적 기능은 한 부차적인 것, 여벌로 따라가는 것이라고 한다. 그것도 극단의 주장이지만 또 그 반대로 기호적 기능만을 내세우고 정적 기능은 이에 따라가는 것쯤으로 생각하는 것도 적어도 일상 회화에 관한 한도에서는 심한 소리다. 일상 회화는 말하자면 사람의 지적(知的) 활동과 정적 활동이 한 인격(人格)에서 통일되어 된 한 생활

주체의 전체적 활동이라고 하는 게 옳겠다.

　그러나 이 두 기능은 원칙적으로 서로 다른 기능으로서 우리를 에워싸고 있는 환경과 생활 내용이 복잡해 가고 풍부할수록, 우리는 객관적 세계를 분간하며 정착시켜 말로서 기호화하려는 욕구와 필요가 그만치 더 높아 갈밖에 없다. 더군다나 이렇게 기호로써 객관세계를 대표시킬 적에 그것을 엄밀하게 즉 정확하고 정밀하게 반영시키지 않았다가는 바른 인식(認識) 대신에 혼란을 가져와서, 능률적으로 생활의 욕구를 채워 가는 데 막대한 불편과 손실이 오고 말 것이다.

　그리하여 말의 기호적 기능으로 하여금 그 효능을 충분하고 또 똑바로 발휘하게 하기 위해서는 우리는 그것에 붙어 있는 정적 요소를 될 수 있는 대로 눌러 버린다. 원시인의 말이 보다 더 정적 활동에서 시작하여 주장 그것에 목적이 있었다면, 오늘 문명인의 말의 특징은 기호적 기능에 매우 중점을 두어 가지고 그 방면을 대단 발전시켰다는 점이 아닐까 한다.

　기호언어에 있어서 그 핵심이 되는 것에 두 가지가 있다. 그 한 가지는 기호화(記號化)가 정확하게 되었나, 않았나 하는 일이다. 그것은 기호 자체가 얼마나 잘 정비되었으며 조직화되었나 하는 데 달려 있다. 말하자면 이는 기호의 형식적 요구라고 하겠다. 또 하나 다른 중요한 것은 그 기호가 말에 의한 객관적 사실의 지시하고 있다는 연관 관계의 집결이니만치, 과연 그것이 지시하는 사실이 지시된 대로 있나, 없나 하는 연관 관계의 진리성(眞理性) 문제다.[4]

4　Cf. Ogden & Richards, op. cit., p. 376.

폴랑은 기호의 작용을 한갓 객관세계를 지시하며 반영하는 일에만 국한시키지 않고 우리들의 생각·심리 상태·지각(知覺)·영상·관념·정서·감정이 모두 기호화될 수 있으며, 또 말에서 되고 있는 것이라 하였다.[5] 그렇게 생각한다면 그의 말대로 인류의 말의 시초는 '외치는 소리(le cri)'였으며, 그것은 정적 표현의 면뿐 아니라 외치는 편의 정서·감정을 지시한다는 의미에서는 기호로서의 임무도 다하는 것이겠다. 그리하여 이러한 의미에서는 말의 줏대되는 기능은 기호적 기능이라고 해 무방하게 된다.

우리는 말을 통하여 '그 무엇'을 안다. 객관세계의 사실에 대하여 알게 된다. 또는 말하는 편이 가지고 있는 생각·의견·의사를 알게 된다. 이 두 번째 경우는 결국 말하는 편을 주어(主語, Subject)로 하고 그의 생각·의견·의사에 대한 서술을 술어(術語, Predicate)로 하는 기호언어의 한 명제(命題, Proposition)라고 할 수 있을 것이다. 가령

"서울로 가고 싶은데 — ."

"과자보다 과일을 많이 먹는 게 좋겠지."

라고 하는 말은 곧

"A는 서울로 가기를 원한다."

"A는 과자보다도 과일을 많이 먹는 편이 좋다고 생각하고 있다."

와 같이 순전한 객관적 사실을 서술한 말과 마찬가지가 된다. 그 경우에 우리는 A라는 사람이 무엇을 어떻게 생각하고 있나를 '알게' 되는 것이다. 물론 '알게' 되는 일 외에, A로부터 직접 여러 가지 A의 감정을 전달받는다. 이 감정의 부분을 제외하고 나머지

---

5 Paulhan, op. cit., chap. 1.

'무엇'을 '알게' 하는 것이 즉 말의 기호적 기능이다. 곧 기호언어다. 기호언어는 객관적 사실을 또는 말하는 편의 주관적인 심리 상태라 할지라도 그것을 듣는 편으로서는 객관적 사실로서 받아들이도록, 그것을 말이라는 기호 체계로 모사(模寫)함으로써 그 기능을 발휘하는 것이다.

사실을 알리는 데 두 가지 방식이 있다. 하나는 사실의 무리 사이에 있는 공통된 성질 즉 일반성(一般性)을 뽑아내서 그것을 종합해서 추상적(抽象的)인 모양으로 기호화하여 전달하는 방식이다. 그것은 사실의 어떤 제한된 부면의 보편적(普遍的)인 법칙(法則), 또는 그 부면을 꿰뚫고 있는 원리(原理)를 끄집어내어 보여 주는 것이다. 과학이 가는 길이 주장 그것이다.

또 하나는 어떤 사물 또는 사태를 있는 그대로, 보이는 그대로 구체적(具體的)으로 기호를 통하여 묘사(描寫)하여 그것에 대한 영상과 영상 사이의 관계를 충실하게 듣는 사람이나 읽는 사람의 의식에 재현시키는 것이다.

하나는 이성(理性)을 통하여 사실의 세계를 지배하는 법칙을 추상적으로 아는 것으로, 그러면서도 그 지식이 사실의 세계와 부합해야 하는 것이다. 여기서 쓰이는 하나하나의 기호의 단위는 주로 개념(槪念)인 것이다.

다른 하나는 사실을 있는 그대로, 즉 앞의 것처럼 이성(理性)의 힘으로 분석했다가 종합하는 게 아니라 나타나고 있는 대로 구체적으로 다시 보여 주는 것으로, 그때에 쓰이는 주요한 수단은 사실의 구체적 모사(模寫)인 영상(映像)을 다시 나타내는 일로서 영상 사이의 관계는 그 교섭 속에 역시 구체적으로 나타나는 것이다.

즉 우리는 사실을 추상적으로 또는 구체적으로, 두 가지 모양으로 말이라는 기호를 가지고 모사(模寫)하는 것이다.

그러므로 폴랑은 말하는 것이다. 우리가 의미를 붙여 주는 말이라고 하는 것은 어떤 심리적 실제(實在)의 기호로서, 어떤 객체 지각(知覺) 또는 영상의 체계, 한 관념 또는 관념의 무리, 감정, 인상의 한 떼와 분리되어 있거나 통일된 사실의 세계를 각각 지시하거나 촉발(觸發)하는 것이다. 그러므로 말은 기호의 한 전체다. 테느는 그것을 대용물(Substituts)의 전체라고도 하였다.[6]

3 정적 언어(情的言語)

앞에서 보아 온 것과 같은 기호적 기능이 줏대가 되는 기호언어와는 달리 정적(情的) 기능이 줏대가 되는 것을 가리켜 정적 언어라고 한다. 그러한 정적 언어에도 기호적 부면이 전연 참여하지 않는다는 법은 없고, 역시 다소를 막론하고 뒤섞여 있기는 하나 그것은 정적 반응을 보족하기 위한 수단으로 쓰이는 것이다.

산에서 우는 새는
꽃이 좋아서 산에서 사노라네

이 구절 속에는 물론 객관적 영상을 품고 있는 부분이 있다. 그러나 그것은 그 영상을 읽는 사람의 의식에 재현시키는 게 근본 목적이 아니라, 그의 의식에 어떤 정서적 반응을 일으키는 데 있어서 그것을 촉진시키며 격발하기 위한 방편으로 쓰인 것임을 발

---

6   Ibid., p. 3.

견한다.[7] 그런 의미에서 정적 언어는 한 흥분제와 같이 쓰이는 것으로, 그 무엇을 '알리는' 게 목적이 아니라 '느끼게' 하는 게 목적이 된다. 말을 바꾸어 하면 어떤 심리적 상태를 일으키도록 상대편에 암시(暗示)를 주는 것이다. 이 암시를 받아 가지고 말하는 편이나 쓰는 편에서 느낀 것과 비슷한 느낌을 느끼며, 생각하며, 상상(想像)을 발전시키게 되는 것이다. 그러므로 폴랑은 이 일을 가리켜서 Le langage suggestion이라고 부른 것이다.[8]

기호언어는 엄밀 정확하게 객관세계를 지시해야 하였지만 이 암시 언어 혹은 정적 언어에 있어서는 그런 것이 문제가 아니라 얼마나 다산적(多産的)이냐, 얼마나 침투성(浸透性)이 강하냐가 그 덕을 재는 기준이 된다. 기호로서는 될 수만 있으면 옴치고 뛸 수는 없는 한 가지 길로만 그 어느 하나를 대표하고 싶다. 한 개념이나 관념에는 오직 한 가지 뜻만 붙여 주어서 한 구절은 거기 상응하는 오직 한 개의 사실의 계열을 가지도록 하는 게 이상이겠다. 그것을 말의 일의성(一義性)이라고 한다. 수학의 말, 자연과학의 말은 대체로 그렇다고 하겠다. 그러나 암시 언어에서는 그것을 거쳐서 사람의 정신은 새로 신이 나게 되며, 새로운 비약과 발전을 꾀하도록 되는 것이다.

감정에 호소할 목적으로 쓰이는 말이기 때문에 호소는 촉발하는 것으로 충분한 것으로, 상대편에 가서 폭발되는 감정의 깊이나 파문은 좀체로 제한하기가 어렵게 된다. 이런 데서부터 암시 언어에는 의미의 불분명성(Obscurite)이 어느 정도 붙어 다니게 된다. 기호적 기능을 맡은 부분에 대하여

---

7 Ogden & Richards, op. cit., p. 227.
8 Cf. Paulhan, op. cit., chap. 1.

"다른 부분으로서 정신은 말에 뜻을 부어 준다. 그래서 어떤 범위 안에서는 그것은 뜻을 만들어 낸다. 말은 정신에 어떤 실재의 기호를 보내주는 게 아니라, 새로운 관념 아직 알지 못하는 영상을 발명하며 형성하는 계기, 일종의 구실이 되는 것이며 관습적이 아닌 인상을 경험하는 계시요 구실이 되는 것이다. 말은 심리적 활동의 매개로 하여 생각의 창조자가 된다."[9]

요컨대 정적 언어는 '알리는' 게 일이 아니라 '느끼도록' 하는 게 생명이었다. 말하는 편, 쓰는 편과 듣는 편, 읽는 편과의 정신적 공명(共鳴)이요 심리적 융합이다. 그것은 주로 감정의 공명 또는 서로 근사한 태도(態度)의 촉발로서 끝난다.

그러면 말이 정적 기능을 발휘하기 위하여서는 어떤 방편을 특히 고안해 내는 것인가. 우선 말하는 말에 있어서는 목소리의 표정(表情)이 그 가장 중요한 방편으로 쓰인다. 목소리의 억양(抑揚)은 물론 어조(語調)·악센트·리듬 할 것 없이 통틀어, 소리의 기호로서의 면을 제쳐 놓은 나머지가 바로 목소리의 표정이라고 일컬을 부면이겠다. 문법상으로는 똑같은 구조를 가진 구절도 그것을 발음할 적에 거기 붙여 주는 목소리의 표정 여하를 따라서는 상대편에 주는 인상이 달라지는 것이다. 속담에 같은 '흥' 소리도 이러기가 다르고 저러기가 다르다는 게 이를 두고 하는 소리다. 같은 연극 대본의 대사(臺詞)를 가지고도 배우에 따라 잘하고 못하는 구별이 생기는 것은 그 장면과 정황에 가장 잘 맞는 목소리의 표정을 그 대사에 붙여 주느냐 못 주느냐에 달려 있는 것이다.

---

[9] Ibid., p. 3.

가장 능란한 웅변가·야담가·민담가 같은 사람들은 이 목소리의 표정을 매우 연구해서 터득한 전문가라고 할 것이다.

'괜히 그래'와 '괘——ㄴ히 그래'는 각각 듣는 편에 일으키는 감정적 반응이 다를밖에 없다. 나중번에서는 자칫하면 듣는 편에 일종 모욕감마저 느끼게 할 것이다.

'몹쓸 사나이도 있다'의 몹쓸에 악센트를 넣고 안 넣는 것으로, 심각한 미움과 가벼운 원망 또는 얄궂은 그리움조차를 자아내게 하는 큰 차이가 의미에 생기게 된다.

이리하여 억양·어조·악센트·템포 등 목소리의 표정의 변화로 같은 구절 하나가 무수하고 미묘한 감정의 온갖 음영(陰影)을 나타내게 된다. 그리하여 그 구절이 살 수도 있고 죽을 수도 있다. 아까 말한 배우가 하는 일은 바로 인쇄된 대사에 그것에 알맞는 감정의 갖은 음영을 목소리의 표정으로써 살림으로 해서, 그 대사에 숨을 불어넣어 주고 피가 흐르도록 해 주는 일이다. 그러므로 한 구절의 의미는 그것을 이루고 있는 낱말을 다 알고 그 낱말들을 결합한 문법 관계를 안다고 해서 다 안다고 할 수는 없다. 거기 얽혀 붙어 있는 감정적 가치마저를 될 수 있는 대로 남김없이 파악했을 적에야 비로소 그 의미를 바로 이해했다고 할 수 있을 것이다.[10]

말이 아니고 글일 경우에는 이 목소리의 표정이 그대로 다 붙을 수 없으니까, 그 대신 일부분은 낱말을 선택하는 일에, 문법상 단위의 위치를 정할 적의 변화 즉 어서(語序)에, '리듬'에, 문맥에 감정적 가치는 나타나게 되는 것이다. 혹은 고딕 활자형, 방점(傍點) 같은 기계적인 표시도 이용된다. 알파벳 같으면 이탤릭 활자

---

[10] Vendryes, op. cit., p. 133.

형도 이용된다.

여하간 말에 더 풍부한 표현성(表現性)을 담으려는 욕구는 특히 정적 언어의 고유한 경향이다. 기호언어는 기호 관계가 정확한 것을 첫째로 요구하지만, 정적 언어에 있어서는 그 던지는 파문이 깊고 클수록 더 좋을밖에 없다. 그리하여 이 표현성에 대한 강렬한 충동은 정의적 언어로 하여금 끊임없이 신기로운 것, 새 방식, 새 착안을 시험하게 한다. 그리하여 자칫하면 맥이 풀리고 헐어 빠지기 쉬운 표현 기술과 방식을 자주자주 뜯어고쳐서 새 방식 새 기술을 자꾸 개척해 나가게 된다. 그러므로 그것은 가끔 인습적인 눈이나 표준에 잘 들어맞지 않는 서먹서먹한 것이 되어 버린다. 정적 언어의 가장 집중적 전형인 시(詩)가, 표현성에 대한 욕구가 남달리 더 강한 시인의 경우일수록 처음에는 알기 어렵다는 인상을 주는 것도 이 때문이다. 그러나 다비테의 대리석상을 모함하는 플로렌스 시의 속중에게 미켈란젤로가 부르짖듯, 반드시 "10세기만 두고 보아라."를 되풀이할 것은 없다. 아무리 알기 어려운 시인도 한 나라 국민의 국어 생활의 첨단에 섰다 뿐이지, 그리 어처구니없이 몹시 앞선 것은 아닌 때문이다.

제2편 실천 편

Ⅰ   말과 글의 대상(對象)

1 인격(人格)의 수단으로서의 글

제1편에서 우리는 주장 말과 글의 내력과 그 사회적 기능과 전달 작용에 대한 기본적인 사실을 살펴 왔다. 말과 글의 실상을 적어도 그 본질적인 면에서 그 보편적인 사실의 관찰에 입각해서 일반적인 성격을 파악하려는 데 힘을 써 왔다.

그리하여 말과 글을 우선 한 역사적·사회적 사실로서 그 길이와 폭에서 다루었으며 다음에는 생리=심리적 사실로서 그 깊이에서 다루었으며, 그리하여 전편을 통하여 기본적인 방침은 말과 글을 다만 그 형식의 모에서 한 정태(靜態)로서 보지 않고, 그 기능(機能)의 모에서 한 끊임없이 움직이는 동태(動態)로서 보려는 데 있었다.

인제야 우리는 이러한 준비적 관찰과 분석 위에 서서 말과 글을 어떻게 잘 활용할 것인가 하는 실천상의 문제를 다루어 보려고 한다. 여기서도 우리는 우리의 종전의 방침을 따라, 어떻게 하면 형식상 또는 문법상 모양이 미끈한 허울 좋은 말이나 글을 대패로 밀어낼까 하는 잔재주를 궁리해 내는 낡은 수사학 또는 작문 교과서의 길을 좇지 않을 것은 물론이다.

　목적과 수단에 대한 잘못된 생각은 이 방면에서도 적지 않은 화단을 끼쳤다. 즉 수단은 언제든지 목적을 위한 수단인 것이며, 소기한 목적을 가장 효과 있게 달성시켜 주는 수단이야말로 좋은 수단일 것이다. 목적과 수단은 서로서로 피차에 제약을 받는 것으로, 목적을 떠나서 수단이 제멋대로 나서 춤을 춘댔자 허망한 그림자밖에 될 것이 없고, 알맞은 수단을 거치지 않은 목적은 이른바 표현 이전(表現以前)의 '카오스(混沌)'에 지나지 않는 것이다. 그런데 종래의 수사학이나 작문 교과서가 하려고 한 일은 주장 수단만을 떼어서 치례시키는, 말과 글의 화장술(化粧術)을 궁리해 내서 그것을 기계적으로 배우는 사람의 머리에 쑤셔 넣으려 드는 일이었다.

　그들은 사람의 마음이란 처음에는 텅 빈 창고와 같은 것으로 교육이 하는 일은 그 창고 속에 무수한 지식의 조목을 하나하나 채워 넣는 일이라고 생각하는, 낡은 교육 이론의 종이 되어 있는 그릇된 교육 실천에서 갈려 나온 한 파생물인 것이다.

　그렇지 않고 사람의 마음이란 끊임없이 자라 가는 한 유기체(有機體)와 같은 것으로, 교육은 그것이 잘 자라나서 쓸모 있는 활동을 할 수 있도록 좋은 영양과 신선한 공기를 공급하며, 능률적으로 활동할 수 있는 기능을 훈련하여 발휘시키도록 도와 가는 일일 것이다.

　말과 글에 대한 훈련도 한낱 혀끝과 손끝에 잔재주를 배워 내는 것이 아니라, 자라 가는 인격(人格) 자체가 그 성장을 따라 그에 정비례해서, 자신의 인격적 능력으로 구비해 가는, 자기를 에워싼 세계를 정확하게 파악하며 자기의 생(生)의 목적을 능률적으로 실현해 가기 위한 생활양식인 것이다. 뷔퐁(Buffon)의 유명한 구절 "글은 사람이다."(Lestyle est l'homme même.)는 이러한 뜻으로 해석하면 한결 의미심장해진다. 결국 말이나 글은 인격과 함께 성장해 가야 할 것이다. 인격의 보장이 없는 말재주나 글재주는 아무짝에도 못 쓰는 것이다. 도적이나 사기군은 사람이 가진 지혜를 악용하고 있는 데 지나지 않는 것이다. 말재주·글재주만은 오늘은 전우에게, 내일은 적에게 상품처럼 팔 수도 있을 것이다. 그것은 말과 글의 기술이 아니라 타락이다.

우리의 첫째 관심은 어떻게 우리는 정확하게 진실(眞實)을 말할 수가 있나 하는 일에 있어야 한다. 그 일은 다시 두 갈래로 갈린다. 그 하나는 어떻게 우리의 주위의 세계를 똑바로 붙잡아 내느냐 하는 문제다. 말은 그리하여 우리로 하여금 우리의 생활환경을 지배하고 통어해 나가는 데 직접 이바지하게 된다. 또 하나는 우리가 생각하는 일·의견·의사·상상을 어떻게 효과 있게 진실하게 전달할 수 있을까. 그러면서도 객관세계에 대한 진술과는 혼동하지 않고, 즉 제가 생각하는 것과 사실의 객관적 구조와를 뒤섞어서 상대편으로 하여금 객관적 사실에 대한 인식을 착란시키지 않도록 분간해서 내 생각은 내 생각으로서 전달할까 하는 문제다.

둘째로는 어떻게 효과적으로 이편의 감정을 저편에 반응시킬까. 또는 이편이 의도하는 감정적 반응을 저편에 불러일으킬 수 있을까 하는 것이 우리의 과제겠다.

그러나 앞에서도 보아 오듯 "어떻게 말할까. 또는 쓸까." 하는 문제는 "무엇을 말할까. 또는 쓸까." 하는 문제와 안이자 밖인 긴밀한 관계가 있다. 그러므로 우리는 우선 무엇을 말하며 쓰게 되나 하는 '무엇'의 문제를 살펴보고자 한다.

베넷(Arnold Bennet)은 문체(文體, Style) 문제를 논하면서 문체와 소재(素材, Matter)를 대립시킨 후 문체만의 좋고 궂은 문제는 단독으로 설 수는 없는 것으로 문체의 가치 문제는 소재 문제 속에 그대로 뿌리박고 있는 것이라고 주장한 일이 있다.[1]

우리는 항상 우리 자신 말하고 써야 할 무엇을 풍부히 가지고 있나 없나에 대하여 반성해야 할 것이다. 말할 거리도 없이 피하려 하는 것은 게으름뱅이의 짓이다. 데모스테네스는 말재주만으로 희랍 초대의 웅변가가 된 것은 아니다. 외적 마케도니아의 침략을 몸으로써 가로막아 민족의 선두에서 조국의 자유를 옹호하여 피 흘리기를 사양치 않은 순교자(殉敎者)를 겸했던 까닭에, 다시 말하면 가슴속에 터져오르는 구국의 경륜과 애국의 정열이 끓어넘쳤던 까닭에 그의 말은 족히 웅변을 이룰 수 있었던 것이다.[2]

2 세계(世界)의 인식(認識)

원시시대의 유치한 말에서부터도 벌써 그것은 인간을 에워싼 세계에 대한 무슨 형식의 묘사(描寫)를 품고 있었을세 옳겠다. 오늘 와서는 우리를 에워싼 세계라고 하면 모든 자연현상뿐 아니라 사람과 사람 서로 서로의 관계로써 생기는 사회마저 통할한 복잡하고도 방대한 영역이려니와 원시시대에는 훨씬 간단한 것이었을세 옳다. 그것은 우선 자연의 어떤 조각이나 모를 소리로써 모

---

[1] Cf. Arnold Bennet, *Literary Taste*.
[2] Demosthenes(B. C.384~B. C.322?)는 희랍 제일의 웅변가로 알려졌거니와 마케도니아의 알렉산더왕의 아버지 필립 왕의 가장 큰 적이었다. 그의 웅변의 절정의 하나로 꼽는 'Philippes'의 제3부는 그 이름이 보이듯 필립 왕을 공격한 연설 가운데 하나였다. 알렉산더대왕이 죽은 해에 희랍의 국민적 항쟁을 일으키려 했으나 실패하고 망명하여 스스로 독약을 마시고 죽었다.

방했을 적에는 그 한마디는 그것을 손가락질해 가리킨 것에 지나지 않는다. 즉 "그것은 무엇이다." 하고 이름 지어 준 것뿐이다. 그러나 그 이름 지어 준 무엇이 크다든지 푸르다든지 몇 개라든지 하고 어떤 진술(陳述)을 할 적에 그것은 원시인의 유치한 지식 또는 인식을 반영하는 것이다.

말의 오래인 역사를 통하여 그것에는 그 시대 시대의 한 민족의 세계에 대한 인식의 기록이 남아 있는 게 사실이다. 사람들은 그들의 세계 인식을 말로써 정착시킬 수밖에 도리가 없었으며 그 인식이 그들의 생활에 곧장 이용되기 위해서는 말을 거쳐서 자꾸 교환 전파되어야 했던 것이다.

원시인들이 그들을 에워싼 자연환경 속에서 이것저것을 가려내서 이름을 따로 붙여 갈 적에 실상은 거기 벌써 인식 활동의 초입인 분류(分類) 활동이 시작되고 있는 것이다. 뭉친 대로 허울만 보아 넘기는 게 아니라, 쪼개고 갈라서 분간하는 것 — 다시 말하면 분석(分析)은 과학의 초시작이다.

그러나 원시인들의 분석 활동이 아직도 극히 유치한 분명치 못한 혼미한 단계에 속하였으리라는 것은 상상하고도 남음이 있을 것이다. 그들의 인식이라는 게 결국은 그들의 마술적(魔術的) 세계관에 배어 있어서, 과학의 이름으로 부르기에는 너무나 어처구니없는 것이었음도 더 말할 것 없다. 그들이 세계를 어떻게 마술로 가득 찬 음산한 것으로 여겼던가는 이미 앞에서도 보았거니와, 말과 말이 대표하는 사물과의 완전한 분리조차 그들에게서는 기대하기가 어려웠다. 가령 프레이저 경의 미개인(未開人)의 말에 대한 진술을 살펴보자.

"말과 물건 사이를 분명히 구별하지 못하고서 미개인들은 보통 이름과 이름이 지명하는 사람 또는 물건과의 사이의 연결은 단순한 멋대로 된 관념적인 결합이 아니라, 사람에게 그 머리털이나 손톱 발톱이나 어느 다른 물질적 부분을 통하듯이 그 이름을 통해서도 마찬가지로 쉽게 마술을 걸 수 있도록 그렇게 둘을 마주 매는 실재한 실질적 육체하고 환상한다. 사실 원시인은 제 이름을 제 자신의 살아 있는 한 부분이라고 생각하며, 거기 좇아서 그것을 보살핀다."³

고대인(古代人)의 신화(神話)를 보통 그들의 역사(歷史) 그것이라고도 보고, 또는 그들의 세계관(世界觀)의 종합이라고도 하고, 그보다도 그들의 인식의 모임이라고도 한다. 여하간 그들의 인식 그것이 신화적인 자취를 짙게 담고 있는 것만은 사실이다. 오귀스트 콩트가 인식의 역사를 세 단계로 갈라서 구별 지은 것은 유명한 얘기다. 즉 신학적(神學的) 단계와 형이상학적(形而上學的) 단계와 그리고 실증과학적(實證科學的) 단계가 그것이다. 이 세 단계의 맨 나중 단계인 실증과학적 인식이 참말 시작된 것은 16, 7세기 이래 갈릴레오·뉴턴이 길을 열고 터를 닦아 준 다음의 일이다.

그 이전의 신학적 단계는 말할 것도 없고 형이상학적 단계에 있어서도 인식은 사람의 주관적인 환상이나 희망이 무척 많이 덧붙은 믿을 수 없는 허망한 것이었다. 점성술(占星術)이나 연금술(鍊金術)은 그러한 시대의 허망한 인식의 산물이었다. 아르키메데스는 실로 기적에 가까운 한 예외였다고 하겠다.

세계에 관한 인식의 인과율(因果律) 또는 보편타당(普遍妥當)한 법칙성(法則性), 귀납법(歸納法)과 실증성(實證性) 등 여러 가지로

---

3   Sir James Frazer, *The Golden Bough*, Vol. II, chap. 6.

베이컨·칸트·콩트·리케르트 등 과학철학논자들에 의하여 규정 받은 근세과학적 의미에서의 인식이 권위가 서게 된 것은 그러한 인식이 특히 자연을 지배하는 데 놀라운 위력을 발휘한 데 유래한 바 크다.

사람이 자기가 그 속에 사는 세계를 기술(記述)하는 데 쓰는 말은 주로 개념(槪念)인 것을 특징으로 삼는다.

"원숭이는 고등동물이다."

하고 말할 적에 그 '원숭이'는 동물원의 그 어느 한 원숭이를 가리킨 것이 아니라 '원숭이 일반'을 가리킨 것이다. 즉 모든 원숭이를 통틀어 말하는 것이다. 논리학(論理學)에서 전칭(全稱)명제라고 하는 것이다. 그렇지 않으면 적어도 특칭(特稱)명제다.

"어떤 원숭이는 꼬리가 길다."

에서 보듯이 원숭이 일족 가운데서 꼬리가 긴 원숭이만 갈라 내는 것이다. 동시에 그 '꼬리'도 '꼬리 일반'을 가리킨 개념이다.

그리고 '고등동물', '길다' 등은 수없는 특수한 실례에서 하나하나 어느 공통된 모만을 끄집어내서 밝힌 말이다. '고등동물'이나 '긴 것'이 하나씩 있는 것이 아니라 한 떼의 동물이 다른 모든 동물과 다른 모를 끄집어내서 그러한 특별한 성질만 갈라 가진 동물의 떼만을 '고등동물'이라고 불러 보는 것이고, 나무고 강이고 굴뚝이고 꼬리고 간에 그러한 모든 것이 남달리 공통하게 가지고 있는 비교적 유별난 연장(延長)에서 오는 느낌을 추려 낸 것이 '길다'라는 말의 함축이다.

즉 개념을 주로 재료로 쓰는 인식의 기록은 주로 추상적(抽象的)인 내용으로 된 것임을 특징으로 삼는다.

이리하여 우리를 에워싼 세계, 우리가 그 속에 살고 있는 세계에 속한 객관적인 온갖 사물과 사태는 자연현상이거나 사회현상이거나를 막론하고 인간이 그 말로써 이름 짓고 기록하기를 기다리고 있는 듯하다.

오늘 와서는 사람들은 다시 기술(技術)의 힘으로 우리의 각각의 영역과 능력을 확장해서 드디어는 우리의 일상적인 거시적(巨視的, Macroscopic)인 세계를 넘어서 깊이 미시적(微視的, Microscopic)인 세계에 일어나는 일과 함께 다시 멀리는 대우주(大宇宙)의 한 끝에서 일어나는 사건까지를 과학적으로 입증하기에 이르렀다. 고전물리학(古典物理學)으로부터 상대성원리(相對性原理)를 지나 양자론(量子論)에 이르기까지의 물리학의 발달은 특히 우리의 말이 처리해야 할 대상의 세계가 말할 수 없이 복잡해지고 그러면서도 얼마나 정밀을 요하나는 보여 주고도 남음이 있지 않은가 한다.

3 특수(特殊)와 인상(印象)

우리의 과학적 인식은 개념적인 추상의 단계에 이르러 정식(定式)되는 것이지만 그러나 일반성을 가진 인식도 사실은 개개의 특수한 사실에 근거를 두고 있는 것이다. 과학하고는 다른 의미에서 우리는 어떠한 특수한 한 사물이나 사태를 있는 그대로 그 개별성(個別性) 또는 개성(個性)에 있어서 잘 알 필요를 느낀다. '안다'고 하는 기능에서는 앞에서 본 과학적 인식이나 매마찬가지나, 이것은 과학적 인식처럼 일반화·법칙화·공식화(公式化)하지 않고 특수한 모양 그대로를 구체적으로 알아내는 것이다.

우리가 일상생활에서 필요를 느끼는 것은 반드시 일반적인 추상적 공식으로서의 인식만이 아니다. 개별적인 하나하나의 일에 대한 정확한 지식을 필요로 하는 적이 또한 적지 않다.

그리하여 개별성(個別性)에 대한 지식, 그 개별성들의 소잡한 개괄(概括)은 우리가 항용 상식(常識)이라고 부르는 영역의 중요한 재산이다. 상식은 사실은 약간의 과학적 인식과, 지금 말한 아직 거기까지 이르지 못한 지식의 혼합이라고 할 수 있을 것이다. 과학의 눈으로 본다면 적지아니 허황할세 분명한 이 상식이 실상은 우리가 일상생활해 나가는 데는 무척 소용이 되는 것을 어쩔 수가 없다.

이 개별적 인식이라고 할까 하는 방면은 또한 고도의 과학적 인식에까지 올라가는 데 반드시 거쳐야 하는 단계이기도 하다. 이른바 자료 수집(資料蒐集)의 단계, 관찰(觀察) 과정에서 얻는 지식은 모두 이 개별적 지식인 것이다. 멘델이 유전(遺傳)법칙의 공식에까지 정식화하여 비로소 그것은 한 과학적 인식으로 확립하였지만, 거기까지 가는 데는 한 뿌리 한 뿌리의 원두를 두고두고 잘 노려보아서 거기서 얻는 구체적 지식이 유전법칙의 근거가 되어 있는 것이다. 『종(種)의 기원』도 중요하거니와 그것을 위해서는 '비글호의 탐험'이 또한 절대 필요했던 것이다.

뿐만 아니라 오늘의 자연과학에 있어서도 일반적인 추상성의 단계에까지 이르지 못한 개별적 지식을 아직도 그대로 그 정도에서 포섭하고 있는 영역이 적지 않다. 가령 이론물리학에 비해서 생물학(生物學)은 주장 어떤 한계 안에서 일어나는 개별성의 기술로서 현재로는 만족해야 하는 구석을 많이 가지고 있는 것이다. 그러한 개별성의 기술이 과학임을 주장하게 되는 것은 그 엄밀한 객관성(客觀性)·사실성(事實性) 때문일 것이다.

더군다나 중요한 것은 정밀과학이 제아무리 그 고도의 일반성·추상성을 가지고 지식의 정수임을 자랑한다 치더라도 그 일반성·추상성이 정확한 사실의 특수성과 구체성의 파악에 근거를 두지 않을 적에는 그야말로 모래 위의 누각이 되어 버림은 근대과학의 엄연한 전통이 여실히 보여 주는 일이다.

그럴진대 특수한 사실의 개별성에 대한 충실한 파악은 결코 등한히 할 수 없는 일이다. 일찍이는 역사학(歷史學)이 하는 일은 단 한 번 일어나고는 마는(一回的) 역사적 사건의 개성(個性)을 기술하는 것이라고 하는 생각이 떠돈 적이 있다. 법칙 정립적(法則定立的)인 자연과학에 대하여 역사학의 독립성을 확립하려고 한 빈델반트(Windelband)·리케르트(Rickert) 등 신칸트파의 철학자들이 주장한 것이 그것이었다. 오늘 역사학의 법칙성을 인정하는 유력한 이론이 도리어 주장되고 있으나 역사학에서는 아직은 이론물리학보다는 훨씬 더 많이 구체적인 특수한 사실의 기술이 담겨 있을 수밖에 없는 것도 사실이다. 그 산 증거로는 역사책에 나오는 그 수두룩한 개인들의 이름을 보기만 하면 족할 것이다.

역사상의 구체적 사실은 주장 과거의 사람의 눈으로 보아 둔 것이지만 오늘의 우리에게 있어서는 우리의 동시대 사람의 눈으로 본 일, 또는 내 눈으로 보는 일, 또 꼭 그렇게 해야 할 일이 얼마나 많은지 모른다. 어떤 사실이나 사건 장면을 내 눈 또는 그것을 대신할 만한 눈으로 보고 나면 그 생생한 현실적 인상(印象)이 주는 감명은 대단한 효과를 가지게 되는 것이다. 속담에도 "백문이 불여일견(百聞不如一見)"이라고 한 것은 이를 두고 한 말이다. 죽은 소문이 아니라 산 인상을 찾는 것이다. 그러니까 관리가 현지에 출장하는 것이요 신문기자가 현장에 출동하는 것이요 세계 각지에 신문 특파원이 파견되는 것이요 지드의 기행문(紀行文)이 읽히는 것이요 뉴스 영화 시간이 만원이 되는 것이다.

중고품(中古品)이 아닌 싱싱한 인상을 현대인은 스스로 요구하며, 또 그 공급을 각방으로 갈구하는 것이다.

그러한 현장성이 잔뜩 담긴 인상을 전달하기 위하여도 지금 말한 뉴스·영화·실사(實寫)·사진·라디오의 녹음방송(錄音放送)·중계방송(中繼放送) 등 여러 가지 새로운 고안이 있었으나, 그 어느 것보다도 대대적으로 가장 손쉽게 해야 하며 또 하고 있는 것은 다름 아니라 바로 말과 글인 것이다.

4 의사(意思)·판단(判斷)·의견(意見)·명령·간청

만약에 사람들이 말이 오직 어떤 사실을 그대로 옮겨 놓는 데 그친다고 하면 우리 방송국은 구태여 "이 강연의 내용은 연사의 의사이고 본 방송국의 의사는 아니올시다."를 잊을세라 명념히 되풀이할 까닭이 없는 것이다.

아닌 게 아니라 어떠한 사실을 다른 사람에게 전할 때에 될 수 있는 대로 그대로 전하려 드는 것은 상당히 과학의 훈련을 겪은 착한 사람들뿐이다. 대개는 그 있는 사실에 약간의 각색을 해서 전한다. 사실만이라는 것은 대체로는 싱겁고 텁텁한 것이어서 여간 고지식한 사람이 아니고는 그대로 옮겨 놓기란 실로 따분하기 짝이 없는 노릇이다. 그러니까 가끔 시골 아낙네끼리 한두 마디 대수롭지 않은 말이 오고 가는 동안에 말썽이 되어 무리 싸움이 되는 것을 구경한다. 처음에는 대단치 않은 말인데 한 입 건너 두 입 건너는 동안에 뿔이 붙고 날개가 돋고 나중에는 톱이 생기고 끝끝내 앙큼한 이빨마저 나고 마는 것이다. 즉 그 말에 참여하는 아낙네들은 제각기 그때그때마다 작은 셰익스피어가 되는 것이다. 그들은 얘기하는 동안에 저도 몰래 자기의 창작에 도취해 버리는 것이다.

그러면 이런 경우에 사실 말고 덧붙는 것은 무엇인가. 실상 우리는 한 가지 일에도 그것을 철저히 다 알기란 어려운 것이다. 조금만 사태가 복잡해지면 그 전 사태의 오직 몇몇 구석을 우리가 겨우 알고 있을 뿐, 나머지 큰 구석은 대부분 우리가 모르고 있는 게 보통이다. 과학이라고 하는 게 이 세계에 대하여 설명해 주는 부면도 실은 지극히 한정된 것이다. 그렇게 한정된 한계 안에서도 이미 실증을 거친 부분 말고 그렇지 못한 빈틈이 가끔 그 체계에 끼어드는 것이다. 그것을 메우기 위하여 과학은 부득이한 실로 부득이한 조처로 최소한도의 가설(假說)을 용납하는 것이다. 그러나 과학의 세계에서는 저 위대한 천재 뉴턴이 세운 불멸의 법령 "나는 가설을 만들지 않는다."(Hypothesis non fingo)가 그들을 늘 감시하고 있는 것이다.

그러한 훈련이 없는 보통 세계에서는 사람들은 약간의 사실을 가지고도 나머지 부분은 자기의 상상과 그리고 희망을 덧붙여서 메워 버리는 것이다. 그 희망은 선의에서 시작된 경우와 악의에서 시작된 경우를 따라서 각색의 방향이 달라진다.

이 말하는 편의 상상과 희망은 사실은 우리의 의사(意思)라고 불러야 할 부분이다. 우리들은 우리의 의사를 남에게 말하고 싶은 것이고 또 남의 의사를 자꾸만 알고 싶은 것이다. 불행히 사람들은 생리적으로 서로 독립하듯 그 의사의 세계에 있어서는 남이 엿보지 못하는 철벽을 가지고 있는 것이다. 이 철벽과 철벽 사이를 교류하는 다리가 바로 말인 것이다.[4] 말로써 우리는 충분히 자기 의사를 발표한 자유를 가지는 것이다. 적어도 가져야 하는 것이다. 민주주의라는 말은 껍질뿐인 화석(化石)이 아니라 그 속에는 이러한 의사 발표의 자유와 같은 조목도 내용의 한구석으로 들어 있어야 할 것이다. 희망은 민중의 꿈이다. 그러니까 아름다운 꿈을 가지는 것도 그들의 자유의 하나라야 할 것이다.

의사라고 하는 것은 약간의 사실을 근거로 해 가지고 그 빈 틈을 추리(推理)의 힘으로 메워서 한 전체적인 정세 판단을 기초로 통일한 생각의 한 줄기다. 이러한 막연한 정세 판단으로서의 의사 외에 어떤 사물이나 사태에 대한 옳고 그른 것, 높고 낮은 것, 좋고 궂은 것, 즉 가치의 판단을 우리는 시시각각 해야 한다. 이 가치 판단은 우선은 나의 주관적 활동이다. 우리는 우리말 속에 자기의 가치판단을 무시로 섞는다.

그 밖에 우리는 어떤 사태를 처리하는 데 있어서 손에 있는 자료를 기초로 해 가지고 이럴 것인가 저럴 것인가 하는 자기의 견해 즉 의견을 세우게 된다. 우리는 말로써 이러한 자기 의견을 진술한다.

우리가 우리의 의사·판단·의견을 말로써 상대편에 전달하는 것은 결국 같은 사태에 대한 상대편의 정세 판단·가치판단·사건 처리 태도에 자기의 생각을 반영시켜서 일정한 방향으로 이끌어 가고자 하는 때문이다. 그러나 그것은 어디까지든지 반영시켜서 간접적으로, 상대편의 의사·판단·의견 형성에 이바지하고자 하는 소극적인 점에 특징이 있다. 기껏 가야 상대편의 태도에서 끝나는

---

4   Cf. Gardiner, op. cit., pp. 20~21.

것이다. 말하자면 겨우 가벼운 제안(提案) 정도다.
  그러나 간청이나 명령일 경우에는 상대편의 뚜렷한 행동으로서 비로소 채워지는 반조각난 명제라고 하겠다. 그것은 보다 더 적극적인 욕구의 제출이다. 결국 그것은 본질에 있어서는 적극적인 제의(提議)로서 상대편은 그 제안의 내용을 따라 그 나머지 절반을 행동으로써 보충해야 한다. 이러한 명령이나 간청에 있어서는 말은 권위와 강행력을 갖추어야 한다. 그러므로 상대편은 이편의 명령이나 간청의 내용을 알아차릴 뿐 아니라 그 제의를 떠밀고 나오는 이편의 감정과 의지에 압도되거나 굴복된다. 이 감정과 의지는 제의 내용에 기호로서 나타나는 게 아니라, 그 기호를 휘감아서 몰아쳐 가는 추진력 또는 뜨거운 분위기가 되어 있는 것이다.

5 정의(情意)

  객관세계에 대한 진술을 통하여 객관세계의 실상을 아는 것, 또는 상대편의 의사·의견·판단 또는 명령이나 간청의 내용을 알아차리는 것은 지성(知性)의 활동으로 되는 것이다.
  그런데 우리가 한 생활의 주체로서 세계와 마주 설 적에 지성만이 눈이 떠 가지고 알아차리는 일만 전수하는 것은 아니다. 그보다도 보통은 한 전체적 인격으로서 세계와 마주 서는 것이다. 주위에서 오는 자극에 대하여 우리는 전인간적으로 반응을 하는 것이다. 즉 지성과 정의(情意)를 동시에 움직이면서, 주위의 세계를 알 뿐 아니라 느끼면서 전체적 전인간적으로 그때그때에 취할 태도와 행동을 결정해 나가는 것이다.
  사람의 정신의 능력을 기억(記憶)과 상상(想像)과 오성(悟性)의 세 갈래로 나누고 그것에 각각 역사(歷史)와 시(詩)와 과학(科學)을 대응시킨 것은 베이컨이었거니와, 그 뒤에 이른바 요소심리학(要素心理學)이 대두하여 사람의 마음을 지(知)·정(情)·의(意)의 세 요소로 된 것처럼 상정하고는 그 요소 사이에는 마치 물리적 요소가 그렇듯, 절연한 구별이 서 있는 듯이 소박하게 생각하였다. 그 세 영역은 서로 독립한 채로 모여서 사람의 마음을 이루는 것으로 각각 침범 못 할 제 몫을 가지고 있다는 것이다.

그러나 물리학의 요소 관념에서 유추(類推)해서 얻은 심리적 요소라는 관념은 현대 심리학의 발달을 따라 여지없이 사라졌다. 크뤼거는 말하였다.

"물리적 질료(質料)의 부분, 즉 분자(分子)나 원자(原子)처럼 서로서로 분리된 실재한 경험의 분간할 수 있는 부분이나 측면이라는 것은 결단코 없는 것이다. 비교에 의해서, 거기서 우리가 분간할 수 있는 모든 것은 항상 대단히 교묘하게 서로서로 속에 서로서로의 주위에 어울려 들어 있는 것이다. 그리하여 그것은 언제고 예외없이 전체(a total whole) 속에 뿌리박은 것으로, 그것으로 하여 침투되어 있으며 다소간 완전히 닫혀져 있는 것이다. 감정은 이 전체의 뭇 경험의 성질이다."[5]

그리하여 "감정은 경험된 전체, 경험된 전체성의 복잡한 성질"이라고도 말하였다.[6]

여하간 이러한 경험의 전체성은 예술의 심리적 효과를 다루는 동안에 더 뚜렷해 온 관념이었다.

---

[5] F. Krüeger, *The Essence of Feeling*(Emotions and Feelings, p. 67).
[6] Ibid., p. 70.

"미적(美的) 경험은 '감정의 톤(Feeling tone)'과 특수화된 기관(器官)의 반응 또는 태도와의 복잡한 사건이다. 그 경험은 전체적 정황이다. 그래서 미적 성질은 그 어느 부분에서도 찾을 수 없는 것이다."라고 랭펠드 교수는 갈파하였다.[7]

우리는 다시 형태심리학(形態心理學)의 쾰러의 말을 듣기로 한다.

"경험과 행동의 밑바닥에 가로놓인 경과에 대한 우리들의 근본적 가정(假定)은 내관론자(內觀論者)와 행동주의자(行動主義者) 양편의 가정과는 대립할 것임에 틀림없다. 즉 국부적 자극에 대한 국부적인 서로 독립한 사태에 의한 반응 대신에, 유기체는 한 기능적인 전체로서 전 정황에 대한 반응인 전체적 과정에 의하여 어떤 현실적인 자극의 뭉치(constellation)에 대하여 반응하는 것이다."[8]

이러한 전체적 반응에는 지성이나 정의(情意)가 통틀어 참여하는 것으로 그 어느 것만 떨어져서 활동하는 일은 없다. 다만 그때그때의 정황이 요구하는 것이 모두 지성이냐, 또는 보다 더 정의이냐 하는 것을 따라 활동하는 부면의 초점(焦點)이 이동하는 것이다. 지성이 움직일 적에는 정의는 그것을 더 원활하고 능률 있게 추진하기 위한 윤활유(潤滑油) 노릇을 하는 것이며, 그와 반대로 정의적 활동이 중심이 되어야 될 장면에서는 지성의 활동은 이 정의적 활동의 효과를 더 높이기 위한 방편으로 봉사하는 것이다.

우리는 우리가 슬프다는 사실을 '우리는 슬프다'라는 기호로

---

7 H. S. Langfeld, *The Rôle of Feeling and Emotion in Esthetics*(Emotions and Feelings, pp. 351~352).
8 W. Köhlel, *Gestalt Psychology*, p. 106.

써 알릴 수가 있다. 그러나 한층 더 나아가서 어떻게 슬픈가를 즉 슬픔 자체를 상대편에 그대로 전달하고 싶은 경우가 생긴다. 즉 이편의 슬픔을 알리는 게 아니라 그대로 느끼게 하는 경우가 있다. 가령 무슨 일로 놀랐을 적에 맞은편에 향해서,

"나는 놀랬오."

하고 말할 수도 있으나,

"앗!"

하고 소리 칠 수도 있다.

'앗' 소리를 듣는 순간, 우리는 저편이 무슨 일로 깜짝 놀라고 있다는 사실을 알아차리는 동시에 오히려 그보다도 먼저 그 놀라움을 그대로 내 놀라움처럼 느끼는 것이다.

그뿐만 아니라 우리는 어떤 사실을 상대편에 알리고 있는 순간에도 그 사실뿐 아니라 상대편에 대한 이편의 감정을 거기 한데 실어서 전달하는 것임은 앞에서도 본 일이 있다. 또 우리는 어떤 사실을 남에게 알려 줄 적에 기계가 무슨 작업을 하듯 참 냉정하게 하고 있을 수는 없다. 그 사실을 말하는 나의 의도가 그 말에 역시 실려 가는 것이다.

이와 같이 우리가 말로써 나타내고 싶은 것은 비단 사실에 대한 진술뿐이 아니다. 그보다도 훨씬 더 많이 우리들의 감정과 의지를 직접 전하고 싶어지는 것이다. 다만 미개한 사회일수록 그 말에 정의적인 측면이 더 압도적이요 지적 측면이 그것에 비해서 매우 무게가 적다는 것은 사실이다. 문명의 진도가 높을수록 말은 사실을 알리는 기능을 훨씬 더 많이 맡아 하게 되는 것 같다.

II __ 말과 글의 여러 형태(形態)

1 눈의 훈련

우리가 글로 쓸 수 있으며 써야 할 대상의 세계를 우리는 한차례 대충 보아 왔다.

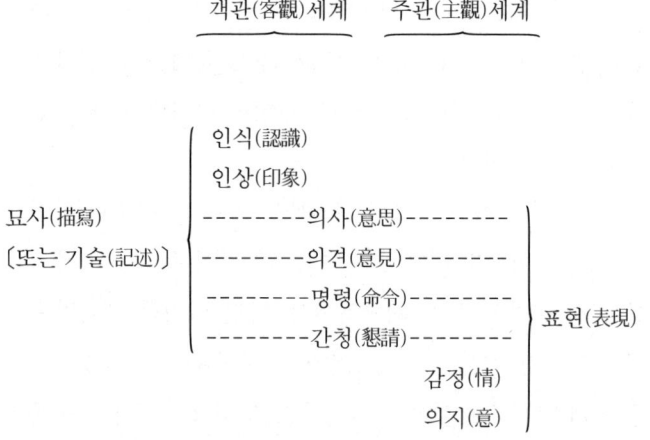

기능의 모로 본다면 묘사 및 기술의 대상의 세계와 표현의 대상의 세계의 두 영역으로 나눌 수 있는데 중간 영역으로 묘사의 대

상이면서 동시에 표현의 대상인 의사·의견·명령·간청 등이 있다.

이것을 다시 글을 쓰는 사람의 주관을 표준으로 나누면 쓰는 사람의 내부의 세계 즉 주관의 세계와 외부의 세계 즉 객관의 세계의 두 영역으로 갈린다.

주관의 표현이냐 객관의 묘사 또는 재현(再現)이냐 하는 두 관점에서 말의 기능을 갈라 본 것은 카르나프였다. 한 사람의 의식적 또는 무의식적인 모든 동작은 그의 발언까지를 넣어서 그의 감정, 그의 현재의 기분, 반응에 대한 임시적인 또는 항구적인 대처와 같은 것을 품고 있게 된다.

그러므로 우리는 그의 모든 동작과 말은 그의 감정 또는 그의 성격을 미루어 알게 되는 증후가 된다고 할 수가 있다. 그것이 즉 표현(Expression)인 것이다.

그런데 또 한편에서는 발언의 어떤 부분은 이와는 달라서 어떤 사태를 대표한다. 즉 '이 책은 크다.'와 같이 어떤 사물이 이러저러하다는 것을 알리려 든다. 말하자면 사물이나 사태에 대한 어떤 주장(Assertion)인 것이다.[1]

이것은 대체로 기호적 기능과 정의적 기능의 구별에 해당하는 것이나 표현이라는 말로써 표현의 내용이 될 주관 세계를 연상시켜 은연중 객관세계와 대립시킨 점에 주목할 거리가 있다. 묘사, 또는 재현 또는 대표하는 활동과 표현하는 활동, 두 활동이 교차되는 영역으로서 우리의 주관적 의사·의견·명령·간청에 따르는 감정과 의지를 나타낼 뿐 아니라, 그러한 것들의 내용을 기호화하여 마치 객관세계를 기호로써 알려 주듯, 알려 주는 그러한 중간

---

[1] Cf. F. Carnap, *Philosophy and Logical Syntax*, pp. 27~28.

지대가 있다는 것도 우리는 주의해야 한다.

그러나 거짓(False)인 주장, 모호하거나 또는 싱거운 표현은 위에서 보아 온 그러한 대상들을 잘못 대표하거나 없는 것을 있는 듯이 꾸미거나, 허황한 저 혼자만의 흥분 감동에 그치는 경우가 많다. 그러한 일이 생기는 까닭의 하나는 말 또는 글을 부리는 힘이 부족한 데 있는 것은 물론이다. 그러나 그보다도 중요한 것은 대상의 세계를 똑바로 파악하지 않고 달려드는 데서 오는 폐단이다.

우선 대상을 똑바로 노려보는 것에서 시작해야 할 것이다. 눈으로 보아서 바로 붙잡아 놓은 것을 있는 그대로 그리는 것 — 그것이 근대(近代)의 이른바 관찰(觀察)의 정신이요 묘사(描寫)의 정신인 것이다. 인류의 문화가 신화와 형이상학의 유치한 단계를 벗어나서 콩트가 말한 실증적·과학적 단계에 들어서게 된 근대의 이른바 근대 정신의 최대의 발로인 자연과학은 실로 대상을 뚫어지게 노려보는 일에서 시작된 것이다. 레오나르도 다빈치가 해부도 끝으로 사람의 근육을 세기 시작했을 적에, 갈릴레오가 허공을 달리는 별들을 눈이 빠지게 망원경을 돌려 대며 쫓아다닐 적에, 나무 끝에서 무심히 떨어지는 능금 한 알을 노려보는 뉴턴의 눈초리에서 오늘의 자연과학의 싹과 순이 트고 있었던 것임은 더 말할 것도 없다. 현대문학의 중추를 이루고 있는 산문 정신(散文精神) 또는 사실 정신(寫實精神)이 또한 그 근본에 있어서 사실의 세계를 노려보는 그 튼튼한 객관적 추구력에서 출발한 것임은 말할 것도 없다.

항용 작문 시간에 아이들은 두 가지 훈련을 받기 쉽다. 하나는 아름다운 문장을 쓰는 훈련이요, 다른 하나는 이미 있어 온 재래의 표현 방식·기술 방식의 약속을 배워 넣는 일이다. 그래서 작문 선생은 글이 좀 미끈하거나 기성 방식을 잘 외워서 꾸민 것에 점수를 많이 주려는 경향이 없지 못해 있는 것이다. 그리하여 달은 언제든지 '밝은 달'이요 눈은 언제든지 '흰 눈'이 된다. 달도 잘 보면 흐린 때도 있는 것이요 눈도 인상파(印象派)의 그림을 기다릴 것도 없이 그림자나 그늘에서는 푸르러 보일 것이요 광선 형편을 따라서는 여러 가지 빛의 음영(陰影)이 생길 것이다.

아이들에게 사물을 있는 그대로 잘 관찰하는 눈부터 훈련하자. 될 수만 있으면 새로운 것을 찾아내는 눈을 기르자. 그것을 내놓고는 과학도 문학도 없다. 그러니까 아가시가 그 제자에게 준 첫 과제는 현미경 밑에 무엇이 보이는가를 찾아내라는 일이었다. 처음에는 아무것도 못 보았으나 드디어는 보고 만 것이었다. 그 순간부터 아기 과학자는 출발하는 것이다.[2] 사실주의(寫實主義) 소설의 거장 플로베르가 자기 문하에 소설 공부를 들어 온 모파상에게 준 첫 과제도 다른 것이 아니었다. 자기 집 부근 병영(兵營) 정문 앞에 의자를 가지고 가서 앉아서 종일토록 병정들이 출입하는 모양을 있는 그대로 잘 보아서, 있는 그대로 글로 그리라는 일이었다 한다. 스승의 입에서 그만하면 됐다는 말이 떨어지기까지는 뒷날 단편소설의 대가도 똑같은 지리한 수업을 몇 해를 두고 했다는 것은 유명한 얘깃거리가 되어 있다.

관찰은 이렇게 과학의 첫걸음이면서도 문학의 첫걸음인 것이다. 근대과학과 근대문학이 같은 정신에서 출발하였다는 것은 여기서 맞아떨어진다. 그런데 이 관찰의 시선이 밖으로 향할 적과 안으로 향할 적의 두 경우가 있다. 하나는 외향적(外向的)이라 하

---

[2] J. A. 톰슨 著, 拙譯, 『科學槪論』, 36~37면 참조.

고 다른 하나를 내향적(內向的)이라고 한다. 자기의 외부의 세계를
노려보는 훈련도 필요하려니와 자기의 내부 세계를 노려보는 좋
은 마음의 눈도 가져야 할 것이다. 자기의 내부를 노려보는 것을
심리학에서는 내관(內觀, Introspection)이라고 하고, 항용은 반성(反
省)이라고 한다.

2 기술(記述) ― 과학어(科學語)

우리를 에워싸고 있는 세계를 세계 그것의 실상만에 관심을 가
지고 노려볼 적과 그 허울의 조화(調和)와 광채, 즉 그 아름다움에
황홀한 적과는 그 결과도 달라진다. 뒤의 경우에는 세계가 우리의
마음에 빚어내는 영상(映像)을 그대로 받아들이는 것이요, 앞의 경
우에는 부분적인 사물의 있는 그대로의 모양과 그러한 부분적 사
물 사이의 논리적(論理的) 관계를 알려는 것이다. 즉 사물과 사물,
사태와 사태가 서로 관련되어 있는 실질적(實質的)인 관계를 알려
는 것이다. 거시적(巨視的) 세계에서는 때로는 서로 제약하고 제약
받는 이른바 인과율(因果律)의 관계로 나타나며, 미시적(微視的) 세
계에서는 통계적(統計的) 관계, 확률(確率)의 관계로 나타난다.

즉 한마디로 말하면 사실을 있는 그대로 파악하려는 것이다.
이 사실을 말로써 기술(記述)하며 반영시킴으로써 우리는 그 사실
에 대한 인식을 정착시키며 보존하며 딴 사람에게 전달할 수가 있
게 된다.

사실을 있는 그대로 말로 옮길 적에 우리는 그것을 기술(記述)
한다고 한다. 어떤 포괄적인 법칙(法則)을 전제로 하고 어떤 사물
이나 사태를 그 전제에 비추어서 그 법칙과의 관계를 결정하는 것

을 설명(說明)한다고 한다.

그런데 사실을 기술하는 말이나 글은 첫째 거기 쓰이는 낱말이 엄밀하게 뜻이 정해져야 한다. 낱말의 뜻을 정하는 것은 정의(定義, Definition)를 거쳐 되는 것이다. 그리해서 그 낱말은 오직 정해진 뜻만을 그 체계 안에서는 줄곧 유지해야 한다. 이 일을 가리켜 일의성(一義性)이라고 한다. 사실을 기술하는 글에서 개개의 낱말들은 그것이 가지고 있는 모든 뜻의 가능성(可能性)과 가진 연상(聯想)을 될 수 있는 대로 모조리 떨어 버리고, 언제 어디서 보아도 뚜렷한 뜻 하나만을 가지고 있어야 한다. 일상 우리들의 회화에서는 그런 엄밀한 일의성을 가지고 말이 쓰여지는 경우란 매우 드물다.

가령 수학이나 자연과학에서 쓰이는 말, 즉 술어(術語, Technical terms)들을 보자. 방정식(方程式)·정수(整數)·허수(虛數)·군(群)·함수(函數)·파동(波動)·방사(放射)·전자(電子)·차원(次元) 같은 말들은 엄정한 정의를 거쳐 뜻이 결정되어 있는 것이며, 그 체계 안에서는 다시 움직이는 일이 없다.

그리고 그러한 술어들은 수학의 경우를 제외하고는 모두 어떤 사실 하나 또는 사실들의 관계를 지시하고 있는 것이다. 그 일은 그 말이 정립될 적에 이미 결정되어 있는 것이다.

둘째로는 이러한 술어가 핵심이 되어 짜인 명제(命題)는 그 명제와 대응하는 사실의 한 계열을 가장 정확하고 충실하게 대표해야 하는 것이다. 이러한 명제를 가리켜 과학적 명제(科學的 命題)라고 부르는 것이다. 과학적 명제가 의미를 가지게 되는 것은 그 명제가 가리키는 사실의 계열에 그 명제를 맞추어 보아서 들어맞는 경우다. 그렇지 못할 경우에는 의미 없는 것이 된다. 사실과 맞추

어 보는 것 — 그 일을 가리켜 검증(檢證, Verification)이라고 한다.[3]

"검증은 정규적으로는 그리해야 될 성격의 어떤 한 떼를 찾아냄으로 성립되는 것이다. 그 선택은 당면한 목적과 관련한 것에 달리는 것이다."[4]

이러한 명제를 비트겐슈타인은 '참인 명제(True proposition)'라고 불렀다. 자연과학이라고 하는 것은 결국 이러한 참인 명제의 한 전체인 것이다.[5] 그리하여 명제가 보여 주는 "그림이 참인가 거짓인가를 발견하기 위해서는 그것을 사실과 비교해 보아야 한다".[6]

3 묘사(描寫) —— 보고(報告)·기행(紀行)·르포르타주

과학의 이름으로 쓰여지는 글이 이러한 검증에 견딜 수 있어야 함은 물론이다. 그것은 사실로서 오직 사실로서만 충실해 있어야 할 것이다.

반드시 과학 논문이 아니라 할지라도 어떤 사태나 사건을 조사하여 보고하는 것을 목적으로 한 보고문(報告文)에서는 과학 논문에 못지않게 사실을 충실하게 반영시켜야 할 것이다. 동서고금을 통해서 가장 요령 있고도 간단한 보고서로서 이름 있는 시저의 명구는 이러했다.

"오다, 보다, 이기다."(Veni, vedi, veci) 애굽을 점령하였으나 실상

---

3 Ayer, *Language, Truth & Logic*, pp. 142~143.
4 C. W. Morris, *Logical Positiism, Pragmatism, Scientific Empiricism*, p. 39.
5 Wittgenstein, *Tractus Logico-Philosophicus*, 4. 11.
6 Ibid., 2. 224.

은 거꾸로 여왕 클레오파트라의 요염한 자태에 포로가 되어 귀국할 것도 잊어버린 시저가 그의 소식을 고대하다 못해 성화같이 독촉하는 원로원(元老院)에 보낸 보고서였다. 그러나 그런 것은 후세의 한 이야깃거리에 지나지 않고 그것으로써 좋은 보고서의 표본이라고 할 수는 없다. 원로원도 아마 이 보고서를 받고는 시저의 오만불손한 태도에 자못 분격했을 성싶다. 시저가 훗날 그 야심이 의심을 받아 필경 브루투스의 손에 암살된 것도 벌써 이때에 씨가 배었을지도 모른다. 더군다나 시저는 그가 북방 게르만 민족을 물리치기 위하여 원정군을 몰아 그 지방으로 쳐들어 갔을 적에는 이 게르만 민족의 인정·풍속·생활 상태·사회제도를 면밀하게 조사해서 유명한 『갈리아 전기(戰記)』를 남겼다. 어떻게 해서 시저가 남긴 게르만의 생활의 실상에 대한 기록은 그 뒤로 오늘날까지도 고대 게르만을 연구하는 데 있어서 헤아릴 수 없는 귀중한 사료(史料)가 되어 있는 것이다.

어떠한 사건이나 사태나 사실을 조사하여 보고서를 만들 적에 거기는 정세에 대한 일반적인 개괄적 서술(敍述)과 특수한 현상, 인물 또 그 행동에 대한 구체적 묘사(描寫)가 섞여 있게 된다. 일반적 서술은 앞에서 본 기술(記述)의 부류에 속하는 것으로 개념적 파악을 목표로 하는 것이다. 이에 대해서 묘사는 마치 눈과 귀로 온갖 사물을 보고 듣고 눈을 감아도 귀를 막아도 마음의 눈과 귀에 떠오르도록 구체적인 영상 작용(映像作用, Imagery)을 만들어 가는 것이다. 영상에도 우리의 다섯 가지 감각(感覺)기관을 따라 여러 가지 영상이 있을 수 있으며, 그 밖에도 운동감각(運動感覺)의 영상도 있으나 가장 중요한 것은 시각적(視覺的) 영상이다. 눈에 보는 듯 그린다는 것은 이 시각적 영상을 가장 잘 살린 것을 말하는 것이다. 그러나 귀를 막고도 능히 들을 수 있는 기억 속의 종소리·목소리 그러한 청각적(聽覺的) 영상도 그다음으로 중요한 것이다. 귀먹은 베토벤의 마음의 귀에 시름없이 떠오른 것도 이러한 청각적 영상이었던 것이다. 그 밖에 촉각(觸覺)·미각(味覺)·후각(嗅覺)에도 거기 해당하는 영상이 있으려니와 우리가 몸을 움직일 적의 운동감각의 영상 그중에서도 말과 맞붙은 발성기관(發聲器官)의 운동감각의 영상은 우리말과 글에 깊은 관련이 있는 것이다.

항용 기행문(紀行文)이라고 하는 것은 어떤 지방을 여행한 사람이 보고 들은 것을 그대로 적은 것으로 보고문보다도 훨씬 더 서술보다 생생한 묘사로 차 있을수록 더 매력이 있는 것으로 되어 있다. 보고문에서는 보고하는 사람의 주관은 될 수 있는 대로 뒤에 숨어 버리지만 기행문에서는 쓰는 사람의 주관적 인상(印象)이 많이 섞여 무방한 것으로 되어 있다. 앙드레 지드의 많은 기행문과 오든, 이셔우드의 기행문 같은 것은 현대에 있어서 그 방면의 대표작들이라 하겠다.

그 밖에도 어떤 중대한 역사적 사건에 몸소 참여했거나 또는 그것을 체험했거나, 곤란과 위험을 무릅쓰고 현지를 답사한 사람이 자기의 상상이나 가공을 될 수 있는 대로 덧붙이거나 왜곡하지 않고 역사적인 사실을 객관적으로 충실히 묘사하는 르포르타주 또는 기록문학(記錄文學)이 있다. 가상(假象)의 영상이 아니라, 실재(實在)했던 일을 구체적으로 카메라처럼 묘사해 놓은 것이다. 일찍이 1936년 올림픽 실사 「민족의 제전」이 기록영화였듯이 그런 의미의 기록문학이 있을 수 있다. 어디까지든지 충실한 객관적 묘사이고자 하므로 사실에는 손댈 여지가 없으나 다만 쓰는 사람의 주관적인 요소가 많이 가미되는 것은 그 구성(構成) 또는 편집 부면인 것이다.

4 형이상학(形而上學)

지식이 요구하는 조건은 그것이 참이라야 된다는 것, 그러한 참인 지식의 체계를 기술하는 것이 과학이었다. 그러므로 과학적 명제는 그 주어(主語)가 객관적인 사실의 계열에 속한 것인 동시에 그 주어에 대하여 술어(述語)가 진술하는 것은 역시 사실의 검증을 통과할 수 있는 일이라야 할 것임은 물론이다. 사실에 맞지 않는 명제는 거짓이라고 해서 버려진다.

그런데 마치 사실의 세계에 대한 주장인 듯한 모양을 가지고 있는 까닭에 무슨 사실을 품은 명제로 잘못 알기 쉬우며 또 스스로 그렇게 행세하는 사기꾼 같은 명제 또는 명제의 체계가 있다. 과학적 명제가 참 명제라면 이것은 거짓이라고도 할 것이다.

첫째 그것은 논리학(論理學)상 특칭(特稱) 관계를 아무러한 사실의 보증 없이 껑충 뛰어넘어서 전칭(全稱) 관계로 비약 확장시킨다.

"약간의 고등 동물에는 이성(理性)이 나타난다."

를 곧장 넓혀서

"모든 사물은 이성의 표현이다."

로 뛰어 버린다. 약간의 모든의 사이에는 부분과 전체의 관계가 있다. 부분이 가지고 있는 성질에는 그 부분만에 특수한 것과 다른 부분과 공통으로 가지고 있는 것이 있을 터이다. 그것을 구별하지 않고 덮어놓고 한 부분이 가지고 있는 모든 성질은 다른 부분도 마찬가지로 가지고 있으리라고 정해 버리는 것은 엄청난 논리의 비약이다. 더군다나 유(類, Class)와 종(種, Species)의 구별을 뒤덮어 놓고 그저 통틀어서 개괄적(概括的, Whole embracing)인 판단을 내리는 것은 이러한 거짓 명제들의 항용하는 솜씨다.

또 그것은 대체로 사실과 맞추어 본 일도 없는, 맞출 수도 없는, 맞지도 않는 어떤 커다란 가설(假說)에서 출발하는 것이다.

"세계는 의지(意志)의 표현이다."

"역사는 이성(理性)의 발로다."

이러한 종류의 말은 듣는 사람의 감정에 어떤 반응을 일으키는 것은 속일 수 없으나, 사실에 대한 과학적인 무슨 주장이라고 할 수는 없다. 베르그송의 '엘랑 비탈(Elan vital)', 드리쥬의 '엔텔레키(Entelechy)'도 그러한 가설의 산물이라 하겠다.

이러한 거짓 명제들은 단독으로 떨어져 있는 것이 아니라 당당한 체계(體系)에 그 논리적 분기(分岐)로서 소속해 있는 것이다. 이러한 것이 이른바 형이상학의 체계들인 것이다. 멀리는 아리스토텔레스의 형이상학으로부터 중세(中世)의 성 토마스 아퀴나스의 형이상학, 거기다가 저 19세기의 독일을 찬란하게 장식하던 뭇 관념철학(觀念哲學)들을 연상한다면 우리는 쉽사리 그러한 거짓 명제들이 어떤 것이라 하는 것을 짐작할 수 있겠다.

이러한 형이상학이 차츰 늘어 가는 과학의 힘에 밀려 퇴각하는 것은 사실이나, 그러면서도 아직도 이러한 형이상학이 명맥을 유지하는 것은 두 가지 까닭에 연유한다. 아직 과학이 발달하기 전에 이 종류의 형이상학이 행세한 까닭은 자명한 일이거니와, 오늘에 있어서도 과학이 설명해 보이는 부분이란 꽤 넓은 듯하면서도 그렇지 못하다는 것, 그러면서도 나날이 생활을 실현해 내 가는 자각 있는 주체로서의 사람은 인생에 대하여 세계에 대하여 일각일지라도 어떤 통일적인 전체적인 전망을 가지는 것이 절대로 필요하다는 것, 이 두 가지 까닭으로 해서 형이상학은 아직도 좀체로 일소되어 버림 직하지도 않아 보인다.

우리가 주장하고 싶은 점은 형이상학을 송두리째 거짓 명제의 집단이라고 하여 뚜들겨 없애려는 것은 아니다. 또 좀체로 없어지지도 않는 것이다. 문장론의 입장에서 다만 형이상학적 명제들은 외관상 과학적 명제인 듯한 착각을 일으키나 그것은 어디까지든지 사실의 보증이 없는 한낱 거짓 명제라 함을 피차에 명심하고, 그런 속임수에 속지 말도록 서로서로 경계하자는 것이다. 또 형이상학을 설교하는 편에서도 마치 사실의 세계에 대한 과학적 주장이나 하는 듯이 꾸미지 말아야 할 것이다. 사실에 대한 추궁과 설명은 과학에게 맡겨 두면 곧잘 한다. 남의 노름판에 뛰어들어 판을 치려 할 것은 없다.

그러면 형이상학은 무엇으로서 존재할 것이냐. 그것은 세계와 인생에 대한 말하는 편의 의견이요 견해요 때로는 유토피아의 투영(投影)에 지나지 않는다. 그것은 아직 사실의 전면적인 검증을 겪지 못한, 그 한 사람 또 그 그룹의 착상이거나 지혜인 것이다. 그것은 과학이 아니라 차라리 평론의 일종인 것이다.

우리는 다만 그런 것으로서 형이상학을 다루어야 할 것이며 파는 편에서나 사는 편에서나 모두 그러한 한계를 붙여서 거래해야지, 그렇지 않다가는 피차에 가짜 상표에 속는 것이 된다. 형이상학은 말이 가지고 있는 원시적(原始的)인 마술성의 혜택을 아직도 이용하는 셈이 된다. 형이상학의 의견으로서의 본질, 평론으로서의 본령을 밝혀서 그 일 몫을 정해 주어 과학의 영역을 침범하지 못하도록 하는 것은 문장론의 한 과업일지도 모른다.

근세의 과학의 여러 부문이 철학(哲學)에서 갈려 나온 것임은 잘 알려진 일이다. 그래서 철학의 궁전은 인제야 거의 비어 버리고 남은 것은 형이상학 정도다. 이 형이상학조차 실은 허수아비라는 것을 처음으로 정확하게 폭로한 것은 비트겐슈타인인가 한다.

"철학의 바른 방법은 이것일 것이다. 말할 수 있는 일, 즉 자연과학의 명제들, 즉 철학하고는 관련이 없는 무엇을 내놓고는 아무것도 말하지 않는 일. 그래서 다른 사람이 누가 형이상학적인 무엇을 말하고 싶어 할 적에는 언제고 그는 그의 명제 속의 어떤 기호에 아무 의미도 붙여 주지 않았다는 것을 보여 주는 일. 이 방법은 다른 사람에게는 만족하지 못할는지 모른다. 그는 우리는 철학을 가르치고 있다는 느낌은 가지지 않을지 모른다. 그러나 그것은 유일한 엄정하게 정당한 방법일 것이다."[7]

이리하여 그가 선편을 든 형이상학 부정의 소리는 카르나프 등에게 계승되었던 것이다.

"……형이상학의 구절들은 논리적 분석에 비추어 볼 적에는 공소한 문구들이거나 문장법을 유린한 문구들임이 증명된 가짜 구절들(Pseudo sentences)인 것이다."[8]

그는 또 이렇게도 말하였다.

"형이상학적 철학은 과학의 영역에 속한 경험적·과학적 문제를 초월하려고 하며, 이 영역의 대상의 성질에 관한 문제들을 제기하려고 한다. 이러한 문제들은 가짜 문제들이라고 우리는 주장한다."[9]

---

7 Wittgenstein, op. cit., 6. 53.
8 R. Carnap, *Logical Syntax of Language*, p. 8.
9 Ibid., p. 331.

그리하여 형이상학은 과학의 영역을 침범해서는 아니 된다. 그것은 사실에 대한 주장일 수가 없고 말하는 편의 한 의견으로 다루어질 수 있을 따름이다. 러셀은 형이상학의 이러한 면은 '윤리적 요소'라고 하였다. 세계의 인식에 자꾸만 사람의 의욕을 투영하는 인간 중심의 생각에서 유래하는 병집이라고 하였다.[10]

이리하여 우리는 형이상학의 본질을 알아서 그 한계 안에서 다루기에 익숙해 버린다면 그 속임수에 떨어지지 않고 말 것이다. 형이상학의 가면을 벗겨 그 피해를 막는 것은 과학적 해석 이론(解釋理論)의 힘에 의하는 바가 클 것이다.

5 가상(假像)과 전형(典型) —— 문학(文學)의 세계

보고나 기행에서 보는 묘사는 결국에 있어 구체적인 형상(形象)으로써 대상을 묘사하는 것이다. 그림에서 2차원(次元)의 평면 위에 3차원의 물체의 세계를 색채와 선으로 형상화하듯, 또는 조각에서 대리석이나 청동에 질량감(質量感)을 주고 두께의 기복을 주어 형상화하듯, 말과 글로써 우리는 영상을 아로새기고 움직여서 형상화해 가는 것이다.

형상으로써 묘사할 대상이 현실로 실재할 적에는 보고나 기행이나 르포르타주 문학에서 보는 묘사로 되는 것이겠다. 그런데 묘사하는 대상이 현실로 시간·공간 틈에 일일이 실재해 있는 것이 아니라 한 사람의 상상(想像) 속에서 전개되어 가는 것을, 다시 말하면 마음속에서 진행되는 영상을 형상화해 가는 경우가 있다. 즉

---

[10] Cf. B. Russell, *Scientific Method in Philosophy*, p. 13.

실재한 대상을 묘사해 가는 것이 아니라 가상(假像, Fiction)의 세계에서 창조해 나가는 형상을 묘사하는 것이다. 대부분의 소설이나 희곡(戱曲)은 그러한 종류에 속한다. 그렇지만 문학(文學)의 본령은 그 가상성 또는 허구성(虛構性)에 있는 것이 아니라, 형상성에 있어 보인다. '르포르타주' 문학이라는 말 자체에서 보듯 또는 역사소설 역사극이라는 말에서 보듯, 가상성은 반드시 문학의 본질적인 면은 아니다. 차라리 형상성이야말로 실재한 대상을 다루건 가공의 대상을 다루건 간에, 문학의 문학다운 본령인 면으로 보인다. 다만 문학에서는 아무리 기록적인 역사적 사실을 다룬다 치더라도 형상성의 완벽을 위해서는 그리 중요하지 않은 역사적 사실은 약간 상상의 가공을 받는 일이 있는 것이다. 역사소설이나 역사극에서 때로는 실재했던 어떤 부차적(副次的)인 인물들의 성격이 일정한 문학적 효과를 위해서는 변형되거나 또는 없는 인물이 창조되기조차 하는 것이다.

그러면 이렇게 형상화한 가상의 세계가 사실의 세계, 현실과 가지는 관계는 어떠한 것인가. 사실의 세계를 대상으로 한 묘사에 있어서 사실의 세계와 글 사이에는 실연적(實然的) 관계 또는 필연적(必然的)인 관계가 있는 것이다. 즉 사실과 일일이 그대로 조응하는 그러한 의미에서 대표하며 묘사하는 관계라 하겠다. 나폴레옹의 인물을 묘사했다면 실재의 그 인물과 그대로 맞아떨어져야 할 것이다.

그러나 가상의 묘사에 있어서는 그런 의미에서 조응하는 실재한 인물이나 사태만 있을 리 없다. 또 필요로 하지도 않는 것이다. 다만 가끔 사실의 세계에서 따온 인물이나 사건이 한 모델이나 또는 부분적인 단편적인 재료로서 이용되는 경우는 물론 많다. 그러므로 문학에 있어서의 가상의 세계와 실재의 세계와의 사이에는 직접한 대응 관계가 있는 것이 아니라, 실재의 세계에서도 가능한 (可能, Possible) 일, 있을 수 있는 일 또는 인물이라는 그러한 추정 (推定)과 용인(容認)을 다리 놓은, 한번 굴절(屈折)된 관계에서 상징(象徵)하는 것이라 하겠다.

한 개의 가능태(可能態, Possibility)로서의 가상의 세계의 묘사는 그러나 어디까지든지 실재에 필적할 만한 생생한 특수성·구체성을 갖추어야 한다. 묘사가 유형화(類型化)해서는 싱거워진다. 유형이라고 하는 것은 한 유(類, Class)의 평범한 성격이다. 제복을 입고 학교에도 나가고 간간 영화 구경도 하고 또 장난질도 해 보는 그런 대학생은 대학생의 한 유형에 지나지 않는다. 그렇지 않고 한 사회 한 시대의 대학생으로서의 특수한 사명의 의의을 자각하고 대학생의 생활을 통해서 자기를 실현해 나가며 인격을 확충해 나가는 그러한 대학생을 그렸다면 그것은 한 시대의 대학생의 전형(典型)을 묘사한 것이 된다. 유형은 일반적인 평범한 개념적 환상으로, 그러한 유형과 같은 것은 실재의 세계에는 있을 수조차 없는 것이다. '개'가 있는 것은 아니다. 있는 것은 '이 개' 또는 '저 개'가 있는 것이다. 막연히 머릿속에 떠오르는 개를 그려서는 죽은 개밖에 될 리 없다. 즉 개의 유형을 그려서는 아니 된다. 바로 '이 개'를 그리거나 '저 개'를 그려야 하는 것이다. 가장 구체적인 형상에 있어서 개의 본질적인 성질을 일일이 살릴 적에 그것은 한 전형적인 개가 될 수 있을 것이다.

전형적인 성격을 그린다는 것은 바로 그러한 것을 의미하는 것이다. 소설이나 희곡 쓰기를 공부하는 사람들이 맨 처음에 빠지기 쉬운 함정은 그 그리는 인물이 개념적인 유형으로 떨어지는 일이다. 도스토옙스키가 그린 대학생은 그러나, 그 시대의 대학생의 전형이었던 것이다. '전형적인 정황(情況)'이라는 것도 이와 마찬가지 의미로 이해해야 할 것이다.

그러면 묘사를 통한 형상화란 어떤 것인가. 우리는 체호프가 고리키에게 보낸 편지의 한 구절을 참고하기로 하자.

"당신은 예술가입니다. 당신은 뛰어나게 느끼오. 당신은 조소적(造塑的)이오. 즉 당신이 사물을 묘사할 적에는 당신은 눈으로 보고 손으로 그것을 만지는 것이오. 그게 진정한 수법인 것이오."

체호프는 어떤 문학청년이 달밤의 술좌석 장면을 제재로 해 쓴 습작을 읽고 나서 회답한 편지에서 이렇게 말하였다 한다. "달빛에 관한 모든 이 페이지들일랑 지워 버리시오. 그리고 그 대신 군이 달빛에 대해서 감촉 받은 것을 우리에게 보여 주시오. 깨어진 병 조각에 보이는 달의 반사(反射) 말이오." 플로베르가 그 제자 모파상에 요구한 것도 바로 그러한 싱싱한 형상이었다. 어떤 인습적인 묘사의 되풀이가 아니었다. 도스토옙스키가 역시 어떤 문학청년이 보도를 지나가며 빌어먹는 거지 풍금쟁이에게 오 층 창에서 돈을 던져 주는 광경을 그려 보낸 습작을 읽고 나서 "나는 그 동전이 보도에 튀기며 짤랑거리는 것을 듣고 싶소." 하고 회답해 보냈다는 이야기는 실로 거장이 남긴 좋은 가르침이라 하겠다. 우리는 마리의 말을 잠시 인용하여 이 대목을 막는 것이 매우 참고가 되겠다고 생각된다.

"……만약에 한 사건의 묘사가 명확하기만 하면, 만약에 저 본질적인 간결성을 가지고 그것이 제군의 눈앞에 분명한 그림을 참말로 펴 놓는다면, 만약에 그 윤곽이 흐릿하지 않을 양이면 그 적에는 좋은 문장이 되는 것이다."[11]

6 시(詩)

말과 글의 전 기능을 기술(記述)과 표현(表現), 기호적(記號的)과 암시적(暗示的), 지적(知的)과 정의적(情意的)의 두 계열로 대충 갈라 놓을 적에 과학적 명제들은 기술·기호·지적인 것의 극단에 서 있는 것이며, 그것과 대척(對蹠)되는 표현·암시·정의적인 것의 극에 서 있는 것이 항용 시(詩)라고 한다.[12] 일상 우리가 주고받는 대화나 글에는 이 두 기능의 영역이 뒤범벅이 되어 섞여 있는 것이다. 그리고 양극단이라 할지라도 순수한 의미에서 상대편을 완전히 떨어버린 그러한 기술 그러한 표현은 문면에는 있을 수 있으나 실제로 주고받는 전달의 현장에서는 차라리 있기 어려운 일이다. 지극히 정교한 수학의 수식(數式)에서 수학자조차가 어떤 수식의 기호 관계하고는 다른 감명을 받는 경우가 많다.

여하간에 시가 상대편에 주로 어떤 정의적 반응을 일으키기 위해서 쓰여지는 말의 특수한 형태임은 부인할 수가 없다. 그것은 또한 쓰는 사람 자신의 정의(情意)의 조정(調整)을 위해서 쓰여지는 것도 사실이다. 그 경우에도 이윽고는 주관의 테두리를 벗어나 다른 사람들과 교섭할 것을 전제로 하는 것이다. 즉 어떤 정의적 경험을 교환한다든지, 적어도 상대편에 정의적 반응을 촉발하기

---

11 J. M. Marry, *The Problem of Style*, p. 45.
12 拙著 『詩論』 중 「詩와 言語」 대목 참조.

위한 말의 조직인 것이다.

시를 통하여 사람들은 어떤 정의적 감명을 받는다. 마치 바이올린 줄 하나가 떨릴 적에 곁의 줄이 따라 울리듯 느낌과 느낌의 공명인 것이다. 그리하여 포슬러 일파의 사람들은 말의 표현으로서의 가치에 치우친 평가를 하고 나서 그러한 표현성의 집중으로서 시를 규정하려 드는 것이다.[13]

그런데 여기서 주의할 것은 시 속에는 때때로, 아니 적지 아니 마치 형이상학적 명제가 참인 과학적 명제에 대하여 거짓 명제이면서도 표면은 얼른 구별하기 어렵듯, 사실에 대한 진술인 듯한 외관을 갖춘 구절이 섞여 있다는 일이다.

유리창에 등을 비비는 누런 안개
유리창에 코를 비비는 누런 연기는
저녁의 구석구석에 혀끝을 넣어 핥는다
하수도 같은 물웅덩이 위에서 망설인다

이러한 구절에만 해도 어떤 객관적 대상을 그린 듯한 진술 비슷한 데가 수두룩하다. 그러나 유리창에 스치는 연기나 안개의 모양을 '알리려는' 것이 이 구절의 의도가 아님은 분명하다. 우리는 런던 거리의 저녁 안개가 유리창에 닿거나 물웅덩이에 감도는 것을 알려는 목적으로 엘리엇을 읽는 것은 아니다. 이러한 진술 비슷한 대목도 실은 읽는 편에 어떤 허무감(虛無感)·절망감(絶望感)을 일으키기 위한 정의적 촉발 재료에 지나지 않는 것이다.[14] 그

13 Vossler, *The Spirit of Language in Civlization*, p. 92.
14 I. A. Richards, *Principles of Literary Criticism*, p. 273.

러므로 시 속에 나오는 진술 비슷한 것은 과학적인 진짜 명제에 대하여 가짜 명제(假命題, Pseudo-proposition) 또 가짜 진술(假陳述, Pseudo-statement)이라고 리처즈는 불렀다.[15]

그 으뜸가는 목표가 정의적 반응을 일으키는 데 있기 때문에 시는 즐겨 직설법(直說法)보다도 비유법(比喩法)을 써서 복합적(複合的)인 협화 효과(協和效果, Harmony)를 나타내려 한다. 상징파(象徵派) 시인들의 독특한 수법인 분위기를 빚어내기 위한 암시적 수법도 또한 시의 정의적 언어로서의 한 특수한 기교라고 하겠다.

그러나 암시적 수법은 어떤 어슴푸레하고 걷잡을 수 없는 분위기를 자아내기에는 알맞으나, 어디까지든지 선이 가늘어 약간 흠이 있다. 도리어 비록 가상의 세계일망정 정경을 직접적으로 별로 수식 없이 명쾌하고 간결하게 그려 낼 적에 더 힘차고 굳센 감동을 받는 것이다. 롱기누스가 말한 글의 숭고성(崇高性)이 보다 더 잘 나타나는 것도 차라리 이러한 경우일지 모르겠다. 호머 속의 그 사실적(寫實的) 묘사가 가지는 육박하는 힘만이라도 생각해 보라. 우리는 전번 대전에 참가했던 어떤 젊은 병사의 수식 없는 솔직하고도 건실한 정경 묘사를 참고 삼아 한 절만 살펴보기로 하자.

> 플랜더스 평원에는 앵속꽃이
> 십자가 사이사이 줄지어 피어 있다
> 그게 우리가 있는 고장이다. 하늘에서는
> 종달새들이 아직도 즐거이 노래하며 떠 있다
> 저 아래 총소리 밖에서는 들리지도 않은 채

---

15 I. A. Richards, *Science and Poetry*, pp. 62~65.

이러한 사실적인 묘사가 비유보다도 더 직접적인 감동력을 가지는 것은 물론 그 한 장면의 배경을 이루고 있는 그 격렬한 역사적 사실의 파동 때문인 것이다.

비유와 상징은 회의와 황혼과 회색의 분위기에 보다 더 잘 맞는 것이라면 사실적인 수법은 어떤 역사적 앙양기(昂揚期)의 극적 사태를 배경하였을 적에는 한층 더 크고 넓은 공명과 반향을 일으킬 수 있다. 그것은 소품(小品)적인 제재보다는 기념비적(紀念碑的, Monumental)인 테마에 더 잘 들어맞는 듯하다. 그리고 오늘이야말로 그러한 기념비적 예술을 불같이 차중하는 것이나 아닐까.

이리하여 정서(情緖)가 가장 풍부한 말의 한 특수 형태로서의 시는 그러한 모에서는 적어도 다른 형태보다 우월한 것이다.

"태도를 포함한 전달은 객관적 연관만이 문제인 전달보다는 더 심각한 것이다."라고 리처즈도 말하였다.[16]

그러나 우리가 가지고 있는 말이라는 무기의 한 특수한 극단을 보이는 형태로서 시의 지위를 한정하는 것이 더 온당할 것이다. 그렇지 않고 시의 풍부한 정서성에 감동한 나머지 말의 중요한 다른 면 즉 기호적 면을 얕본다면 부당한 시 지상주의(詩至上主義)에 빠질 염려가 있다.

7 신문 기사

현대인의 그날그날의 생활에서 벌써 신문을 빼앗을 수는 없다. 신문 없는 하루는 그들에게 있어서는 그대로 불안의 하루다.

---

[16] I. A. Richards, *Principles of Literary Criticism*, p. 179.

자기가 살아가는 세계의 파악에 한구석 어딘가 빈 데가 있는 듯이 느낀다. 발판이 허망해 보인다.

신문에는 우선 그날그날의 국내 국외의 각 방면의 기사(記事)가 실린다. 그것을 '뉴스'라고도 한다. 그다음에는 논설(論說)이 실린다. 그 신문을 대표하는 논설일 적에는 사설(社說)이라고 한다. 논설은 어떤 사태나 사건이나 주제에 대한 논자의 의견을 표명한 것이다. 또는 당장 읽는 어떤 기사에 대하여 그 전후 관계와 먼 유래로부터 미래의 전망까지도 붙이는 이른바 해설(解說)이 있다. 대부분의 논설은 그 속에 사실을 서술한 기사적 재료를 많이 들면서 그것에 대하여 논평을 시험하는 것이다.

그리하여 신문은 이런 의미의 논설을 중심으로 한 것과 기사를 중심으로 한 것의 두 종류로 나눈다. 하나는 여론 신문(Paper of opinion)이요, 다른 하나는 보도 신문(Paper of news)이라고도 한다. 대체로 구라파 신문들은 앞의 것에 속하고 미국 신문들은 뒤의 것에 속한다고 하겠다.

신문 기사는 보고문의 일종이다. 그러므로 신문 보도라는 말이 따로 있는 것이며 영어의 신문기자(Reporter)는 '보도하는 사람'의 뜻 그대로다. 그것은 무엇보다도 그날그날 일어나는 사실과 사건을 있는 그대로 기술하거나 묘사하여 읽는 사람의 눈앞에 방불시키는 것이 요령이다.

이러한 그날그날의 새 사실을 알음으로써 우리는 그때그때의 우리의 세계상(世界像)을 현실의 요구에 맞도록 보충해 가는 것이다. 그러므로 기자가 기사 하나라도 쓸 적에는 사실을 충실하게 옮겨 놓는 데 전력을 다해야 할 것임은 물론이다.

그러나 신문 기사에는 속임수가 많다는 것을 특히 읽는 사람의 입장에서 조심해야 할 것이다. 그렇지 않다가는 올가미에 걸려 들기 일쑤다. 물론 모든 기사가 그렇다는 것은 아니다. 그렇지만 기사 가운데 거짓말 기사 이른바 허위 보도도 있고, 기자의 착오로 생기는 오보(誤報)도 있고, 의식적으로 꾸미는 모략 기사도 있는 것이다. 무엇보다도 사실에 충실한 정확한 보도를 해야 하는 것은 기자의 생명이라고 하겠다. 오보를 하는 것은 기자의 치욕이다. 더군다나 허위 보도나 모략 기사에 붓을 적시는 것은 기자의 최대의 악덕일 것이다.

그러한 옳지 못한 기사는 더 말할 것도 없겠지만 그렇지 않은 기사도 사실은 취사선택된 것임을 면치 못한다. 취사선택할 때의 기자의 입장은 대개

  그 개인의 입장

  그 신문의 입장

  읽는 사람들의 입장

의 세 입장이 뒤섞인 것이다. 개인의 입장, 신문의 입장을 될 수 있는 대로 떠나서 읽는 사람의 입장으로 옮아갈 때 기자는 이상적인 객관적 입장에 더 가까워 가는 것이다. 그렇지 않고 신문 자체가 어떤 기관이나 단체의 이른바 기관지(機關紙, Organ paper)일 적에는 무엇보다도 '신문의 입장'이 압도적으로 기자를 영향한다. 사람들이 그 기관이나 단체의 주장을 알고 싶을 적에 그런 필요에서 기관지를 찾지, 일반으로는 기관지라면 벌써 색안경을 쓰고 읽게 된다. 그러므로 꾀 있는 운영자는 실상은 기관지면서도 기관지라는 것을 내붙이지 않는다. 따라서 외관상은 기관지가 아닌 기관지일수록 읽는 편으로서는 경계해야 할 것이다.

또 신문 지면은 편집된 것이라 함도 명심해야 한다. 편집자는

수많은 기사 중에서 그 지면에 들 만치만 추려 내는 것이며 추려 낸 것에는 일일이 경중을 붙여서 3단짜리 2단짜리 1단짜리로 한 번 평가한 것이다. 편집자에게도 기자와 마찬가지로 '복합된 입장'이 작용하는 것이다. 그러한 입장에서 그날그날의 관심과 필요를 따라 기사에는 정가가 붙어 버리는 것이다.

여하튼 신문은 수많은 바쁜 사람들이 얼른 읽어 버리도록 마련된 것이므로, 논설이나 기사는 모두 쉽고 요령 있고 분명하게 쓰여지도록 요청된다. 여기서는 몇 줄씩 끌어 가며 글재주를 부릴 여유가 없는 것이다. 그러므로 구절(Sentence)은 삼단 이상에 걸치면 벌써 지리해진다. 신문 문체가 차츰 전보문과 같은 요약된 간결한 상태를 동경하는 것은 이 때문인 것 같다. 여기서도 '필요하고도 충분한(Necessary and sufficient)'이라는 수학에서 보는 요청이 그대로 움직이고 있는 듯하다.

신문이 매일매일 정신상의 정해 놓은 끼니처럼 되어 있느니만치 그 문체가 일반 다른 형태의 글에까지도 미치는 영향이 막대한 것은 특히 주목할 거리다. 문장 중심의 문어체(文語體)에서 일반 행문을 구어체(口語體)로 접근시켜 간 데는 신문 문체의 영향이 가장 컸던 것은 기억할 만하다.

8 편지와 일기(日記)

말이나 글은 늘 듣고 읽는 사람을 예상하는 것이다. 혼잣소리를 중얼거리거나 외치는 일은 좀체로 없는 것으로, 그 경우에도 자기 자신을 '가상의 듣는 사람'으로 여기고 하는 소리다. 연극에서 특히 옛날에는 많이 쓰던 독백(獨白, Monologue)이라든지 방백

(傍白, Asides)이라는 것은 연극의 발전을 돕기 위한 한 착상이지 실생활에서는 얼마 일어나지 않는다. 그러니까 입센 등의 사실극(寫實劇)이 대두한 다음부터는 무대에서 독백과 방백은 몰려난 느낌이 있다.

사람은 제각기 마음의 비밀을 가지고 있는 것이다. 신통하게도 그것을 마음속에 쌓아 두어서 자진해서 알려만 주지 않는다면 다른 사람이 알 길이 없는 것이다. 그것을 알리는 가장 유력한 수단이 말이요 글인 것이다. 또는 남의 표정을 보고 어느 정도 그 마음속의 숨은 구석을 의사가 진단하듯 알아맞출 수 있다. 그러나 사람들은 이러한 유력한 표현 전달 수단을 통해서 마음과 마음 사이에 통로를 빼놓을 따름이다. 그러므로 그 통로는 오직 마음의 한구석을 지나갈 따름이다. 그 나머지 부분은 개인개인의 비밀한 영토다. 이러한 교통 관계가 현실의 사회적 공동생활의 신경계통 노릇을 하는 듯싶다.

그리하여 많은 독자를 예상한 글일수록 쓰는 편에서는 마음의 통로를 통하여 딴 구석마저 흘러 버릴까 보아 단속을 더 심하게 하는 것이다. 가령 참회(懺悔)문학, 고백(告白)문학이라는 것이 참말로 그 작자의 마음의 비밀을 감춤 없이 털어놓는 것이라면 그 개인에게 실로 치명적인 타격을 줄 재료가 될지 모른다. 그러나 내부치는 참회나 고백일수록 거기는 거짓말이 더 많은 것이다. 차라리 그것을 점두에 내걸고 장사하는 데 워낙 목적이 있는 경우가 많다. 루소의 『참회록』은 비교적 정직하나 그래도 자기를 합리화한 거짓말이 많은 것이다.

조이스는 『율리시스』의 마지막 대목에서 유명한 내적 독백(內的獨白, Monologue interieur)의 수법을 써서 블룸 부인으로 하여금 최면술에 걸린 사람같이 잠꼬대처럼 마음의 비밀을 털어놓게 한다. 마침 그것이 혼자 있는 골방에서 일어난 일이었기 다행이지, 남편의 귀에 조금이라도 흘러 들어갔던들 이혼 소동의 원인이 되지 않았으리라고 할 수 없다. 그러기에 죄지은 아내나 남편이 제일 무서워하는 것이 제 잠꼬대인 것이다.

그러나 제각기 가지고 있는 마음의 비밀을 비록 만사람에게 공개하지 않을망정, 어떤 특수한 상대자에게는 그것을 토로하고야 배긴다. 중세(中世) 예수교회에서는 신부(神父)에게 가서 고백하는 습관이 있었다. 그러고 나면 우선 속이 시원하다. 이러한 목적으로 편지는 서로 깊이 신뢰하는 사람끼리 주고받는 매우 중요한 비밀 루트다.

더군다나 그것은 읽을 사람의 얼굴을 마주 보지 않고 할 소리를 다 할 수 있다는 유리한 조건이 있다. 서로 대면해서는 할 수 없는 말이라도 편지로는 마구 해치운다. 통사정을 하거나 고백을 하는 데도 그러니까 서로 대면하지 않고 편지를 이용하게 된다. 많은 절연장은 그러므로 편지의 형식을 취한다. 대해서는 얼굴이 화끈할 말도 편지에서는 대수롭지 않게 쓰여져 버린다. 공개장(公開狀)이라는 것은 봉하지 않은 편지라고 할까. 일부러 제3자도 보라는 듯이 내놓는 것인데 보통 편지와는 달라서 절반은 성명서(聲名書), 즉 자기의 태도 표명을 목적으로 한 것이거나 토론이거나 토론의 도전인 것이다.

여하간 편지에서는 사람들은 대화에서 보다 더 대담해지고 당돌해지고 노골해진다. 무슨 옥신각신을 편지 내왕으로 해결 지으려다가는 도리어 더 헝클어지기 십상이다. 서로 마주 앉아서 무릎을 맞대고 얘기해야 해결이 나기 쉬운 것이다. 4거두 회담이니, 양

거두 회담이니 하여 회담(會談)에 자꾸 희망을 걸게 되는 것이다. 일본의 이누카이(犬養) 수상은 매우 함축 있는 말을 남기고 국수주의 청년의 총알에 쓰러졌다. "이야기하면 알 수 있는 일이다."

그러나 편지의 가장 큰 쓸모는 거리가 멀거나 그 밖의 사정으로 대면해 말할 수 없는 사람들 사이에 바꾸는 대화 형식의 특수한 대용임에 있다. 그러한 목적으로 오랜 세월을 두고 통용되는 동안에 일정한 틀과 투가 생기고 만 것이다. 이조(李朝) 궁중에서는 우리말 서간(書簡) 투가 드디어 생기고 말기까지 하였던 것이다.

그러나 편지의 묘미는 그러한 투나 틀을 차리고 못 차린 데 있는 것이 아니라, 차라리 그 투나 틀을 깨트리고서 담담하고도 솔직하고 소박하게 자기의 뜻하는 바를 그대로 적어 대는 데 있는 것이다. 서양에서는 작가나 시인의 전집에 거지반 빼놓지 않고 편지를 모은 것이 한두 권은 들어 있는 게 보통이다. 플로베르, 체호프, 고리키의 편지들은 널리 알려져 있지만 최근에는 서서(瑞西)에서 객사한 시인 릴케의 편지가 가장 유명하였다.

그러나 편지에서는 사람들은 지나치게 당돌해질 수 있는 때문에 절연이나 항의나 공격을 내용으로 한 편지일수록 우체통에 넣기 전에 사흘쯤 두었다가 다시 한번 읽어 보고 나서 부치는 것이 현명하다. 흥분 속에서 쓴 제 딴으로는 신랄한 편지도 사흘째 머리가 식었을 적에 읽어 보면 대개는 찢어 버리고 마는 일이 많다.

독백문학 참회문학에 가까운 것으로 일기(日記)라는 형식이 하나 있다. 일기에도 쓸 때의 의도를 따라 두 가지가 있다. 하나는 이윽고는 공개할 것을 예상한 것, 다른 하나는 아주 저 혼자 쓰고 보고 즐기는 나르시스의 샘 노릇을 하는 것이다. 일기의 매력은 사실은 그것을 통하여 쓴 사람의 공개하지 않은 또는 공개할 수

없는 모를 볼 수 있는 때문이다. 단순한 '메모(備忘錄)' 형식의 일기도 있다. 문명한 나라에서는 '편지의 비밀'을 엄수하도록 되어 있어 법률로써 보호한다. 엽서일망정 남에게 온 것이며 특별한 경우 외에는 훑어보지 않는 것이 점잖은 사람의 도리겠다. 봉투 편지면 봉했거나 말았거나 그것은 벌써 발을 들여놓아서는 아니 될 금단 구역으로 아는 게 옳다. 피봉을 굳이 풀로 딱 붙이는 것은 주위의 사람들이 편지의 비밀을 존중할 줄 모르는 사람들이라는 것을 무언중에 인정하는 것이 된다. 편지의 비밀과 마찬가지로 '일기의 비밀'도 존중된다면 사람들은 훨씬 더 재미있는 일기를 쓰고 또는 간혹 구경할 수도 있게 될 것이다. 지드의 일기는 매우 이야깃거리가 되어 있기는 하나 루소의 참회록 비슷한 것이나 아닐까.

편지와 일기의 이러한 특수한 성격 때문에 작가들은 그 작품 전체에 또는 그 일부분에 편지 형식, 일기 형식을 이용하여 그때그때의 당면한 효과를 잘 살린다. 영국 사람들이 근대소설의 첫 시작이라고 자랑하는 리처드슨의 『파밀라』는 편지체로 된 소설이다. 괴테도 카로사도 릴케도 지드도 일기체를 그 소설에 이용하여 성공한 작가들이다.

9 연단(演壇) 형식 라디오 방송·연설·강의·강연

신문 기사나 논설의 문체가 오늘의 글의 문체 일반에 심각한 영향을 주리라는 것은 앞에서도 보아 왔다. 그 영향을 가장 민감하게 받는 것이 문학, 그중에서도 소설일 것이다.

라디오 방송의 말체는 아래의 여러 가지 조건을 염두에 두는 데서 오는 결과라 하겠다.

첫째, 방송과 아울러 수신의 기계장치의 성능 그중에도 그 음성 효과를 잘 알 것.

둘째, 청중도 아무것도 없는 빈방에서 기계장치를 앞에 놓고 말한다는 것. 따라서 청중이나 듣는 편으로부터 아무러한 인간적인 현실적인 반향이 없다는 것.

셋째, 듣는 편에서는 군중 속에 섞인 한 사람으로서가 아니라, 단독으로서 듣고 있다는 예상.

넷째, 얼굴의 표정이나 몸짓의 응원이 없고 또 현실적인 정황의 배경이 도무지 없다는 것. 따라서 표현성은 주로 목소리의 표정에 의지하게 된다는 것

다섯째, 본질적으로 글이 아니라 말이라는 것.

이러한 여러 가지 조건에 대하여 사람들은 맨 처음에는 아직 자각도 없었을 터이나 날이 가는 동안에 차츰 궁리에 궁리를 가하여 오늘은 벌써 '명 방송조'라고 할까 하는 것이 생겨나게 되었다. 그리하여 허장성세인 대언장어식의 말투를 몰아 버리고 차근차근하고 토막토막이 분명하고 간결한 타이르기 식의 말투가 생겨났다. 사람들이 제 나라 말의 아름다움을 가장 잘 연마해 갈 고장으로서는 '라디오'가 제일일 성싶다. '라디오' 말체는 신문 문체와 아울러, 새 문체를 만들어 가는 두 가장 중요한 온상이 될 것이다.

연설(演說)은 그렇지 않다. 교묘한 연설가는 목소리의 온갖 표정뿐 아니라 얼굴의 표정, 가진 몸짓을 필요에 따라 이용할 수가 있다. 또 청중이 모인 회장의 분위기를 이용할 수가 있다. 무엇보다도 청중이 군중임으로 해서 개인하고 얘기할 때와는 다른 이른바 군중심리(群衆心理)를 파악하고 달려들어야 한다. 군중은 개인 개인 떼어 놓을 적에 보이는 이성(理性)을 도리어 잃어버리기 쉬

운 것이다. 아무리 어른이 모인 군중일지라도 군중은 어린아이와 같이 단순한 데가 있다. 그러므로 군중을 상대로 고상한 이론이나 철학을 이야기해서는 실패한다. 보다 더 그들의 신변에 가까운 일을 가지고 이야기해야 한다.

또 군중은 변덕이기 쉽다. 그때그때 임기응변해서 청중의 심리 동향을 잘 붙잡아서 이용해야 연설은 성공한다. 그러므로 그 당장에서는 그렇게도 감격했던 연설도 속기해 놓은 것을 나중에 읽어 보면 내용이 공소한 것을 느낄 적이 많다. 그것은 연설가가 당장당장의 박수갈채를 받기 위하여 그 순간뿐인 계기를 닥치는 대로 이용하는 때문이다. 교묘한 웅변가는 청중에게 무엇을 새로운 것을 준다느니보다도 대체로는 청중이 이미 가지고 있는 것으로 그 말하고 싶어 하는 고장을 찔러 대신 말해 버림으로써 청중의 환영을 받으려 한다. 웅변가는 청중의 지도자라느니보다는 아유자인 경우가 많다.

또 군중은 암시(暗示)에 매우 민감하다. 이성이 약하고 변덕인 군중은 누가 어디서 한마디만 던져도 곧 그것에 감전(感電)하듯 암시를 받기 쉽다. 그리하여 군중은 일순간에 반사적인 행동을 할 수도 있어서 이른바 '몹(Mob)'으로 변해 버릴 경향이 강하다. 교묘한 연설가는 마치 최면술사가 최면술에 걸린 사람을 암시를 주어서 마음대로 다루듯 청중을 웃기고 울게 하여 멋대로 휘두른다.

군중은 책임 관념이 박약하다. 개인개인 떼어 놓으면 책임 관념이 강한 사람들도 군중 속에 풀려 버리면 뒷일은 덜 생각하게 된다. 온건한 연설은 과격한 연설보다도 막수를 받을 기회가 적다. 따분하다는 인상을 주기가 십상이다.

이러한 청중의 군중심리를 주저 없이 이용하는 것이 연설의 또 다른 특징이다.

시저를 죽이고 그 이유를 발표하여 천지가 떠나갈 듯한 박수갈채를 받은 브루투스의 뒤를 이어 로마 시민의 앞에 나타난 안토니우스가 시저를 욕하는 아우성 소리 속에 감히 할 수 있는 첫마디는,

"나는 시저를 파묻으러 온 것이지, 찬양하러 온 것은 아니오."

하는 말일 밖에는 없었다. 애국자 브루투스에게 열광하고 있는 청중에 향해서 그 기분에 맞추어 몇 번이고,

"브루투스는 성실한 사람입니다."

를 되풀이해야 했다. 그러다가 시저의 유언 내용을 다 듣고 나서 청중 사이에 일말의 의혹이 떠도는 것을 포착하자 곧 시저는 반역자가 아니라 애국자였다고 외쳐 군중의 판단에 암시를 주어 일순간에 180도의 전환을 시키는 데 성공하여 군중으로 하여금 일순간 전까지도 애국자라 하여 찬양하던 브루투스를 이번에는 도리어 반역자라고 하여 추격하게 만드는 것이다. 도대체 연설은 정치적 선동의 한 수단으로 이용할 수는 있어도 과학을 논의하기는 자못 부적당한 형식인 것이다.

로마 최대의 웅변가 키케로는 연설이 갖추어야 할 조건으로서 아래의 세 가지를 들었다. 웅변가는 "청중을 가르치며 그 마음을 즐겁게 하며 감동시킨다. 그들을 가르친다고 하는 것은 그의 의무다. 그들을 즐겁게 한다는 것은 그에게 의탁된 일이며, 그들을 감동시킨다는 것은 없지 못할 일이다." 그중에서도 감동시킨다는 것은 웅변가가 노리는 가장 큰 목표인 것이다.

강단에서 하는 강의(講義)는 군중심리와 같은 면은 없는 것으로 강사는 주제에 대한 소상한 해설을 하는 것이 첫 목적이다. 될 수만 있으면 같은 주제에 대한 다른 학자들의 학설을 많이 들어

주며, 자기가 손수 모은 재료를 풍부하게 제공하여 청강자로 하여금 비판 섭취할 여유를 주는 것이 좋겠다. 강단은 자기의 독단을 강요하는 곳이 아니라 진리를 탐구하기 위한 토론장이라고도 하겠기 때문이다.

다음에는 그 주제가 당면해서 현실적으로 품고 있는 여러 가지 과제를 제시하며, 문제가 제기될 여러 점을 밝혀 주는 것이 좋겠다. 청강자는 그리하여 선인들이 보여 주는 자료와 그 정리 결과인 이론에 접하며 문제의 현실적·실천적 면을 파악하며 다시 앞으로 발전시킬 문제의 소재를 발견하여 스스로도 연구의 한 부서에 나아가게 될 것이다. 강사는 그리하여 주제를 과거와 현재 미래에 걸쳐 회고·관찰·전망하여 그동안에 청강자로 하여금 제 손수 문제를 집어 가지고 스스로 발전시킬 길을 열어 주는 것이다.

연설과 강의의 중간쯤에 끼어 있는 것이 이른바 강연(講演)이다. 강의보다는 흔히 좀 더 많은 소군중을 청중으로 하는 것으로 연설의 기교와 강의의 요청을 반반씩 지니고 있는 것이다. 강사는 강의보다는 더 쉬운 말로 즉 전문적 학술어를 될 수 있는 대로 피하여 연구 발표하느니보다도 해설 사업에 가까운 일을 주로 하는 것이다.

강의와 강연은 물론이려니와 연설에서도 오늘 와서는 책상을 두드리며 인공적인 억양을 눈에 띄게 붙이며 부자연한 몸짓 손짓을 남용하는 것은 구식이 되었다. 그보다도 더 담담한 가운데서도 성실하게 쉬운 말과 자연스러운 말씨와 태도로, 청중을 선동한다느니보다는 설복시켜 각각으로 진리에 더 눈뜨게 하는 그런 '타입'의 연설이 새로운 '스타일'로 되어 간다.

III __ 구상(構想)과 구조(構造)

1 구상

그림에서 데생이라는 말을 쓴다.

캔버스 위에 배치될 선(線)과 면(面)과 빛깔의 모든 요소의 설계(設計)를 의미시켜서 쓰기도 한다. 그보다도 더 의미를 확장시켜서 그림의 모든 표현 요소, 즉 선과 빛깔과 형(形)과 기법(技法)과 개인적 양식(樣式)의 전 배합의 설계를 말할 적도 있다. 그것이 차라리 일반적으로 쓰이는 의미인 것 같다. 더 국한해서 그려질 물체가 3차원의 세계에 차지할 위치와 모양만을 가리켜 데생이라고 하기도 하고 그려질 물체의 모양과 구조만을 가리킬 적도 있다.

여하간에 그림에서 데생이 확실해야 한다는 말은 이러한 설계가 튼튼히 되어 있어야 한다는 말이고 그러한 설계는 오랜 훈련과 숙련을 동시에 요한다는 것을 의미한다.

글에 있어서도 그림의 데생과 마찬가지로 그러한 전체적인 설계가 세워지는 것이다. 그것을 우리는 구상(構想)이라고 부르기도 한다. 흔히 소설을 구상한다, 논문을 구상한다는 말이 쓰여진다. 우선 자료는 어느 범위에서 수집을 끊을 것인가, 손에 있는 재료는 어떻게 정돈할 것인가, 글의 구조(構造)는 어떤 모양을 택할 것인가, 세부(細部)의 완성은 어떻게 해 갈 것인가, 부분적인 진술 또는 표현에 있어서 어떠한 특수한 기교를 베푸는 것이 더 효과적일까, 논전(論戰)의 형식을 취할까, 해설의 형식을 취할까, 이러한 종류의 사항에 대해서 전체적인 설계, 즉 구상이 서 가야 할 것이다.

그런데 논문에 있어서는 비교적 이러한 구상이 미리 세워질 수가 있고 대체로는 실제에 있어서 그 구상에 따라 전체가 완성되어 가는 듯하나, 그러나 소설이나 시와 같은 예술작품에 있어서는 대체의 구상은 물론 세워지겠지만 제작 도중에 있어서 마치 유기체(有機體)가 성장하듯 자기 발전을 하는 것을 걷잡지 못하는 경우가 많다. 그리하여 한 작품이 완성되는 순간에 가끔 작자가 처음 의도와는 달라졌다고 술회하는 것을 듣는다. 음악의 작곡에 있어서 모티프의 발전에서 우리는 예술 제작 도상의 자기 발전의 전형적인 예를 구경하는 것이다. 예술 제작에 있어서 이 의식(意識)을 초월한 무의식적 충동적 활동의 부분, 즉 때때로는 설계를 배반하고까지 나가는 자기 발전의 부분에 대한 해명은 아직은 우리 힘에 넘는 일이다.

또 사람을 따라서는 구상을 면밀히 한 다음에 비로소 붓을 잡는 작가들과, 한편 구상을 하면서 한편 붓을 움직여 가는 작가로 갈리기도 한다. 도스토옙스키는 몹시 구상을 짠 다음이 아니고는 붓을 움직이지 않았다고 하며, 그와 반대로 톨스토이는 대충 구상이 테두리가 잡히기만 하면 써 가는 동안에 구상을 다져 갔다고 한다. 이러한 버릇이 두 사람의 작품에 매우 짜인 인상과 다소 방만한 인상을 각각 붙여 주는지도 모른다.

2 구조의 표준형

그림에서 선(線)의 역학적(力學的)·미학적(美學的) 배치에 의한 화면의 구성을 구도(構圖, Composition)라고 부르는데 동양화(東洋畵)에서도 경영 위치(經營位置)라고 하여 화면상의 물체들의 포석을 의미하였다.

글에서도 이와 마찬가지로 글 전체의 구조(構造)라는 것이 있다. 오랜 동안 글이 쓰여지는 동안에, 사람의 심리적 균형감에 저절로 맞도록 구조는 평탄한 것에서부터 파란곡절을 그리는 곡선(曲線)의 굴곡을 가진 것에로 발전해 왔다. 같은 평면 위에서도 단조로운 직선만을 그리는 게 아니라 부분과 부분의 변화와 여러 가지 균형 상태를 나타내게 되었다.

글의 구조의 항용 행해지는 표준형이라고 할까, 그런 것을 편의상 그림으로 나타내면 대충 다음의 그림과 같은 것이 된다.

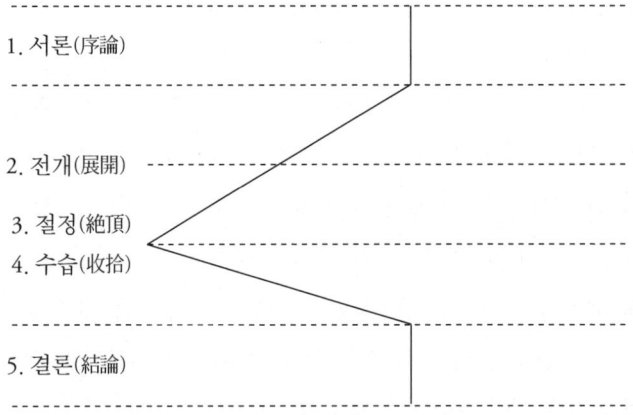

① **서론** 혹은 예술 형식에서는 서곡(序曲, Prologue)이라고도 한다. 또는 발단(發端)이라고도 한다. 논문이라면 '테마'가 우선 그 부분에서 나타나서 그 논문이 해결하려는 문제가 거기서 제시되는 것이고 약간의 해설이 붙기도 한다. 소설이나 희곡이라면 전편을 뚫는 이야기의 실마리가 여기서부터 풀리기 시작하는 것이며, 앞으로 전개될 사건의 몇 개의 복선(伏線)도 이 부분에 이미 싹터 있는 것이다.

② **전개** 또는 발전(發展, Development)이라고도 부르는 것으로 여기서는 서론·서곡에서 실마리나 복선만 보였던 논지(論旨)나 사건이 그 전모를 들추어 내면서 충분히 발전하여 감춤이 없다.

③ **절정**(Climax) 발전하고 전개된 논지나 사건은 드디어 그 마지막 고비에까지 올라간다. 연극이라면 아슬아슬한 극적 갈등은 드디어 여기서 최고조에 달하는 것이다. 논문이라면 전제해 오고 발전시켜 오던 논리와 서술의 실마리들을 한데 집중하여 좌우간 판단을 내려야 될 긴박한 장면에 여기서 다닥치는 것이다. 이 분수령(分水嶺)을 고비로 논지도 사건도 한번 획 몸을 뒤치는 것이다.

④ **수습** 또는 하강(下降, Descending)이라고도 하는 것으로 절정의 한 점에서 전환하기 시작한 논지나 사건은 고비를 넘어서 해결로 향하여 수습기로 들어서는 것이다. 절정에서 최고조에 도달하였던 관심과 흥미와 긴장은 이미 해결의 단서를 잡고 풀리기 시작한다. 결정까지는 읽는 사람이나 관객의 신경을 줄창 끌어올렸다가 여기서는 차츰 늦추어 주기 시작하는 것이다. 긴장을 보충할 이완(弛緩)이 차츰 오기 시작하는 것이다. 그러나 수습 과정은 발전 과정에 비하여 길이가 절반도 아니 된다. 수습은 발전보다 그리 오래 흥미를 끌 수 없는 때문이다.

⑤ **결론**(Conclusion) 소설이나 희곡에서는 대단원(大團圓, Catastrophe)이라고 하는 것으로 전편의 총 결론을 내리는 마당이며 갈등과 대립이 해결을 짓고 마는 대목인 것이다.

희곡이 항용 5막 형식을 취하는 것은 자연스러운 구조의 요구에 응하는 것이겠다. 혹은 3막 속에 압축해서 다섯 개의 곡절을 포함시키기도 한다. 그 적에는 절정은 대개 제2막 마지막 쯤에 위치하게 된다.

교향악(交響樂)의 형식도 대체로 이와 흡사한 구조로 되어 있다. 거꾸로 시나 소설에 교향악의 구조를 갖다 쓰기도 한다.

1. 서두
2. 본문
3. 결말

의 세 부분으로 나누이는 3분법의 약식 구조를 가진다. 편지에서는 어느덧 일정한 서두 형식과 결말 형식이 정해져서 사람들은 기계적으로 인습을 좇아 그것을 답습한다. 본문에서만 제각기 다른 사연을 적어 넣는 셈이 된다.

3 구조의 변형

한시(漢詩)의 절구(絶句) 형식에서
'기(起) 승(承) 전(轉) 결(結)'
의 4단 구조를 취하는 것은 대체로 앞에서 본 표준형의 구조를 좇는 것이라 하겠다.

기(起)=서론
승(承)=전개
전(轉)=절정

결(結)＝수습, 결론

시조(時調)의 구조는

　　초장(初章)＝서론

　　중장(中章)＝전개

　　종장(終章)＝절정, 수습, 결론

의 3단 형식으로 되어 있는데, 종장이야말로 자못 복잡하고도 압축된 부분으로 시조 형식의 갖는 묘미는 이 부분에 깃들어 있는 듯하다.

　　(초장) 말굽에 채이나니 잎잎이 추성(秋聲)이로다
　　(중장) 풍백(風伯)이 비 되어 다 쓸어 버리고녀
　　(종장) 두어라 기구산로(崎嶇山路)를 덮어 둔들 어떠리

에서 보듯, 초장에서 상(想)을 일으켜서 중장에서 계승해서 발전시켰다가, 거기서 해설 못한 문제를 종장 모두까지 그대로 끌고 올라갔다가 한번 전환해서 한꺼번에 해결을 지어 버리는 것이다. 시조에서는 이 종장의 막측한 조화(造化)의 비밀을 알지 못하고서는 참말 쓸 수도 부를 수도 또 감상할 수도 없을 것 같다.

　　구라파의 소네트(Sonnet, 14行詩)는 그 구조가 두 개의 4행시와, 두 개의 3행시로 된 6행시, 이렇게 합쳐서 14행시가 되는데, 대체로 절구의 기·승·전·결의 구조에 해당하는 네 부분으로 지금 본 것처럼 나눌 수 있겠다.

　　그러나 구조에는 일정불변하는 틀이 있으라는 법은 없다. 오랜 버릇 속에서 저절로 자리 잡힌 틀이 어느새 생기기는 했지만 주제의 요구에 따라 굴곡의 폭과 전후 순서에 무쌍한 변화를 가져

오게 된다. 이러한 구조론을 기계적으로 받아들여서는 곤란하다. 그것은 어떤 길잡이와 같은 것이고 그 방향에서 자기의 천재적 착상을 얼마든지 시험해 무방하다.

가령 '서두 — 본문 — 결말'의 정해 놓은 식을 깨트려 거꾸로
'결론 — 해설 — 결론 되풀이'
의 변형을 쓰기도 한다.

얼른 독자의 주목을 끌어 중요한 요점을 먼저 알려야 할 필요에서 신문 기사는 항용
'요약한 결론 — 소상한 해설 — 다시 천천한 결론'
의 구조를 취하여 모두에 벌써 중요한 사항은 다 말해 버려서 바쁜 사람은 그것만 읽고도 대충 짐작은 할 수 있도록 하고, 천천한 사람만 더 소상한 사연과 완전한 결론을 찾아 더 아래를 읽도록 된 것이다.

대전제(大前提)

소전제(小前提)

결론(結論)

의 이른바 3단논법식의 구조는 법률 논문 같은 것에서 흔히 보는 것이나 과학 논문 같은 것에서는

1
- A(자료)
- B(자료)
- C(자료)
- : (자료)

2　G〔일반화 또는 정식화(定式化)〕

와 같이 맨 처음에 많은 자료를 든 뒤에 그러고 나서 그것에 공통된 점들을 일반적인 정식(定式)으로 종합하는 식의 구조를 취한다. 3단논법식의 구조를 연역적(演繹的, Deductive)이라고 하면 나중 것은 귀납적(歸納的, Inductive)이라고 하는 게 옳겠다.

4 구성(構成)·몽타주

티보데가 『소설의 미학(美學)』 속에서 장편소설의 구조를 처음으로 문제 삼은 것은 한 탁견이었다. 부르제는 그러한 모에서 소설의 모형(模型) 같은 것을 썼으나, 형식이나 기술 문제를 그 주제의 요구 및 예술적 정신과 떼어서 생각하는 것은 늘 형식과 기술을 피가 통하지 않는 나무틀과 같은 것으로 잘못 알게 되기 쉽다. 예술에 있어서 구조 문제도 그러므로 예술적 정신의 발전과 떼어서 기계적으로 다루어서는 아니 된다.

그런데 구조라는 말이 평면적인 느낌을 주는 데 대하여, 구성(構成)이라는 말은 입체적(立體的)인 함축을 가진 말이다. 공간적(空間的)인 여러 가지 요소와 재료가 입체적으로 종합되어 어떤 통일된 의도나 효과에 이바지할 적에 조형미술(造形美術)에서는 그것을 구성이라 불러서 구조와 구별한다.

그 부분들과 요소 또는 재료들 서로서로 사이에는 얼른 보아 아무 관련도 공통성도 없는 어색한 것 같으나, 그것이 어떤 한 개의 통일된 효과를 핵심으로 하고 종합될 적에는 그 내포한 대립 반발 때문으로 해서 더 격렬하고 선명한 인상을 주기도 하는 것이다.

구성이라는 관념은 역학(力學)·기구학(機構學)에서 많이 암시된 생각이며, 이론으로서의 자연과학의 실천적 방면인 공학(工

學)에 큰 매력을 느낀 예술가들이 생각해 낸 것임은 틀림없다. 그러므로 구성을 예술의 최고 관점으로 모셨던 이른바 구성주의(Constructivism)가 기계미(機械美)에 대하여 남다른 흥미를 가졌던 것은 주목할 일이다.

구성주의는 예술에 있어서 고도의 지성(知性)의 참여를 주장하는 것임은 물론이다. 예술가가 의도한 일정한 효과를 위하여 의식적으로 재료를 수집하는 것이며 그리해서는 그 재료를 일정한 설계 밑에서 입체적으로 배치하며 결합하는 것이다. 그러므로 예술 제작에 있어서 그 예술가의 계산이나, 타산이나, 배려가 하나에서 끝까지 모두가 의식적으로 된 것이며, 무작정하고 기분적으로 던져진 한 획도 한 점도 없어야 한다는 것이다.

이러한 고도의 지성적인 구성을 갖춘 작품일수록 그 세부(細部, Detail)의 완성에 있어서 각별한 노력을 하지 않을 적에는, 자칫하면 예술작품이 아니라 청사진(靑寫眞)을 보는 듯한 빈약한 상징화(象徵化)에 떨어질 우려가 많다.

여하간에 구성은 20세기가 만든 예술상의 새로운 관념으로 유별난 예술적 효과를 빚어낼 수 있는 제작 기술상의 새로운 발명이었다고 하겠다. 그리하여 현대의 이름이 알려진 문학작품에는 구조라느니보다는 구성이라는 모에서 볼 적에 그 전모가 더 뚜렷해지는 것을 발견하는 경우가 많다. 가령 엘리엇의 장시「황무지」같은 것도 구조라느니보다는 구성을 가진 작품으로 볼 수 있겠다.

또 구성이라는 생각은 즉흥적인 소품적 작품에서보다 가령 조각(彫刻)이라면 기념비적(記念碑的)인 군상(群像), 특히 건축(建築) 같은 데 잘 나타낼 수 있는 듯하다. 결국 구성은 '로만'주의의 방만과 인상주의(印象主義)의 평면성에 대한 한 반발이요 부정에서 나온 생각이었다.
 구성주의와 거의 때를 같이하여 영화감독 예이젠시테인, 푸돕킨 등이 주창한 몽타주(Montage)의 이론은 드디어 영화 제작에 일대 기술적 혁명을 가져왔거니와 다른 예술의 부분에도 심각한 영향을 주었다. 영화적 효과의 입체성이랄까, 그런 것을 거두기 위해서는 여러 가지 동떨어진 영상(映像)을 한데 모아서 혹은 결합시키며 혹은 중복(重複)시키며 혹은 공간적으로 시간적으로 일정한 균형 아래서 배치하여 역학적 효과조차를 거두는 것이다.
 구성이나 몽타주의 수법은 소설뿐 아니라, 특히 시(詩)에서 그 뒤로 많이들 이용하여 독특한 효과를 거두고 있다. 그것은 벌써 한 상식일지도 모른다.

IV __ 말과 글의 기술(技術)

1 기술(技術)과 훈련

글 한 편 시 한 편쯤 보여 주고는 장래 글 쓸 소질이 있느냐 없느냐 판단해 달라는 청을 아마도 작가나 시인 쳐 놓고 받아 보지 않은 사람은 없을 것이다.

그것은 글 쓰는 것이나 특히 문학작품을 쓰는 것은 무슨 천재의 선천적으로 타고난 신비스러운 재주나 소질만으로 되는 것으로 알고 있는 그릇된 생각에서 나온 일이다.

가령 시인이라고 하면 남달리 사물에 느끼는 바가 깊고 많으며, 남이 범연한 데서도 무엇인가 감동할 줄 하는 그러한 성질을 소질이라고 할까. 그러나 그러한 풍부한 정서(情緒)는 시의 예술적 완성을 위하여 저해가 되는 적이 많다. 시인에게 있어서는 차라리 감정을 잘 길들이는 훈련이 매우 중요한 것으로 되어 있다.

그러면 사물의 같고 다른 점과 특징 있는 모를 자못 날카롭게 붙잡아 내는 예민한 눈, 즉 세련된 직관력(直觀力)을 가리켜 글 쓰는 사람으로서 특히 요구되는 소질이라고 할까. 그러나 그것은 '눈의 훈련'을 통해서 연마해 갈 수 있는 일이며, 또 하필 시인과 작가에게만 한정된 요구가 아니라 일반 과학자에게도 마찬가지로 요구되는 성질이다.

우리의 견해로서는 소질에 있어서는 보통 사람의 평균된 능력 이상의 것을 반드시 작가나 시인이 선천적으로 가지고 있어야 된다고는 생각지 않는다. 보통이면 된다. 그 이하로 정서가 빈약하고 직관력이 무딜진대 차라리 방향을 고치는 것이 더 총명함은 물론이다. 그러나 그러한 여러 점에 있어서 보통 수준을 선천적으로 넘어 있다면 그에서 더 좋은 일은 없을 터이다.

요컨대 중요한 것은 '훈련'이다.

무엇보다도 눈의 훈련에서 시작해야 할 것이나 감정의 훈련도 물론 필요하다. 말을 구사하는 훈련은 전 훈련의 막대한 부분을 차지할 것이다. 훈련 속에는 다른 사람의 글과 작품을 읽어 간다는 일도 중요한 몫을 차지할 것이다. 남이 쓴 것을 잘 읽는다는 것은 쓴 사람과 더불어 함께 다시 써 보는 것이나 마찬가지기 때문이다. 그림에서 대가의 걸작을 소위 모사(模寫, Copy)해 보는 것이 초학자의 중요한 공부로 되어 있다. 그러는 동안에 대가의 제작 과정의 뜻하지 않은 비밀을 캐낼 수도 있는 것이다. 초입자들이 항용 품고 있는 그릇된 생각은 글 쓰는 기술은 무슨 요령이 있는 것으로 손쉽게 그 요령만 알아내면 내일부터라도 당장에 대가가 될 수 있을 듯이 여기는 것이다. 그래서는 자기가 쓴 것을 선배에게 고쳐 달라고 곧잘 청한다. 그러나 딴 사람이 손을 대는 순간부터는 벌써 그 글은 그 사람에게 계승되어 그 사람의 것으로서 발전하는 것이다. 어떤 토막토막에 대한 '힌트'를 줄 수는 있다. 그러나 그것은 어디까지든지 훈련의 한 부분으로서 보아야 할 일이다.

문학에도 글 쓰는 데도 지름길은 별로 없는 듯하다. 남만치 땀 좀 흘리고 살이 빠져야 시나 소설쯤도 쓰게 되는 것으로 알아야 할 것이다. 오직 꾸준한 훈련의 대로가 있을 뿐이다.

훈련인 까닭에 그것은 시일을 요한다. 사람사람의 재주와 노력을 따라 장단은 다를망정 꽤 오랜 연공을 쌓아야 한다. 랭보나 라디게 같은 조숙한 천재도 있으려니와 저마다 천재처럼 생각하다가는 망발이 되기 쉽다. 엘리엇은 시인들에게 매일같이 시를 한두 편은 써 가라고 권하였다. 마치 피아니스트가 하루만 연습을 쉬어도 손가락이 꿈꿈해지듯이, 시인의 말 훈련이 머뭇거릴까 보아 염려한 말이겠다. 그렇게 해서도 쉰 고개를 넘은 엘리엇의 발표된 전 시 작품이 한 권에 수록될 수 있는 정도다. 발표한 작품보다 몇 10배의 작품이 휴지통 속에 버려져 있어야 할지 모른다. 적어도 시 쓰는 공부는 그러한 것이 아닌가 한다. 쓴 작품 편수보다도 발표한 편수가 많다면 좀 딱한 노릇이다.

이리하여 오랜 훈련을 쌓아올리는 동안에 한 가능성(可能性)의 집적으로서 기술이 그의 말 활동에 배어 버리는 것이다. 또 우리가 말을 가지고 생각하고 있듯, 글 쓰는 기술, 말하는 기술은 생각하는 기술에 아물어 붙어 버리는 것이다. 마치 교양(敎養)이라고 하는 것이 오랜 적공 뒤에 그 임자의 행동거지와 인격에 그대로 배어 있어서, 그것만을 떼 낼 수도 없고 손쉽게 남을 갈라 줄 수도 없는 것과 같다.

또 기술은 그것만 떨어져서 독립한 과목으로 내세울 수가 없고, 그때그때의 테마와 떼려야 뗄 수 없는 관계에 있는 것이다. 즉 독립한 기술의 체계와 같은 것을 생각하고, 단시일에 그런 것을 속성해 버렸으면 하는 것은 교활한 꾀보의 생각이다. 기술이 가치 있어 보이는 것은 특정한 테마를 가장 잘 살렸을 적에 그러한 의미에서 가치가 있는 것이고, 결코 기술의 가치가 독립해 있어서 어떤 테마에도 그때그때 적용되는 것이라고 생각해서는 아니 된다.[1]

기술은 훈련을 통하여 인격과 함께 성장하는 것 같다. 다시 한 번 뷔퐁의 말대로 "글은 사람인 것이다". 말이나 글의 기술자라는 말에는 어디라 없이 성실치 못한 인상이 붙어 있는 것 같다. 끊임없이 읽고 생각하고 관찰하고, 체험을 통하여 읽은 결과와 관찰하고 생각한 결과를 생활의 실천에 살리는 그러한 전 인간적 인격적 훈련이 글을 위한 훈련의 기초에 있어야 할지 모른다.

2 내부 싸움으로서의 제작 과정

가령 학생들이 쓴 글을 여러 편 보면 대개 비슷비슷해서, 특별히 어느 것이 누구의 것이라고 지목하기가 어려운 경우가 많다.

글은 어찌해서 이렇게도 비슷비슷해지는 것일까. 좀 전문적인 표현을 빌린다면 글이 표준화(標準化)하는 것이다.

그 까닭의 하나는 물론 그들의 글쓰기 훈련이 모두 어슷비슷한 평균 수준에 있다는 점에 있을 것이다.

다음가는 까닭은 자기들의 기술 능력 표현 능력에 맞는 정도의 쉬운 것만 손쉽게 찾아다니며 쓰는 점에 있다.

셋째 까닭은 제 마음에 내키는 것만 골라서 다룬다는 점이다.

한마디로 말하면 진술과 표현의 두 과정 속에서 진행되는 쓰는 사람의 내부적 갈등을 도무지 경험하지 못하는 곳에 이른바 표준화한 글들의 공통된 약점이 있는 것이다.

---

[1] 拙稿, 「藝術에 있어서의 精神과 技術」, 《文章》續刊號(1948년) 참조.

글이라고 하는 것은 특히 문학작품에 있어서는 모든 다른 예술 부문에서와 마찬가지로 쓰는 사람의 정신 속에서 일어나는 생각과 말의 끊임없는 대립과 반발과 충돌과 중화(中和)를 통한 싸움의 결과라는 것을 잊어버리기 쉽다.

조각가가 자기의 예술적 충동과 의도에 맞추어 대리석을 몹시 굴고 깎고 저며 내고 허물어 버리고 살을 돋혀 내듯, 화가가 팔레트 위에서 물감을 개는 것이 표현의 이상과 현실적 조건의 싸움이듯, 글을 써 가는 것도 특히 문학작품의 제작에 있어서는 작자가 뜻하는 바와 표현과 묘사 능력이 실제적 제약과의 싸움을 거쳐서 되는 것이다.

처음에 생각이 떠오른다. 그 생각은 막연한 말의 성운(星雲) 상태에 싸여 있는 것이다. 말하자면 한 '카오스(Chaos)'의 상태가 요동하는 것이다. 그것은 끊임없이 제게 가장 맞는 말을 찾아서 헤맨다. 이리하여 생각과 말의 한무리와의 사이에 여러모로 대립이 생긴다. 이 대립을 통하여 격렬한 경쟁이 일어난다. 그리하여 이러한 생각과 말들의 다각적인 싸움 속에서 가장 알맞는 한마디가 선택된다. 드디어 과녁을 맞춘 것이다. 플로베르가 "한마디 말⋯⋯오직 한마디 말⋯⋯" 하고 부르짖은 것은 바로 이러한 위기에 서였을 것이다.

이렇게 한마디 한마디 말이 그때그때 싸움에 이기게 되는 것은 그때그때의 당면한 요구뿐 아니라 그 전후 관계로부터도 제약을 받아서 되는 것이다. 즉 문맥의 제약과의 싸움이 또한 벌어진다.

즉 손쉬운 재고품의 적용이나 마음 내키는 것만 추려 오는 것이라면 글쓰기처럼 쉬운 일은 없을 것이다. 그렇지 않고 테마의 요구를 따라서는 재료의 필요성을 따라서는 우리에게는 매우 어색한 장면, 보기 싫은 대상, 마음에 내키지 않는 재료까지라도 다루어야 될 경우가 하도 많다. 자기가 거느린 편리한 재료와 인습적인 표현법을 갖다주어 붙이기만 하는 것이 아니라, 대상에 알맞는 표현을 찾아내야 하는 것이다.

　작가나 시인은 어떤 의미에서는 말의 전습자라느니보다는 말의 발명가인 것이다. 이러한 무수한 작은 발명의 집적이 한 작품이 되는 것 같다.

　제작 과정에 있어서 예술가는 이미 그 정신 속에서 객관화되면서 있는 제작 의도의 명령에 복종하는 한 노동자가 되는 것이지, 자기의 주관을 배설할 곳을 자기의 작품에서 구해서는 안 될 말이다. 생각과 말의 싸움, 말들 저희끼리의 싸움에서 판결을 내리기 위하여는 작자는 순간순간 그 싸움 한복판에서 잠시 뛰어나와 살펴보아야 한다. 싸움 복판에 빠져 있는 동안은 어느 것을 가려내기가 어렵다. 손수 붙여 놓은 싸움이요 제가 그 속에 뛰어 들어온 싸움이면서도 최후의 판단을 내리기 위해서는 싸움판으로부터 몸을 솟구고 경쟁자를 평가하기 좋은 위치를 가려 선다. 제작 과정에서 주관의 간섭과 도취를 순간순간 피하면서 생각과 말, 말과 말싸움에서 약간 거리를 두고 바라본다. 즉 한 개의 순간적 객관화 작용이라 하겠다. 화가가 한참 캔버스에 물감을 때려붙이다가도 잠시 손을 멈추고 캔버스에서 얼굴을 떼고서 눈을 가늘게 해 가지고는 캔버스 위에서 진행되는 자기의 제작의 효과를 헤아려 보는 것은 바로 이 순간적 객관화 작용인 것이다.

3 선택

우리 조상들이 그들의 행동 영역으로서 택한 것은 매우 좁은 지역일밖에 없었다. 그것은 그들을 에워싼 자연환경과 그들 자신의 생리적 조건의 두 방면으로부터 제약되었었다. 오늘에 와서는 우리의 행동반경(行動半徑)은 매우 늘어났다. 그러면서도 우리는 이 광대한 우주 속에서도 선택된 구역 속에서만 생활하고 있는 것이다. 이 선택된 구역 안에서도 우리가 감각기관을 통하여 지각할 수 있는 부분이란 매우 한정된 것일밖에 없다. 이런 곳에 사실은 지각할 수 없는 또는 하지 못하고 있는 토막이 수두룩한 것이다. 가령 소리만 하더라도 모든 소리를 다 듣는 것은 아니다. 우리가 귀로 들을 수 있는 소리는 우주공간을 채우고 있는 수많은 소리 속에서도 음파수(音波數)가 1초 동안에 32인 것으로부터 1만6천 내지 2만 5천인 것까지의 사이에 있는 소리뿐이고, 그 아래 것도 그 위의 것도 우리의 청각의 능력 밖인 것이다. 그 들을 수 있는 소리라고 해서 우리가 다 듣고 있는 것은 아니다. 가령 전찻길가의 2층에서 열심으로 공부하고 있는 학생의 귀에는 전차 소리는 들리지 않는다. 우리가 열중해서 딴 일을 생각하면서 걸을 적에는 바로 등 뒤에서 나는 자동차 나팔 소리를 못 듣고 있는 것이다. 즉 우리의 주의를 집중하고 안 하는 것을 따라서 같은 감각 대상도 더 뚜렷해지는 때와 덜 그러는 때가 생긴다. 심리학에서는 이 현상을 경각성(警覺性, Vigilance)이라고 한다.

우리의 인식의 가장 중요한 기관인 눈이 또한 그렇다. 적외선(赤外線)으로부터 바깥과 자외선(紫外線)으로부터 바깥은 우리 눈으로는 볼 수 없다. 고정된 우리의 시야(視野)라고 하는 것은 얼마나 좁은 영역이냐. 우리는 미생물(微生物)의 세계에서 일어나는 흥미진진한 연극도, 먼 별의 세계에서 생기는 사고도 놀라움도 눈만으로는 알 길이 없는 것이다.

우리는 기억과 상상의 힘을 빌려 조각난 좁은 시야를 꽤 원만한 세계로 땜질한다. 기계장치의 힘을 빌려 국한된 시각의 영역을 확대한다. 현미경 망원경 투시경(透視鏡) 같은 것이 그것이다.

글에 있어도 마찬가지다. 앞에서 우리는 말과 글의 대상을 보아 왔지만 그러한 대상들만 해도 광막하기 짝이 없는데 우리는 그것을 닥치는 대로 마구 글 속에 받아들이는 것은 아니다. 우리는 당면한 테마의 목적과 의도한 효과에 필요하고도 충분한 한도 안에서 재료를 선택할 수밖에 없는 것이다. 관심의 중심이 이곳저곳 이동하면서 필요한 재료는 충분히 갖추어 놓는 것이다.

불필요한 군더더기만 많이 끼어들면 들수록 글의 통일을 깨뜨린다. 불충분한 재료로서는 글의 건축이 불완전해질밖에 없이 된다. 관련 없는 것들을 제쳐 놓고 없어서는 아니 될 본질적인 것을 빼놓지 않는 어김없는 분별력은 선택 작용의 향도가 될 것이다.

이렇게 해서 선택된 재료와 도구는 아직은 다만 질서 없는 혼잡에 지나지 않는다. 그것을 설계에 따라 구조의 각 부면에 배정함으로써 그것은 비로소 어떤 통일성을 가진 질서를 갖추게 되는 것이다. 질서라고 하는 것은 평면적인 나열을 의미하는 것은 아니다. 전후 관계와 상하 관계가 가치와 기능을 따라 논리적으로 정연하게 차려져 있을 때 비로소 우리는 질서를 갖추었다고 할 수 있을 것이다.

일찍이 사실주의(寫實主義)가 처음 독일에 들어갔을 적에 젊은 작가들은 현실을 "있는 그대로 그린다."는 표어를 글자대로 믿어 버리고서는 노트 책에 자기의 주위에 있는 것과 일어나는 일을 모조리 그리려고 하였다. 그래서 죽어 가는 사람의 모양을 그리는 데만도 몇 장씩 적어 나가는 피차에 지리하고도 무미건조한 시험을 한 일이 있다. 이를 가리켜 철저사실주의(Ultrarealism)라고 부르기도 했다.

4 세부(細部) 완성 ── 강조·억압·생기

철저사실주의는 사실주의의 본령을 곡해한 것임은 물론이다. 있는 그대로 그린다는 것은 우선 한번 선택한 연후에 그 재료를 가지고 하는 소리다. 항용 사진을 사실주의의 표본으로 생각하지만 사진에도 감도(感度)에 한계가 있는 것이고 커트된 자연의 한 토막만이 들어오는 것이고 카메라 앵글의 위치와 방향을 따라 대상의 영상이 달라지는 것이며, 같은 사진면에도 초점을 둔 데와 그 주위와는 농담의 차가 생긴다. 광선 관계에 제약되는 점이 많음은 물론이다. 그럴진대 사실주의의 극치라고도 할 사진이 벌써 선택된 화면임을 면치 못한다.

그러면 있는 그대로 즉 진실한 형상을 가지고 우리를 감명시키는 그 힘은 어디서 오는 것인가. 그것은 세부(細部)를 완성해 가는 용의와 솜씨에서 오는 것이다.

즉 선택된 자료를 질서 있게 배치하는 것만으로는 아직도 설계에서 얼마 나가지 못한 것이며 대상에서 멀지 않으며, 골격만이 갖추어진 셈이다. 그것에 살을 붙이고 피를 통하게 하고 숨을 불어넣어서 생동시켜야 된다. 그것은 주장 세부를 메워 나가는 노력으로 되어 가는 것이다. 이리하여 그야말로 한 작품은 탄생되는 것이다. 산파라는 말로써 작자의 임무를 비유하기에는 그는 너무나 많은 자기의 피와 살을 그 작품에 부어 넣는 것이다. 그렇다고 산모라는 말로써 비유하려면 그는 너무나 많이 산파가 하는 시중까지를 해 내는 것이다.

우리는 플로렌스 시청 앞 광장 한 모퉁이에 가로놓인 커다란 대리석 덩이를 상상하자. 오랫동안 두고 아무도 거들떠보지도 않던 것이다. 어느 날 아침 거기를 지나가던 젊은 미켈란젤로는 우연히 그 앞에 멈춰 서서 그 돌을 유심히 내려다보았다. 그는 문득 무슨 충격을 받았다. 그 돌에서 한 조각 작품이 될 수 있음직하다는 생각이다. 그는 그 돌에 그의 머릿속을 그즈음 시름 없이 괴롭히던 소년 다비드의 이미지를 투영해 보았던 것이다. 그래서 망치와 정을 들고 그 돌에 자기가 박아 놓은 다비드의 이미지를 향해서 돌을 깎고 저미고 파내기 시작했다. 맨 처음에는 두루뭉술한 윤곽만 떠올라 왔을 것이다. 그러나 코를 돋히고 눈을 파고 이미를 살리고 턱을 가꾸는 동안에 용맹한 다비드의 얼굴은 차츰 살아 올라온 것이다. 이렇게 해서 돌을 감아쥔 손끝 아니 손가락 하나까지라도 일일이 살아나는 것이다.

글에 있어서도 세부의 완성은 이와 못지않게 공이 들 터이다. 첫째 작자는 강조(强調)할 데를 특히 강조하며 그 강조한 부분의 효과를 더욱 살리기 위해서는 그 주위를 도리어 약하게 하고 억눌러 놓기도 할 경우가 생긴다. 그리하여 높은 데와 낮은 데가 구별이 생기고 거기 짙고 옅은 그늘이 붙어 입체감(立體感)이 생기는 것이며, 파동이 생기고 리듬이 생겨 굼틀거리게 되는 것이다. 중간중간에 휴식이 끼어서 안정감이 생기는 것이며, 휘몰아칠 데 가서는 폭포처럼도 휘몰아치고 늦출 데 가서는 물러가는 파도처럼 얄미울 정도로 늠름해도 보는 것이다.

동양화에서는 기운생동(氣韻生動)이라는 말을 쓴다. 그렇다. 명장의 작품 앞에 서면 형언할 수 없는 생동하는 기운이 화면에 차 있는 것을 느끼는데, 하치 작가들의 작품 앞에서 하품이 나는 것은 웬일일까.

소상한 점으로 말한다면야 의과대학 해부실의 시체 검안에서 넘을 것이 또 어디 있으랴. 그렇건마는 셰익스피어의 단 한 줄에서 더 생동하는 느낌을 받는 것은 아마도 그 형상성 때문일 것 같다. 그러므로 세부를 살리는 데 있어서도 문학작품인 경우와 보통 논문인 경우와는 다를 것이다. 하나는 세부의 형상화요 또 하나는 면밀한 기록을 가리킬 것이다. 그러나 세부의 완성을 거쳐서 비로소 한 문학작품이나 또는 논문이 빈틈없이 짜여지는 것만은 피차에 구별이 없다.

5 비유(比喩) —— 그중의 의미 연관

이제야 우리는 사람이 가진 말에 의한 전달 기술 가운데서 특수하면서도 기실은 말과 더불어 오랜 수법을 살펴보기로 한다.

아마도 말과 더불어 오래일세 옳은 비유라는 수법은 이런 데서 생긴 것 같다. 처음 말을 배우는 사람에게 말의 뜻을 알릴 적에 아마도 손쉽게 쓴 방법은 손가락으로 말이 뜻하는 물건을 가리키는 것이었을 것이다. 다음에 만약에 그 물건이 목전에 없을 적에는 손짓 몸짓으로 그 물건 시늉을 내어 보였을 것이다. 그러나 대상이 그런 물건이 아니고 추상적인 것일 적에는 할 수 없이 비유로써 그 뜻을 알려야 했다.

그 특징은 여하간 구체적인 것으로써 추상적인 것을 가리키는 것이다. 즉 비유에 있어서는 두 개의 뜻의 계열이 있어서, 하나는 나타나 있는 것이요 다른 하나는 나타나 있지 않으나 나타나 있는 것이 간접으로 대응하고 있는 것이다.

그것은 일종 위치를 바꾼 전달 방식이라 하겠다. 내세우기는 A를 내세우나 실상은 B를 나타내려는 것이다. 즉 카르나프의 말을 빌리면 A라는 대상을 주장할 터인데 그 대신 B라는 대상을 주장한다. 그러나 A하고 B 사이에는 어떤 관계가 있으므로 B를 들은 사람은 A를 알게 되는 그러한 의미의 이중 관계가 바로 비유인 것이다. 그는 또한 이러한 비유 형식이 생기는 원인으로서 B가 A보다 더 인상이 강하고 감명이 깊은 까닭에 그러한 더 뚜렷한 것으로서 희미하고 모호한 것을 나타내려는 심리적 욕구를 들었다.[2]

메타포(Mataphor)라는 말은 고대 희랍 말로서는 추이(趣移), 즉 옮아가는 것을 의미하는 것으로 나타나는 말이 표면의 뜻, 즉 보통 뜻하고는 다른 것으로 옮아간다는 뜻이다.[3]

이리하여 말이 표면의 뜻과 다른 뜻을 벌써 나타내지 않고, 즉 의미의 이중 관계가 없어지고 그중 하나만 가리키게 될 적에는 비유의 생명은 죽어 버리는 게 된다. 그러면 사람들은 또 새로운 비유를 찾아내야 한다. 시인이 제 나라 말에 이바지하는 것은 주장이 새로운 비유의 발명이라는 부면에서다. 희랍말에서는 호머는 비유의 큰 원천이었고 근세 영어에서는 셰익스피어야말로 그 나라 말의 비유의 일대 수원지였던 것이다.

---

[2] R. Carnap, *Logical Syntax of Language*, pp. 308~309.
[3] Gardiner, op. cit., pp. 165~166.

인생은 춤추는 곰
앵무새 같은 울음 성성이 같은 중얼거림

인생의 우스꽝스럽고 허망하고 무의미함(엘리엇은 1차 대전 후 영국의 중산계급의 근거 없는 생활을 머리에 두고 있는 것이다.)에 대한 막연한 느낌을 가지는 사람은 많으나 시인의 솜씨로 적절한 비유를 얻었기 때문에 구체적인 생생한 인상을 갖추게 된 것이다. 그 의미 구조를 더욱 분석하면 아래와 같이 된다.

A. 인생의 허망함(우스꽝스러움)(무의식적인 생활)(무의미한 소란)
       ⋮   ⋮   ⋮
B. 춤추는 곰 (우스꽝스러움)(기계적인 시늉) (무의미한 소란)
          ⋮   ⋮
       (기계적인 시늉) (무의미한 소란)

      B´ 앵무새 울음 B˝ 성성이의 지껄임

표면에 나타나 있는 것은 B요 또 B를 측면으로부터 지지하는 B´와 B˝뿐이다. 그러면서도 이 B의 계열이 가지고 있는 의미는 A의 계열을 지시하려는 한 방편으로 쓰인 것이지 그 자체에 목적이 있는 것은 아니다. 이 두 다른 계열을 연결하는 것은 점선으로써 보이듯 두 계열의 어떤 성질의 공통성의 승인이다. 두 다른 것 사이에서 같은 점을 찾아내는 것 ─ 거기 비유의 비밀이 있는 것이다. 그것은 상상의 활동이면서도 그 속에 지성(知性)의 돌연한 비약이 참여하는 것이다. 받아들이는 편으로 보면 처음에는 외관상 전연 다른 두 계열의 대립에서 오는 알력, 차질의 인상이 눈에 띄었는데 다음 순간에는 그 두 다른 것들 사이에 암시된 어떤 공통성을 발견하고는 스스로 신기감 경이감(驚異感)에 굴복하고 마는 것이다.

리처즈는 비유 구조의 이 두 계열을 갈라서 숨은 뜻 즉 A를 '테너(Tenor)'라고 부르고, 그것을 밀어 가는 B를 '비이클(Vehicle)'이라고 하였다.[4]

그런데 비유는 결코 어떠한 말의 특수한 현상이 아니고 우리의 일상 대화 속에 수두룩하게 일어나는 현상이다. 그리하여 앞에서도 말한 것처럼 전에는 비유였던 것이 현재 의미의 이중성을 잃어버려 벌써 비유로 느껴지지 않는 말하자면 비유의 화석(化石)이 한 나라 말 속에는 무수히 있는 동시에 우리는 또 새로운 비유를 자꾸만 발명해서 한 나라말 속의 비유의 총재산을 끊임없이 갱신해 가는 것이다. 가령,

책상 다리, 바늘귀, 불을 살린다, 바람이 분다, 눈되다, 쌀값이 오른다, 전등불을 죽인다…….

이루 셀 수 없는 비유의 남은 자취를 우리의 아무렇지도 않은 대화 속에서 발견하려면 할 수도 있는 것이다.

여하간에 비유는 특히 글을 쓰는 사람 그중에서도 시인이 고래로 매우 정력을 기울여 추구한 것으로 일찍이 아리스토텔레스도 "무엇보다도 뛰어난 위대한 일은 비유의 대가가 되는 일이다. 그것만이 다른 사람에게서 배워 낼 수 없는 물건이다. 그런데 그것은 또한 독창적 천재의 표준이기도 하다. 좋은 비유는 서로 다

---

4   I. A. Richards, *The Philosophy of Rhetoric*, p. 96.

른 것들 사이에서 같은 점을 직관적으로 알아내는 것을 의미하는 때문이다."라고 하여 비유의 중요성을 강조하였다. 고전적 수사학의 시대에는 비유는 글을 아름답게 꾸미는 장식품이라는 생각이 오래 행해졌다. 그러나 오늘 와서는 비유는 보다 더 광범하게 한 나라 말 속에 흩어져 있다는 것, 우리가 사상(思想)이라고 부르는 것조차가 널리 비유 활동에 속한다고 보고 있는 것이다. 즉 한 가지 일을 다른 일로서 생각하는 것, 가령 건축이면 건축에 있어서 어떤 정신을 얘기한다든지 건축의 앞면을 얼굴이라고 말한다든지 건축의 중추부를 건축의 몸뚱어리라고 말하는 것 같은 것은 다 비유에 속하는 게 된다. 또 한 가지 중요한 것은 비유를 단순히 '테너'와 '비이클'의 기계적 결합이라고 보지 않고 그 두 대립된 계열의 호상 작용(Interaction)에서 오는 새로운 관계야말로 비유의 본령이라고 보는 것이다. 즉 A를 B가 대표하는 것이 아니라, A와 B의 호상 작용 속에서 제3의 의미가 선명하게 떠오르는 것이다.5

6 비유의 종류

앞에서 본 비유의 실상을 다시 한번 여기서 종합하고 나서 비유의 종류와 여러 파생(派生) 형태를 살피기로 한다.

"비유는 가장 일반적인 의미에 있어서는 사물의 한 무리에 한 개의 의미 연관을 이용하는 것으로, 그 사이에는 한 개의 주어진 관계가 다른 무리에 있는 유사한 관계를 분간하기 편하게 할 목적을 가지고 있는 것

---

5 Ibid., p. 100.

이다. 비유적인 말을 이해하는 데 있어서 한 의미 연관은 추상적 형태를 가진 다른 의미 연관의 문맥의 일부를 빌려 오는 것이다."[6]

"각 단일한 비유적 의미 이전(移轉)은 물론 본래의 의미 연관과 그 기호를 빌어다 쓰는 다른 의미 연관이 함께 나누어 가지고 있는 공통된 요소에 의존하는 것이다. 그 두 의미 연관의 문맥의 어떤 부분은 한가지라야 한다."[7]

이리하여 비유는 말의 의미를 보통 의미에서 새로운 의미로 이전시키는 것으로 같은 말을 가지고 그것의 액면(額面)에 나타난 의미 말고 다른 의미를 나타내도록 하는 것이다. 여기서 주의할 것은 그 하나를 다른 하나가 기계적으로 대표한다는 의미에서 관계 맺는 것이 아니라 두 계열의 호상 작용 사이에서 새로운 의미가 생겨난다는 것이다.

리처즈는 비유를 그 내부 관계의 공통성의 내용을 따라서 이렇게 나눈다.

가. 논리적(論理的) 비유: 두 계열 그 자체 사이에 어떤 공통성이 있는 경우.

나. 정적(情的) 비유: 두 계열에 대한 우리들의 태도, 정적 반응에 공통성이 있는 경우.[8]

---

6 Ogden & Richards, *Meaning of Meaning*, p. 343.
7 Ibid., p. 233.
8 Cf. I. A. Richards, *Preface to a Dictionary*(Psyche, Vol. XlII, p. 22); *The Philosophy of Rhetoric*, p. 118; *Practical Criticism*, pp. 221~222.

가령 "회의(懷疑)의 밤" 할 적이나 "눈물위 비" 하고 말할 적에는 "회의의 암담함"과 "밤의 어두움", "눈물의 쏟아짐"과 "빗물" 사이에는 객관적으로 그 일들 자체 사이에 같은 데가 있는 것이다.

그러나 "청춘은 인생의 꽃", "개자식" 할 적에는 젊음과 꽃에 대하여 가지는 우리의 정적 반응에 공통성이 있는 것이요, 미운 사나이와 개에 대한 우리 태도에 공통성이 있어서 그 비유를 쓰는 것이다.

비유라는 것은 이렇게 비교(Comparison)에서 시작되는 것이지만 보통 '메타포(Metaphor)'라는 말로써 표시하는 것은 은유(隱喩)라고 해서 좀 복잡한 두 의미 연관으로 성립하는 것이다. 이러한 복잡한 의미 연관이 아니고 두 대상과 대상을 바로 비교하는 것, 즉 "먹장 같은 구름", "눈 같은 살결", "거울같이 맑다" 하는 것 같은 것은 직유(直喩, Simile)라고 부를까.

"손이 부족하다"에서 손은 사람을 의미하는 것으로 전체의 한 부분을 가지고 전체를 대표시키는 것은 시넥도키(Synecdoche)라고 하는 것이요, "그 책상 위의 톨스토이를 집어 주오."에서는 톨스토이라는 이름을 가지고 그의 어느 작품을 가리킨 것인데 이런 것은 메토니미(Metonymy)라고 불러서 구별한다.

"꽃과 별의 속삭임"과 같은 구절에서는 은연중에 꽃과 별을 사람에 비하였다. "바다여 잠자라." 하는 말에서도 바다를 마치 잠도 자고 깨날 수도 있는 사람처럼 다루고 있는 것이다. 이런 것도 비유의 일종으로서 소위 의인법(擬人法, Personification)이라는 것이다.

그러나 여기서 제삼 명심할 것은 비유야말로 적절하기만 하면 우리의 기술과 묘사와 표현에 뜻하지 않은 생기를 주는 것이지만, 그렇다고 그 여러 형식만을 주머니에 넣어 가지고 다니다가 거기 맞추어 그때그때 쓰는 게 아니라 비유의 습성이 부지중에 우리의 말버릇 속에 한 가능성으로 배어 있다가 그때그때 대상의 요구에 따라 적절한 결합이, 마치 음전과 양전 전류가 맞붙어 전기가 불시로 통하듯 돌연 튕겨나는 것이다.

그런데 비교되는 두 계열이 어떤 단순한 의미 연관이 아니고, 줄거리를 가진 이야기일 적에는 즉 예수교 성경에 나오는 '낙타와 바늘구멍'의 비유, '탕자'의 비유 모양으로 비유가 이야기로 되었을 적에는 유화(喩話, Parable)라 하여 메타포와는 구별한다. 그러한 파라블은 대개는 도덕적 교훈의 한 수단으로 쓰이는 것이다. 그보다도 더 복잡한 철학적·종교적 설교를 숨은 임무로 한, 비교적 긴 통일성 있는 이야기는 또 구별해서 알레고리(Allegory)라고 한다. 단테의 『신곡(神曲)』, 버니언의 『천로역정(天路歷程)』 같은 것은 그 속에 들 것이다. 또 파라블의 등장인물을 사람에서 짐승으로 바꾸어 놓은 것은 따로 우화(寓話, Fable)라고 한다. 그 속에서 각 짐승들은 인간 사회의 어떤 성격을 각각 대표하는 것이다. 사자는 왕을, 여우는 교활한 간신, 당나귀는 미련한 시골뜨기를 대표하는 것 같은 것이 그런 것이다.

'알레고리'나 '파라블'은 추상적인 교리나 교훈을 구체적인 것에밖에는 익숙하지 못한 비교적 지식 정도가 낮은 사람에게 알려 주기 위한 유력한 수단으로 쓰이는 것이지만, 우화는 또 바로 직언하기가 곤란한 말하자면 언론의 자유가 적은 세계에서 탄압을 피하는 한 샛길 형식으로서 채용되는 게 보통이었다. 그것은 그 우의(寓意)를 민중은 알고 있으나 전제자는 민중보다도 무식해서 알지 못하거나 알면서도 모르는 척할 만한 아량을 가진 데서 유행하는 것이다. 우화의 대가 라퐁텐은 그러한 조건을 이용했던 것이다.

7 데포르마시옹─유머·풍자·역설·기타

사실적(寫實的)인 기술문(記述文)에 있어서는 물론 대상을 여실하게 묘사하며 반영시키는 것이 목적이요 그러한 효과를 거두려는 데 전 노력이 집중된다. 그러나 상대편에게 어떤 정적(情的) 반응 태도를 불러일으키려 할 적에는, 즉 예술적 의도를 가진 글에서는 그러한 정적 효과를 거두기 위해서는 왕왕 사실적 묘사를 떠나서 일부러 대상의 모양을 왜곡(歪曲)한다. 그림에 있어서 그와 상응하는 예를 찾는다면 엘 그레코의 인물들은 부당하게 몸이 길쭉하게 되었다. 거기서 어떤 '고딕'적인 인상을 우리가 받는 것은 이러한 일부러 한 변형에서 오는 것이다. 모딜리아니의 병적으로 홀쭉하고 목이 가늘고 길고 눈이 짝짝인 인물에서 우리는 현대인의 어떤 병적 모습을 강하게 인상 받는 것이다. 어떤 예술적 효과를 노리고 대상이나 재료를 일부러 모양을 틀리게 해서 나타내는 것을 '데포르마시옹'(Déformation, 變形)이라고 한다.

사태의 진행에 대해서 우리가 예상하던 것과는 전연 뜻하지 않은 다른 결과가 나타날 적에 즉 사태 진행의 출발과 결과 사이에 논리가 없고 조화(調和)를 잃었을 적에 그 돌연한 추락(墜落)에서 받는 의외의 타격─그것이 이른바 유머의 본질인 것이다. 유머의 경험은

첫째, 아무 준비도 없는데 돌연 나타나는 때.

둘째, 뜻밖의 사태가 나타나거나, 구성 요소의 의미에 돌연한 변화가 있을 때.

셋째, 전연 객관적으로 냉철하게 사태를 관망하고 주관적으로 이에 참여하지 않는 경우.

넷째, 이야기 속에 여러 사실이 들어 있어서 그 사실이 조화되고 해명되어 통일되어야 할 적.

다섯째, 조화와 논리가 그 당장의 그 부분에만 있고 전체적으로는 그렇지 못한 우스꽝스러운 일들 가운데 성립되는 것이다.[9]

어떤 점잖은 부인이 길가 얼음판에 미끄러져 자빠졌다고 하자. 그 일을 아주 객관적으로만 바라볼 적에는 우스꽝스러워 보인다. 만약에 주관적으로 동정한다든지 할 적에는 벌써 우리는 유머를 느끼지 못한다. 유머는 완전히 객관화된 관점에서만 일어날 수 있는 경험이다.

그러나 플라톤이 말하듯 유머에는 기지(機智, Wit)에서와 마찬가지로 다만 웃어 줄 뿐 기껏 가야 쓰게 웃어 줄 뿐이지 그 배경에 딴 악의는 없는 것이다. 유머 속에는 인생과 세계를 삐뚤어진 모양 속에서도 어떤 함축 있는 방식으로 그 본질에 가끔 부딪치게는 하나 즐거운 면을 가지고 있는 것을 특색으로 한다. 유머러스한 사람에는 악인이 없다.

두 개의 질이 다른 것을 돌연 갖다 붙임으로써 거기서 어떤 지성의 불꽃 같은 것을 쐬게 하는 것이 기지(機智)다. 제도할 적에 쓰는 '컴퍼스'〔兩脚器〕를 부부 관계에 갖다 붙인 던의 비유에는 기지의 일면이 있는 것이다. 잃어버린 능금 얘기에 얼토당토 않은 쥐잡는 약 이야기를 끌어다 붙여서 손님으로 하여금 능금 훔쳐 먹은 것을 자백시킨 라퐁텐의 기지는 너무나 유명하다.

기지에 약간 가벼운 악의가 섞여서 표면의 뜻과 실상 뜻하는 바가 반대일 경우에는 아이러니가 생긴다. 즉 빈정대는 말씨다.

---

[9] Cf. Maier & Reuinger, *A Psychological Approach to Literary Criticism*, p. 130.

거짓말쟁이를 향해서 "아 위대한 실속 있는 사람……." 하고 불렀다면 그것은 적지 아니 악의에 찬 반위(反意)인 것이다.

그보다도 더 험한 것은 역설(逆說, Paradox)로서 어떤 부분적 진리를 가지고 마구 전체에 뒤집어씌우는 일종의 억설은 억설인데 그 부분적 진리 자체는 참말 인상적인 경우다.

"인생은 한 줄의 보들레르만 못하다."

"사랑은 독(毒)이다."

이러한 말에는 일부의 진리는 있는 것이다. 그러나 그것으로써 그 인생이나 사랑의 본질이거나 전체라고 할 수는 없다. 그것은 어떤 강한 자극제(刺戟劑)처럼 푹 찌르는 힘은 가졌으나 그것으로 병을 모조리 고칠 수는 없다.

그 어느 것보다도 강한 분노를 그 뿌리에 두고 있는 것이 풍자(諷刺, Satire)다. 정면으로 대상의 약점을 지적하고 질책하는 것이 아니라, 대상 자체는 가장 건강하다고 생각하거나 아무 자각 없이 지나치는 면에서 병집을 들추어내고 약점을 꺼내 보여서 대상을 매우 거북하고도 우스꽝스러운 입장에 서게 하는 것이다. 정면공격이 아니라 이면을 폭로하여 기습(奇襲)을 꾀하는 것이다. 스위프트의 『걸리버 여행기』처럼 풍자는 비유와 혼합되어 이중으로 효과를 거두는 경우가 많다.

최후로 우리는 비소법(比小法, Bathos)의 해설로써 '데포르마시옹' 대목을 막기로 하자.

점진법(漸進法, Climax) 즉 낮은 데로부터 차츰 높은 데로 효과를 끌어올리는 것은 인정의 매우 자연스러운 동향이지만, 그 자연스러운 진로를 거꾸로 우겨 가는 데 비소법의 정상 아닌 모가 있다. 즉 맨 처음에 중대한 것을 먼저 내걸어, 듣는 편으로 하여금 잔뜩 긴장하여 그것에 상응하는 큰 결과를 기대하게 해 놓고, 실상은 아무렇지도 않은 평범한 결과를 보여 주는 것이다. 가령 "군대는 새벽 거리를 국경으로 향하여 이동하기 시작하였다. 중화기(重火器)가 이에 따르고 치중부대가 뒤를 따랐다."고 말하여 무슨 비상사태인 줄만 알게 해 놓고 끝에 가서 "이리하여 군대는 연습지로 향하였다." 하고 말한다면 마치 꿈속에 높은 데서 떨어지듯 맹랑한 생각을 품게 되는 것이다.

8 여백(餘白)과 생략(省略)

서양화와 동양화의 스타일의 차는 이런 데도 나타난다. 즉 서양화에서는 화면 전체를 될 수만 있으면 무슨 형체로, 적어도 물감으로 꽉 채워 놓는 데 대해서 동양화의 화면에는 거의 언제고 아무것도 그리지 않은 여백(餘白) 부분이 있다. 아무것도 그려지지 않은 면이라고 해서 무의미한 공백(空白)이냐 하면 그렇지 않다. 그 여백 부분은 언제고 그려져 있는 부분과 대조된 채 어떤 균형(均衡) 관계를 이루고 있는 것이다. 뿐만이 아니라 그 여백이야말로 감상하는 편에서 그려진 부분을 통해서 스스로 상상의 날개를 시험해 보는 뜻깊은 천지인 것이다.

글의 여러 형태 중에서도 시만은 동서양을 막론하고 이 여백 부분의 가치를 살리도록 되어 있다. 시는 한 압축된 표현으로 수축된 탄력(彈力)의 극한이라 하겠다. 그 압축되고 수축된 응결을 통해서 우리의 해석은 그 글줄 밖 여백에 감추어 둔 의미까지라도 캐내게 된다. 작은 것으로 큰 세계를 능히 가리킬 수 있는 까닭에 시의 수법은 주로 암시적(暗示的)이라 부르는 것이다.

이렇게 시는 물론이려니와 모든 글에 있어서 요령은 적은 표현으로 최대한도의 효과를 거두는 데 있다. 표현의 경제 그것은 글 쓰는 데 있어서 알파요 오메가다. 앞에서 선택에 대해서 말한 바도 있거니와 선택인 까닭에 그것은 그 반면에 선택해서 빠지는 많은 부분을 생략(省略)하는 것을 필수 요건으로 한다.

글 그중에도 시를 쓸 적에 특히 처음 시작하는 사람에게서 흔히 볼 수 있는 일은 표현의 비만이요 낭비요 산만이다. 너무 비둔한 부분을 베어 버리고 마구 쏟아놓는 것을 아껴 두고 그저 긁어모은 것을 추려 놓는 일이 처음 시작에는 주로 해야 하는 훈련이 된다.

수십 권의 전집을 가지는 것만이 자랑이 아니다. 현대의 과작가(寡作家)로서는 발레리나 엘리엇 같은 사람을 들 수 있을까. 발레리의『바리에테』한 권을 딴 사람이 가진다면 열 권도 벌여 놓을 수 있을 것이다. 그렇건마는 그 책에는 20년의 적공이 쌓여 있는 것이다.

권투가가 처음 들어가서 하는 훈련은 주로 그 비슷한 근육에서 쓸데없는 부분을 떨어 버리고 알맹이 근육과 근수만 남도록 하는 일이라 한다. 글 쓰는 사람도 마찬가지로 어떻게 많은 분량을 늘어 놓을까가 문제가 아니라, 어떻게 알맹이만을 효과 있게 나타낼까 하는 점에 명념해야 할 것이다. 그렇다고 골자만 따 놓는다는 말이 아니다. 그것은 미라밖에 아니 된다. 한 유기체로서 가장 충실하면서도 어수룩한 데가 없는 탄력 있고 팽팽한 체격이야말로 글의 이상적 체격이라는 말이다.

V __ 선전(宣傳)

1 선전이란 무엇

누구는 현대는 프로파간다(Propaganda) 즉 선전의 시대라고 말하였다.

어떤 사실 또는 의견을 자연스러운 상태에서 발표하며 교환하는 데 그치지 않고 더 적극적으로 기회와 장소와 수단을 찾아 이용하여 더 널리 그것을 퍼트리려고 하는 일체의 행동은 모두 선전 속에 들어가는 것이라 하겠다.

우리들의 생활을 지도하는 정치적 이념·사상 사이에 대립이 있고 또는 상품 경제의 사회에서 이윤(利潤)을 추구하여 만드는 상품 사이에 경쟁이 심하면 심할수록 선전의 필요는 절실해진다. 이러한 의미에서 현대는 선전을 위해서는 가장 알맞은 시대일지 모른다.

그런데 오늘 이 선전의 방편으로 제일 많이 쓰여지는 것에 둘이 있다. 하나는 신문이요 다른 하나는 라디오다. 영화도 물론 적지 아니 이 방면에 쓰여지며 어떤 나라에서는 텔레비전이 차츰 이용되어 가는 모양이다.

그러나 여기서 우리의 관심을 끄는 것은 특히 신문과 라디오를 통한 말과 글에 의한 선전이다. 그것은 적극적인 목적을 가진 의식적인 행동이요 조직인 까닭으로 해서 말과 글의 가진 효과를 다 자각하고서 이용하려 든다. 그런 의미에서 문장론의 입장에서도 등한히 할 수 없다.

선전을 국가 목적으로 조직적으로 의식적으로 또 노골하게 내붙이고 하기 시작한 것은 '나치 독일'에 역사상 처음으로 선전성(宣傳省)이 생기면서 괴벨스가 그 일을 맡아 하기 시작한 뒤일 것이다. 그러나 선전 행동은 그 전부터도 있어 왔었다. 특히 19세기 초 윈 회의 이래 이른바 현대적 의미의 외교(外交)가 성립되며 여러 가지 정치적 주장과 학설과 사상이 대두해서 서로 격렬한 투쟁을 하게 되자 각 나라와 나라, 당파와 당파 사이에서 서로서로 자기의 입장을 옹호하며 유리하게 하려 하며, 또는 더 널리 민중의 지지를 받으려 하여 열렬하게 선전에 종사하고 있었던 것이다. 19세기에서는 아마 불란서의 '드레퓌스'사건 같은 것이 선전의 좋은 시련 기회였을지 모른다. 광고라고 하는 것도 상업상 목적을 위한 선전인 것은 물론이다. 될 수 있는 대로 소비자의 주의를 저의 상품에 끌어서 많이 팔므로 그만치 더 많은 이익을 보려는 데 목적이 있는 것이다. 오늘 거의 모든 상품의 생산가격, 도매가격, 산매 가격에는 상품 본래의 가격 외에 막대한 부분이 광고 비용으로서 가산되어 있는 것이다. 우리는 물건 하나 살 적마다 기업가의 이익, 도매상의 중간 이익, 소매상의 이익에다가 그들이 제멋대로 정하는 광고 비용까지 얹어서 돈을 치르고 있는 것이다. 거기도 자본 사회의 한 농간질이 숨어 있는 것이다.

이리하여 모든 선전 가운데는 참말 민중의 복리를 증진하는 데 도움이 되는 좋은 선전과 그렇지 않고 정치적·사상적 데마고 그로서 또는 장사치의 얼림수로서 쓰여지는 선전이 있음을 알아야 할 것이다. 그 어느 경우고 대상은 민중인 것이어서 민중은 선전의 진실성과 속임수를 잘 분간해서 받아들일 만치 지혜로워져야 할 것이다.

2 선전의 기술

나치 독일의 선전상이던 괴벨스는 선전을 정의해서 "되풀이하는 일"이라고 말한 적이 있다. 선전가가 쓰는 가장 유력한 수법은 반복(反復)이다. 되풀이해서 같은 것을 인상시킴으로써, 드디어는 받아들이는 편의 마음에서 지워 버릴 수 없도록 만드는 것이 반복이다. '나치 독일'이 망한 이상 이러한 선전술의 효과도 어떨까 싶지만 반복이라는 것이 남을 인상시키는 데 한 가지 유력한 수법임에는 틀림없다. 다만 반복되는 내용이 민중의 지성과 감성에 용납될 성질의 것일 적에는 한층 더 효과적이지만 그렇지 않고 민중이 다소 의혹을 가지며 흥미를 느끼지 않으며 싫증까지 느낄 성질의 내용을 되풀이하기만 한다면 민중의 심리적 반발을 더 깊이 잡아낼 염려가 있다. 나치식 선전이 드디어 파탄을 일으키고 만 것은 선전의 내용 가치의 평가와 선전 상대인 민중의 심리를 파악하지 못하고 그저 주로 반복의 힘에만 의존하려는 형식주의에 연유하는 점이 컸다고 하겠다.

다음에 선전가가 이용하는 수법은 집중(集中)이다. 산발적으로 뜨음뜨음하는 것보다 또는 넓은 지역에 흩어 놓는 것보다는 어떠한 공간과 시간을 택하여 집중사격을 퍼붓는 것이 가장 효과 있다고 보고 있는 것이다.

좋지 못한 선전가는 때로는 소기한 효과만 노리는 나머지 사실을 사실 이상으로 과장하기를 잘한다. 사실대로 전하지 않고 자기의 선전 목적에 유리한 눈치면 잔뜩 과장해서 내놓는 것이다. 사실이 아니라 사실의 붕어사탕인 것이다. 우리는 지난번 전쟁중에 이 종류의 선전을 많이 구경했던 것이다.

과장하는 반면에 자기의 선전 목적에 불리한 사실이면 묵살해 버리는 것이다. 이리하여 우리는 태평양전쟁의 진상에 대하여 참말 중요한 사건은 거지반 전쟁중에는 모르고 지냈던 것이다.

과장과 묵살은 문장상으로는 강조법과 생략법의 한 적용인 것이다. 이리하여 선전문·선전 연설·선전 방송에는 문장법상의 갖은 기교가 당면 긴급한 목적을 위해서는 남김없이 이용되는 것이다. 다만 참말 민중의 복리를 위한 선전일 경우에는 무기는 정의의 무사의 손에 잡힌 것이 되지만, 그렇지 않고 그것이 데마고그의 손에 들었을 경우에는 민중이 받는 피해는 실로 막대해진다.

3 설복(說服)

선전이 권력을 등에 업고 나섰을 때 선전가들은 실속은 못 차리고 스스로 제 선전의 효과에 도취하기 쉽다. 민중은 자칫하면 그 경우에 형식으로만 그 선전을 영합하기 쉽다. 즉 선전에 공명하는 게 아니라 표면만 권력에 굴복하는 것이다. 그러나 선전에 있어서 중요한 것은 그러한 형식상 영합이 아니라 마음으로부터의 굴복, 즉 심복(心服)을 얻는다는 일이다. 즉 강제가 아니라 설복(說服)이야말로 중요한 것이다.

즉 상대편의 심복을 얻기 위한 설복이기 위해서는 상대편의 심리를 잘 파악하지 않고는 자칫하면 정면에서 환약을 삼키는 체했다가 뒷골목에 가서는 토해 버릴 염려가 있다.

집중과 되풀이도 사람들의 심리적 버릇과 보조를 같이한다는 점에서 효과적인 것이지 그 자체에 가치가 있는 것은 아니다.

가령 선전 상대가 되는 민족이면 민족의 민족성(民族性)의 파악 없이 섣불리 달려든 선전은 필경에는 실패하기 쉽다. 특히 그 민족의 자존심을 건드린 선전은 도리어 반발심을 일으키게 만들기 예사다. 만약에 미국이나 영국에 가서 그 나라 사람들에게 아름다운 이상만 들고 나섰다가는 아무 반향도 일으키지 못하게 될 것이다. 그들에게는 실생활에 이익이 되느냐 안 되느냐를 가지고 타일러야 비로소 귀를 솔깃할 것이다. 이 실리주의자(實利主義者)들에게는 어떠한 선전의 힘으로도 독일식 관념철학(觀念哲學)이 뿌리를 박아 낼 수가 없을 것이다. 예술적 국민인 불란서 사람들에게는 수판이나 저울 따위는 문제가 아니다. 그들의 섬세한 감성(感性)을 건드리지 않고는 그들은 그 사치한 마음의 문을 열어 주려 하지 않을 것이다. 격정적(激情的)인 민족, 종교적인 경향이 강한 민족에게는 감정과 신비감에 호소하는 선전 방식이 아니고는 효과를 거두기 어려울 것이다.

나이로 보아서는 중년 이상 사람에게는 감정보다도 이해타산을 가지고 설복시킬밖에 없으며, 그 대신 청년은 아름다운 이상과 꿈을 가지고, 또는 평온한 상식보다도 격정에 호소하여야 그들을 움직일 수 있다. 성별(性別)로 보면 여성은 대체로 남성보다는 더 감상가(感傷家)라는 점을 선전가는 명심하고 있는 것이다.

요컨대 선전의 윤리성의 구경의 기준은 그것이 우리 생활을 더 잘 만들고 행복스럽게 하는 일에 봉사한다는 점에 있어야 할 것이다. 그 밖의 불순한 일시적인 효과로 해서 선전이 행해진다면 그것은 극히 부도덕한 행위가 되고 말 것은 물론이다.

그러나 불순한 선전이 있음으로 해서 사람들은 선전이라면 속임수처럼 여기기 쉽게 되어 있다. "그건 선전이다.", "선전에 속지 말아라."와 같은 말에서 보듯 선전을 오해되고 있는 게 보통이다. 그러나 어떤 좋은 일의 사회적 효과를 돋우기 위해서는 선전은 매우 필요한 일이며 쓸모가 있는 것이다.

VI __ 글의 해석(解釋)

1 귀의 훈련

　우리가 일상생활에서 말을 할 적에는 거의 말을 하는 행동이 말을 듣는 일보다 압도적으로 많다. 사리로 따진다면 '하는 행동'과 '듣는 일'일 반반씩 되어야 옳겠지만 사람들은 어쩐지 저마다 하고 싶은 말에 바쁜 모양으로서 남의 말에 귀를 기울이는 데 시간이나 노력을 바치려는 정성보다 남의 말이야 어찌 되었든지 내 말부터 먼저 쏟아놓아야 속이 시원해하는 게 보통 인정인 것 같다. 그래서 사람들은 원래부터 수다스러운 동물로 태어난 것 같기도 하다. 시골 장에서 돌아오는 부인네들이 네다섯씩 짝패를 지어 걸으면서 이야기를 하는 꼴을 여겨 보면 넷이면 넷이 거의 동시에 이야기하고 있어서, 그들의 목적은 이야기를 주고받으려는 공정한 거래에 있는 것이 아니라, 그저 내 말만 제각기 몰아쳐 팔려는 데만 있는 것같이 보인다.
　여하간 사람들은 남의 말을 듣느니보다, 더 많이 말하려는 경향이 있다. 그런 데서부터 남의 말은 채 들어도 보지 않으려 하거나, 또는 대충 제멋대로 해석해 버리는 나쁜 결과가 생긴다. 마치

자기는 남에게 이해받고 싶으면서도 남은 이해하려 들지 않는 이기주의자(利己主義者)가 되어 버린다. 따라서 말이라고 하는 것이 인식과 경험의 교환, 의사소통의 사회적 도구로서의 그 본래의 임무를 다하지 못하고 부주의, 성급한 판단, 오해(誤解), 곡해(曲解)에서 오는 여러 가지 불행한 사태를 낳아 놓게까지 된다. 옛날 희랍 사람들은 딴은 이러한 좋지 못한 경향을 바로잡기 위해서 "침묵은 금이요 웅변은 은이라."는 격언을 만들어 낸 것이다. 영국 사람에게 탄복하는 일의 한 가지는 그들은 무슨 좌석에서고 남의 말을 다 듣고 난 다음에 자기 말을 하려는 좋은 버릇을 가지고 있다는 점이다. 대화에서 보든지 또는 회의 같은 데서 보든지

　남이 한 말을 곱씹는 것.
　제 말만 제일이라고 떠드는 것.
　무엇을 결정하려는 데 목적이 있지 않고 한번 떠들어 보고야 만다는 데 안목을 두는 것

같은 것은 모두 사람의 원시적인 수다스러운 성미에서 오는 것이다.

"어떻게 효과 있게 말할까." 하는 과제가 중요하듯, 아니 그 이상으로 "어떻게 효과 있게 남의 말을 들을까." 하는 과제는 사람과 사람 사이의 이해와 협동을 촉진한다는 모에서도 지극히 중요하다고 생각된다. 과거의 문장론 또는 수사학은 주장 "어떻게 말할까."에만 치우친 느낌이 없지 않다. 이러한 의미에서 우리는 이 책의 전권을 통해서 특히 "어떻게 말하고 쓸까."를 다룬 대목에서도 늘 이 "어떻게 듣고 읽을까."의 문제를 배경에 두고 적어 왔다.

입의 훈련, 손끝의 훈련에 못지않게 '귀의 훈련'(듣는 것과 읽은 것을 아울러)은 건전한 전달(傳達) 관계를 말에 있어서 확립하는 의미에서 필요하고도 긴급한 일이다. 말하는 일에만 일방적으로 치

우친 그러한 전달 관계는 결코 건전한 상태라 할 수 없다.

귀의 훈련, 즉 옳은 해석(解釋) 이론을 우리는 우리 문장론 끝에서 요약해 놓는 것이 좋겠다고 생각하였다. 그것은 다름 아닌 지금까지 이 책의 전권에 흐르고 있었으며 때때로 적당한 대목에서 이미 말해 버린 것을 새삼스레 여기서 요약한 것에 지나지 않는다.

그런데 말보다도 글에 있어서는 그것이 한층 더 수고스러운 기호 조직의 이용인 때문이지, 쓰는 경우보다도 읽는 경우가 더 많다. 오늘 문명한 사람들의 생활 속에는 글을 읽는다는 행동이 차지한 몫이 굉장히 크다. 그리하여 글에 있어서는 말과는 다른 필요에서, 즉 오늘의 우리의 특히 문화생활에 지대한 영향력을 가지고 있다는 의미에서 옳은 해석 이론이 긴급하고 절실하게 요청되는 것이다.

2 심리적 맥락(心理的脈絡)

고독에 견딜 수 없다는 것은 사람의 가장 큰 약점인지도 모른다. 인류의 오래인 조상 적부터도 그들은 '사회적 관계'를 이루면서 생활해 왔었다. 공동한 적을 맞아서 싸운다든지 먹을 것을 얻기 위하여 행동한다든지 할 적에 그들의 행동이 사회적 연대 관계를 이룬 것은 거의 본능(本能)의 충동에 의한 것이었다. 그러므로 사람은 애초부터도 그 생활의 유지와 발전을 위하여 협동을 통해서 사회관계를 맺어 온 것이다.

그러나 한번 개인개인의 의식(意識)의 세계에 들어가면 꽤 두터운 장벽에 부딪치게 된다. 공동한 생활이 공동한 의식을 규정지어 놓으리라는 것은 쉽사리 생각할 수 있는 일이다. 그러므로 사람의 의식에 너무 지나친 개별성(個別性)만을 역설하는 것은 개인주의사상의 그릇된 독단에 연유하는 것일지 모른다. 그리하여 그 일반적·추상적 면에 있어서는 사람의 공동성·제일성(齊一性)을 주장하는 것은 근거가 있는 일이겠다. 그러나 어떤 특정한 시간에 구체적으로 지목된 한 개인의 의식 속에서 일어나는 일은 그의 육체의 한계 또는 인격에 집중되어 폐쇄되어 있는 것으로 다른 사람으로서는 그 비밀 지역의 사정을 일일이 다 알아낼 수는 없다. 물론 군중 속에 섞여 연설을 듣는다거나 또는 똑같은 자극이 주어졌을 적에 대체로 다른 사람과 일치한 반응을 한다는 것은 속일 수 없는 일이다. 그러나 떨어져 있는 한 사람 한 사람이 생각하고 있는 일이란 그 한 사람의 폐쇄된 왕국인 것이 사실이다.

이 폐쇄된 왕국과 왕국 사이에 길을 뚫고 거기 교통 관계를 맺는 것이 다름 아닌 말의 가장 큰 일몫인 것이다.[1] 그러나 말은 사람들의 의식적인 노력에 의해서만 된 것이 아니라 사람들의 공동한 생활과 사회적 협동 속에서 일어나는 본능적 충동과 사회적 필요의 두 모로부터 솟아난 것임을 잊어서는 아니 된다. 그리하여 본능적 충동의 모가 있는 때문으로 해서 말에는 반사적(反射的)인 현상이 생겨나는 것이며, 또 사회적 필요는 사회적 버릇이 되어 적어도 자기 나라 말만은 의식적 노력의 참여라는 것을 거의 느끼지 않고 저절로 배워 내는 것이다. 글이나 외국어를 배우는 경우에는 이 의식적 노력의 면이 뚜렷해 오는 것이다. 즉 공동한 사회 생활은 그와 떼려야 뗄 수 없는 한 부분으로 그 나라 말을 이루어

---

[1] Cf. Gardiner, op. cit., p. 67.

가는데, 글이나 외국어일 적에는 일상생활의 직접성·구체성에서 한층 높여졌거나, 공동한 일상생활의 근거가 없는 때문에 우리는 의식적 노력을 들여 배워 가게 되는 것이다.

사회적 연대 관계의 표현이든 폐쇄된 개인의 의식 사이의 교통이든 여하간에 말은 그 자체는 한 기호(記號) 조직인 것으로 우리는 그 기호를 매개로 해서 즉 그것을 해석함으로써 그 기호가 대표하는 의미의 세계에까지 더듬어 올라가는 것이다. 그 의미의 세계는 한편에 있어서는 실재(實在) 또는 사실의 세계에 도달함으로써 끝나며 다른 한편에서는 말하는 편이 의도한 감정을 느끼게 함으로써 끝나는 것임은 위에서 본 바와 같다.

기호를 한 개인이 받아 해석할 적에는 그 기호는 과거에 그의 어떤 경험 속에서 일어났던 일이 있어야 비로소 기호일 수 있게 된다. 즉 그 기호마저 한데 섞인 그의 지나간 날의 어떤 경험, 다시 말하면 심리적 맥락(心理的脈絡, Psychological context)이 있어 가지고, 오늘 지금이 기호라는 공통된 부분이 자극을 통하여 성립됨으로써. 과거의 심리적 맥락과 방불한 새로운 심리적 맥락을 유도해 내는 것 — 그것이 바로 해석의 과정인 것이다.[2]

그런데 그 기호는 사회적 전통의 소산이요 집적이라는 점, 즉 일정한 사회적 제약을 받고 있어서 개인개인이 제멋대로 할 수 없는 누구나 복종할밖에 없는 틀을 가지고 있는 까닭에 말이나 글의 해석은 개인개인을 따라 뿔뿔이 갈리지 못하는 일반성을 가지게 된다. 기호로서의 하나하나의 낱말의 함수적(函數的) 능력의 사회적 영역을 찾아 그 테두리를 더듬어 놓은 것이 말하자면 사전(辭

---

[2] 拙著, 『文學槪論』 부록 「文學의 解釋과 理解」 대목 참조.

典)이다. 기호의 분류(分類) 그 조직(組織)의 사회적·전통적 관계를 찾아 정리해 놓은 것이 이른바 문법(文法)이겠다. 리처즈와 오그덴은 그러므로 문법은 '말의 자연사'(自然史)라고 하기조차 하였다. 문법이 말의 사회적·전통적 버릇을 정돈한 것임으로 해서, 따라서 사회적 제약으로서 한 언어사회의 성원들의 말을 감시하고 통제하는 면이 있는 게 사실이다. 이런 데서부터 비속한 일부 문법학자들은 문법의 과학으로서의 부면 즉 말의 사회적 버릇으로서의 사실의 추궁이라는 면을 저버리고, 문법을 법률과 마찬가지로 한 규범학(規範學)으로만 그릇 여기고, 사람들의 언어생활에 폭군과 같이 군림하여 하는 것이다.

그러나 말이나 글의 해석은 문법으로만 처리해 치우기에는 너무나 복잡한 사태임을 명심해야 한다. 사전(辭典)적 제약, 문법적 약속은 해석의 한 단서에 지나지 않는다. 그 단서를 통해서 중요한 것은 앞에서 말한 심리적 맥락의 어김없는 형성이다. 그 심리적 맥락은 한 언어사회의 성원 사이에서는 공동한 생활의 배경의 덕분으로 공통성을 가지게 되는 것이다. 그 공통성은 개인을 초월한 공동한 생활 장면에 일어나는 사태나 사실, 즉 객관적 사실의 세계를 다룬 말이나 글일수록 더 농후할 수 있으며 그와 반대로 개인개인의 내부의 세계, 특히 정의(情意)의 세계의 표현일수록 특수성이 농후해질 가능성이 있다. 그러나 우리는 우리의 정의 생활의 모에서도 공동한 생활 배경의 혜택으로 상당한 제일성(齊一性)을 가지고 있다고 하겠다. 그러면서도 정적 언어(情的言語) 가령 그 가장 단적인 것으로 시(詩) 같은 글을 해석하는 데 있어서는 해석자들이 형성하는 심리적 맥락 사이에는 서로 공통된 부면은 겹치면서도 그 개인개인에 특수한 면은 특수한 부분으로 겹친 부분과는 따로 떨어질 것이다. 이 겹치지 않는 부분이 즉 해석자가 해석 속에 제 개인의 것으로 투자하는 부분이다. 해석에 이러한 개인적 투자의 면이 지나치게 참여하면 이른바 자기식(自己式)의 해석이 된다. '희망적 관찰'이라고 부르는 것 같은 것은 좀 자기 투영(投影)이 지나친 경우의 하나라 하겠다.

해석에 있어서 이러한 남과는 다른 개인적인 특수한 부분이 나타나는 것은 개인개인의 내력과 성격과 소질 같은 여러 조건이 서로 다른 데서부터 생기는 일이다. 과거의 경력이 다르고 연상(聯想) 활동이 다르고 할 적에 그만치 해석의 결과에 차가 생긴다.[3]

3 글의 배경(背景)

말이나 글은 결국 그 어느 누구의 말이거나 글인 것이다. 또는 그 어느 한 그룹의 말이나 글인 것이다. 즉 말이나 글 뒤에는 언제고 한 인격(人格)이 비치고 있다는 것을 잊어서는 아니 된다.

뷔퐁의 신통한 명구 "글은 사람이다."는 실로 여러모로 의미심장한 말이다. 가령

"인민의, 인민에 의한, 인민을 위한 정부!"

라는 말을 게티즈버그에서 링컨이 외쳤을 적에는 그 말은 그의 민주주의의 한 표본적 정의로 액면 그대로 받아들여도 그만이다. 그러나 히틀러가 똑같은 말을 외쳤다고 가정하자. 그래도 마찬가지로 받아들여 옳을까. 히틀러의 경우에는 그것이 거짓말이라는 것

---

3 Cf. Ogden & Richards, *The Meaning of Meaning*, ch. X.

을 느끼고 그 말에 속지 않을 준비를 단단히 해야 할 것이다.

　즉 우리가 어떠한 구호나 표어 같은 것을 구경할 적에 그 배후에 있는 발의한 사람(개인이건 그룹이건)이 그 발언에 대하여 참말 책임을 질 수 있나 — 즉 그 성실성을 캐 보아야 할 것이다. 과연 발언한 내용을 스스로 실천할 성의를 가졌느냐, 안 가졌느냐를 따지지 않으면 아니 된다.

　"살 것이냐, 죽을 것이냐, 그게 문제다."하고 햄릿이 소리 지른다면 비통하기 그지없이 들리나, 어떤 희극(喜劇) 속의 인물이 같은 말을 토한다면 관객은 '와 —' 하고 웃어 버리고 말 것이다. 어떤 사실에 대한 주장일 경우에는 그 주장의 참이고 거짓임을 결정하는 것은 물론 사실과 비추어 본 연후에 올 일이지만, 그러한 사실에 대한 진술일지라도 말하는 사람이 누구냐 하는 것을 따라 받는 편에서 그 말을 다루는 무게가 달라진다. 자연현상에 대한 주장을 자연과학자가 한다면 누구나 무조건 하고 믿는다. 자연과학자가 가끔 자기가 민중에게서 받고 있는 이러한 신임에 도취하여 또는 그것을 악용해 가지고 자기의 영역을 넘는 종교적 형이상학적 문제를 증언한다면 그 자신으로서는 이른바 월권행위(越權行爲)가 되는 것이다. 받아들이는 편에서도 자연과학자가 그 전문 영역에 대한 이야기를 할 적과 그것을 넘어섰을 적과를 잘 분간해야 할 것이다. 더군다나 무슨 행동을 제의한다든지 어떤 의견을 발표했을 적엔 언제고 그 발언자의 성실성을 문제 삼아야 할 것이다. 글의 배경은 비단 그 필자의 인격만이 아니다. 그것이 생겨난 생활에 비추어 보아야 참말 알게 되는 것이다. 그 생활이라고 하는 것은 일정한 시대, 일정한 사회의 생활이라는 의미에서 그것은 글에 대하여 한편으로는 역사적 배경을 이루는 것이요, 다른 한편에 있어서는 사회적 배경을 이루는 것이다. 그러므로 글은 이 사회적 배경과 역사적 배경에까지 가져다놓고 해석해야 옳은 해석이 나온다.

특히 문학작품의 해석에 있어서는 그 심리적 맥락, 작자의 인격, 시대와 사회의 배경마저를 통틀어 생각하지 않고는 참말 해석다운 해석에 도달한 것이라고 할 수는 없다.

문학작품의 이 사회적·역사적 배경은 같은 시대, 같은 사회 안에서 그 작품을 받아들일 적에는 거의 아무 자각이나 의식을 못하는 것이 보통이다. 이미 주어진 자연스러운 조건으로서 쓰는 사람이나 읽는 사람 양편에서 다 너무나 당연한 기존 사실로 그 속에 묻혀져 있는 것이다. 마치 공기 속에서 그것 없이는 잠시도 살 수 없는 우리면서도 공기의 존재는 거의 의식하지 않고 있는 거나 꼭 마찬가지다. 그러나 우리와 다른 시대, 다른 사회에 속한 작품을 해석할 적에는 그 시대 그 사회라는 배경에 그 작품을 가져다놓고 보지 않고는 옳은 해석이 나올 수가 없다. 물론 그 가치를 판단할 적에는 지금 여기 서 있는 우리의 입장에서 하게 되는 것이다. 그 작품이 그 시대 그 사회의 어느 층에 대해서는 어떤 가치를 발휘했으리라고 판단하는 것은 기실은 한 문학 현상의 상정에 불과한 것으로 참말 가치판단은 아니다. 앞의 것을 현실적 가치라고 한다면 뒤의 것은 역사적 가치라고 부를 수 있을 것이다. 그런데 역사적 가치의 판단을 지금 말한 것처럼 실상은 가치판단이 아니고 역사적 사실의 소급인 것이다.

이리하여 글의 해석은 좁게는 낱말의 특수한 뜻과 기호 조직의 약속을 더듬는 데서 시작한다. 그리하여 일정한 심리적 맥락을 찾으며 그 배경에 있는 인격과 사회적·역사적 관계까지를 더듬어 놓음으로써 해석의 과정은 끝이 나는 것이다. 이 문맥(文脈)과 심리적 맥락과 그 인간적·사회적·역사적 배경까지를 통틀어서 우리는 넓은 의미의 맥락(Context)이라고 부르고자 한다.[4]

4 형태의 분간

끝으로 주의할 것은 객관적 사실을 진술한 기술(記述) 묘사(描寫)의 해석은 그 글 자체의 맥락을 찾음으로써만은 끝나는 것이 아니다. 거기 기호화(記號化)된 사실관계가 객관적으로 있느냐 없느냐 즉 진술과 사실이 그대로 들어맞느냐 않느냐를 검증(檢證)한 연후에 비로소 끝나는 것이다. 일일이 검증하지 않는 경우에는 그 글에 어떤 권위를 붙여서 검증해 보았댔자 그럴 것이라고 눌러 믿어 버리는 것에 지나지 않는다. 그러나 그것은 모호한 일이다. 기호언어(記號言語)는 어디까지든지 사실과의 대조가 끝나야 비로소 그 해석이 끝나는 것이 된다. 어떤 권위를 그 글에 붙어 주어서 우리가 무조건하고 믿어 버리는 경우에는 그 글의 필자는 자기에게 붙여 준 권위에 대하여 전 책임을 져야 할 것이다.

사실에 대한 주장은 오직 과학과 그리고 보고문만이 할 수 있는 것이나 그런데도 불구하고 과학도 보고문도 아니면서 사실을 주장하는 듯한 외관을 갖춘 가짜 진술, 예를 들면 실상은 어떤 의견이나 견해에 지나지 않는 형이상학에 속아서는 아니 된다. 또 사실(事實)이라느니보다는 가상(假像)과 형상(形象)에 중점을 둔 문학작품은 오직 비유 관계로 또는 한 전형(典型)으로서 사실을

---

4 拙著, 『文學槪論』 부록 「文脈」 대목 참조.

간접적으로 반영하고 있는 것이라는 한계 안에서 문학은 다루어져야 할 것이다.

크게 갈라서 기호적 기능을 목표로 한 것인가, 정적 반응을 일으키기 위한 것인가, 즉 무엇을 알리기 위한 것인가, 무엇을 느끼게 하기 위한 것인가를 따라서 우리는 글을 분간해서 받아들일 줄을 알아야 하겠다. 말은 우리로 하여금 이웃과의 사이에 사회적 연대 관계와 협동과 이해를 촉진하는 가장 유력한 문화적 수단이다. 그것은 쓰는 방식을 따라서는 사람들이 가지고 있는 가장 유력한 연장이면서도 잘못 쓸 적에는 실로 위험하기 짝이 없는 파괴적 무기가 된다.

글을 해석할 적에 우리가 가장 조심해야 되는 것은 글에서 속지 말 일이며 좋지 못한 글의 피해를 받지 않도록 한다는 일이다. 오늘과 같이 그 기능과 목적과 본심을 잘 분간해서 쓰이지 않고 있는 동안은 읽는 편에서 정신을 바짝 차려서 글로 하여금 가령 가면을 썼을 적에는 그것을 벗어서 그 실제를 스스로 고백하도록 해야 할 것이다.

부록:
우리말의 당면 과제

새 문체의 요망

　민족문화 건설의 소리는 들린 지 오래다. 혹은 문화의 대중화·민주화를 부르짖는 소리 또한 높았다. 모두 우리 문화 운동의 이념으로서 또 향할 바 지표로서 아무도 이의 없이 승인하는 바다. 무릇 이념을 내세우기는 쉬운 노릇이다. 어떠한 높고 아름다운 규범(規範)도 한 줄의 문구로써 속히 나타내 보일 수가 있다.
　어려운 것은 이념의 제시가 아니라, 실은 그 실현을 위한 실천인 것이다. 그리해서 방법의 문제는 이렇게 어려운 까닭으로 해서 피차에 건드리지 않는 동안에 어느새 기피되고 잊어버린 채 휘황찬란한 이념만 허망 공중에 둥둥 떠 있게 되는 경우가 십중팔구(十中八九)다.
　두말할 것도 없이 민주 문화는 그 내용에 있어서 민주적이라야 할 터이다. 특권적인 귀족주의적 요소를 완전히 청산한 그대로 대중의 생활에 뿌리박고 그 속에 퍼져 가서 그들의 복리를 증진하는 그러한 성질의 문화일 터이다. 그것은 문화의 내용에 있어서의 민주화다. 그러한 문화는 당연히 또 스스로의 성격에서 오는 필연한 요청으로서 대중 속에 널리 퍼져 들어가는 그러한 것일 터이다. 민주문화의 건설이라는 요망은 그리해서 문화의 민주화를 위한 방편의 문제를 가장 진지하게 제기해야 할 것이다. 그런데 문화의 보존 또는 전파를 위한 가장 큰 방편은 말(言語)인 것이다. 말은 한 옛날에 있어서는 주장 입으로 전해지는 구비(口碑)의 모양으로서 문화 전파의 일을 맡아 본 것이다. 아직 유치하고 단순한 그 당시의 문화는 이 정도의 방편을 가지고도 그리 불편 없이 보존 전달되었던 것이다. 그러나 문화가 발달하여 그 내용이 복잡다단해짐을 따라 그것을 보존 전달하기 위하여는 입으로만 하는 말을 가지고는 중간에 흘려 버리는 것이 너무 많을 것이요 안전성이 있을 수가 없고 또 그 큰 규모를 도저히 담당해 낼 수가 없다. 활판 인쇄술이 발명된 뒤로는 문화의 보존 전달의 방편으로서는 '글'이 구어(口語)를 제쳐 놓고 가장 큰 몫을 맡아 보게 된 것은 너무나 뚜렷한 일이다. '글'이란 별게 아니라, 음성기호(音聲記號)의 체계(體系)인 말을 글자라고 하는 시각(視覺)을 자극하는 기호로써 다시 옮겨 놓은 것에 지나지 않는 것이다.

특히 표음문자(表音文字)라는 말이 보여 주듯이 글자라는 기호는 기호로서의 음성을 대표하는 것이요 그 음성이 대표하는 의미를 직접 대표하는 것은 아니다. 적어도 일상 우리가 '글'이라고 부르는 것은 대체가 그런 것이다. 다만 수학(數學)의 기호와 같은 것은 음성을 대표하는 것이 아니라 바로 어떤 의미 연관(意味聯關)을 대표하는 것임은 말할 것도 없다. 그런 까닭에 그것은 일정한 특수한 음성 체계인 각 민족어(民族語)의 제약을 받지 않은 채 국경을 무시하고 의미가 통용되는 것이다. 그러나 그러한 '소리 나지 않는 글'은 예외에 지나지 않는다.

어떠한 나라의 글이고 그것에 고유한 어떤 음성 체계의 재표현(再表現)이라는 의미에서 모두 '소리 나는 글'인 것이다. 한 나라 글의 가장 건전한 상태라고 하는 것은 그것이 그 나라 말과 자못 긴밀하게 연결되어 있는 때다. 글이 말을 멀리 떠나면 떠날수록 그것은 병적이며 위태한 길을 걷는 것이요, 또 말은 건전한 상태의 글에서 스스로를 정돈하고 자리 잡는 길을 찾는 것이다. 새로운 문체 문제의 옳은 해결의 열쇠는 다름 아닌 여기 있는 것이다. 그러나 글이 한 기호 체계로서 기술로서의 성격을 가지고 있는 까닭에 그것은 학습을 거쳐서야 내 것을 만들 수 있는 것이다. 말도 물론 나 가지고 배우는 것이지만 사회적 생활의 너무나 직접적인 인습(因習)인 때문으로 해서 방임된 상태에서도 저절로 배워 가게 되어 있다. 그러나 글은 의식적으로 배워 가지 않으면 말처럼 저절로 배워지지는 않는다. 이렇게 글에는 말 이상의 인공성(人工性)과 기술성(技術性)이 있는 것이다. 노예사회 이래 오늘에 이르기까지 계급 문화가 있는 곳에서는 어떤 데서도 대체로는 글은 시간과 물질의 여유를 가진 특권층의 전유물(專有物)이었던 것이다. 그리해서 글에는 그것이 주로 특권층의 소유자였던 관계로 자칫하면 스스로를 특권의 표식이 되도록 장식하는 경향이 있어 왔다. 그리해서 심한 경우에는 글이 제 나라 말을 아주 떠나서 전연 연결이 없는 기계적인 약속으로서 특권층의 골동적 노리개 또는 독점물이던 예도 있었다. 구라파에서도 '라틴'이 그 예요, 우리나라에서는 한문(漢文)이 그 예다. 글의 역사에 있어 가장 불건전한 시기였다. 그리해서 세종(世宗)은 훈민정음(訓民正音)을 제정함에 있어서 그 동기를 설명하여 우리나라 어음(語音)이 중국과 달라서 문자가 적용되지 않음을 한탄한 나머지 독자의 기호 방식을 만든 것이라고 한 것 같은 것은 위에서 말한 불건전한 상태를 스스로 깊이 경계한 것이라 하겠다. 글의 그다음 가는 온당치 못한 상태는 스스로 제 나라 말을 옮기는 특수한 기호 체계는 가지고 있으면서 글 자체가 제 나라 실제의 말에서 멀리 떨어져 스스로의 몸짓과 냄새와 맛을 가지려고 하는 때에 생기는 것이다. 문체상으로서는 문어체(文語體)가 구어체를 업신여기고, 스스로 귀족적 차림을 갖추려하는 때다.

문화의 민주와 또는 민주 문화의 건설은 그러므로 그 전파 방편의 관점에서 말과 글의 문체에 관련해서 아래의 두 문제를 구체적으로 제기해야 할 것이다.

하나, 민주적인 글자 기호의 확립과 또 대중화.

둘, 문체의 민주화.

하나는 한글의 철저한 사용과 그 보급으로서 해결 지을 문제다. 적어도 한자의 힘을 빌지 않고, 한글로 오늘의 문화의 높은 내용을 거리낌 없이 다룰 수 있도록 되어야 할 것이다. 유감이지만 오늘의 우리 어문 생활의 실제는 한문과 국어 혼합 시대를 면치 못하고 있다 할밖에 없다. 이상으로서는 하루바삐 완전한 우리말 '한글' 상태로 우리 어문 생활을 통일하고 높여야 할 것이다. 급속하게 철저히 해야 할 것이다. 한자 폐지는 한 방법이기는 하다. 그러나 그것은 소극적인 면을 가지고 있음을 면치 못한다. 바깥 모양만의 해결이다. 한자를 몰아냄으로 해서 오는 표현과 기술상의 부족과 빈틈과 결함과 혼란이 있다면 어떻게 할 것인가.

즉 한자를 몰아낸 뒤에 진공이 된 구석구석을 어떻게 메울까 하는 문제는 우리 어문 생활의 실제에 비추어 그리 홀홀한 일은 아니다. 그러한 곤란을 가장 절실히 알아차리고 그 곤란을 미리 없이 할 임무를 진 것이 특히 문학에 종사하는 사람들일 것이다. 그리하여 한글 철저화의 운동은 한편에 있어서 이 나라 문필인들의 철저한 노력에 의한 이에 따르는 새 문체의 확립을 얻어서 비로소 이 나라의 민주 문화의 건설은 그 보존 전달을 위한 방편의 문제 즉 민족문화의 형식 문제의 해결을 기대하게 되는 것이다.

―《자유신문(自由新聞)》(1948. 11)

새 문체의 갈 길

1 문체론(文體論)이 제기되는 까닭

장차 세워야 할 우리 민족문화의 길닦이로서 긴급히 요청되면서도 아직도 해결되지 못한 중요한 일이 그대로 남아 있는 것이 있다. 그 하나는 쓰는 글자의 한글에의 통일이요, 또 하나는 우리말 본위의 문체(文體)를 세우는 일이다. 그리하여 글과 말을 통일한 하나로서의 우리말 체제를 확립하는 일이다.

한문 투(漢文套): 한글은 맨 처음에는 한자(漢字)와는 따로 떨어져서 우리말을 기록하는 데 위주하여 쓰고 있었고, 한자는 한문을 표현하는 데 쓰고 있어서 그 쓰는 길이 각각 달라 뚜렷한 금이 그 사이에 있었다. 이리하여 우리는 글과 말을 남달리 두 종류씩이나 가졌었다. 그런데 한자 한문과 한글 우리말 사이에는 글자와 글과 말에 있어서의 차이 밖에 봉건적(封建的) 신분(身分) 관계의 구별이 붙어 있었다. 하나는 양반의 것, 사내들의 것이요, 다른 하나는 상놈 즉 평민의 것, 여성의 것이었다. 그러므로 그것은 언문(諺文)이었다. 특히 양반은 글은 한자로 한문을 씀으로 스스로의 신분적 우월을 쉽사리 밖에 내붙일 수 있었으나, 말만은 우리말을 쓰는 이상스러운 이중생활을 해 왔다. 그러니까 말에 있어서는 자칫하면 평민과 자신을 구별하기 어려운 데서 신분상의 특권이 애매해질 염려가 많았다. 그런 데서부터 그들의 말은 우리말은 말이면서도 평민의 말과는 달라서 한자 그것에 가까운 말을 자꾸 꾸며 내곤 하였다. 말하자면 그들의 말은 구어체가 아니요 한문체, 한문체 모방으로 자꾸만 기울어 가고 있었다. "진지 잡수셨소." 대신에 "식사 필하셨소."를 쓰며, "아버님이 가르치시기를……"이 "선친께서 훈계하시기를……"이 되었고 "빈틈없이……"가 "입추(立錐)의 여지 없이……"로 되는 등 삼국지(三國志)식 무장을 하고 나서야 양반 행세를 하였다. 이러한 문체는 순한문체에 대하여 혹은 의한문체(擬漢文體) 또는 한문 투라고나 할까. 그러나 그들의 글만은 한자와 한문 전용으로, 지금 보아 온 그들의 말의 스타일은 맨 처음에는 얼마 글로서 나타나지는 않은 것 같다. 그러나 문체가 문장으로 나타난 예는 가사(歌詞)·시조(時調) 같은 데 남아 있다. 가령

    靑山裏 碧溪水야 수이감을 자랑 마라
    一到滄海하면 다시 오기 어려우리
    明月이 滿乾坤한데 쉬어간들 어떠리

와 같은 것은 그 전형이라 하겠다. 다시 설화(說話)로 된 춘향전 말고 창극(唱劇) 대본에서 온 「옥중화(獄中花)」의 1절을 보면

    房子 밧싹 달녀드러 말을 가자 채질긋니 飛虎멋치 가는 말이 靑山綠水

얼는 얼는 한 모퉁 두 모퉁 감돌고 풀돌아 아득히 머러지니 晴江에 노든 鴛鴦 짝을 일은 擧動이오 雨後晴 뎌 白鷗 烟波外에 떠나가듯 山아리 빗긴길에 활기 한번 툭치논디 문득 간 곳 업셔지니 春香이 擧動 보아라 李道令 가는 곳을 仔細히 슯혀 보니 人忽不見 속절업다 —

(春) 香丹아

(香) 예 —

(春) 道令任이 엇의만큼 가셨나 보아라

香丹이 엿즈오디

— 鞭殘照裏오 四圍山色中이로소이다.

이 한문 투 또 의한문체가 오늘 우리가 지향하는 우리말 우리 글의 일치를 이상으로 하는 우리말 문체가 될 수 없음은 너무나 자명한 일이다. 그것은 차라리 봉건시대의 신분적 특권이 한 남은 찌꺼기일 따름이다. 그러나 이 봉건시대의 찌꺼기의 또 찌꺼기는 반드시 오늘 우리 문장에서 아주 쓸어 버렸다고 할 수 없음은 슬픈 일이다. 우리들이 지금 항용 쓰고 있는 편지·논문·공문서·문학작품 — 그뿐이랴, 지금 내가 쓰고 있는 이 글 속에선들 한문 투가 수두룩하게 남아 있다고 안 할 수가 있느냐. 우리글은 조만간 이 한문 투와 그 찌꺼기를 어떻게든지 정리해 버려야 하겠다. 그것은 평민의 글이라야 될 새 우리말 문체 속에 남아 있는 봉건시대의 그림자며, 평민의 글이고자 하는 방향을 군데군데 뒤섞어 막아 놓는 장애물이요 병집인 때문이다. 그것은 우리글 속에 아직도 남아 있는 갓 쓰고 행전 친 부분인 것이다.

한글의 본질: 원래 한자는 한문에 맞도록 된 것이다. 우리말에

맞는 글자는 한글일 터이다. 그러니까 우리말을 한자로써 그대로 나타내 보려던 시험은 이두(吏讀)에서 보듯 지극히 옹색하고 불편한 한계가 있는 것이며 의미 해득의 명석을 기대하기가 어렵다. 그 난관을 타개하기 위하여는 한자와는 다른 한 개의 기호 방식(記號方式)이 필요하였다. 여기에 착안한 세종(世宗)은 역시 형안의 임자라 아니 할 수 없다. 훈민정음(訓民正音) 서문에는 이렇게 적혀 있다.

나랏말ᄊᆞ미 中듕國귁에달아 文문 字ᄍᆞ와로서르ᄉᆞᄆᆞᆺ디아니ᄒᆞᆯᄊᆡ 이런젼ᄎᆞ로어린百ᄇᆡᆨ姓셩이니르고져홇배이셔도 ᄆᆞᄎᆞᆷ내제ᄠᅳ들시러펴디몯훓노미하니라 내이ᄅᆞᆯ爲윙ᄒᆞ야어엿비너겨 새로스믈여듧字ᄍᆞᄅᆞᆯ밍?노니 사ᄅᆞᆷ마다ᄒᆡ여수비니겨날로ᄡᅮ메便뼌安ᅙᅡᆫ킈ᄒᆞ고져훓ᄯᆞᄅᆞ미니라

즉 뜻을 새기면 "우리나라 어음(語音)이 중국(中國)과 달라서 문자가 서로 통하지 못하므로 백성들이 말하고자 하는 일이 있어도 표현할 길이 없어 못 하는 일이 많다. 그 일을 민망하게 여겨서 새로 28자를 제정하여 사람들로 하여금 쉽게 배워서 일상 쓰게 하려는 것이라" 함이다.

즉 한글은 첫째 우리나라 어음에 맞는 기호 방식이며, 둘째 특권층의 전유물이 아니라 백성의 것임을 근본 의도로 삼았으며, 셋째 배우고 쓰기 쉬우며 넷째 그리하여 어떤 고답적(高踏的)이거나 전아한 것이 목적이 아니라, 일상의 편의를 위하여 제정된 것이다. 또 그리하여 사실상 그러한 요건을 채워 주는 합리적인 기호 방식임도 자타가 인정하는 일이다. 이러한 요건은 그대로 오늘 우리가 지향하는 민주적 민족문화의 건설에 있어서 그 기초가 될

전달 수단(傳達手段)인 우리말을 글로 쓰는 기호 방식으로서 완전에 가까운 것이라 아니 할 수 없다. 남은 일은 오직 그것을 널리 그리고 철저하게 우리 어문(語文) 생활에 보편화시키고 침투시키며, 위에서 말한 요건에 더욱 적합하도록 정리하고 연마해 가는 것뿐이다.

오늘의 한문 폐지론(漢文廢止論)이 절름발이인 까닭: 한글을 우리 어문 생활에 철저화시키고 보편화시키고 침투시킨다는 말은 그러나 단순한 한문 폐지와는 다르다.

출판물·공문서 등에서 한자를 일소해 버리는 것은 혹은 정부의 권력이라도 발동시키면 될 수 없는 일이 아니다. 군정(軍政) 시대에 한낱 편수국(編修局)으로도 중소학교 교과서에서 많은 한자를 일소할 뻔하였다. 그렇지만 그것조차 할 뻔하다 만 것이다. 소학교 교과서에조차 한글 원글 줄 옆에 한자를 끼어 놓고야 말았고 중학교 교과서에서는 괄호 안에 한자를 집어넣어 두어야 하였다. 한자 폐지를 주장하면서도 한자를 끼어 놓고 괄호에 집어넣어야만 되는 곳에 한자 폐지론이 철저하지 못한 구석이 있다. 혹은 배우는 생도가 아니라 교사의 편의를 위하여 한 것이라 할지 모른다. 그렇다면 그러한 오래 밴 글버릇 말버릇을 지닌 교사들의 그 버릇이 문제인 것이다. 그 교사의 버릇이 아니라 우리 민족 적어도 오늘의 문화 운동을 담당하고 있는 지식인들의 공통된 버릇인 것이다. 그게 문제다. 말과 글이라고 하는 것은 어찌 보면 한 사회적 버릇이요, 그런 까닭에 사회적 행동인 것이다. 우리 어문 문제(語文問題)를 문자라는 외부적 형식적 기호의 면에서만 보는 것은 너무나 간단하고 소박한 생각이다. 사회적 버릇, 행동으로서의 그 본질과 실체에서 파악해야 할 것이다. 문자만 한자를 없이 해 놓으면 다 되는 듯이 생각한다든지 하는 것은 위험한 생각이다. 또 그리 해 놓기만 하면 그 위에 따르는 모든 진공 부분(眞空部分)과 병집은 저절로 채워지고 고쳐져 갈 것이라고 단순히 정해 버린다. 만일에 그렇게 할밖에는 도리가 없다고 한다면 그도 무방하다. 그렇다면 그렇다는 어쩔 수 없는 근거를 보여 주어야 할 것이다.

그런 게 아니다. 한자를 없앤다면 그것하고는 긴밀한 관계가 있는 한문 투와 한자어들을 어떻게 정리할 것인가. 한자를 없이 한 뒤에도 특히 문장의 외부적 문자 형식이 아니라, 그 의미 형태 자체에 붙어 있는 문투는 한자 폐지라는 외과 수술만으로는 고쳐지지 않는 내과적인 처리, 비유한다면 내면적 혈청을 요하는 부면이라 하겠다. 한자 폐지만으로는 해부학도 못되고 피부학에 근거한 처방이다. 해부학과 나아가서는 산 기능을 구명한 생리학에 근거를 둔 처방이라야 하는 것처럼, 우리 어문 생활도 사회적 버릇이요 행동이라는 기능의 모에서 보아 처리해 가야 할 것이다. 예를 들면 앞에서 보아 온 의한문체(擬漢文體)의 찌꺼기와 그런 것들을 수두룩하게 가지고 있는 일종의 혼혈체인 오늘의 국한문체(國漢文體)는 어떻게 청산할 것인가 — 하는 문체론의 제기 같은 것이 한자폐지론과 아울러 또는 그보다도 더 무게를 두어 논의되어야 할 것이다. 그리하여 새로운 한글체를 바로 세워 갈 적에만 비로소 우리 어문 생활(語文生活)은 옳게 길을 접어드는 것이 될 것이다. 한자를 폐지한다느니보다는 한자를 몰아내야 할 것이다. 몰아낸다는 말은 한자와 한문 투가 물러가면서 남기고 가는 표현의 빈틈을 모조리 우리말체로 메워 버리는 것을 의미한다. 그렇지 않고서는 한자 폐지만으로는 절름발이 해결밖에는 아니 된다.

우리말 운동: 그러므로 한자 폐지는 구호(口號)로서 반 성석이다. 차라리 '우리말 운동'이라는 말에 언어 운동으로서의 아까 말한 종합적인 함축을 붙여서 우리 당면 목표를 내세우는 게 옳을 성싶다.

'우리말 운동'은,

첫째 문자로서의 한글의 더 넓고 급속한 보급.

둘째 한자어의 정리(여기서 정리라 함은 그저 없애는 것을 의미하는 것은 아니다. 필요한 것과 불필요한 것, 피할 수 있는 것과 불가피한 것을 널리 일상 쓰는 말과 학술어·전문어 등에 걸쳐 캐어내는 것을 의미한다.)

셋째 일어(日語)와 일어에서 온 말을 정리할 것.

넷째 한문 투·일어 투를 몰아내고 우리말체를 확립하는 것.

다섯째 일상 말해지는 구어(口語)를 점근선(漸近線)으로 하고 늘 그것에 가까워 갈 것.

등의 조목을 포함해야 할 것이다. 이러한 내용을 갖출 적에 비로소 그것은 한 언어 운동으로서 힘과 뜻을 함께 발휘할 수 있을 것이다. 살아 있는 것은 입으로 말해지는 말이요, 근원이 되는 것도 그것이다. 글은 귀로 듣고 입으로 하는 말을 눈으로 읽도록 옮겨 놓은 것에 지나지 않는다. 그러므로 글은 말을 그 근원으로 삼아야 하며 또 기준을 삼아야 한다. 다만 글은 말이 음성의 여러 가지 변화와 또 경우를 따라서는 몸짓과 표정의 도움을 받는 데 대하여 그런 이점이 없는 까닭에 분명한 문법 관계와 철자법 등의 약속을 가졌을 따름이지, 그 본래의 딴 수작이 있어서는 아니 된다. 이러한 여러 특징 때문으로 해서 글은 글인 까닭에 거기 말과는 다른 약간의 재주와 기교가 붙기 쉬우나, 원형과 표준은 늘 말이라는 것을 잊어버리는 순간부터 그것은 사도(邪道)에 빠져 들어

가는 것이다. 더 엄격하게 말한다면 말은 하나인데 말해지는 말(말)과 쓰여진 말(글)로 다만 표현 방편이 다름을 따라 갈린다고 하는 게 맞겠다.

한자 폐지론은 말을 함축으로 충실해진 의미 전달의 사회적·구체적 기능의 모에서 안 보고, 말을 글로 옮기는 수단인 글자의 모만 확대해서 생각하는 어떤 잘못된 버릇에 서서 주장하는 점에 한 큰 독단(獨斷)이 있다. 다음에 다만 기재 방식의 표현에서 얻는 기계적 한자 폐지와 앞에서 본 언어 운동으로서의 우리말 운동의 구경(究竟)의 목표(目標)로서의 한자 폐지와를 뒤범벅을 만들어 버렸다. 우리가 대원칙이요 이상이라고 한 것은 바로 뒤의 것이지, 앞의 기계적 한자 폐지는 아니다. 그것만을 주장하는 것은 위험한 불장난이다. 또 그다음으로 설사 우리말 운동의 구경의 목표로서의 진정한 한자 폐지를 의미해 가지고 오늘의 한자 폐지론자들이 그것을 주장하는 것이라고 한다 치더라도 현재의 사태와 없애 갈 과정과 방법에 대한 면밀한 조사와 준비가 없이 덮어놓고 한자만 쓰지 말자는 식은 항용 있는 원칙 제일주의의 관념유희라고 해도 할 말이 없다. 이런 성급(性急)한 주장은 곧 자기모순 속에 빠진다. 가령 한자 폐지를 주장하는 열렬한 논문(論文)조차가 스스로 그 속에서 한자 폐지를 못하고 나서는 곳에 사태의 비극이 있는 것이다. 사실은 그 논자 한 사람의 비극인 게 아니라 우리 어문 생활 자체의 비극인 것이다. 우리는 이 비극을 있는 그대로 바로 보아야 하겠다. 그래서 그것을 해명해야 하겠다. 그러한 사실 파악을 기초로 해 가지고 그 해결에 달라붙어야 할 것이다. 이러한 치밀한 준비 없이 문제의 한 구석만을 들추어 해결함으로써 경우를 따라서는 중대한 문제들을 버려둔다든지, 또는 무지개를 좇아다니듯 원칙만 내세우는 것은 곤란하다. 그렇다고 현재 눈앞의 사실을 가지고 그것을 어쩔 수 없는 철칙으로 그대로 시인(是認) 묵과하려는 것도 옳지 못하다. 병인데도 사실이니 어쩔 수 없다는 것도 우스운 얘기지만 병을 병인 줄 모르고 있다거나 굳이 병이 아니라고 우기는 것은 더욱 딱한 일이다.

또 이상만을 내세우는 것만이 반드시 용한 것도 아니다. 어떻게 그 이상에 접근하나 하는 그 어떻게가 문제인 것이다. 어떻게 접근할까를 모르는 이상이나 원칙은 한낱 꿈이요 공중누각이 되기 쉽다. 우선 사태를 있는 그대로 알아야 하겠다. 그리고 나서 그 사태에 맞추어 해결책을 세워야 할 것이다. 손쉬운 말로 해서 이 문제에 있어서도 바로 과학적 태도와 방법을 가지고 일 처리에 당해야 하겠다는 말이다.

도대체 병집은 어디 있는가: 원래가 말은 하나면 된다. 또 하나라야 한다. 말과 글은 적어도 최대한도로 맞아야 될 것이다. 문예부흥 이래 구라파의 여러 선진국이 힘써 온 것이 바로 그 길이다. 그들은 하나인 말을 확립하기 위하여 '라틴'이라는 딴 말을 버렸으며, 또 글을 말에 맞추느라고 무척 애써 왔다. 물론 거기서들도 문어체(文語體)와 구어체(口語體)의 구별은 생겼으나 그러면서도 문어체는 글자로 쓰인다는 독특한 성격에서 오는 최소한도의 딴 버릇을 지님에 그치고 늘 구어체로 돌아 들려고 하는 것을 당연한 편향으로 여기고 있는 것이다. 그러니까 독일 어린이들은 소학교 3학년만 되어도 벌써 아버지가 읽는 신문을 어느 정도 읽어 안다고 한다. 그들의 어문 생활은 비교적 통일이 있으며 그들은 매우 자연스럽게 민족의 전체적 어문 생활에 연결을 지어 가는 것이다.

우리나라는 어떤가. 중학 2년생조차가 신문을 바로 못 본다. 우리는 이 일에서 민족적으로 어떤 큰 손실과 불행을 느끼지 않는가. 그들은 현실의 민족적 어문 생활에서 동떨어져 사는 고립한 사람들이다. 그렇다고 해서 그들 어린이 자신만의 어문 생활에는 과연 통일이 있는가. 아직은 멀었다. 우리 민족 자체의 어문 생활이 지리멸렬하다는 것은 아무도 부인할 수 없다. 어떻게 지리멸렬한가. 글자가 한 종류가 아니다. 한자와 한글을 뒤섞어 쓴다. 한문 투와 우리말 투가 한데 범벅이 되어 있다. 게다가 일제(日帝)의 일어(日語) 상용 정책이 남기고 간 상채기와 군더더기가 수두룩하다. 군정시대의 문교부가 뽑아 만든 『우리말 도로찾기』는 그러한 군더더기와 상채기의 부분적이나마 한 진단서요 처방이었다.(나는 이 사업을 군정시대의 문교부 편수국이 남긴 유일한 것인지 아닌지는 몰라도 여하간에 가장 크고 뜻있는 일이었다고 생각한다.) 또 그 어휘 속에는 한문에서 그대로 왔거나, 또는 그것에 유래하는 막대한 수의 한자어가 들어 있다. 그 동화(同化)의 정도는 혹은 벌써 한자로 쓸 필요가 없을 정도로 민중의 입에 익어 버린 것으로부터 한자로 써서 말하자면 그 신원 증명을 붙이고 다니지 않고는 알아보기 어려운 것에 이르기까지의 사이에 미묘한 차이가 있다. 이런 것은 모두 우리가 너무나 오랫동안 또 너무나 깊고 너무나 넓게 한문화의 영향 아래서 아니 그 속에서 살아 왔다는 것과 다음으로 일제의 야만적 언어 정책을 겪었다는 것과 게다가 또 우리말을 엄습해 온 일이라는 것이 역시 그 글자와 어휘와 말투에 있어서 한자와 한문과의 이중 관계를 갖고 있었다는 이러한 여러 가지 조건이 두 겹 세 겹으로 얽힌 것이 유감이나마 오늘의 우리 어문 생활의 실상이며 또 병집인 것이다.

그렇다면 한자만 쓰지 않으면 문제는 다 해결될 것이냐. 또는 적어도 뒷일은 저절로 해결될 것이냐. 한 걸음 더 나가서 가령 한문 투를 쓰지 않는다고 하자. 한자어도 쓰지 않는다고 하자. 한자어를 우리말로 바꾸어 놓는다고 하자. 바꾸어 놓을 말이 이미 전부터 쓰이는 우리말 속에 있는 경우에는 물론 좋다. 그렇지 않고 새말을 만들어 대신한다든지 우리말로 직역해 쓴다든지 할 경우에는 어떤가. 도대체 그럴 필요가 있을까. 같은 한자어라 할지라도 그 동화의 정도를 따라 달리 다룰 것이며, 그 쓸모와 필요를 좇아서는 밀어 나아가야 할 것도 있을 터인데 그저 한 단에 열 냥 금으로 마구 집어 치우는 게 옳을까 아닐까. 문제들은 결코 간단하지가 않다.

그러니까 덮어놓고 부르짖는 순수주의는 우리가 반드시 취할 길은 아니다. 우리의 어문 생활은 어떤 개인의 취미나 변덕을 떠난 엄숙한 역사적 현실이다. 말은 규범이기 전에 보다 더 존재며 사회적 약속이요 습성이요 행동인 것이다. 어떤 정신적인 환상을 말에 투영하여 그것을 신비화하는 것과 같은 일은 미신이다. 말은 보다 더 생활의 사실과 필요 속에서 이루어지는 역사적·사회적 소산일 따름이다. 어떤 개인의 취미나 입맛을 따라 인공적으로 지어낼 성질의 것이 아니라, 그 언어로서 테두리가 잡힌 한 민족의 생활의 현실이 규정해 가는 것이다. 다만 어떤 개인이 새로운 말투나 새 말을 제기할 수는 있다. 그러나 그것이 반드시 그 민족의 말 속에 채용되리라는 법은 없다. 민족의 집단적인 언어생활이 제 입맛에 맞으며 또 쓸모 있다고 결정하는 새말만을 그 민족의 말 속에 채용할 것이고 그렇지 않은 것은 그대로 쓸어져 시들어지고 말 것이다. 날틀도 좋다. 배움집도 좋다. 맛모금도 세모꼴도 좋다. 다만 개인적인 제기의 방식으로 하라. 그렇지 않고 권력을 등에 업고 그 사용을 강제하려고 들 때 다행히 우리 민족의 어감과 실용감에 그 말들이 맞으면 좋거니와 맞지 않을 경우에는 한 개인이나 좁은 집단이 민족적 언어생활에 부당한 간섭을 하는 게 된다. 그런 권한이 도대체 어디서 생겼을까.

오늘 우리의 어문 생활의 현실은 사실상 앞에 보아 온 것처럼 뒤범벅일세 옳다. 글자가 두 갈래요, 어휘와 어투(語套)가 또한 두 갈래 세 갈래다. 그것이 더군다나 표의문자와 표음문자, 고립어와 교착어, 그렇게 형태가 다른 이질의 혼합이다. 유감이나마 그러한 부자연한 것이 우리 어문 생활이 당하고 있는 현실적 혼란이다. 문자의 모에서 보면 '한글 한자 혼합'이요, 문체상으로는 오늘 널리 나타나고 있는 국한문체가 이러한 모순을 표시하는 구체적 현상이다.

그러나 이 혼합과 혼혈의 실상은 어떤 것인가. 얼마만치나 더 정리해야 우리 한글과 우리말체로 무리없이 더 순화 통일할 수 있는 것인가. 또는 근본적으로 그러한 가망이 없는 혼합이나 혼혈인가. 또 정리가 가능하다고 하면 정리하다 하다 남는 최후의 잉여는 결국에 가서 원칙으로 해결할 수 없는 것일까. 또 어떤 과정을 밟는다면 그 해결조차가 될 수 있을 것인가.

이렇게 문제를 세우는 것이 옳다고 생각되어 거기 대한 검토를 차츰 힘 자라는 모로부터 시험해 보고자 한다.

2 우리말 운동의 내력

위에서 말한 하나로서의 우리말 확립 운동은 어제오늘 시작된 것은 아니다. 적어도 19세기 말엽에서 이십 세기 초두에 걸쳐서 우리 선구자들의 손으로 의식적으로 계획되어 그때에 벌써 실천에 들어갔던 것이다. 그대로 나갔다고 하면 지금쯤은 우리 어문 문제는 완전히 해결되었을 것이다. 이 운동은 불행히 1910년(한일합방)에서 대세가 그만 풀이 꺾여 오직 일부에 계승되기는 했으나 날로 심해 가는 일제의 우리말 압박, 말살 정책 아래서 그만 주저앉아 버리고 모호해진 격이 되었다. 일제 아래서 우리말 운동의 전통을 미미한 대로나마 지켜 온 것은 주로 우리말 학자들과 문인들이었다. 언 운동으로서의 본질로 본다면 이 두 부대의 연합전선만이 이 운동을 효과 있게 밀어 나갈 수가 있는 것이다. 일제 아래서도 조선어학회는 철자법의 통일안 작성, 『큰사전』 편찬의 추진 등 꾸준히 위기에 선 우리말 운동을 붙들어 가려 했으며, 문인들은 문인들대로 문학 활동을 통해서 우리말 운동을 실천해 왔었다. 철자법 통일안 작성 당시에 문인들은 무조건하고 어학자들의 이 사업에 지지와 성원을 보낸 것도 진지는 다를망정 같은 우리말 운동을 위해 싸운다는 공통된 사정에서 온 자연스럽게 우러나온 소리였다. 그러나 당연히 이 두 부대의 연합에 의해서만 더 완전한 성과를 바랄 수 있는 처지인데, 어떤 독선적인 기분이 양편에 각각 은연중 있었던 듯싶어서 두 부대 사이의 이해는 완전한 것이 될 수 없었다. 조선어학회에 소속한 어학자의 전부는 아니라도 그 지도부면에 어떤 순수주의 문법 제일주의 철자법 중심주의의 색채가 짙어 가자 문인들과는 점점 더 고립해 간 듯하다. 사실 구라파 여러 선진국의 예를 본다면 그 나라 국어운동의 중심이요 실천부대는 문인들이었던 것이다. 예를 들면 '노만'식 불란서 말의 도도한 진탕물 속에서 중세영어를 확립시킨 것은 시인 초서였고 중세영어의 혼잡 속에서 오늘의 근세영어의 터를 세우고 틀을 잡아 놓은 것은 대 셰익스피어가 아니었던가. 거기에 그 뒤를 따라가면서 또는 그 곁에서 말의 정리에 일심하였던 수많은 어학자들의 노력이 있었으리라는 것도 상상할 수가 있다. 여하간에 서로 굳게 손을 잡아야 할 두 부대 사이에 어떤 쌀쌀한 무관심이 적지 아니 흐르고 있은 게 사실이었던 것 같다. 8·15 이후에도 상당히 접근은 하면서도 이 두 방면의 독선적 기분은 아주 풀리지는 않았다. 한자 폐지론도 실상은 이런 서먹서먹한 가운데서 독선적으로 제기되어 제기한 방면의 권한에 속한 한계 안에서만 반성적으로 강행된 듯하다. 그리해서 앞에서도 누누이 말해 온 것처럼 언어 운동이라느니보다는 문자 운동이 되고 만 것이다. 우리말 운동이 우리 민족문화 건설을 위한 기초공사가 되기 위하여서는 문자 운동만이 아니고 언어 운동으로서 전개되어야 할 것이다. 그러기 위해서는 그 가장 유력한 실천 부면을 맡은 것이 문인이라는 것을 더 분명히 해야 하겠다. 문인 편에서도 일부 어학자들의 독선적 태도에 불만인 나머지 반발만 하지 말고, 가령 한자 폐지론과 같은 그 주장에도 냉정하게 눈을 돌려 살펴보아야 할 것이며, 문제의 반분만이 제출되었거나 잘못 제기되었다고 하면 종합적으로 또 바로 세워 놓아야 할 것이다. 그리하여 8·15 이후에도 그처럼 중요한 일인데 창황 중에 버려둔 거나 다름없었으며 일제 아래서는 모호해질밖에 없었던 우리말 운동의 목표와 방략을 다시 뚜렷이 밝히고, 특히 문학 활동에 종사하는 우리가 창작 실천에서, 또 저술가는 그 저작에서 우리말 운동을 의식하고 힘차게 밀어 나가야 할 것이다.

  앞에서도 말했거니와 이러한 우리말 운동은 지금 새삼스럽게 시작되는 것은 아니다. 한말(韓末) 개화기에 우리 선구자들이 이미 길을 열어 놓았던 것이 외부의 압력으로 중간에 희미해져 있었 던 것을 우리가 다시 뚜렷이 하여 이어 가려는 것뿐이다. 더군다 나 그 일은 민족문화 건설의 기초가 되는 일인 때문이다.

그런 의미에서 우리는 우선 한말 개화기의 우리말 운동 발상 시대의 사정을 다시 잘 살펴서 우리말 운동의 옳은 전통을 찾아내 야 하겠다.

1) 한말(韓末) 신문의 어문일치(語文一致) 운동

한말에 이조(李朝) 봉건사회를 한때 뿌리로부터 뒤흔들 듯이 도도한 형세로 밀물쳐 몰려온 개화 사조는 말할 것도 없이 근세적 의미에 있어서의 민족문화 건설의 운동으로 전화할 피치 못할 형 세에 있었던 것이다. 오늘 우리가 문화 건설의 구호로 내거는 민 족문화의 이상이 또한 기실은 그적에 벌써 지향되었던 것으로서, 그동안의 불행한 억눌림과 지연 뒤에 지금 우리는 다시 그 정신을 도로 찾아 중도에 멈췄던 그 사업을 계승한 것이라 할 수 있다.

민족문화 건설의 기운은 우선 문예부흥기의 구라파 제국 내에 서와 마찬가지로 국어의 확립 통일 운동으로 나타났다. 그것은 한 편에 있어 국어의 기재 방식 즉 문자와 철자법의 정리를 요구할 밖에 없이 되었다. 또 통일국어의 확립은 우선은 표준어의 정립이 라는 형식으로 해결을 지어 그 귀착할 바 기준을 얻었었다. 국어 를 문자로 옮길 적에는 물론 위에서 본 것처럼 표준어라는 기준은 서 있으되, 그것은 어디까지든지 기준이고, 실제로 나타나는 문장 의 문체는 순간순간 소리로서 나타났다가 사라지는 음성언어와 는 달라, 문자로서의 자기 안정에서 오는 어떤 독자(獨自)의 정착 경향을 보여, 음성언어로서의 표준어와도 늘 어느 정도의 거리를 가지고 있었다. 다시 말하면 글은 곧 말 그대로 되지는 않았다. 그러면서도 말과 글이 일치해야 된다는 이른바 어문일치의 이상도 우리 민족문화 건설의 현명한 선구자들이 이미 자각하고 내건 대도요 목표였다.

이상에서 말한 우리말 운동은 말이 문화의 전파 보존의 가장 으뜸가는 가장 효과적 수단인 때문으로 해서, 실로 그 때문으로 해서 민족문화 건설도상 당면한 최대의 과제로서 제기되었던 것임은 말할 것도 없다.

구라파 문예부흥기의 예를 보면 민족문화 내지 민족국가 건설 운동의 선구로서 국어운동의 봉화가 먼저 일어났던 것이다. 그 국어운동의 급선봉은 문학자였다. 문예부흥의 발상지 이태리의 예를 보면 제13세기 말로부터 다음 세기의 초두에 걸쳐 단테의 『신생(新生)』·『신곡(神曲)』이 이태리 방언으로 쓰여져서 이태리 국어의 초석을 놓았고, 그 뒤를 받아 보카치오·페트라르카 등이 그 대세를 확고부동한 방향으로 추진시켰던 것이다.

이 구라파의 문예부흥에 필적하는 우리나라의 한말 개화운동에 있어서 우리말 운동의 선봉이 된 것은 우선 신문이었다. 그중에서도 의식적으로 순국문을 쓰며 동시에 순국문체의 수립을 의도한 것은 첫째로는 1896년 4월 7일에 창간된 《독립신문》이었다. 독립협회 기관지로서 출발한 그 신문은 계급 타파와 노예해방과 자유평등을 표방하고 스스로 민중의 계몽 기관으로서, 특권계급의 손에서 농락되는 문화를 대중 속에 널리 퍼트리려는 민주주의적 이념을 내세우고 있었다.

다음으로 순국문 신문은 1898년 8월 8일에 창간된 《데국신문》으로서 이 또한 중류층 이하의 민중을 상대로 하였으며 특히 봉건사회에 있어서 인간으로서의 대우를 받지 못하던 부인층에 독자를 개척하는 것을 사명으로 했었다. 같은 순국문 신문으로서는 1898년에 창간한《경성신문(京城新聞)》·《매일신문(每日新聞)》등도 있었다.

이것들과 대조해서 1898년에 창간한《황성신문(皇城新聞)》은 애초부터 국한문체를 채용하여 1905년 11월 7일 보호조약 체결에 당하여 "是日也 放聲大哭 擲筆大呼"의 명문구를 남긴 것은 유명한 일이지만 따라서 그것은 상류층을 독자로 삼은 특권적 신문이었던 것이다. 1883년 고종(高宗) 20년에 정부 기관지로서 창간된《한성순보(漢城旬報)》는 순한문지로서 1886년에 이르러 대세의 영향을 받아 국한문 혼용에까지 발전했다가 1888년에 폐간되었던 것이다.

그러나 민족문화 건설의 대의명분이라는 모에서 보아 즉 문자의 통일, 문체의 민주화라는 옳은 지향을 의식적으로 파악 실천한 점에서 보아, 우리 국어운동의 전통은《독립신문》과《데국신문》에서 찾아야 할 것이다. 1920년 4월 1일에 창간된《동아일보》와 그해 3월 2일에 창간된《조선일보》는 모두 정치 경제면은 국한문 혼용으로, 사회면 부인면 들만 국문으로 하는 오늘의 신문의 인습을 만들었거니와 우리 국어운동이라는 모에서 볼 적에는《독립신문》과《데국신문》이 개척한 정당한 전통을 바로 이어받은 것이라고는 볼 수 없다. 이는 그 신문들이 출발 당시부터 가진 절충적 성격에서 온 애매성의 발로라고도 하겠다.

사회면 또는 부인면에 한글만을 쓴다고 하나 그것은 오직 오늘의 한자 폐지론을 그 면에서 실천했달뿐, 어문일체를 이상으로 하는 새 문체의 수립이라는 노력에 있어서는 실로 등한하기 짝이 없으며 개화운동의 선구자로부터도 멀리 뒤로 물러선 느낌이 있다.

　이제 참고 삼아 광무(光武) 4년 4월 2일 월요일 《뎨국신문》 제3권 70호 「논설」의 1절을 보기로 하자.

　슯흐다 지금이 어느ᄯᅩ 텬하가 분분ᄒᆞ야 강ᄒᆞ쟈가 약ᄒᆞ쟈를 먹고 큰 이가 젹은이를 삼키는 시국이라 잘ᄒᆞ면 나라를 보젼하고 잘못ᄒᆞ면 일신도 보젼홀슈 업ᄂᆞᆫᄯᅳ니 그 잘ᄒᆞᆫ다는 것은 텬하대세를 ᄌᆞ셰히 슯혀셔 외국 사ᄅᆞᆷ이 우리나라를 엇더케 쥬의ᄒᆞᄂᆞᆫ지 내나라 인민의 마ᄋᆞᆷ이 엇더ᄒᆞᆫ지 졍치가 엇더ᄒᆞ면, 부강ᄒᆞᆫ지 엇더ᄒᆞ면 빈약ᄒᆞᆫ지 내외국ᄉᆞ졍을 알아가지고 공평ᄒᆞᆫ것과 신의를 쥬쟝ᄒᆞ면 잘 ᄒᆞᄂᆞᆫ것이오 잘못ᄒᆞᄂᆞᆫ것은 셰계형편이 엇더ᄒᆞᆫ지 남의 공론이 엇더ᄒᆞᆫ지 외국이 우리를 디ᄒᆞ야 엇더케 쥬의하는지 국ᄂᆡ인졍물ᄐᆡ가 엇더ᄒᆞᆫ지 졍치를 엇지ᄒᆞ면 부강홀ᄂᆞᆫ지 엇지하면 빈약ᄒᆞᆫ지 아모것도 알것이업고 알더러도 아즉 발등에 불이 ᄯᅥ러지지 안엇스니 셜마 엇더ᄒᆞ랴ᄒᆞ야 이젼에 문닷고 혼ᄌᆞ 살던 ᄉᆡᆼ각만ᄒᆞ고 셰력만 잇스면 비리로 지물을 버러셔 나보다 죠곰 승ᄒᆞᆫ쟈를 경위업시 갓다 쥬어가며 아텸ᄒᆞ기로 일을삼고 외국교제 ᄒᆞᄂᆞᆫ 일노말 ᄒᆞ더리도 셰력이 강대ᄒᆞᆫ 나라일ᄉᆞ록 내나라를 더욱 욕심닐듯ᄒᆞ것만은 유셰력ᄒᆞᆫ 나라면 친밀코져ᄒᆞ고 죠ᄭᅳᆷ만 무세ᄒᆞᆫ나라이면 업슈히 넉이고 또한 신의와 공심이 업셔셔 금일은 이라하엿다가 명일은 뎌리ᄒᆞ라ᄒᆞ고 죄잇는쟈라도 내게 긴ᄒᆞᆫ쟈면 벌이업고 공잇ᄂᆞᆫ쟈라도 내게 불길ᄒᆞᆫ 사ᄅᆞᆷ이면 도로혀 벌을 당ᄒᆞ게드면 그것은 잘못ᄒᆞᄂᆞᆫ것이라 나라의 흥망셩쇠가 그 두가지즁에 잇ᄂᆞ니 엇지 경계치아니하리오.(下略)

　또 광무 6년 2월 24일 같은 《뎨국신문》 논설을 보면 아래와 같다.

······대개 일본과 영국이 약됴를 뎡ㅎ엿다는 쥬의를 들어보시옵

일은 일영량국이 대한과 쳥국의 황실과 토디를 보호ㅎ기 위하여 서로 화평홈을 위쥬ㅎ쟈 홈이오 일은 이 약됴는 두 나라 즁의 어느 나라이던지 타국과 젼징이 생기거던 ㅎ나라는 맛당히 즁립권리를 직혀 그 젹국되는 나라를 찬조ㅎ지못홀일이며 일은 한쳥양국에서 타국이 무슴리익을 엇거던이약됴히는 두 나라에서도 쏘호 그만호리익을 엇쟈홈이오 일은 일영량국이 한쳥략국에서 엇는 리익을 타국이 침해하거던 량국이 협의ㅎ여 조치ㅎ쟈 홈이오,

일은 한쳥량국에서 일영량국의 관계되는 리익을 타국이 손해ㅎ는 경우에는 량국이 방비ㅎ기 위하야 홈씌 운동할일이라 이약됴긔한은다섯히로 작뎡혼다 하엿더라.

이상 다섯가지의 됴건을 보건디 쳥국과 대한을 아조 쥬인 업는 물건 가지고 의논ㅎ덧 ㅎ엿스니 우리나라 신민들은 싱각이 엇더하뇨 오늘날ㅆ지 우리나라 졍부에서 외국인을 디ㅎ야 니졍을 간예ㅎ지말라 혹 금광 철로를 주겟다 말겟다 ㅎ며 대신이니 협판이니 영권을 누리는거시 다만 독립일홈이 아직ㅆ지 부지한 까달기라 ······ 근리에 독립당이라 하면 변시 역당ㄱ치 녁인다ㅎ니 무어슬 독립당이라 ㅎ는지는 모르거니와 대긔 독립이즈를 엇더케 잡지게 역이는지 일로보아 짐작할지라.

우리가 독립을 이러케 녁이는고로 외국이 쏘호 우리를 이ㄱ치 디졉ㅎ야 우리나라를 맛치 ㄱ긔의 보호국같치 디졉하니 누가 이러케 만들엇느뇨 눔의게 의뢰ㅎ기됴 ㅎ는즈는 일영량국이 우리 황실과 토디를 보호ㅎ여 준다홈을 얼마 다힝히 녁일듯하거니와 실상 독립국도 나의 보호를 밧는뇨 지금 구라파각국을 디ㅎ여 누가 보호ㅎ여 쥰다 하겠는뇨······

여기 비하면 《황셩신문(皇城新聞)》의 귀족적인 성격은 그 문장

에도 여실히 나타났다. 이제 융희 2년 9월 5일 토요일 발행 그 신문 제2천8백72호에 실린 창간 10주년 기념 사설을 보면 아래와 같다.

大韓帝國隆熙二年九月五日은 卽本紙創刊ᄒᆞᆫ滿十年一週의 記念日이라 夫十年者는 天道變의 期오 人事成功의 秋라 本紙의 歷史로 言ᄒᆞ면 十年前此日에 一個法人이 誕生ᄒᆞ야 一聲木鐸을 始振한 以來로 我同胞의 耳目을 警醒ᄒᆞ며 我帝國의 精神을 喚起ᄒᆞ야 世界列强의 文化를 輸入ᄒᆞ야 政界와 社會의 腐敗한 習慣으로 ᄒᆞ여곰 新鮮文明한 程度에 得達코져ᄒᆞ야 前後 三千六白餘日之間의 婉辭諷刺와 苦言悲懇과 大聲疾叫가 每日不進出于紙面 훌시 本記者의 頭髮이 白矣요 心血이 渴矣나 國家와 人民의 程度가 今日此境에 至ᄒᆞᆯ뿐이니 是는 本記者의 學識 固陋ᄒᆞ고 筆力이 短拙ᄒᆞᆷ으로 一般同胞를 對ᄒᆞ야 感動力이 缺少ᄒᆞ야 然함인지 反省自愧ᄒᆞᆷ을 不勝ᄒᆞ거니와 抒我國民同胞도 過去十年之間에 如何ᄒᆞᆫ 思想이 有ᄒᆞ엿던가……

순국문신문 내신 외신의 문장을 예로 들어 보면

각부신문

법부쥬ᄉᆞ 유악쥬씨가 월급ᄉᆞᆯ듦에 지나간 토요일에 탁지부대신 심샹훈씨를 가보고 억울ᄒᆞᆫ 말을 ᄒᆞ즉 심씨가 대로ᄒᆞ야 어셩이 놉흐며 언짠ᄒᆞᆫ 모양이 잇선다한다(독립신문 데류십ᄉᆞ호 건양 이년 류월 일일 화요)

잡보

근일 부평 돌니셔 부상들이 쪽지게지고 다니는 동죠기 쟝ᄉᆞ들에게 억지로 샹표를 맛기고 돈 닷량식을 토식하다가 만일 돈이 업는 사롬에게는 조 기 두그릇식을 쎄앗스니 부상이 억지로 샹표맛기고 토식ᄒᆞᄂᆞᆫ 폐를 금ᄒᆞ라고 나리신 조령이 귀어허디라고들 ᄒᆞ다더라(뎨국신문 제三권 七十三호 광무四年 四月 五日 목요)

전보

○ 론돈오월이십구일발 토이긔정부에셔 각국에 답샹ᄒᆞ되 평화약죠홀 죠목들은 말아니ᄒᆞ고 각국공ᄉᆞ와 의론히셔 ᄒᆞ겟노라하며 평화약죠 ᄂᆞᆫ 퍼 나라에셔 ᄒᆞ쟈ᄒᆞ엿더라 ○ 희랍정부에서 각국에 편지하되 변방에 요디를 토이긔로 준다는거슨 못당치안타하며 만일요디들 줄것ᄀᆞᆺ흐면 새로 포대를 무더야 홀지라 포ᄃᆞ뭇ᄂᆞᆫ대 돈이 대단히 들터인즉 나라에셔 흘슈업다 ᄒᆞ며 배상도 만히 물슈업ᄂᆞᆫ거시 지금국치변리도 주기가 어려운디 다시 큰돈을 쓸슈가 업다ᄒᆞ며 토이긔에 잇ᄂᆞᆫ 희랍빅셩을 토이긔 법률로 다스린단 말도 웅치아니 ᄒᆞ겟노라고 ᄒᆞ엿더라(《독립신문》 뎨륙십오호 건양 이년 륙월 삼일 목요)

2) 신소설이 한 일

1950년 신문《만세보(萬歲報)》에는 이른바 신소설의 전형인 국초(菊初) 이인직(李人稙)의 「귀(鬼)의 성(聲)」이 연재되었던 것이다. 이 씨에게는 그 밖에도 「설중매(雪中梅)」·「치악산(雉岳山)」「은세계(銀世界)」·「혈(血)의 누(淚)」 등의 작품이 있었고, 같은 신소설 작가로서 이해조(李海朝)는 「자유종(自由鐘)」·「빈상설(鬢上雪)」·「모란병(牧丹屛)」 등 여러 작품을 남겨서 신소설의 두 대표 작가로 지목되고 있다.

이 신소설들은 오늘의 소설의 관념을 가지고는 도저히 따질 수 없는 유치한 것이기는 하나 3·1운동의 기운을 받아 이윽고 일어난 신문학의 한 장르로서의 소설의 선구였음은 속일 수 없다. 특히 문체론의 각도에서 볼 적에 순한글로서 서술하며 어문일치의 문체를 의도하고 노력한 우리 소설의 시와도 다른 전통은 바로 신소설에서 받아 내려온 것 같다. 문체에 있어서의 신소설과 오늘의 소설과의 유연 관계(類緣關係)는 서술상의 인습에까지도 미친 듯하다. 가령 구절을 맺는 투에 있어서 "……더라"를 연방 쓰는 것 같은 것이 그것이다. 가령「귀(鬼)의 성(聲)」등의 문장과 빙허(憑虛)의「빈처(貧妻)」의 문장을 비교해 보라.

그런데 신소설은 이러한 문체상의 전통은 기실은 그 이전의「구운몽(九雲夢)」·「홍길동전(洪吉童傳)」·「흥부전(興夫傳)」·「장화홍련전(薔花紅蓮傳)」·「심청전(沈淸傳)」등 고대소설(일명 전책, 구소설)에서 어느 정도 받아 내려온 것이었다. 그러한 의미에서는 그것은 구소설과 오늘의 소설과의 다리를 놓은 과도적 문학 형태였다고 해 무방할 것 같다.

1443년 세종(世宗)이 훈민정음을 창정한 후 각별한 의도로 만들어 낸「용비어천가(龍飛御天歌)」·「월인천강지곡(月印千江之曲)」 등의 어용(御用)시가가 민중 속에 어느 정도로 퍼져 들어갔던지. 그리하여 궁정이 뜻한바 왕실계보(王室系譜)의 윤리 관념의 교화, 계몽에 얼마나 실적을 나타냈던지. 여하간에 한번 나타난 평민의 글자로서의 한글에 의한 우리말의 기재가 차츰 궁정으로부터 평민에 이르는 여러 층에 실천되기 시작하였으며, 특히 부녀자 사이에 널리 쓰여지기 시작한 것은 사실인 듯하다. 연대는 훨씬 내려오지만 18세기 말엽과 19세기 초두의 작인「한중록(恨中錄)」·「의유당일기(意幽堂日記)」등으로 미루어 보아도 그 전후에 궁정을 중심으로 한 양반층의 부녀들이 이른바 '언문'을 배우며 쓰는 것이 얼마나 널리 행해졌다는 것을 짐작할 수가 있다.

　시조와 같은 시가 형식은 처음은 양반층과 그것에 기생하는 화류계의 문학으로서 한글 문학의 특수 부문으로 발달하였지만, 한편 한문을 특권층에게 독점당한 평민이 자신의 글자와 글인 한글과 그 구문법을 알게 되자, 우선 그들 자신의 오락을 위한 한글로 된 이야기를 발달시켰으리라고 하는 것은 쉽사리 상상할 수가 있다. 그것이 이른바 전책 혹은 고대소설 또는 구소설로 알려진 이야기책들인 것이다.「유충렬전(劉忠烈傳)」·「임호은전(林虎隱傳)」·「서한기(西漢記)」 등 유행한 것이 이것이다. 한편 이러한 형식이 한번 세워지자 곧 그것을 재빨리 봉건 '이데올로기'의 선전 수단으로 이용하는 작가군이 생기기란 매우 쉬운 일이며 또 자연스러운 사세였다. 이리하여「장화홍련전」·「흥부전」 등의 이른바 권선징악형의 이야기책이 유포되었던 것이다. 그러나 이러한 표현 형식이 이윽고 평민 또는 한 걸음 나아간 지식 분자의 손으로 현실의 냉철한 폭로·비판·풍자의 경지로 높여지는 것은 좀 시일이 지난 뒤의 일이었겠다.「홍길동전」에서 어느 정도 이조 봉건사회의 말기 현상의 폭로·비판이 시험되었었고,「춘향전」에 이르러는 이 폭로와 비판과 풍자가 전래해 오던 이야기책의 형식에 교묘하게 어울려 버렸으며, 수절이라는 봉건 도덕의 탈 아래 기실은 자유연애 사상을 고취하는 꾀랄까 비범한 데가 있으며, 그리하여 봉건사회에 대한 경계 높은 항의의 문학을 빚어낸 한 놀라운 예외가 됨에 이르렀던 것이다. 신소설의 작가들이 받아 가진 것은 단순히 고대소설의 이야기를 위한 이야기의 제작 기술과 충동이 아니다.「춘향전」에서 본 봉건사회와 그 '이데올로기'에 대한 폭로·비판·풍자·항의를 어느새 그 좋은 훈련으로서 받았으며, 거기다가 구라파적 사실(寫實)의 수법을 가미해서 당시의 선구적 유행 사조 개화사상의 계몽 전파의 사도가 될 것을 스스로 기약하였던 것이다. 그리하여 당시의 신문과 함께 새 문예부흥의 선수로 등장한 신소설은 스스로 평민의 글자와 글과 말을 통일한 평민의 문학 형태로서 스스로를 정비했던 것이다. 이제 그 편린(片鱗)을 엿보기 위하여 「귀의 성」에서 그 일절을 끌어오기로 한다.

강동지의 무누라는 허둥거리느라고 길순의 힝장 차리는 것도 거드러 쥬지 못ᄒ고 잇다가 길떠나는 날 시벽이 된 후에 문잣게셔 말원앙소리ᄂ 눈거슬 듯고 한편으로 밥짓고 한편으로 말죽 쑤고 한편으로 힝장 치리ᄂ디 엇지 그리 급ᄒ던지 된장을 거르다가 말죽솟해도 드러붓고 행장을 차리다가 옷틈에 걸네까지 집어넛더라 그러케 시벽부터 법셕을 ᄒ나 필경 ᄶᅵ날씨 히가 낫나ᄂ 된지라 강동지의 수선에 길순이ᄂ 밥 먹을 동안도 업시 교군을 타ᄂ디 모녀가 다시 맛나 보리 못보리ᄒ면셔 울며불며 리별이라 솔기둥니ᄂ 녀편네 천지런지 늙은 녀편네 절문 여편네가 안마당 박겻 마당에 긋득 모혀셔 언제 길슌이와 정이 그럿케 드럿던지 길슌의 모녀 우ᄂ디로 덩다라셔 눈물을 흘린다 이눈에도 눈물 져눈에도 눈물 약ᄒᆫ 마음 여린 눈에 남 우ᄂ것 보고 감동되야 눈물ᄂ기도 여사라 ᄒ련마ᄂ 흑흑 늣기며 우ᄂ거슨 이상ᄒ 일이라 이웃집 로파ᄂ 길슌이를 길러내서 정이 그러케 드럿다ᄒ더래도 고지 들을 ᄆᄒ거니와 아래마을 박쳠지의 며나리ᄂ 길슌이와 초면인디 그 시어머니 따라서 길슌이 ᄯᅥ나ᄂ 것 보러온 사람이라 처음에ᄂ 비죽비죽 울기를 시작ᄒ더니 나종에ᄂ 남붓그러운 줄도 모르고 목을 노ᄋ셔 엉엉우니 그거슨 우름판에 와셔 제진정 싱각ᄒ고 우ᄂ ᄉᆞ름이라.

물론 신소설의 작품 하나하나가 그 전편에 있어서 치밀한 설화와 사실적인 묘사로 일관되었다고 생각해서는 아니 된다. 과도기의 문학인 때문으로 해서 흥미 본위의 허황한 설화의 남은 자취도 많기는 하나 적어도 이제 인용한 구절과 같은 데서 사실적 묘사 중심의 오늘의 소설의 틀이 준비되어 있었던 것만은 속일 수 없다. 앞에서도 말한 것처럼 구소설과 신소설은 특히 그 제재(題材)와 창작의 태도에 있어서 지극히 거리가 먼 것이나, 평민의 글자인 한글을 방편으로 해서 평민의 말을 통해서 널리 대중에게 퍼져 들어가려고 한 의도에 있어서는 매우 공통된 점이 많다. 이 의도는 우리 문학의 대방침으로서 오늘의 소설에 옳게 전수되어 온 것은 반가운 일이다. 1930년대의 첫 무렵에 일부의 작가 사이에 이 언뜻 보아 불편한 듯한 전통을 저버리고, 그릇 쓰기 쉽다는 때문으로 해서 국한문 혼용으로 역전코자 하였던 것은 일대 오산으로서 그 실현을 얼마 보지 않고 만 것은 불행 중 다행이었다.

특히 이 한글 전용의 신구 소설이 봉건시대의 문화적 암굴의 주인이었던 부인층에 놀라운 형세로 먹어 들어갔었던 점은 주목할 가치가 있다. 처음에는 궁중 또는 화류계에서 시작하여 나중에는 일반 가정에까지도 차츰 새어 들어가며 퍼져 가고 있었던 것이다.

이러한 사정은 문예부흥 선구 시대의 구라파와도 매우 흡사한 데가 있다. 13세기에 단테가 그때 특권층의 글이요 말이었던 '라틴'을 버리고 자기나라 백성들의 말인 '투스킨' 방언으로『신생(新生)』과『신곡(神曲)』을 써서 앞으로 일어날 이태리 민족문학의 길을 열었으며, 14세기에 보카치오가 역시 '라틴' 아닌 방언으로써『데카메론』을 쓰면서, 특히 자기의 작품이 사회적으로 문화적으로 저버림을 받은 부녀들을 위하여 쓴 것이라는 것을 그 서문 속에서 표명했던 것이다. 이야기책은 사실 봉건 여성에게 있어서 또 하나의 생활이요 세계에 필적했다. 상류사회의 남성들이 각각 다채스러운 사회생활을 가질 적에 그들의 세계와 생활은 안방과 부엌과 대문 안에 국한된 단조로운 하루하루의 되풀이였다. 그러므로 그들은 상상 속에서 이야기책의 인물들과 함께 살며 공상적인 사건을 구경함으로, 거기서 가까운 그들의 현실 세계와 생활과는 다른 또 하나의 생활과 세계를 가지는 것이었다.

이리하여 우리 신소설은 한말(韓末) 개화기의 급선무였던 민주적 민족문화의 단일한 표현 전달 형식으로서의 한글 확립, 어문일치 문체의 수립을 위한 옳은 임무를 스스로 의식하고 노력하였으며, 우리 민족문화 건설의 한 부동의 가치를 높이 내걸었던 것이다. 구라파에 있어서도 각 나라의 그 민족문화의 수립은 우선 제 나라 말과는 떨어져 있는 죽은 학술어의 포기, 제 나라 말과 글의 통일과 또 그 어문일치의 문체의 추구를 그 선결 요건으로 하고 이루어졌다는 것은 두 번 세 번 보아 온 대로다. 우리나라 일본과 같이 글에 있어서 제 나라 글자와 딴 나라 글자를 섞어 쓰며, 따라서 문체상에도 혼혈을 면치 못하며 그리하여 어문일치의 이상을 늘 막는 경향을 품고 있는 불건전한 어문 생활은 하루바삐 수정해야 할 일이다.

그리하여 이 옳은 방향을 일찍부터 자각하고, 신소설은 당시의 신문과 어깨를 걸고, 봉건의 캄캄한 그믐밤을 헤쳐 오늘의 민족문화의 빛나는 진군을 위한 선구의 일을 맡아 했던 것이다.

(이 대목은 白鐵 著「朝鮮新文學思潮史」第1章 및 특히 第2章, 李明善 著「朝鮮文學」第3章 第6節, 第4節 참조)

3) 신약과 찬송가의 영향

　예수교는 우리나라에서는 약 한 세기 반에 걸친 선교의 역사를 가지고 있거니와 그것이 그동안에 우리 어문 생활에 미친 영향, 특히 한말에 있어서 국문의 대중화에 바친 공로는 결코 적다고 할 수가 없다. 그것은 그 당시에 있어서 한문의 혜택을 독점하고 있던 특권적인 양반층보다도 보다 더 넓은 대중 속에 그 교리를 퍼트려서 많은 신자를 얻겠다는 의도와, 또 한 가지 봉건사회에서는 완전히 버려진 반조각인 부녀들 사이에 신자를 획득하겠다는 의도에서 그 선교의 수단으로 쓸 말과 글을 특권층의 말과 한문에서 찾지 않고 평민의 말과 한글에서 찾았던 것이다.

　선교의 표본을 보인 것은 처음부터도 말이 서투른 서양 선교사였으며 선교의 역군으로서는 수많은 전도 부인이 동원되었으며, 또 평신도는 더군다나 전도사에 있어서도 유식 무식의 차별을 붙이지 않았던 까닭으로 해서 예수교회의 용어는 보다 더 평민이 알 수 있는 말이고자 하였고 글은 한글이 줏대가 되었던 것이다.

　예수교회의 선교 문서는 한글로써 쉬운 말로 쓰이는 것이 원칙이 되었으며 그것은 그 반면에 있어서는 뜻하지 않은 한글 전파의 사도 노릇을 하였으며 저도 몰래 어문일치의 문체를 측면으로부터 북돋아 갔던 것이다.

　1882년 고종(高宗) 19년에 된 「누가복음」·「요한복음」의 번역과 그다음 해의 같은 두 복음의 개역, 1883년의 「마태복음」·「마가복음」의 번역, 1884년 이 수정 번역 「마가복음」 등은 다 한글로 된 소책으로서 유식한 양반층보다도 무식한 대중에게 말을 건네었던 것이다.

　1887년 로스 박사가 한 우리말로 번역된 첫 『신약』인 『예수성

교전서』, 1900년 성서번역국의 손으로 된 신약과 1900년의『간이 철자 신약전서』, 그리고 1905년 앞의 성서번역국 제2차 개역『신약전서』, 그 밖에 성경은 아니지만 1895년 게일 박사 내외의 번역으로 된『천로역정』등은 물론, 그 읽힌 범위는 예수교도라는 국한된 테두리였으며 그 첫 목적은 선교에 있었으나, 적어도 10만 또는 20만 부의 대량 출판이었고 그 교도의 수가 또한 이미 그적에만도 20만 혹은 30만을 헤아리는 때라 위의 출판이 거둔 부산물인 한글 전파가 우리 어문 생활에 미친 영향은 막대하였다 하겠다.(以上 최현배 著,『한글갈』, 307~322페이지 참조)

그 밖에『찬송가』는 1893년 언더우드 박사의 번역 편찬을 비롯해서 1896년의 북장로파 편찬, 1897년의 감리파 편찬의 뒤를 이어 1905년 양파 공동 편찬의 것이 나왔거니와, 1908년에 6만 부, 1910년에는 22만 5천 부, 다음 해에만도 5만 부라는 대량의 출판을 보았던 것이다.

위에서 보아 온 사적에 비춰 볼 적에는 1906년 유성준(兪星濬) 번역 소위『선한문신약전서(鮮漢文新約全書)』는 국한문 혼용이라느니보다는 더 한문체에 가까운 문체로서 한자를 주로 하고 한글을 종으로 삼은 것으로 그 뒤에 있던 한두 낱 같은 시험과 함께 한 개의 시대 역행이었다고 할 밖에 없다.

우리나라의 예수교 성경 번역이 과연 1611년의 영국『흠정성서(欽定聖書)』가 근대영어의 형성과 발전에 대하여 가졌던 그 중대한 관계와 또 그 문학에 미친 영향에 필적할 만한 것을 우리 어문 생활에도 가졌던가 않았던가 하는 문제는 물론 두 나라의 당시의 사정과 그 뒤의 사태가 달랐더니만치 비교도 아니될 것이나, 그러나 새로이 시작된 우리나라 어문 통일 운동, 한글 운동의 선구적

시대에 있어서 신문, 신소설 등과 어깨를 맞추어 응분의 일몫은 하였다고 하겠다.

번역한 사람은 분명치 않으나 1790년 정조(正祖) 14년에 벌써 「주기도문」 한글 번역이 나왔었다고 한다. 이제 「누가복음」 제15장 11절의 저 유명한 '탕자의 비유'를 인용하여 성경의 문체의 편모를 엿보고자 한다.

또 갈아샤대 엇던 사람이 두 아달이 있는대 그 둘재가 아비의게 말하매 아버지여 재산즁에서 내게 도라올 분것을 내게 쥬소셔 하는지라 아비가 그 살님을 각각 난화 주엇더니 그후 몃츨이 못되야 둘째 아달이 재물을 다 모와 가지고 먼 나라에 가 거긔서 허랑방탕하야 그 재산을 허비하더니 다 없시한 후 그 나라에 크게 흉년이 드러 뎌가 비로소 궁핍한지라 가셔 그 나라 백셩즁 하나의게 븟쳐사니 그가 뎌를 들노 보내어 도야지를 치게 하엿는대 뎌가 도야지 먹는 쥐엽 열매로 배를 채우고 져하되 주는쟈가 업는지라 이에 스사로 도리여 갈아대 내 아버지에게는 량식이 풍죡한 품군이 얼마나 만흔고 나는 여긔셔 주려 죽는고나 내가 니러나 아버지끠 가셔 닐아기를 아버지여 내가 죄를 하날과 아버지끠 엇엇사오니 지금부터는 아버지의 아달이라 닐카름을 감당치 못하겟나이다. 나를 품군의 하나로 보쇼셔 하리라 하고 이에 니러나셔 어버지께로 도라가니라…… 맛아달은 밧헤잇다가 도라 집에 갓가왓슬 때에 풍류와 춤추는 소리를 듯고 종을 불너 이 무삼 일인가 무른대 대답하대 당신의 동생이 도라왓스매 당신의 아버지가 그의 건강한 몸을 다시 마자드리게 됨을 인하야 살진 송아지를 잡앗나이다 하니 뎌가 노하야 드러가기를 즐겨아니 하거늘 아버지가 나와서 권한대 아버지끠 대답하야 갈아대 내가 여러해 아버지를 섬겨 명을 어김이 업거늘 내게는 염소 삿기라도 주어 나와 내

벗으로 즐기게 하신 일이 업더니 아버지의 살님을 챵기와 함씌 적어 버린 이 아달이 도라오매 이를 위하야 살진 송아지를 잡으섯나이다. 아버지가 닐아대 얘 너는 항상 나와 함씌 잇스니 내것이 다 네것이로되 이 네 동생은 죽엇다가 살앗스며 내가 일헛다가 엇엇기로 우리가 즐거워하고 깃버하는 것이 맛당하다 하나라.

더욱이 자못 알기 어려운 철학적 함축을 가지고 있다고 예수교도들이 일러져 온 「요한복음」 첫머리의 "빗치 우두움에 비최되 어두움이 깨닷지 못하더라"로 끝나는 몇 절의 간결한 번역은 한자로 된 까다로운 개념을 반드시 늘어놓지 않더라도 엔간한 철학 논문쯤 쓸 수 있으리라는 희망을 우리로 하여금 갖게 하지 않는가.

3 '하나인 우리말'을 향하여

우리말 운동의 발상기에 있어서 직접간접으로 이에 참가했던 몇 개 중요한 부면만 추려서 살펴 왔다. 그 결과 우리는 이러한 놀라운 일을 찾아냈다. 즉 우리 선구자들은 글자 문제만 들고 나온 것은 아니었다. 그와 동시에 또 그것과 떼려야 뗄 수 없는 관계에서 쉬운 우리말체를 세우려고 애썼더라는 일이다. 말이라고 하는 것은 별게 아니라 우리의 의사소통, 의미 전달의 도구인 것이다. 그러므로 의미의 전달이라는 것이 그 줏대 되는 기능인 것이다. 어떻게 될 수 있는 대로 수월하게 그리고 효과 있게 전달의 임무를 다 하느냐가 첫째 목표다. 그러니까 그것은 자연 문체 문제로 떨어지고 마는 것이다. 이 목표와 활동이 따르지 않는, 아니 줏대가 되지 않는 글자 문제는 선후와 경중을 거꾸로 하는 것이 된다.

여기서 우리는 우리말의 표준을 어디다 두느냐 하는 문제를 잠깐 살펴보기로 하자. 한 나라 안에서도 지방을 따라 여러 개 방언이 있는 게 사실이다. 같은 우리말이면서도 전라도에는 전라도 사투리, 함경도에는 함경도 사투리가 따로 있다. 또 같은 서울말이라고 하지만 윗대말과 하대말이 다르다. 즉 사회적 계층을 따라 사회방언이라고도 할 것이 갈려 있다. 그러나 구라파에서도 대체로 지역에 있어서는 그 나라 정치와 문화의 중심인 서울, 사회적으로는 비교적 안정 세력이요 문화의 담당자인 중류층의 말을 편의상 표준어로 채택해서 일반화시키는 것이 통례가 되어 왔다. 우리나라의 표준말이라는 것도 바로 그러한 것이다. 그러나 우리말의 표준은 점점 이동시켜야 할 것이다. 우선 사회적으로 아래로 아래로 끌어내려야 할 것이다.

첫째로는 지역적으로 사회적으로 보다 지금 널리 쓰여지는 말을 의미해야 하며

둘째로 자주 쓰여지는 말을 의미해야 할 것이다.

다시 말하면 현재 대중이 쓰고 있는 자연스럽고 순순한 산 말이라야 할 것이다.

셋째로 거기에 일상생활에 필요한 말들을 집어넣어야 할 것이다.

넷째로 우리 문화 활동에 필요한 말들이 끼어들 것이다.

우리말이라고 할 때의 표준은 바로 이런 데 두어야 할 것이다. 우리말 운동의 초시작에는 그 의도와 용의가 바로 이런 데 있었더라는 것을 우리는 앞에서 보아 온 예의 토막토막에서 미루어 보아도 짐작할 수가 있다. 우리 선구자들은

첫째 순수주의를 받들지 않는 듯하다. 한 나라 말은 닫혀 있어서 바깥과의 교섭이나 연락이 없는 것도 아니요, 또 있어서는 안

되는 것도 아니다. 또한 어느 시대를 금으로 해 가지고 늘 고정해 있는 것도 아니요, 반드시 그럴 필요도 없는 것이다. 우리 생활의 내용이 풍부해지고 복잡해지는 것을 따라서 말도 자라 가고 퍼져 가고 변해 가는 것이다. 외래어(外來語) 같은 것도 처음에는 서먹 서먹하다가도 필요하며 입맛에 맞기만 하면 점점 우리말 속에 동화되어 버리며 또 어느새 새말이 생기는가 하면 한편에는 사라져 죽어 버리는 말이 있다. 그러니까 외래어 같은 것이 들어올까 보아 문을 꼭 닫아 두거나 또 새 말이 생겨날까 보아 눈을 밝히며 그 반면에 죽은 말을 도리어 신주 모시듯 하는 순수주의는 우리의 취할 길이 아니다.

둘째로 옛날 말(古語)을 일부러 눈물겨워하는 골동 취미를 우리 선구자들은 반드시 존중하지는 않은 것 같다.

셋째로 부자연스러운 인공적인 지역주의는 따르지 않은 것 같다. 세모꼴(三角形), 맞모금(對角線), 배움집(學校) 같은 식으로 고쳐 가려 들지는 않았다. 어려운 한문 투는 차라리 이미 있던 수월한 우리말로 친절히 옮겨 놓았다. '입추(立錐)의 여지(餘地)가 없는데'를 '송곳 꽂을 틈이 없는데'로, '누란(累卵)의 위(危)'를 '쌓아 놓은 달걀과 같이'로 옮겨 놓은 것은 신소설 작가 이인직(李人稙)의 평범한 듯하면서도 희한한 착상이었다.

넷째로 새말을 만들려는 괴팍스러운 버릇이 없었다. 말광(辭典)이니 물사리갈이니 하는 따위의 창작에 그리 흥미가 있어 보이지 않았다.

위에서 보아 온 것은 그대로 오늘의 우리에게 있어서도 지켜 좋을, 아니 지켜야 할 조목들이라 하겠다.

4 뒤범벅인 오늘의 상태

여기 1948년 11월 25일 날짜 어떤 우리 신문 제1면을 펴 놓았다. 아른 어느 신문과도 비슷비슷한 신문이지, 결코 유달리 심하다거나 한 것은 아니다. 예증(例證)은 따로 어휘론(語彙論) 속에서 내놓고 논의하고자 하지만, 우선 쉬운 우리말로 옮겨 놓을 수 있는 한문 투, 한자어, 일어에서 온 말과 대목이 대강 1백59였다. 예를 들면 '구출(救出)한다', '여(如)히' 등과 같은 것이다. 그것들은 각각 '구해 낸다', '같이'로도 되지 않는가.

또 같은 날 제1면에는 농지개혁법안(農地改革法案)이 실렸는데 그 쓰인 말과 표현은 말할 것도 없이 농민이 알아볼 수 있는 수월한 우리말은 아니고 아마도 유식한 지주가 아니면 전문가를 위한 까다로운 국한문체였다. 이 법안 속에만도 쉬운 우리말로 고칠 수 있는 까다로운 말이 1백30마디나 있었는데, 예를 한둘만 들면, '其間', '垈', '池', '別로히', '一戶當' 같은 것으로, 각각 '그동안', '터', '못', '따로', '한 집에' 등으로 고쳐 놓는다고 해서, 법의 위신을 떨어트릴 염려는 없어 보인다. 그러나 그것은 그 1면 기자나 법안 초안자의 허물은 아니다. 오늘의 주책없는 우리 어문 생활 그 자체가 져야 할 책임이다.

한글과 한자를 애초부터 섞어 쓰는 제1면은 그렇다 쳐 놓고, 같은 날짜 제2면, 즉 한글면은 어떤가. 거기도 쉬운 우리말로 옮길 수 있는 말이 약 1백 마디인데, 예를 들 것 같으면 '신발족한다', '유일한'과 같은 유의 것이다. 가령 그런 말 대신에 '새로 시작한다', '하나뿐인'을 쓴다면 얼마나 순순하고도 구수하랴.

새 문체 운동으로 안을 받치지 못한 거죽뿐인 한자 폐지의 산

예증이 바로 오늘의 신문들의 한글면(보통 제2면)인 것이다.

우리는 좀 더 소상하게 오늘의 신문 문체를 상고하기로 하자.

유·엔은 確實히 苦憫하고 있다. 그 機構와 運營 全般에 關해서는 美·蘇 두 陣營의 對立, 確執에서, 昨年總會以來 事實上 分裂의 傾向을 뵈이고 있는 그것이요 政策의 表現에서 가장 具體的으로 暗礁的 難問題에 부닥친 것은 西의 伯林問題와 東의 韓國問題라 할 것이다. 兩問題는 歐洲와 極東의 두 地帶를 둘러싸고, 戰爭이냐 平和냐의 世界의 運命을 걸고 平和的 解決을 爲하여 모든 知能과 忍耐가 可能한 데까지 最後의 努力을 다할 것이 方今 開催된 유·엔總會의 各國 平和使節의 崇高한 使命이요 또 最大의 苦憫의 課題인 것을 알 수 있는 것이다.

— 1948. 11. 21 某신문 社說의 1節

우리 社會의 모든 封建的 遺制와 因襲이 農業經濟의 封建性에 由來한 바 絶大하고 또 그 遺習을 惡用한 日帝의 掠奪 植民政策은 農民으로 하여금 慢性的 窮乏의 陷穽에 떨어트렸었다. 現世界의 政治理念과 社會改革의 方向이 社會經濟的 民主主義에 있음도 우리가 誠實하게 배워야 할 一般的 課題이겠거니와, 우리 社會發展上 最大의 矛盾을 克服하여야 하는 點에서 特히 農土의 再分配로써 農民의 自立的 生産主體者됨을 確信케 하고 그 文化的 向上 啓發을 期하여야 할 것은 當面한 國家政策의 基礎가 되는 것이다. 全人口의 八割이 農民이요 또 그 八割이 小作農 以下의 窮農이라는 現實이 무엇보다도 그 必要와 緊急을 가장 力說하고 있는 것이다.

— 같은 신문 1948. 11. 25 社說

이러한 글들은 특히 어느 신문이라고 할 것 없이 오늘 우리 신문들의 공통한 사설 문체를 보이는 한 전형으로서 한말(韓末)《데국신문》이나《독립신문》사설의 높은 지향에서 얼마나 뒷걸음친 것이며 또 "是日也 放聲大哭 云云"에서 그리 멀리 나가지는 못하였다는 것을 인정할밖에 없다. 한자를 몰아내고 확 돌려서 쉬운 우리말로 방향을 옮길 필요가 단연히 있는 것이다.

또 우리 신문 일면에 실리는 외국 통신의 한 예로서 1948년 11월 25일 날짜 각 신문에 실린 통신 하나를 들면

(워싱톤 廿四日發 AP — 合同) 有力한 消息通이 廿二日 示唆한 바에 依하면 長其間 遲延된 日本賠償問題는 곧 解決될 可望性이 있다고 한다. 仔細한 것은 모르나 現在 美國이 同問題에 關한 最後의 立場에 到達中에 있는 것을 示唆하는 徵候가 增加되고 있다. 極東委員會는 同問題에 關하여 合意를 보지 못하고 있는데 日本은 이것이 日本産業復興을 遲延시키고 있다고 看做하였다. 極東委員會가 日本의 어떠한 資産을 除去할 것인가 또는 이 資産이 太平洋 聯合國間에서 어떻게 分配될 것인가 하는 데 關한 合意 到達에 失敗한 後 美國은 同問題를 廣範圍하게 再檢討하였다. 萬若 美國이 同問題에 關한 새 提案을 할 때에는 美國은 極東委員會가 이 提案을 受諾하거나 或은 若干의 變更을 加한 後에 合意到達을 하여야 한다는 强硬한 主張을 새로 提出할 것이라고 推測된다…….

우리 신문의 외국 통신은 일제 때에는 일문 통신을 그대로 일본 '가나'로 된 부분만 고쳐서 쓰는 습관이 있어서 이상스러운 글이 되었지만, 지금은 사정이 다르니 몇몇 통신사에서 번역하는 방침을 달리 세운다면, 역시 많은 한자를 몰아내고 쉬운 우리말로 될 수 있을 것이 아닌가 한다.

또 한글면인 사회면 기사를 하나 보기로 하자. 이도 또한 같은 날 치다.

충남 예산군 덕산면에 있는 구 이왕 산림관리인 박××(朴××)이란 자는 지난 四월부터 당지 면장인 김××(金××) 씨를 비롯하여 관계 당국원과 결탁하여 구 이왕궁이나 도 삼림과로부터 하등의 허가도 없이 약 이천여 정보나 되는 임야 가운데서 장작으로 무려 五천 평이나 되는 엄청난 나무를 간벌(間伐)하여 一천여만 원을 착복하여 왔다고 하는데 이에 분개한 당지 주민들은 전기 박의 비행을 지적하는 동시에 즉시 남벌을 중지시킬 것을 관계 당국에 호소하고자 방금 진정서를 작성 중에 있다고 한다.

이런 것은 한글로 쓰인 기사라고는 하면서 아직도 그 문체에 있어서 쉬운 우리말로 더 가까워 갈 여지가 많이 남아 있다는 것을 느끼게 한다. 가령 '당지', '결탁하여', '하등의', '지적하는', '작성 중' 같은 것을 '그곳', '얼려서', '아무런', '캐내는', '만드는 중' 등으로 고치기만 해도 얼마나 우리글다운 말이 될 것이냐.

이렇게 우리 신문은 다시 한번 한말(韓末) 신문들의 좋은 의도와 지향으로 돌아가서 보다 더 넓은 대중에게 쉽게 읽혀 알려질 수 있도록 면목을 일신해 가지고 나올 것이나 아닐까. 그리하여 다시 이 나라 민족문화의 친절한 앞잡이가 되며 이 나라의 민주주의 건설에 더 효과 있게 보탬이 될 수 있지나 않을까 한다.

그러면 문학의 분야는 어떤가. 딴은 신소설의 전통을 물려 가진 소설은 한글 전용의 인습을 그대로 지키고 있다. 그러나 요즈음 소설은 딱딱한 한문 투와 한자어를 전보다도 더 막 집어넣어서 꿋꿋하고 빽빽한 문장이 적지 않은 것은 유감이다. 시에 있어서도 마찬가지로 이 방면의 용의가 아직도 부족한 듯하다. 더군다나 평론에 이르러서는 앞에서 본 요즈음 신문 사설에서 그리 멀지 않아서 그 글은 우리말 운동의 본래의 정신과 방향에 맞추어 가려는 노력이 가장 등한한 듯하다.

이러한 의미에서는 우리말 운동은 다시 한번 그 연원에서 새로 출발하여 모든 문인과 저술가와 교사와 어학자 특시 저널리스트들의 동원과 협력을 얻어 그 본래의 목표를 하루바삐 이루어 '하나인 말'의 실현을 꾀해야 할 것인가 한다.

5 누구를 위한 글이냐

말은 우선 듣는 사람을 위하여 있는 것이다. 무엇인가 알려 주기 위하여 있는 것이다. 그러니까 듣는 사람이 없이 혼자서 하는 말이란 결국은 들어줄 상대를 상상 속에라도 상정해 놓고 하는 것이다. 기도와 같이 사람 아닌 그 무엇에라도 말을 건네고 있는 것이다. 그러니까 말을 글자를 통해서 읽도록 해 놓은 글이라는 것도 실상은 읽는 사람을 위하여 있는 것이 된다. 다만 글은 말처럼 듣는 사람 앞에서 쓰이는 것이 아니라 혼자 앉아서 곁의 사람과는 상관없이 쓰는 데서 어느새 읽는 사람의 일을 잊어버리고 말하자면 자기도취를 위해 쓰이는 나쁜 버릇이 한편에는 생겼다. 잠꼬대라든지 초현실주의자가 쓴 특별한 기술인 내부 독백(內部獨白) 같은 것은 사회적 기능으로서의 말이라느니보다는 일종의 의식 없이 하는 생리작용인 것이다.

그러면 우리는 대체 누구를 위해 쓰는 것인가. 어떤 특수한 학술 논문처럼 극히 적은 수의 전문가를 위해 쓰는 글이 있다. 가령 이론물리학 논문처럼 특별한 수식과 부호를 써 가서 거기 대한 예비 지식이 없는 여느 사람들로서는 알아볼 길이 없는 것도 있다. 그 글은 어떤 계몽적 해설이 목적이 아닌 이상 그 글을 주요 목표로 한 전문가들만 알아보면 그만이다.

그러나 그런 예외의 경우를 내놓고는 글이라고 하는 것은 당연히 보다 더 넓은 대중을 위하여 그들에게 무엇인가 알려 주기 위하여 쓰이는 것일 터이며 또 것이라야 할 것이다. 그러한 모에서 본다고 하면 한자보다도 더 글자와 그 조직이 쉬운 한글로 글을 쓰도록 해야 하리라는 것은 아무도 마다할 수는 없을 것이다. 한문 투나 한자어는 원래가 한문에서 온 것인즉, 한글보다도 한자로 적는 게 더 알맞을 것은 사세에 당연한 일일 것이다. 그러나 이윽고는 쉽고 편한 한글을 가지고 우리말을 모두 써 갈 바에야 그 한문 투나 한자어를 쉬운 우리말로 옮겨 놓을 수 있는 데까지는 옮겨 놓도록 하는 게 옳지 않을까. 그다음에 할 일은 아무래도 그대로 우리말 속에 집어넣을밖에 없고 또 그러는 게 나은 그런 한문 투나 한자어는 이윽고는 한글로 적어도 조금치도 어색하지 않을 정도로 될 수 있는 대로 빨리 동화해 버리도록 하는 방법을 생각해 가는 일일 터이다. 또 이미 우리말 속에 동화되어 널리 대중의 입에 익어 버린 말은 구태여 한자어로 쪽을 캐어 대접할 것이 아니라, 여느 말처럼 여기며 쓰면 그만이다. 전문가를 위한 것이 아니고 대중을 위한 사전에서는 어원까지 캘 필요가 없으며 또 사실로 캐지도 않는 것이다.(이 밖에도 이런 여러 문제는 따로 어휘론에서 다루어 보고자 한다.) 가령 '靈泉' 아니 '東大門' 대신에 '영천', '동대문'이라는 패를 붙이고 달려도 전차는 곧잘 달릴 수 있다. 그만큼 더 많은 사람이 더 수월히 알아보게 되었다. 오늘도 그렇지만 앞으로도 구태여 靈, 泉, 東, 大, 門이라는 한자를 일일이 배우지 않고 영, 천, 동, 대, 문이라는 한글을 붙이는 법만 배우면 그만큼 덜 힘들이고도 노량진이나 마포로 안 가고 영천이나 동대문으로 올 줄을 알게 될 것이다. '京城市場' 대신에 '서울시장'이라고 한다고 지체가 떨어질 리 만무하다.

종로와 진고개 일판의 가게에서 한자 간판을 다 한글 간판으로 바꾸어 놓는다고 하자. 그랬다고 해서 철물 가게에 가서 헝겊을 찾지는 않을 것이다. 물건이 좋고 값이 싸고 상냥하기만 하면 손님이 쏠릴 것이니, 안심하고 간판들을 고쳐도 좋을 것이다.

이름 걱정을 한다. 鄭芝溶을 '정지용'으로 崔鉉培를 '최현배'로 쓰고들 계시지만 그렇다고 해서 지용의 시와 딴 사람의 것이 엇갈릴 리 없고 『한글갈』은 역시 다름 아닌 그분이 지은 것인 줄 분간할 것이다. 돌쇠라고 한들 어떻고 삼돌이라고 한들 무슨 일이 있느냐. 서양서는 '스미스'니 '제임스'·'존'이니 하는 몇 가지 아니 되는 이름들을 두고두고 되풀이해 맞추어 쓰는 것이다. 아버지와 아들이 같은 이름을 쓰면서 아들은 아들이라는 표만 질러 놓기도 하고 할아버지 이름을 그대로 물려 쓰기도 하며 때를 따라 1세 3세를 붙이기도 한다. 같은 숙종(肅宗)이라도 고려조(高麗朝)와 이조(李朝)의 숙종(肅宗)은 그리 뒤섞이지 않고도 쓰여진다. 다만 표의문자의 주로 한 자 한 자의 뜻을 좇아 짓던 이름을 부르기 좋은 소리를 따라 짓게 되는 것이 앞으로 달라질 것이다. 그러나 '바위'나 '보배'처럼 뜻이 좋아 붙이는 이름도 있을 것이다. 김보배와 이보배는 성이 다르니 썩 잘 구별이 될 것이다.

또 한자는 동양 여러 나라에서 공통으로 쓰며 한문은 동양에서는 글의 조종이어서 고전을 연구하는 데 없을 수 없다는 걱정도 한다. 그러나 현재 중학교 2학년 이하의 아이들이 한자만 배워 가지고 일간신문에 있는 한자만 띄엄띄엄 주워 읽고서 뜻을 알 수 있을까. 짐작은 할지 몰라도 짐작이 무슨 그리 소용이 되겠는가. 중국 현대의 백화문(白話文)을 읽는 경우도 마찬가지다. 다만 고한문(古漢文)일지라도 그것을 읽고 알려면 상당히 오랜 시간과 힘을 바쳐야 되는 것이다. 그러니 한문을 '라틴' 배우듯 고전어로 배운다든지, 전문 학자가 되기 위해서 딴 공부를 하는 것이야 누가 말리랴만 우리글에 뒤섞어 쓰려고 배워야 한다면 망발이다.

 부질없는 한문 투, 한자어는 우리말에서 몰아 버리겠으니 문제없고, 이미 동화된 것은 동화되었으니 또 걱정할 것이 없으나 다만 아직 동화까지는 되지 못하였으나 그러면서도 꼭 있어야 될 한자어들을 어떻게 하면 속히 동화시킬까. 또 동화되기까지는 어떻게 해서 이해를 도와 갈 것인가. 그 제한의 근거는 어디다 둘 것인가. 여러 가지 문제가 따라 일어난다. 요는 '하나인 글자, 하나인 말이자 글'이 우리의 구경(究竟)의 이상이요 목표지만 오늘 한자만 쓰지 않는다고 당장 그 목표가 이루어지는 것은 아니다. 안팎이 따르는 '하나인 말과 글'을 가져오지 않고는 의미가 적다. 그러기 위해서는 우리말과 글과 글자의 현재의 상태를 똑바로 과학적으로 살피고 분석해서 그 이상에 가장 빠른 길을 거쳐 가장 적은 힘을 들여 그러나 가장 효과 있게 도달할 수 있는 방책을 세워 가야 할 것이다. 덮어놓고 부르짖는 한자 폐지론이나, 덮어놓고 해 보는 반대는 매마찬가지로 길가의 횡설수설에 지나지 않는 것이다.

 언제든지 아는 것이 힘이어서 아는 것이 해결의 반은 된다.

─《신세대(新世代)》(1949), 3·4월호 부록

새말 만들기

1 새말이 나오기까지

1) 8·15 이후의 새말

새말이 생기는 것은 물론 새로운 물건이나 사태나 관념이 낡은 말로 표현할 수가 없이 되었을 적에 부득이한 필요에 의해서 되는 것이다. 그런 것들이 국외에서 들어올 적에는 그것을 표현하는 말을 함께 데리고 오기도 한다. 그것들만 들어오고 말은 이쪽에서 만들어 붙일 적도 있다. 가령 '라이터'는 미군(美軍)이 가지고 온 물건인 동시에 말이다. 그러나 '라이터돌'은 어느 거리의 천재가 만든 합성어(合成語)다. '지프'는 물건과 함께 들어온 말이다. 그러나 '지프'만으로는 어디라 없이 흐리멍덩한 데가 있으니까 어느새 '지프차'라는 말이 유행하게 되었다. 이 방식을 아래서 다시 설명하겠거니와 어떤 새말이 나올 적에 그 말만으로는 좀 위태위태하니까, 그 대상에 관련이 있는 재래의 말을 가져다 붙여서 더 분명하게 만드는 방식이다. '시·아이·시'·'엠·피'·'지·투'·'시·아이·디'·'사인'·'피·엑스'도 역시 미군이 가지고 온 기관이나 말이다. '아지'·'아지트'·'데모'도 또한 8·15 이후에 다시 돌아온 말이면서도 일반에게는 새말같이 되어 있다.

  위의 것들은 영어에서 온 말이나 일부에서는 한문 글자가 아니면 새말을 만들기 어렵다는 생각이 떠돌고 있다. 아마도 미신일 터이나 꽤 유력한 미신이기는 하다. 딴은 노선(路線)이라는 말은, 우리 건국 방향과 관련되어 갑자기 매력이 붙은 말이다. 국제노선, 중간노선 등의 합성어를 만들어 내기도 한 말이다. 진주(進駐)니 군정(軍政)이니 하는 말도 전에 들은 적은 있었으나, 그 말이 의미하는 실체와 부딪쳐서 실감을 붙여서 이해하게 된 것은 근자 일이다. 등록(登錄)이라는 말은 전에는 '등록상표'라는 말을 통해서만 알았던 것이 몇 해를 두고 소연하던 국립대학 문제 때문에 젊은이들 사이에 심각하게 감명되었다가 다시 5·10 선거로 활짝 일반화한 말이다.

  그러나 한자어로서 8·15 이후의 최대 걸작은 '모리배'라는 말일 것이다. 그 말이 지니고 있는 함축에다가 일종 멸시를 덧붙여서 쓰는 그 말이 더군다나 경쾌하고 교활한 음향과 아울러 매우 예리한 어감을 가지고 있다. 같은 죄명 비슷한 말인 '민족반역자'의 둔한 감각과 비해서 얼마나 신선하냐. 매국노(賣國奴)라는 말은 40년 만에 다시 돌아왔으나, 그 까다로운 한문 투가 오늘의 작감적인 언어 감각에 잘 들어맞지 않았던지 얼마 쓰이지 않는 듯하다. '근사하다'라는 말은 중학생들의 은어(隱語)처럼 된 한자어인데 어디서 연유한 것인지는 분명치 않다.

  그러나 우리말의 새말 만드는 천재가 가장 잘 나타난 것은 이러한 세 한자어가 아니고 순전한 우리말식 새말에 있는 것 같다. '새치기'라는 말은 전차 기다리는 줄에 슬쩍 남의 앞을 질러 들어서는 밉살스러운 치에게 붙인 새말인데, 이러한 고장에 잘 출몰하는 '소매치기'와 운(韻)을 밟은 데 그 묘미가 있다. '양버들'·'양철' 등의 선례가 있기는 하나 '양키담배'라고 하다가 필경 '양담배'로 떨어지고 만 곳에 우리말의 새말 만드는 재간이 나타나 있다.

'양갈보'도 역시 그렇다. '통조림'도 걸작의 하나겠으며, 시금털털한 '레몬' 가루 통을 '신가루'라고 붙인 것도 그럴듯하다. '새나라'라는 말도 한몫 끼이려 하나 중간에 어찌 흐지부지해 가는 것 같다. '길아싯군'(안내자)은 38선과 함께 등장한 말이며 '깡패'니 '가다'니 '날린다' 등의 좀 불량성을 띤 새말들은 거리의 뒷골목에 유행할 뿐, 아직은 일반화하지 못하였으며, '옳바른'이라는 말은 '옳고＋바른'이 줄어서 된 새말로 꽤 널리 퍼진 것 같다. 전쟁 중부터 생긴 소위 '闇取引'을 '거먹장사'로 해 놓았으나 '거먹장사'로서는 아직도 '야미' 상태지 정정당당하게 아무도 쓰는 것 같지 않다.

'서울'은 '한양'·'경성' 어느 것보다도 좋은 말로서 잘 부활되었다. 문초·신청·도매 등은 각각 일본말인 取調·申込 또는 屆出·卸賣 등을 이겨 낸 승리의 기록을 가진 말들이다.

2) 말이 얽혀서 새말이 되는 방식

앞에서 본 것처럼 새말이 되는 방식은 아주 새말이 생기는 경우도 있지만 대개는 전에 있던 말과 말이 한데 얽혀서 새 의미 연관을 이루는 게 보통이다. 이런 말을 가리켜 합성어(合成語)라고 불러 온 것이다. 한데 모여서 새말이 될 적에 모이는 방식은 아래 몇 가지로 나누인다.

(1) 한자＋한자(예 —— 雪糖(설탕), 路線(노선), 親日派(친일파), 民族反逆者(민족 반역자), 이 경우에 한자 하나하나가 새말의 큰 뜻을 이루는 작은 뜻

의 성분이 되는 것이다.)

　(2) 한자어 아닌 우리말＋한자어 아닌 우리말(예 — 신기루, 새치기, 조개껍질)

　(3) 뒤섞인 말, 즉

　　a. 한자어＋한자어 아닌 우리말(예 — 통조림, 왕소금, 양쪽, 해변가, 전선줄)

　　b. 한자어 아닌 우리말＋한자어(예 — 속병, 온종일, 벌통, 눈동자, 새장)

　이상 세 가지 방식 중에서 (1) 즉 한자만을 재료로 한 방식은 옛날 같으면 양반층의 독점이고, 오늘 같으면 중류 이상의 지식층의 장기인 듯하다. 거기 반해서 (2)와 (3) 즉 한자어 아닌 재래의 우리말뿐인, 또는 재래의 우리말과 재래의 한자어를 붙여서 새말을 만드는 두 방식은 어느 특수한 개인도 아닌 대중의 천재적인 방식인 것이다. 그런데 여기서는 특히 한자어가 대중의 새말 도가니 속에 일부의 재료로서 끼어드는 (3)의 예 즉 혼성어(混成語)를 찾아서 대중의 말 만드는 재간을 살펴보고자 한다.

　갑옷, 강물, 걸상, 궤짝, 그림엽서, 깃발…… 남쪽…… 달력, 닭장, 당사실, 동쪽, 뒷동산, 등불, 등창…… 막차, 모래천지, 무명실, 무식쟁이, 물통…… 반달, 밥상, 방안, 뱀장어, 벌통, 벽돌, 별일, 북쪽…… 사철, 산골, 산길, 산토끼, 새장, 색종이, 색다른, 서쪽…… 안방, 양갈보, 양담배, 양버들, 양철, 양털, 연달아, 연못, 예전, 외할머니, 외할아버지…… 장난감, 전날, 정자나무, 전등불, 종소리…… 책가게, 책가방, 천만가지, 천만뜻밖에, 첫차, 청개구리, 청실홍실, 촛불, 치수…… 한량없는, 한없이, 한층, 호박, 호콩, 화초밭……

한자와 한자어 아닌 말과 섞여서 된 같은 혼성어 가운데 두 가지 매우 재미스러운 현상을 찾아본다. 그 하나는 보강어(補强語)라고 할까, 여하튼 그것만으로는 순전한 한자어인데, 그대로는 뜻이 약할 염려가 있으니까, 거기다가 그 뜻을 보강할 쉬운 우리말을 덧붙여서 된 말이다. 가령

  가지각색, 온종일, 제각기, 한평생, 험상궂은……

등은 각각, 각색, 종일, 각기, 평생, 험상스러운…… 등 한자어를 힘이 약하다 보고, 한마디씩 쉬운 우리말을 응원으로 붙여서 그 뜻을 돕도록 된 것이다.

  혼성어로서 또 한 가지 재미있는 것은 '되풀어 넣은 말'이라고 할까, 해설어(解說語)라고 할까, 말하자면 어떤 한자어를 그대로 알기 어려우니까, 그 말 첫글자나, 마지막 글자 또는 그 말 전체를 해설하는 쉬운 우리말을 되풀이해서 놓음으로써 그 뜻을 알기 쉽게 하는 신통한 방식이 그것이다.

  계수나무, 고목나무, 공일날, 국화꽃, 낙숫물, 봉홧불, 사기그릇, 전선줄, 주일날, 초가집, 해변가……

등은 한 한자어의 마지막 한자를 풀기 쉬운 우리말을 붙여서 이해를 돕도록 궁리한 말이겠으며

  모래사장, 새신랑, 손수건……

등은 한 한자어의 맨 처음 한자를 해설한 쉬운 우리말을 꼭대기에 덧붙여서 된 말이며

    남빛, 눈동자, 모란꽃, 백합꽃, 오동나무, 장미꽃, 주춧돌, 주홍빛……

등은 한자어 그대로는 얼른 알아차리기 어려우니까 그 말의 뜻 전체를 암시하는 쉬운 말을 덧붙인 것이다.

  새말 만드는 모양을 오직 뜻을 구성하는 모로만 보는 것은 물론 일의 전부가 아니다. 우리말의 음운(音韻) 관계로 해서 규정되는 모가 역시 중요한 것이다. 특히 우리말은 그 음의 수에 있어서, 셋인, 즉 3음절(三音節)을 유달리 좋아하는 경향이 있는 듯하다. 가령 옛날 가사(歌詞)의 기본형인 4·4조에 있어서도 가끔 3·4조 혹은 4·3조의 변조(變調)가 끼며, 시조(時調) 역시 마찬가지로 3음절이 무시로 끼여서 그 정형에 변화를 일으켜 왔다. 우리말은 이리해서 3음절에 대한 특별한 편향을 가진 듯해서 8·15 이후에 생긴 새말도 대체로 3음절로 된 듯하다.

  모리배, 통조림, 신가루, 새치기가 모두 그렇고, 이런 점에서도 '야미시장'·'어깨'는 좀 불리한 점을 가지고 있다고 하겠다. 이러한 음운상의 요구가 저도 몰래 합성어 그중에서도 혼성어의 모양을 규정하는 데 있어서 의식 무의식중에 적지 않은 작용을 하고 있는 것도 사실이겠다.

  여하간에 한문화에 젖은 특권층이나 지식층이 즐겨 한자어를 꾸며 대며, 또 새말을 만드는 하나뿐인 길, 적어도 그 가장 중요한 길은 새 한자어를 만드는 것뿐이라는 듯이 생각하고 있는 것은 터무니없는 망상이고, 대중 사이에서 자연스럽게 생겨 나오는 말은

늘 이 한문 또는 한자의 간섭을 박차고 왔으며, 어느 정도 그것을 부분적으로 이용할 적에도 위의 보강어 해설어 마찬가지로 민중의 자연스러운 어감으로 딱딱한 한자어의 요소를 부드럽게 하고 수월하게 만들어서 상류층의 지나친 인공적 한자어보다는 훨씬 더 생기 있고 탄력 있는 말을 만들어 왔다는 것은 주목할 거리다.

3) 접두사(接頭辭), 접미사(接尾辭)와 줄인 말

한자어는 때로는 그말 아래나 위에 어떤 한자를 덧붙여서 여러 가지 뜻 또는 기능으로 갈리기도 해서 우리말에 특히 글에 풍부한 내용을 더해 왔다. 가령

불유쾌한, 불친절한, 불온한, 불편한, 불합격, 불미한, 불소한, 불편부당, 불합작……

에서와 같이 '불(不) —'은 어떤 긍정적인 뜻을 부정하는 소극적 의미를 가진 기호라 하겠다.
'전 세계, 전국, 전교, 전회원……과 같이 전(全) —'은 한 범위를 통틀어 말할 적에 쓰는 접두사요,

일대숙청, 일대개혁, 일대충격, 일대곤란…… 전장관, 전세기, 전회장, 전일…… 매명, 매반, 매호, 매인앞, 매군…… 명회장, 명인, 명심판, 명필, 명창……

등에 있어서 '일대(一大) —''전(前) —''매(每) —''명(名) —'은 각각 그 그룹에 어떤 공통한 뜻을 넣어 주는 접두사로

다룰 수 있을 것이다. 마찬가지로

    노골화한다. 공식화, 예술화,……

의 '──화(化)'는 역시 영어의 접미사 -ize, -fy와 마찬가지로 동사(動詞)화 하는 일을 하며

    철학적, 이론적, 실천적, 진보적……

의 '──적(的)'은 역시 영어의 접미사 -ic, -cal 등과 마찬가지로 형용사(形容詞)화하는 일을 하며

    혁명성, 경각성, 반동성, 인간성……

의 '──성(性)'은 영어의 -ship, -hood, -ness와 마찬가지로 추상화(抽象化)하는 일을 한다. 무슨 주의, '──주의(主義)'는 -ism에 해당하며, 그 밖에 통제력, 추진력, 실천력 등의 '──력(力)', 계산법, 경영법, 등의 '──법(法)'은 역시 일정한 의미 연관을 가진 접미사로서 다룰 수 있으며, 또 그렇게 한다면, 반드시 한자와 결합시켜서야만 쓸 수 있는 것도 아니겠다.

  다음에 대중이라고 하는 것은 원래가 천천한 문장 감상가는 아닌 것으로 그들에게 있어서 말은 생활상 실천의 한 방편인 것이다. 그러므로 쉽고 편하고 능률만 있으면 그만이다. 자기 나라 말에 대해서 신비성을 붙여서 예술적 대상처럼 부당하게 치켜올리는 것이 보통인데 이런 점은 프래그머티즘의 나라 미국이 철저하

여, 그런 모가 가장 잘 나타나는 것은 그들의 난잡할 정도로 심한 '줄인 말'의 범람이다. 이 일은 1933년 루스벨트 대통령의 '뉴딜' 정책의 채용과 함께 불어난 정부의 여러 새 기관 이름에 가장 잘 나타났었다. 지난번 대전 중에는 유럽 사람들을 궁금하게 한 줄인 말로 그 필두에 가는 것이 AMGOT였다.

그것은 '점령지 미군정'(American Military Government of Occupied Territories)의 꼭대기 글자만 모은 줄인 말이었다. 8·15 이후 우리는 미군에게서 이런 종류의 줄인 말을 무척 많이 배웠다.

C.I.C.(Counter Intelligence Corps), M.P.(Military Police), P.X.(Post Exchange), CID(Criminal Investigation Division), G.I.(Government Issull)

등 수두룩하다. 그들에게 있어서는 말이 본래 어떤 데서 왔는지는 문제가 아니다. 자초에야 어떻게 되었든지 간에, 간단히 편하게 뜻하는 바를 전하기만 하면 그만이다. 그런 요구는 반드시 그들에게만 한한 것이 아니다. 8·15 이후에 우리가 쓰는 줄인 말도 결코 적지는 않다.

임정(임시정부), 군정(군정부), 민전(민주주의 민족전선), 한독당(한국독립당), 민련(민족자주연맹), 국대(국립서울대학), 공위(미소공동위원회), 유·엔(국제연합), 38선(북위 38도선), 이북(38선 이북), 이남(38선 이남), 반민법(반민족행위자 처단법)…….

등 예를 들려면 아직도 많을 것이다. 여기서는 오직 우리말에는 이러한 줄인 말 만드는 법이 있다는 것만 주의해 두고 싶다.

2 새말 만들기와 순수주의

8·15 이후의 새말에 대해서는 앞에 말해 둔 일이 있지만 일부 순수주의적 우리말 학자들이 한자어와 일어에서 온 가짜 한자어를 싫어하는 결벽에서 많은 새말을 내놓았다. 특히 소학교 교과서에 그것은 아무 국민적 동의 없이 군정 3년 동안 어느새 그대로 들어와 버렸다. 물론 그 동기는 잘 알 수 있다. 군정시대 문교부에서 만든 『우리말 도로찾기』 서문에서 우리는 이런 구절을 읽는다.

"우리의 뜻을 나타냄에 들어맞는 우리말이 있는데도 구태여 일본말로 쓰는 일이 많았고 또 우리에게 없던 말을 일어로 씀에도 한자로 쓴 말은 참다운 한자어가 아니요 왜식의 한자어로서 그 말의 가진 바 뜻이 한자의 본뜻과는 아주 달라진 것이 많다. 이제 우리는 왜정에 더럽힌 자취를 말끔히 씻어 버리고 우리의 겨레의 특색을 다시 살려 천만년에 빛나는 새 나라를 세우려 하는 이때에 우선 우리의 정신을 나타내는 우리말에서부터 씻어 내지 아니하면 아니 될 것이다."

그렇다. 우리말을 도로 찾는 것은 좋다. 그게 나쁠 리가 없다. 그런데 이토록 좋은 동기를 가지고도 말하자면 '순수주의'라고도 부를 생각을 가진 일련의 인사들의 잘못은 어디 있느냐 하면 첫째, 말이라고 하는 것은 살아 있듯이 움직이는 것이라는 것, 둘째, 말은 어떤 천재가 혼자서 제멋대로 만드는 것이 아니라, 그 민족의 공동한 참여와 투자로 해서 자라 나온 사회적·역사적 사실이라는 이 언어 인식의 기본이 될 두 명제를 잊어버린 점에 있었다. 즉 그들 순수주의자들은 순수한 우리말을 찾노라는 게 오래전에 역사의 싱싱한 조류에 밀려 죽어 버린 말을 다시 살리려는 골동 취미에 빠지는 것이 아니면, 어느 개인의 기상천외의 상상 속에서 빚어진 괴팍한 새말을 억지로 만들어 내는 것이다. 살아 있는 말에 대하여 하나는 '말의 화석'이요, 다른 하나는 '말의 조화(造花)'인 것이다. 우선 순수주의자들이 만든 말들이 어떤 것인가부터 살펴보자.

'배움집'·'날틀' 시비는 너무나 잘 아는 일이거니와 우리는 군정 문교부에서 만든 현행 소학교 교과서에서 약간 예를 추려 보기로 한다. 가령 종래 일본말에서 온 한자어

전염병(傳染病), 운모(雲母), 주위(周圍), 굴곡(屈曲), 채집(採集), 성대(聲帶), 해구(海狗), 수분(水分), 육지(陸地), 용적(容積), 피부(皮膚), 금속(金屬), 견치(犬齒), 생물(生物), 무생물(無生物), 후두(喉頭), 전선주(電線柱) 또는 전신주(電信柱), 막(膜)……

등을

돌림병, 돌비늘, 둘레, 드나듦, 모으기, 목청, 물개, 물기, 물, 부피, 살갗, 쇠붙이, 송곳니, 산것, 안산것, 울대머리, 전봇대, 청

등과 같이 재래의 쉬운 말로 바꾸어 놓은 것과 같은 일은 어린이들에게 쉬운 말로부터 가르치려는 좋은 의도가 보이며

羽毛, 鳥類, 高地, 岩鹽, 砂丘, 魚類, 石英, 粘板岩

과 같은 거의 우리가 쓰지 않는 일본말 한자어를

깃, 날짐승, 둔덕, 돌소금, 모래언덕, 물고기, 차돌, 청석

등 재래의 우리말로 옮겨 놓은 것도 잘된 일이라고 생각한다. 어린이의 이해를 돕기 위해서 쉬운 말을 쓴다는 같은 의도에서

곱셈〔乘〕, 그네추〔振子〕, 그림표〔圖表〕, 길동물〔爬蟲類〕, 늘인 그림〔擴大圖〕, 날줄〔經線〕, 나눗셈〔除〕, 더운 피〔溫血〕, 덧셈〔加〕, 돌고드름〔鐘乳石〕, 돌순〔石筍〕, 돌대〔廻轉軸〕, 들이〔容積〕, 맨껍질〔裸皮〕, 맴돌이〔廻轉〕, 모래돌〔砂岩〕, 밑변〔底邊〕, 바다나리〔海百合〕, 바위물〔岩醬〕, 반올림〔四捨五入〕, 빼는 셈〔減〕, 변해된 바위〔變成岩〕, 변쑥돌〔片麻岩〕, 별똥돌〔隕石〕, 뺄돌〔세일〕, 불에 덴 바위〔火成岩〕, 세쪽이〔三葉蟲〕, 속셈〔暗算〕, 소리맵시〔音色〕, 쑥돌〔花崗岩〕, 순서수〔序數〕, 어림셈〔槪算〕, 어림수〔槪數〕, 원그림〔原圖〕, 이룸〔構成〕, 일함〔作用〕, 짝수〔偶數〕, 젓빨이 동물〔哺乳動物〕, 제곱〔平方〕, 찬 피〔冷血〕, 책꽂이〔書架〕, 철바람〔季節風〕, 총석돌〔玄武岩〕, 홀수〔奇數〕, 횟돌〔石灰〕

같은 것은 그중에는 비록 낯선 말도 있기는 하나 재래의 한자어보다 순순한 말로 풀어놓은 것으로 시일이 감을 따라서는 그것을 밀어제낄 듯이도 보인다. 그러나 까다로운 한자어를 재래의 쉬운 말로 옮기거나 풀어놓는 정도를 떠나서 재래의 한자어보다 더 까다로운 말을 만들어서 억지로 쓰이도록 밀어 가려 할 때, 거기 순수주의(퓨리즘)가 대두하는 것이다. 다만 그렇게 새로 만든 말의 재료가 한자어 아닌 재래의 우리말이라는 순수성만을 가지고, 이러한 무모한 장난을 변호할 수는 없다. 둘째로 그 말이 또는 그 재료

가 비록 지금은 쓰이지 않는 죽은 말이나, 일찍이는 우리 조상들이 쓰고 있던 순수한 우리말이라고 해서 이러한 폭행에 가까운 일이 허락될 수도 없을 것이다. 소학교 교과서에서 예를 찾기로 한다.

꺾인 빛살, 굴방, 그림꼴, 나란히 가는 금, 나란이꼴, 넘빨강살, 넘보라살, 닮은꼴, 달별, 더듬이, 떠돌이별, 둘레, 모듬살이, 맞모금, 맞줄임, 모뿔, 물물동물, 반지름, 별자리, 붙사는, 빗면, 빛살, 삭임물, 살별, 얼개, 얼안, 역비, 원뿔, 짝진변, 점금, 쪼갠면, 중쇠, 지름, 철까지, 한나치, 힘살……

등을 그 말들에 해당하는 본래의 한자어와 맞추어 놓으면 아래와 같다.

굴절광선, 암실(暗室), 도형(圖形), 평행선(平行線), 평행사변형(平行四邊形), 적외선(赤外線), 자외선(紫外線), 상사형(相似形), 위성(衛星), 촉각(觸角), 행성(行星), 원주(圓周), 단체생활(團體生活), 대각선(對角線), 약분(約分), 각추(角錐), 양서류(兩棲類), 반경(半徑), 성좌(星座), 기생(寄生)하는, 사면(斜面), 광선(光線), 소화액(消化液), 혜성(彗星), 구조(構造), 범위(範圍), 반비(反比), 원추(圓錐), 대응변(對應邊), 점선(點線), 단면(斷面), 축(軸), 직경(直徑), 철도선로(鐵道線路), 단위(單位), 근육(筋肉)……

이 두 계열, 즉 소학교 교과서의 새말과 재래의 한자어를 비교해 볼 적에 우리는 과연 새말을 낡은 한자어보다 더 변호할 정열을 느끼게 될까. 앞에서 본 것처럼 까다로운 한자어를 이와 대응하는 이미 알려진 쉬운 말로 바꾸어 놓는 것은 너무나 당연한 일이다. 또 거기 해당하는 쉬운 말은 없으나 까다로운 한자어를 쉬운 말로 풀어서 새말을 생각해 내는 것은 앞으로도 우리말의 어휘를 정리할 적에 채용해 좋을 방침이겠다. 그것은 이미 있던 재료를 다만 새로 맞추어서 의미를 알도록 하는 것이다. 즉 새말은 새말이나 재료는 본래 아는 것에다가 그 결합만 새로운 것으로 이 새롭다는 부분은 이미 알려진 요소 때문에 스스로 밝혀지도록 된 것이다. 그러나 벌써 어느 정도 익숙해져 가는 쉽고 간단한 한자어를 오직 한자어라는 때문으로 해서 배격하고 까다로운 새말을 만들어 낸다는 것은 옳은 일이 아니다. 그렇다고 우리말 속에 그처럼 넓고 깊게 들어와 있는 한자어 전체를 통틀어 휘몰아 낼 무슨 용의나 능력이 있는가.

'굴절광선'을 혹은 '굽은광선'쯤으로 하는 것은 용납될지 모르겠으나 '태양광선'·'엑스광선' 등으로 소학교를 다녀 본 사람쯤이면 다 알고 있을 '광선'이란 말을 구태여 '빛살'이라고 하는 것도 우습거니와 암실, 평행선, 자외선, 단체생활, 혜성, 범위, 축, 직경, 단위, 철로, 근육 같은 이미 익숙해진 말에조차 새말을 만들어 낼 것은 무엇일까. 주위와 원주를 한가지로 둘레로 대신시킨 것도 말의 분화 작용을 거꾸로 가는 게 된다. 주위는 둘레로도 용혹 무방하겠으나, 원주는 둘레의 일종이면서 다른 둘레와는 구별될 특수한 둘레인 것이다.

도대체 순수주의로 나가려는 같은 교과서에

산지(山地), 어업(漁業), 발전(發電), 분수령(分水嶺), 곡창(穀倉), 항만(港灣), 대륙성기후, 등온선(等溫線), 우량(雨量), 자원(資源), 연산액(年産額), 일호당(一戶當), 야산(野山), 무주공산, 해조(海藻), 증발(蒸發), 염전(鹽

田), 가내공업(家內工業), 공장공업, 본위(本位), 산업정책, 포자(胞子), 공전(空轉), 자전(自轉)……

실로 끝이 없을 정도로 보다 더 어려운 말은 그대로 마구 쓰는 것은 순수주의로서는 불순한 일이며 자기모순이 아닌가. 그런 말은 더러는 적어도 대신할 쉬운 말, 또 풀어쓸 말을 찾으면 있지나 않을까.

3 새말은 누가 만드나

새말은 누가 만드나. 이렇게 물으면 군정시대라면 아마 누구든지 어렵지 않게 "문교부 편수국이 만들지 누가 만들어?" 하고 되처 물을 것이다. 또 부당하게 더러는 정당하게, 조선어학회 아무 선생이 만들지, 하고 대답할 것이다. '날틀'·'배움집' 등에 관해서는 조선어학회는 관계가 없다고 어학회 당사자는 기회 있을 적마다 말한다. 『배꽃 계집 오로지 배움집』하고는 어학회 어떤 지도적 학자와 관련시키며, 군정시대의 문교부 편수국은 적어도 순수주의 총본영처럼 일반이 여기고, 그러한 분위기 속에서 편찬된 소학교 교과서는 막대한 새말을 싣고 등장한 것이었다.

그렇다. 어떠한 나라에고 이 순수주의는 있는 것으로 그들은 곧잘 새말을 만들어 냈다. 이 국어의 순수주의는 피의 순수주의 즉 국수주의, 문학 예술상의 순수주의 즉 반(反)생활주의 등과 일맥상통하는 것임은 말할 것도 없다.

국어의 순수주의는 앞에서도 잠시 말했지만, 첫째는 한 민족의 말이라고 하는 것은 일정한 문화적 전통의 소산으로 오랜 동안 그 민족의 현실 생활 속에서 자라 나온 그 민족을 규정짓는 가장 중요한 문화의 부문이라는 점을 잊어버리고 있는 것이다. 그것은 끊임없이 자라 왔으며 앞으로도 자라 갈 것이다. 그것은 그러므로 역사를 가지고 있는 것으로, 그 자체의 어저께가 있던 것처럼 오늘이 있는 것이다. 오늘의 세대는 결코 어제께의 말을 가지고 말하는 것이 아니고 오늘 실로 오늘의 말로써만 말하는 것이다. 그러므로 어떤 말은 어느새 쓰이지 않게 되어 죽은 말이 되기도 하고, 어저께는 생각도 못했던 말이 새로 생기기도 하는 것이다. 원체가 또한 그런 것이다. 새말을 만들어 내는 것은 말할 것도 없거니와 낯선 외국말조차를 끌어 넣기도 하는 것이다. 그럼에도 불구하고 순수주의자들은 오랜 옛날, 민족의 생활에서 밀려서 죽어 버린 낡은 옛말을 즐겨 다시 등장시키려는 이상스러운 취미를 가지고 있는 것이다. 정치적·문화적 순수주의가 현실의 역사성을 무시하고 진보와 발전의 원칙을 부인하는 일종 퇴보주의인 것처럼 말의 순수주의도 결국은 이러한 반동성을 가지고 있는 것이다.

둘째로는 그들은 말은 한 개인의 장난감이 아니고 그 민족의 사회적 소유하는 것을 잊어버리고 있는 것이다. 새말도 사실에 있어서는 민요와도 같이 민중 속에서 어느새 생겨서 그 공인을 얻어 비로소 그 국어에 채용되는 것이다. 물론 처음 만든 것이 어느 개인일 수는 있다. 그러나 그것이 한 국어의 어휘에 들려면 민중 자신이 저도 몰래 공인해 버려야 하는 것이다. '통조림'은 아마도 순수주의자가 아닌 어느 천재의 솜씨로 된 듯한데, 필경 너나없이 좋게 여겨 쓰는 동안에 새말이 되어 버렸다. 또 그렇게 떠돌아다니는 동안에 마치 어떤 민요 모양으로 이 사람 저 사람이 적당히 손을 댄 결과 처음 모양과는 달라진 새말이 되고 마는 경우도 있다. '양담배'는 '양키담배'에서 긴 순례 동안에 한 부분을 잃어버리고 된 새말이다. 그리하여 한마디의 새말을 만드는 데는 대중이 참여하고 있는 것이다. 새말에 대중은 공동으로 투자하는 셈이다. 새말은 그러므로 가장 민주주의적인 길을 거쳐 세상에 나타나는 것이다. 어떤 개인은 물론 어떤 새말을 입후보로 내세울 수가 있다. 말은 민주주의니까 아무나 그리 할 권리가 있을세 옳다. 그러나 대중의 절대다수의 지지를 받기 전에는 아무것도 아니다. 그런 것을 가지고 일부 취미가 같은 인사들끼리 대량생산한 새말을 마치 국민은 어느새 공인이나 한 듯이 국정교과서에 함부로 집어넣는 것은 말의 본성과는 어긋나는 독선주의라 할밖에 없다. 관권을 걸머지고 나온 까닭에 그것은 관료적 독선주다.

도대체 간판을 보람패, 원족을 먼거님, 자원(資源)을 거리밑, 우체부를 우편사람 또는 체전원, 답신(答申)을 대답사리, 입장권을 들임표, 버스를 두루기차, 배우를 노름바치는 좀이 아니라 대단 우습거니와, 민주 사상을 배워들인 오늘의 세대에게 취체역 또는 역원 대신에 유사(有司), 탄원 대신에 발괄, 결석계 대신에 말미사리, 급사 대신에 사환, 동창 대신에 동접을 쓰래서야 곧이 듣겠는가. 봉건시대를 다시 가져오기 전에는 이런 말은 다시 소생하기가 어려울 것이다. 이런 말에 구미를 느낀다는 것은 그대로 봉건주의에 대한 향수가 아니냐고 힐난한다면 어쩌자고 하는 노릇일까. 한심한 일이다.(이상의 예는 『우리말 도로찾기』에서 따온 것)

화석이 숨을 쉴 수가 없으며 종이꽃에서 향기가 날 리 없듯, 옛날말 학자의 먼지 낀 창고에서 파낸 죽은 말이나 순수주의자의 소꿉질 대장간에서 만든 새말이 갈 곳은 대체로 뻔하다. 이윽고는 대중의 냉소와 조롱 속에 잊어버려지고 마는 것이 고작이다. 물론 간혹 그중에는 대중의 필요와 입맛에 맞는 것이 있어서 국어 속에 채용될 적도 있으나 그것은 실로 어쩌다 있는 일이다. 초밥(스시)과 같이 비교적 잘 되어 보이는 순수주의자의 새말조차가 얼른 남을 성싶지도 않다. 거기 대하여 불고기라는 말이, 한번 평양에서 올라오자 얼마나 삽시간에 널리 퍼지고 말았나.

요컨대 순수주의는 그러므로 한편에 있어서는 '아케이즘' 즉 현실을 무시한 케케묵은 고대 취미에 빠지고 말며 다른 한편에서는 공동사회에 속한 말의 객관성을 무시한 독선주의가 되는 것이며, 그리하여 생활에 발판을 붙이지 못한 현학(衒學)이 되고 마는 것이다. 이러한 '돈키호테'를 경계해서 일찍이 영국 엘리자베스 시대의 유명한 극작가 벤 존슨은 이렇게 말했다. "사람은 한마디 새말을 만들지라도 어떤 파탄과 보람 적은 결과를 피해 낼 수는 없다. 왜 그러냐 하면 마침 그 말이 인정을 받게 된다 치더라도 거기 대한 칭찬은 한갓 지나가는 정도의 것밖에 아니 되는데, 만약에 거부되는 경우에는 조롱을 받게 됨에 틀림없는 것이기 때문이다."

순수주의자가 만드는 새말이 '돈키호테'의 만용에 지나지 않는다면 새말은 대체 누가 만드는 것일까. 그것은 민중인 것이다. 사실 한마디 한마디의 새말의 창조자로 일일이 누구누구를 지목하기란 극히 어려운 것이다. 처음에 발안한 것은 분명 어느 개인일 터이나, 그것은 어느 기간을 두고 사회적인 시련 끝에 혹은 원형대로 혹은 다소 모양이 달라져서 공인을 받은 끝에야 새말 행세를 하게 되는 것이다. 그것이 당당히 사전에라도 끼어들려면 대중이 직접 쓰는 마당에서 여러 번 사전 편찬가의 귀와 눈에 띄어야 된다. 그렇지 않고 순수주의자식으로 사전을 만든다면, 새말 모으는 아무런 준비도 '카드'도 없이 책상에 마주 앉기만 하면 불일 동안에 한 권쯤 만들어 낼 수도 있을 것이다. 위험천만인 관념론자의 불장난이다.

대중은 기실은 새말을 만드는 데 있어서 서투른 순수주의자들보다는 사뭇 천재인 것이다. 곧이 들리지 않거든 8·15 이후에 나온 새말만이라도 보라. 앞에서 든 혼성어들만이라도 다시 보라. 대중은 또한 새말을 만드는 데 있어서 결코 낭비를 하지 않는다. 그들은 철저한 실용주의자다. 동물학·식물학이라는 한자어가 있어서 이미 귀에 짖었는데 조류(鳥類)를 날짐승이라고 하듯 자연스러운 대치라면 몰라도 산스크리트나 다름없는 옮사리갈이니 뭍사리갈로서는 오직 힐난을 더하는 것뿐이다. 그러니까 말의 천재는 그런 낭비를 따르지 않을 것이다. 필요와 이유가 있으면 만들고, 필요가 없는데 구태여 군더더기를 만들려 들지는 않는다.

또 경우와 필요를 따라서는 남의 말도 마구 가져온다. 말은 그러니까 순수주의와 같은 고루한 국수주의와는 맞지 않는 활달한 코즈모폴리턴이다. 말의 세계에서 독재를 계획하다가는 큰코를 다치기 쉽다. 말에 있어서 민중은 철저한 자유주의자인 것이다.

그러면서도 그는 훌륭한 예술가다. 공손한 모양만 갖추는 게 아니라 충실한 의미를 빈틈없이 걸머진 어떤 필연적인 결합의 방식과 충동을 가지고 있는 듯하다.

4 문법(文法)과 문학(文學)의 싸움

우리나라에서 순수주의자는 주로 어학자 사이에 흔하다고 하는 일은 매우 재미스러운 현상이다. 같은 어학자라 할지라도 좁은 의미의 언어학자(言語學者) 속에서 순주주의는 더 열렬한 신도를 가지고 있는 것이다.

　원래는 옳게 쓰는 형식을 찾는다는 것보다도 세우려는 그들은 드디어는 내용의 세계에까지 그 자질 좋아하는 버릇을 연장해서 어휘에 간섭하기 시작하는 것이다. 이러한 일은 반드시 우리에게만 있는 게 아니라, 근세 초두에 유럽 각 나라가 라틴의 굴레로부터 제 나라 말과 글을 해방시켜서 독립한 국어를 세워 갈 적에 나라나라마다 있던 일로 가령 르네상스기의 영국의 유명한 순수주의자 치이크는 그의「마태복음」번역에서, 흠정(欽定) 성서 번역과는 달리 그릭식이나 라틴식 말 대신에 고대영어에 줄이 닿는 말을 대신 살리려 했다. 그러나 이 유럽식 순수주의자들은 불행하게도 우리나라 순수주의자처럼 제멋대로 새말을 만드는 재주는 아마 없었던가 보다. 이 시기의 어학자가 저 철자법의 통일을 위하여 매우 힘쓴 것도 우리나라와 비슷한 데가 있다. 철자법의 통일에는 유럽에서나 우리나라에서나 문법학자의 신세가 퍽 컸다.

　한편 중세기를 통한 라틴말의 봉건적 질곡에서 제 나라 말을 해방하여 민족문화의 건설을 향해서 처음 일어난 것은 사실은 앞에서 보아 온 '말의 법관'들이 아니고 문학자였던 것이다. 단테(1265~1321)가 당시 교회와 궁정과 재판소의 말이던 라틴으로 *De Vulgari Eloquentia*를 쓴 것은 유럽 각 나라의 근세 민족문화 건설의 첫 봉화가 되었던 것이다. 그 후 1434년에 이태리의 유명한 휴머니스트 알베르티는 단테의 정신을 계승하여 말하기를 "나는 고대 라틴이 매우 해박하고 고도로 세련되었다는 것을 고백한다. 그러나 나는 오늘의 우리 투스킨 말이 왜 푸대접을 받는지, 그래서 그 말로 쓴 것이면 아무리 뛰어난 것일지라도 우리에게 반갑지 못하다는 까닭을 알 수가 없다. …… 만약에 많은 학자들이 라틴으로 쓰는 때문으로만 해서 이 말이 모든 사람 사이에 권위가 있다는 것이 사실이라면, 만일에 학자들이 열과 조심을 가지고 우리 방언을 세련시키고 연마해 가기만 한다면 우리 방언도 라틴과 꼭 마찬가지가 될 것이다."라고 하였다. 프랑스에서는 뒤 벨레가 1549년에 같은 열의로 『프랑스 말의 옹호와 예증』을 썼었다.

그러나 문법학자와 문학자가 같은 제 나라 말을 옹호하면서도 각각 그 눈을 거는 방향이 달랐던 것이다. 하나는 말의 헌법을 만들려고 들었는데 다른 하나는 현실의 움직이는 산 말에 충실하려고 하였다고 하는 점이다. 영국에서 오늘에 이르기까지도 거의 기적이라고 할 만치 가장 많은 어휘를 구사한 문학자는 말할 것도 없이 셰익스피어였다. 그러나 그가 오늘의 영어에 바친 위대한 공헌은 결코 새말을 많이 만들었다는 데 있지는 않다. 그게 아니라 제 나라 민중의 말을 널리 파내서 대담하고 풍부하게 살렸다는 점과, 또한 모든 종류의 새말을 서슴지 않고 받아들였다는 점에 있는 것이다. 그 새말이라고 하는 것은 대부분이 라틴에서 끌어온 것이었다는 것은 주목할 일이다. 1755년에 나온 획기적인 존슨 박사의 「영어사전」은 그가 그 서문 속에서 "나는 힘써 '왕정복고' 이전의 작가들에게서 예와 권위를 모으려고 노력했다. 나는 그들의 작품을 본연의 어법의 순수한 원천인 것처럼 흐리지 않은 영어의 샘으로 생각한다."라고 말하듯 실재한 말 그것에 어디까지든지 충실하려고 하여 일곱 해라는 긴 시간과 고생을 바쳤지, 새말을 만드는 데 열중하지는 않았다.

다행히 오늘까지 첫 권이 나온 『우리말 큰사전』에는 '학(學)'의 의미의 '갈'은 없었고 『표준 조선말 사전』에도 '배움집'이니 '날틀'이니 하는 따위의 억지로 만든 말들이 끼어들지 않은 것은 상쾌한 일이다.

일찍이 우리 가운데서 아마 섬세하고 예리한 어감(語感)을 갖기로 제일인자일 시인 鄭芝溶 씨가 '아름다운'이라는 말에서 만족 못하고 '美한'이라는 새말을 그의 시「갈리리 바다」속에서 시험한 일이 있다.

    때없이 설레는 波濤는 美한 風景을 이룰 수 없도다

그러나 이처럼 권위 있는 안내자의 인도로도 이 새말은 드디어 국어 속에 들어오지 못하고 말았다. 시인 정지용 씨의 우리말에 대한 공헌은 차라리 시정과 들에 아무렇지도 않게 뒹굴어 다니는 말의 진주들을 진흙과 먼지 속에서 집어 닦아 빛을 내서 보여 준 데 있을 것이다. 岸曙는 오직 시와 노래에만 '오가는'(오고가는)이라는 말을 집어넣기에 성공했으며 '모양'이라는 말을 조금 비틀어서 된 '마냥'이라는 말도 겨우 시 속에서 쓰일 정도다. 이것은 딴 나라 얘기지만 일찍이 영국 소설가 아널드 베넷이 intrigue라는 말에 종내에 없던 새 뜻으로 '몹시 흥미를 일으킨다'는 뜻을 붙여 보려다가 필경 이루지 못하고만 예도 있다. 우리 새 문학에 있어서 어휘라는 점에서 일대 보고라고도 할 벽초(碧初)의 힘과 지식을 가지고 무엇인들 못했으랴. 그러나 순수주의 학자님이면 몰라도 진짜 문학자는 그런 것은 아니한다. 그의 관심은 오로지 산 말에 있는 것이지, 말의 화석이나 조화(造花)에 있지 않은 때문이다. 보들레르를 '말의 연금사(鍊金師)'라고 부를 적에 그 말은 결코 새 말을 잘 만들어 낸다는 뜻이 아니라, 말의 뜻과 뜻의 신기한 결합에 의하여 말의 세계에 새 경지를 늘 펼쳐 보여 준 때문이었다.

다행히 오늘의 언어학은 문법 제일주의 더 정확하게는 철자법 제일주의의 18세기적 유치한 경지에 만족하지 않고, 차라리 더 넓고 깊은 말의 사실의 세계에 뛰어 들어가는 진정한 과학의 길을 걷고 있는 것이다. 오직 고루한 순수주의자만이 철자법 제일주의자와 함께 비좁은 우물 안에 움츠리고 들어앉아, 멀리 시대에서 뒤진 희극적 존재가 되고 말려는 것이다.

—《학풍(學風)》(1949. 7)

한자어(漢字語)의 실상

1 한자(漢子) 폐지 문제의 핵심으로서의 한자어(漢字語)

한자(漢子) 폐지론을 에워싸고 지난겨울에 한참 물론이 높았었다. 특히 한자 폐지론을 반대한 국어학자 이숭녕(李崇寧) 씨의 공세 개시에 대하여 한자 폐지론의 본바닥이 아니라, 문학자 편으로 김동석(金東錫) 씨의 날카로운 반격이 있어 자못 눈부신 바가 있었다. 이 문제는 실상 1945년 늦은 가을인가 겨울에 어느 한편에서 한자 폐지론의 전단을 휘날린 일이 있었고, 특히 그때 군정 문교부(軍政 文敎部) 편수국 수뇌부에 한자 폐지론의 총 대장격인 최현배(崔鉉培) 씨가 걸머진 군정과 조선어학회라는 두 겹의 후광에 압도되었던가, 이런 문제의 전문가인 어학자 편에서도 더 이상 문제를 전개시키지 않고 말았고 문학자 또한 별로 거들떠보지 않았다.

그러나 이 문제는 그처럼 등한히 할 성질의 것도 아니요, 또 원칙만 냅다 내붙이고만 말면 그만일 성질의 것도 아니다. 실로 우리 앞에 닥친 민족문화 건설의 위대한 사업의 기초가 될 우리말의 통일과 확립에 직접 관련을 가진 중대하고도 긴급하기 작이 없는 문제의 하나이었던 것이다.

앞에서 말한 1945년 겨울에 군정 문교부에서 부른 국어 심사 위원회에 필자도 당시 문단 측 관계자의 한 사람의 자격으로 다른 몇 분과 함께 참석하였다가 주최한 편에서 다짜고짜로 교과서에서만이라도 한자를 폐지하자는 일로로 휘몰아 가는 바람에 이처럼 중대한 문제가 면밀주도한 과학적 예비 공작 없이, 더군다나 학교 문 밖에서 일어나는 언론, 출판의 무통제한 현상을 그대로 둔 채 학교 교과서에서만 과감한 실험을 해 가려는 것이 기정사실이 되어 있고, 국어심의회의 토론은 결국 사후승인으로서 요구될 것밖에 아닌 것임을 알았을 때 그 이상 더 참석하는 것이 무의한 것을 느끼고 다른 몇 분과 함께 물러나오고 만 일이 있다.

그 뒤로 군정 문교부에서 만든 국민학교 교과서들은 대체로 한자를 없이하는 방침으로 편찬되어 왔고 다만 상급 학년에 가면 교과서 속의 한자어에 혹은 그 말 위에 작은 활자로 한자(漢字)를 달아 놓았거나 그렇지 않으면 괄호 속에 한자를 집어넣어 두었다. 그 한자가 도대체 배우는 생도를 위한 것인지 또는 가르치는 교사를 위해서 있는 것인지는 분명치 않다. 또 교과서 속에서 한자어 대신에 전부터 있던 우리말로 옮기려 한 노력도 적지 아니 엿보이나 특히 때때로는 기상천외의 새말을 만들어 낸 창조적 활동의 자취도 놀랄 만한 것이었다. 중학교 국어 교과서만은 역시 문교부 편찬으로 국민학교 교과서 편찬의 정신을 계승한 것 같고, 그 밖의 교과서는 검정 제도인 까닭에 국어 교과서에 비해서는 그 지은 사람을 따라서 가지각색이다. 한편 '옮살이갈'·'뭍살이갈' 등의 순수론자가 있는가 하면 한편에는 한자 폐지 문제에는 마이동풍(馬耳東風)인 듯한 것도 없지 않다.

이러한 가운데서 5년째 지나오는 동안에 중학 2, 3년으로부터 소학생은 일반 신문이나 잡지를 읽어 낼 수가 없는 정도로 순수(?)해졌고, 그럼에도 불구하고 그들을 위한 순국문 신문이나 잡지 또는 출판이 거기 따라가지 못하는 동안에 많은 부형들은 그들의 자녀가 결국 눈뜬 문맹이 되어 간다고 야단들이다.

한편 일반 신문·잡지·출판물 등은 한자 폐지 문제에 대하여 거의 무감각한 상태로서 이러한 냉랭한 분위기 속에서 앞에서 본 것처럼 어린이들은 지적으로 부당한 격리 상태로 떨어져 나가고 있다는 것이다.

이러한 여러 가지 새로운 조건 아래서 또 1945년 겨울과는 다른 위치에서 바로 최현배 씨가 문교부를 물러나온 뒤를 받아서 한자 폐지론은 이번은 우선 반대 측에서 다시 논의하기 시작한 것이다.

한자 폐지론은 불행하게도 이렇게 해서 처음부터도 어떤 정치적 조작 속에서 주장되고 강행되어 왔던 것은 유감이다. 당당한 민족문화 건설상의 긴급 과제로서 학자와 문인들과 언론인과 출판가 등 관계 각 방면의 명랑하고 활발한 대중적인 토론과 연구와 실천의 정당한 과정을 밟지 못한 채 일당일파의 고집한 우계인 듯한 인상을 어느새 이 말은 물려 가져 버렸다. 그런 까닭에 우리는 한자 폐지론이라느니보다 '한자' 문제로서 이번에는 실로 학자는 과학적 연구에 기초해서, 저술가들은 그 실천의 경험에 비추어, 그리하여 언론·출판·문학창작·저술·인쇄의 모든 모를 통틀어, 민주적 민족문화 건설, 또는 문화의 대중화라는 백년대계를 세울 대목표 밑에서 이 문제의 해결을 지어 곧 옳은 결론의 실현을 도모해야 할 것이다.

한자 폐지론자가 내세우는 대의명분, 즉 우리말을 글로 쓰는 방식을 한 갈래로 통일하며 더군다나 배우기 힘들고 쓰기 어려운 한자를 버리고 그 대신 쓰기 쉽고 배우기 헐한 국문으로 통일하자고 주장하는 그 원리 원칙은 옳다. 우리말의 기재 방식은 첫째 쉽고, 둘째 편하고, 셋째 쓸모가 있어야 한다는 요건을 갖추어야 할 것이다. 그리고 끝으로 가장 중요한 것은 우리말을 글로 옮기는 데 가장 알맞는 것이라야 할 것이다. 면할 수만 있다면 이원적(二元的)이 아니고 일원적(一元的)이라야 할 것이다. 그러한 일은 무슨 관념적인 대의명분에서가 아니라, 국민의 다대수가 가장 손쉽고 능률적으로 의사 교환, 문화 교류의 수단으로 쓰기 위해서다. 말은 결국 민중의 무기(武器)인 것이다.

또 한자 즉시 폐지 반대론자가 갑작스런 한자 폐지를 망설이는 것도 한자가 너무나 깊이 들어박힌 우리 어문(語文) 생활의 오늘의 실제 형편을 주목한 나머지일 것이다. 그런데 한자 폐지론자나 또 그 반대론자나 할 것 없이 오늘 우리글에 한자가 쓰여지는 실제 형편과, 또 그것을 없이할 때에 따르는 곤란이나 폐단이 가령 있다고 하면 그것이 무엇인가에 대하여 정확한 조사를 시험한 일은 별로 없는 듯하다.

그렇다고 해서 막연히 가령 오늘의 신문 잡지나 출판물을 자료로 해 가지고 거기 쓰이고 있는 한자들의 범위를 대충 결정한다든지, 또는 그 한자 한자 같은 범위 안에서 몇 번씩이나 일어나나 하는 소위 '빈도(Frequency)'의 문제를 세움으로써 '돈다익'이 한 것과 같은 말의 등급을 만들어 보는 것은 어떨까 — . 그러함으로써 만약에 한자 폐지가 아니라 제한을 하게 되는 경우에 그 근거로 삼을 수도 있다는 생각이 얼른 떠오를지도 모른다. 그러나 오늘 우리가 당면하고 있는 한자 문제는 그런 현행 한자의 기계적인 조사로 해서 밝혀질 성질의 것은 아니다.

문제는 실상은 한자로 쓰여지고 있는 것이 원칙이 되다시피 되어 있는 이른바 한자어(漢字語) 그것에 있는 것이다. 한자 폐지 반대론자가 걱정하는 것도 이 한자어를 국문자로 썼다가는 무슨 큰 탈이나 나지 않을까 하는 의심에서 하는 것이겠고, 가령 그 의심만 풀린다고 하면 그들의 주장은 핵심이 저절로 풀리고 말 것이요, 또 한자 폐지론자로서도 이 한자어 문제를 밝혀 놓지 않고서 덮어놓고 한자만 폐지하자고 우긴다면 그것은 한낱 우계지 중대한 민족적 어문(語文) 생활을 처리하는 신중한 과학적 태도나 방법이라고 할 수는 없다.

'한자어' 문제야말로 한자 문제의 핵심인 것이다. 그 해명, 해결이야말로 긴급한 것이다. 여기 시험한 것은 우리말 속에 들어 있는 이 한자어의 실상의 전모는 아닐지라도 우선 그 한 모나마 밝혀서 그 처리 방법을 생각해 보려고 하는 것이다.

2 우리 생활의 구석구석에 스민 한자어

우선 우리는 우리말 속에는 도대체 한자어가 얼마나 섞여 있나, 그리하여 실제로는 어떻게 쓰여지고 있나 하는 점부터 밝혀 놓아야 하겠다. 그리고 나서야 비로소 그 말들은 어떻게 처리할까, 또는 기어이 한자로 써야만 할 것인가, 국문으로 쓸 적에는 의미 전달의 능률에는 어떤 이해 득실이 있나 하는 문제들도 두드러져 나올 것이 아닌가 생각한다.

여기서 우리가 말하는 한자어(漢字語)라고 하는 것은 첫째는 한문(漢文)에서 온 말들이다. 둘째로는 그런 말의 본을 따서 한자어 뜻을 좇아 한자를 모아서 만든 말로 그 말의 뜻은 그 한자들의 뜻에 의해서 결정되는 그러한 말들이다. 가령 '漢字'라는 말은 그 뜻이 '한자'라는 소리에 의해서만 규정되는 것이 아니라(실상은 우리말에서는 그게 줏대가 되는 것이나) '漢字' 하는 두 표의문자(表意文字) 자체의 고유한 의미로 해서 분명해지는 것과 같은 것이 그것이다. 같은 '한자'라 해도 '韓字'라고 적어 놓으면 뜻이 확 달라진다. 어찌 보면 운명적으로 표의문자의 그림자를 걸머진 것이 이 한자어다. 그러한 까닭에 우리도 뜻의 혼란을 피하고 그 분명을 기하기 위해서 말로 할 적에는 할 수 없어도 글을 쓸 적에는 그러한 한자어는 한자로 적어 왔다. 그리해서 한자어는 그 내용뿐 아니라 외형에 있어서까지 여느 우리말과는 좀 동딴 명실이 가진 한자어가 되고 만 것이다.

이러한 종류의 한자어가 글은 막론하고서라도 우리들 일상 대화 속에 얼마나 많이 쓰여지고 있나 하는 사실은 조금 주의만 해서 살핀다고 하면 실로 '날틀·배움집' 주의자들(순수주의자들)을 신경쇠약에 걸리게 하기에 족할 만큼 놀라운 정도인 것을 알 수 있다.

우리는 잠시 이 한자어가 우리의 개인 생활과 사회생활의 각 방면에 얼마나 널리 퍼져 있나를 살펴보자.

(1) 우리 몸에 관계 있는 말: 수족, 사지, 이목, 모발, 무명지, 항문, 수염…… 등등

(2) 음식에 관한 말: 상, 대접, 소반, 중식, 조반, 죽, 채소, 육회, 장, 곡식, 음식, 냉수, 진유: 등등

(3) 의관에 관계 있는 말: 모자, 망건, 관모, 도포, 장삼, 사모, 각대…… 등등

(4) 집에 관한 말: 방, 벽, 곳간, 대문, 대청, 문간방, 중문, 담장, 창, 처마…… 등등

(5) 가정생활에 관한 말: 부부, 내외, 부자, 모자, 계모, 서모, 형제, 자매, 손자, 시부모, 자부, 여식…… 등등

(6) 혼인에 관한 말: 약혼, 신랑, 신부, 중매, 매파, 혼수, 정혼, 친정, 혼사, 혼인, 결혼…… 등등

(7) 상사에 관한 말: 장례, 상주, 초상, 소상, 대상, 굴건, 임종, 복인, 삼일장, 장지, 명정…… 등등

(8) 생업에 관한 말: 농사, 농군, 소작, 지주, 야장, 목수, 화공, 무당, 행상, 거간, 관리…… 등등

(9) 친척에 관한 말: 삼촌, 숙질, 일가, 친척, 외가, 생질, 고모, 백부, 숙부, 양자, 외인…… 등등

(10) 성질을 형용한 말: 순진한, 음흉한, 활달한, 능한, 미숙한…… 등등

이것은 오직 한 구석을 들춘 데 지나지 않는다. 또 한자어는 반드시 일부 특수한 계급에서만 쓰는 게 아니라(물론 그런 말도 있겠지만) 사회 계급의 상하를 막론하고 널리 쓰이는 말이 적지 않으며 지역적으로도 전국을 들어 쓰이는 것이 많다고 하는 것은 앞에서 든 얼마 아니 되는 예를 통해서도 짐작할 수 있겠다.

한자어가 쓰이는 종목과 범위가 말의 수가 얼마나 넓고 거창한가 한 점은 이로써도 대충 짐작하겠으나 다시 한자어가 우리말 속에서 들어온 내력을 상고한다면 아마도 멀리 삼국시대(三國時代) 불교(佛敎) 유학(儒學)이 우리나라로 들어온 그적까지 거슬러

올라가야 할 것이다. 새로운 신앙, 새로운 학문, 새로운 생활양식, 새로운 물건이 '지나'로부터 들어올 적에 거기 관련된 새로운 말들이 함께 들어왔다가 만들어졌으리라는 것은 족히 상상할 수 있는 일이다. 물론 그중에서는 새 풍토에 들어와서 재래의 말로 고쳐지거나, 재래의 말을 재료로 한 새말로도 대표되기도 했겠으나, 그 대부분은 본바닥 말 그대로를 끌고 들어왔을 게 분명하다. 뿐만 아니라 때로는 재래의 말을 어느새 밀쳐 버리고 대신 들어앉은 일도 있을 것이다. 그리하여 우리의 개인 생활이나 가정생활, 학문에 이르기까지 오랜 역사를 가진 부면에 남아 있는 한자어 중에는 예를 들면

수족, 사지, 이목, 모발, 채소, 조반, 진유, 자부, 여식

등과 같이

손발, 팔다리, 눈코, 머리털, 나물, 아침밥, 참기름, 며느리, 따님

등 한자어 아닌 우리말이 병행되는 것도 있으나, 또 한편 꽤 까다로운 한자어면서 달리 한자어 아닌 우리말로 옮길 수 없는 말들이, 우리 조상 적 오래전부터 우리와 긴밀한 관계가 있는 방면에 남아 있음은 주목할 일이다. 가령

수염, 상, 곡식, 방, 대문, 벽, 처마, 부부, 내외, 임종, 상주, 농사……

등을 보아 이 일을 알 수 있겠다.

오늘 우리가 구경할 수 있는 우리말에 대한 가장 오랜 재료인 신라향가(新羅鄕歌)에서 시작해서 고려가요(高麗歌謠) 시조(時調) 가사(歌辭) 이야기책 한말(韓末)의 신소설(新小說)에 이르기까지의 자료를 통해서 우리말에서 한자어가 쓰여진 실상을 살펴본다면, 한자어가 우리말 속에 들어온 자취와 또 각 한자어의 어원(語源)과 내력도 적지 아니 밝혀지리라 믿으나, 이는 전문 학자의 손을 빌려 비로소 될 수 있는 일이겠다. 이제 잠시『삼국유사(三國遺事)』에 남아 있는 향가 14수에서만 보더라도 한자어가 우리말에 들어온 역사가 실로 길고 오래라는 것을 알 수 있겠다. 가령

방(薯童謠), 공주(同上), 혜성(彗星歌), 공덕=功德(風謠), 서방=西方(願往生歌), 명=命(月明兜率歌), 생사=生死(爲亡妹營齊歌), 도=道(同上), 신=臣(安民歌), 민=民(同上), 전에=前에(禱千手觀音歌), 자비=慈悲(同上), 본대=本대(處容歌).

다시 고려가요를 잠시 훑어보면

덕, 복, 정월, 이월, 등불, 만인, 삼월, 사월, 오월 오일, 약, 칠월, 원, 팔월, 구월 구일, 시월, 후=後, 십일월, 십이월, 한삼(이상 動動), 인생, 삼재, 팔난, 일시, 천금, 소멸, 산(이상 處容歌), 천만업소이다(鄭瓜亭), 선생, 소년(이상 翰林別曲), 사주=社主, 상좌=上座, 용=龍(이상 雙花店), 신=信, 사공=沙工 艄工(이상 西京別曲), 청산(靑山別曲), 옥, 연꽃, 철사(이상 鄭石歌), 벽력, 기약(이상 履霜曲), 정=情, 서창, 소=沼, 사향, 평생(이상 滿春殿).

위에서 본 가요과 마찬가지로 우리말 본래의 모양에 충실하려

고 한 정신이 이조(李朝)의 시조(時調) 가사(歌辭)에도, 물론 계승된 흔적이 뚜렷하나 한편 여말(麗末) 이래 머리를 추어든 유교 사상의 영향으로 왕성해진 한문학의 등살로 해서 시조 가사에도 한문 투 한문 숙어가 함부로 뛰어든 것은 말할 것도 없다. 따라서 이조의 시조 가사를 통해서 한자어를 살펴본다고 하는 것은 좀 단순한 일이 아니다. 일제 36년간의 야만적 언어 정책의 침노를 받기 이전, 한말의 우리말에 한자어가 얼마만치나 널리 또는 깊게 들어와 박혀 쓰이고 있었나. 이것도 또한 오직 그 일단만을 살펴서 한자어 처리 방식의 참고를 삼는 정도로 그치고자 한다.

『구운몽(九雲夢)』・『사씨남정기(謝氏南征記)』・『춘향전(春香傳)』을 그 대표작으로 삼는 구소설 또는 '이야기책'의 뒤를 받아 주로 부녀자를 상대로 하고 그 밖에 넓은 대중 사이에 읽혀지기를 목적으로 한 한말 신소설은 말할 것도 없이 순국문으로 되었으며, 거기 쓰인 말은 될 수 있는 대로 대중이 쉽게 알 수 있는 어문일치(語文一致)의 문체(文體)를 목표로 하였던 것이다. 우리는 그러한 신소설을 통해서 한자어가 그 적의 우리말 속에서 쓰여지고 있던 실상을 어느 정도 사실에 가깝게 그려 낼 수도 있음 직하다. 이도 또한 여기서는 그 일단을 살피는 데 그치고자 한다. 가령 신소설의 가장 대표적인 작가 국초(菊初) 이인직(李人稙)의 대표 작품 『귀(鬼)의 성(聲)』(상권)을 자료로 살펴보면 이러한 말들이 쓰여져 있는 것을 본다.

가련한, 가령, 가색, 각처, 간단한, 간악한, 간절한, 간호부, 감기, 감동되다, 감옥, 강화회의, 강하다, 결심, 경계, 경륜, 경대, 경사, 경영, 경품, 계관된다, 고사하고, 고손, 고생, 고절, 곤하다, 공교롭다, 공로, 공론, 공연히, 공중, 공치사한다, 과부, 과하다, 관계, 광경, 괴이하다, 구경, 구(救)한다, 군수, 굴, 귀신, 귀애한다, 그시에, 근처, 금, 금옥같은, 급히, 기절, 기박한, 기별, 기색, 기어이, 기운, 기왕, 기특한, 기품, 기회, 긴한다,

나중, 낙, 낙루한다, 낙상, 난리, 남자, 남편, 낭패, 냉수, 내외, 내월, 노인, 노자, 노파, 농담,

다행히, 단풍, 담대한, 답답한, 당, 당한다, 당부, 당연한, 당장, 당초에, 당황한다, 대강, 대관절, 대단한, 대답, 대문, 대신(정승), 대통령, 대포, 덕, 도(예=도를 닦는다), 도리, 도망, 도적, 독재한다, 동구, 동네, 동편, 두통,

만류, 만리타극, 만무하다, 만사, 만일, 만호장안, 면한다, 면대한다, 명망, 명창, 모녀, 모양, 모자(어머니와 아들), 무당, 무식, 무정한, 무죄, 무주공산, 무궁무진한, 문서, 물종(그릇 이름), 물정, 민망한, 민첩한,

박대, 박살한다, 박절한, 반(절반), 반신반의, 발각, 방, 방문, 배송한다, 배치, 배포, 백로(새 이름), 번열증, 범사, 범연한, 법률, 별안간, 벽, 변한다, 병신, 병원, 복, 복색, 복중, 본래, 본의, 봉한다, 봉변, 부녀, 부모, 부인, 부자(돈 있는 사람), 부정한, 부족, 부지불각, 부탁, 분하다, 분명한, 분수, 산합, 불과 사오 일, 불안한, 불한당, 불의에, 불측한, 비위,

사기(사연), 사당, 사면, 사정, 사족(팔다리), 사지, 사후, 산, 산란한, 산모, 삽시간, 상한다, 상관, 상약, 상의한다, 생소한, 생억지, 생이별, 생질, 쌍창, 서산, 서창, 성품, 세력, 세상, 세수, 세월, 소식, 소요한, 소원, 손자, 손해, 쇠하다, 수건, 수년 전, 수단, 수령, 수상한, 수절, 수치, 숙성한, 순한, 승전고, 시각, 시기한다, 시량, 시비한다, 시절, 시하, 식구, 식전, 신고, 신상, 신세, 신통한, 실성한, 심덕, 심병, 심술,

아편, 악심, 안심, 애물, 애매한, 약하다, 약과, 양반, 양자, 억지, 언문, 여간, 연하다, 연기, 연분, 연세, 연지, 연지분, 염려, 염치, 영(명령), 영각, 영결, 영물, 영웅, 영이별, 영특한, 예사, 오정, 옥동자, 옥중, 외면, 외모,

요란한, 요약한, 욕심, 운수, 운신한다, 원망, 원수, 위로, 위태한, 유모, 유
심히, 유익한, 육지, 육회, 은, 은혜, 읍내, 의(사이), 외관, 의논, 의례, 의사
(뜻), 의사, 의심, 이(이치), 이별, 이사한다, 이상한, 이십, 인간, 인력거, 인
물, 인생, 인심, 인정, 인품, 일반이다, 일심전력, 일제히, 일평생,

 자녀, 자명종, 자수(자살), 자세히, 자연히, 자정, 자초지종, 작별, 작
정, 잠간, 장사(힘센 사람), 재물, 재미, 재주, 재촉, 재판, 적적한, 적막한,
적악한다, 전한다, 전당, 전부, 전신(온몸), 전장(논밭), 전정이, 만리, 전차,
점점, 점친다, 정, 정한다, 정숙한, 정절, 정치, 정표, 제사, 제일, 조심, 조
처한다, 졸업, 졸지에, 종용한, 죄, 죄명, 주선으로, 주정, 준비, 중하다, 중
문, 중병, 중재, 즐비한, 지경, 지구, 지금, 지방, 지성, 지식, 지척, 지척이
천리, 지체한다, 진정, 진정된다, 진중한, 징역,

 차차, 차례로, 차일피일, 착실한, 창고, 창자, 처결, 처량한, 천격, 천
리, 천둥, 천리타향, 천만년, 천식, 추수, 천연한, 천지, 천진한, 천하각국,
철통, 첩, 첩첩한, 청, 청천, 초록, 초면, 추수, 추후로, 출입, 충동, 측량, 측
은한, 친정, 침모, 칭찬,

 탐스러운, 태도, 태중, 토죄, 통기, 투기, 특사,

 편, 편하다, 편지, 평생, 평일, 폐, 폐맹된, 풍화, 피한다, ……필, 필경,
하직한다, 한(예=한이 없다), 한가한, 한량, 한정, 한탄, 해롭다, 해친
다, 해산, 행실, '행액'한다, 행중, 허락, '험'한, 형제, 형체, 호각, 호강, 호
기, 호령, '혹'한다, 혼, 혼인중매, 홀연, 화답, 화산, '환장'한다, 황모, 회
(음식 이름), 회사, 횡설수설, 효성, '후'하다, 후생, '흉'하다, 흉계, 흉중,
'흡족'한, 흥.

 여기 든 것은 모두 한자어로서, 그 대부분은 오랜 시일을 두고
우리 조상 때부터, 두고두고 써 오는 동안에 글뿐 아니라 말 속에

까지 없지 못할 정도로 일어나는 말들이다. 그중에서 '간호부, 강화회의, 개회, 군수, 대통령, 대신, 독재한다, 병원, 인력거, 자명종, 졸업, 징역, 화산'과 같은 말들은 아마도 갑오경장(甲午更張, 1894년) 전후해서부터 차츰 대중의 말 속으로 기어들기 시작한 것이겠으나, '낙상, 낙루, 만호장안, 만리타국, 민망한, 무주공산, 무궁무진한, 반신반의, 부지불각, 불과 사오 일, 생이별, 승전고, 일심전력, 자초지종, 지척이 천리, 차일피일, 천리타국' 같은 말을 꽤 노골한 한문구면서도 오래 두고, 필시 가사·소설(小說)·창극(唱劇) 같은 것을 통해서 대중에게까지 퍼뜨려지고 말았을 성싶다.

위에서 들지 않은 것으로서

결발부부, 경상(모양), 구매장장, 난가(어지러운 집안), 남녀유별, 단사, 동자(아이), 동태한다(태가 동한다), 만, 천문, 무자귀(무자식어미), 반비(밥값), 반도국, 백척간두, 벌력(벌), 법사(법), 병상병(병들거나 상한 군사), 부상 삼백 척, 부귀가(부귀한 집), 불고전후, 비편한(불편한), 사기상(역사상), 삼순구식, 삼추같이, 상성(높은 소리), 생산(애기 낳기), 소상바숙, 수쇄한다, 수유, 수통한다(괴로움을 받는다), 시작이 반, 여장군, 역적모의, 양양자득한, 영독한, 육국을 합종하듯, 인피(사람의 가죽), 일국정부, 자주한다(제일을 제가 주장한다), 적모, 전제한다, 정렬한, 종명정식, 중무소재한, 허희탄식, 혼혼한(캄캄한), 황궁 국토, 흥망성쇠

등의 매우 어려운 한문구들도 역시 가사(歌辭)·구소설(舊小說)·창극(唱劇) 같은 것을 통해서 대중의 이해에서 반드시 먼 것도 아니었던 것 같다.

그 밖에도 한말의 봉건유제(封建遺題) 속에서는 일상 일어나

며, 알기 쉬운 말이었으면서도 오늘 와서는 지금 사람의 귀에는 거슬리거나 알아들을 수 없이 되어 가는 말들이 적지 않다.

남존여비, 대궐, 도임, 만승천자, 반상(양반과 상사람), 비서승(벼슬 이름), 사족(양반), 상전, 세도재상, 실내(아내), 재상, 하마석, 하인, 하인청, 행기, 행차.

이 같은 말은 오늘 우리의 민주주의적 기분에는 도무지 맞지도 않으며, 또 오늘의 젊은 세대로서는 생각할 수 없는 시대에 뒤지기 한량없는 관념을 대표하고 있는 것이다. '순검'·'순포막' 같은 말도 오늘은 그 의미하는 바를 이러한 말로는 나타내지 않고 딴 말로써 하고 있는 것이다.

또 순전한 한자어는 아닐지라도 한자와 재래의 우리말이 한데 얼려서 된 말하자면 혼합어(混合語)라고 할까 한 것들이 있다.

'괴상'야릇한, '귀'염, '기'막혀, '망'할놈, 물'총', 밥'상', '별'다른, '별'소리, '상' 준다, '생'사람, '상'사람, '앵무'새, '정'다운, 초가'집, '초'저녁, '초'롱불.

위와 같은 것이 그것이다. 또 한말에 비록 예수교인이라는 특수한 집단에 주로 영향력을 가졌다고는 할지라도 가장 널리 퍼지고 있던 신약전서 초두의 두 복음에 나오는 한자어를 살펴보기로 한다. 그것은 어느 정도까지는 신약전서 전편의 한자어의 기초가 되고 있을지도 모른다.

'가'하다, 가령, 가산, '가증'한, 각……, 각각, 각색, 각종, '간'한다, '간절'히, 간질, '감'한다, '감'히, '감당'한다, '감동'한다, 감사, '강'하다, 강도, 객실, '거역'한다, 거절, 거처, 건강, 계속, '결'코, '결단'코, 결국, 결박, 결심, '겸'하여, '겸손'한, '경'하여진다, 경계, 경매, 경문, 계자, 고국, 고난, 고생, 고자, 고통, 고향, 곡간, 곡식, 공경, 공양, 과부, 과연, 광채, '고'한다, 공중, 과실(허물), 관세(관청 세금), '광명'한, 교만, 교훈, '구'한다, 구원, 구제, 군대, 군병, 군사, 군호, '귀'한, 귀신, 귀인, '권'한다, 권고, 권세, '그'시에, '극'히, 근방, 근심, 근원, 근처, 금, '금'한다, '급'히, 기구, 기근, 기념, 기어이, 기억, 기운, '기이'한, '기진'한다, 기회, 기록, 기색, 기업,

나중, 나팔, 난리, 남자, 남편, 내세(사후), 내일, 냉수, '노'한다, '노략'질, 노중, 농부, '늑탈'한다, '능'히, 능력, 능욕,

'담당'한다, '당'한다, '당돌'히, '대'하여, '대담'하다, 대부분, 대수(세대), 대우, '대적'한다, '대접'한다, 도(예=도를 닦는다), 도망, 도보, '도적'질, 독촉, 동(구리), '동거'한다, 동관, 동리(동네), 동무, 동생, '동침'한다, 동편, '둔'한, 등대, 등불,

마귀, 만국, 만물, 만민, 만일, 만족, '망'한다, 망대, 매년, '매매'한다, 매양, 매일, 맹세, 면류관, '멸'한다, 멸망, '명'한다, 명망, '명시'한다, 모욕, 모신, 목수, '몰살'한다, 몰약, 묘지, '무성'한, '무익'한, '무죄'한, 문, '문안'한다, '문의'한다, '문직'이, 물론, 미명, '미혹'한다, '민망'히, 민요, 민족, 민중,

박사, 박하, 반, 반대, 반석, 발견, 방언, 방탕, 배척, 백배, 백성, 변리, '변형'한다, '별'로, '병'든다, 병인, 보물, 보배합, 보좌, 보호, 보화, 복, 본래, 본전, 본처, 부모, '부인'한다, 부자, 부족, '부종'한다, 부친, 분하다, 분별, 분부, 분명, 분쟁, '불가'하다, 불구자, 불법, 불의한, 불화, 비방, 비밀, 비석, 비유, 비판, '빙자'한다,

'사'한다(고맙게 여긴다), 사경(시각), 사령, 사망, 사무, 사방, 사십 일, 사자(심부름군), 사천 명, '사화'한다, 산, 살인, 삼십 배, 상(바치는 것), 상(상품), 상관, '상당'한, 상대, 상론, 상석, 상속, '상업차'로, 상전, 상좌, 생명, 생일, 생활비, 서편, '선'하다, 선생, 선인, 설명서, 성내, 세, 세리(세금 차지한 관리), 세대, 세마포, 세상, 소녀, 소동, 소문, 소반, 소수, 소원, 소위, 소유, 소자, 소제, 소출, 송사, 수고, '수리'한다, 수일 후, 수족, '수종' 든다, '수직'한다, 수하, '순결'한, '순전'한, '순종'한다, '시기'한다, 시위병, '시인'한다, 시작, 시장, 시체, 시험, 식사, 신(신용), 신랑, '신뢰'한다, '신속'한, 신판, 실과, '심'히,

아문, '악'하다, 악인, '안녕'하시다, '안심'한다, '애곡'한다, '애통'하다, '약'하다, 약속, 양양식, '어눌'한, 어부, 언약, '엄'하다, 여복, 여왕, 여자, 여행, 역서, '연'하여, 연고, '연약'한, 열병, 염려, 영(병영), 영광, 영영, '영접'한다, 영혼, '예비'로, 예물, 오찬, 오천 명, 오해, 옥함, 옥합, '온유'한, '외'에, 외모, '외식'한다, 외인, '완전'한, '완악'한, 왕, 왕궁, 요구, 욕구, '욕'한다, 욕심, '용납'한다, 용서, '우맹'한, 우편, 운동, 운명, '원'한다, 원례, 원망, 원수, '위'하여, 위로, 유(같은 유), '유'한다(머무르다), '유리'한, 유업, '유익'하다, 유전, 유향, 유혹, 육신, 육십 배, 육지, 육체, 은, '은밀'히, '음란'한, 음부, 음식, 음행, 읍내, 의(의리), 의논, 의복, 의사(뜻), 의심, 의원, 의인, 의자, 의택, '이상'한, '인'하여, '인도'한다, 인도자, '인봉'한다, 일막, 일척, 일치, '임'하여, '임박'한다, '임의'로, 잉태, 외부,

자(예=그자), 자기, 자매, '자복'한다, 자비, 자산, 자색, '자세'히, 자손, 자식, 작별, 잔, 잠간, 잠시, 장모, 장사, 장차, 재난, 재능, 재롱, 재물, '재촉'한다, 재판, 재판관, 저주, '전'에, '전'혀, 전래, 전멸, 전부, 전차, 전토, 전파, 절반, 정리, 정신, 정혼, 제단, 제사, 제삼일, 제자, 조심, '족'하다, 족속, '존귀'한, '종용'히, 종일, 좌편, 죄수, 죄인, '주의'한다, 주객, '주관'한

다, 주목, 주인, 주추, 준비, '준행'한다, ……중, '중'히 여긴다, 중심, 중풍병, 즉시, '즐비'한, 증거, 증서, 증인, 증참, 지경, '지극'히, 지금, '지방', 지시한다, 지진, 지혜, 직원, 진노, 진동, '진실'로, 진주, 징조,

'참람'한, '참례'한다, 참상, 창고, 창기, 책망, 처, 처녀, 처처, 천기, 천사, 천지, 천하, '청'한다, '청결'한, 청년, '청직'이, 초막, 촌, 추수, '충실'한, '취'한다, '친'하다, 친구, 친족, 친척, '침노'한다, 침상,

타국, 타인, 타작, 탄식, '탐'한다, 탐관, 탐욕, '탕감'한다, 태, '택'한다, 토기, '통곡'한다, 통과, 통지,

'파송'한다, 파수군, 판결, 편, '편안'하다, 평상, '평탄'한, '폐'한다, 포도, 포도원, 포도주, 포박, 표적, 표준, '풍족'한, 피한다, 피곤, '핍근'한, 핍박, '핍절'하다,

하속, 하인, '한적'한, 합한다, '합당'한, 합심, 항상, 해, 해변, 해직, 행한다, 행위, 행실, 향하여, 향유, '허'하다, '허다'한, 허락, '허비'한다, '현몽'하다, 혈루증, 혈육, 협의, 형, 형상, 형제, 형편, 호리, 호수, 혹, 혼인, '홀연'히, 화, 화목, 화평, '확실'히, 환난, 황금, 황폐, 회(벽을 바르는 것), 회개, 회계, 회당, 회복, 효험, '후'에, 후사, 훤화, 훼방, 휘장, 희롱, 힐난.

이상과 같은 말들은 적어도 중류 이상의 사람들의 대화에는 오늘 와서도 과히 부자연하지 않을 정도로 일어나는 말들이다, 그 대부분은 무식한 부녀자나 하층계급의 대화에서도 잘 통하는 말들이다.

같은 신약 속에서도 아래와 같은 꽤 어려운 한자어나 한문구가 눈에 띄는데, 그중에는 오늘 우리의 귀에는 벌써 잊어버린 것도 있고 아직도 거슬리는 것도 있으나, 번역이 되던 그 당시에는 그리 어색하지 않았던 탓으로 그대로 쓴 것인지, 또는 번역상 필

요로 생각해 낸 말인지도 모른다.

'가능'한, '간구'하다, '가난'한, '거'한다(=산다), 건물, '건전'한, 건축자, '결안'한다(=결정을 내린다), 경련, 경배, 경점(시각), 고민, ……'고'로, 고뇌, 관예(관청종), 광야, 광장, 광풍, 광패, 굴현, 권능, '권능화'한다, 궤계, 금세, '긍휼'히 여긴다, 기사(기적), 난방, 대속물, 대신(=제사), 대인(대신), 독서, 동일, 멸절, 백합화, 백체(百體), 세계(=계보), '소멸'된다, 영벌, 유령, '유일'한, 유구무언, 음욕, 이거(=이사), 이적(=기적), 정제(세금), '정죄'한다, 죄패, '주재'한다(주장해 간다), 중언부언, 지도자, 지파(분파), 진설병, 집권자, 첩경, 축사, '칭'한다, '회향'한다, 흑암.

신약에 나오는 특수한 한자어로서는 그 밖에

간음, 계시, 계명, 공회, 공회원, 교인, 금식, 대제사장, 무화과, 무교절, 방주, 백부장, 복음, 부활, 서기관, 선지자, 성경, 성령, 선전, 성소, 세례, 십자가, '안수'한다, 안식일, 연보, 영생, '영원'한, 예언, 유월절, 율, 율법, 율법사, 이방, 이방인, 이혼, 인자, 장로, 전도, 주, 찬송, 찬미, 창세, 창조, 창조시, 천부, 천국, 축복

등이 있는데 그중에서, '세례'·'십자가'·'영원'한·'예언'·'이방'·'이방인'·'이혼'·'찬미'·'창조'·'축복' 같은 말은 차츰 예수교인 아닌 일반 사람의 어휘 속에 들어오고 말았다.
　이렇게 보아 오면 결국 우리말 속에는 실로 엄청난 정도로 한자어가 밀려 들어와 있어서 일부의 순수론자들이 생각하듯, 우리말 속에 마치 우리말 아닌 요소로 물에 뜬 기름처럼 유리되어 있

는 혼잡물인 게 아니라, 오랜 시일을 두고 우리의 말과 글 속에 그대로 스며들고, 한데 융합이 되어 버린 것이다. 물론 오늘의 우리말의 터가 되고 뿌리가 되어 있는 것은 한문에서 빌려 왔거나 암시받아 만든 말이 아닌 본래의 우리말이겠으나, 한자어는 한자어대로 그 대부분이 제각기 우리 생활과 그 필요에 깊은 관련을 가진 채 뿌리를 박은 것임을 어찌할 수가 없다. 우리말 속에 들어온 외래어(外來語) 또는 외래어 계통으로서 한자어는 그 가장 중요하고도 양으로 보아 압도적인 부문이라 하겠다.

3 그렇게 쏟아져 들어온 내력

한자어는 어떻게 해서 우리말 속에 생기게 되었으며 더군다나 그처럼 넓고도 깊게 자리 잡게 되었는가.

삼국(三國)시대에 중국으로부터 한문화가 들어오기 시작한 다음부터 줄곧 우리나라가 한문화의 영향 아래 있었다는 일에 첫째는 유래하는 것임은 말할 것도 없다. 특히 한자어와 관련이 있는 한문 글자가 이 나라에 들어온 것은 언제쯤일까. 아직 항해술이 유치한 옛날에는 주장은 육로를 거쳐서 문화도 들어왔을 터인데, 삼국시대 중에도 특히 지리상 지나(支那) 대륙에 제일 가까이 붙은 고구려(高句麗)에 응당 먼저 들어왔으리라는 것도 미루어 생각할 수 있다. 서력으로 372년 소수림왕(小獸林王) 2년에 불교가 처음으로 이 나라에 발을 들여놓았을 적에는 벌써 그 이전부터 한자가 이 나라에서 알려지고 있었던 듯하다. 백제(百濟)에서는 비교적 정확한 추단을 내린다면 서기 제5세기에는 한자를 쓰고 있었을 게 분명하며, 신라(新羅)에 이르러서는 제6세기 초에는 왕을 중심으로 한 상층에서는 한자를 쓰고 있었던 듯하다. 그리하여 그 뒤로 시일이 옮아갈수록 한자와 한문이 적어도 이 나라의 상층부에는 가속도적으로 몰려 들어오고 있어서 신라 통일 이전에 고구려에 이문진(李文眞), 백제(百濟)에 왕인(王仁) 등 한문의 대가가 나왔었고 신라 통일 이후에는 드디어는 당(唐)의 문장(文章)에 육박할 것을 목표로 한문의 숭상이 상당히 높아 가서 최치원(崔致遠) 같은 대가가 나오기도 한 것이다.

유교와 거의 전후해서 들어온 불교도 또한 지나를 거쳐서 들어왔으며, 불교의 경전도 한문으로 된 것이 주장 전해졌던 것이다. 중국의 문물이 그대로 마구 쏟아져 들어오는 판인 데다가 삼국시대 이래 한말까지 1천수백 년 동안 이 나라에서 쓰여지는 글이라고 하는 것은 주로 한문이었다. 신라시대에 벌써 이두(吏讀)로 우리말을 그대로 적는 방식이 고안되었으나 이는 아주 보수적인 것이었고 서력 1443년에 세종이 한글을 제정한 뒤에도 한말까지, 줄곧 정부에서 공식으로 쓴 글도, 양반계급이 상용하는 글도 마찬가지 한문이었고, 국문은 문제가 되지 않을 정도로 일부의 적은 범위에서만 그나마 대부분은 여벌로 쓰인 데 지나지 않은 것이었다.

통일 이후의 신라는 불교가 전성하던 당(唐)나라 문화의 영향을 크게 받았고, 고려(高麗) 5백 년 동안은 불교가 국교라 하면서도 유교가 엄연한 세력을 가지고 있다가, 이조(李朝)에 들어와서는 그만 유교가 불교를 산속에 몰아넣고 대신 국교가 되어 한말에 이른 것이다.

이러한 사정 아래서 한문에서 그대로 왔거나 또는 거기 유래한 한자어가 우리말 속에 끊임없이 몰려 들어오고 말리라는 것은 쉽사리 상상할 수가 있다. 한 옛날보다도 중세(中世), 중세보다도 근세(近世)에 그 들어온 양과 형세가 더 많고 활발했으리라는 것도 또한 상상할 수가 있다.

우리나라에서도 봉건 문화로서 자라났던 유교 문화가 상층의 특권계급의 문화였던 것은 말할 것도 없었다. 불교는 신라와 고려를 거쳐서 유교에 비해서 훨씬 민중 속에 친밀한 접촉을 가진 듯한데 따라서 불교가 중매한 한자어는 보다 더 쉽사리 민중의 말 속에 들어왔던 것 같다. 유교는 원체가 봉건적 성격을 가진 것으로 특히 이조(李朝)에는 양반계급의 자기 옹호의 유력한 터전이었던 터이라, 양반계급은 자기 계급의 특권을 중인(中人)과 상민(常民)에게 뽐내기 위한 안팎의 무장으로서 유교 이데올로기와 한문으로써 단단히 단속하였던 것이다. 말에 있어서 그들은 지배당하고 있는 계급과 구별을 짓기 위해서는 그들이 쓰는 우리말 자체의 어법과 어조와 어휘에 딴 수작을 가했을 뿐 아니라 하층계급으로 하여금 엄두에도 두지 못하게 하는 독점적인 방식으로써 한문투와 한자어를 그 말 속에 풍부하게 집어넣었던 것이다. 더군다나 유교 문화가 뼈에 젖은 그들로서는 어느 정도 지극히 자연스러운 일이었다. 처음에는 양반계급의 독차지이던 어떤 한자어가 차츰 민중의 말 속에 동화되기에 이르기까지는 때로는 윗계급에 대한 부러움에서 온 모방에 연유하는 때도 있었겠으나 양반계급의 광우리를 넘쳐흘러 떨어진 유교 문화의 찌꺼기로서, 또는 양반계급에게 강요된 어떤 필요에서, 그렇지 않으면 민중 자신의 생활상의 필요로 해서 이끌어들였던 것이라고 하겠다. 이러한 관계가 1천 수백 년의 시일을 두고 얽힌 결과가 오늘의 우리말 속의 한자어의 현상으로 되고 만 것이다.

오늘 우리말 속에 한자어가 무척 많이 섞이고 보존되어 온 원인의 또 하나는 이런 데도 있다. 즉 갑오경장(甲午更張) 이래 중국에 대신해서 우리나라 새 문화에 영향을 주었으며, 특히 구라파 문화를 매개하였고, 1910년 뒤의 36년 동안은 의식적으로 우리 문화를 말살하고 그 대신 제 문화를 옮겨 놓으려고 한 일본이 한문화(漢文化)와의 관계가 우리나라와 매우 비슷했고, 그 쓰는 글에 한자를 섞어 쓰고, 따라서 그 말 속에 우리나라에 못지않게 많은 한자어를 받아 가지고 있었다는 일이다.

그리하여 유럽의 새로운 학문과 정치·경제·법률·사회생활에 관한 술어들은 대부분 일본말에서 한번 한자어가 되었다가, 한말 이래 다시 우리나라로 수입되어 우리말 속에 새로운 한자어로 채용되었던 것이다. 다만 같은 한자어를 읽는 방식만 우리는 재래의 우리식 음으로 읽어 왔던 것이다.

철학, 인식, 형이상학, 논리학, 윤리학, 삼단론법, 물리학, 화학, 생물학, 생리학, 동물학, 식물학, 문학, 의학, 척수동물, 양서류, 산술, 수학, 미분, 적분, 대수, 기하, 삼각……

민주주의, 독재, 식민지, 선거, 후보, 무역, 수출, 수입, 소매상, 백화점, 지출, 은행, 회사, 부기, 신임, 위임……

민법, 상법, 헌법, 권리, 의무, 소유권, 상속, 위임, 이혼, 등기, 소송, 파산, 감옥, 경찰, 검거, 공판……

사교, 취직, 초대, 극장, 철도, 기차, 기선, 전차, 정거장, 유행, 유산계급, 사무원, 식당, 요리점, 선도, 출장, 양복, 외투, 안경, 자동차, 자전거, 이발관, 변소, 약속, 종점, 객차……

오늘의 우리말 속에는 이렇게 해서 한문화의 영향에서 직접 온 것과, 일본말을 거쳐서 재수입된 것의 두 조류를 따라 상당히 많은 한자어가 들어와 있는 것이다. 이 한자어의 중요한 저수지는 말할 것도 없이 오늘 문화 활동의 중심 부대가 되어 있는 중류 이상의 이른바 지식층인 것이다. 교육의 보급, 문화의 대중화가 진행됨에 따라 이 저수지로부터 한자어는 날로 더 민중 속으로 넘쳐 흘러 들어갈 것이다. 그리하여 민중의 생활에 가장 긴하게 관계가 있으며 또 그들의 어감(語感)에 맞는 한자어는 이윽고는 민중의 어휘 속에 동화되고 말 것이다. 그런데 이 한자어는 처음에는 말이 아니라 주장 글을 통해서 들어오고 있었다는 점도 주목할 일이다.

4 한자어(漢字語)에도 여러 층이 있다

말을 연구나 검토의 대상으로 삼을 적에 쓰여진 말, 즉 '글'보다도 '말해지는 말' 그것에 중점을 둔다는 것은 지난 세기에 새로운 언어학이 대두한 다음부터는 언어학의 중요한 대전제가 되다시피 해 온 것은 오늘 언어학을 공부하는 사람들의 상식이 되어 있다. 이러한 모에서, 실로 이러한 모로만 우리말 속에 들어와 있는 한자어 문제도 다루어져야 할 것이다. 위에서 보아 온 것에 비추어 같은 한자어, 한자어 하면서도 실상은 그 사이에는 우리의 산 말 속에 융합이 된 정도를 따라 여러 층이 있는 것을 알 수 있다.

제1급 대중의 생활과 긴밀한 관계가 있어서 그들의 필요와 구미에 들어맞아서 아주 그들의 어휘 속에 뒤섞여서 그들의 일상 대화 속에도 자연스럽게 나타나며 그리해서 무난히 이해되는 부류다.(아래 드는 예는 특히 흥미를 느끼지 않는 이는 한두 줄 정도로 참고하고 넘겨 무방하겠다.)

가량, 가련한, 가령, 가족, 가지(채소 이름), 각각, 각기, 각색, 각지, 각처, 간신히, 간절히, 감, 감기, 감사, 감자, 감히, 강, 강하다, 강남, 강산, ……개, 객, 객지, 거동, 결단한다, 결박, 결코, 겸손한, 겸해서, 겹, 경문, 경찰, 경찰서, 경치, 고대한다, 고물, 고사하고, 고생, 고초, 고향, 곡식, 곡절, 곡하다, 곳간, 공로, 공부, 공연한, 공일, 공손한, 공장, 과거(예: 과거를 보인다), 과연, 과일(과실), 과수원, 관, 관가, 광, 광고, 광산, 광채, 교만, 교장, 구한다(찾는다), 구한다(구원한다), 구년, 구목, 구월, 구일, 국기, 국화, 군, 군사, 군악, 군청, 궁, 궁궐, 궁리한다, 궁중, 귀신, 귀여운, 귀신, 귀애한다, 귀인, 귀중한, 귀하다, …… 권, 권한다, 궤, 규모, 귤, 그중에, 그후 극진한, 근, 근기, 근심, 근원, 근처, 금, 금광, 금시에, 금시계, 금융조합, 금은, 금한다, 급제, 급히, 기, 기계, 기구, 기도, 기별, 기부, 기술, 기어코 (──그에), 기운, 기진한다, 기차, 기특한, 길흉간……

나중, 낙심, 난간, 난도, 남, 남녀, 남루한, 남매, 남북, 남자, 남편, 납, 낭패, 내년, 내외, 내일, 노인, 노자, 노한다, 농가, 농부, 농사, 농삿군, 누각, 늠름한, 능금, 능라, 능하다……

다소간, 다정한, 단……, 단번에, 단장, 단정한, 단지, 단풍, 당신, 당한다, 대강, 대개, 대궐, 대꾸, 대단히, 대담한, 대답, 대대로, 대략, 대문, 대신, 대신(재상), 대왕, 대장, 대접한다, 대체, 대추, 댁, 다사하다, 다행히, 답답한, 당당한, 당대, 당장, 대관절, 대, 덕, 덕택, 도, 도망, 도둑, 도령님, 도리, 도배, 도보, 도사, 도시, 도원수, 도청, 도포, 독립, 독사, 동, 동갑, 동네, 동무, 동산, 동생, 동서, 동자(눈동자), 동전, 동정, 동족, 두창, 둔하다, 등, 등잔……

마적, 마차, 만, 만국, 만년, 만단설화, 만리경, 만리전정, 만물, 만세,

492

만약, 만일, 망치다. 망하다, 매……, 매년, 매일, 맥, 맹세, 먹, 면소, ……
명, 명란, 명산, 명심, 명절, 명태, 모녀, 모양, 모자, 목석같은, 목욕, 목재, 목침, 목화, 묘한, 무늬, 무도한, 무리하다, 무명지, 무사하다, 무수한, 무식한, 무심한, 무안하다, 무정, 무지한, 문, 문간, 문루, 문병, 문안한다, 문초, 물건, 물론, 물욕, 미련한, 미안한, 미륵, 민망한……

박장, 반(절반), 반(예. 애국반), 반대, 반사, 반석, 방, 방문, 방위, 방학, 배급, 배달, 배반, 백, 백년, 백발, 백성, 백일해, 백일홍, 백사장, 백지장, 번, 번번이, 번화한, 벌, 법, 벽, 변소, 변호사, 별로, 별도리, 별수, 별안간, 별천지, 병, 병(예. 꽃병), 병신, 병원, 병자, 병풍, 보고, 보답, 보배, 보살, 보통, 복, 본래, 본시, 봉(봉우리), ……봉, 봉숭아, 봉양한다, 봉지, 봉투, 봉한다, 봉화대, 부근, 부녀, 부녀자, 부득이, 부모, 부인, 부자, 부족하다, 부지중, 부친, 부탁, 부형, 북, 북어, 분, 분간한다, 분향, 분명히, 분부, 분수, 분주하다, 분필, 분하다, 불도, 불편한, 붕어, 비각, 비단, 비등한, 비료, 비석, 비용, 비한다, 비행기……

사공, 사과, 사기, 사당, 사면, 사무소, 사방, 사사, 사양, 사월, 사자, 사정, 사진, 사촌, 사치, 산, 산소, 산중, 상, 상가, 삼복, 삼월, 삼천만, 삼형제, 상한다, 상관없다, 상급, 상사하다, 상가, 상점, 상처, 색색이, 색다른, 색지, 생사, 생생한, 생선, 생일, 생전에, 쌍, 서당, 서산, 서양, 석탄, 선녀, 선물, 선생님, 설탕, 설합, 성, 성하다, 성력, 성명삼자, 성심, 성질, 성품, 세금, 세배, 세상, 세수, 세월, 소견 없는, 소녀, 소년, 소문, 소상한, 소설, 소소히, 소식, 소용, 소원, 소작인, 소풍, 속하다, 손자, 손해, 송어, 수, 수건, 수고한다, 수단, 수두, 수문, 수박, 수백, 수상한, 수심, 수십 리, 수없이, 수은, 수천, 수치, 수통, 수판, 수효, 순금, 순전히, 순한, 슬하, 습, 습관, 습기, 시, 시간, 시계, 시기한다, 시비, 시세, 시월, 시작, 시절, 시종든다, 시초, 식구, 식기, 식량, 식사, 식음, 신기한, 신령한, 신문, 신용, 신작로, 실로, 실수, 실과, 실상, 심, 심상하지 않다, 심정, 심지, 심지어, 심하다……

악, 악한, 악독한, 악어, 악형, 안경, 안녕하시다, 안락한, 안심한다, 애원, 애정, 애통, 앵두, 야심, 약, 약간, 약식, 약한, 양(짐승 이름), 양(모양), 양미간, 양반, 양복, 양식, 양지, 양철, 양편, 양한다, 어부, 어항, 억, 억만, 억울한, 억지로, 언약, 엄하다, 여간, 여관, 여인, 여자, 여전히, 역시, 연, 연한다, 연기, 연설, 연약한, 연필, 열, 열려, 염치, 엽서, 영(고개), 영웅, 영전, 영특한, 예법, 예사, 예절, 오월, 옥, 옥중, 옥토, 온화한, 왕, 외에, 외상, 외양, 외투, 요긴한, 요통한다, 요란한, 욕심, 용, 용상, 용서, 우매한, 우산, 우선, 우유, 우체국, 우표, 운동회, 운수, 운전수, 원두막, 원래, 원리, 원망, 원수, 원통, 원한다, 월급, 위대한, 위로, 위해서, 유독히, 유람, 유리, 유리창, 유성기, 유심히, 유월, 유언, 유황, 육신, 육중한, 육지, 윤, 은, 은근히, 은덕, 은어, 은은히, 은하수, 은혜, 음력, 음률, 음산한, 음침한, 읍내, 의견, 의논, 의례, 의병, 의복범절, 의사(병 고치는 의사), 의심, 의외로, 의원, 의장, 의지한다, 이남, 이등, 이롭다, 이사, 이상, 이상한, 이외에, 이용한다, 이월, 이유, 이일, 이질, 이층, 이치, 이후, 인도한다, 인력거, 인물, 인사, 인색한, 인생, 인심, 인자한, 일가, 일기, 일년, 일년감, 일등, 일생, 일시, 일식, 일일이, 일제이, 임종, 임진난, 잉태……

자기, 자동차, 자두, 자본, 자세히, 자본, 자식, 자연히, 자전거, 작년, 작문, 작별, 작정, 잔인한, 잔잔한, 잠간, 잠시, 잡곡, ……장, 장하다, 장갑, 장구, 장군, 장난, 장래, 장마, 장수, 장원급제, 장차, 장정, 재간, 재목, 재물, 재미, 재봉, 재산, 재촉, 쟁반, 저금, 적선, 적적한, 전에, 전한다, 전기, 전당, 전당표, 전등, 전보, 전부, 전쟁, 전혀, 전후, 절대로, 절반, 절벽, 점, 점심, 점점, 정거장, 정경, 정다운, 정도, 정력, 정사, 정성껏, 정신, 정월, 정정한다, 정직한, 정하게, 제사, 제일, 제지, 조목, 조상, 조속, 조심, 졸지

494

에, 종래, 종시, 종용히, 종일, 죄, 죄상, 주년, 주로, 주막, 주사, 주석, 주야, 주옥, 주인, 주장, 주저한다, 주전자, 죽순, 중간, 중량, 중천, 중한, 중량, 즉, 즉시, 증거, 증인, 지경, 지극히, 지금, 지기한, 지남철, 지독한, 지동, 지리한, 지성, 지옥, 지전, 지혜, 진동, 진실한, 짐작……, 징역, 징용,

차, 차례(순서, 제사), 차차, 차표, 찬성, 참례한다, 참혹한, 창(들창, 무기 이름), 창문, 창자, 채소, 책, 책력, 책망, 책상, 처녀, 처량한, 처마, 처소, ……척, 천한, 천년, 천둥, 천막, 천성, 천연, 천장, 천지, 천필, 천하, 철, 철로, 철사, 철석, 첩, 첩첩이, 청한다, 청결, 청년, 청렴, 청명한, 청첩, 초……, 초록, 초록색, 초목, 초입, 촌, 총, 추분, 추석, 추수, 추하다, 춘분, 춘추, 출입한다, 출중한, 충성, 충실한, 취미, 측은히, 치하한다, 친구, 친정, 친척, 칠월, 침식, 칭찬……

탄탄한, 탐한다, 탑, 태극기, 태도, 태연한, 태자, 택한다, 택일, 터득한다, 토한다, 통, 투구, 특히……

파도, 파선, 피한다, 팔도, 팔방, 팔월, 패물, 편, 편리하다, 편안한, 편지, 편편한, 편하다, 평생, 평시, 평평한, 평풍, 폐, 폐병, 포도, 포수, 포악한, 포장, 폭포, 표, 표시, 표한다, 풍금, 풍랑, 풍로, 풍상, 풍선, 풍성한, 풍속, 풍채, 피한다, 필한다, 핍절한……

하지, 하직한다, 학교, 학대, 학비, 학생, 학식, 학질, 한도, 한문, 한사하고, 한심한, 한약, 한유한, 함정, 합, 항상, 해, 해군, 해로운, 해면, 해방, 행차, 향기, 허가, 허락, 허비한다, 헌병, 험한, 헛간, 형, 형벌, 형세, 형제, 형편, 혜택, ……호, 호각, 호두, 호령, 호수(집호수), 혹간, 혹시, 혹은, 혼, 혼인, 홍수, 화경, 화로, 화목하다, 화장, 화초, 환갑, 환등, 활달한, 활동사진, 황겁한, 황송하다, 황토, 회, 회사, 회색, 효도, 효력, 효성, 후에, 후하게, 후원, 후회, 훈장, 흉년, 흉측한, 흉하다, 흔적, 흡사, 흡족하다, 흥, 흥한다, 희미한, 희한한……

이러한 한자어들은 거의 외래어라는 의식이 없이 대중 속에서
쓰여지는 말로서, 그 대부분은 일본말의 매개가 없이 오랜 옛날부
터 차츰 우리말 속에 자리 잡은 말들이다. 일본 사람이 가져온 말
이면서도 대중의 생활에 보편적으로 관련이 크거나, 그들의 세계
에 새로 들어와 터가 잡힌 물건의 이름이나 관념은 어느새 대중의
친근한 말이 되어 버렸던 것이다. 예를 들면

경찰서, 공장, 과수원, 광고, 광산, 금융조합, 기차, 대신(정승), 도청,
면, 면소, 배급, 배달, 변소, 변호사, 병원, 비료, 비행기, 양복, 연설, 연필,
우편국, 월급, 인력거, 징역, 징용, 헌병

같은 것이 그렇다. 물건은 일본을 매개로 들어왔으면서도, '유성
기, 우체통, 우표, 일년감, 자명종' 등과 같이 우리식으로 이름을
지어 붙인 한자어도 있다. 해방 같은 말은 아마 8·15 이후에 어느
덧 3천만의 말이 되어 버린 말이겠다. 중국으로부터 '화차'라는 말
이 들어와 가지고 '불술기'라는 우리말로 번역이 되어 쓰여진 일
이 있었으나, 필경 일인이 가지고 온 기차라는 한자어에 쫓겨나고
만 일도 있다. '장원급제, 태자, 대궐, 궁, 궁궐, 대왕, 세자, 훈장(서
당 선생)' 따위는 한말(韓末)에는 필시 널리 알려진 말이었겠으나,
민주주의의 훈련을 받아 가는 오늘의 세대의 어휘에서는 이윽고
사라지고 만 봉건시대의 찌꺼기일 것이다. '의병'이라는 말도 할아
버지들과 함께 가고 만 말일지 모른다. 대중은 꽤 까다롭고 장황한
한자어라 할지라도 필요와 구미에만 맞으면 곧잘 제 것을 만들어
경우를 따라 멋을 부릴 줄도 아는 것이다. 우리는 가끔 무식한 시
골 할머니들의 주고받는 수다스러운 잡담 속에서도 '길흉간, 만단

설화, 만리전정, 백발, 부지중, 의복범절, 파선, 풍랑, 신작로'와 같은 복잡한 한자어나 한문구조차 얻어 듣는 때가 있는 것이다.
　위에 들지 않은 말 가운데서도

　공원, 간호부, 구공탄, 국민학교, 동물원, 동태, 목욕탕, 방송국, 붕대, 빙수, 수도, 순경, 양말, 연탄, 전차차장……

같은 말은 적어도 도회지에서는 대중의 말이 되었고 지금 이 순간에도 쉬지 않고, 지방으로 지방으로 흘러넘쳐서 이윽고는 이제 1급에 들고 말 말들이 아닌가 한다.

　제2급: 다소 교양을 쌓은 사람들의 대화와 연설 등에 나오기도 하나 특히 특수한 전문 방면이나 학술 관계가 아닌 일반 신문·잡지·출판물 등 글에 무시로 나오는 한자어다. 예를 들면

　가공한다, 가맹, 가석하다, 가정, 가정교사, 가족주의, 가축, 가혹한, 각도별, 각오, ……간에, 간한다, 간격, 간곡히, 간부, 간섭, 간수, 간장, 간청, 간판, 간호, 감시, 감독, 감동한다, 감복한다, 감정, 감축한다, 감탄한다, 감화, 감흥, 강한, 강사, 강습회, 강인, 강화회의, 개량, 개발, 개선문, 개의, 개인, 개정, 개조, 개척, 개천, 개천절, 거절, 거행, 긴장, 건국도상, 건반, 건전한, 건전지, 건조하다, 건축, 건축물, 건축사, 건판, 검거, 검사원, 결과, 결국, 결석, 결심, 결의서, 결정, 결혼, 경계, 경계색, 경과, 경기장, 경기회, 경기대회, 경서, 경영, 경우, 경제, 경주, 경찰관, 경향, 경험, 계급, 계단, 계산, 계속, 계획, 고국, 고금, 고기압, 고난, 고대, 고독, 고대한다, 고, 고독, 고등, 고문, 고민, 고소, 고아원, 고장, 고진, 고정된, 고통,

고충, 곡물, 곡선미, 곡조, 곡창, 곤하다, 곤충, 공, 공간, 공개, 공격, 공경, 공급, 공기, 공덕심, 공동으로, 공무국, 공문, 공사, 공업, 공예, 공예품, 공적, 공정한, 공중, 공중위생, 공책, 과거, 과학, 과학자, 과학적, 관한, 관공리, 관계, 관련, 관리, 관망, 관문, 관민, 관심, 관중, 관헌, 광경, 광명, 광복, 광석, 광선, 광업, 광영, 광활한, 괴물, 굉장한, 교당, 교문, 교수, 교실, 교원, 교육, 교육상, 교의, 교정, 교통, 교환, 교회, 교훈, 구별, 구분, 구제, 구호반, 국가, 국경, 국내, 국립……, 국민, 국방, 국어, 국장, 국토, 군법, 군병, 군인, 군중, ……권, 권리, 권태, 귀부인, 규모, 규칙, 규칙적, 극, 극히, 근거지, 근래, 근무, 근본, 근세, 근육, 금요일, 금지, 급료, 기계적, 기공한다, 기공비, 기념, 기능, 기로, 기만, 기묘한, 기민한, 기반, 기본, 기본금, 기상, 기상특보, 기선, 기숙사, 기술, 기술자, 기암, 기압, 기온, 기원, 기자, 기초, 기타, 기특한, 기품, 기한, 기회, 기후, 긴급한, 긴요한, 긴장한다……

낙망, 낙엽수, 낙원, 낙하산, 남극, 남생도, 납세, 낭독, 내빈, 내빈석, 내용, 내의, 냉장고, 노동, 노동자, 노력, 노예, 노정, 논어, 논설반, 농민, 농산물, 농업, 농원, 농장, 농토, 농학, 뇌막염, 능히……

단, 단결, 단결력, 단기, 단점, 단청, 단합, 당년, 당시, 당좌, 대군, 대류, 대륙성, 대리석, 대부분, 대소제, 대양, 대우, 대웅전, 대응, 대통령, 대표, 대학, 대행한다, 대하여, 대회, 덕행, 도덕, 도덕심, 도서관, 도의, 도저히, 도착, 도화지, 도화용지, 독방, 독자, 독자적, 독전, 독창, 독특한, 돌격, 동감, 동경, 동남, 동물, 동시에, 동식물, 동양, 동지, 동창, 동화, 둥지, 등대……

마찰, 만고, 만국, 만발한, 만족, 말기, 망국, 망명, 매장, 매장량, 맹렬히, 맹아원, 면양, 면적, 면직물, 명랑한, 명령, 명보, 명승, 명예, 명의, 명화공, 모범, 모집, 모험, 목록, 목자, 목장, 목적, 목축업, 몽환, 무궁화, 무기, 무난한, 무력, 무례, 무상한, 무선전신, 무성한, 무술, 무전, 무전왕, 무주공산, 무화과, 묵화, 문교부, 문교정책, 문답, 문방구, 문방구점, 문예, 문의, 문학, 문화, 물리, 물리학, 물자, 물질, 물체, 미륵불, 미술, 미신, 민족, 민족자결, 민족성, 민중, 밀접한……

박물관, 박사, 박수, 반노, 반성, 반역자, 반지, 반포, 반항, 발견, 발달, 발명, 발명가, 발생, 발전, 발전기, 발전소, 발행, 발휘, 방면, 방법, 방비, 방식, 방송, 방탕, 방향, 배경, 배치, 백로, 백미, 백작, 백화점, 번식, 번창, 번호, 범상한, 법규, 법령, 법률, 벽력, 벽화, 변경, 변국, 변동, 변천, 변회, 별호, 병균, 병실, 병졸, 병환, 보고, 보도, 보수, 보전, 보호, 복도, 복습, 복종, 본댁, 본래, 부대, 부문, 부분, 부분품, 부업, 부패, 부흥, 북극, 분간, 분개한다, 분노, 분방, 분자, 불과하다, 불교, 불구자, 불안, 불친절한, 불쾌하다, 불행, 비관, 비교, 비밀, 빈민……

사건, 사과한다, 사교, 사기(속이는 것), 사대사상, 사령, 사례, 사막, 사명, 사모한다, 사무, 사무소, 사무실, 사무원, 사물, 사상, 사상자, 사소한, 사숙한다, 사실, 사업, 사용, 사장, 사정, 사진사, 사학, 사해, 사형, 사형장, 사회, 삭군, 산간지방, 산맥, 산수, 산술, 산업, 삼등, 삼면, 삼일운동, 삼창, 삼한사온, 상(형태), 상급학교, 상공업, 상당한, 상록수, 상류, 상상, 상업, 상인, 상징, 상태, 상품, 색안경, 생, 생계, 생기, 생도, 생명, 생명선, 생산, 생애, 생존, 생존경쟁, 생활, 서, 서양, 서기……, 서력……, 석벽, 석류, 선, 선경, 선도한다, 선로, 선망, 선명한, 선배, 선봉, 선서문, 선수, 선언, 선언서, 선전, 선전포고, 선풍기, 설교, 설립, 설명, 설치, 성스러운, 성공, 성벽, 성악가, 성적, 성취, 세계, 세계대전, 세기, 세자, 소독, 소동, 소방대, 소비, 소상한, 소소히, 소작농, 소장, 소재한다, 소중, 소출, 소포, 속력, 속세, 쇠약하다, 수량, 수려한, 수력발전소, 수력전기, 수령, 수면부족, 수백만, 수부, 수분, 수사한다, 수산, 수산물, 수산업, 수영, 수요, 소요일,

수재, 수정, 수증기, 수지맞는다, 수첩, 수치, 수평선, 수학, 수학자, 수학여행, 숙박, 숙박료, 숙제, 순간, 순례자, 순서, 순응한다, 숭배, 습격, 승무원, 승전, 시, 시가, 시각, 시계, 시내, 시대, 시민, 시사, 시선, 시설, 시위, 시위운동, 시위행렬, 시인, 시장, 시조, 시찰, 시험, ……식으로, 식당, 식물, 신경, 신기루, 신문사, 신비, 신선한, 신앙, 신염, 신용, 신음, 신의, 신조, 신탄, 신품, 신호, 신화, 설계, 실례, 실망, 실물, 실업, 실제, 실천, 실패, 실행, 실험, 쌍안경……

아동, 아악, 악곡, 악기, 악대, 악마, 안내, 안목, 안부, 안식처, 안전한, 압력, 압박, 애국정신, 애국지사, 액수, 야학, 야회복, 약……, 약탈, 약혼, 양로원, 양성한다, 양잠, 양잠업, 어업, 어조, 어촌, 엄숙한, 엄습한다, 엄연한, 여관, 여관비, 여생도, 여성, 여성미, 여신, 여직공, 여행, 역, 역마차, 역사, 역사적, 연결한다, 연구, 연구실, 연락, 연맹, 연습, 연합, 연합국, 열대, 열람, 열렬히, 열사, 열심, 열중한다, 열차, 영광, 영구히, 영롱한, 영사관, 영양, 영양물, 영양분, 영어, 영업, 영예, 영원히, 영향, 예, 예기한다, 예금, 예리한, 예민한, 예방, 예방주사, 예배, 예복, 예비, 예술, 예술품, 예식, 예정, 오전, 오정, 오후, 온도, 온순한, 온화한, 완연, 완전한, 왕국, 왕래, 왕성한, 왕자, 왜적, 왜교, 외국, 외적, 요건, 요구, 요일표, 욕망, 용감한, 용기, 우군, 우세한, 우승, 우승기, 우수한, 우익, 우주, 운동, 운동가, 운동장, 운동회, 운명, 울창한, 웅거한다, 웅대한, 웅장한, 원고, 원년, 원료, 원리, 원만한, 원자탄, 원족, 원칙, 원통한, 월계관, 위, 위대한, 위력, 위시하여, 위안, 위엄, 위원, 위원회, 위자료, 위치, 위풍, 위험, 위협, 유고, 유교, 유구한, 유동, 유래, 유명한, 유목민, 유물, 유선형, 유수, 유순한, 유역, 유원지, 유족, 유지, 유창한, 유치원, 유쾌한, 유학, 유학생, 유행, 유혹, 유효한, 육군, 육상경기, 육전, 육체, 육체미, 윤전기, 융성한, 음식물, 음악, 음악가, 음악회, 응당, 응원, 의기, 의기양양한, 의뢰, 의

무, 의문, 의미, 의식, 의아한다, 의존한다, 의타성, 의하여, 의협심, 이기(예, 문명의 이기), 이목, 이상, 이하, 이해, 인가, 인격, 인공, 인구, 인도한다, 인도자, 인력, 인류, 인민, 인상, 인쇄소, 인쇄한다, 인정, 인정미, 인정한다, 인하여, 일개남자, 일광제염, 일급, ……일당, 일대……, 일례, 일망, 일망천리, 일반, 일방, 일부, 일부분, 일상, 일순간, 일요일, 일용품, 일월, 일자, 일정한, 일주한다, 일학년, 일행, 임시, 임시정부, 입상, 입지, 입학……

자(者), 자각, 자결, 자극, 자금 이후, 자급자족, 자동식, 자립, 자문 기관, 자백, 자비심, 자석, 자선, 자선가, 자신, 자연, 자원, 자유, 자유종, 자작농, 자주성, 자체, 자포자기, 자화자찬, 작가, 작곡, 작문, 작성, 잡목, 잡비, 잡지, 잡초, 장령, 장로, 장사(힘센 이), 장성한, 장애, 장애물, 장엄한, 장졸, 장중한, 장지, 장쾌한, 장학금, 장화, 재능, 재래의, 재래종, 재료, 재배, 재차, 저수지, 저장, 적군, 적극적, 적당한, 적도, 적병, 적십자, 적용, 적진, 전교 학생, 전국, 전기기관차, 전도, 전람회, 전력, 전망, 전모, 전문, 전문적, 전사, 전설, 전신, 전연, 전열, 전열기, 전염병, 전염한다, 전장, 전지, 전신, 전파, 전화, 전화기, 점원, 접촉, 정가, 정가표, 정기, 정돈, 정류장, 정리, 정문, 정밀히, 정보, 정부, 정식, 정양, 정연한, 정열, 정주한다, 정책, 정치, 정치가, 정확한, 제도, 제련소, 제목, 제어한다, 제일치, 제지 공장, 조각, 조건, 조국, 조리, 조물주, 조밀한, 조사, 조소, 조수, 조정, 조화, 존경, 존귀한, 존재, 졸업, 종교, 종류, 종목, 종사한다, 좌우, 좌익, 주간, 주권, 주동, 주둔, 주문, 주민, 주부, 주업, 주요한, 주의, 주일, 중계, 중장, 주재, 준비, 중대한, 중동……, 중망, 중부, 중순, 중심, 중요한, 중앙, 중위, 중지, 중직, 중추, 중책, 중학, 중학교, 중학생, 증감, 증명, 증발, 지구, 지대, 지도, 지도자, 지리, 지방, 지배, 지배인, 지사, 지서, 지식, 지원, 지원서, 지위, 지점, 지조, 지하, 지하실, 지형, 지휘, 직공, 직선, 직업, 직원실, 직접, 직책, 진군, 진력, 진보, 진열, 진용, 진출, 진행, 질문, 질서, 집 달리……

차, 차관, 찬란한, 찬미, 찬성, 찬송, 찬양한다, 찬탄, 참가, 참례한다, 참살한다, 창가, 창립, 채색, 채송화, 채용, 책임, 처하여, 천당, 천명, 천문, 천연두, 천재, 철광, 철교, 철도, 철도연선, 철물점, 철상, 청구, 청산, 청소, 체온계, 체질……, 초, 초조한, 존중, 총대장, 총명한, 총수효, 총인구, 촬영, 촬영기, 최고……, 최고가격, 최고속도, 최근, 최선을 다한다, 추격, 추진, 추측, 축, 춘흥, 출입구, 출전, 출판, 출판물, 충돌, 충동, 충분히, 충실한, 치료, 칙면, 친병, 친일파, 친절한, 친족, 친히, 침묵, 침범, 침상, 칠판……

타락, 탄광, 탄력, 탄복한다, 탄생, 탄압, 탐욕, 탐험대, 태양, 토벌, 토요일, 토의, 통계, 통과, 통신, 통신망, 통일, 통하여, 투사, 특별히, 특수한, 특징……

파멸, 파송, 파업, 판, 판권, 판목, 패배, 패한다, 편집, 편찬, 평, 평균, 평면, 평소, 평야, 평일, 평화, 폐결핵, 폐한다, 포부, 포화상태, 폭격, 폭동, 폭력, 폭발, 폭풍경보, 폭풍우, 표면, 표본, 표상, 표연히, 표적, 표준, 표현, 풍경, 풍로, 풍부하다……

하례한다, 하학, 학급, 학년, 학당, 학리, 학문, 학사, 학예, 학예회, 학원, 학위, 학자, 학파, 학회, 한국, 한대, 한문, 합격, 합계, 합창, 항렬, 항복, 해류, 해상, 해안, 해안선, 해약, 해양, 해외, 해충, 행동, 행락, 행리, 행복, 행사, 행운, 행위, 행한다, 향상, 향토색, 향하여, 헌법, 혁명, 혁신, 현대, 현미, 현미경, 현상, 호, 혼란, 화려한, 화물, 화부, 화분, 화산, 화석, 화신, 화학, 화합한다, 확립, 확보, 확실히, 환경, 환호성, 활동, 활발한, 활자, 황갈색, 황금, 황폐, 황혼, 회복, 회사원, 회수, 회의, 효과, 후생, 후진, 훈련, 훈민정음, 훌륭, 휘황찬란한, 흑연, 흑인, 흥분, 흥취, 희망, 희생, 희소한……

제3급: 일반 대화에는 거의 나타나지 않는 특수한 전문어나 학술상 용어로서 쓰이는 한자어가 이 급에 속한다. 여기 드는 예는 지금 쓰이는 문교부 편찬 국민학교 각과 교과서에서 뽑아 본 것이다.

가내공업, 각(角), 각도기(角度器), 각추(角錐), 간이관측소, 간토(艮土), 갈탄, 강풍, 개수(槪數), 개산(槪算), 계절풍, 고체(固體), 곤충, 공간(空間), 공배수(公倍數), 공약수(公約數), 공전(公轉), 관계표, 관상대(觀象臺), 관측소, 광년(光年), 광물, 광물질(鑛物質), 구(球), 구풍(颶風), 국선(國仙), 극광(極光), 근왕병(勤王兵), 금관(金冠), 금상(金像), 금성(金星), 기상(氣象), 기상특보, 기체(氣體), 기호(記號),

낭도(郞徒),

단면(斷面), 대응변(對應邊), 도(度), 도통사(都統使), 도형(圖形), 등온선(等溫線), 등분한다,

맹수(猛獸), 면직물(綿織物), 목성(木星), 무과(武科), 무사단(武士團), 무우수(無憂樹), 미(美), 밀도(密度),

발광체(發光體), 발명왕, 발신기(發信機), 방해석(方解石), 배선(配線), 배전선(配電線), 변(邊), 변압기(變壓器), 부호(符號), 북반구, 북서풍, 분모(分母), 불좌(佛座), 불투명체, 빙하(氷河),

사각추(四角錐), 사각형, 사등분, 사면(斜面), 사천왕(四天王), 산세(山勢), 삼각추, 삼각형, 삼국시대, 상막(像膜), 상사형(相似形), 석고, 석불, 석상(石像), 석영, 석순(石筍), 석전, 석탄층, 섭씨, 성경, 성자, 성충(成?), 소수(少數), 송전선(送電線), 수소(水素), 수성(水星), 수평거리, 수평면, 수사(水師), 습도,

악학, 액체, 양분, 역마, 연권(連權), 연대(連臺), 연풍(軟風), 열도, 열풍

(烈風), 염분, 염산, 오형(五刑), 온대지방, 온도계, 온도표, 용암(熔岩), 용적(容積), 우량(雨量), 원(圓), 원도(原圖), 원소(元素), 유지(油脂), 음파, 이하선염(耳下腺炎), 인(燐), 인구표, 임야(林野),

자계(磁界), 자기(磁氣), 자연림, 자전(自轉), 자철(磁鐵), 자침, 장방형, 장원(莊園), 저면(底面), 적리(赤痢), 전자식, 전신지, 전류, 전분(澱粉), 절도사(節度使), 정비(正比), 정비례, 조의(皂衣), 주성분(主成分), 주자소(鑄字所), 지구의(地球儀), 지층, 직각, 진공, 질소, 질소공업,

찬성(벼슬 이름), 책봉(冊封), 천기도, 천왕성, 천체, 철분, 최대공약수, 최소공배수, 추선(수선, 錘線), 축도(縮圖), 춘추시대, 측우기(測雨器), 측후소, 치차(齒車),

타원(橢圓), 탄소, 태양계, 통분(通分), 투명체,

팔음석(八音石), 평방, 포자(包子), 풍력, 풍속(風速), 풍수장,

해왕성, 해저전신, 혼천의(渾天儀), 화풍(和風), 화합물, 확대도, 회전체, 회전축, 흑점.

그러나 이 세 등급 사이에는 뚜렷한 금이 그어져 있는 것이 아니라, 우리 국어 생활에 전면에 연이어 있는 것으로 각 등급의 경계선에 가서는 어느 쪽에 붙여도 무방한 알쏭달쏭한 부분이 있는 것이다. 그러나 각 등급의 중심 부분과 부분을 비교할 적에는 그 차이가 매우 뚜렷해 오는 것이다.

5 '한술 더 뜨기'와 '가짜'

문화 민족의 말치고 위에서 본 것과 같은 층이 나지 않는 말이 없다. 1. 대중의 일상 대화에 나오는 말 즉 구어(口語), 2. 유식한

말 즉 문어(文語), 3. 학술어(學術語) 또는 특수한 전문어(專門語)의 이 세 구별은 대체로 1. Colloquial, 2. Literary, 3. Learned에 각각 해당한다.

그러나 이 민족어 혹은 국어의 세 지층은 지구를 이루는 지층처럼 그 경계가 분명해서, 서로서로 딱 갈려 있어 별로 교섭이 없는 그런 종류의 지층은 아니다. 각 지층 사이의 경계선은 무시로 움직이고 있는 것이다. 언어 변천의 정상한 역사로서는 우선 대중적인 구어에 나타나서 어느새 공인을 받은 말이 필경에는 문어에 채용되곤 하는 것이 보통이나, 대부분의 한자어가 우리말 속에 들어오는 경로는 차라리 거꾸로인 것이다. 즉 문어로부터 거꾸로 구어 속으로 흘러 들어간 것이다. 서양에서 일찍이 근세 초에 각 나라에 국어가 자리 잡혀 갈 적에 '그릭'·'라틴' 두 말이 얼마나 굉장히 많이 각국어에 들어갔던가. 프랑스말, 스페인말이 성립되던 역사는 이 방면의 사정을 잘 말해 준다. 근세 영어가 성립되던 내력을 시험 삼아 살펴보자. 서력 1066년 노르만 정복을 계기로 해 가지고 프랑스말이 어떻게 왕의 궁정을 중심으로 한 귀족 사회를 정복하다시피 하였으며 드디어는 중세(中世) 영어의 정치·경제·법제·군사·학술·사회생활 각 방면의 어휘에 깊은 영향을 주었던가. 그 프랑스말은 사실은 거지반 라틴을 받아들였다가 영어에 그것을 다시 수출한 셈쯤 되었던 것이다. 그리하여 오늘의 영어는 그릭의 총 어휘의 4분의 1과 라틴의 총 어휘의 약 절반을 넘겨 가져서, 동화시켜 버렸다고 한다. 이리하여 근세 유럽 각 나라의 국어 성립에 있어서 라틴이 막대한 어휘를 제공하였던 사실은 우리나라나 일본말과 한자어의 관계와 매우 흡사한 데가 있다.

마치 라틴이 근세 초의 구라파 각 나라에 있어서 귀족의 전유물이듯이 우리나라에 있어서도 한문은 양반계급의 독점물이었다. 그들은 글을 쓸 경우에는 한문만을 썼으며 또 말을 할 적에는 한문에서 나온 한문구나 한자어를 수두룩 섞은 여느 평민의 말과는 매우 다른 말을 썼던 것이다.(물론 許筠·金萬重·鄭松江·尹孤山 등의 우리말 문학이 이조(李朝)에 없던 것은 아니로되 양반계급의 입장에서 본다면 그것은 어디까지든지 주류는 아니었던 것이다.) 그래서 양반계급은 자기 계급을 자기보다 지체가 떨어지는 평민계급에서 똑똑히 구별하기 위하여 거처와 의복 범절을 달리 꾸몄을 뿐만 아니라, 자기표현, 의사 전달의 가장 주요한 수단인 말에 있어서도 마찬가지로 여러 가지 딴 궁리와 버릇을 만들어 냈던 것이다. 그들은 무식 대중과 구별하기 위하여 자연 한자어와 한문구와 한문 투를 말 속에 많이 끌어넣어서 매우 인공적인 말버릇을 꾸며냈던 것이다. 그들의 말은 대중의 말처럼 생기가 있고 소박하고 거칠지 않고, 한문식으로 힘들여 다듬은 가식이 많은 지어낸 말에 가까운 것이었다. 춘향전의 '변학도'의 말과 방자의 말을 비교해 보면 매우 재미있는 대조를 발견할 것이다.

이렇게 계급의 표식으로서 한자어가 양반층의 말 속에 흔히 들어오는 동안에 그들은 필요하고 자연스러운 정도를 넘어서 지나치게 한자어를 만들었거나 끌어다 붙이는 경향이 있었다. 우리말 속에 들어온 한자어 또는 들어오려는 한자어라느니보다는 우리말과 질이 다르다는 것을 일부러 뽐내려는 한술 더 뜬 '억지 한자어'라고도 할 성질의 말하자면, 아니꼬운 말이 있다. 특히 양반과 상사람 사이에 끼인 이른바 중인 나부랭이가 자기는 아주 상사람은 아니라는 것을 내붙이고 양반도 아닌 양반내를 좀 피워 보려고 할 적에 맞지도 않는 팔자걸음에 게트림을 하면서 양반의 말티를 본떠 보려고 할 적에 피우는 말투에서 구경하는 그러한 현상이다. 이리해서 같은 물건이나 사태나 관념에 대해서 대중의 말과 양반층의 말이 두 가지가 나란히 있어 오기도 하였다. 이렇듯 뜻은 같고 모양이 다른 이른바 동의어(同意語)에 대해서는 뒤로 밀고 여기서는 달리 쉬운 말로 될 수 있는 것을 억지로 만든 지나친 한자어, 지나친 한문 투에 대하여 살펴보고자 하는 것이다.

또 그뿐만 아니라 현재 우리나라의 문화 활동 부대가 한문화적 또는 준한문화적 분위기 속에서 오래 호흡하고 있던 까닭에 그 타성으로부터 저도 몰래, 한자어의 남용에 기울어지기도 하는 것이다. 가령 문교부에서 만든 현행 국민학교 교과서에서만도 이러한 말들을 발견한다.

괴봉(怪峰), 궁구(窮究)한다, 대성(大聖), 대파(大破)한다, 동사(凍死)한다, 상방(上方), 상정(常情), 생면(生面), 석간수(石澗水), 석반(石盤), 쇠퇴(衰退), 쇠망(衰亡), 식목주간(植木週間), 암흑(暗黑), 연접(連接)한, 열(熱)한다, 위업(偉業), 의타성(依他性), 일호당(一戶當), 장렬(壯烈)한, 재생력(再生力), 전진(前進)한다, 전모(剪毛), 진봉(進封)한다, 참경(慘景), 참극(慘劇), 청파(淸波)

등의 한자어는 같은 한자어라도 더 자연스러운 것으로 바꿀 수도 있고 또는 쉬운 우리말로 갈 수도 있는 말들이 아닐까. 그중의 대부분은 일본말의 지나친 한자어를 그대로 받아 놓은 것이기도 하다. '매호에' 대신에 '일호당'으로 하며 '나아간다' 대신에 하필 '전진하다'로 할 것은 무엇인가. '청파'는 시조의 "청파에 좋이 씻은 몸"에서 왔다손 치더라도 원래가 지나친 데가 있어 보인다. '석

간수'는 너무나 유식하다. 또

　　근시, 예수교, 3·1운동 또는 1919년, 대군, 군사, 병자, 해산물, 우체부, 원시

로도 족한데 구태여 초등학교 교과서에서까지

　　근안(近眼), 기독교, 기미운동 또는 기미년, 대병(大兵), 병사(兵士), 병인(病人), 수산물, 우편집배인 또는 체전원, 원안(遠眼)

이라고 해서 혼란을 일으킬 필요가 있을까. '일정시대'도 '일제'·'왜정' 등의 말이 통용되다시피 되었는데 새삼스러운 것 같다. '장질부사'·'장티푸스' 둘씩이니 어느 하나로 통일하면 좋겠고, '전주'·'전선주'도 같은 물건 하나를 두고 부질없는 한자어의 과잉이겠다.

　　개교(開校), 개축(改築)한다, 경학(經學), 관곡(欸曲)한, 광활(廣闊)한, 목상(木商), 석반(石盤), 게양대(揭揚臺), 곡물(穀物), 면직물(綿織物)

같은 말도 또한 지나친 한자어라 할 수 없을까.
　다음에 사실은 반드시 한자어에 가져다 붙일 것까지 없는 따라서 국문으로만 써 무방하며 아니 써야 할 말을 한문과 한자에 너무 젖은 나머지 한자로 적는 말하자면 '가짜 한자어'가 있다.

　　각시, 광대, 구경, 기다린다, 대단, 두루막이, 비단, 생각, 생긴다, 설

령, 설사, 여간, 우선, 일시, 전혀, 종달새, 타령, 하필 등의 말을 일부러,

閣氏, 廣大, 求景, 期待린다, 大端, 周衣, 非但, 生覺, 生起한다, 設令, 設使, 如干, 于先, 一時, 專혀, 또는 全혀, 終地理새, 打令, 何必

로 적어서 기어이 한자어로 통용시키려는 버릇이 우리 사이에 있는 것은 우스운 일이다.

또 서양 지명이나 인명이 일본이나 중국에서 한번 한자어 식으로 되어서 그대로 우리나라에 들어온 것이 있다.

獨逸, 佛蘭西, 伊太利, 西班牙, 羅府, 君府, 伯林, 倫敦, 紐育, 蘇聯, 歐羅巴, 羅馬, 阿弗利加, 亞米利加, 蘇格蘭, 葡萄牙, 英吉利, 羅甸, 希臘.

또 한말(韓末)에 쓰이다가 없어진 것으로는,

意大利, 拿破倫, 羅甸國, 亞非利加, 俄羅斯, 君士擔丁堡, 法國, 獨乙

등이 있다. 훌륭한 표음문자를 가진 우리가 남이 한번 한자화한 것을 끌어들여서 잘 맞지 않는 음으로 인명이나 지명을 부르는 것은 역시 지나친 한자의 영향이라 할밖에 없다. 외국 인명이나 지명이 딴 나라에 와서는 딴 나라 식으로 발음되거나 적혀지는 것은 항용 있는 일이나, 우리는 우리식이 아니라 한문식 한자식으로 쓴 것을 그대로 받아들여서는 다시 우리의 한자 읽는 식으로 소리 내는 지극히 부자연한 길을 취해 온 것이다.

가짜 한자어의 둘째 부류는 일본말의 이른바 '아데지(當字)'에서 온 것으로 일제 36년 동안에 차츰 일어와 공통된 한자어와 마찬가지로, 우리가 마치 한자어인 듯한 착각을 가지고 쓰고 있는 말들이다. 일본말에서는 가령 취소(取消)는 '도리께시'로 읽어서 한자어가 아니라 이두(吏讀)식 방식을 그냥 아직도 쓰고 있는 셈이다. 우리는 그것을 마치 한자어인 듯이 취소로 받아들였다. 군정 때 문교부에서 만든 『우리말 도로찾기』에서 그런 가짜 한자어를 뽑아 보면 아래와 같다. 괄호 안은 문교부가 대신 붙인 우리말이다.

曖昧(모호), 赤字(결손, 부족), 惡魔(마귀, 악마), 明渡(비어 주기), 編上靴(목다리양화), 安價(싼값, 헐값), 案出(생각해 내다, 고안해 내다), 案內(인도, 알림), 案內者(길잡이, 인도자), 案內狀(청첩, 알림, 통지서), 鑄型(거푸집), 椅子(교의, 의자), 一生(평생, 한평생, 한뉘), 一石二鳥(일거양득), 一品料理(단찬), 移牒(전달), 移轉屆(이사 신고), 依賴(부탁), 入口(들목, 어구), 印肉(인주), 請負(도급), 打合(의논, 협의, 상의), 受付(접수), 受付口(접수처), 內譯(속가름), 裏書(뒤다짐, 뒷도장, 뒷보증), 賣切(다 팔렸다), 賣捌(판매), 賣渡(팔아넘김), 賣渡證書(팔아넘긴 표), 上衣(저고리), 繪具(채료), 圓周(돌이), 遠足(소풍), 往往(이따금), 押收(몰수), 御中(귀중), 階段(층대, 층층대, 계제), 傀儡(꼭둑각시, 허수아비), 合議(마주 의논), 係(받), 係員(받아치, 맡은이), 書留(등기, 올림), 書取(받아쓰기, 베끼기), 閣下(님, 각하), 額(현판), 額緣(틀테), 學友(글벗, 글동무, 학우, 동접), 掛物(족자), 貨切(독세), 貨切車(독차), 貨家(셋집), 個所(군데), 型(골, 틀, 판), 肩書(직함, 명색), 家長(바깥주인), 株(고, 고본), 爲替(환), 完結(끝남), 干潮(잦은물), 觀點(보는 점), 看板(보람판, 보람패), 起案(초안), 議案(의안), 機械製品(기계치), 器具(연무), 菊版(五七板), 卽決(결정됨), 忌中(상중), 企圖(계획), 記入濟

(적기마침), 氣分(심기, 기분), 給仕(사환, 급사), 牛車(달구지, 우차), 境遇(경우, 지경), 行商(도부장사, 행상), 行商人(도붓군, 장돌림), 競賣(경매, 뚜드려팔기), 俱覽(보여드림), 局面(판, 판세), 矜持(자랑, 자긍), 寓話(빗댄 이야기, 우언), 具申(가추사리), 組合(도중계), 繰上(닥아올림), 繰越(미넘이), 外出(나들이), 回章(통문, 돌림글), 會組織(회모으기, 회짜기), 懷中時計(몸시계), 課稅(세매다), 活字(활자, 주자), 元金(본전, 본밑), 願望(소원), 元利(본변), 還曆(환갑, 회갑), 契印(마춤도장, 계인), 慶賀(치하), 景氣(세월, 시세), 輕快(차도, 거든), 計算出(장기), 罫紙(인찰지), 下宿(사관), 化粧(단장, 성적), 結局(끝끝내, 마침내, 끝장), 結婚(혼인), 決裁(재결), 缺席屆(말미사리), 原案(원안), 原價(본값, 본금), 玄關(문간), 現金(맞돈, 직전), 犬齒(송곳이, 촉돌), 見地(보는바), 券番(기생도방, 교방), 見聞(문견), 高級(고급, 상등), 貢獻(이바지), 交際(상종, 추측, 교제), 口錢(구문, 구전), 構造(얽힘, 얽힘새), 交替(번갈음, 교대), 構內(울안), 高利(고변, 중변, 비싼변), 小賣(조아팔기, 산매), 小賣店(산매점, 구멍가게), 小切手(수표), 告示(방, 고시), 黑板(칠판), 國防色(황록색), 穀物(곡식), 故障(탈), 小使(심부름군, 사환), 滑稽(익살), 虎列刺(괴질, 쥐통), 言語道斷(기막히다, 말할 수 없다), 裁斷(마름질), 祭典(식전), 裁縫(바느질, 재봉), 相互(서로, 호상), 掃除(쓰레질, 치움질), 相談(의논, 문의, 상의), 櫻花(벚꽃), 差入(옥바라지, 들임), 差押(덮잡기), 差引勘定(엇셈, 시재맞추기), 傘下(그늘, 휘하), 參考(참고), 參照(참조), 殘高(시재, 나머지), 散步(거님, 소풍), 仕入(받아 들이기), 仕入先(사들이는 곳, 사오는 곳), 賜暇(말미), 至急(지급), 資金(밑천), 資源(거리밑), 事故(연고, 사고), 志向(의향), 示唆(귀띔, 암시), 支障(거침), 示達(알림, 통첩), 質屋(전당포), 實際(참, 참으로), 失錯(실수), 叱咤(꾸지람), 失敗(낭패), 實(실상은, 실상인즉), 品切(떨어짐, 다나감), 自白(토설, 자백), 支佛(치름), 紙幣(지전, 지화, 지폐, 종이돈), 資本(밑천, 본전), 始末書(전말서), 締切(아주 닫음, 마감, 끝막음), 借金(빚돈), 車積(차삯, 차비), 收穫高(소출), 十人十色(가지각색), 集配人(체전원, 우편사람), 祝儀(팁, 행

하), 熟語(문자), 種種(여러가지, 갖가지), 授受(여수), 出荷(물건부침), 出願(청원), 出産(해산, 풀기), 出張(파송, 파견), 出張員(파견원, 파원), 出頭(출석), 主婦(안주인), 順番(차례), 止揚(얹어두기, 치워얹음), 孃(아가씨), 照會(알아보기), 淨書(정서), 證書(수표, 명문, 증서), 少女(아가씨), 上申(사리), 讓渡(넘겨주기), 少年(도령), 商品目錄(발기장기), 正味(알속, 실속, 알맹이), 醬油(간장, 지령), 慫慂(부추김), 上陸(하륙), 職業(생애, 직업), 食料品(음식거리, 음식감), 處女(처녀), 處方書(약방문, 방문, 화제), 指令(지령), 辭令(사령), 素人(초대, 맹문이, 날무지, 풋내기), 申告(신고, 사리), 申請(청원), 親展(몸소), 新婦(새댁, 새악씨, 신부), 新郞(새서방, 신랑), 衰弱(쇠약, 탈진), 彗星(살별, 꼬리별), 据置(매두기), 壽司(초밥), 砂原(모래톱, 모래밭, 모래벌, 사장), 成案(성안), 淸潔(깨끗함), 正札(값맨 표, 값표), 脆弱(부실한), 世帶(살림, 가구), 世帶主(살림주인), 誓約(다짐, 서약), 石工(석수, 석수장이), 赤面(무안), 設計(설계, 마련), 全快(쾌차하다, 완치하다), 全鮮的(온나라의, 전국적), 煽動(충동), 全滅(몰살, 몰사), 染料(물감), 裝置(차림, 차려놓기), 添附物(껴붙임), 組織(짜임), 訴訟(정소, 정장, 소송), 算盤(주판, 수판), 道具(연장), 宅(댁, 집), 卓子(탁자, 책상, 테이블), 但(그렇지만, 그리고, 다만), 但書(다만줄), 立會(징참), 立場(처지, 선 자리), 立替(선대), 假令(설사, 설혹, 서령, 가령), 歎願(발괄), 彈丸(탄알, 철환), 短靴(단화), 誕生日(생일, 생신), 地下足袋(버선신), 持參(가지고오다), 地震(지동, 지진), 着手(손대기), 注文(마침), 調査(사실, 상고), 調子(장단, 가락, 형편), 聽取(알아듣기, 들어두기), 調達(바침), 通達(통첩, 알림), 通知(기별, 통지), 手當(처치, 손질, 가봉, 별급), 庭園(동산, 정원, 뜰), 定價(값매기, 맨값), 堤防(방축, 둑), 低利(헐변, 경변, 저변, 싼변), 眺望(안계, 바라봄), 調和(아울림, 어울림), 摘要(요령, 요령따기), 出口(날목, 나가는 데, 어구), 手製品(손치), 手續(절차), 手配(지위), 出迎(마중, 맞이), 天氣(날씨, 일기, 천기), 天井(천장, 반자, 보꾹), 天然痘(마마), 等級(등급, 등분), 道具(연장, 연모), 答申(내답사리), 當番(당번, 번), 當分間(아직, 얼마간, 얼마동안), 土臺

(지대), 頭取(행수, 장), 同件(동행, 작반), 道樂(오입, 소일), 時計(시계, 종), 徒弟(계시), 屆出(사뢰기, 신고하기), 殿, 閣下(님, 좌하), 取扱(다루기), 取消(무름, 지움, 푸지위), 取締(단속), 取締役(유사), 取調(사실, 신문, 문초), 取引(거래), 內申(속사리), 中折帽子(중절모자), 仲買(거간, 주름, 중도위), 生菓子(마른과자), 荷主(짐주인), 二毛作(두그루), 荷物(짐, 봇짐, 보따리), 入荷(들어온 물건, 도착), 入場(들어가기), 入場券(들임표), 入場無料(거저들임), 人氣(물망, 기풍, 명망), 人間(사람, 인생), 人夫(모군, 일군), 願(청원), 乘合自動車(두루기차), 乘換(갈아타기), 配給(태움, 벌어주기, 나눠주기), 配給所(태움집, 태움곳), 配達(분전), 配達夫(분전인), 配當(몫벼름, 깃벼름, 깃놓기), 俳優(배우, 노름바치), 白墨(분필), 馬車(마차), 場所(곳, 처소), 場面(마당, 판), 拂込(치르넣기), 判決(판결), 萬事(만사, 매사), 判別力(지각), 控室(기다림방), 引揚(올리다, 걷어가다), 引受(맡다, 넘겨맡다, 넘겨받다), 引下(내리다, 끌어내리다), 引繼(교대, 넘기기), 備考(비고, 잡이), 美人(일색, 미인), 日付(날짜, 날짜매기), 皮肉的(빈정거리는), 非番(난번), 日步(날변), 被服(입성), 評價(값치기, 친 값), 表具(표창), 標語(구호, 표어), 表紙(책껍질), 費用(부비, 경비, 해자, 쓰임, 쏨쏨이), 品名(물명), 封切(개봉), 封筒(봉투), 不具者(병신), 副申(붙임말씀), 復命(복명, 회보), 不自由(부자유), 附箋(찌끼), 船積(뱃삯, 선가), 不渡(못치름, 안치름), 兵士(병정), 別莊(별장, 정자), 別紙(뒤붙인 종이), 別表(딴 표), 變死(오사), 便所(뒷간), 妨害(헤살, 훼방), 訪問(심방, 방문), 墓地(산소), 申込(신청, 제의), 待合室(기다림방), 間間(간혹), 滿開(만발), 滿潮(한물), 未決(결정중), 見積(머리잡기), 見本(본, 본보기, 간색), 身元(근지), 土産(선물, 봉물), 無罪(애매, 무죄), 名人(일수, 선수), 命日(제삿날, 기일), 命令(명령), 鍍金(도금), 面識(안면, 면분), 妄言(망발), 毛皮(모물), 木棉(무명), 木棉類(무명붙이), 養生(조섭), 洋服地(양복감), 役員(임원, 직원, 유사), 約婚(정혼), 役割(구실, 소임, 부담사무), 家積(집세), 闇取引(거먹장사), 遊興(놀음, 놀이), 遊廊(청루), 郵便切手(우표), 用意(주의, 준비), 用達(마침), 用達社(공둘

방, 심부름집), 用度係(쓰임반), 豫想高(겉가량), 餘白(테), 呼出(불러내기, 불러오기), 廊下(복도, 골마루), 落書(장난글씨), 利息(길미, 변, 변리), 立案(기안, 기초), 旅人宿(주막), 旅費(노자, 노수, 노비, 여비), 料理人(숙수), 輪廓(둘레, 언저리, 대강), 煉瓦(벽돌), 廉恥(염치, 이면), 露店(한뎃가게), 割當(벼름, 나눠매기, 분담, 분배), 割引(벗김).

6 양반의 말과 평민의 말 ── 동의의(同意語)가 생긴 까닭의 하나

앞에서 우리는 한자어가 오랜 한문화의 영향으로 우리말 속에 들어오게 된 내력을 잠시 건드린 일이 있다. 그러한 영향이 특히 눈에 띄는 것으로 음은 다르나 뜻이 같은 이른바 동의어 문제가 하나 있다. 즉 같은 물건이나 사태나 관념을 가리키는 말이 여러 개 있는 경우다. 그중에도 대상 하나에 재래의 우리말과 새로 들어온 한자어가 갈린 대로 나란히 있는 경우를 많이 본다. 여기에서는 그러한 의미의 동의어만 문제 삼고자 한다. 그런데 재래의 우리말과 한자어가 병행하는 경우에 그 말에는 마치 언문과 한문에 등급이 있듯 봉건적인 계급의 차이가 그대로 붙어 있는 일이 많았다. 즉 그 경우에 재래의 우리말은 평민의 말인데 거기 대한 한자어는 양반의 말이었던 것이다. 다시 말하면 양반계급의 티를 내느라고 일부러 까다로운 한자어를 수월한 우리말 대신에 쓰고 있는 것이다.

(재래의 우리말)	(새 한자어)	(지나친 한자어)
걸상	교의	의자
겨울	동절	
물고기	생선, 해어	

고맙다	감사하다	
그동안	기간	
그 밖에	기타	
나이	연세	춘추
날밤	생률	
날씨	일기	
날자	시일	
눈코	이목	
다음 날	익일	
달걀	계란	
던다	감한다	
땅	토지	
돈	금액, 금전	
뜻밖에	의외에	
많은	다수한	
매우	극히	
바느질	재봉	침재
부엌	주방	
손발	수족	고굉
쇠줄	철사	
쓰다	사용한다	
아기	유아	
아내	처	내자
아들딸	자녀	돈아
아버지	부친	가친, 선친, 대인

아우	동생	계씨
아저씨	삼촌	
아주머니	형수	
안팎	표리	
얄미운	가증한	
	양편	쌍방
어머니	모친	자당
어쨌든	여하간	
여러 가지……	제반……	
요지음	근간	
이	치아	
이웃	인근	
이러한	여사한	
잘못	과실	
지난일	과거	
집	가옥(건물)	
집안	가정	
털	모발	
팔다리	사지, 사각	
	형	백씨
	형제	안행

이 밖에도 이렇게 계급적 표식이 분명치는 않아도 재래의 우리말에 대항하여 생긴 동의어는 실로 막대한 수에 달하는 것이다. 그 일부만 들어도 아래와 같다.

(쉬운 우리말)	(한자어)
감춘다	은닉하다, 은휘한다
값	대금
같은	동일한
갚는다	보상한다
거둔다	징수한다
거저	무상
걱정	우려
거쳐서	경유해서
굳센	강한
고친다	변경한다, 수정한다
나무란다	비난한다
나타난다	출현한다
남먼저	솔선
내준다	지출한다
낸다	제출한다
넘는다	초과한다
늦추다	완화한다
데리고	대동하고
대신한다	대행한다
따로	별도로
들다	가입한다, 가맹한다
들끓다	비등한다
뜻	의의
막는다	방지한다, 방어한다

맨 처음	최초
모두	전부, 전원
모든	일체
밝힌다	명백히 한다
바꾼다	교환한다
바란다	요망한다
뺀다	제외한다
본다	간주한다
부쩍 늘다	격증한다
뿌린다	살포한다
새……	신규
생각해 본다	고려한다
생각보다	예상 외로
아무런	하등의
어려운	곤란한
옮긴다	이전한다
요즈막	최근
이곳	당지
일으킨다	환기한다
잃어버린다	상실한다
인제부터	금후
일부러	고의로
잊어버린다	망각한다
준다	교부한다, 증여한다, 부여한다
지킨다	방위한다, 준수한다

맛돈	현금, 직전
집어놓는다	수용한다
차츰	점차
철길	철로
큰	다대한
큰 돈	거액, 대금
판다	판매한다
퍼진다	만연한다
하나뿐인	유일한
한결같이	일률적으로
햇볕	일광
헤엄친다	수영한다
훔친다	절취한다

먼저번 각쌍의 동의어 속에서, 대체로 한자어는 갓 쓰고 행전 친 말이라면, 재래의 우리말은 머리에 수건 동이고 미투리 신은 말이라 하겠다. 둘째번에는 동의어의 쌍에서 한자어 쪽이 중절모 쓰고 넥타이 맨 신사의 말이라면 거기 대응하는 재래의 우리말은 각각 저 시정의 민중의 말이라 하겠다. 한자어들은 이렇게 적지 아니 주로 어떤 특권층의 표징이었던 흔적을 지니고 있는 것이다.

7 난장판의 사생아(私生兒) ── 동음어(同音語)

한자는 대개는 각각 뜻이 다르므로 뜻이 제가끔씩인 글자가 단독으로 또는 어울려서 음이 같은 한자어가 될 수 있다. 그것이 이른바 동음어다. 말할 적에는 가령 경성(京城)과 경성(鏡城)은 다르며, 해산(解散)과 해산(海産)은 역시 악센트를 두는 데가 다르겠다. '카이모그라프'로 그린다면 물론 달라질 것이다. 그러나 글로 쓸 적에는 구별을 지을 수가 없는 철저한 동음어가 되어 버린다. 일찍이 이숭녕 씨도 지적하듯 가령 같은 '사기'면서도, 士氣인지 砂器인지 또는 邪氣인지 史記인지 한자를 안 쓴다면 분간해 내기 어렵다는 걱정을 한 일이 있었다.(이숭녕 씨가 든 예는 '소화관'; 消化官, 消化管, 昭和館이 있다.)

그렇다. 동음어는 사실 의미를 해석하는 데 있어서 혼란을 가져오기 쉬운 것도 사실이나 이숭녕 씨가 생각하듯 그렇게 야단스러운 혼란은 아닐 것 같다. 왜 그러냐 하면 앞의 '사기'에서 보듯 砂器와 史記 사이에 음만 듣고 혼란을 일으키는 것은 옆집 할머니가 아니라 뒷집 동양 역사 선생님이며, 그것들과 士氣 사이에 귀의 혼란이 생기는 것은 역시 보통 사람이 아니고 군대 관계의 인사일 것이며 邪氣하고 혼란을 일으키는 일은 엔간히 정신에 한문과 일본말 찌꺼기가 남아 있는 사람이 아니면 없을 일이다. 또 불행히 그 모든 지나친 지식에 멀미가 날 지경인 사람일지라도 다행히 그런 말이 어디 허망공중에 떨어지는 게 아니라 실상은 언제든지 일정한 문맥(文脈) 속에 나타나는 까닭에

"사기는 깨지기 쉬워."
할 적에는 사기 '그릇'인 줄 알 것이며,
"그 도서관에 사기가 있을까요?"
할 적에는 '역사책'인 줄 알 것이고,
"국방군의 사기를 북돋아야 하겠다."
하고 외칠 적에는 '전투 의식'인 줄 짐작할 텐데, 사기 그릇이나

역사책을 연상하게끔 되면 그것은 벌써 보통 사람의 연상 방식은 아닐 것이다. 그러나 같은 음을 내면서도 뜻은 다른 동음어가 많다고 하는 것은, 음이 다르자 뜻도 다른 말로 분명히 가르는 것보다는 역시 혼란까지는 안가도 신속한 이해를 저해할 염려는 충분히 있다. 즉 한마디 말에서 한 가지 뜻으로 직통하는 것이 아니라 한마디에서 여러 뜻 사이를 일종의 진통을 거쳐서 그 경우에 맞는 함수적(函數的)인 뜻으로 통하게 되느니만큼 좀 복잡한 것은 할 수 없다. 그러나 어느 나라 말에고 동음어는 거의 있는 것으로 그러면서도 통용이 되는 것은 그때그때의 정황과 문맥이 그 뜻을 결정해 주는 덕택이다. 그런데 이러한 반갑지 않은 동음어를 남달리 많이 가지고 있는 까닭에 그것들을 잘 분간해 쓰기 위해서는, 한자를 쓸 수밖에 없다는 말들을 하는 것을 듣는다. 이 혼란스러운 동음어는 도리어 한문과 한자에서 온 악한 열매인 것이다. 그러나 그것은 매우 불행하고도 떳떳하지 못한 사생아들인 것이다. 한문과 한자라는 봉건제도에 오래 얽매여 있으면 있을수록 우리는 이 사생아들의 범람 때문에 화를 입게 되는 것이다. 이 문제는 나중에 통틀어 문제 삼을 그때로 미루고 여기서는 우선 이 사생아들의 얼굴이나 똑똑히 보아 두기로 하자.

가정(집안, 가상), 가산(집안 재산, 더하는 셈), 간부(회의 수뇌부, 남편 아닌 정부), 감사(고마움, 옛날 벼슬 이름), 감정(지성과 의지에 대립한 감정, 판정), 강도(험한 도적, 설교), 거리(시가, 떨어져 있는 폭), 결정(작정, 광석의 뭉침), 고초(채소 이름, 괴로움), 공(공로, 「볼」), 공기(그릇 이름, 대기, 공공한 기관), 공사(일, 대외사절, 공공한 일), 공전(삯, 지구의 자전에 대한 공전), 과거(지난 일, 옛날 관리 시험), 관리(벼슬아치, 맡아 보는 것), 과실(잘못, 열매), 기도(기원, 계획), 기업

(유업, 새 일 시작), 단장(막대, 치레), 당시(그적, 당나라 시가), 대문(구절, 큰문), 대수(세대수, 수학의 한 부문), 대신(정승, 대리), 도시(모두가, 도회지), 독자(읽는 이, 남다른), 동서(방향 이름, 친척 관계 이름), 동자(눈동자, 아이놈), 동정(옷 한 부분, 어여뻐 여김), 동지(생각이 같은 사람, 벼슬 이름), 동창(동쪽 창, 같은 졸업생), 등대(바다 등대, 기생 등대), 모자(어미 아들, 머리에 쓰는 것), 무기(군기, 무기한), 무력(병력, 힘 없는 것), 미명(새벽, 헛이름), 반(절반, 모듬의 작은 단위), 반장(반의 책임자, 종이 반 조각), 반지(얇은 종이, 가락지), 발전(성장, 전기 일으키는 일), 방문(심방, 방에 딸린 문, 처방), 병(앓음, 그릇이름), 보도(알림, 사람 다니는 길), 부인(남의 아내, 인정하지 않음), 부호(부자, 기호), 분수(신분, 수의 종류), 비방(훼방, 신기한 방문), 사기(그릇, 전투 의식), 사과(과일, 사죄), 사상(생각, 인명의 손해), 사료(먹이, 역사 연구 자료), 사면(사방, 경사면), 사기(숟가락, 일년 네철), 사자(짐승, 심부름군), 사정(형편, 조사하여 결정함), 사전(자전, 미리), 사형(형벌, 린치), 사회(사람의 집단, 회 진행을 맡아 봄), 상(밥상, 상급), 상관(더 높은 관리, 관계), 상급(상품, 고급), 상석(옷자리, 묘석), 생사(목숨의 위험, 명주실), 성명(성과 이름, 의사 표시), 수단(방편, 음식 이름), 수도(물 보내는 시설, 서울, 고행 수업), 수심(걱정, 물 깊이), 수정(돌 이름, 고치는 것), 수재(홍수 피해, 재간 덩어리), 시가(거리, 시와 노래), 시기(때, 질투), 시사(암시, 뉴스), 시인(시 쓰는 사람, 인정), 시장(장터, 시의 책임자), 식사(음식 먹는 일, 예식의 인사), 신품(새 것, 썩 잘된 것), 심지(남포 심지, 마음보), 실수(과실, 옹골진 수), 실업(산업, 무직), 양(가축 이름, 모양, 분량), 양지(양지 쪽, 서양 종이), 역사(내력, 공사), 연기(굴뚝 연기, 배우들의 숭내 재주), 연석(잔치 좌석, 동석), 열대(열쇠, 지구의 중간 토막), 예(예증, 예의), 옥(감옥, 옥돌), 외식(거죽치레, 음식 사 먹는 일), 용기(용맹, 그릇), 우수(절기의 이름, 걱정, 뛰어난), 원수(복수, 적, 군대의 최고 지위, 나라의 최고 대표자), 유고(사고, 죽은 뒤의 원고), 유지(기름 먹은 종이, 기름, 신사), 의사(병원의사, 생각), 의식(예식, 마음, 의복과 식사), 의장(회의의 최고 책

임자, 의복 차림새), 의지(굳은 마음, 의뢰), 이상(수상, 위), 이해(아는 것, 이해관계), 인가(집, 관청의 인가), 인정(정, 긍정), 자기(제 자신, 그릇), 자수(수, 자결, 자백), 자신(몸소, 자부심), 자체(제 몸, 글자 맵시), 장사(물건 거래, 역사), 장수(종이 매수, 군사의 대장), 전당(잡히는 것, 커다란 집), 전도(앞일, 선교), 전력(전기 동력, 전심 전력), 전지(땅마직, 전장판, 전지치료), 전차(거리의 전차, 탱크), 전파(전기의 파동, 퍼지는 것), 조각(새긴 것, 내각 조직), 조상(선조, 도마), 조화(천지 조화, 음악의 조화, 종이꽃), 주간(주장하는 사람, 일주간), 주석(쇠붙이 이름, 술좌석, 해석), 주장(의견, 캡틴), 중추(복판 대, 한가을), 지도(지리 해설 그림, 인도), 지방(지역, 기름), 지사(애국지사, 지방 장관), 지점(고장, 본점에 대한 지점), 지형(땅 모양, 인쇄의 지형), 진정(진심, 호소), 질소(원소 이름, 검소), 차관(차 끓이는 그릇, 나랏빚), 창(창검, 들창), 천리(천리길, 자연의 이치), 천재(뛰어난 재간, 불의의 재앙), 추수(농사의 추수, 맹종), 투기(질투, 도박), 학자(학비, 학구), 해산(몸풀이, 흩는 것), 후원(원조, 뒤뜰)…….

이렇게 우리는 한자와 한문 덕으로 고맙지 않은 동음어를 남달리 많이 가지고 있다. 들추면 아직도 아직도 끝이 없을 성싶다. 저 유명한 스키트의 『영어 어원 사전』에 나오는 영어의 동음어와 비교해 본다면 우리는 곧 우리가 가진 번거로운 재산에 놀랄 것이다.

8 한자어는 어디로 가나

한자어는 한문화의 영향 아래서 생긴 것이며, 한문을 독점하고 있던 특권적 양반층이 그 주요한 산파요 또 전파자였다. 따라서 그것은 입으로 말하는 말 속에 생겨서 글에 들어가는 게 아니라 거꾸로 글에서 어느 정도 자리 잡힌 다음에 차츰 양반층의 입으로, 거기서 다시 민중의 입으로 옮아가곤 했다. 한자어가 민중의 말에 들어와 뿌리를 박는 경로는 대체로 이와 같은 것이었다. 즉 사회적으로는 특권적 상류계급으로부터 차츰 민중에게로, 즉 위로부터 아래로의 운동을 하며 전파되는 우리말 속의 한자어는 언어상의 계층으로서는 학술어·전문어로부터 문어(文語)에, 문어에서 다시 구어(口語)로, 또는 약간의 예외를 제하고는 대체로 문어에서 구어로의 길을 거쳐 차츰 국어 속에 융화되어 버리는 것이었다.

그리하여 상층계급의 글 속에 남아 있는 동안일수록 한자어는 그만큼 더 그것이 이루어진 한자에 달려붙어 있다가, 차츰 민중의 구어 속에 융화되어 감을 따라 그만큼 더 본래의 한자와의 인연이 열어지는 것이다. 그리하여 유식한 사람들이 일부러 가끔 그런 말들을 한자로 적지 않는다면 거의 본래의 한자와의 인연을 잊어버릴 지경에까지 이르고 마는 것이다. 한자에 젖은 사람들이 부질없이 그런 말을 한자로 적음으로써 이때껏 재래의 우리말에 동화되다시피 한 말을 구태여 그 봉건적 족보를 캐어 보여 주어 다 썩은 핏줄을 되쳐 생각하게 하곤 하는 것이다.

 "이번에는 설탕 배급이 얼마가량이나 되겠는지. 어서 잔말 말고 기다려 봐요."
 "아이구 형님 덕택에 온 식구 무사히 과세했읍니다. 내외분 어디 출입하시나요."

 이런 말은 시정의 무식한 이들 사이에서도 어렵지 않게 주고

받는 말인데, 또 그들은 그 아무런 한자와의 연상 없이 잘 쓰며 알아듣는 말인데 일부러 한자나 안답시고 아래와 같이 적는 이들이 있는 것이다.

"今番에는 雪糖配給이 얼마假量이나 되겠는지. 어서 雜說 그만두고 期待려 봐요."

"아이구 兄任 德澤에 온 食口 無事히 過歲했읍니다. 內外분 어디 出入하시나요."

여하간 한자어는 앞에서 보아 온 것처럼 대체로는 제3급의 한자어, 즉 학술어·전문어와 제2급의 한자어, 즉 문어로서 상층계급의 대화 속에 무시로 나타나는 한자어가 차츰 제1급의 한자어 즉 민중의 구어로 뒹굴어 온 것이다.

이 한자어로 보아서는 점점 그 본래의 연상을 떨어 버린다는 의미에서 퇴화요, 우리말 자체로서는 질이 다른 외래어가 우리말 속에 동화해 버린다는 의미에서 발전이라고도 할, 이 한자어의 하향운동, 일반화 운동을 이루어지게 하는 요인은 '전파'와 '빈도'(頻度)와 '버릇'의 셋인 것이다. 눈에서 눈으로, 눈에서 입으로, 입에서 눈으로(이상은 상층계급 사이에서 일어나는 일), 다음에 입에서 입으로 ─ 이리하여 한자어는 물 위에 생기는 파문처럼 한 둘레 두 둘레 전파되어 가는 동안에 그 범위가 점점 더 넓어져서 한 지역 주로 중앙으로부터 온 변두리에까지 드디어는 미치게 되는 것이다.

그러나 이렇게 한번 국어의 수면에 던져진 한마디 한자어가 그 한두 번으로 끝난다면 파문은 한두 번 퍼진 후 나중에는 씻은 듯이 사라지고 말 것이다. 같은 말이 횟수를 거듭해서 던져지는 그 '빈도'가 잦으면 잦을수록 그 말은 더 깊이 국어 속에 뿌리박게 되는 것이다. 그렇게 자주 같은 말이 말과 글 속에 일어나는 것은 결국은 그 말이 민중의 현실 생활에 긴밀한 관계가 있는 물건이나 사태나 관념을 대표하는 때문일 것이다. 즉 말의 빈도를 결정하는 것은 '필요'라고 하겠다. 이렇게 꽤 넓은 범위에 걸쳐 같은 말이 자주 일어나는 동안에 어느새 '버릇'이 되어 버리면 이로써 완전히 국어의 어휘에 참가하고 마는 것이다. 소쉬르의 이른바 '랑가주(Langage, 언어활동)'를 통해서 개인의 말인 '파롤(Parole)'과 일반 사회의 말 즉 '랑그(Langue)'에 안정되고 마는 것이다. 그러는 동안에 소리와 뜻에 변천과 분화가 일어나기도 하는 것이다.

그리하여 '사주팔자(四柱八字)', '금슬(琴瑟)', '유부녀(有夫女)'와 같은 그 출처가 깊고 뜻이 꽤 어려운 한자어도 이 전파와 빈도와 버릇의 힘을 빌려 민중의 쉬운 말이 되었으며 출입(出入)이 나들이의 뜻으로도 되고, 내외(內外)가 '부부'라는 뜻 밖에 '남의 사내를 부끄러워한다'는 뜻을 낳게도 된 것이다.

한자어의 이 하향운동, 일반화 운동은 한말(韓末)에 이르기까지도 퍽 완만하였던 것 같다. 1894년 갑오경장(甲午更張)을 계기로 한때 갑자기 왕성하다가, 1910년 한일합방에서 한풀 꺾인 채 36년 동안 일제의 우리말 탄압, 말살 정책의 압력으로 하여 억눌려 있다가, 1945년 8·15로 해서 다시 자유스러운 궤도에 오른 셈이다. 그러나 그 뒤로도 오늘에 이르기까지 '문화의 대중화'라는 우리의 주동적인 운동을 촉진하는 여러 가지 필요한 요소가 발전 안 되듯, 우리말 가운데서도 한자어의 자연스러운 발전이 또한 순조롭지 못한 현상이다. 그러므로 유감이나마 오늘 우리가 가지고 있는 한자어의 전 재산이라고 하는 것은 한말 이전의 완만한 유산과 한말의 저 불길과 같던 개화운동 시대에 비약적으로 터 잡힌 데다가 일제시대에 일어를 통해서 간접으로 받아들인 약간의 것을 합친 것이 거의 전부라 하겠다.

그러면 한말에 있어서 한자어의 일반화 운동을 촉진시킨 요소는 무엇들인가.

첫째: 교통기관의 발달.

산과 내가 부락과 부락, 지방과 지방의 자연적 장벽이 되어 좀체로 긴밀하고 빈번한 연락을 가지기 어렵던 봉건시대의 지역적 고립 상태를 깨뜨리고, 특히 기차와 기선과 전신 전화가 사면팔방으로 교통의 도랑을 열어 놓았을 적에 한자어가 지방으로부터 지방으로 이 도랑을 흘러 전파될 가능성은 무척 커졌다. 교통기관의 발달을 따라 말이 퍼져 가는 현상은 오늘에서는 벌써 세계적 규모가 되어 있다.

둘째: 교육의 보급.

한말에 한번 든 개화의 봉화에 호응해서 전국 각지에 전에 없던 학교가 죽순처럼 생겨나서 우리말에 의한 새 교육을 실천하게 되었다. 주로 국한문체로 된 신식 교과서는 동시에 전에는 일부 특권층에 국한되어 있던 한자어를 더 넓은 민중 사이에 퍼뜨리는 일도 맡아 한 것이다. 즉 한자어의 사회적 장벽을 깨뜨려 놓은 셈이다. 그러나 불행하게도 의무교육의 실시까지는 보지 못하여, 자연 각지의 팽배한 새 교육 운동은 양에 있어서도 큰 제한이 있었던 것은 사실이다.

셋째: 언론, 출판의 발달.

군중을 상대로 한 연설, 강연의 기회가 잦았고, 국한문 또는 한

글로 내는 신문·잡지·신소설·일반 출판물이 활판인쇄술의 수입으로 대량으로 나오게 되어 앞에서 말한 새 교통기관을 이용하여 중앙으로부터 지방으로 흘러 들어간 것이다. 한자어의 일반화에 있어서 가장 큰 일을 한 것은 아마도 저널리즘이었을 것이다. 금후에도 이 일에는 변함이 없을 것이다. 특히 이 뒤로 라디오가 맡아 할 일은 신문·잡지에 결코 뒤지지 않을지도 모른다.

넷째: 계급의 장벽이 무너진 것.

한자어와 한문, 한자가 봉건시대의 양반층의 계급적 특권을 표시하고 의미하는 상징이 되다시피 하던 것이, 한말 개화기에 이르러 양반과 평민 사이의 계급적 담장을 무너뜨려 버리려는 운동이 새로운 자본주의의 미약하나마 뚜렷한 자극으로 더욱 높아 가서, 역사의 후면으로 밀려 떨어져 가는 양반계급의 한자어가 이 무너진 계급적 장벽의 틈을 새고 넘어 급작스레 민중 속에 넘쳐 흘러나왔었다. 민중은 그 생활상의 필요와 문화적 욕구에서 이것을 거침없이 흡수하기 시작했었다. 그중에는 물론 아직도 남은 계급적 우월에 대한 환상에서 일부러 모방한 것도 적지 않을 것이다.

금후에도 현대식 교통기관의 정비 발전, 의무교육의 실시와 교육의 보급 발달, 언론 출판 특히 신문·잡지·라디오의 발전, 봉건적 계급 관계의 찌꺼기의 완전한 청산 들은 기왕부터 있던 수많은 한자어가 학술어 전문어 또는 문어로부터 구어 속으로 풀려 들어가며 때로는 새로 생겨날 한자어를 보급시키는 데 크나큰 박차가 될 것은 말할 것도 없다.

그러면 수천 년을 두고 위에서 본 것과 같은 하향운동, 일반화 운동을 거쳐서 학술 방면에서 시작해서 지식인의 글뿐인가 하면 그렇지도 않아 민중의 구어에까지 넓고 깊게 뿌리박고 퍼져 온 한자어를 우리는 어찌할 것인가.

순수주의자는 응당 우리말에 대한 그러한 외래적 이질의 요소는 온통 몰아내고 싶을 것이다. 그러나 그 양과 종류에 있어서 엄청나게 우리말 속에 넓고 깊게 자리 잡은 한자어를 젖혀놓고는 우리말의 기능이 사뭇 반신불수에 빠질 우려가 없지 않다. '배움집·날틀·갈·빛살·한나치·세모꼴' 등 한 수십 자 수백 자 만들어 가지고는 하나 마나 한 것이 된다.

도대체 그리할 필요가 없다. 한자어는 그 대부분이 오랜 우리의 역사적 생활 속에서 필요와 쓸모에 따라 우리말 조직 속에 들어와서 처음에는 외래적 요소였으나 차츰은 그 범위와 빈도와 버릇의 성립을 따라 동화되어 가고 있는 우리의 언어적 재산이다. 그러므로 그 대부분은 한 기정사실(Status quo)로서 받아 놓고 볼 수밖에 없다.

나는 위에서 "그 대부분"이라고 하였다. "그 전부"라고는 하지 않았다. 거기는 내버려야 한 필요없고 쓸모없는 거추장스러운 부분이 적지 아니 있기 때문이다.

첫째 쉬운 우리말 또는 더 쉽고 잘 알려진 한자어도 있는데 구태여 유식 티를 부리노라 꾸며낸 위에서 본 일이 있는 한술 더 뜬 지나친 한자어는 배격해야 하겠다.

둘째, 한자어인지 아닌지도 분명하지 않은 것을 역시 유식 티에서 기어이 한자로 적어 놓는 가짜 한자어는 한자라는 탈을 벗겨 주어야 하겠다. 사실상 그것은 말 자체는 그대로 있으니까 제외하는 것이 아니고 다만 그 관념상의 탈만 벗겨 버리는 것이다. 또 하나 가짜 한자어로서 몰아내어야 할 것은 일어에서 온, 원래는 한자와는 관계없는 가짜 한자어로서 이 역시 한자어의 탈을 썼으나 기실은 일어인 것이다. 앞에서 본 『우리말 도로찾기』에 든 것이 그 대부분인데 그러면서도 '범위와 빈도와 버릇'은 무서운 것으로 『우리말 도로찾기』에서도

議案, 原案, 參考, 參照, 淨書, 處女, 辭令, 短靴, 中折帽子, 判決, 封筒, 命令, 鍍金

에 대하여는 그대로 우리 음으로

의안, 원안, 참고, 참조, 정서, 처녀, 사령, 단화, 중절모자, 판결, 봉통, 명령, 도금

이라고만 붙였고,

惡魔, 椅子, 閣下, 氣分, 牛車, 境遇, 行商, 競賣, 活字, 契印, 高級, 交際, 口錢, 自白, 證書, 職業, 設計, 等級, 俳優, 萬事, 美人, 備考, 訪問, 無罪, 旅費

등에 대하여는

마귀, 교의, 님, 심기, 달구지, 지경, 도부, 뚜드려팔기, 주자, 맞춤도장, 상등, 상종 또는 추축, 구문, 토설, 수표 또는 명문, 생애, 마련, 등분, 노름바치, 매사, 일색, 잡이, 심방, 애매, 노자, 노비 또는 노수

외에 우리 음을 그대로 취한

악마, 의자, 각하, 기분, 우차, 경우, 행상, 경매, 활자, 계인, 고급, 교제, 구전, 자백, 증서, 직업, 설계, 등급, 배우, 만사, 미인, 비고, 방문, 무죄, 여비

도 함께 붙여 둔 것은 차츰 보통 한자어 마찬가지로 우리말에 들어오고 있는 것을 말하는 것이기도 하다.
또 『우리말 도로찾기』에는

一生, 運, 遠足, 菊版, 高利, 國防色, 差入, 傘下, 散步, 資金, 資源, 事故, 志向, 失敗, 讓渡, 指令, 親切, 彗星, 世帶, 立場, 當分間, 取消, 生菓子, 入場, 配給, 配達, 配當, 便所, 墓地, 未決

등에 대하여

평생 한평생 또는 한뉘, 수 운수 또는 재수, 먼 거님 또는 소풍, 五七版, 비싼 변 중변 또는 고변, 황록색, 옥바라지, 그늘 또는 휘하, 소풍 또는 거님, 밑천, 거리밑, 연고, 의향, 낭패, 넘겨주기 또는 넘겨줌, 명령, 다정, 살별 또는 꼬리별, 살림 또는 가구, 선 자리 또는 처지, 아직 얼마간 또는 얼마 동안, 무름 지움 또는 푸지위, 무른과자, 들어가기, 태움 별러 주기 또는 나눠 주기, 분전, 목벼름깃 벼름 또는 깃 놓기, 뒷간, 산소, 결정중

이라고 새말 낡은 말을 붙여 놓았으나 사실은 앞의 것과 마찬가지로 각각

일생, 운, 원족, 국판, 고리, 국방색, 차입, 산하, 산보, 자금, 자원, 사고, 지향, 실패, 양도, 지령, 친절, 혜성, 세대, 입장, 당분간, 취소, 생과자,

입장, 배급, 배달, 배당, 변소, 묘지, 미결

이라는 말도 적지 아니 우리 귀에 익어 버린 것이다. 가령 이러한 말들은 어찌할 수 없다 치더라도 일본말식 가짜 한자어로서 몰아냈으면 하는 것이 많이 있음은 앞에서도 보아 온 바와 같다.

 셋째, 계급적 표식이나 의장으로 쓰여지던 두 겹 세 겹으로 한자 껍질을 겹쓴 한자어들은 같은 동의어의 계열에서 보다 평민적인 말에 밀려, 닥쳐올 민주주의 시대를 견디어날 것 같지도 않거니와 우리는 자진해서 그런 말들은 몰아내야 하겠다. 그것은 국어에 남아 있는 말하자면 봉건적 잔재인 것이다.

 넷째, 제3급·제2급의 특수어아 문어 속에서도 더 그 이상 구어에까지 내려가지 못하고, 다른 쉬운 말로 바뀌고 말 한자어도 무척 많다. 그런 말은 더 쉬운 말로 자꾸만 바뀌어 내려가야 할 것이다.

 현재의 우리말과 글의 상태는 결코 정상한 발전의 결과가 아니라 한문과 일본말의 겹친 중압과 침노를 받아 비뚤어지고 뒤볶인 부자연한 혼돈에 쌓여 있다고 하는 것이 옳겠다. 정상하고 자연스러운 발전을 하는 한 나라 말에 있어서는 무슨 제한이나 선택을 억지로 가하는 것은 당치도 않은 일이다. 다만 비상한 예외임으로 해서 이 혼란을 극복하기 위하여는 예를 들면 위에서 본 것과 같은 큰 수술이 필요할 성싶다.

9 한자의 심리(心理)

1) 상형문자의 마술성

그러면 대체 한자어는 무슨 글자로 쓸 것인가. 한글인가, 한자인가. 인제야 우리는 우리 논문의 처음으로 돌아가게 되었다. 그보다 먼저 우리는 한자 그것의 특징과, 아울러 그것이 결합해서 이루는 의미 연합(意味聯合)의 실상을 안 연후에 이 문제를 다루는 것이 옳겠다.

일찍이 훈민정음을 만들어 내놓을 적에 세종은 그 서문에서 우리말의 성음 조직(聲音組織)이 중국말과 다르다는 것을 밝혀 지적했다. 슐라이어마허는 말을 그 형태를 따라서

   1. 고립어(孤立語, Isolating Language)

   2. 교착어(膠着語, Agglutinative L.)

   3. 활용어(活用語, Conjugational L.)

의 세 가지로 나뉘었고 스위트는 그것에다

   4. 포합어(抱合語, Incorporate L.)를 더해 놓았거니와 그 표준에 의하면 중국말은 교착어라고 할 우리말과는 아주 다른 고립어로서 거의 하나하나의 음절(音節)에 독립한 뜻이 있어서 매우 적은 조사(助辭)와 주로 말의 전후 순서를 따라 뜻이 결정되도록 된 것이다. 그러므로 그러한 말을 글로 적는 데 알맞도록 된 것이 바로 한자였던 것이다. 한자는 조사(助辭)를 표시하는 것 외에는 거의 한 글자, 따라서 한 음절 한 음절마다 그것에 고유한 뜻을 가지고 있어서, 혹은 그것이 서로 열려서 합성어(合成語)도 되고 구절 전체를 이루기도 하는 것이다. 다른 나라 말, 가령 우리말이나 영어 같은 것으로는 여러 음절(音節)을 가지고 나타내는 것을 중국말로는 한자 한글자 따라서 한 음절로서 넉넉히 나타내곤 한다. 이런 관계가 가장 효과적으로 눈에 띄는 것은 시(詩)다. 저 한시(漢詩) 그중에서도 당시(唐詩)가 칠언절구(七言絶句) 또는 오언절구(五言絶句)와 같은 간결한 형식으로도, 예를 들면 기(起), 승(承), 전(轉),

결(結)과 같은 복잡한 변화를 가질 수 있어서 어느 나라 시보다도 형식의 양에 비해서 함축이 풍부할 수 있는 것도 무릇 이 때문일 것이다.

예를 들면 杜甫의 시

江碧鳥愈白
山靑花欲燃

今春看又過
何日是歸年

을 우리말로 옮겨 놓으면

江이 푸러 물새는 더욱 희고
山 위에 꽃들 타는 듯 붉다
이 한봄 또 이대로 보내는구나
어느 해나 내 돌아가 보려나 ―

―金尙勳 譯, 『歷代中國詩選』

와 같이 되어 버린다. 그러니까 한자는 의미를 어울려 가는 데 매우 경제적이다. 글자 그것은 자못 복잡한 것이 대부분이지만, 한 구절 구절에 있어서는 글자 수로는 매우 간단한 것을 가지고 큰 뜻을 대표시킬 수 있는 것이다. 즉 의미를 대표시키는 상징(象徵) 작용에 있어서 우리말이나 영어를 표음문자로 옮겨 놓았을 때보다도 한층 더 집중적이요 요약된 것이요 압축된 것이 된다. 표현에 있어서 어떤 평면적인 연속보다도, 입체적인 집중과 압축을 더 추구하는 점에서는 한시는 그 글자조직 때문에 딴 나라 시에 비해서 어떤 유리한 모를 가지게 되는 것도 이 때문이겠다.

특히 어떤 휘어잡을 수 없는 추상적인 개념(槪念)을 대표시키는 데는 유다른 마술성을 발휘하기조차 하는 것이다. 가령 진(眞) 선(善) 미(美) 같은 한자 한자가 가진 그 마술적 추상성을 생각해 보라. 그러므로 철학·자연과학·사회과학의 개념 구성에 있어서, 간명하면서 부작과 같은 작용을 하는 술어를 제공하는 것은 한자다.

이리해서 중국말을 말로 할 적에는 한 음절 음절의 음에 거기 붙은 뜻이 고유한 것이 있는 것이다. 즉

음 → 뜻

더 정확하게는 음과 뜻이 한 개의 전체적인 의미 형태를 이루는 것인데 음이 귀를 통해서 일으키는 자극이 마음속에 그 음과 뜻이 함께 어울린 한 개의 전체적인 의미 형태를 이루는 것이다. 즉 성(城)이라는 음은 그 음과 관련한 뜻과 어울려서 한 전체적인 의미 형태를 이루는 것으로 음에서 뜻을 이르러 끝나는 곧은 줄기는 아니다. 그러나 글로 쓸 적에는 '城'이라는 글자의 눈에 보이는 모양마저 그 전체의 의미 형태를 이루는 데 참여하며 더군다나 그 전체의 의미 형태를 잡아 가는 데 있어서 핵심의 일을 하는 것이다. 그러므로 편의상 그림으로 그 방향을 표시하면

모양 → 뜻(+음)

한자는 게다가 글자 하나하나가, 본래의 상형문자(象形文字) 시대의 주로 물형을 본뜨던 흔적이 있어서 매우 특징 있는 모양을 하고 있으므로 글자와 글자 사이에 분명한 차이가 있다. 그렇게 서로 판이 다른 글자글자에 딴뜻이 달라붙어 있는 것이다. 표의문자(表意文字)인 한자가 표음문자(表音文字)인 우리 글자나 로마 글자와도 다른 특징은 바로 여기 있는 것이다. 그러므로 음이 같은 동음어가 많으면서도 글자로 써 놓으면 모양이 제각각이므로 훨씬 혼란을 덜게 된다.

말로 할 적에는 우리말이나 중국말이나 소리가 중요한 요소나, 써 놓으면 한글과 한자는 매우 달라진다. 한글로 적은 경우에는

모양 → 음 → 뜻

의 길을 거쳐 전체적 의미 형태를 이루게 된다. 그리하여 한자는 앞에서 본 것처럼 그 모양이 직접 뜻에 연결되나, 우리글에 있어서는 뜻을 직접 가리키는 것은 어디까지든지 음이요, 모양은 음을 통해서 또는 음의 매개로 뜻에 연관되는 것이라 하겠다.

원래 사람의 다섯 가지 감각 가운데서 제일 직접적인 것이 눈으로 보는 시각(視覺)이요, 다음이 귀로 듣는 청각(聽覺)이다. 다른 나라 글보다는 보다 더 시각을 이용하는 한자는 이모에서는 분명히 더 나은 점을 가지고 있다.

유럽에서는 제15세기 이래 활판 인쇄가 점점 발달되어, 인쇄된 글이 널리 사람들에게 읽히게 되었다. 오늘 와서는 사람들은 그들의 귀를 일일이 번거롭게 할 것 없이 눈으로 글을 읽어 가지고 특히 그 날의 신문을 통해서 묵묵한 가운데서도 굉장히 많은

일을 알게 되는 것이다. 근세 문명이 가져온 한 가지 큰 특징은 사람들이 오늘 와서는 부당하게 지나친 점을 귀보다도 눈에 지우고 있다는 일이다. 만약에 1920년래 라디오가 나타나지 않았던들 사람들은 귀의 필요를 점점 덜 느끼게 되어 청각의 기능이 퇴화될 뻔하였을지도 모른다. 또 전에는 일일이 입으로 하던 일을 오늘은 손가락이 하고 있는 것이다. 이러다가는 입은 전혀 주로 먹기 위한 기관으로서만 남게 될지도 모를 지경이다. 그리해서 사람들은 글을 읽되 주로 소리는 내지 않고 눈으로만 읽어 가는 것이다. 물론 이렇게 소리 없이 읽을 적에도 우리 몸의 소리 내는 각 기관, 즉 성대, 목구멍에 붙은 기관, 입안에 붙은 여러 기관과 입술 같은 것이 저도 몰래 소리 내는 시늉을 내고 있다는 것은 심리·생리학상의 사실이라고 하나 그 당자는 적어도 그것을 느끼지 않는 경우가 보통이다. 그렇다면 말의 소리를 다시 보이는 모양으로 옮겨 놓은 글자들이 점점 더 제게 붙어 있는 소리를 잊어버리거나 푸대접하기 십상이다. 이러한 사태 아래서 상형문자, 표의문자로서의 한자가 그 본래의 시각적인 우수성으로 해서 의미 그것에 익숙해 있는 사람들 사이에서는 단순한 표음문자인 우리 글자를 눌러 버리고 나서는 경향이 있을 법하다.

　이러한 한자는 특히 음은 같고 뜻은 다른 동음어를 구별하는 데 매우 쓸모가 있어 보인다. 즉 소리로 듣거나 그 소리대로 표음문자로 옮겨 놓을 적에는 어느 게 어느 것인지 문맥을 살피지 않고는 분간하기 어려운 말도 한자로 적어 놓으면 눈으로 보아 곧 가려낼 수 있다. 경성이라고만 써 놓을 때보다 京城·鏡城·警醒으로 갈라서 쓰면, 동음어의 분간이 쉬워질 것은 사실이다.(물론 이러한 말들도 발음할 적에는 악센트를 따라 분간할 수도 있으나, 적어도 서도나 북도 사람으로서는 그 악센트의 분간이 희미하다.)

2) 시각(視覺)에 대한 미신

그러지 않아도 원체가 한자어는 한자를 토대로 해 가지고 나온 말이며 처음에는 한자에 탯줄을 끌은 말이다. 그러니까 한자어는 한자로 적는 것이 훨씬 자연스러워 보인다. 게다가 한자 그것부터가 지금 보아 온 것과 같은 유리한 조건들을 가지고 있으니까, 한자는 그것과 관련이 있는 한자어뿐만 아니라, 관련이 없는 우리말에까지도 자꾸만 발을 넘겨 놓게 된다.

아까 보아 온 것처럼 한자와 그것으로 적는 한문에는 그러한 여러 성격이 한데 얼려서 일종의 마술성을 발휘하는 듯하다. 중국 역사상 원(元)이나 청(淸)과 같은 정복 민족이 중국 변방으로부터 중국 복판에 들어오면, 정치적으로는 정복 민족이면서도 문화적으로는 한문화 속에 해체되고 만다는 것은 역사가들이 흔히 하는 소리다. 이 경우에 그들이 문화적으로는 도리어 정복되고 말 적에 그들이 수없이 걸려들고 마는 것은 적지 아니 이 한자와 한문의 마술일지도 모른다.

마술성인 까닭에 거기는 미신이 붙기 쉽다. 중국말을 배경으로 한 한문이나 한자어 그 자체로서 다른 나라 말이나 글에 비해서 어떤 우수성을 가지고 있다는 것은 사실일 것이다. 그러나 그 우수성 반면에 또 못한 점도 있을 수 있는 것이다. 더군다나 그 성음 조직이 다른 우리나라 말과 비교해서 한자나 한문의 좋은 점에만 홀려 그 부족한 모는 못 보며 제 나라 말과 글의 부족한 모만 보고 그 좋은 점에는 눈이 어둡다는 것은 벌써 마술에 걸린 것이요, 미신에 사로잡힌 것이요, 이 또한 정치상 한없는 독을 퍼뜨린 사대(事大) 사상의 노예가 되어 있는 증거다. 다른 나라는 말고, 한자와 한문의 본토인 중국에서 재래의 한문의 마술성이 중국의 새 문화를 세워 가는 데 극히 방해가 된다는 것을 깨닫고 일찍이 신문화 운동의 대장인 호적(胡適)을 중심으로 옛날 한문은 물리치고 그 대신 말대로 글을 적는 백화문(白話文)을 쓰기로 하자는 운동이 일어나서, 오늘에 와서는 벌써 완전히 대세가 되고 만 일을 우리는 명심해야 하겠다. 그렇다고 하면 우리는 우리의 필요와 각도에서 한자와 한문, 그중에도 한자를 다시 한번 분명히 따져 보아야 하지 않을까.

가령 표현이 간단하고 요약되어서 그 상징력이 우수하며 개념 구성에 편하다는 것은 되쳐 생각하면 그만큼 구체적인 것에서 멀며 생생한 인상을 개척한다느니보다는 이미 있어 온 표현에 그저 개괄해 가기 알맞도록 되어 있다는 결점이기도 하다. 구체적이요 실감에 차 있다고 하는 것은 우리말의 표현력의 뛰어난 모인 것이다. 우리나라에서 논설보다도 소설에서 먼저 한글 전용이 실현된 것은 우리말의 이러한 특징에서 온 것인지도 모른다.

다음에 명사(名詞)와 동사(動詞)가 모양에 있어서 구별이 없이 그대로 통용되는 한문의 버릇에서 온 일이겠지만, 한문에서 빌려 온 말, 한자로 된 말은 잠자코 있는 정태(靜態)의 역학적(力學的)인 모를 죽이기 쉬운 결점이 있다. 이 점에 있어서도 우리말은 이러한 제약이 없이 자유자재하다. 가령 수립(樹立)이라는 말 한마디를 보아도 그대로서는 명사이기도 하고 동시에 동사며 동사로서의 때의 관계, 즉 과거 현재 미래를 다 포함하고 있으며, 명사로서도 동작의 여러 모, 즉 세우는 행동 자체(세우기) 또는 세운다는 사실(세움)의 어느 것도 한마디에 포함하고 있는 것이다. 우리말인 경우에는 뜻의 그러한 뉘앙스가 다 나올 수 있다. 우리는 그러한 한자어를 우리말 식으로 여러 모로 갈라 쓰는 것이다. 이리하여 얼른 보면 한자어는 지금 본 것과 같이 명사나 동사로 그 본 모양에는 변함없이 통용할 수 있는데, 순수한 우리말에서는 동사를 곧 명사화할 수 없어서 불편하다는 말이 나오기 쉽다. 가령 '정부 수립 만세(政府樹立萬歲)'는 편하게 된 말이나, 순전한 우리말로서는 樹立을 세우기, 세움으로 바꾸어 놓기는 어렵다는 생각이다. 물론 '수립'은 그대로 우리말로 남을 말이겠으나, 그 말이 몰려날밖에 없는 말이라 치더라도 그것이 그 말을 한자로 꼭 적어야 될 이유도 그러니까 그런 경우에는 꼭 한자어라야 된다는 이유도 되지는 않는다. 그 밖에도 '새 정부 만세', '첫 민족의 정부 만세' 할 것 없이 여러 가지로 생기 있는 표현을 도리어 가져올 수 있는 것인가 한다. 가장 약동하고 인상 깊어야 하는 이러한 구호에 있어서조차 한자와 한문의 영향은 오히려 표현의 힘을 죽이는 데 이바지하는 뜻밖의 결과가 생기는 줄을 우리는 미처 느끼지 못하는 것이다.

한자가 시각적으로 더 인상이 깊은 것도 사실이나, 그렇지만 표음문자인 우리글에는 시각적인 인상이 한자만큼은 선명하지 않아도 역시 있는 것이다. 가령 '樹木'이라는 글자가 선명한 시각적인 인상을 가지고 있어서 그 인상이 그 뜻과 어울려 있는 것처럼 '나무'라는 두 글자도 한 시각적인 특징 있는 인상을 가지고 있어서 우선은 그 음에 통하지만 동시에 같은 뜻에도 어울려 있는 것이다. 우리는 많은 한자어와 그 밖에 말에 있어서 한자로 적는 때문에 그 방해로 우리 글자로 적은 우리말의 시각적 인상을 또렷또렷이 받아들이지 못하고 있는 것이다. 한자는 그리해서 사실은 우리글이 통일된 모양으로 수월하게 행문되는 것을 저해하고 있는 것이다.

　또 동음어를 구별하기 편하게 한다는 한자의 공로는 사실은 그럼으로 해서 말에 있어 혼란을 일으키기 쉬우며 또 한자 사용을 옹호하는 구실이 되기 쉬운 동음어를 무턱대고 만들어 낸 죄의 장본인이 된 것이다. 우리에게는 같은 음이면서도, 중국 본바닥 사람에게는 그 고저평측(高低平仄)의 복잡한 음운(音韻) 조직이 있어서 말한다든지 읽을 적에 구별하고 있는 것이다. 경을 치는 것은 본바닥 사람이 아니라 그것을 분별없이 받아들여 쓰는 우리인 것이다.

　한자는 말의 어원(語原)을 알려 주니 좋다는 것이다. 그러나 실제로 한마디 한마디의 말은 어원 때문에 뜻이 알려지는 것이 아니라 일정한 시대에 일정한 사회에서 그 말에 붙여 주는 그때 그 고장에서 통용되는 뜻이 그 말이 실제로 일어나는 대화나 글의 전후 문맥에 의해서 정해지는 것이다. 그러니까 영국 사람은 영어 한마디 한마디의 어원을 일일이 캐 놓은 『옥스퍼드 큰사전』을 찾지 않고도 서로 말할 수가 있다. 우리 외국 사람으로서도 가령 Democracy라는 말이 '인민'이라는 의미와 '정체'라는 뜻의 두 말이 합쳐 된 옛날 '그릭'이라는 것을 모르고도 민주주의인 줄은 아는 것이다. Bicycle(자전거)이라는 말은 '둘'이라는 뜻의 라틴과 '바퀴'라는 뜻의 그릭이 합쳐 된 것인 줄 몰라도 그 말의 뜻은 알고 쓰는 것이다.

　또 한자와 한문은 동양의 에스페란토니까 그대로 두자는 것이다. 그러나 여기는 커다란 오해가 있는 듯하다. 즉 에스페란토로서 배우는 것은 구태여 말리지 않는다. 문제는 그것을 우리말 속에 섞어 써서 혼란을 일으켜도 좋겠는가 하는 점이다. 또 우리말에 섞어 쓰기 위해서 그것을 좀 배워 두는 것으로서는 에스페란토 노릇을 할 수가 없는 것이다. 아무리 한문의 대가라도 한자가 섞인 일본 신문을 읽어 알 수는 없다. 하찮은 한문 공부를 가지고는 오늘의 중국 백화문을 읽어 알 수는 더욱 없다. 적어도 어렴풋이 짐작은 할 수 있겠다고 하리라. 그런데 그 '어렴풋이'는 매우 위험한 것일 터이다. 그것은 과학의 시대에 사는 사람의 글 읽기는 아니다. 장사군도 그런 '어렴풋이'한 정보를 가지고 장사하지는 않을 것이다. 도대체 글의 뜻은 한마디 한마디 말의 사전에 나오는 뜻을 가해 가지고 되는 합계가 아니며 그 한마디 한마디의 뜻은 전후 문맥에 의해서 결정되는 것이다. 또 사전의 단자만 외워 가지고는 글이 되지 않는 것이다. 그 한마디 한마디가 어울려서 뜻을 이루는 문장법 또는 구문법(構文法)이 따로 있는 것이다. 구문법이나 문맥을 젖혀 놓고 한마디 한마디의 뜻만 알아 가지고 글의 뜻을 알아낼 수는 없는 것임을 '한자 한문=동양의 에스페란토' 론자들은 잊어버리고 있는 것이다. 아니 그도 또한 한자와 한문에 대한 미신에 속고 있었던 것이다.

한자가 아니면 새말을 만들기 어려우리라는 걱정이 있다. 딴은 '원자탄(原子彈)'도 '노선(路線)'도 '국련(國聯)'·'군정(軍政)'도 한자 덕에 된 말이기는 하다. 그러나 앞에서 본 것처럼 우리가 새로 만드는 말이 반드시 한자어뿐만은 아니다. 다만 우리나라 문화 활동을 담당한 사람들이 주장 한자와 한문에 젖어 왔기 때문에 그 것을 가지고 새말을 만들기 편하였을 따름이다. 또 반드시 서양서 들어오는 말을 한자어로 고쳐서 써야 하는 것도 아니다. '페니실린'이 그대로 들어왔고 '유·엔'·'디디티'·'라이터'·'스트렙토마이신'·'라디오'·'드리쿼터'·'지프'·'테크노크라시'·'카메라'·'케익'·

'뉴스'·'아파트'·'런치'·'캡'·'레인코트'·'오버슈즈'·'케이크초콜릿'·'다이아친'·'컵'·'위스키'·'플래카드'·'데모'·'버터'·'달러'가 모두 그대로 들어와도 무방했다. '촬영기·양과자·양주·시위운동·불(弗)' 같은 말이 있기는 하나, 그 원말도 그대로 쓰이는 것이다. 그래 무방하다. 사실은 한자어식으로 새말을 만드니까 우리말식으로 만드는 길이 등한히 되고 있는 것이다. 또 한자어가 무작정하고 자꾸 늘어 가기도 하는 것이다.

우리나라 고전(古典)이 대부분이 한문으로 되어 있으니 우리는 한자와 한문을 배워야 한다는 생각이 있다. 하기는 그렇다. 하지만 한문으로 된 우리나라 고전을 읽기 위해서 한자와 한문을 배워 가지고 우리말에 뒤섞어 쓰느니보다는 한문이 능한 분들이 그 고전들을 거의 아무나 알아볼 수 있도록 우리말 우리글로 번역해 놓는 것이 국민 교육상 빠른 길이요 옳은 길이겠다. 물론 앞으로도 그 방면의 전문 학자가 될 사람은 마치 다른 외국 문학과나 외국어과를 공부하듯 공부할 수 있고 또 해야 할 것이다. 그러나 그 경우에도 이때까지 우리가 하듯 우리 식으로 읽고 새기는 폐로운 방식으로 한자나 한문을 배울 것이 아니라 아주 중국 글로 알고 바로 그것을 배워야 할 것이며, 현대 중국말, 중국 글, 고한문(古漢文)을 구별해서 그런 줄 알고 공부해야 할 것이다.

10 한자어는 무슨 글자로 쓸까

이제야 우리는 한자와 한문의 마술성의 정체를 알았다. 그것에 대한 가지가지 미신을 깨뜨려야 할 때를 당했다.

그것들은 원래가 우리말과는 성음 조직이 다른 중국말에 맞는 것이요, 우리말에는 우리말의 성음 조직에 맞는 편하고 합리적이요 쉬운 한글이 있다. 한자나 한문의 적어도 부분적 보조가 없으면 우리글만으로 표현이 원칙적으로 완전을 기약하기 어렵다는 생각은 사태의 실상을 모르는 소리다. 원칙적으로 '우리말, 우리글'이 옳고 남의 글자나 글을 부분적인 기호나 표식의 정도를 지나 내 글 속에 제 것 남의 것의 구별을 모를 정도로 쓰고 있다는 것이 원칙이 될 수 없다. 더군다나 그 일 때문에 일어나는 여러 가지 혼란을 우리는 보아 왔다. 그리고 그것이 봉건시대에 있어서 주로 계급적 무기로서 지배층이 독점하다시피 하던, 반동의 역사를 가졌던 것도 보았다. 사실 한자와 한문 덕으로 우리가 받아 가진 것이 무엇이냐. 뒤떨어진 봉건사회의 괴어 빠진 웅덩이에 언제까지고 우리를 얽매 두기 위한 저 유교(儒敎) 사상을 조상과 우리 머릿 속에 쑤셔 넣는 것이 고작이 아니었더냐. 그 때문으로 잃은 것은 무엇이냐. 첫째로 그것은 우리말 문학, 즉 진정한 민족문학의 발생 발전을 막아 왔다. 특히 유럽의 새 문명을 어서 바삐 받아들여야 했을 적에 한사코 방해하였다. 새로운 과학과 기술의 수입을 훼방하고 저해했던 것이다. 신라 통일 시대에 뒤떨어진 우리나라를 속히 중국 수준에 가져가기 위해서는 한때 한자나 한문이 도움이 된 적은 있었다. 그러나 고려와 이조 천년을 통해서는 주장은 한자나 한문이 했다는 것이 우리 민족문화의 자주적인 발전을 막는 일이요, 어찌 보면 아편과 같이 정신적으로 우리 민족을 마취시키는 일이요, 정치적으로 주물러 놓는 것을 돕는 일이 아니었던가.

그러면 한자어란 무엇이냐. 그것은 중국이라는 큰 집에서 물려 가진 고마운 유산은 아닌 것이다. 우리말 속에 들어온 외래어인 것이다. 그러므로 그것은 우리말 속에 이윽고는 동화되어 왔으며, 당연히 그리 되어야 할 것이었다. 그럼에도 불구하고 지금 우리는 제가 주인인 줄도 모르고 나그네를 안방에까지 끌어들여 주인처럼 모신다. 한자와 한문은 저의 본국에서도 다시 반성이 되고 있는 판인데, 신주처럼 모셔 주는 나라가 있으니 좀체로 떠나지 말자고 버틸밖에 ─. 그리하여 그것은 한자어를 자꾸만 한자로 적어서 그것이 우리말 속에 동화되는 것을 방해하고 있다. 이미 동화된 것조차를 도로 한자의 옷을 입혀서는 우리말과 이간을 붙인다. 가짜 한자어까지 춤을 추게 해서 제 세력을 넓히려 든다. 그리하여 우리글에 한자를 섞어 쓰는 것은 반드시 원칙적인 필요에서가 아니요 미신과 마술과 오랜 인습에 지나지 않는다. 우리는 우리글로만 써 갈 수 있는 가능성을 참말 과학적으로 검토해 본 일이 없었다. 물론 한문에서 국한문까지 온 것은 그만큼 한자와 한문에서 해방된 것이다. 이제 더 한 걸음이 필요하다. 한자어와 한문에서 완전히 해방되기 위하여 그리고 우리글을 말에 통일하기 위하여 한자어마저 국문으로 쓰는 길을 튼튼히 세워야 하겠으며 그것이 원칙이겠다. 다른 나라 예를 보아도(일본은 예외나) 외래어를 본국에서처럼 적지는 않고 제 나라 성음 조직에 조화시켜서 제 나라 글로 적는다. 물론 한자어에는 앞에서 본 것처럼 등급이 있다. 구어에서 특수어에 올라갈수록 우리말에 동화된 정도가 얕다. 따라서 생소하다. 그러니까 그런 문어·학술어 등 특수한 말만은 당분간은 괄호 속에라도 한자를 붙여 두어서 이해를 돕도록 하면 좋을 것 같다. 그러나 그것도 대번 한자로만 써 놓는다면 이 역시 우리글로 적는 그 말이 우리 눈에 익을 기회를 줄이는 것이요 동화의 속도를 꺾는 것이 된다. 제2급의 이른바 문어에 있어서도 그 대부분은 국문으로 적어 무방하며 정 생소한 말은 역시 당분간만 괄호 안에 한자를 붙여 두는 것으로 족할 것 같다.

이렇게 내가 이 정도로 국문으로 적어 놓은 글이면 같은 글을 한자를 섞어 적었을 때와 마찬가지로 오늘의 지식층은 알아볼 수 있다. 오늘 연설이나 강연에 쓰이는 말은 대체로 이 제2급의 문어에 속하는 것이다. 다만 한 가지 명심할 중요한 일은 글을 쓰는 사람이 글의 표준을 종래보다도 훨씬 대중의 말 그래서 구어에 옮겨 놓아야 한다는 것이다. 그 어휘의 선택에 있어서도 쉬운 어휘를 애써 가리며 쉬운 문체를 노려야 할 것이다.

지금 당장 다소 불편을 느낄 것은 오늘의 중류 이상의 지식층에 틀림없다. 그러나 이익을 볼 것은 문화의 혜택을 학수고대하는 많은 대중이요 또 앞으로 올 수 없는 후손들인 것이다. 이 민족 만년의 큰 이익을 위하여 중류 이상의 지식인은 자기의 작은 불편을 참을밖에 없다. 모든 것이 새로워야 할 때에 우리말 우리글도 참말 민주적 민족문화 새 과학과 기술 위에 설 민주주의 조국 건설에 가장 알맞고 능률적인 태세를 갖추고 나서야 될 것이 아닐까.

국민학교 아이들이 한자를 몰라서 무식해진다는 말이 간혹 들린다. 한자를 아는 것이 유식한 것이요 그것을 모르는 것이 무식하다는 따위의 생각은 상투 짜고 과거 보던 때 얘기다. 오늘 유무식을 결정하는 표준이 되는 지식이라고 하는 것은 세계와 제 몸에 대한 객관적이요 실천적인 지식으로서 그것을 가지고 세계와 자신을 통어할 수 있는, 말하자면 사실에 기초를 둔 지식이요 그것이 곧 과학인 것이다. 전에와 같이 사서삼경을 읽고 못 읽은 게 문제가 아니다.

오늘 국민학교 아이들은 等 자나 分 자를 배워 가지고 等分이라는 말마저 배우지 않아도 '등분'이라는 글자와 말만을 배웠어도 한 직선을 둘로 똑같이 자를 줄 안다. 그 말의 뜻과 그것이 실천에 연결되는 힘에 산 지식이 달려 있는 것이요 等 자 分 자를 안다는 것만을 지식을 자랑할 수는 없다. 실상은 자칫하면 한자와 한문은 객관세계와 현실에 기초를 두지 않은 문자의 관념 세계에 유리해 버리기 쉽도록 된 물건짝이다.

그러면 새로 배우는 사람은 한자 없이 '등분'으로도 족하며 等 자 分 자는 몰라도 '등분'은 읽을 줄만 알고도 그 말의 뜻을 알 기회를 가질 수 있는 것이다. '등분'은 읽되 等分은 못 읽는 사람이 많은데 또 等分보다 '등분'은 배우기도 쓰기도 훨씬 더 쉬운데도 等分이라고 적어야만 될 까닭이 서지 않는다. 더군다나 等分을 아는 사람이면 '등분'이라고 적어 놓아도 안다. 하나는 눈과 손에 오래 익었다는 점에서 그것을 버리는 것이 다소 불편할 것은 사실이나 이 불편은 더 큰 이익을 위해서 당장은 희생하기로 할 것이다. 그렇다면 새로 배우는 사람, 국문 아는 사람, 한자도 겸해 아는 사람 할 것 없이, 구태여 等分이라 적을 게 아니라 '등분'을 적어 무방하지 않은가. 사실 오늘날 국민학교 아이들은 한자를 모르는 대로 국문만 가지고 잘 새 지식을 배워 가는 것이다. 다만 순수주의의 나쁜 결과인 부질없는 새말 지나친 새말 때문에 한자를 안 배움으로 해서 얻은 이익의 대부분을 횡령을 당하고 있는 것이 안 되었을 뿐이다. 이 점만 바로잡는다면 지금 국민학교의 한글 중심 방침은 옳게 가고 있는 것이다.

또 후손들이 한자를 몰라서 새말을 만들어야 할 경우에 고생하리라는 애틋한 걱정이 있다. 그러나 우리말은 한자 아니고라도 새 말을 훌륭히 만들어 낼 가능성을 가지고 있음은 앞에서 본 바와 같다. 그들은 재래의 우리말 또는 한자어를 두루 뜯고 조합해서 족히 새 필요에 응해서 그때그때 찬연한 말의 보석을 만들어 갈 것이다. 도대체 후손은 대체로 조상들보다는 더 잘난 게 보통이니까, 그런 잔일에까지 조상 편에서 미리 염려할 것은 없다.

그리해서 한자는 당분간 혹 괄호 안에 남아 있어 무방하겠다. 그러고는 박물관과 대학 연구실에 줄창 남아 있을 것이다. 다만 내 의견으로는 一, 二, 三, 四, 五, 六, 七, 八, 九, 十, 百, 千, 萬과 같은 한자 숫자는 마치 아라비아숫자가 로마식 글자에 섞여 남아 있듯, 우리글 속에 남아 있어도 무방할 것 같다. 그것도 萬은 万으로 쓰면 좋겠고 億은 더 간단한 글자로 바꾸면 한다. 사실상 우리는 수를 읽는 데 현재 두 방식을 쓰고 있는 것이다. 순수한 우리 식으로 읽는 것은 열 단위까지로서 하나로부터 아흔아홉까지고 그 이상은 한자음 식으로밖에 읽지 못한다.

하나에서 아흔아홉까지도 한자음 식으로 읽는 법이 한 벌 더 있다. 돈을 세는 데는 오 원 오십 전과 같이 한자음 식으로만 읽으며, 시간은 ('상항(桑港)방송'을 내놓고는) 세 시 십오 분 하듯이 시는 우리말 식으로 분은 한자음 식으로 읽는 습관이 어느새 서 버렸다. 그것으로 상관없다.

요컨대 한 민족의 말은 그 민족 전체의 문화적 재산이므로 해서 자연현상이 아니라 인간이 만들어 낸 역사적 사회적 산물이다. 다만 그것은 개인의 환상이나 간섭으로 해서 제약을 받는 것이 아니라 오랜 역사를 거치는 동안에 민족의 거의 전원이 참여하여 유지하며 사정하며 승인하며 활동하는 그러한 성질의 것이다. 어떤 커다란 변동을 가져오는 경우가 한 나라의 말의 역사에 나타나기도 하며 변동을 가져와야 할 경우도 생기기는 하나, 그 적에도 그 말의 역사적 현실에 비추어 그 사회의 성원의 공동 활동 연대 사업으로 이루어지는 것으로 그것은 어디까지든지 사회적 버릇이요 공기인 것이다. 그러므로 한 개인의 눈에는 자기의 힘에 넘치는 이 말의 움직임이 마치 인간이 참여할 수 없는 고유한 법칙을 가진 자연현상과도 같이 보이기도 하는 것이다. 그래서는 가끔 말은 살아 있는 것이라는 말이 비유가 아니고 참말인 듯이 쓰이기도 하는 것을 본다. 한 나라 말의 어휘라든지 어법은 어떤 권력 있는 사람이나 천재가 정해 놓은 게 아니고, 역사적으로 쌓아 올린 민족의 사회적 버릇 속에서 생겨난 것이다. 우리말이 처하고 있는 이 특수한 혼란을 정리하는 데 있어서도 우리 개인개인은 자기의 천재나 착상을 과신하거나 그것에 취해 버릴 것이 아니라, 말의 본질적인 면이라고도 할 역사적·사회적 성격을 기초로 해 가지고 정리해 나가야 할 것은 물론이다.

그러나 글에 이르러서는 사정이 좀 달라서 거기는 개인의 특수한 버릇과 취미와 괴팍이 많이 섞일 수 있도록 되어 있다. 말할 적에는 듣는 사람이 대체로는 현장에 있거나, 적어도 들을 수 있으리라는 예상 아래서 그러한 생동하는 장면을 배경으로 진행되는 사회적 행동임이 뚜렷하지만, 글을 쓸 적에는 독자를 머리에 둔 적에도 현장에서는 독자와의 현실적 교섭이 없이, 혼자서 하는 행동이므로(실로 그래서는 못쓸 일이면서도) 제멋대로 멋을 부리게 되는 경향이 있다. 또 말할 적에는 그 당장당장에서 반사적(反射的)으로 되는 부분이 많은 데 대하여 글은 지우고 덧붙이면서 천천히 요리조리 꾸며 갈 수가 있는 것이다. 그래서 뷔퐁의 "글은 사람이다."가 참말이 된다. 개인의 글은 말의 사회적 기준에서 조금씩 어긋나 달아나는 경우가 흔히 생기는 것이다. 그리하여 어떤 개인의 힘이 한 나라 말에 눈에 띄는 영향을 미칠 수 있는 것도 오로지 이 글을 통해서 되는 것이다. 글을 쓰는 데 쓰이는 글자와, 글자 붙이는 방법이 되어 가는 데는, 이와 같이 개인이나 어떤 그룹의 힘이 많이 참여하는 것이다. 글에서 보는 것보다 한층 더 글자에는 인공적(人工的)인 성격이 짙어 보인다.

그러므로 개인이나 그룹이 한 나라 어문 생활에 미칠 수 있는 힘은 글자에서 제일 컸다가 말하는 말에서 제일 약해지는 경향이 있다. 오늘 우리가 우리 어문 생활의 혼란을 정리하는 데 있어서도 이러한 언어의 원칙적 사실에 서서 해 나가야 할 것이다. 그러나 거기서 제일 줏대가 되는 것은 어디까지든지 '말하는 말'인 것으로 글도 글자도 늘 그것에 기초를 두어야 하며 그것에로 돌아가야 할 것이다. 유럽에서는 각 나라가 모두 하던 일이다. 중국도 백화문(白話文) 운동에서 이 정신을 살리고 있다. 우리보다는 어문의 사정이 더 복잡한 일본은 일본대로 우선 한자 제한 철자법의 정리 등을 지금 하고 있다.

한 나라의 말이나 글자를 정돈하는 것과 같은 큰 사업은 개인의 힘만으로는 아니 되는 것으로 될 수만 있으면 정부의 사업으로 전 국가적 지혜와 힘을 모아 한다면 제일 좋겠고 다음은 전국적 아카데미와 같은 권위와 역량 있는 기관에서 할 수 있을 것이며 최후로 문화인의 자발적인 일대 문화 운동으로서 전개될 수 있을 것이다. 우리나라에 있어서는 과연 어느 모양을 취할 것인지는 단정하기 어려우나 여하간에 시급히 해야 될 일인 것만은 누구나 인정할 것이다. 나는 전후 몇 개의 논문에서 이에 관해서 내가 조사한 재료를 정리하여 겸해서 이 문제 해결에 대한 조그만한 의견을 붙여 내놓는 터이다. 선배와 동료들의 한층 높은 토론이 이 문제 해결로 향하여 활발히 전개되기를 기대하는 바이다.

―《학풍(學風)》(1949. 10)

주요 참고서

Aristotle, *Rhetoric*(A Digest by Thomas Hobbes).

A. J. Ayer, Language, *Truth and Logic Oxford*, 1936.

Leonard Bloomfield, *Language, Henry,* Holt and Co., 1933.

Rudolf Carnap, *Philosophy and Logical Syntax*, Kegan Paul, 1935.

—, Logical Syntax of Language, Routledge, 1937.

Stuart Chase, *The Tyranny of Words, Harcourt,* Brace and Co., 1938.

A. H. Gardiner, *The Theory of Speech and Language*, Oxford, 1932.

Remy de Gourmont, *Le Problem du style*, Paris, 1914.

S. I. Hayakaura, *Language in Action*, George Allen and Unwin, 1939.

T. E. Hulme, *Speculation*, Kegan Paul, 1924.

Jespersen, *Language, It's Nature, Development and Origin*, George Allen and Unwin, 1922.

Lucien Levy-Bruhl, *Les fonctions mentales dans les sociétés infereures.* 1910.

Longinus, *On Elevation of Style*, translated by T. G. Tucker, Melbourne, 1935.

J. M. Murry, *The Problem of Style*, London, 1930.

C. M. Ogden and I. A. Richards, *The Meaning of Meaning*, Kegan Paul, 1923.

Sir Richard Paget, *Babel, or Past, Present and Future of Human Speech*, Kegan Paul, 1930.

Paulhan, La *double fonction du langage*, Paris, 1929.

Quiller-Couch, *On the Art of Writing*, Cambridge, 1923.

Herbert Read, *English Prose Style*, London, 1934.

I. A. Richards, *The Philosophy of Rhetoric*, Oxford, 1936.

Edward Sapir, *Language*, Harcourt Brace and Co. 1921.

F. de Saussure, *Cours de linguistique générale*, Paris and Laussanne, 1916.

W. M. Urban, *Langage, and Reality*, George Allen and Unwin, 1939.

Vendryes, *Le Langage, Introduction linguistique a L'histoire*, Paris, 1921.

Karl Vossler, *The Spirit of Language in Civilization*, Kegan Paul, 1932.

V. Welby, *What is Meaning?* Macmillan, 1903.

—, *Significans and Language*, Macmillan, 1911.

Wittgenstein, *Tractus Logicophilosophicus*, Kegan Paul, 1922.

미수록 산문

(1930~1949)

3

신문기자로서의 최초 인상

저널리즘의 비애와 희열

저널리즘은 현대에 팽배한 한 개의 만조(滿潮)다. 그것은 가치판단을 초월한 엄연한 현실이다. 모든 문화는 저널리즘을 분리하여 그 상아탑을 고수할 수는 없다. 새로운 사상이나 학설이 저널리즘의 권외에 독립하여 그 작용과 반작용을 한가지로 거절할 때에 그것은 현대에 향하여 동작할 것도 동시에 기권하지 않으면 안 된다. 저널리즘은 민중의 각층을 통하여 침윤하여 있으며 지구의 전 표면을 포위한 전망이며 동시에 세계의 매 시간에 일어나는 큰일, 작은 일을 그대로 반영하고 반응하는 감수 기관이다.

현대의 저널리즘의 가장 완전한 구현을 우리는 현대의 신문에서 발견한다. 신문은 민중의 모든 층에 침식하고 있다. 그것이 현대인이 생활 위에 던지는 파문은 실로 압도적인 것이다. 신문의 힘은 실로 폭풍과 같은 형세로 현대인의 정신적 생활과 육체적 생활을 동요시키고야 만다. 신문을 떠나서 생활하는 그 하루는 곧 그가 현대라고 하는 시간적 이동의 수준에서 그만치 낙후되는 것을 의미하는 것이다. 우리는 이것을 통하여서만 급격한 스피드와 말초신경과 색채와 일루미네이션과 마네킹과 스트리트걸과 모보(모던 보이)의 넓은 팬츠와 모거(모던 걸)의 육감적인 다리와 재즈와 레뷰와 이것이 교착하는 탁류라기에는 너무나 선명한 현대 생활의 분위기에 참여할 수 있다. 그것은 저널리즘에 의하여 대표되는 현대라고 하는 특정한 시기는 결코 18세기적 평면적 형태로써 진행하는 것이 아니라 실로 3각형의 첨단을 보이면서 예각에서 예각으로 급격한 템포로 추진되는 것이다.

　이러한 제점(諸點)을 예상하면서 나는 4월 20일부로 조선일보의 기자로서 저널리즘의 거대한 기구에 접촉하며 현대의 첨단을 걷기 위하여 신문기자 생활이라고 하는 한 개의 무생물에 가까운 혹사와 고난의 생활을 생활하기 위하여 등장하였다.

　일찍이 미래파의 화가 마리네티는 스물여섯 개의 다리를 가진 말(馬)을 그린 일이 있다. 그는 치분(馳奔)하고 있는 말을 어떤 순간에 파악하여 그 순간 그의 의식에 표상된 그대로의 형상을 캔버스 위에 재현한 것이다. 나는 편집국에 들어선 첫날에 새로 한 시 마감 시간을 좌우하여 모든 테이블 위에서 원고지를 만지는 기자들의 손가락의 회전은 실로 프로펠러와 같이 보였다. 그리고 사회부장은 50 이상의 귀를 가지고 있는 것 같았다. 왜 그러냐 하면 간단없는 전화가 그를 습격하기 위하여 모든 순간순간에 그의 테이블 위에서 소리치고 있으니까 —.

　이리하여 편집국은 한 장의 흡취지(吸取紙)인 것이다. 순간순간에 사회의 각우(各隅)에서 일어나는 사건이 그대로 넘쳐흐른 검은 잉크와 같이 이 사회적 흡취지에 흡인되는 것이다. 신문기자는 실로 이 흡취지의 각 세포에 부착한 흡반과 같다. 거대한 사회생활의 기구의 심장에까지 돌입할 수 있는 특권을 우리는 가지고 있는 것이다. 사회생활의 커다란 파탄면과 그 철요(凸凹) 면에 얼굴과 얼굴을 조침으로 우리는 민중의 고뇌를 그대로 감수하고 피에 섞인 그 절규를 우리들의 하트에 느끼는 것이다. 이리하여 신문기자의 신경은 그리고 제 육감은 부단히 사회의 표면과 이면에까지 배회한다.

오후 2시 — 우리들 신문기자의 즐거운 시각이다. 우리는 신문의 제1면에서 제8면까지 마감해 놓고 이윽고 눈이 돌아가는 분주한 활동에서 해방되어 가슴속에 서린 단숨을 내쉬는 때 지어 오는 점심 그릇을 앞에 놓고 우리들의 눌렸던 식욕을 향락하는 때의 즐거운 마음과 별다른 음식 맛 — .

이윽고 황홀히 회전하는 윤전기는 최대의 스피드로 신문지를 생산한다. 슈베르트의 음악보다도 오히려 아름다운 윤전기가 끌어내는 조음에 하염없이 귀를 기울이는 때의 무상한 감격 — 그것은 발레리·라르보가 국제 열차와 윤선을 노래한 이상으로 우리들의 음악이며 새로운 제너레이션의 고통이 아니면 아니 된다.

오후 네 시 발의 북행열차와 밤 열한 시 남으로 가는 급행차 열 시 55분발의 함경선 최종 열차는 윤전기에서 떨어진 우리의 아들 — 신문지를 연선의 각 도시마다 흘리며 달려간다. 아니 조선의 최북단에서 남단의 산간벽지까지 우리의 호흡인 신문을 보내주는 것을 우리는 꿈꾸어 본다. 이리하여 우리들의 정열은 우리 민중의 모든 심장 속에 심겨질 수 있으리라. 멀리 떨어진 형제와 자매에게 '이 하루 동안에 조선이 경험하는 온갖 고민'과 지상의 끝에서까지 일어나는 '세계의 움직임'을 이야기할 수 있을 것이다.

—《철필(鐵筆)》1권 1호(1930. 7)

두만강과 유벌(流筏)

1930. 6. 2. pm. 2

벗이여 ―

그대는 그대의 4첩반 방의 높은 베개에 기대어 함경선이 두만강에 마주쳐 막다른 도시 회령(會寧)을 다시 등지고 강을 따라 동북으로 내려가는 국경 경편철도(輕便鐵道)의 차실 한구석에 느끼기 쉬운 젊은 청춘 한 사람을 상상하게.

위엄 그것과 같은 장엄한 강산을 뚫고 기차는 북위 45도의 포물선을 향하여 줄곧 오지(奧地)로 오지로 무서운 듯이 팔락거리며 달리고 있다. 깎아내린 듯한 단애의 허리를 안고 굽이굽이 물바퀴 치며 감돌아드는 검푸른 두만강 물결을 눈 아래 굽어보며 해발 7천척 천인(千仞) 절벽을 어루만지는 무거운 구름장을 쳐다보면서.

벗이여 ― 나는 니힐리스트도 아니건만 이 거대한 자연의 구도 안에 나 자신의 너무나 미미한 생명이 편린을 발견하고 가슴을 내려 누르는 적막한 허무감을 느낄 때에 나는 화엄(華嚴)의 폭포에 몸을 던진 등촌 조(藤村 操) 군의 심경에 동정하였다.

벗이여 ― 나는 들었다. 나일의 강가에는 클레오파트라의 아름다운 이야기가 잠겨 있으며 다뉴브의 급한 물바퀴 위에는 빈의 아나톨과 코케트의 엉클어진 포옹의 그림자가 흘러 있음을 ─ 그리고 퇴폐 그것과 같은 권태에 차 흐르는 센의 미끄러운 수면에는 뮈세와 조르주 상드를 본받는 파리쟝의 속삭임이 5월 바람에 어지럽게 떨어지는 리라의 꽃잎에 섞여서 얼마나 그 강의 위에 터진다는 것을 ─.

그러나 여기 나와 함께 온 국경의 산을 굽이굽이 지나가는 두만강은 일찍이 백두산상의 천지(天池)에서 실낱같은 물줄기로써 출발하여 장백산맥의 깊은 골짜기를 이리 몰리고 저리 쫓기어 무산(茂山)·회령(會寧)·종성(鐘城)·은성(穩城)·경흥(慶興)·경원(慶源)의 연안 6도를 다 거쳐서 조선의 최북단 서수라만(西水羅灣)에서 바위 아래 드리운 세월을 망각한 어느 곳 태공의 낚싯줄을 튀기면서 한 깊은 국경의 온갖 눈물과 설움을 끝이 없는 동해의 푸른 물결에 향하여 토하여 놓을 때까지 오직 한마디의 달콤한 로맨스인들 담아 본 일이 있다고 생각하는가. 꿈밖에 꿈밖에.

이 강이 우리나라의 국토를 씻는 한줄기의 곡선에는 1백32리 19정(1천3백여 리)의 연안에 급(及)하여 국경 경비 제일선의 무장 경관의 빛나는 총끝이 물샐틈없이 일본 제국의 안전 보장과 평화를 위하여 시베리아와 북만주에 향하여 버티고 있다.(그래서 일찍이 군축회의에서 일본의 전권과 중국의 외교부장 왕정정(王正廷)은 평화 보장의 조약에 인민의 명에 의하여 날인하였다.)

벗이여 ─ 이곳에도 부드러운 5월 볕이 찾아오면 상류에서 띄워 놓은 뗏목(筏)은 떼 젓는 사람들의 구슬픈 노래를 싣고 녹아 내리는 물결에 맡겨 흐르는 대로 저어 내려오는 로맨틱한 시절이 시작한다고 한다.

북국의 짧은 여름이 동해로 흘러가고 칼날 같은 찬바람을 타고 포학한 10월이 시베리아의 설원을 넘어서 강에 떨어지면 하루에도 수십 명 혹은 수백 명씩 보따리 꾸러미 지고 이어서 만주로 가는 이주민의 떼가 모여든다고 한다. (중략)

벗이여 — 너는 놀랄는지 모른다.

높은 산마루턱에 찬별이 오슬거리고 차디찬 어둠만이 강면에 내려덮이는 '국경의 밤'이 오면 하룻밤에도 몇 차례씩은 불완전한 무기를 가진 × 군이 강을 건너다가도 경비군의 탐조등에 그 얼굴이 비치고 만다고 한다. 다음 순간 야반의 깊은 정적을 깨트리며 빽빽한 심산의 밤공기를 찢는 날카로운 총소리 — 그리고 같은 순간 그 소리에 어느덧 산골짜기 주인 없는 오막살이 속에서 가늘게 밤을 새우는 등불 아래 젊은 어머니의 손가락이 미끌어진다. 그 여자의 남편은 만주에 간 것이다.

"속히 돌아와 주세요. 네 — "

여자는 남자의 가슴에 매달렸다.

"속히 오고 말고 — "

그리고 그는 갔다. 깊은 골짜기를 흔들어 놓는 맹수의 효후(哮吼) 소리가 국경의 밤을 때린 듯한 깊은 밤을 짖는다. 잭 런던이 즐겨 그리는 알래스카의 자연과 같은 — .

벗이여 — 이것이 국경이다. 그대는 그대의 앞에 지도를 펴 놓고 북위 45도와 동경 1백30도의 지점을 상하하는 지리학자의 그려 놓은 평원(平圓)한 곡선에서 그대의 이상주의는 다만 무의미한 브랭크밖에 지각하지 못하리라. 그러나 이 국경선은 한낱 공허이기는 너무나 많은 눈물과 피에 엉클어 있는 무서운 현실이다. 나는 센티멘털해진다.

벗이여 — 만주와 시베리아를 가로막고 돌아앉은 장백산맥과 그리고 그 아래 흐르는 천리장강이 이루는 천국의 지대는 일찍이 우리의 조선시대에는 실로 절호의 국방의 요지였다. 나는 다시 이 굴곡이 심한 산천 위에 남겨진 우리의 선조들의 굵다란 말발굽 소리가 들리는 것 같아서 귀를 기울였다.

이 강을 지키던 우리들의 용감한 조선(祖先)들은 일찍이 노래하였으리라.

사랑하는 땅이여 안심하여라.

견고하게 충실하게 두만강의 수비는 되어 있다.

그러나 지금 이 시간에 그들의 피를 받은 자손의 흐린 안계(眼界)에 전개되는 것은 죽음과 같은 침묵과 그리고 황폐뿐이다.

이름 모를 역에서 국경경비대의 경관이 차에 오른다. 모자 끈을 턱 아래 굳게 매었고 보기만 해도 어마어마한 단총(短銃)을 느린 밧줄이 허리에서 출렁거린다.

"어디 가."

"예, 용정(龍井)에."

"왜."

"좀 놀러, 허허허."

"조사하러 온 놈이 도리어 조사를 받겠네."

나는 입안을 터져 나오는 웃음을 막을 수 없었다. 차장은(그는 대단히 일본말을 좋아한다. 그것이 다소간 그의 오소리티에 적지 않게 플러스한다고 생각하는 모양이다.) 일본말로 내가 신문기자인 것을 그에게 암시한다. '나리'는 다시

"명함? 나이 몇 살?"

그는 지극히 단순한 어법에 익숙하였다. 거의 무례에 가까울 만치. 나는 삼봉역(三峰驛)에서 차를 버리고 도문철도(圖們鐵道)를

연락해 주는 차를 기다리기 위하여 역 밖에 나왔다.

바라보니 지극히 근대식인 빈약한 철교가 해골과 같이 가는 다리를 여윈 물 위에 벌겋게 내놓고 강의 양안을 가로타고 있다. 철교 저쪽에는 도문철도 최초의 역인 개산둔(開山屯)의 검게 그을은 낮은 목조 스테이션이 여기서부터 벌써 낮기 시작하는 만주의 산을 등지고 돌아앉았다. 철교 위에는 기다란 백동(白銅) 사벨을 발뒤축으로 철컥철컥 차며 시름없이 수박씨 껍질을 강물 위에 뱉으면서 오락가락하는 것은 중화민국의 경애할 순경이다.

벗이여 ─ 극동의 평화를 자랑하는 태양은 언제나 국경 하늘을 무겁게 내려덮은 침울한 검은 구름을 헤치고 거닐 얼굴이 영원히 미소를 던질 것인가. 그리운 그날이여.

벗이여 ─ 그대는 용정(龍井)의 동란의 와중에서도 그려 보내는 나의 제2신을 흥미를 가지고 기다리게.

(두만강상에서)

─《삼천리(三千里)》 2권 4호(1930. 9)

정조(貞操) 문제의 신전망

1 어째서 문제가 되는가

문명은 정조를 파괴하고 있다. 그것은 과학적 건설자이다. 뭇 전통적 로맨틱한 윤리를 폐리(弊履)와 같이 유린한다. 정조는 실로 가족제도 이래의 문명인이 신성불가침의 가치로서 선택한 것의 하나이다. 그런데 지금 와서 문명은 이 문명인의 자랑의 하나를 여지없이 파괴하고 있다.

일찍이 문명은 그 지도 원리로 데모크라시를 최고의 진리로서 고조하였다. 그것은 최초에는 부르주아지가 귀족·승려의 손에서 정권을 박탈하는 데 유력한 무기로서 안출된 것인데 문명의 또 하나의 노예인 여성이 이 데모크라시를 제시하며 남성의 앞에 궐기할 때에 거기에 대항할 아무 답변도 남성은 가지고 있지 못하다.

일방에 있어서 산업혁명은 임금노동자의 가정에 붕괴 작용을 인기(因起)하여 노동부인의 가두 진출을 촉성하였다. 이렇게 데모크라시와 땅의 요구에 몰려 부인은 완전히 가두의 전사가 된 것이다. 이는 부인의 해방을 의미하여 동시에 과거에 부인으로 하여금 노예적 상태에 안여(晏如)하게 얽매어 두기에 사용되어 온 듯 인습적·전통적 도덕과 윤리와 습관의 분해 작용을 자극하지 않고는 마지않았다.

이리하여 부인에게 부과된 편무적(片務的)·굴종적 윤리 가치인 정조에 대한 회의가 시작되어 확호한 가치로서의 지반은 동요하기 비롯하였다. 이윽고 진보적인 부인에 의하여는 무가치로서 철저히 부정당하였다. 이러한 경향과 추세에 최후적 결정을 단하한 것은 구주대전(歐洲大戰)이었다. 대전은 부인의 사회적 진출의 가능성에 대한 의혹을 일소하였다. 전전에 남성에 의하여 정복되고 운용되고 있던 사회 기구는 남성의 출전 후에는 부인에 의하여 점령되었다.

대전은 종식하였다. 그러나 불란서에 있어서 전선에 나갔던 수백만의 병사 속에서 백만의 병사는 돌아오지 않았고 영국 측의 전사자는 이삼십만에 달하였고 4개년간 19개국을 상대로 전쟁한 독일은 실로 2백만의 장정을 전장에서 잃어버렸다. 일차 부인이 획득한 사회적 활동은 영구히 부인의 것이 되었다. 그뿐 아니라 현재 구주에는 대대적 여성 과잉의 현상을 연출하고 있다. 금일 난숙기에 있는 삼십 전후의 성년 부인은 그 대부분이 남편이나 약혼 남자를 전쟁에게 빼앗겼다. 이리하여 두려운 성적(性的) 기근 시대(飢饉時代)가 전 구라파를 엄습하고 있다. 부인은 이 이상 결혼 내의 성적 만족을 기망(企望)할 수 없다. 이러한 사회적 정세에 있어서는 정조라든지 일부일처 제도라는 것이 석일(昔日)과 같이 안전할 수 없다. 그것은 모두 전전의 골동품이다.

뿐만 아니라 세계는 바야흐로 자본주의 제2기의 일시적 안정에서 방축당하여 전반적 불황과 실업의 세계 공황의 와중에로 돌입하고 있다. 금일 세계를 통하여 어느 나라가 수백만 혹은 수십만의 실업군을 가지고 아니 있는 데가 없다. 황금의 왕국 아메리카는 현재 5백만의 산업예비군의 위협 아래에 전율하고 있지 않은가. 그 자신의 생도(生道)도 지지할 길이 막연한 남자에게 있어서 결혼이라는 새로운 부담은 사실상 사형과 같은 것이다. 집세·식비·전등료·수도료는 모조리 남자의 부담에 속한다. 이러한 중하(重荷)를 달게 걸머지면서까지 결혼을 구할 백치는 없다. 일반적으로 금일의 구주에서는 결혼은 매우 곤란한 상태에 있다. 남자는 재산이 없으니까 주저하고 방년의 부인은 결혼하려고 하는 상대자가 없어서 결혼할 수 없다.

그뿐 아니라 현재 결혼하고 있는 부인들도 구주에서는 결코 행복하지는 않다. 왜 그러냐 하면 가두에는 각 종류의 부인이 대량적으로 범람하고 있고, 그 위에 그들은 모두 상대자를 잃어버렸거나 상대자가 없는 성적 기근군(飢饉群)이다. 남자는 이러한 많은 유혹의 기회 속에서 그의 절조(節操)를 능히 보지하리라고 보증할 수는 없다. 따라서 남편은 별로 그 아내를 귀중히 할 아무 필요가 없다. 기혼 부인은 가정 내에 있어서 남편의 배전의 학대를 달게 받을밖에 없다. 구주에서는 기혼 부인은 실로 독신 부인 이상으로 불행의 최저층에서 천식(喘息)하고 있다고 한다.

한 개의 결정적 파동은 벌써 구주에서 동요하였다. 그리하여 그것은 세계적으로 그 파폭을 광범히 하고 있다. 에로티시즘의 세계적 진출 — 성적 무정부의 경향에 안전할 수 있다고 어느 나라가 자신할 수 있을까. 사상과 경향은 국경을 가지고 있지 않다. 그리고 그것을 회잉(懷孕)한 객관적·필연적 정세는 세계의 모든 나라에 이미 발생 혹은 존재하고 있다.

우리 조선 사회와 같은 과도적 사회에서는 사상적으로 결혼을 곤란케 하는 딴 원인이 있다. 그 사회의 젊은 남자의 의식, 혹은 무의식의 근저에는 아직도 수천 년 동안 침전한 정복적 폭군성의 잔재가 남아 있고 그와 상반하는 극에서는 여자는 새로이 획득한 자아의식의 강렬한 주장과 금일 전 세계의 문화 기구의 각층에 침윤한 아메리카니즘에 의하여 도발된 허영심이 항상 그 여자를 불안정한 상태에서 부동하게 한다. 그리하여 우리는 우리 사회의 도처에서 파탄에 종결한 신가정의 무참한 폐허를 무수히 발견한다.

우리는 어떤 동요되는 사회현상에 봉착할 때에 그 일시적 표면적 구제에 종료하는 사회정책가 등의 의견으로서 만족할 수 없다. 현상의 근저에 횡재한 근본적 동기와 그 역사적 필연성 구명을 그 사회적·객관적 관계에서 전체적으로 도출하지 않으면 아니 된다. 우리의 역사는 미신적 가치에의 부당한 광신을 청산하는 과정이다. 무사기(無邪氣)한 원시적 환상이 안출한 듯 미신과 역사의 각 단계에서 새로이 발생한 미신들을. 우리들의 가치로서 선택한 당위의 세계에는 만족하게 비판되지 못한 본능적·경제적·종교적 제 생활상의 요구에서 직시 개연에서 필연에까지 추어올렸다가는 이런 생활상의 조건이 소멸된 후까지도 인류의 신생활에 군림하려는 불순한 동기가 없다고 할 수 있을까. 사회가 어떤 일정한 계단에까지 발전하면 그것이 가지고 있는 관념적 가치 체계도 동시에 혹은 서서히 많은 비난과 상찬 속에서 청산하고야 만다. 이렇게 어떤 시기의 한 사회의 사회적 정신이 수립한 가치 개념은 그 후부터는 사회는 아무 선택적 노력을 요함이 없이 곧 충동적으로 가치로 인식하며 그 각개의 성원에게 무상 명령적으로 가치로서 용인하기를 강요한다.

정조라는 것도 일부의 자유사상가에게는 벌써 재음미와 재평가를 경과한 문제이나 일반적으로는 아직도 몰비판적으로 사회의 각층에 침투된 가치 체계의 일부인 것이 차라리 사실이다. 그중에도 정조는 남녀의 성생활에 있어서 거의 수천 년 동안을 그 규범으로서 당위로서 그 실현을 강요하여 온 가치 관념이다. 그러나 한 개의 가치 관념이 사회생활의 이상으로서 충분히 유효하게 작용할 수 있는 동안은 오히려 그 생명을 지속할 수 있으나 그것이 새로이 발전되는 생활 형태와 의욕하고 조화를 이룰 때는 사회는 용감하게 그 구각을 탈각하지 않으면 안 된다.

생활은 사상보다도 더 엄연한 사실이며 인간의 생존의 전부인 것이다. 이리하여 신흥하는 새 사회에는 낡은 시대의 유물인 가치 형태와 관념을 청산할 중대한 과업이 부과되어 있다. 여기에서 부수적 세력인 인습과 전통에 대한 급진적 생활 의욕의 치열한 투쟁이 투쟁된다. 그래서 이윽고 그것을 지양하고 사회는 한 계단 더 높은 생활 형태에로 진전한다. 과거에 있어서 정조라고 하는 가치는 인류의 사회생활을 규준하는 데 크게 힘이 있었으며 어느 정도까지 남녀의 성생활을 합리화한 것은 사실이다. 그러나 현금의 사회적 생활 의지하고 병행할 수 있을까 하는 의문은 우리들의 현실 생활에 비추어 지극히 심각한 의문이 아니면 아니 된다.

때때로는 우리는 과거의 정조 관념이라는 것이 우리들의 발랄한 생활 의욕의 결정적 질곡임을 발견한다. 따라서 지금까지 그것에 대하여 너무나 과중한 평가를 허여한 것을 후회하기까지 한다. 이렇게 정조 문제는 몇천 년의 황금시대를 경과하여 우리의 시대에 이르러서는 바야흐로 조상(俎上)에 놓여져서 우리들의 각명한 메스와 재비판과 그 존재 이유의 새로운 입증을 바라기까지에 이르렀다.

우리는 이 신시대적 입장에서 이 정조의 그 발생학적 고찰로부터 그 사회학적 의의와 신시대에 있어서의 그 실현의 의의까지 논급하지 않으면 안 된다. 이러한 방대한 사업은 물론 위대한 학자의 신실한 연구를 기다릴 것이다. 여기서 나는 이 문제를 학적이라느니보다는 차라리 인간적 시각에서 사색하고 반성한 약간의 재료를 공론하므로 이 문제에 대한 일반적 해결을 자극하며 그리하는 데 다소간 도움이 될 것을 바라고 작은 사색의 결과를 독자에게 제공한다.

2 연애의 사적 발전과 정조와의 관계

인류의 역사는 인류가 가지고 있는 혼인 제도가 결코 영구적인 것이 아님을 가르쳐 준다. 즉 오늘의 우리가 가지고 있으며 정당하다고 레텔을 붙인 일부일처 제도라는 것은 과거에 있어서 난혼(亂婚), 군혼(群婚), 우혼(偶婚), 일부다부(一妻多夫) 혹은 일부다처(一夫多妻) 등의 제 선행적 제도를 경과하여 온 사적 발전의 일 계단에 불과함을 알겠다. 이렇게 혼인 제도가 장구한 진화 과정을 지나는 동안에 그것을 결정한 것은 각 시대의 사회생활의 경제적 양식이다.

근대의 혼인 제도에 있어서 연애라고 하는 특수한 성적 현상이 기유(旣有)한 위치는 어떠한가 하면 그것은 늘 시대의 제도의 파괴자이며 반역자이었다. 제도라고 하는 것은 늘 사회 기구의 지배 위치에 있어서 보수적 특권 계급적이다. 연애는 사람의 육적 견인력과 심적 반응의 진화적 형태로서 그 특징은 그것이 제도와 달라서 외부적 제한이 아니고 사람의 내부의 자연발생적 현상임에 있다. 생리적 본능과 인간적 감성을 그 자신 안에 유기적으로 발달시킨 상태이다. 그리하여 이 반란자 — 연애는 근대의 일부일처 제도의 역사를 통하여 늘 간통(姦通)이라는 이름으로 돌려졌으며 부도덕 아니 반도덕적 행위로서 빈척(擯斥)되어 왔다. 이러한 시대까지의 정조 관념은 달라서 인간의 자연적 감정이나 본능을 거부하고 다만 제도가 가려 준 한 남성에게만 바치는 육체적 청정을 의미한 것이다. 즉 영구적인 기계적인 생각이다.

연애가 극히 가까운 근대에 와서 도덕과 윤리의 위치에까지 정당화되기에 이르게 된 것은 자본주의적 개인주의 데모크라시 사상의 부대적 결과다. 그러나 연애는 그 본질상 반역적 위험 분자의 숙명을 가지고 있다. 그리하여 영리한 부르주아지는 신속히 이 위험물을 일부일부 제도라는 감옥 속에 밀폐할 필요를 절실히 느꼈다. 곧 피등의 상투적 수단인 사회정책적 일시 해석에 불과하다. 그러나 연애는 결코 일부일부 제도의 속에서 탄생한 것도 아니고 그 동반자도 아니다. 차라리 일부일부 제도의 경계 이외에서 독립하여 존재한 열렬한 성적 현상이다. 이러한 연애를 그 내부에 유도한 일부일부 제도는 스스로 그 무기를 적의 손에 쥐어 주는 위험을 범한 것이다.

엘렌 케이는 일부일부 제도의 휘하에 연애을 물리학적으로 응용하려고 한 것은 일종의 변태였으며 일부일부 제도의 자살행위라고 하는 것을 몰랐다.(사랑스러운 이상주의자여.) 그러나 엘렌 케이도 결혼의 자유라고 하는 것을 어느 정도까지 용인하였으나 연애라는 자연주의자에게 있어서는 그것조차가 너무나 옹색한 울타리였다. 이렇게 연애가 그들의 존재로부터 일광 아래에 진출하자 이 시대의 정조 관념은 낡은 시대의 비인간적 관념을 버리고

'사랑하는 동안만의 단일적·육적 봉사'를 의미하는 매우 비영속적인 데까지 결과된 것이다.

우리들이 일상 정조의 이름으로 부르는 것은 이러한 의미 내용을 가진 것이다. 그리고 이때까지의 정조 관념의 특징은 그것이 전연 여성의 측에만 요구된 십자가로서 남성은 이 구속에서는 아주 자유로웠다. 그것은 이러한 정조 가치의 규준자가 여성 자신이 아니고 남성인 까닭이다. 모든 법규는 그 제정자에게 유리하게만 된 것이다. 그러므로 앞으로 논의될 정조 문제는 오직 두 개의 명제로 한정되는 것이니 여성으로 하여금 전연 정조의 의무에서 해방하거나 그렇지 않으면 남성에게도 동양(同樣)으로 의무를 새로 부과하거나의 둘 중에 하나를 택할 것이다.

그리하여 새로운 정조론자는 여태까지 여성에게 한하여만 많은 페이지를 허비한 정조의 부담에서 남성 전제적·기계적인 불합리한 부분을 탈출하여 그 정당한 부분만을 피녀(彼女)에게 남겨 줄 것이다. 즉 신정조 문제는 여성의 측에 있어서는 그 중하에서 많은 부분을 경감하는 것이다. 그 반면에 남성의 측에는 이 문제는 이때까지는 전연 문제되지 않았던 것이 근대의 여권 사상의 발달과 함께 정조의 편무성(片務性)의 불합리한 것이 점점 일반으로 무조건적으로 승인되어 남녀평등주의의 입장에서 '여성에게 부과된 의무니 동일히 남성도 분담할 것이라'고 해석되어 남성에게는 새로운 사슬 — 그들에게 있어서는 참으로 인내하기 어려운 사슬을 요구하게 되었다. 즉 신정조 문제는 남성의 측에 있어서는 새로운 부담을 하나 더하는 것이 된다.

그러나 이러한 정조의 범위 문제가 문제되기 전에 그 선결을 요구하는 중대한 초점적 문제는 정조의 존재 근거의 천명이다. 우리는 그것이 필연적으로 존재하여야 할 근본적 이유를 밝게 하기 전에는 그 존재에 대한 결과론적 고찰은 때때로 도로에 돌아감을 안다. 즉 없어도 괜찮을 것을 부질없이 우리들의 노력을 낭비하면서 사색하는 형이상학적 무위를 범하는 실패를 때때로 경험하는 까닭이다.

3 정조 과중설(過重說)

반드시 정조의 지상주의를 의식적으로 제창하지 않아도 현대인의 대부분은 한 여성의 인물의 가치 평가를 시(試)할 때에는 늘 정조라고 하는 시각으로부터 도망하는 습관을 가지고 있다. 「레드 러브」의 작자는 우리에게 새로운 가치 평가의 표준을 제의하였으니 어떤 개인의 가치는 그 개인의 도덕률에 의하여 규정되는 것이 아니다. 과거의 인물 평가의 표준은 도덕률이었다.

그러나 우리는 한 개인이 사회적 가능성과 사회적 행동과 사업으로써 낡은 시대의 가치 표준에 대립시킬 것이라고 했다. 이것은 확실히 정조의 견고한 기성적 지반에 큰 동요를 일으킨 폭탄과 같은 선언이다. 왜 그러냐 하면 정조는 결코 사회적 가능성도 사회적 행동도 사업도 아닌 까닭이다. 어디까지든지 개인의 도덕률 이외의 아무것도 아니다. 코론타이 여사에 있어서는 정조는 벌써 부정되어 쓰레기통 이외에는 그것을 용납할 여지도 필요도 없는 것이다.

그는 대담하게도 연애라고 하는 것은 개인적 사사(私事)여서 사업의 방해가 된다. 그것은 유한자(有閑者)의 소일거리의 일종이라고까지 결론했다. 현대에 있어서 정조의 유일한 근거인 연애가 이렇게 그 왕좌로부터 폄하된 이상 정조만이 그 왕좌에 남아 있을 수는 없다. 아니 연애 내지 정조의 왕좌는 그 근저로부터 붕괴된 것이다.(이러함에도 불구하고 코론타이라는 새로운 생명을 비난하기를 그 무정조로써 하는 늙은 두뇌들의 가없음이여.)

원래 정조는 우리들의 성적 관계의 자연적·본능적 본질인 것이 아니고 그 발생의 원인은 전혀 제도 — 사회적 기구의 약속 속에서 찾아낼 것이다. 즉 가족주의 사회에서는 혈통의 순수를 거의 신경과민적으로 갈구한다. 혈통의 순수를 보증할 수 있는 유일의 길인 여성의 정조가 절대권인 가장권(家長權)의 옹호 아래서 불문률로 되고 여성의 유일 최고의 도덕률에까지 존중되었다. 이렇게 정조는 첫째 가족의 혈통의 정확 때문에 가족주의 시대의 주인인 남성이 제출한 여성의 편중적 의무였다. 이것을 법률이 권력으로써 지지하고 도덕이 미풍의 이름으로 옹호하며 종교가 신의 이름에 의하여 마리아라고 하는 지극히 평범한 우상과 연결하여 찬미하고 순화하여 숭배함에 이르러 한 개의 약속이 인류의 반수 위에 더하여진 것이다. 둘째로 여성이 인격적 존재로서 지구의 표면의 총인구 속에 지위를 주장하여 획득한 것은 근대에 속한 일이다.

오래인 동안 여성은 물품이었다. 남성의 재산이었다. 시장에서 다른 가축이나 화재와 동일히 진열되어 매매되었으며 이것은 특수한 예이지만 돈을 치르고 구입해 오는 것은 우리의 바로 선대까지의 일이었다. 아니 현대에도 어떤 지방에서는 이러한 풍속이 아무 치욕이 없이 행하여진다. 즉 여성은 '연자(戀資)'라는 것에 팔려 다니는 사유재산의 한 품목이다. 사유재산은 불가침의 신비 왕국이라는 법칙이 통용되는 사회에 있어서는 여성이라는 재화를 절대 독점할 권리가 당연히 생겼던 것이다. 도덕이라는 것, 예의라는 것 — 모두가 강자의 지위를 확보하며 위풍을 가장하며 따라서 압박과 구사를 마음대로 행사하려는 강자의 술책이다. 정조 도덕도 이러한 요구에서 생긴 일종의 정신적 만족이다. 이 정조의 망을 때때로 탈출하는 자는 곧 간통이라는 이름으로 장사되어 재산권의 침해의 일종으로 간주되어 사회적 범죄의 속에 산입하였다. 현대의 선진문명국이라고 불려지는 국가에서도 그 나라의 법률에는 간통죄는 오직 여성의 신분에만 한정되어 있다.

상술함과 같이 정조 발생의 근본 동기는 인류의 인간적 요구에서가 아니고 모두가 봉건사회의 주인이며 강자며 지배자인 남성의 지배와 강자의 도구로서였다. 이러한 불순한 야심이 도덕의 법의를 허구하고 횡행할 때에 일부의 여성은 이것을 의심하였으며 용감하게 반역함에까지 이르러 정조 도덕의 안전지대에는 다른 모든 도덕 미풍과 함께 강진이 일어나게 되었다.

다음에 정조라고 하는 관념이 내포하는 특수한 방면이 있으니 혼전의 처녀의 정조, 즉 순결이 그것이다. 이것도 역시 정조의 발생과 같은 근거에서 발생한 도덕으로서 그 밖에 웨스터 마크에 의하면 남성에게는 미경험 여성을 기호하는 선천적 감정이 있으며 또한 여성의 감(感)하는 수치의 염(念)을 즐기는 감정이 있어서 여기에 처녀성 숭배의 근거가 있다고 하나 이러한 감정의 근원을 소급하면 모두 전술한 근본적 동기에서 출발한 것이나 아닐까. 왜 그러냐 하면 처녀성은 미개한 사회에 있어서는 여성의 시장가치의 한 속성인 까닭이다. 만약에 처녀 숭배의 도덕 사상을 긍정한다면 우리는 남녀의 육적 접촉을 부정하지 않으면 아니 된다.

그리고 한번 육적 관계를 경험한 자와 아니 한 자와의 가치 경계의 근본 이유를 설명하지 않으면 안 된다. 우리들은 남녀의 육적 관계를 부정할 그리고 육적 경험의 유무가 곧 여성의 도덕적 가치 고하의 표준이 된다고 단정할 아무 준비도 가지지 못하였다. 이러한 봉건적 도덕을 미화하고 신화하여 더욱 선동한 것은 문학자라고 하는 관념적 미의 추구군이었다. 단테의「신곡」, 괴테의「파우스트」는 중세기와 '슈투름 운트 드랑' 시대의 처녀 숭배 사상의 금자탑이 아니고 무엇인가.

조선의 문학자들의 사이에는 몰비판한 처녀성 숭배가 남부럽지 않게 있는 모양이니 지금은 은둔한 듯하나 얼마 전에는 중학생들 사이에 영명(令名)이 자자한 모 시인은 시를 쓰면 반드시 '아— 처녀여', '아 — 나의 여왕이여' 하여 최상급의 감탄사를 난발하여 사춘기의 중학생의 흉금에 투합하려고 애쓴 것을 우리는 아직도 기억한다. 출판물의 거죽에「처녀의 화환」이라고만 써도 대환영이다. 그러나 우리들의 서식하는 현대는 이미 비판의 시대에 당도한 것이다.

과거의 모든 유물인 도덕·습관·진리·제도, 이러한 것을 일차 우리의 비판을 여과시켜야 할 추(秋)에 이른 것이다. 우리들은 정조라고 하는 도덕률도 그것의 근거를 엄중히 탐색하여 그 가치를 재평가함으로서 과거의 그것의 부여된 지위가 부당한 지위이었으면 순간도 주저없이 그 당연히 찾을 바 지위에까지 인하하지 않으면 안 된다.

4 정조의 파산

이상에서 우리는 과거의 정조 가치의 근거를 탐색하여 그것이 결코 인류 진화의 일단계의 소산임을 알았다. 그러므로 이 인위적 부자연한 지배의 한 도구인 정조의 보루를 차차 파괴하고 더 좋은 명랑한 광야의 아침을 동경하여 자유의 천지로 약진하는 맹렬한 여성이 속속 퇴폐한 권태와 노예적 분위기를 경험시킴에 이르렀다.

"피녀(彼女)는 어떤 젊은 신문기자를 방문하러 갔다가 그 남자가 너무나 창백한 얼굴을 하고 있으므로 몸으로써 위로하였다고 돌아오던 전차 속에서 큰 소리로 주저없이 이야기하였다. 사무엘의 아내 마리안은 남편과 어린것을 집에 두고 단연히 거리로 뛰어나왔다. 그래서 2개월 후에는 제4의 정인(情人)에게 싫증이 나서 사무엘에게 다시 돌아가겠으니 역까지 마중을 나오라고 전보쳤다. 사무엘은 물론 전차를 타고 마중을 나갔다."

이것은 아메리카의 가장 현대적 아내와 남편의 이야기다. 최근 일본의 어떤 타이피스트는 상호부조의 목적으로 그가 만나는 모든 남자에게 그 몸을 제공하였다는 극단의 예도 있다. 사실을 사실로서 직시하기를 두려워하고 공연히 엄연한 현실에 맹목하며 입끝으로나 붓끝으로는 생장하는 새 세력에 대하여 아무 비판 없이 무조건으로 반공격을 퍼붓고 자기들 일군은 안전지대나 특등석에서 신불적(神佛的) 청정을 보전하는 듯이 가장하는 하량노인배(下良老人輩)들과 일부러 고루한 것이 교육가의 제일 업적 사명인 듯이 각오하는 일부의 교육가들의 경계와 기우를 무시하고 젊은 여성들은 차차 정조를 불고(不顧)하고 그들의 협애한 성벽을 파쇄하고 가소(街所)로 유출한다. 긴 머리채를 등에다 흘리고 처녀임을 시위 과장하던 여학생들은 무의미함을 알고 머리를 틀어 올린다. 그리고 그들의 예리한 감수성은 그것이 일종의 허위임을 안다. 그뿐이 아니라 일부일처 제도를 옹호 찬미하는 현금의 국가

법률은 일방으로 정조의 유린 파괴를 공공연히 허락한다. 세계의 각우(各隅)에 빈 곳 없이 산포되어 있는 낭자군(娘子軍)의 존재가 이것이 아닌가.

우리들은 오늘 아침 친구의 결혼식에서 돌아와서 다른 동무의 파경의 하소연이 쓰인 편지를 찢어 본다. 조선의 각 교회당과 사저에서 매일 수십백의 결혼식이 거행되어 정조의 신성이 신과 도덕의 이름으로 옹호될 때에 그보다도 지지 않을 다수의 이혼이 행하여진다. 한때의 파리는 이혼의 수가 성혼의 수를 멀리 초과하였다고 한다. 아메리카에서 최근 20년간 이혼소송을 제기한 남녀가 9백70만이다. 그중에 시카고의 부인은 제5회의 이혼 판결을 법정에서 받았다. 아메리카를 방문하는 종교가의 간담을 써늘케 하는 최초의 그리고 최대의 사건은 그곳 청년 남녀의 무절조다. 극단으로 두뇌가 악화한 자는 말세라 부르고 조금 진보적인 목사까지 "너무나 자유롭다"고 통탄한다. 그리고 그가 만약에 시베리아 경유의 국제 열차로 귀국하였다면 모스코에는 10개소의 관설 사설의 타태(墮胎) 병원이 있어서 그 각 병원에서는 매일 평균 20명씩의 타태수술(墮胎手術)을 하고 있다는 사실을 중대한 기념담으로 보관하여 가지고 돌아온다. 이 정세는 1국 1지방의 특수 현상이 아니라 전 세계에 팽배하는 일반적 현상이며 금세기의 한 중대한 동요상(動搖相)이다.

원래 성적 본능은 무제한한 다각성을 가지고 있다. 그것은 먼저 욕망 — 가장 강렬한 욕망이다. 다시 말하면 결핍의 상태이며 그것을 만족시키려는 심적·생리적 경향이다. 그것은 영원의 기아자(饑餓者)인 검은 독수리라, 최대다수의 점령에의 욕망이다. 그러나 성적 본능은 일방에 강렬한 단일성의 경향을 가지고 있다. 독점의 욕망이 그것이다. 심각한 애욕의 상극과 교착으로부터 일어나는 인간의 비극은 실로 이러한 근본적 본능에 기인하는 것이다. 사람은 어머니의 나래에 떨어지는 날부터 이러한 숙명적 모순이라고 하는 큰 짐을 지고 인생의 싸움을 가지게 되는 것이다.

프로이트는 거의 모든 남성에게 다처적(多妻的) 경향이 있다고 하였다. 그리고 여성에게도 이 다부적(多夫的) 경향을 부정할 수 없다고 하였다. 아니 경향임에만 그치지 않고 인류 생활의 암흑면에서는 그늘을 쓰고 엄연하게 실행에까지 발현되고 있는 사실은 숨길래야 도시 숨길 수 없는 현대 문명의 이면사의 중대한 페이지들이다. 호기심이라는 것은 경박한 감상주의라니보다 차라리 인간의 근본적 동기다. 모든 예술과 과학과 진보의 제1보는 실로 여기에 있다고 한다. 리비도라는 것은 영원의 결핍을 의미한다. 문화라고 하는 표면적 승화 작용의 근저에는 사람의 피비린내 나는 산 움직임이 가로 흐르고 있는 것이다.

우리의 선행자가 그러한 성의 무제한 무정부적 경향에 일종의 울타리인 제도라는 제한으로 규정하는 것은 사회생활의 요구에서 그리 하는 것이다. 과거에 우리의 선행자를 경유하여 우리에게까지 전수된 사회생활은 지배와 피지배와의 대립적 생활이었다. 그리하여 이러한 사회에서는 모든 사회적 조건이 지배자의 측에 유리하게 되어 있기만 요망하였었다. 그러므로 성적 관계를 제약하는 각 시대의 혼인 제도는 지배의 안전보장과 이상화의 일 도구며 방편이었던 것이다. 그리고 혼인 제도의 사적 변천의 경로는 각 사회의 지배 관계의 변천을 반영하는 것이다.

현대는 모든 제도에 관한 신앙과 확신이 동요하지 않고는 마지않을 만치 현대인의 생활 의욕과 그것을 포위하고 있는 선시대의 약속 사이에 근본적 모순을 유기(誘起)하지 않고는 마지않는 절박한 정세에 도달한 것이다. 현대인의 성적 관념은 현금의 결혼 제도와 그것을 옹호하는 인습적 도덕의 날외(埒外)에 멀리 비상하고 있는 것이다. 여기에 일부일부 제도와 정조 도덕의 불안과 동요가 시작한다.

현금 세계를 통하여 성관계의 무정부상태와 무정부화의 경향은 적어도 이러한 사회 사조에 배경을 구할 수 있다. 일부일부 제도의 파산과 정조 도덕의 파탄은 속일 수 없는 시대적 불안이나 이 현상은 이하의 제 원인에 의하여 점점 더 난처함은 미면(未免)하리라. 일찍이 전술한 바와 같이 사람의 성관계의 근저를 이루는 성적 본능이 본질적으로 다각성을 가진 것이고 비영속적 순간적인 것이다. 그리고 사람의 마음은 원칙적으로 유동하는 성질을 속성으로 가진 것인데 그것은 새로운 것에로 부단히 동경하고 전환하는 탄력성의 정신 현상이다.

합리적으로 무애(無碍)히 한 제도나 도덕이 사람의 마음을 취습(取拾)할 수 있는 동안은 그것의 붉은 화염이 그러한 제도나 도덕을 바라고 흡수하는 동안이나 이윽고 그 화염의 첨단은 새로운 대상으로 더 선(善)인, 더 미(美)인, 더 진(眞)인 데로 향하여 연소할 것이며, 더 선인 미인 진인 것을 구하여 전전할 때는 때때로 그것들과는 반하는 추악 불미까지를 즐거이 탐구하는 것이다. 그리하여 현대인의 마음은 구제도나 구도덕의 약속 밖에 멀리 자유롭기를 갈구할 만치 그것들에게서는 완전히 매력을 상실한 것이다.

다음에 부인의 지위가 장구한 동안 순 소비 체계에 예속된 것이 타성적으로 부인의 사유 형식과 관념 형태를 남자와는 별개의 방향으로 규정하고야 말았으니 그 가장 단적 발현은 부인 특유의 허영심이 그것이다. 생산에의 과중 부담에 불평을 가지는 일부 남자들은 이것을 일종의 죄악에 산입(算入)하는데 여하간 이것이 직접 간접으로 동기가 되어 도덕과 제도를 아주 무시하고 유린하는 데까지 이르는 것은 사실이다. 현대 문명은 경련적으로 사람의 신경을 첨예하게 만들며 백열하게 한다. 그리하여 나날이 사람의 허영심을 극도로 자극하고 있다.

우리들이 허영의 거리라고 부르는 거기는 반드시 현대 문명의 향기가 최고도로 방사하고 있다. 그 거리를 장식하는 일루미네이션은 모든 사람의 마음을 퇴폐와 향락 속에 몰입하게 하도록 풍부한 매력을 소유한 것이다. 거기서는 도덕과 제도는 그 주민들의 펌프를 단장할 수조차 없다. 촌락보다는 도회에서 도회 중에서도 허영의 무대의 중심인 곳일수록 거기는 도덕과 제도의 색채에 감염되지 않는 딴 분방한 분위기가 지배하고 있다.

일방으로 불합리한 경제 조건의 소이(所以)로 발생한 부정(不貞)과 부도덕의 안전지대인 인육 시장이 합법적으로 도덕과 제도를 파괴할 때에 이와는 딴 형식으로 허영심이 수천 년간 제도와 도덕이 수립하여 놓은 도의 관념을 부인의 마음에서 거세하고 있다. 그리고 남녀평등주의의 철저와 부인의 가두 진출에 의한 남녀 접촉의 기회가 시간적으로 공간적으로 점차 확대될 것이니 유혹과 피유혹(被誘惑)의 기회도 이와 정비례하여 증진할 것이다.

논리학까지가 인심을 고정체로 간주하기를 단념한 금일에 그 어느 용감한 학자가 유혹 피유혹의 작용·반작용의 교착 중첩의 이 어지러운 현대라는 와중에서 오히려 사람의 마음속에 도의관념의 확보를 보증할 수 있으랴. 최후로 정조를 위협하는 최대의 원인은 생리적 성숙자가 생리적·심리적으로 완전히 결혼의 자격을 획득하고도 오히려 경제적 조건이라고 하는 것에 주저되어 그의 성적 본능을 합법적으로 즉 결혼의 형식에 의하여 수행하며 신장할 수 없는 데서 부득이 억압된 성의 분화구를 비합법적·잠행적·지하철적 음암 속에 구하여 결혼 외의 성행위에로 분주하는 것이다.

여기에 우리는 현대의 결혼 제도와 정조 왕국의 결정적 파탄을 발견하는 것이다. 현금 세계를 거(擧)하여 생산과잉과 주기적 공황에 의한 산업계의 공전의 불황과 산업 합리화에 의한 노동예비군 실업적 인텔리겐치아의 대량 산출과 중산계급의 몰락에 의한 계급 수립의 경계선의 선명화 등의 제 원인에 의하여 성숙기에 달한 청년 남녀의 경제적 조건은 심히 불리한 상태에 있으며 앞으로 이 현상은 점차 격고(激高)할 추세에 있은즉 결혼 외의 성적 관계는 따라서 심각화할 경향을 가지고 있다.

결혼 외의 성행위란 무엇인가. 첫째 매음이다. 이 문제는 경제 문제와 분리하여는 절대로 고려할 수 없는 것이다. 이것이 존재하는 이유는 유흥 계급의 그 범람하는 성적 에너지 유출과, 결혼에 축복받지 못하는 대다수의 무산 남성의 성적 향락을 목표로 하고 계획되는 기업가의 무산 여성의 이용에 있다. 둘째 매음과 같이 매매적 계단을 통과하지 않고 어느 정도까지 자유로운 한도 안에서 영위되는 미혼 혹은 비혼 남녀 상호간의 경제적 책임에서 면제된 성적 행위가 그것이다. 이 결실은 구주대전 이후의 구라파에 있어서의 사생아의 격증(激增)과 타태범(墮胎犯)의 증가 등 실례가 그대로 이야기하여 준다.

모스코에는 관설 사설 타태(墮胎) 병원이 10개소가 있어서 매일 그 각 병원에서 타태 수술을 받는 부인이 평균 20명씩은 된다고 하니 모스코 도시에서만 매일 의사의 손에 의하여 인공유산이 되는 태아의 수가 평균 2백 명에 달한다고 한다. 로마법을 인용한 현금의 각국의 형법은 타태(墮胎)를 예외 없이 죄악으로 간주하는 사상적 강제에 의하여 착색된 것이다. 일본도 역시 로마법을 그대로 인용한 형법을 가지고 있으나 부인과 병원의 다대수는 이러한 환자를 수용함으로써 평일의 영성(零星)에도 불구하고 번영하고 있다고 하며 뉴욕에만 1개년간에 10만 명 전후의 부인이 타태 수술을 받고 있다고 한다.

 결혼외 성관계는 앞으로 피임법의 과학적 발달과 그 일반적 보급에 의하여 가속도적으로 정조의 파괴 작용을 인기(引起)하고야 말 것이다. 이리하여 정조의 파산 시대 — 일부일부 제도의 위기는 전 세계를 통하여 팽배한 만조니 우리들이 당면한 중대한 금일의 문제의 하나가 아니면 안 된다. (이하 약(略))

—《조선일보》(1930. 9. 2~16)

찡그린 도시 풍경

　피리를 부는 밤 국수 장수의 센티멘털한 노래를 끌고 가는 수레(車).
　가을이 깊은 10월 밤은 여자의 마음과 같이 차다.

　희박한 어둠 속을 전차는 노아의 상선(箱船)과 같이 무겁게 흐른다.
　파카드는 오늘 밤도 밀회를 싣고 어린 고양이와 같이 교외의 절(寺)간으로 줄달음친다. 피녀는 단연히 음분하다.

　아스팔트를 쫓는 여자의 구두 소리 —.
　그 여자의 스커트는 맹렬히 대지를 반사한다.
　그 여자의 스커트는 나래를 병아리와 같이 팔딱인다.
　콜론의 향수(香水)를 부채질하나 직수입은 아니다. 의연히 동양류(東洋流)의 회색의 암탉이다. "너는 날고 싶으냐."

　저기 — 종로 네거리에 건방지게 물산장려 ×원은 오스트레일리아산의 린넬 양복을 타고 간다.

대도(大道)에 몸부림치며 굴러오는 부영(府營) 버스의 헤드라이트는 여차장의 까만 눈동자와 함께 눈물에 흐려 있다.

이국 풍속의 그로테스크한 행렬이 본정(本町) 3정목(丁目)을 흘러간다. 파리 떼와 같이 잡답(雜沓)하고 도발적인 가장행렬이 흘러간다. 엑소틱한 원시 악기의 부조화 ── 조음(噪音) ── 난조(亂調). (略)

산양의 위장과 같이 좁은 이 거리에 모여든 구경꾼들의 얼빠진 얼굴들이 홍수와 같이 범람한다. 5색의 인조견에 휩싸인 이 도시의 오래인 주민인 아낙네들이며 젊은이들도 구경꾼들 속에 무수히 섞여서 물고기 떼와 같이 이리 몰리고 저리 몰리며 자못 만족한 웃음을 엑소틱한 행렬 위에 뿌리며 목마와 같이 입을 벌리고 서 있다.

구경꾼들은 한 개의 행렬을 보내고는 또 다른 행렬을 바쁘게 환영한다.

그리고 모두 인형과 같이 웃었다.

……은 완전히 공각화(空殼化)하여 이 도취한 본능적인 군중에게 망각되어 버렸다.

우울해진 고도(古都)의 역사는 지금 아주 비관해서 고고학자의 연구실 속의 먼지 낀 고서들에 숨어서 노란 탄식을 뱉으리라. 백지(白紙)이기를 좋아하는 이 폐도(廢道)의 오래인 주민들은 증발된 수소 모양으로 그 마음도 공허한 것을 좋아하는 습관에 중독되었나 보다.

다만 거기에는 흥분된 신경이 모든 순간을 지배하고 있다.

정열과 어지러운 사람들이 홍수의 흥분이 식은 뒤의 자정이 가까운 밤거리는 죽음과 같이 고요하다.

불길한 침묵이 올빼미의 눈동자처럼 어둠의 저층으로 스며들 뿐이다. 어둠을 향하여 짖는 얼빠진 주정꾼도 있다.

조소적(嘲笑的)인 검은 레일은 전주(電柱)의 붉은 등불을 적막하게 반사한다.

종점에서 최종전차를 기다리는 「?」의 여자 ― .

그 여자의 다리를 자줏빛 피가 흐른다.

피착취(被搾取)의 안전지대에서 넘쳐흐른 실업자와 스리 대장(大將)의 마음은 공원의 벤치를 가로타고 밤을 깨무는 시계의 바늘처럼 바쁘다.

나는 축복한다.

서울의 시민 제군.

이러한 서울의 모든 뒷골목에서 그대들이 마시고 있는 고양이 털 같은 미지근한 가정의 공기 속에서 별 아래 가지는 그대들의 안식을 ― .

그리고 나는 잠깐 로렌바하를 본받아 폐도 부루제를 명상하는 불행한 시간을 가지자―나의 즐거운 꿈 ― 미스·서울의 푸른 입술에 유스포프 후작이 라스프틴을 초대한 그 술을 부어넣는 음태적(陰態的)인 향연의 꿈을 꾸면서 ― .

―《조선일보》(1930. 11. 11)

도시 풍경 1·2

1 촉수(觸手) 가진 디파트먼트

여러 가지 축복받지 못한 조건으로 인하여 부득이 시대 전진의 수준에서 밀려 나올 수밖에 없었던 봉건적 도시인 경성(京城)도 차츰차츰 첨예한 근대 도시의 면모를 갖추기 시작한다.

서울의 복판 이곳저곳에 뛰어난 근대적 디파트먼트의 출현은 1931년도의 대경성(大京城)의 주름 잡힌 얼굴 위에 가장하고 나타난 근대의 메이크업이 아니고 무엇일까.

근대는 도처에 있어서 1928년 이후로 급격하게 노후(老朽)하여 가고 있다. 이 메이크업 한 메피스토의 늙은이가 온갖 근대적 시설과 기구, 감각으로써 젊음을 꾸미고 황폐한 이 도시의 거리에 다리를 버리고 저물어 가는 황혼의 하늘에 노을을 등지고 급격한 각도의 직선을 도시의 상공에 뚜렷하게 부조(浮彫)하고 있다.

밤하늘을 채색하는 찬란한 일루미네이션의 인목(人目)을 현혹게 하는 변화 — 수백의 눈을 거리로 향하여 버리고 있는 들창 —.

거대한 5, 6층 빌딩 체구 속을 혈관과 같이 오르락내리락하는 엘레베이터(승강기), 옥상을 장식한 인공적 정원의 침엽수가 발산하는 희박한 산.

그리고 둥그런 얼굴을 가진 다람쥐와 같이 민첩한 식당의 웨이트리스와 자극적인 음료와 강한 케이크의 냄새 — .

최저가로 아니 때때로는 무료로 얼마든지 제공하는 여점원들의 복숭앗빛의 감촉 — .

이것들은 센서블한 도시인의 마음에로 향하여 버려진 디파트먼트의 말초신경이다. 일찍이 에밀 베르아랭은 불란서의 심장 파리를 촉수를 가진 도회라고 노래하였다. 그런데 디파트야말로 무형의 촉수를 도시의 가정에 버리고 있는 마물(魔物)이다. 오후 다섯 시 — 거리의 피곤한 황혼이 되면 그리고 더욱이 쾌청한 일요일에는 디파트먼트의 넓은 층층대에는 시민의 지친 얼굴들이 폭포같이 퍼부어 내려온다.

그 속에는 창백한 샐러리맨의, 육감적 중년 마담의 수없는 얼굴얼굴들이 깜박거리며 내려온다.

난간에 비껴서서 층층대를 올라가는 미끈한 여자의 비단 양말에 싸인 다리와 높은 에나멜의 구두 뒤축을 하염없이 쳐다보고 서 있는 수신 교과서를 잊어버린 중등 교원도 있다.

그들은 인제는 교외의 절간으로 나가는 대신에 일요일의 맑은 아침이 되면 그들의 어린 W와 젊은 제비와 애인을 끌고 이 디파트먼트의 질소를 호흡하러 꿀벌과 같이 모여들어서는 그들의 얕은 호주머니를 털어놓고는 돌아간다. 어제까지는 설렁탕의 비린 냄새를 들이켜던 그 사람도 오늘은 음악가 지원의 여자와 같이 정자옥(丁字屋) 식당의 찬 대리석 테이블에 마주 앉아서 캘리포니아산의 커피차를 쪽쪽 빨고 있다.

이곳을 발상지로 하고 에로와 그로와, 이것을 중심으로 소매치기와 키스와 유인 등 뭇 근대적 범죄가 대도시로 향하여 범람한다.
그러나 누가 알랴. ××주의에 의하여 무장한 ××××주의가 이곳에서 창부(娼婦)와 같이 차리고 밤의 아들딸들을 향하여 달콤한 손질을 하고 있는 줄을 ─ .

2 흥분된 러시아워

1

급경사한 층층대를 굴러 나오는 젊은 사나이들의 쥐어짠 새파란 얼굴을 무수한 괴물과 같은 빌딩의 두터운 강철의 문이 본정(本町) 1정목 어구에 놓였다.
가슴에 싸인 질소를 풀어놓기 위하여 그들은 어족과 같이 경쾌하게 오후의 거리로 밀물쳐 나온다. 이때부터 대경성(大京城)의 러시아워가 시작하는 것이다.
도회의 흥분이 백도로 비등하는 복숭앗빛의 시간이다.

2

이윽고 황혼의 정열이 거리의 아스팔트 위에 깨어진 심장처럼 새파란 피를 흘린다.
오후 여섯 시 ─ .
룸펜과 인텔리의 강철의 가슴에 회색의 성벽만 높아 가는 때 ─ (오 ─ 이 병적 순간을 거절하지 않는 신은 무자비한 뱀이다.) 네온사인은 유리와 같이 투명하다. 애비뉴의 괘등(掛燈)은 계란빛 눈물에 우울한 한숨을 피운다. 술 취한 재즈나 카페의 유리창의 자줏빛 휘장을 헤치고 거리로 향하여 범람한다.

음분(淫奔)한 어족과 같은 사나이와 여자의 마음이 조금씩 움직인다. 원색의 강렬한 자극을 찾아 레스토랑으로 빨려 들어가는 모던 걸의 어깨의 급격한 파동 — 피녀의 정맥은 푸른 음성의 혈액으로 팽배하다.

3
파리의 러시아워가 몽파르나스의 포도 위에서 화죽(花竹)과 같이 폭발할 때 무서운 어린애인 장 콕토는 카페의 대리석 테이블에 기대어 정가표의 뒷등에 시를 쓴다. — 내 귀는 조개껍질. 언제나 바다의 소리를 그리워한다 — 그렇다 흐른다 흐른다.
홍수 홍수 홍수 사람 홍수, 대학생의 다리는 명년도 실업자 등록의 검은 현실을 응시하며 채점의 진열대에서 신취직 성공법을 찾아다니고 있다.
골목에 우두커니 서 있는 노동자의 심장은 레닌과 불온성(不穩性)을 왕성하게 분비하고 있다.

4
저기는 또 빛 다른 에나멜의 감각이 흐른다.
다리 다리 다리 — 거리의 저공에 난무하는 급각도의 직선의 교착 — .
여자의 새빨간 냄새를 찾아 사나이의 코끝에 후각이 떨린다.
아내의 남빛의 거의 기아 상태인 지갑을 근심하는 불안과 밧줄에서 전부 해방된 들뜬 마음 — 춤추고 싶어 하는 마음들 — 둔탁한 페이브먼트를 씻고 흐르는 다리 다리.
그리고 사슴의 발통 같은 구두 발꿈치 — .

쇼윈도의 화사한 인형과 박래품(舶來品)의 모자와 넥타이에 모여 서고 있는 불건전한 몽유병자의 무리들은 옆집 악기점에서 흘러나오는 레코드의 왈츠에 얼빠져 있다.

오 — 심장과 뇌수를 보너스와 월급에 팔아 버린 기계 인간이여, 부르주아가 빚어 놓은 향락의 회색지를 반추하는 기갈(飢渴)한 로맨티시스트 — .

5

큰 거리의 뒷골목에 야차(夜叉)와 같은 밤빛이 무겁게 잠겨 갈 때 소란하던 밀물은 지나가기 시작하여 비등하던 백도의 러시아 워가 인어의 피부처럼 식어 갈 때 점두(店頭)의 적막 일루미네이션은 오후 열 시의 그들의 밀회를 가만히 유혹한다. 도회는 매춘부다.

─《조선일보》(1931. 2. 21~24)

어째서 네게는 날개가 없느냐

가경(可驚)할 정력적인 동물 — 기차는 지금 고원의 밤을 화성과 우리들의 유성 사이를 물바퀴 치는 난폭한 눈보라를 뚫고 달음질친다.

1931년 3월 25일 오전 2시, 역서와 시계가 가리키는 시간은 바로 이러하다.

그 — 기차 — 는 아무 의지도 없이 다만 학대받고 복종하는 의무만에 의하여 움직여지는 모든 기계의 운명을 운명으로 한다. 궤도 위에 지치벅거리는 수레바퀴의 괴로운 비명은 자연에게 혹사되는 기계의 불안한 호소, 그래서 헐떡이는 피스톤의 들먹거리는 숨소리는 아주 가쁘다. 그것들은 우리들의 병든 때와 마찬가지로 —. 그러나 기관차는 작은 영웅과 같이 용감하게 눈보라와 싸우며 여전히 달음질치기를 게을리하지 않는다.

피녀(彼女)와 만나는 기쁨을 하룻밤 새 꿈꾸고 있는 3등 객차의 젊은 승객 — 웃음에 떨리는 그의 시선이 때 묻은 자줏빛 가방 위를 기어다닌다. 그 가방 속에는 50전짜리 오페라백이 있다. 오페라백 속에는 1원 50전짜리 비단 양말이 있다.

두 달 만에 북방의 찬 별 아래 병든 몸으로 드러누운 피녀의 베갯머리에 놓아 줄 그의 유일한 선물이다. 여학생이 아닌 이후에도 28전짜리 흰 양말의 보증만 받던 피녀의 다리가 일약 1원50전짜리 가스에 감겨서 방바닥 위에서 가볍게 트로트하겠지. 그러면 그는 피녀의 손목을 붙잡고 "인제는 그만 병상을 차 버리고 걸어 보게, 흰 눈길을 ─ " "그래요, 달음질치고 싶어요." 그러면 나는 그의 작은 욕망을 사랑하리라.

잠깐 창을 바라보았다.

시커먼 눈보라의 혓바닥이 창을 때린다. 그를 삼켜 버릴 듯이 창으로 뛰어 들어오지 못하여 악의에 찬 눈을 흘기며 그의 가슴속에는 불길한 회색의 예감이 떨린다.

인생에 있어서 우연처럼 장난이 심한 심술쟁이는 없을 게다. 그래서 가장 희열에 물결치는 만조(滿潮)의 순간을 여지없이 밟고 폭발시키기를 그는 좋아한다. 그러나 이러한 회색의 예감이 그의 인생의 전부를 가리울 암영이 되기에는 그는 너무나 어리다. 그에게는 닥쳐오는 모든 순간을 감격할 만한 탄력성의 혼이 있다.

악의 없는 작은 배반 ─ .

편싸움에 날뛰며 드는 이유 모를 익애(溺愛) ─ .

그에게 속하여 있는 모든 것은 아이들의 것이다.

그래서 그에게서 떠나 버린 많은 동무들의 얼굴을 그려 보며 그리워한다. 그리고 아무 사념(邪念) 없는 장난에 그만 눈을 흘기며 물러가는 많은 적들을 ─ .

어두컴컴한 그림자들의 난무 ─ . 눈보라는 너의 정열에 맡겨서 날뛰려므나 ─ .

그리고 기관차는 그의 목적을 전진하는 평행선의 종점까지 수행할 것이다. 이 퍼붓는 눈 아래 잠기는 죽음이 크다면 닥쳐오는 순간순간의 우리의 생명의 동경과 확충과 희열은 어째서 커서는 못쓴단 말이냐.

그것은 지난여름이었다.
동물원의 울안에 누런 호랑이의 시뻘건 혀가 성하게 춤추었다. 일요일을 즐기려 회사원을 차고 온 모던걸의 기름진 가슴팍이 먹고 싶어서 —.
그러한 오후에 그가 그들의 보금자리로 돌아온즉 방에는 이부자리와 버들 상자와 책상과 그리고 알미늄의 식기 몇 개 —.
장마에 꽃이 핀 벽에는 간밤에 빈대가 눌려 죽은 핏자국, 아직도 선혈이 임리(淋漓)하다.
너무 비좁아서 마루에 내놓았던 책상자마저 주인 영감쟁이가 "이건 세를 안 낸 데라고" 꾸중꾸중한다고 화가 나서 들여논 셋방을 화씨 97도의 더위가 침입한다.
아무 방비도 요새도 없는 상태에서의 놀라운 적을 그들은 어떻게 할까.
이완한 피녀의 피부는 샘처럼 궂은 땀을 분비한다. 피녀는 일본 극장에서 온 대(大) 레뷰가 보고 싶다고 쓰레기통 같은 상자 속을 부리나케 들춘다. 물론 마지막으로 전당 잡을 것을 채굴하는 것이었으나 그것은 벌써 광맥이 진(盡)한 광구였다.
"인제는 다 집어먹었네." 이러한 대사를 남기며 피녀는 우물로 갔다.
그동안에 그는 사루마다만 입은 채 부지런히 다리를 들여놓고 있었다.

바케스를 드리우고 들어오던 피녀는 "이 더운데 무얼 하오" 하고 묻는다.

"이게 레뷰야, 봐도 그렇지."

"호호호호" 그는 손뼉을 소리 나게 때리며 웃는다. 그의 레뷰가 이렇게까지 갈채를 받을 줄은 물론 그는 예상하지 않았다.

뱀이 오는 것같이 나의 두 다리에 감기는 그의 팔. 뜰 아래 아카시아 잎사귀에 뱀의 노래가 매달려 그네 뛴다. 바다와 같은 사람이 뜰을 건너오기 시작한다.

"여보 가을이 오면."

"그래요 가을만 되면."

그날 밤 그들은 조심스럽게 그물의 욕망을 잠재우느라고 서로 아무 화제조차 꺼내지 않았다.

생은 참말 유혹이다.

그러던 가을이 왔으나 아무 시원한 소식 대신에 가을이 그의 유쾌한 반 조각에게 가져온 선물은 병(病)이었다.

그리하여 피녀는 북국의 어머니의 곳으로 돌려보내는 슬픈 이별의 밤이 샹들리에가 눈을 부시는 경성역의 플랫폼 밖에서 아득하게 캄캄하여 가고 있었다.

기차는 움직인다.

플랫폼의 콘크리트 위를 빛과 그림자의 물결이 뱀과 같이 흐른다.

날카로운 어둠과 강철의 지치벅 소리 속에 피녀의 작은 얼굴이 차창에서 깜빡거리며 사라져 간다. 얼빠진 것처럼 그의 모자는 공중에서 무수히 흔들렸다. 피녀가 보지 못하는 때까지 ― . 용감한 기차는 그만 큐피드와 같이 어둠의 바닷속으로 뛰어 들어갔다. 피녀의 얼굴도 나뭇잎같이 어둠 속에 빨려 들어갔다.

장식(葬式)의 행렬같이 침묵한 군중이 가벼운 한숨을 토하며 층층대로 기어 올라간다. 승객들이 배설한 탄산가스를 반추하면서 역 구내의 소제부는 함경선 손님들이 토끼와 같이 어지르고 간 3등 대합실을 쓸고 있다. 많은 눈물이 흘려 있으므로 그는 조로의 물을 쓰지 않았다.

구내의 매점은 장교가 없는 인형의 군인처럼 입을 다물고 조용하다. 그때에 피녀는 분초를 다투며 한 마일 두 마일씩 북으로 그에게서 멀어져 가고 있었다.

겨울이 지나고 남해에 눈송이 녹아내리는 봄이 오면 제비와 같이 돌아올 테라고 식당에서 나오며 무사기(無邪氣)한 피녀는 말하였다. "나를 속이지 마르우, 나는 믿소" 이러한 말도 피녀는 했다.

동대문행 전차를 기다리며 안전지대 위에 우두커니 서서 그의 눈은 괴롭게 웃었다.

"흥 그는 의무로써 나를 얽매어 놓고 가려고 한다. 그는 얼마 동안 기쁘게 아니 하겠다. 그는 얼마 동안 나를 괴롭게 아니 하겠지."

빈방에 돌아왔다.

찬 장판에는 피녀가 펴 주고 간 이부자리가 아무 감각 없이 거기 자빠져 있다. 피녀의 치마저고리가 벽에 걸려 있기에 그는 상자 속에 접어서 집어넣었다. 차디찬 전등불이 그의 얼굴을 그리고 그의 고독을 비친다. 그리고 컴컴한 어둠이 그를 삼켜 버렸다.

그렇게 떠나가서 지금 병상에 누워 있는 피녀를 그는 찾아가는 것이다.

이러한 회상의 바다에서 그가 헤매는 동안에 꿈에서 깬 것처럼 어느새 밤이 새고 날이 밝았다.

시골의 정거장마다 차장의 긴 고무장화가 거의 무릎까지 그 속에 박히도록 눈이 쌓였다. 오 — 눈이다.

수은(水銀)의 바다다 — 빛난다 — 웃는다. 눈만 쌓이면 언제든지 K가 파고다공원으로 사진 박으러 가자고 조르던 그 눈이다.

여기에 눈은 아낌없이 있다. 아무 인색도 없이 그는 이 들 위에 버리어 있다.

그래서 다갈색의 북국의 땅이 그 아래서 고요히 정열을 기르고 있는 것이다. 새로운 비약을 꿈꾸면서 — .

이윽고 불타고 남은 폐허와 같이 신산한 함흥역(咸興驛)에서 휴 하고 숨을 내쉬었다.

꺼멓게 탄 기관차의 몸뚱어리에서는 김이 무럭무럭 오른다. 하룻밤 사이의 투쟁에 시꺼먼 석탄 먹는 괴물은 꽤 신고(辛苦)했나 보다.

흰옷을 둘러쓴 먼 산을 내놓고는 들에서는 밭두덩이 가끔가끔 검은 살을 드러내 놓았다.

끝이 없는 흰 들을 건너가는 수레바퀴가 남긴 끝이 없는 평행선. 그리고 산더미같이 높게 실은 나무수레를 따라가는 북방의 농부와 눈 위에 떨어지는 엷은 그의 그림자 — . 드높은 하늘에 넘쳐 휘날리는 흰 구름장을 헤치고 수정보다도 더 푸른 하늘이 얼굴을 내민다. 오 — 이것이야말로 그가 그리워하던 것이 아니고 무엇이냐.

눈보라도 지나가고 —
밤도 지나가고 —
흐린 하늘도 말쑥하게 지나갔다. 새로 잔뜩 석탄을 실은 기관차는 다시 객차를 끌고 긴 고동 소리를 울리며 북으로 향하여 이 역을 떠난다. 눈이 닿은 데까지 은가루같이 반짝이는 흰 눈의 바다를 나래 노질하여 — .
이것은 아주 새로운 희망과 힘과 야심에 타오르는 인생의 항해와도 같다.

육지에 흐느끼는 저 푸른 동해수 — 어린 어족들은 방금 아무 간섭도 없이 저 바다의 푸름과 청춘과 오존을 정복하고 있겠지. 사람에게는 어째서 날개도 없고 지느러미도 없을까.

이윽고 수수에 그슬린 한적한 정거장과 작은 언덕과 소 모는 계집애의 구슬픈 노래와 — 그러한 것들로부터 꾸며진 그의 시골에 기차는 그를 튀겨 버리리라. 그러면 그들 — 그의 옛 동무와 그 — 은 썰매를 끌고 언덕으로 올라가리라.
그래서 모든 것을 정복하고 싶은 굉장한 욕망을 그들에게 회복하리라.
그리고 그의 활발하고 민첩한 탄환을 공기총에 재워 가지고 골짜기로 내려갈 것이다.
그래서 커다란 소리를 내며 빽빽한 공기를 찢는 꿩의 나래를 맞추리라.

꿩을 놓치면 걸어가는 닭을 맞추지. 일찍이 그가 누런 옷에 털모자 쓴 포수(사냥꾼)가 부러워서 소학교의 몇 동무와 나무 막대기를 끌고 깊은 골짜기에 어두운 안개가 갈앉을 때까지 마을의 산을 돌아다니다가 매(鷹)가 먹다가 남긴 장꿩의 반체(半體)를 발견해 가지고 그 훌륭하게 찬란한 꼬리를 뽑아서 모자에 높이 꽂고
　"············"
을 유랑하게 부르며 활개 치며 산비탈을 돌아서 손바닥보다도 더 작은 마을로 개가(凱歌)하던 그 꿩을 ─ .

　그래서 그의 몸에 피곤이 퍼지면 아직 날음을 배우지 못한 참새 새끼와 같은 작은 그들의 마음을 푸른 하늘의 무한한 공허에서 감추어 주는 커다란 소나무 그늘이 가로질린 언덕 위에 그들은 다리를 펼 것이다. 산기슭에 남아 있는 텅 빈 주춧돌들을 가리키며 그는 강아지를 데리고 나온 마을의 젊은이에게 물을는지 모른다.
　"저 집에서는 어디 갔오."
　"북으로 갔지요."
　그는 다시 봉숭앗빛 저녁 하늘에 차디찬 수직선을 뚜렷하게 그리며 옛날의 동원 터전 위에 우뚝 솟아 있는 회색의 콘크리트 건물을 손가락질할 것이다.
　"저기는 누가 사오."
　그러면 농부는 썩은 나무 자루에서 황소의 고삐를 풀며
　"옛 주인이 아니랍니다."
하고 짧은 대답을 남기고는 그의 비탄을 중시하고 익숙한 휘파람을 불고 소를 몰아 마을로 들어갈 것이다.

그래서 지금 무한한 탄력에 넘치는 북조선의 하늘과 들은 남성적인 박력에 가득한 유혹을 끊임없이 던지고 있다.
너희들 — 어린 혼(魂)에게 —.
(1931. 3. 8. 유쾌한 그 북국의 여행을 회상하며)

—《조선일보》(1931. 3. 7~11)

식전(食前)의 말, 우리의 문학

이런 때는 이렇게도 생각한다.

유사 이래 가장 많은 사람들의 입에 올려 보았고 동시에 있을 수 있는 말 중에서 가장 경박한 말이 있다. 그것은 "사람은 '빵'으로만 사는 것이 아니다."라는 말이다. 19세기 이래 격렬한 논쟁의 제목이 되기까지 한 이 말은 아마 한 유태인의 말인 것 같다.

나는 지금 여기서 많은 사람들의 두뇌와 궤변이 최대한도로 이 말을 중심에 두고 다량으로 분비된 것을 아는 까닭에 이 말의 시비 판단을 새삼스럽게 되풀이함으로써 독자 제군으로 하여금 하품을 토하게 만든다든지 수없는 유심론자의 일소(一笑)를 사려고 하지도 않는다.

다만 나의 의도는 그 말이 말하여진 그 시간에 대하여 말하려는 데 있다. 독자를 갑갑하게 아니하기 위하여 결론부터 먼저 말해 버리면 그 말의 주인인 유태인 — 예수의 중추신경이 그와 같은 사유 내용을 그의 생리적·외적 영향에 의하여 사유하고 한 개의 판단 — 명제로서 그를 에워싼 군중에게 향하여 발언된 것이 식전이었던가 혹은 식후였던가 하는 데 대하여 탐색하려는 것이다.

이 경우에 식전 혹은 식후가 조반에 대한 말이거나 석반에 대한 말이거나는 문제 이외다. 다만 그의 위장에 식료가 충전되고 안 된 것이 문제다. 나로 하여금 말하게 한다면 그 행복스러운 유태인은 아마 식후에 그 말을 토하였을 것이다. 만약에 그렇지 않고 식전에 감히 그런 말을 하였다면 더욱이 밥 못 먹는 사람의 자격으로서 그렇게 하였다면 그는 실로 밥하고는 매우 친근치 못한 처지에서, 즉 기아의 구렁에서 방황하고 있는 만천하의 불행한 사람들에게 대하여 안색이 없을 것이다. 일 동료로서 그 동료에게 대한 그 이상의 불근신 극한 말의 표현은 있을 수 없을 것이다.

그 말이 만약에 생리학 교과서에서 발견된다면 물론 바른말이다. 아니 실연성을 가진 생리학상의 법칙이 되었을지도 모른다. '멘델의 법칙'이라든지와 마찬가지로 '예수의 법칙'이라든지 '아르키메데스의 법칙'이라는 레테르까지 붙여서 — 그리하여 축음기와 같이 규칙적인 어떤 중학교 교사는 강단에서 일 생리학자로서의 예수의 나사렛에 있어서의 유년기 등에 대하여 화려한 설명을 연년이 되풀이하였을지도 모른다. 왜 그러냐 하면 빵 이외에 김치·물·공기 때때로는 쓴 약까지를 사람은 필요로 하니까 —. 그렇지만 불행하게도 그 말이 성서 속에 자리를 차지하였기 때문에 빵에 대한 절실한 자각과 반성이 없는 불근신한 유심론자에게 그들이 유물론자에게 향하여 무상 명령적으로 노호(怒號)하는 구실 좋은 테제를 제공한 것은 지하의 그로서도 책임을 도시 모피(謀避)할 수 없을 것이다.

그러므로 예수는 그 말을 식후에 한 것이 아니면 예언자로서가 아니고 생리학자로서 한 것일 것이다. 이것은 그를 매우 선의를 가진 견지에서 양보한 견해다. 그렇지 않고는 빵에 대하여 배수적(背水的) 입장에 있는 사람으로서 그 찬조한 어구를 어떻게 처치하여야 할까가 매우 곤란하다.

그렇지만 사적 사실에 대하여 매우 충실하려고 하는 우리는 예수의 전기자(傳記者)들의 수기를 일고(一考) 아니하는 불친절에 빠져서는 아니 된다. 그래서 여기서 우리는 또 한 개의 예외가 가능한 것을 발견할 것이다. 즉 그의 전기에 의하면 그는 돌로써 떡을 만드는 신통한 재주가 있었고 겨우 여남은 고기를 가지고 수많은 군중의 배를 채워 주고 몇 광주리 남았다고 한다. 이런 재간이 있으니까 그는 식전이면서도 "사람은 '빵'으로만 사는 것이 아니다 ─" 하고 대언장어(大言壯語)할 수 있었을 것이다. 돌로써 빵을 변조하여 주린 군중에게 나누어 주는 대신에 아래 깔린 무수한 생명들이 빚어낸 것을 긁어 모아 놓은 사람들은 "사람은 '빵'으로만 사는 것이 아니"라는 말을 할 자격에 있어서 전연 결여된 것이라 아니할 수 없다.

사람들은 말한다. 조선의 문단은 왜 이렇게 위축 부진의 저조에 잠겨 있느냐. 그 진흥의 책으로 사회학적 비판을 제기한다는 분도 있고 우리에게는 어째서 위대한 음악가·발명가·학자가 없느냐고 혼자 가슴을 두드리며 비분하는 분도 있다. 그러나 그 원인을 가장 평범한 말로써 표현하면 모두 '빵'이 윤택지 못한 곳에 모든 「?」의 열쇠가 있는 것이다.

좀 더 관념적 표현을 택한다면 생산이 불활발한 곳에 모든 관념 형태도 위축하는 것 같다. 모든 사회적 문제는 그 사회의 '빵'의 문제의 합리적 해결에서 비로소 해결의 서광을 발견할 것이 아닐까. 그래서 어떤 사회가 '빵'의 분배에 있어서 매우 균제를 잃어 버렸을 때 그 사회는 결코 활발한 성장을 수행할 수 없을 것은 물론이다.

가장 암담한 일은 이러한 사회 속에 서식하면서도 탁류에 얼빠져 몰려다니는 착란상태의 물고기 모양으로 '빵'에 대한, 그리고 그것을 에워싼 사적·객관적 상호작용에 대한 자각이 없는 사람의 경우다. 우리는 안다. 우리들이 처한 시간적·공간적 위치를 —. 그러니까 우리는 이 모든 문제의 근저를 이룬 한 개의, 오직 한 개의 문제에 대한 진지한 반성과 동시에 그 해결에 매진하지 아니하면 아니 될 것이다. 우리들의 문학 — 그 사회의 관념 형태의 일부분 — 에 많은 접촉을 가지려고 하는 문학 지원자들도 한걸음 퇴각하여 '빵'에 대하여 더 진지한 관심을 가질 것이 아닐까. 우리들의 손을 대는 일 — 문학 — 자체가 벌써 관념적인 까닭에 걸핏하면 관념 그것에 편중하기 쉬운 것 같다.

왜 그러냐 하면 사람은 그 환경보다도 그 자신에, 또는 그 자신에게 가장 가까운 부분에게 될 수만 있으면 중심을 두려고 한다. 이러한 사람의 본능적인 구심 작용은 일찍이 지구 중심론·주아론(主我論)·유심론(唯心論) 등에서 보인다. 그러나 그것은 객관적 타당성에 있어서 매우 박약한 것이다. 이런 때는 이렇게도 생각한다.

—《조선일보》(1931. 4. 7~9)

환경은 무죄인가

— 시체에 채질하는 냉정에 항(抗)하여

자기 자신에 죽음(死)이 있었다고 하는 일은 생각할 수 없다. 왜 그러냐 하면 죽음이 일어나는 같은 시간에 자기 자신이라는 것도 기한이 만료되니까 — 다시 말하면 죽음과 자신은 동시에 종결되고 소멸되고 마는 것이니까 — .

그런데 그 죽음이 우리에게 제일 가까운 사람의 신상에 일어난 사건일 때 우리는 누구나 끝이 없는 비탄에 붙잡힌다. 그렇지만 그 비탄은 결코 죽음의 본질에서 생기는 것은 아니라 죽음은 벌써 영구히 우리에게 가장 익숙한 사람의 인상 — 위안·동정·미소·음성 등을 우리의 미래에서 영구히 빼앗아 가는 까닭에 이들 다시 돌아오지 못할 것에 대한 그것은 애정 — 이별의 설움이다.

그렇지만 죽음이 전연 미지의 사람에게 속하였을 때 우리는 매우 냉담해지며 그 사건에 대하여 관심할 것을 거절한다. 그러나 그 죽음이 만약에 자살에 의한 것일 때 우리들의 관심은 불관심의 영역을 탈출하여 다소 열을 증가한다. 더욱이 그것의 주인이 어린 처녀일 때에 우리들의 관심은 백 퍼센트로 비등한다.

두 사람의 지식 여성이 달려오는 열차의 강철의 바퀴 아래 몸을 던졌다. 도하의 각 신문이 한결같이 떠들었다. 그중에는 신경과민의 증상을 정(呈)한 신문도 있었다. 이 사건에 대하여 사회의 유력자의 측과 부정직한 인텔리겐치아들은 그 죽음은 너무나 이기적이었다고 책하며 그 원인을 될 수만 있으면 생리적 변조에서나 혹은 막연한 사상적 위기에 근거를 세우려고 한다. 그들은 한결같이 그들로 하여금 죽음의 관문을 두드리게 한 여러 가지 사회환경에 대하여 말하기를 의식적 무의식적으로 도피한다. 우리는 그것을 그럴듯한 일이라고 생각할밖에 없다. 즉 두 사람의 여성을 죽음으로 몰아 보낸 객관적 제 조건을 포함한 사회적 환경에 있어서 그들 유력자들은 지배적이고 또한 유력자인 점에서 상위 없으니까 사회적 환경에 대하여 정직한 비판을 가하는 것은 곧 피등 자신의 위협일 것이다. 카멜레온만이 영리한 생존 가능자다.

좀 진보적인 책망이 있다. "죽음. 누구나 그 앞에서는 안색이 없어지는 그 길을 가리는 용기로써 그를 추적하여 마지아니하는 불합리한 환경에 용감히 도전하지는 못하는가. 그의 많은 동료를 위하여 ──"라는. 이 경우의 용기라 함은 죽음을 넘어서는 용기가 아니고 생의 애착을 끊어 버리는 용기일 것이다.

그러나 피녀들은 세상에 대하여 완전히 애착을 잃어버린 것이다. 차라리 극단의 권태에 붙잡혀 있는 것이 그들의 전후 사정에 비추어 사실이다. 그러하면 피녀들은 용기라느니보다 일종의 희열과 저세상에 대한 무한한 동경을 가지고 철로에 뛰어든 것이리라.

그러면 과연 환경은 무죄였던가. 그들의 사(死)의 사상적 근거를 사적으로 고찰한다면 그것은 명백히 세기말적 데카당 사상인 것은 물론이다. 그런데 조선의 현실은 이러한 사조를 일부의 청년 남녀의 사회에 발생시키도록 그러한 19세기 말엽에 일련의 공통점이 있음이냐 아닐까. 그리고 나아가 우리의 현실하고는 너무나 격리된 상아의 탑 속에서 산화되어 있는 현대의 자녀 교육의 진체(眞諦)에 접촉할 필요는 없을까.

인종(忍從)과 허영심과 의타성의 원산지는 어디인가. 한 사람의 인간을 발휘시키기 전에 얌전한 인처(人妻)나 인모(人母)로서만 어린 여자들을 주조(鑄造)하는 아나크로니즘의 대량생산 공장에 대하여 우리는 이 기회에 크게 논의할 것이냐 아닐까. 현실 생활의 거친 파랑에 부딪치면 곧 깨지고 마는 종이 인형에 가까운 소위 모던 여성을 매년 다난한 우리 사회로 유출시키고 있는 것은 누구이냐. 또한 그들이 무궁한 저세상, 저세상 하고 죽음의 피방(彼方)을 갈망하고 갔을 때 일상 저세상에 대하여 최상급의 미려한 형용사를 늘어놓아서 젊은 여성의 마음에 저세상에 대한 달콤한 유혹을 속삭인 것이 기독교회의 목사나 바이블 속의 일부가 아니었다고 아무도 말할 수 없을 것이다.

만약에 이것이 사실이라면 즉 생에 대한 도피에서 사(死)에의 탐닉에로 젊은 여성이 움직이고 있었다면 이 경우에 바이블의 어떤 구절과 그 선량한 해설자의 말은 모르핀과 동질의 것이 아니었던가. 그렇다고 용감하게 단언하지 못하는 곳에 역시 부정직한 인텔리겐치아의 아편 중독성이 있다. 그리고 최후에 가장 말하지 아니하면 아니 될 중대한 것이 남아 있다. 그렇지만 권위를 무서워하는 까닭에 아무도 그런 것을 입에 올리기를 삼가는 제목이다. 즉 그들의 사(死)는 우리에게 한 개의 의무를 강요하는 것이 있다. 결혼에 대하여 —. 그리고 아직까지도 우리 사회에서 한 개의 불문법으로 통용되는 세상이 여성에게 부여하는 정당(?)한 운명에 대하여 또다시 새롭고 진지한 반성을 시(試)할 것을 —.

현대는 그 급박한 경제적 혼란 때문에 젊은 남녀의 결혼을 곤란하게 한다. 그렇지만 내가 말하려고 하는 것은 그러한 경제적 조건이 아니다. 결혼을 구성하는 두 편의 요소 중 그 하나가 다른 하나에 무조건적으로 복종함으로써 즉 결혼이라는 복합적 결합이 한 개의 단일적 의사에 이하여 통일되고 지배되었을 때 결혼은 물리학적 평온과 조화의 상태를 정(呈)하였으나, 따라서 평화리에 존속할 수 있었으나 일단 두 개의 구성 분자가 동등으로 그 의사를 주장할 때에는 그 사이에는 조화 대신에 알력 대립의 현상이 발생할 것은 당연한 일이다. 현대는 바로 그러한 역사적 일점을 통과하고 있다. 결혼의 수난기다.

그래서 결혼은 현대적 남편의 편에 있어서는 딜레마를 포함한 한 개의 중하(重荷)다. 자기의 독재주의가 부단히 모든 경우에 자기의 석일(昔日)에 베터하프의 반항에 조우함으로 생기는 정복욕의 불만족에 의한 울화증에 현대의 남편은 일반적으로 걸리지 않았을까. 일방에 자유로워야 할 것을 자각한 여성의 의사가 남편들의 전통적 가장주의(家長主義)에 봉착할 때 거기에 고민·불만·반동이 그 마음속에서 힘 있게 대두할 것도 사실이다. 그리하여 여성의 편에 있어서도 결혼은 철쇄 이외에 아무것도 아닌 것처럼 간취되어도 부당하다고 할 수는 없다.

이러한 의미에서 금번의 양 여성의 자살은 만천하의 무이해한 부형과 남편들과 그리고 그들이 보존하고 있는 인습적 결혼 관념에 대한 도전장의 제출이며 결혼에의 몸으로써 한 부정 관념이며 동시에 낡은 이끼 낀 에펠의 탑에 바친 산 제물이 아닐까.

반석에 깔려 있는 한 포기 풀 ― .
태양을 찾아 내젓는 연약한 풀폭 ― .

냉정(冷情)은 냉정(冷靜)과는 다르다. 냉정은 이성적인 것이 아니다. 차라리 그 반대다. 우리들의 모든 사건의 비판에 당하여 항상 이성적이 아니면 아니 된다. 모든 것을 있는 그대로 그릴 수 있는 사람은 그 대상을 진정으로 사랑하는 자만이다.

─《비판(批判)》1권 2호(1931. 6)

해소 가결 전후의 신간회(新幹會)

5월 15일 경성 전체 대회 광경

한 개의 지도 이념과 같은 것을 이 논문에서 수립하려는 기도는 물론 내게는 없다. 다만 1927년 창립 이래 해소를 가결한 오늘까지 또는 나아가 해소가 완결됨으로써 구형태가 완전히 지양되는 순간까지 일련의 역사적 사건으로서의 신간회 오늘까지 걸어온 도정과 미래의 그 운명을 결정하는 현재의 제 모멘트를 그 구체성에 있어서 지시함으로써 몽롱하나마 신간회에 대한 일련의 지식을 계통 세우기 위한 노력 이상에 이 논문은 어떠한 참월(僭越)도 범하지 아니하려고 삼간다.

근래에 우리는 너무나 고답적인 이론을 신간회에 관하여 많이 듣는다. 그러나 그것이 신간회의 권외에서 더욱이 아무 대중적 배경이나 실천을 통하지 아니한 문자 그대로 고답적인 신사적·귀족적·안전지대적 제론일 때처럼 우리들 보는 자의 이목에 걸리는 일은 없다.

신간회의 지도적 이론은 신간회 내부의 대중만이 그 실천에서 섭취하리라. 또는 그 대중에 의하여 파악되며 다시 말하면 신간회 내부의 대중을 통하여 실현될 가능성이 있는 제론이 아니면 그것은 망상이다. 참월이다. 그러므로 나는 나로 하여금 다만 자유롭게 관찰하게 하고 본 그대로 충실히 보고하게 하기를 독자에게 바랄 뿐이다.

신간회는 벌써부터도 비록 그것이 최후의 것일지라도 한 번은 그 전체 회의를 가져야 할 절실한 요구에 직면하였다. 이 말은 한 개의 패러독스다. 즉 그것은 그것이 포용하고 있는 구성 분자의 총 의사를 반영시킬 수 있는 충실한 전체 대회에서 그 과거를 엄정하게 비판 검토 반성하고 무슨 의미로든지 전환이 있어야 하도록 중대한 모순을 포함하고 있었던 것이다.

모순이라고 하는 것은 대립의 상태다. 테제에 대한 안티테제의 성장 존립을 의미한다. 따라서 조만간 그 모순은 새로운 신테제로 지양하여야 할 위험에 처하여 있는 것이다. 이것을 부정하려고 하는 것은 현상 유지를 기도하는 반동적 의사임에 틀림없다. 그것은 그 모순에 대하여 특수한 이해관계에 선 주관적 생존 의욕의 생리적 발현 이외의 아무것도 아니며 따라서 사태의 발전 위에 전연 무력한 것이다.

그 모순이란 무엇인가. 그것은 신간회 조직 당초에 "노동자·농민·소시민은 신간회로"라고 슬로건을 걸면서 그 조직 형태는 당으로서 규정할 때에 벌써 회잉(懷孕)된 것이라고 보인다. 다시 말하면 항구한 본질적인 이해를 유대로 아니 한 당은 그것 자신이 한 개의 위기였던 것이다. 따라서 이것은 동시에 사상적으로 역시 모순을 의미한다.

신간회의 머릿속에는 명백히 두 개의 정신이 살고 있었다. 이 일은 신간회 자신을 혼란시킨 동시에 민중을 혼란시켰다. 혼란은 도리어 회의로, 회의는 신임의 상실로 변환하였다. 금일 조직의 팽대를 가리켜 성장이라고 해석하는 편도 있으나 이러한 모순이

날로 객관적·주관적 정세와 동인으로 인하여 성장하여 갈 때에 그 조직상의 팽대는 오히려 모순의 조장이다. 더욱이 아무 동원된 대중을 그 조직 속에 흡수하지 못하였으며 그 조직권 내에 있는 대중까지를 동원할 수 없었던 신간회는 그 자신이 아무리 생존욕에 불타고 있을지라도 움직이는 사회는 그러한 힘없는 타성적 존재는 조만 차 버리고 말 것이다.

그리하여 그 모순은 그것을 에워싸고 있는 객관적 제 조건의 급박한 포위에 의한 조직 자체의 관념적 위축으로 인하여 그 전매특허성의 무력과 무학과 무용이 여지없이 폭로되었을 때 극도로 성숙한 것이다.

5월 15일 오후 두 시, 제3대 전중앙집행위원장 김병로(金炳魯) 씨가 개회를 선언하여 여기에 막을 연 신간회 제2회 전체 대회는 전술한 모순의 가장 노골한 축도였으며 전람장이었다. 이리하여 한 편의 안티테제를 의미하는 해소파와 그 반대파는 첨예하게 대립하였다. 자격 문제에 있어서 해소파는 규약을 완전히 초월하여 자파에게 절대로 유리하게 유도하여 평양과 경성 두 지회의 해소위원회의 대표가 의석을 차지 못하였다.

전중앙집행위원장 김병로(金炳魯) 씨의 개회사가 필하고 임시 집행부를 선거하니 의장 이황(李晃), 부의장 한홍정(韓鴻霆), 서기장 윤기정(尹基鼎), 서기 박태근(朴泰根)·윤영균(尹永均), 사찰 최호찬(崔浩讚)·김채룡(金采龍)·박철항(朴哲恒)·김두환(金斗煥)·김익겸(金益兼) 등 경향 각 지회의 해소론의 척후대들이 대회의 최고 집행 기관을 점령하였다.

대회의 형세는 벌써 결정적으로 그 방향이 정하여져서 전회록 낭독, 경과 보고, 중요 사항 승인 등 제 순서는 일사천리의 세로 일

과하여 버리고 중앙 간부의 개선을 행한 결과

중앙집행위원장 강기덕(康基德)

동 위원 정칠성(丁七星)·홍기문(洪起文)·조열(趙悅)·김혁(金爀)·문홍식(文洪植)·안철수(安喆洙)·김재수(金在水)·황태성(黃泰成)·홍재식(洪宰植)·김정진(金正鎭)·황덕윤(黃德允)·박승극(朴勝極)·권충일(權忠一)·박승경(朴勝慶)·공석정(孔錫政)·유인목(兪仁穆)·정기환(鄭基桓)·김기환(金基煥)·방치규(方致規)·권동규(權東奎)·정규찬(丁奎燦)·박태근(朴泰根)·안덕근(安德根)·방규성(方奎星)·최대(崔大)·임수길(任守吉)·현익겸(玄益謙)·김정옥(金貞玉)·김동기(金東起)·정윤시(鄭允時)

동 후보 김호(金湖)·김정련(金精鍊)·정학원(鄭鶴源)

동 검사원 은재기(殷在基)·곽상훈(郭尙勳)·이황(李晃)·이우(李雨)·이동수(李東壽)

등 모두 금후의 해소 운동의 유리한 전개를 위한 십분 준비 있는 배정이다.

이윽고 문제의 해소안이 기타의 획시기적 이론 전개와 충분한 토의를 기다리면서 상정되었다. 실로 금반 대회의 클라이맥스도 여기 있으며 만인 주시의 초점도 이것이다. 무려 3백 명을 세이는 2층의 방청석과 70여 명의 대표 회원과 그 수에 비등한 경관과 신문기자로 가득한 아래층을 합하여 회장은 극도로 긴장한 가운데 경동지회를 위시한 인천·통영 각 지회의 해소 건의안이 낭독되었다. 그중에서 비교적 요약적으로 해소론의 진의를 포착한 듯한 통영지회의 건의안을 아래 인용하여 참고에 공(供)하려 한다.

건의안

좌의 이유로 해소를 건의함.

가. 객관적 정세의 성숙한 것.

나. 주관적 조건이 이에 조응한 것.

다. 조직 형태가 당적 형태로 된 것.

라. 투쟁을 통한 조직이 아니고 외교에 의한 조직인 것.

마. 신간회는 잡동산이적(雜同散異的) 조직 형태로 운동의 주요 요소인 노동 대중의 독자성을 말살시키는 것.

바. 그러므로 반동의 필연성을 내포한 것.

해소 운동의 대체적 윤곽

1. 해소의 의의를 일반 대중에게 철저화시키기 위한 운동.

  A. 노농 대중의 일상 이익을 충실 대표하며 그 획득을 위하여 정력적 투쟁. ― 이에 의하여 그 조직 형태의 이에 대한 무력과 소수 기회주의자들의 본질의 폭로.

  B. 적의한 방법에 의한 선전.

2. 노농조(勞農組) 재건 확대 강화와 신간회 조직 내에 구성되어 있는 노농 대중을 노농조에 재편성하며 미조직 노농대중을 이에 조직화시킬 것.

3. 민중의 일상 이익의 획득 신장을 위하여 시간적 협동 투쟁기관의 창성.

해소파는 해소론의 이론적 근거를 대회에 십분 지시할 수 있는 자유와 편의가 없었다. 그런 것은 오히려 전연 중지하는 것이 해소파 자신을 위하여 나은 일일지도 모른다. 이윽고 해소의 동의는 부편(否便) 2표에 대한 절대다수로써 드디어 가결되었다. 물론 예기했던 것에 틀림없었다.

경찰은 그 후의 모든 동의와 제의안은 "신간회는 벌써 해소되었다"는 이유로 일체 금지하였다. 이것도 물론 일부의 제3자까지도 선견하고 있던 일임에 틀림없다.

용어의 엄밀한 정의에 비추어서 신간회의 해소는 해소 가결한 즉석에서 이루어진 것은 아니다. 해소에 반대하는 편이나 찬성하는 편이나 한가지로 용어의 해석에 있어서는 공평하지 아니하면 아니 되리라고 나 같은 국외자도 생각한다. 즉 해소와 해체라는 두 개의 개념은 그 내포와 외연에 있어서 서로 교섭은 가지고 있으나 결코 시노니멈은 아니다.

이러한 사회운동상의 술어를 상식적으로만 이해하는 것은 위험하다. 늘 사회운동상의 술어로써 이해해야 한다. 오해를 사기 쉬운 단어, 그것을 위해서보다도 자신의 정당한 지식을 위하여.

그러므로 '신간회는 해소하였다' 하는 용례는 타당하지 아니하다. 무식의 발로다. 설사 대회에서 해소를 가결하였다고 하여도 그것은 한 개의 가결이며 그것이 참으로 해소되는 것은 신간회라는 조직 형태가 새로운 다른 형태로 완전히 지양하는 그 순간일 것이다. 이는 물론 아직 먼 미래의 일이다. 그래서 그 순간까지는 신간회는 의연히 존재할 것이다.

그러나 이것은 모두 관념상·이론상의 견해다. 실질에 있어서 해소 가결 이후 잔무 처리를 하기 위하는 이외, 아무 결의나 토의조차 할 수 없이 집회를 봉쇄당한 신간회는 과거의 표현 단체로서의 생명은 벌써 지상에서 소멸되고 만 것에 틀림없지 아니한가. 지하실적 신간회의 존속 여하는 물론 논외다. 그리하여 그것은 해소 가결과 동시에 해체된 것과 동양의 상태에 있다.

요컨대 신간회의 금후의 모든 문제와 흥미는 오로지 해소파와 그들의 운동 위에 실려 있다. 이 파에 속한 인물들은 대회에 나타난 한도에서는 대부분은 젊은 피에 끓는 청년이었으며 또한 과거에는 별로 피비린내 나는 ×장을 치분(馳奔)하는 것을 본 일이 없는 오직 미래에만 그들의 이론을 실천으로써 확증할 여지를 가진 분들이다.

한 개의 결의나 이론이 에펠의 탑과 같이 숭고하고 화사할지라도 구경에 그것이 가치를 결정하는 것은 실천 이외에는 아무것도 없다. 그렇지 못한 한 그것들은 시적 가치 이상에 일매(一枚)의 공문(空文)에 불과하리라.

그러면 해소론의 가치는 어떠한가. 해소파는 과연 정당한가.

그것은 오로지 금일의 여하한 정연한 이론에도 불구하고 금후에 그 파의 실천만이 대답하여 줄 것이다.

일찍이 우리들은 지극히 방대하고도 심오한 이론적 전개 속에서 신간회가 당시에는 유일한 지도 이론의 결과로서 출현하였으나 금일에 와서는 다시 과오로서 인식하고 취급되지 아니하면 아니 되게 된 것을 안다. 누가 그렇게 시켰는가. 두뇌의 문제가 아니다. 실천이 그것을 가르친 것이다.

그리고 금반 해소에 반대하는 좌익민족주의자와 한가지로 이에 반대하는 지회나 혹은 회원들을 규합하여 신간회의 구루(舊壘)를 사수할 것이나 아닐까. 혹은 별개의 형태로 결성할 것이나 아닐까 하는 말들이 흔히 귀에 들리나 엄밀한 의미에서 조선의 객관적 정세는 좌익민족주의의 결성체의 출현을 가능하게 아니한다.

만약에 그들이 결성한다고 해도 더 우경(右傾)한 형식으로 출현할 것이나 아닌가 한다.

좌냐 우냐 길은 그것뿐이다. 중간은 없다. 다만 첨예한 대립이 있다. 자기의 계급적 이해를 위한 협동과 양보는 따라서 더욱 명료한 형식으로 대담하게 행하여지리라고 보인다.

(5월 20일)

─《삼천리》 3권 6호(1931. 6)

바다의 유혹

작열하는 태양의 플라티나의 손길은 도시의 모든 부분에서 춤춘다. 이끼 끼인 늙은 개와장의 잔해 위에서도 — 둔감한 아스팔트 위에서도 —.

최후의 한 방울의 물까지 증발 당한 지각은 갈라져 곳곳이 찢어진 균열 자국은 시꺼멓게 그슬렸다.

모든 오막살이의 열려진 창문들이 수증기와 같은 태공(太空)에 향하여 입을 벌리고 있다. 한 모금의 오존을 찾아서 뜰 앞에 장독 틈에 시들어진 봉선화의 기운 빠진 몸뚱아리를 흔들어 놓는 관대하고 써늘한 입김을 가진 저녁 바람을 그려서.

오후 —

하루의 고달픈 노역에서 풀린 노란 월급쟁이들이 넓은 아스팔트의 광장에 배설되었다.

페이브먼트에 몸부림치는 오후의 반사열과 노란 먼지의 물질을 헤엄쳐 가는 흰 세루바지와 모던 걸의 미끈한 다리들 —.

종로경찰서의 시꺼먼 지붕 꼭대기의 피뢰침 끝에 걸려 태양은 새빨간 피를 흘린다.

모든 거리거리는 무한히 격렬한 태양의 복사열과 북끓는 공기의 저층에서 발버둥 친다. 목을 틀어쥔다.

백화점의 쇼윈도 속에서는 빨갛고 까만 강렬한 원색의 해수욕복을 감은 음분(淫奔)한 셀룰로이드의 마네킹 인형의 아가씨들이 선풍기가 부채질하는 바람에 케이프를 날리면서 마분지의 바다에 육감적인 다리를 씻고 있다. 쇼윈도 앞에 앞으로 기울어진 맥고모자 아래서는 우울한 눈들이 종이로 만든 명사십리(明沙十里)의 솔밭을 바라본다.

"아 — 바다 바다, 시원한 바다."

그것은 단순한 속이 빈 인형이 아니었다. 동해의 그 끝이 없이 푸른 바닷속에서 건져 온 인어다. 피녀의 가슴속에서는 바다의 서늘한 입김이 돌고 있을 것이다.

"오 — 예쁜 님이여." 하고 나는 피녀에게 웃음을 보냈으나 날마다 수천 명의 유혹에 견디어 나가는 피녀는 딴은 지극히 냉정하다.

나는 이윽고 백화점의 층층대를 넘쳐흐르는 사람들의 폭포를 거슬러 화끈화끈한 입김에 얼굴을 씻기우면서 간신히 옥상으로 기어 올라갔다. 이 벽에서도 저 벽에서도 이상하게 눈에 걸리는 것은 해수욕장의 포스터다.

"시민 제군, 당신들에게 유쾌한 한여름을 제공할 만반의 준비를 마치고 당신들을 고대하고 있습니다. ×××해수욕장"

일찍이 나를 고대해 주는 것은 밤늦게까지도 내가 돌아오기를 기다리며 밥상을 지키는 아내뿐인데 여기에 또한 시민의 한 사람인 나를 고대하고 있는 ×××해수욕장의 호의에 나는 재삼 감사하지 않을 수 없었다.

"그러나 ×××해수욕장 —. 봉사적 철도를 국가가 건설할 때까지는 참고 있게. 그렇지 않으면 나의 등덜미에 천사 가브리엘의 날개와 같은 날개가 돋아 올라올 때까지는 ─ ." 나의 얼굴은 괴로운 웃음으로 일그러졌다. 포스터 속의 흑인 보이도 흰 이빨을 드러내 놓고 빙그레 웃는다. 옥상정원의 한 모퉁이에 벌리어 있는 벤치에 나의 시들어진 몸뚱어리는 쓰러졌다.

분수의 빗발 앞에서는 빨간 등덜미에 햇볕을 반사시키면서 부르주아와 같이 배가 뿔룩한 금붕어 떼들이 넓은 꼬리를 휘휘 내저으면서 쏴 다닌다. 양철로 만든 바위 위를 폭포가 굴러 떨어진다. 온실 속에서는 올리브의 잎사귀가 두텁게 푸르다.

사람들은 분수가에 쭈그리고 앉아서 얼굴의 땀을 식히면서 놀랍게 활발한 금붕어들의 에네르기를 부러워한다. 그리고 온실의 문 어구에 서서 이동하는 식물들의 배설하는 산소의 한 모금을 나누어 가지고는 엘리베이터 카빈 속에 총총하게 모양을 감춘다.

석양에 나는 아주 침울해진 마음을 안고 집으로 돌아왔다. 시골에 있는 벗에게 부리나케 편지를 쓰기 위하여 붓을 잡았다. 그 평범한 편지 속에는 이러한 구절도 읽을 수 있었다. "여보게, 나는 바다로 가고 싶네, 가고 싶어."

저녁을 먹고 나서 아내는 제의한다. "여보, 어디 답답해서 살겠소. 진고개에 나가서 바람을 쏘이고 옵시다."

그러나 나의 마음속에서는 그것을 거절하고 싶은 의사가 있었다. 내가 지금 괴로움을 받고 있는 '바다의 유혹'이 작은 그 여자의 마음까지를 붙잡을까 두려워한 까닭이다.

필경 언제든지 압도적인 아내의 제의는 실현하기에 성공하여 두 사람은 6입방 척(立方尺)에 불과한 남의 집 건넌방을 빠져서 거리로 나왔다.

야시에서는 고객도 없는 아이스크림 장사가 놀라운 정력을 가지고 그 깨어진 금속성의 목소리를 짜서 "아—스쿠리, 아 — 스쿠리"를 반복한다.

사람들은 부주의하는 동안에 서로 부딪쳐서 물끄러미 시선을 마주치고 그러고는 아무일도 일어나지 아니한 듯이 지나가고는 다시 다른 사람에게 부딪친다. 아무 목적 없이 특별한 방향도 없이 동에서 서로, 서에서 동으로—거리거리마다 길바닥에 반향하는 사람들의 발자국 소리로 가득 차 있다. 어슴푸레한 은회색의 하늘 위에 붉고 푸른 일루미네이션들이 분주하게 돌아가며 맥주의 이름과 화장품의 원명(原名)을 쏜다.

모든 가등과 서점의 불들이 눈을 뜨고 어지러운 사람들의 교착을 밝힌다.

마치 밤의 축연이 펴진 것 같다. 애인을 끌고 정부(情婦)를 데리고 아내와 함께 혹은 파트너도 없이 외로운 발자국을 들으면서 젊은이 늙은이, 있는 놈 없는 놈 할 것없이 시민의 모든 계급과 종류가 거리에 넘쳐흐른다. 거기는 아무 도덕관념도 우리들 공통의 어떠한 문제도 생각되고 있지 않다. 다만 흥분이, 신경의 전율이 그들의 의식과 육체의 모든 부분을 액체와 같이 적시고 있다.

둥근 얼굴에도 긴 얼굴에도 까닭 모르는 웃음의 그림자가 떠돌고 있다. 아내는 젊은 마담들 틈에 섞여서 해수욕복의 진열대에 기대서서 고무 모자랑 엷은 수영복을 주무른다. 산같이 쌓아 놓은 맥고모자를 내가 몇 번이고 썼다가 벗어 놓았다가 하는 동안에 그렇게 오래인 시간이 지나가도록 그 나의 참을성은 그만 끊어져서 "여보, 언제까지나 거기 붙어 있겠우." 하는 성난 소리에 황망히 돌아서는 아내의 얼굴에는 부끄러움에 가득 찬 붉은 웃음이 떠올라온다.

바다는 역시 여자의 마음을 붙잡고 있고나. 젊은 가슴들 속에 굳센 흡반을 뻗치고 그는 그의 정열의 나래 아래로 어린 혼들을 부르고 있는 것이다.

다점 ×××의 2층 들창에 가까운 테이블에 사람들이 밀려다니는 혼잡한 밤거리를 굽어보며 두 사람은 마주 앉았다.

창살에 매달려 흐느끼는 커튼 — 그것을 흔드는 자는 누구냐. 발자국 소리도 그림자도 도무지 볼 수 없는데 — 불빛에 흐려진 훤한 도시의 하늘을 채우며 더운 바람이 불어오는 것이다.

축축한 소금기 섞인 바람이 커튼을 밀고 창을 넘어 들어와서 테이블 위에 놓인 컵 속의 홍차의 표면에 가느다란 파문을 일으킨다. 역시 바다의 손이었다. 축음기 속에서는 소프라노의 날카로운 소리가 울려온다.

나는 심부름꾼 계집애에게 소리쳤다.

"바다의 광상곡(狂想曲)을 걸어라." 그러고는 눈을 내려덮고 의자의 뒷벽에 머리를 드리웠다.

"원산까지 왕복 차비가 얼마예요." 아내는 물었다.

"꽤 많을걸요." 나는 거의 도달할 수 없는 곳에 속한 일처럼 눈을 감은 채 이렇게 대답하였다.

그날 밤 나는 나의 베갯머리에 밤이 새도록 끊임없이 몰려왔다가는 밀려가는 흰 물결 푸른 물결의 요란한 소리를 분명히 들었다. 동해의 바닷가에서 말없는 검은 바위를 밤낮없이 때리는 그 소리들 —.

그리고 구슬 같은 잔물결 떼가 끊임없이 씻어 내리는 비단결

같은 모래밭에서 뒷집의 복동이와 안집의 계순이랑 옛날의 더벅머리 시절의 동무들과 함께 인어의 이빨 같은 조약돌을 주워 모으며 혹은 물결에 밀려 나온 작은 조개를 집어 귀에 대고 그것의 알지 못할 속삭임을 엿듣기도 하였다.

꿈을 깨니 머리맡에는 만보산(萬寶山) 사건의 호외가 뒹군다.

나는 급시로 영원한 청춘의 고향인 바다의 정열의 나래 아래서 멀리 구름 밖에 난 듯한 막연한 공허가 사슴 속에 차오는 것을 느꼈다.

―《동아일보(東亞日報)》(1931. 8. 27~29)

청중 없는 음악회

당신은 전연 고독한 세계에서 오직 혼자서 노래를 부르는 카나리아나 태양만이 굽어보는 곳에서 아름다운 날개를 펴서 혼자 자랑하는 공작을 보았거나 혹은 그러했다는 이야기를 들은 일이 있습니까. 수카나리아나 수공작은 그들의 암컷을 위하여만 그들의 음악이나 무도를 시작하는 것입니다. 그들이 예외로 혼자서 노래 부르는 때도 그들의 환상 속에서 그 청중을 그리는 때일 것이외다. 나는 믿습니다.

우리들의 조선들도 만약에 한 사람의 청중이나 고객조차 없었다면 아마도 그들은 아무러한 예술도 만들지 아니하였으리라고 ―. 보수(報酬) ― 그것이 항상 옛날의 예술가나 현대의 예술가의 마음을 흥분시켜서 예술의 제작에로 선동하는 것이 아닐까요.

올림피아의 청중들은 그들의 시인에게 계관(桂冠)을 드리지 아니하였습니까. 고대의 청중은 그들의 예술가에게 명성을 바쳤지만 현대의 고객들은 그들의 애고(愛顧)하는 예술가에게 명성 위에다 돈까지 가하였습니다.

그러나 시인은 불행하게도 옛날의 올림피아를 그렇게 성대하게 충실한 청중 ― 혹은 고객들을 한 사람씩 두 사람씩 잃어버렸습니다. 고대를 떠나서 현대에 이를수록 지극히 국한된 작은 세계에만 시의 빛이 퍼지고 있을 뿐이외다.

폴 발레리가 지배하고 있는 세계 — 또는 장 콕토가 알려지고 있는 세계는 실로 망망한 태평양의 괌도보다 더 큰 것이라고 누가 말할 수 있습니까. 발레리가 현대의 '시왕'이라고 불려질 때 그의 면류관은 광범한 민중의 극히 작은 한구석에서만 빛나고 있을 뿐이외다.

시인을 위하여 다행한 일은 그들의 세계의 주민은 비교적 넉넉한 살림을 하는 층에 속한 것입니다. 그렇지 아니하였던들 시인이라는 종족들은 재만 동포(在滿同胞)보다도 벌써 먼저 세계의 동정을 바라지 아니하면 아니 되었을 것이외다.

이렇게 예술의 고객이 맬서스의 인구론을 역행하면서 있을 때에 예술과 민중 사이의 증대하는 간격을 보충하는 일이 필요하게 됩니다. 이곳이 비평가들을 위하여 중대한 사명이 가로놓여 있는 것이외다. 심원하고 미묘하고 유현한 장식의 저편에서 잠자고 있는 예술을 민중의 앞에 주석하며 해명함으로써 민중을 예술에게 접근시키려고 하는 것이 비평가의 일이외다.

그래서 예술상의 신류파가 새로운 상품 가치를 맹렬히 스스로 선전하면서 등장할 때라거나 벌써 비평이 아주 없어진 예술사상의 과거의 유파가 새로 간판을 칠해 가지고 인기의 회복을 꾀할 때에는 반드시 그들의 충실한 대변자며 선전자인 비평가를 앞세우거나 뒤세우고 출현하는 것을 우리는 많이 구경하지 않았습니까.

실상 무슨 파니 무슨 파니 하는 새 유파의 출현에 우리가 아연당목(瞠目)하게 되는 것은 그 파의 찬연한 존재 가치를 지각한 까닭이라느니보다 더 많이 그 직속의 비평가들의 요란한 나팔 소리 때문에 부득이 그쪽으로 눈을 돌리게 되는 때가 많지 않습니까.

비평 행위는 비평 자체가 아무리 과학적이라고 선언하며 혹은 심리적이라고 객관적이라고 자칭할지라도 그것은 자기 혹은 자기 유파의 예술 또는 자기가 '있었으면' 하고 바라는바 예술의 옹호입니다.

그러므로 각각의 비평가는 각각의 미학을 가지고 있으며 그것만이 진리라고 서로서로 반박하나 모두가 그의 예술 또는 그가 바라는바 예술을 독점적으로 민중에게 강요하려는 의사와 애교에 있어서는 공통합니다.

나는 전에 비평가는 예술과 민중의 중개자라는 의미의 말을 한 일이 있습니다. 그는 민중보다도 더 많이 예술의 기술에 관한 지식을 가지고 있어야 합니다. 예술가라고 하는 것은 직업적 분야의 일 전문가며 기술가 이상의 아무것도 아닙니다. 그를 아주 신비적인 왕좌에 올려 앉히는 것은 예술가 자신의 길드적 심리의 발현에 불과합니다. 비평가도 예술의 기술에 관한 각반의 지식을 가지고 있어서 그 일반적 개념을 각개의 작품 위에 연역하는 역시 특수한 기술가입니다.

일본의 쉬르레알리스트 하루야마(春山) 군에게 향하여 누가 쉬르레알리스트의 시를 어떻게 읽어야 하느냐고 물었을 때 그는 우선 쉬르레알리슴의 시론을 이해하여야 한다고 대답한 일이 있습니다. 마리네티의 선언 없이 미래파의 시를 읽으면 입체파의 화론(畵論)을 통하지 않고 입체파에 직면하는 것은 그것들과 보는 자의 사이에 아무러한 이해도 있게 하지 못할 것이외다.

그래서 어느덧 현재의 시인들은 그들의 시를 넓은 민중의 속에 놓아 버리지 못하고 특수한 기술가의 그룹 속에 가두어 둠으로써 그들의 시로 하여금 더욱더욱 민중으로부터 고립한 기술가적인 것을 만들어 놓았습니다.

지금의 정세를 종합하여 판단하면 민중이 자진하여 시에게 향하여 악수를 청할 가능성이나 필연성은 아무 데도 보이지 않습니다. 민중에게 있어서 당면한 문제의 전부는 생활의 문제에 걸려 있습니다. 그중에서도 더우기 경제적 생활의 문제가 주야로 간단없이 민중의 머리를 자극하고 있습니다. 그리하여 그들은 시가 가지고 있는 이 형이상학적 관념성에까지 도달하기 위하여 교양을 쌓을 여가를 가지기에는 절망에 가깝도록 너무나 분망합니다.

사실 시는 어떠한 시대에도 사람의 형이상적 생활보다도 정신 생활의 배토 위에서 생장한 것이외다. 사회적으로는 이 일은 시는 늘 경제적으로 시간적으로 여유 있는 층의 전유물이었다는 현상으로 나타났습니다. 따라서 그것은 흔히 향락적이 아닐 수 없으며 시인과 그들을 에워싼 시적인 서클은 따로 발달된 예민한 감수성과 어느 사이에 형성된 (시적 용어·시상·시의 기술 등) 독이한 교양을 특징적인 성격으로 가지기에 이르렀습니다.

그렇지만 오늘의 민중에게는 불행하게도 돌연 파르나스 산상으로 날아갈 날개의 준비가 없습니다. 민중의 현실 생활이 점차 완화되어서 시의 고좌에까지 도달할 날개를 기를 만한 여유가 생기기 전에는 그들의 관심을 시에 끌어 붙이는 것은 무망한 일입니다.

시를 위하여 지극히 불행한 일이 또 있습니다. 문학의 각 분야 중에서 시보다는 매우 연령이 어린 소설이 그보다도 키네마가 시의 존재를 위협하는 일이 그것입니다. 소설이 최초의 호흡을 시작한 것은 벌써 민중의 시대의 전야였습니다. 그것은 그것 특유의 직절성·현실성·구상성에 의하여 괄목할 형세로 민중의 광범한 층을 흡인하고 있습니다. 그것이 가지고 있는 제 속성은 시의 제 속성인 추상성·암시성·귀족성 등과는 전연 대칭적인 것이외다. 그것은 시적인 여하한 교양과 준비의 복잡도 필요로 하지 않습니다. 다만 읽을 수 있는 자격만이 있으면 그만이외다.

그런데 지극히 최근까지도 예술비평가나 미학자가 예술로서 취급하는 것을 불유쾌하게 생각하고 있던 키네마가 오늘날 시뿐이 아니라 소설까지를 능가하려는 의기는 가경할 형세에 있습니다. 소설이 사람의 의식 위에 이미지(영상)를 현출시키려고 애쓸 때 키네마는 이미지 그것을 관중에게 그대로 던집니다. 읽을 수 있는 일 이상으로 더 보편적인 사람의 시각에 키네마는 소(訴)하는 것이외다. 그것은 시의 세계를 유린하고 진탕하기에 충분한 조음으로 충만합니다. 시가 대영제국의 란스베리 공작부인과 담소할 때에 키네마는 캘커타의 무식한 방적 여공의 가난한 마음을 위로하고 있습니다. 시는 결국 귀족과 승려의 문학이었고, 소설은 시민의 문학이었으며, 키네마는 더 한층 내려가서 제4계급의 반려가 되고 있습니다. 그래서 민중이 시의 문전에 도달하기 전에 소설과 키네마는 중로에서 고객의 전부를 빼앗아 버렸습니다.

시인은 민중에게 향하여 '내게로 오라' 하고 부르짖지만 그의 목소리가 민중의 귀에 닿기에는 그들과 시인의 거리가 너무나 멉니다. 그래서 시인은 언제까지든지 이 새로운 영웅인 민중에게 향하여 "산이여, 내게로 오라." 하고 호령하던 거만하던 마호메트와 같이 행동할 수 없습니다. 마호메트가 그의 고집을 버리고 "그러면 내가 가지." 하고 산에게로 걸어간 것처럼 시인 자신이 민중에게 걸어갈밖에 없었습니다.

시인 중에 영리한 일군은 벌써 이 일을 실행하였습니다. 그들은 공연히 전기 민중의 편인 것을 선언하며 광범한 신영토에서 갈채를 전하려고 합니다. 그렇지만 그가 완전히 시인인 것을 그치고 민중의 속으로 돌입하지 아니하는 한 그는 항상 '세 사람의 맹인'과 같이 민중에 대한 편견밖에는 가질 수 없을 것이며, 민중의 편에서도 그들에게 있어서는 전연 알 수 없으며 또한 상관없는 고무풍선과 같은 시를 그들의 입에 쑤셔 넣으려고 하는 시인들에게 냉담할 수밖에 없을 것이외다.

민중에게로 걸어가는 그의 걸음걸이가 아무리 굉장하고 뽐낸 것이고 화려할지라도 마호메트의 사기적 이산이수법(移山移水法)과 같이 그것은 민중에 아유(阿諛)인 것을 감출 수는 없지 않습니까. 그리고 또한 이렇게 한 극단과 극단 사이를 아무렇지도 않게 비약하는 그러한 신기한 곡예는 잠깐 관중 속에 찬물을 끼얹는 듯한 일시 상쾌한 충동을 일으킬지는 모르나 수많은 관중 속에 바다와 같은 박수를 일으켜 보려는 엄청난 허영심의 발현이 아니라고 할 수 있을까요.

사실 민중에게로 시를 가지고 가는 것은 중태에 빠진 위병 환자의 병실을 셀루로이드제의 헤어핀을 가지고 방문하는 것이나 마찬가집니다. 번쩍번쩍거리나 영양이 될 수는 없고 약이 될 수는 더욱 없습니다. 전혀 그것은 사치입니다.

우리는 파리의 참새들의 입끝에 오르고 싶던 나머지에 에펠의 탑 꼭대기로 올라간 말 못 할 녀석의 모험심에 경탄하는 것과 꼭 같은 마음으로 인기에 대한 악착하고 가련한 동경이 낳은 시인의 모험심에 동정합니다. 그와 동시에 이윽고 새로운 출현자에게로 인기가 쏠려서 더 이상 참새들이 그의 일을 지껄이지 않는 까닭에 다시 한번 잃어버린 평판을 회복하기 위하여 에펠의 탑에서 거꾸로 떨어지는 것을 시인을 위하여 경계합니다.

곡예사여, 그대가 참말로 민중의 속으로 가고 싶거든 그대의 시를 바다에 던져 버리고 그대의 교양을 벗어 버리고 벌거숭이로 가라. 시인은 언제까지나 멀리 거리를 떠난 외로운 살롱 속에서 청중도 없는 음악회에서 기괴한 목소리를 뽑아서 의기 좋게 노래 부를 것인가. 사람들의 마음이 오래인 예전에 잊어버린 거친 폐원에서 그의 오직 하나인 벗인 아침 해로 향하여 찬란하고 다채한 날개를 펴는 공작과 같이, 시인이여 그대는 언제나 혼자서 춤추는 설움에서 풀릴 것인가. 당신은 나에게 향하여 "누가 알아주지도 않는 비단을 짜는 것을 그만두라."고 권하십니까.

앞으로 내가 나의 시를 쓰레기통에 집어넣고 민중의 불덩이 속에 뛰어 들어가서 풀어지고 말는지, 그러한 미래의 일을 지금부터 보증할 수도 결론을 내릴 수도 없습니다.

그렇지만 고독한 시인이여, 안심함이 좋다. 이윽고 병자가 퇴원하면 그는 잊어버렸던 헤어핀을 차중하며 생의 새 활력을 길러 가기 위하여 그대의 주악을 청할 것이다. 그대의 베틀에서 영롱하게 빛나고 있는 비단을 차중하여 그의 생활을 풍부하게 하고 다채롭게 하려고 그대에게로 올 것이다.

그대의 일이 사람의 정신의 샘을 가지고 있기만 하면 그대를 잊어버렸던 민중이 고민의 밤을 보내고 아침을 맞이하는 날 그대의 술잔을 치중할 것이다. 그래서 명성과 돈 — 그 아무것에게도 축복받지 못할지라도 아무 불만 없이 보기에도 참담하고 비평 없는 일 — 청중이 없는 음악을, 관객이 없는 무용을 계속하여도 좋다. 오로지 인류의 새로운 양식이 될 노작을 남기기에 일심하면서 —.

—《문예월간(文藝月刊)》 2권 1호 (1932. 1)

풍운중의 두 거성(巨星)

전 독제(獨帝) 카이저

파멘이 내던진 내각의 의자를 가로챈 슈라이헷 장군의 독일 정부는 지난 12월 20일 돌연 폐제 빌헬름 2세의 독일 귀환을 금지한 독일 공화국 보호법의 1항을 삭제한 사(事)를 공포하였다. 즉
 1. 정치범인 특별재판 규정
 2. 신문지에 대하여 정부의 공식 성명의 게재를 강제하는 대통령령을 폐지함과 동시에
 3. 공화국 보호법은 의연히 이것을 유지하고 국가의 권력에 대한 위해(危害)상의 기도와 국기 내지 육해군에 대한 모욕은 의연 특별한 형벌을 과할 것이나 전 독제(獨帝) 빌헬름 2세의 귀국 금지 조항은 이를 삭제함.
이라는 것이다.
 1918년 11월 혁명으로 제정 독일의 각 기관은 완전히 복멸되고 동 9월 독일공화국의 성립과 동시에 퇴위할 수밖에 없이 되어 익 10일 화란 도룬성에 망명하여 이래 15년간 배소의 찬 달빛을 쳐다보고 있던 카이저는 이어 독일공화국 경찰의 아무러한 감시

와 압박도 없이 정당한 일 시민의 자격으로서 그립던 라인의 옛 땅을 밟을 수 있게 된 것이다.

1919년 7월 31일 바이마르헌법이 제정되어 이에 독일공화국의 기초는 확립되고 뒤를 이어 카이저를 외치(外置)하기 위하여 제정된 후 금일까지 존속하여 온 공화국 비보호법을 슈라이헷 장군의 흉중에는 과연 무슨 생각이 있기에 내각 조직 벽두에 우선 이것부터 일부 폐지하여 버렸을까. 이것은 독일 정계의 저기압이 첨예하게 세계의 시청을 끌고 있는 때에 있어서 바야흐로 세계적으로 한 큰 센세이션을 일으킬 정치적 사건이 아니면 아니 된다.

기억(幾億)의 생령과 기10억조의 황금을 동부·서부 두 전선에서 회신으로 실어 보낸 유사 이래의 일대 죄악인 구주대전의 최고의 선동자라는 지목을 받으면서 위선자의 냉소와 조매(嘲罵)를 감수하고 있던 그 카이저는 전기 공화국 보호법의 일부 삭제가 선언된 익 21일 아래와 같은 폭탄적 성명서를 공포하였다.

"독일은 세계대전의 책임자가 아니다. 세계대전의 책임을 독일에 짊어지운 것은 언어도단의 허위다. 이미 이 대전의 책임 문제는 공정한 역사적 연구의 결과 명백해졌다."

도룬의 일벽실에서 류마티스를 앓고 있던 노폐제(老廢帝)이나마 석일에 대영제국과 불란서의 어린애까지 잠을 재우던 카이저의 면모의 단편이었고 이는 통쾌한 말이다.

독일 복벽파의 거두인 국권당의 일 영수는 또한 카이저는 전 독일의 국민으로부터 귀환을 요구받을 때까지는 단연 복귀할 의사가 없는 것을 표명하고 있다고 말하였다.

그러면 카이저는 과연 독일로 돌아갈까. 호헨초레른가의 옛 궁전은 또다시 카이저의 옛 주가가 될 것인가. 현 대통령 힌덴부르크 원수는 말기 제정독일 군문 내의 유일의 한융카의 잔당이었다. 그의 혈관 속에서는 백 퍼센트의 독일 혼이 약동하고 있는 것은 의심할 수 없는 일이며 그는 또한 대전 중에 카이저의 수족이라고도 할 유막의 최고 간부로서 동부전선에서 80만의 노군을 격파하여 일시는 카이저가 장차 세계를 그 철제 아래 유린할 앞길을 닦는 자처럼 생각되던 사람이다.

그러면 또한 현재의 독일 국민은 십분의 내심으로부터 카이저의 귀국을 기대를 하고 있는가.

일찍이 영·불의 ××주의자가 대전의 책임을 오로지 독일의 머리 위에 씌움으로써 자국 내의 억압된 대중의 감정을 국외로만 기울이는 데 성공하였다. 그리고 독일의 등에 내려진 대전의 책임이라는 십자가를 일신에 짊어지고 도룬성으로 망명한 사람이 카이저 그다.

그런데 전차의 로잔 회의에서 독일은 대전 책임에 관한 베르사유 조약에 조항의 개정을 요구하였다. 휴전 당시의 영·불의 위선주의자의 캄플라주는 정직한 역사가의 눈을 완전히 가릴 수 없었다. 배상금이라는 굴욕적인 술어 대신에 구주 부흥 자금이라는 자선가적인 미사가 독일의 명예를 위하여 쓰여지기 시작하였다.

전기 카이저의 성명과 로잔 회의에 있어서의 독일의 완강한 태도 사이에 일맥의 상통한 감정이 흐르고 있는 것이나 아닐까.

그렇지만 카이저의 귀국을 열광적으로 고대하는 국권당원(복벽파)을 실망시킬 기타의 재료를 독일의 국정에서 우리는 찾을 수가 있다.

중앙당·사민당 등 유력한 정당이 완강하게 바이마르헌법을 옹호하고 있는 것을 잊어서는 안 된다.

전번의 총선거 때 벌써 대독일주의의 히틀러파에 대한 국유권자의 인기가 다분히 냉각하여졌다는 것을 노골하게 반영하였고 카이저의 최대의 적국인 ××당이 그 반면에 착착 그 세력의 범위와 심도를 넓고 깊게 하고 있다는 사실도 잊어서는 아니 된다.

일찍이 공화국의 적이요 또한 독일을 비참의 저층에 몰아넣은 음모의 장본인이라 하여 감히 카이저를 국외에 쫓아내고 15년이라는 장구한 시일 동안 그를 영구히 잊어버린 듯한 냉정(?)하고 불충실(?)하던 인민의 수가 상대적으로나마 줄어들었으리라고 믿어질 재료는 좀체로 찾아지지 않는다.

군인이라고 해서 곧 카이저 옹호파라고 지목하는 것이 조계(早計)다.

힌덴부르크 원수조차가 수차 공화국 옹호의 성명을 한 일이 있고 일시는 언제 곧 제정으로 돌아갈는지도 모른다는 기우를 일부에 품게 하던 파펠조차가 제정을 생각하기에는 독일에는 더 급한 일이 많다는 의미의 말을 하였다.

현 내각 총리대신 슈라이헷 장군은 몸은 군인이나 전 국방상 그로에나 장군의 충실한 부하이며 또 그로에나 장군은 실로 카이저의 퇴위를 요망한 군인 측의 급선봉이던 사람이다.

그는 실질에 있어에 있어서 파펠 전 내각보다도 그 정책에 있어서 더 좌경적이고 중앙당이나 사민당에 더욱 심각하게 접근할 준비 행위로서 히틀러파 국민당 등 복벽파의 환심을 사 두기 위한 마취제로서만 금번의 카이저 귀국 금지를 해제한 것이라고 보여진다.

호헨초레른가의 옛 왕통을 사수하여 줄 에프강 이동북(以東北) 프로이센의 충실한 지주와 귀족은 1916년 솜므의 회신화한 이후 아무 데도 그렇게 찾을 길이 없다는 것은 카이저를 위하여 매우 적막한 일이다.

카이저는 돌아갈까.

이것도 또한 오래인 풀릴 줄 모르는 선행(船行)의 하나나 아닐까.

애란(愛蘭) 열혈 재상 데벌레라 씨

애란 자유국 수상 에이먼 데 발레라 씨는 여하한 인물인가.

소국 만능주의의 제네바에서는 기억에도 남지 않는 소국의 대표라 하더라도 우리 데벌레라 의장 같은 사람은 다소라도 세계 동태에 관심을 가졌으면 폐롭게 우리의 기억을 가다듬을 필요가 없다.

그가 본년 3월 9일 자국 총선거에 반영주의를 모토로 하여 과거 다년간이나 매우 순조롭게 내려온 친영파의 코스구레브 내각을 격멸하고 완전 분리를 갈망하는 3백만 대중의 여론을 짊어지고 애란 자유국 수상에 취임될 때 세계의 주목은 일제히 이 혁혁한 반영 투장(鬪將)에 향하였다. 그러나 그는 취임하자 애란 헌법 중의 "애란 의원이 의장에서 영국 황제에 충성을 서(誓)함"이라는 것을 삭제하여 반영 전선의 실마리를 푼 것은 모두 아는 바이다.

그는 본년 50세의 활동가이다. 그 출생지는 뉴욕, 서반아인을 모로 한 혼혈아이다. 7세 시에 양친을 따라 모의 고향인 더블린에 이주하였다.

때마침 열혈정치가 파넬 일파를 기두로 한 애란 독립운동은 백열한 정점에 달하여 크롬웰 이래의 영 본국의 압제에 반역하여 애란 국민의 피를 끓게 한 때라 정열적 피를 잔뜩 가지고 있던 그는 젊어서부터 수기한 반영 운동의 챔피언이 되게 운명을 타고났다. 그는 반영 운동을 쟁취하는 데는 첫째 애란 국민을 반영적으로 양육시켜야 할 것이라고 교육학을 전공하고 현재 애란 청년 독립운동의 아성인 애란국민대학 총장이다. 세계대전 중 1916년 부활제가 일어난 더블린의 반영 운동은 전국적으로 확대되며 당시 34세의 혁명가인 그는 반영군의 일방 지휘자로서 상당한 활약을 보였다. 이 운동은 결국 반영군의 패배로 그는 내란죄로 사형선고를 받았으나 그후 겨우 형 1등이 감하여 종신징역의 형을 받지 않으면 안 되었다. 그러나 다행히 1년이 지나 그는 석방되었다.

1918년 5월 또 소란죄로 링컨 감옥에 투옥은 어쩔 수 없었다. 그러나 그는 그 이듬해 2월 돌연 파옥하고 미국으로 건너가 애란 독립을 위하여 6백만 달러의 자금을 조달한 수완은 다만 공상적 혁명아가 아니다. 1922년 영 본국은 애란자유국의 독립을 허하였으나 이것은 친영파의 코스구레브 씨를 이용하여 데벌레라 일파의 완전분리파를 억압하려는 영국 일류의 수단에 불과하였다.

그러나 그는 벌써 반영공화국의 수반으로서 영 본국과에 완전한 분리 운동에 구체적 보조를 맞출 뿐 아니라 바야흐로 지금은 연맹 이사회 의장으로서 제네바 본무대에 그 괴위한 자태를 나타내서 다년 투쟁에 단련된 머리를 연맹이 시작된 이래 난관이라고 하는 만주사변 해결에 그 수완을 보이려 하고 있다. 이것은 연맹의 시금석이며 동시에 험난에 당도한 그의 운시(運試)이다.

—《삼천리》 4권 3호(1932. 3)

붉은 울금향(欝金香)과 로이드 안경

　금순이, 순녀, 옥희, 이쁜이 등등 우리는 수많은 여자의 이름을 안다. 그와 마찬가지로 우리들의 아는바 꽃의 종자도 얼마나 많은가. 진달래, 개나리, 봉선화, 리라 —— 그럴지라도 또는 아무리 방울꽃이 풀숲 그늘에서 남몰래 울지라도 나로 하여금 붉은 튤립〔欝金香〕을 그것들의 어느 것보다도 더 사랑하는 것을 그치게 할 수는 없다. 푸른 생기가 튀겨나올 듯한 그 풍만한 잎사귀 때문일까, 창살을 흘러 들어오는 아침볕을 향하여 비스듬히 벌리는 붉은 봉오리가 아무도 엿보는 이 없는 곳에서 애인을 꿈꾸는 처녀의 덧없이 벌려진 익은 입술을 생각하는 까닭일까. 그보다도 차 한잔만 꿀꺽 참으면 어렵지 않게 꽃장수의 손에서 얻을 수 있는 그 대중성(?) 때문에 나는 튤립을 사랑함인가. 여하간에 나는 튤립을 익애(溺愛)할 수밖에 없다. 실상 커다란 화분 위에 건방지게 머리를 추어든 달리아는 오만한 지나 군단(支那軍團)을 생각게 하고 네온라이트에 분홍빛으로 흐린 벚꽃은 거리의 천사를 연상케 하며 화분에 몸을 쪼그려붙인 매화는 사람의 악의를 너무나 노골하게 보여 주어서 불유쾌하다.

　지난해 3월달에 L과 내가 작은 보금자리를 남산 밑에 꾸민 이튿날 밤 나는 첫 손님으로 이여성(李如星) 형과 홍직(鴻稙) 형을 맞았다. 이 형은 나의 2년 동안의 서울 살림 중에서 얻은 최대의 우정이다. 그는 'L과 나'의 행복을 위하여 커다란 붉은 튤립의 화분을 주셨다. 튤립 붉게 향내 나는 밤. 홍직 형과 나는 이 형의 달콤한 옛이야기에 감탄 낙망 매혹하면서 마지막 전차가 끊어지는 줄도 모르고 생활에서 전연 해방된 유쾌한 몇 시간을 가질 수 있었다.

이 형이 주신 튤립은 노랑빛도 아니었지만 L과 나의 사이는 필경 호프리스 러브(희망 없는 사랑)로 그치고 이 형과 서울을 떠나서 홀로 검은 물결이 날뛰는 북쪽 나라로 내가 떨어진 후에도 벌써 해가 바뀌었다. 나는 이 형을 생각할 때마다 형의 초동양류(超東洋流)의 그 위대한 코마루 위에 걸려서 끊임없이 약소 민족의 대국(大局)을 통찰하는 검은 로이드 안경과 그리고 튤립 붉게 향내 나던 그 밤을 잊을 수 어떻게 있으랴. "나는 이렇게 건강합니다."라는 의미로 최근의 나의 반나체 사진을 보내 드렸더니 형은 '울트라 강도지도(强盜之圖)라고 주를 붙여서 나를 웃게 하였다. 요 먼저 편지에는 "서울로 언제나 행장을 꾸려 가지고 오려는가."고 형은 물었다. 봄이 나에게로 날개를 돋혀 주면 나도 남쪽 하늘로 날아가련만 —. 이른 봄이 떠나기 전에 나는 뜰에 붉은 튤립을 함북 심으련다. 따스한 바람이 바다를 건너와서 로미오와 줄리엣들을 위하여 알롱달롱한 꽃들로 대지를 아름답게 꾸미는 때가 오면 그는 나의 뜰의 튤립도 붉게 피게 하겠지. 그러면 나는 남실거리는 그것들의 작은 얼굴을 하염없이 바라보리라 아침마다 —. 그런데 이 형은 그의 뜨락에 튤립을 심으시는지, 아닌지.

— 《신동아》 2권 4호(1932. 4)

월세계 여행

내가 만약에 나의 훌륭한 공상을 세상에 발표한다면 사람들은 곧 나를 붙잡아서 전광원(癲狂院)에 보낼 것입니다. 공상의 날개를 타고 흰 구름 위를 천사와 같이 날아다니는 것은 나의 하나뿐인 자유지만 지극히 현실적인 지금 세상에서는 장꼬로의 요술보다도 인기를 끌 것 같지 아니한 그러한 곡예를 해보라고 기어이 권하는《신동아》씨도 퍽 딱하십니다.

첫째, 최근에 내가 발견한 로스 차일즈의 부(富)의 1천곱의 값이 가는 금광 이야기와 그리고 방금 극도의 재정난에 빠져 있는 태평양 저편의 모 대국과의 사이에 그 나라를 아주 내가 사 버리는 교섭이 진행 중이라는 이야기를 하면 사람들은 '공상가' 하고 돌아설 것입니다. 교섭이 성공하면 나는 즉시 최근 모 신문사를 또 쫓겨나온 S 군을, 그는 누차의 실직에서 그 방면에는 상당한 온축이 있겠기에 실업 대신에 임명할 용의를 가지고 그 나라에 전세계의 실업군을 이주시킨 후 별천지의 건설 사업에 손을 댈 것입니다.

우선 우리는 고사포, 기관총 등 모든 무기를 박물관으로 운반할 것입니다. 역사 시간에 견학을 오는 소학생들에게 보이려고

'두 번도 이런 미련을 되풀이 않기 위하여'라고 쓴 작은 목패가 그 곁에 세워질 것입니다. 별천지 1정목인 뉴욕에서 13정목인 상해(上海)까지의 사이에 열한 곳의 정류장이 있어서 자동차가 아니고 비행기인 버스가 하루에 수십 차례씩 왕복할 터이므로 우리는 토요일 아침 일이 필한 후 점심을 보스턴에서 먹고 나서 저녁은 상해에서 댄스를 하다가 자정에 그곳을 떠나는 최종 버스로 로스앤젤레스 교외에 있는 아파트로 녹초가 되어 돌아가기도 할 것은 물론입니다.

역사에 의하면 1932년경의 유한인(有閑人)들은 남들이 땀을 흘리기 위하여 들의 풀 밑으로 나갈 수밖에 없는 여름에도 더위를 피하여 주네브의 호수가로 도망질쳤으며 그것을 흉내 내기에 바쁜 조선의 제3등 유한인들은 원산해수욕장이나마 가느라고 경성역의 표 파는 사무원만 바쁘게 굴었다는데 별천지에 여름이 오면 주민들은 로켓 타고 월세계나 갈까, 수성(水星)에나 가서 님프들의 사랑이나 실컷 받고 올까 하고 망설입니다.

아파트의 층층대에서 나는 별천지의 여학생에게 붙잡혀서 "아저씨, 나는 할머니의 장농 밑에서 옛날 부인 잡지를 얻어 봤는데 1932년경의 여자들은 어쩌면 그렇게 화장이나 연애에만 관심했을까요. 분(粉)이라는 것은 대체 어디 쓰는 고약입니까" 하는 질문을 받았습니다. 나는 픽 웃으면서 이렇게 대답하지요. "그건 화폐, 명예, 지위와 함께 모두 낡은 풍속이랍니다. 저 쓰레기와 같은ㅡ."

바로 이러할 즈음에 "선생님, 선생님." 하는 아우성 소리에 눈을 뜨니 신문값 독촉이다. 역시 공상이었던가.

ㅡ《신동아》, 2권 8호(1932. 8)

미스코리아여 단발하시오

"어서 단발하시구려." 하고 내가 만약에 어떤 여학생에게 권한다면 그는 아마도 얼굴을 붉히고 그의 위신을 상해운 듯이 노할는지도 모릅니다. 아직까지도 단발은 진한 루즈, 에로, 곁눈질 등과 함께 카페의 웨이트리스나 서푼짜리 가극의 댄스 걸들의 세계에 속한 수많은 천한 풍속들 중의 하나로만 생각되고 있는 조선에서는 그의 분노도 당연합니다. 다음에는 댕기 장수와 달비(月子) 장수가 그들 자신의 생활 옹호의 입장에서 나의 단발론에 맹렬한 반발론을 던질는지 모릅니다.

그렇지만 나는 작년에 상해 양강농구단(兩江籠球團)이 조선에 원정을 왔을 적에 그 긴 머리채를 휘두르면서 날뛰던 조선 여학교 농구 선수들의 흉한 모양을 보고는 더한층 단발론을 주장하고 싶었습니다.

누구인가 현대를 3S시대(스포츠·스피드·섹스)라고 부른 일이 있었지만 나는 차라리 우리들의 세기의 첫 30년은 단발 시대라고 부르렵니다. 보브(단발)는 노라로서 대표되는 여성의 가두 진출과 해방의 최고의 상징입니다. 호리즌탈·싱글커트·보이쉬커트 등 단발의 여러 모양은 또한 단순과 직선을 사랑하는 근대 감각의 세련된 표현이기도 합니다. 지금 당신이 단발하였다고 하는 것은 몇천 년 동안 당신이 얽매여 있던 하렘에 아주 작별을 고하고 푸른 하늘 아래 나왔다는 표적입니다.

얌전하게 따서 내린 머리 그것은 얌전한 데는 틀림없지만 거기는 이 시대에 뒤진 봉건시대의 꿈이 흐릅니다.

그렇지만 수천 년 동안 썩고 케케묵은 정신을 그대로 보브한 머릿속에 담아 가지고 다니는 모던 걸이라는 백주(白晝)의 유령은 아주 싫습니다.

새 시대의 제일선에 용감하게 나서는 미스코리아는 선인장과 같이 건강하고 튤립처럼 신선하여야 합니다. 그는 벌써 모든 노예적 미학에서 자유로울 것이며 그의 활동을 구속하는 굽 높은 구두, 크림빛 비단 양말, 긴 머리채는 벗고 끊어 팽개칠 것입니다.

더도 말고 그 몸서리 나는 전족(纏足)의 번풍(蕃風)을 차 버리고 삼종지덕(三從之德)의 옛 인습을 긴 머리와 함께 문척 끊어 버린 후 걸스카우트로 '타도 ××주의'로 '×선'을 달려다니는 인방 중국의 자매들의 강철의 다리를 보세요. 그 머리를 보세요. 지금 당신의 마음속 깊은 곳에는 은근히 학대받고 있는 보브의 편을 들고 싶은 생각이 안 나십니까.

—《동광(東光)》 4권 9호(1932. 9)

가을의 나상(裸像)

 산더미처럼 높이 쌓인 조(粟)단들을 실은 수레가 언덕을 내려와서 개천가에 멈춰 섰다. 무거운 짐을 끄는 황소는 아마도 갈증을 느끼나 보다. 그렇지만 한여름 동안 이 개천을 넉넉하게 적시며 흐르던 물은 한 방울도 남지 않았다. 얕은 하상에서는 메마른 돌멩이들이 엷은 석양볕에 하얗게 빛난다. 어디서 불려오는지도 모르는 나뭇잎 하나가 하상 위를 굴러온다. 빨갛게 말라서 꼬부라진 그 잎사귀의 모양 속에는 그 풍만한 푸른빛을 담고 있던 옛 자취는 그림자조차 남아 있지 않다. 한 마리의 알롱달롱한 잠자리가 돌멩이들 위에 앉으려고 하나 그 어느 돌멩이도 모두 여름 동안의 정열이 식어져 이 작은 생물을 따스하게 맞아 주지 아니하였던지 그는 아무 데도 앉지 않고 그만 방향 없이 공중으로 날아가 버린다. 그렇지만 그놈의 비단결 같은 화사한 날개는 어족들과 같이 활발하게 찌는 듯한 8월의 볕 속을 무리 지어 쏴다니던 그 시절의 활기를 전연 잃어버리고 힘없이 움직일 뿐이며 깨어질 듯이 두터운 살갗 위에서 인상파의 그림 같은 빨갛고 파랗고 노란 아름다운 빛들을 자랑하던 피녀의 동체는 지금은 여위어 보잘것없다. 불란서 상징파의 거장 베를렌의 애수가 흐르는 「가을의 노래」가 생각난다.

　가을날
　비올롱의 긴 흐느낌.
　지치인 듯 서러워
　내 마음 쓰리다.

　울려오는 종소리에
　이 가슴 아득하여 얼굴빛 없다.
　눈물만 잦게 하는
　지나간 시절의 옛 기억이여.

　오— 나는
　뜻없는 바람에 불려
　정처없이 이리저리
　날아다니는 나뭇잎인가.

　참으로 가을은 폴 포르의 「사랑의 처녀」가 긴 누병(瘻病)의 끝에 천국으로 떠나가기에 알맞은 시절이다. 첫눈과 같이 차디찬 감촉을 가진 구르몽의 '시몬'의 노래나 부르고 싶은 시절이다.
　바닷가의 삼각주까지 기어가는 긴 모래 방천 위에 행렬을 짓고 늘어서 있는 포플러들 속에 나는 끼어 앉았다. 하나씩 둘씩 노랗게 단풍이 든 포플러 잎들이 바람에 휘날려 백금빛 늦은 볕이 녹아내리는 투명한 유리와 같은 대기 속을 오슬오슬 몸을 떨면서 떨어진다.

처다보니 탐욕스럽고 검푸른 잎사귀를 잃어버린 앙상한 가지들은 흰 구름을 빗질하고 있고 양초와 같은 흰 포플러의 나체 위를 플라티나의 석양볕이 기어간다.

어디까지든지 참혹하고 냉정한 볕이다. 그것이 벌써 포플러의 푸른 머리채 위에 수없는 키스를 퍼붓던 7월의 태양이 아니다. 병든 나무의 흰 표피는커녕 목질의 내부까지 벌레와 같이 파먹고 들어가려는 잔인한 햇볕이다. 가을바람은 지금 포플러의 잎사귀를 춤추게 하며 먼 남국의 노래를 부르던 여름 바람의 아유(阿諛)를 본받지 않고 쌀쌀한 황금의 막대를 휘두르며 가지가지를 덮고 있던 잎사귀를 떨어뜨려서 컴컴한 개골창으로 몰아넣는다.

그는 지금 나의 울성한 마음에서도 야심, 선망, 정열, 사상, 애욕, 그러한 잎사귀들을 그 굳센 나래로 휩쓸어 떨어뜨린다. 그는 또한 나의 마음을 찬란하게 장식하고 있던 온갖 색채를 하나씩 둘씩 증발시켜 버린다. 그리고 다만 희미한 나의 혼의 나상만을 남긴다.

가을은 거짓이 없다. 정직하다. 여름의 위선을 그는 본받지 않는다. 사람들의 눈을 속이는 온갖 푸르고 두터운 장식 속에서 살벌성의 자연이 그 추악한 정체를 감추고 안심하고 있던 무성한 잎사귀들을 가을은 지구의 표면에서 주저 없이 벗겨 버린다.

벌거벗은 자연 ─ 그렇다. 생명의 나체가 대지 위에서 떨고 있다. 나는 뱀의 피부와 같이 쌀쌀한 가을의 감촉을 사랑한다. 뭇 여름의 위선과 미와 유혹의 정체를 폭로하는 가을의 진리처럼 굳세게 나의 마음을 때리는 것은 없다.

사랑하는 사람들이여, 인제는 가면무도회는 끝났다. 우리들의 눈을 현혹하게 하던 다채한 가장·지위·명예·우월감·의식 등등을 우리는 벗어 버리지 아니하려는가. 우리들은 서로서로 자신의 특권을 용감하게 포기하고 서로서로의 벌거벗은 나체를 바라봄이 좋다.

인류는 역사의 첫 별이 지상에 비친 이래 얼마나 오랫동안 그들의 순백의 나체 위에 가지각색의 가장을 정교하게 덮음으로써 나체를 감추려고 애썼는가. 오늘날 인류 자신이 그 손으로 꾸며 놓은 작은 울타리 속에서 어떻게 그는 옹색한 느낌을 받으며 자신을 구속하며 괴롭히고 있는가.

이윽고 흰 눈이 이들 위에 내려서 벌거벗은 대지를 고이고이 포옹할 때까지는 나는 용서 없이 자연과 내 자신의 나체를 응시하련다. 그리고 들 위에 내려덮인 높은 하늘의 속삭임에 귀를 기울이련다.

"나의 마음을 쳐다보아라."

—《동광》37호(1932. 9)

잊어버린 전설의 거리

해마다 4월을 잡으면 바다로부터 음분(淫奔)한 댄서와 같은 젖빛 안개가 흰 스커트 자락을 바람에 날리면서 들을 건너와서는 싸안는 나의 작은 거리 — 임명(臨溟)에 대하여 아직까지는 어떠한 지리서도 침묵을 지켜 왔다. 그렇게까지 이름 없는 거리 —.

아침저녁으로 우렁차게 소리치면서 들의 저편을 달음질치는 함경선 열차가 이 거리의 옛 번영마저 거두어 가 버린 후에는 제법 기운 좋던 뒷골목의 권주가(勸酒歌) 소리는 다 어디로 가고 동전 소리만 절렁거리던 서방님의 호주머니 밑에는 먼지만 깔리고 마루턱 너머 그리스도교당의 종소리가 일요일마다 목이 터지게 울어도 아무도 그 소리 때문에 예루살렘을 연상하려는 이 없는 무신론의 거리 —.

그렇지만 군은 잠깐 구르몽의 시집이라도 손에 들고 선택받은 어느 날 오후 그 거리의 뒤 개천으로 나가렴. 빨래와 같이 흰 모래 방천 위에 두 줄로 늘어서서 가지가지에 푸른 연기를 피우면서 무거운 듯이 머리 숙인 버드나무 그늘로 나가렴. 그 사이를 새어다니는 보이지 않는 바람의 가벼운 발자국 소리가 교향하는 음악을 군은 들을 것이다. 혹은 장마 많은 여름 하늘에 갑자기 흐려서 탄식과 같은 싸늘한 실비가 버들 잎사귀의 푸른 사면(斜面)을 소리 없이 미끄러질는지도 모른다. 그러면 나무 밑에서는 풀밭의 즉흥 시인인 참새가 비에 젖은 목을 기울이고 '째째째' 하고 아주 센티멘털한 독창을 연주할 것이다.

이윽고 산발을 넘어서 황혼이 고요히 거리 위에 회색의 날개를 드리우면 유난하게도 귀에 맑아 오는 먼 나루의 물결 소리 —.

오 — 신은 그를 구원하기를 단념했는지 모르지만 아직도 자연의 총아인 나의 거리의 그윽한 뉘앙스를 나는 사랑한다.

그러나 고면(古眠)과 같이 낡은 이 거리의 호주머니 속에 불룩하게 차 있는 옛이야기들을 회상할 때 나는 더한층 이 거리를 사랑하게 된다. 마치 모든 젊은 희망을 가로막는 잔인한 아르네와 같이 거리의 남쪽에 구름을 뚫고 우뚝 솟은 마천령(摩天嶺)을 일찍이 금산(錦山) 싸움에서 7백 의사와 함께 거꾸러진 조헌(趙憲) 선생이 당나귀를 타고 넘어서 이 지방에 귀양을 오셨다.(그의 사당이 아직 거리의 북쪽에 있다.) 때는 3백 년 전, 조수처럼 밀려 들어오는 적병을 관(關) 넘어 물리쳐 병화와 외모(外侮)에서 관북을 건진 이붕수(李鵬壽) 등 7의사의 승전비가 또한 거리의 복판에 서 있었다. 그러나 비는 지금 동경 구단(九段)으로 옮겨 갔고 텅 빈 비각마저 헐려졌다. 잊어버려진 거리에 어지러운 흙밭이 너의 아름다운 전설을 아낌없이 짓밟을 때 너는 왜 말이 없느냐. 왜 말이 없느냐.

—《신동아》 2권 9호(1932. 9)

가상(街上)의 괴노인(怪老人)

끽다점 보나미의 두터운 도어에 밀려 자정 가까운 종로 네거리의 어둠 속에 뛰어나온 A와 B. 그들은 방금 얼만 전에 우미관에서 본 영화 「벤허」의 인상에 대하여 말을 주고 바꾼다.

A "한바탕 감격하고 나니 아주 시원한걸. 몇 번 울 뻔 울 뻔하다가 말았지."

B "커다란 사람이 그렇게 센티멘털하고 어디 쓰나."

A "그 여배우 이쁘지."

말은 그쳤다.

두 사람은 에나멜의 구두 끝에 사라지는 드문 눈송이 자취를 굽어보면서 두 손을 외투 포켓 속에 꾹 박은 채 말없이 걸어가면서 이른 겨울의 쌀쌀한 감촉을 얼굴 위에 즐기고 있었다.

A의 마음속에는 '이제부터는 혼자 되었으면.' 하는 욕망이 떠올랐을지도 모른다. 왜 그러냐 하면 때는 오후 열두 시를 지나려고 하고 레일 위에서 '아아' 고함을 치며 달리는 전차에는 손님이 드물고 고요한 페이브먼트 위에는 바야흐로 무슨 커다란 꿈이 굴러떨어질 듯하였기 때문이다.

두 사람이 화신(和信) 옆구리를 끼고 돌아가려고 할 때 돌연 지

나가던 늙은 사나이 한 분이 A의 소매에 매달리면서
"나리." 하고 소리친다.

때가 묻어서 회색이 된 두루마기 위에 귀 죽은 낡은 중절모를 눌러쓴 그 늙은이의 허리는 조금 구부러졌고 희미한 가등에 어슴푸레 비치는 그 얼굴의 코는 높고 볼짝은 깎였다.

A 역시 소리 높게,

"아 — 오랜만일세." 하면서 멈춰선다.

B는 걸음을 잠깐 멈췄다가 퍽 익숙해 보이는 A와 그 늙은이의 해후를 방해할까 보아서 그냥 걸었다. 걸으면서 그는 생각하였다.

'A에게는 별 친구가 다 있는걸.'

이슥히 있다가 좇아온 A에게 B는 물었다.

B "웬 늙은이기에 그리 반가워하는가?"

A "반갑기는 무얼. 그런 늙은이가 있었지."

A의 말에 의하면 두 사람의 친교는 벌써 옛날 A가 잠깐 불량(不良)을 부린 일이 있던 때에 있은 것이라고 한다.

"아 — 그런가." 그제야 B의 고개는 꺼덕거린다.

"그래 무슨 이야기를 그렇게 쑤근거렸나?"

"미친 늙은이, 무어 무슨 판사의 처제가 있다나. 어떤가고 졸라 대겠지. 필경 20전을 빼앗겼지." 밤거리의 밝은 등불 그늘에 숨어 다니면서 활약하는 괴상한 늙은이. 그도 역시 생활을 위하여 밤거리의 골목골목에 용장(勇壯)하게 전선을 편 것이나 아닐까.

—《삼천리》(1933. 1)

황금 행진곡

잠깐 함경선(咸鏡線) 열차를 타 본다.

그러면 누구는 나진(羅津)에 땅을 샀다가 몇십만 원을 한꺼번에 벌었다는둥 누구는 성진(城津) 바닷가에 내버려두었던 땅이 갑자기 시세가 좋아져서 벌써 오막살이를 헐어 버리고 3층 양옥을 기공한다는둥 어쩐지 이야기가 모두 큼직큼직하다. 이 지방의 모든 주민의 신격이 확실히 흥분 상태에 있다는 것은 사실이다.

그런데 이렇게 반가운 소식이 한편에서 들리는가 하면, 또 한편에서는 너무 쓰라린 대조가 또 있다.

청진(淸津)에 산다는 김모는 청진이 ××선 종단항이 될 줄만 알고 수성평야(輸城平野)에 누거만(累巨萬)의 황금을 흩어서 수백만평의 땅을 사 놓고 스스로 로스 챠일드의 꿈을 꾸다가 그만 나진이 종단항으로 되었다는 전보를 손에 든 채 와석 3일에 "종단항, 종단항"을 연해 부르면서 저세상에 가 버렸다고 한다.

그뿐인가 하면 나진 해안에 내버려두었던 모래벌이 갑자기 40만 원, 50만 원을 부르는 바람에 월봉 일금 30원의 가련한 ×청 고원(雇員) 그의 일상 산반(算盤)의 한도를 너무나 엄청나게 초월한 이 대금의 처치 방법에 연 1주일이나 고심참담하다가 필경 발광했다고 한다.

여기에 이르러 매머드의 장난은 그 잔인성과 화려에 있어서 제네바의 연맹극(聯盟劇)에 지지 않게 흥행 가치 바야흐로 초 1백 퍼센트다.

언젠가 백주의 종로 대로를 걸어가는 귀부인의 머리에서 금비녀를 뺏아 가지고 달아난 괴상한 자전거수(自轉車手)의 이야기를 듣고 놀란 일이 있더니 근자의 일문 신문에는 순진하였던 주부의 금니(金齒)를 고쳐 주마고 가지고 간 후 일거에 소식이 돈절한 가짜 치과 의사의 이야기가 실려 있었다.

자신의 뇌수의 완전한 통솔 범위에 속한 입술의 저편에 감춘 금니에까지 보험을 붙여야 하며, 머리의 근처 수분의 공간에까지 경비선을 느리지 않고는 머리에 꽂한 비녀에 대하여 안심하고 보행할 수 없을 지경이니 세상은 지극히 건전치 못하다고 아니 할 수 없다.

결코 이야기는 동양에만 그치지 않는다. 일찍이 과학자에 의하여 신화에 속한 것이라고만 생각되고 있던 기볼라의 7도시와 그란퀴벨라를 찾아서 동방으로부터 몰려드는 젊은 사람이 방금 묵서가(墨西哥)의 밥값을 올리고 있다고 한다.

오래인 예전에 콜로라도 인도인의 안내자에게 속아서 기볼라와 그란퀴벨라를 찾아 헤매다가 실패한 일이 있지만 어쨌든 전설에 의하면 그 나라에서는 음식 그릇까지가 모두 순금으로 되어 있다니 1932년의 극도의 불황의 저층에서 허덕이고 있던 아메리카의 젊은이들의 야심을 도발하기에 넉넉한 것이 있다.

메카를 찾아서 또는 예루살렘을 찾아서와 마찬가지로 '황금을 찾아서'는 매머드 종도(宗徒)의 구호다. 비극은 벌써 인류의 역사와 함께 시작한 것이다. 땅 위의 이곳저곳에서 어지럽게 울리는 황금행진곡에 맞추어 1933년은 어떠한 새로운 황금광시대(黃金狂時代)를 개전(開展)시키려는지.

—《삼천리》 5권 1호(1933. 1)

앨범에 붙여 둔 노스탤지어

고향이라고 하는 것은 그 사진이나 앨범에 붙여 두었고, 감기에 걸려서 여관방에 홀로 누워서 뒹굴 때에나 잠깐 펴 보고는 그만 닫아 둘 그런 성질의 것이라고 생각합니다. 고향에 대하여 실연하지 않는 사나이의 이야기를 나는 얼마 들은 일이 없습니다.

고향이여, 너처럼 잔인한 애인이 어디 있을까. 천리 밖에 두고 생각하면 애타게 그립다가도 정작 만나고 보면 익지 않은 수박처럼 심심하기 짝이 없고 하루바삐 앨범 속에 붙여 두고 싶은 너임을 어찌하랴.

블랭킷〔毛布〕처럼 부드러운 금잔디가 산꼭대기로부터 개천가까지 곱게 깔려 있고 앞동산의 치맛자락을 적시면서 맑은 시냇물이 진주와 같은 소리로 알 수 없는 자장가를 굴리며 모래 방천 위에서는 수양버들들이 긴 머리카락을 바람에 맡겨서 흐느끼는 곳 — 그곳이 나의 고향 — 어린 시절의 푸른 꿈이 잠들고 있던 나의 요람이었답니다.

안데르센의 동화 속의 거리와 같이 말할 수 없이 작은 그 거리에는 성냥이나 자주 댕기나 색깔 허리띠나 파는 역시 성냥개비만씩 한 가게들이 몸뚱어리를 쭈그리고 있었습니다. 때때로 갑산(甲

山)으로 가는 말꾼들의 둔탁한 말굽 소리가 새벽의 거리 바닥을 울려오기도 하였습니다.

> 애기씨 배기씨 꼬꼬대
> 길주(吉州) 명천(明川) 호롱대
> 가마청천 들고 보니
> 옥지옥지 얽었더라
> 낸들낸들 내 탓인가
> 호기대감 탓이지

  다홍 저고리 파랑 치마 위로 자주 댕기 드리운 그 거리의 아가씨들은 단오나 추석 같은 명절이면 그네터나 널뛰는 터에 모여서는 이러한 노래도 불렀습니다. 짙어 가는 봄날 밤 나그네의 베갯머리를 어지럽게 하는 것은 옆집의 레코드가 푸는 슈베르트의 애처로운 노래가 아니고 실로 사투리 섞인 어색한 그 노래였습니다.
  그러나 대부분 객지에서 뼈가 굵고 마음이 엉뚱해져서 돌아다니다가 얼마 동안 궁둥이를 붙이고 살 작정으로 고향이라고 돌아갔더니 —. 어쩐 일일까. 그 아름답던 네거리에 — 시냇물은 말라서 메마른 개천 바닥에서 대머리 돌멩이들만 돌봐주는 이 없이 뒹굴고 있고 늘름하던 수양버들에는 솔개와 까마귀의 똥과 찌가 가득히 말라붙었더랍니다.
  '애기씨 배기씨'를 부르던 처자들도 인제는 각시가 되고 다시 어머니가 되어서 혹은 갑산으로 혹은 간도(間道)로 갔다고도 하고 길에서 만나는 이래야 얼굴을 돌이킵니다. 팔을 부르걷고 눈을 부릅뜨면서 뿔이 부러져라 하고 싸우다가도 돌아서면 픽 웃고 공을 차던 소학교 때의 싸움 동무들도 인제는 면 서기가 되고 칼 찬 나으리가 되어서 턱으로 사람을 훑어보며 혹은 훌륭한 신사가 되어서 소학교 졸업식에서는 떼어 맡고 자력갱생의 점잖은 연설도 하신답니다.

그러면 나 혼자 자라는 줄을 모르는 어린애였던가. 모함과 시기와 밀탐과 욕설과 야유와 고리대금쟁이로 가득 찬 그 거리 ―.

나는 분화구 어구에나 너를 던져 버릴까.

노래를 잊어버린 시냇물이여
노래를 잊어버린 시냇물이여

개천가를 거닐면서 아무리 불러 보았으나 벙어리 된 개천은 말이 없습니다. 푸른 버들가지들이 짜는 장막 속으로 기어들던 비둘기들과 꾀꼬리들은 다들 어디 갔을까. 예전에 그렇게 친근하던 벗들도 나의 눈앞에서는 목을 쥐고 흔드나 돌아서면 벌써 쓸쓸한 조소와 경멸을 나의 머리 뒤에 퍼붓습니다.

"고향으로 가지 말아라." 하고 슬픈 노래를 부른 어떤 시인을 나는 압니다.

"아듀 마이 네이티브랜드."(잘 있거라 내 고향아.)를 읊으면서 도버해협을 건너오고 만 바이런의 마음을 나는 알 것 같습니다.

쓰레기통과 같은 더러운 거리 ―. 이브의 발꿈치를 물은 뱀이 온 것같이 차디찬 거리 ―. 천하의 젊은이의 그것은 그대들의 고향이 아닐까.

"어디 가시우?" "멀리 떠나시나 보오" "어째 행장을 단단히 꾸렸소." 하고 미심해 하는 그들에게마다 "네, 또 떠납니다. 또 떠나는 길이오." 하고 아이러니 섞인 구조(口調)로 나는 이렇게 대답하고는 가슴속의 울분이 어느 정도까지 식는 것을 느꼈습니다.

이윽고 시골의 작은 정거장을 떠나는 경성행(京城行) 급행열차가 '뛰' 하고 우렁찬 기적 소리로 연(鉛)물과 같이 무겁고 잠잠하던 좁은 들의 공기를 뒤흔들어 놓았습니다. 올링턴과 콕토 같은 나의 짐은 트렁크와 나와 그리고 불타오르는 나의 야심을 싣고 ―.

궤도는 꿈틀거립니다. 기차는 뜁니다. 무한한 희망의 지평선으로 ―.

지금 나는 나의 노스탤지어(향수)를 코를 셋은 종이와 함께 하수도에 던져 버립니다.

그러고는 고향의 사진이나 앨범 구석에 붙여 주고 아주 잊어 버렸다가는 감기가 들어서 궁금할 때에나 잠깐 펴서 보고는 다시 덮어서 책상 밑에 처넣어 두렵니다.

―《신여성》 7권 2호(1933. 2)

봄의 전령(傳令)

북행열차를 타고

힐이 더한층 가벼움을 느낄 때가 왔다.

육색(肉色)의 스타킹 ─ . 극단으로 짧은 스커트 ─ 등등으로 피녀들은 둔감한 가두의 기계문명의 표면에 짙은 에로티시즘과 발랄한 흥분을 농후하게 칠 것이다.

털 깊은 외투, 솜 놓은 비단 두루마기, 두터운 방한모, 여우털 목도리─ 잘 있거라 너희들.

시절에 뒤진 폐물들은 너희들의 벽장 속으로 물러가거나 혹은 ××포의 창고로 유형(流刑)이 되더라도 경박한 주인들을 원망하는 일 없이 또다시 학대된 상태에서 온순하게 10월을 기다림이 좋다.(노예들은 필요할 때에 기억되고 필요치 않을 때에는 영구히 잊혀진 대로 있는 운명에 있느니라. ─ 고대성서)

그러나 잘 있거라 겨울 ─ .

점원들은 겨울 물건을 차츰차츰 진열대로부터 창고 구석으로 운반하는 일에 오히려 영광을 느낄 것이고 파라솔은 또다시 백화점의 주연자(主演者)가 될 것이다.

시크라멘은 봄이 던지는 첫 키스를 뺏기 위하여 화상(花商)의 쇼윈도 속에서 붉은 입술을 방긋이 벌이고 있고 피녀들의 푸른 치마폭은 아침의 아스팔트 위에서, 백화점의 층층계 위에서 깃발과 같이 발랄하게 팔락거리지 않는가.

"헬로, 봄."

봄의 전령은 벌써 북행열차를 타고 와서 오래 잠긴 이 자리의 문을 분주하게 두드린다. 눈물에 어린 듯한 엷은 대기를 어지럽게 흔들면서 영구한 불평가인 전선줄들이 떨린다. 그것은 제비들의 밀회장이다. 이윽고 연미복(燕尾服)을 입은 남해의 신사들은 그 줄 위에서 그들의 작은 사랑을 속삭이러 올 터이지. 젊은 애인들은 건넌방 속에 혹은 안방 속에 밀폐해 두었던 연애를 공원에, 가두에 그리고 백화점의 옥상정원에 노골하게 해방하리라. 남편들은 한겨울 동안 강요되어 있던 어린애의 구린 냄새와 마나님의 불변성의 표정과 그것들의 칵테일인 미지근한 가정 살림의 감금에서 겨우 풀려서 자못 용감하게 포도를 차고 다니면서 '오, 고마운 봄.' 하고 그를 놓아준 봄에게 향하여 찬사를 올린다. 그리하여 봄은 모든 남성의 혈관 속에 단 하룻밤 사이에 불량성 캄플을 주사해 버린다.

죄 많은 봄을 벌하여라. 실로 그 봄 때문에 선량한 마담도 물건을 사 가지고 돌아오던 길에 잠깐 일부일처제를 핸드백 속에 집어 넣기도 하고 건망증의 영양(令孃) 여고 4년 동안 닦아 넣은 공부자(孔夫子)의 윤리를 승강기의 쿠션 위에 저도 모르게 흘리고 다니기도 한다.

잠깐 다점(茶店)의 소파에 깊이 잠겨서 나는 두 눈을 감았다. 그러면 나의 소파는 인도양을 건너는 정기 항행의 상선이 된다. 코끝으로 스며드는 강렬한 코코아의 냄새가 나를 그곳으로 이끌어가는 것이다.

　클레오파트라의 유방처럼 부풀어 오른 남해의 우렁찬 물결소리가 나의 선벽을 때린다. 진한 남색의 물결이 그 선벽에 부딪쳐서는 진주와 같이 부스러진다. 나의 배는 카나리아의 알토를 들으면서 암컷을 부르는 숫원숭이들의 테너와 베이스가 유량하게 울려오는 야자수 그늘 깊은 섬들 사이를 꿰뚫고 지나간다. 밤이 오면 한 바다 밑에 진주들은 굳은 조개껍질을 열고 나와서 하늘의 별들과 남해의 비밀을 속삭이겠지. 진달래, 개나리, 오랑캐, 글라디올러스— 온갖 꽃으로 꾸민 찬란한 화환을 목에 걸고서 바람을 타고 오는 봄의 여신의 고향은 아마도 그곳일 것이다.

　그러면 오는 봄이여, 네가 가는 때 나를 버리고 가지 말아라. 진주가 잠자는 그 바닷가로—. 늙음을 모르고 근심을 잊어버린 그곳으로 나를 데리고 가거라. 나의 이니스프리로—.

—《조선일보》(1933. 2. 22)

비지

언젠가(그것은 어떤 일요일 오후였다고 기억한다.) 저녁 준비를 하느라고 부엌으로 나가던 누님은 갑자기 돌아서서 나를 돌아다보며
"오늘은 무얼 특별히 먹고 싶은 게 없는가?"
하고 웃으며 물은 일이 있다.
"참말 무슨 요리를 좀 해 드리게. 요새는 너무 찬수가 없어서 됐는가."
하고 그때 내 곁에 앉아서 어린애를 보고 있던 매부가(아마도 나에게 무슨 맛있는 것을 먹여 주고 싶은 충동과 따라서 손님 덕에 자기도 한밥 차려 보겠다는 충동으로부터) 열심으로 누님의 의협심을 격려했다.
나는 그때까지 누님댁에서 먹어 본 음식들을 하나씩 하나씩 회상해 보다가
"글쎄 요 전번에 해 주던 비지나 한번 더 먹을까?"
하고 대답해 버렸다.
며칠 전에 먹은 흰 비지 맛은 포도주와 같이 달콤하지도 못하고 능금과 같이 향기로운 것도 아니요 빙수와 같이 시원하지도 않았건만 어쩐지 입에 들어서 혀끝과 하늘받이에 닿는 깔깔한 촉각이라든지 거뿐거뿐한 중에서도 텁텁하고 뭉글뭉글한 것이 어디

라 없이 말하자면 동양적인 것 같아서 나의 입에 일종의 친근을 느끼게 하였다. 그것은 실로 미각을 통하여 내게 남겨진 근래의 가장 굳센 인상이었다. '하하하' '호호호' 하는 누님 양주의 웃음 소리의 일제사격을 받으면서 그제야 나도 내 자신의 식도락의 표준이 너무나 저열하다는 것이 부지불식간에 발로되고 말았다는 것을 깨닫고 두 뺨이 화끈해지는 것을 느꼈다.

그날 저녁 나는 누님의 식솔들과 함께 밥상에 둘러앉아서 비지 요리에 입맛을 다시면서 근래에 드문 대식을 하였다. 누님의 말에 의하면 비지값 5전, 돼지고기값 5전 일금 10전의 자금이 들었다고 한다. 단돈 10전으로써 네 사람의 식솔이 즐거운 하룻밤의 만찬을 가진다고 하는 것은 그 이상에 더 경제적인 일이 어디 있으랴. 나는 나의 식도락의 합리성을 오히려 자랑을 가졌다. 나는 잠깐 비지 그릇 위에 젓가락을 세우고 이러한 생각으로 마음을 달래면서 감개무량해졌다.

서양의 작가들은, 예를 들면 루이스라든지 지드라든지 골즈워디 같은 대가들은 치킨 요리 혹은 비프스테이크 등 우리들이 서양 요리라는 이름으로 부르는 기름지고 진기 있는 것을 먹으니까 메인스트리트라든지 에고이스트 혹은 「플라워딩 윌더네스」 같은 대작을 쓰는 것이 당연하지. 포이엘 바하에 의하면 종족의 문명의 정도는 그들이 가지는 식물(食物)에 의해서 측정할 수 있다고 하였는데 나로 하여금 잠시 유물론의 공리를 표절하는 것을 묵과하는 아량을 제군이 가져 준다면 나는 이러한 가설을 하나 세우련다. '비지'라고 하는 에너지 전지(電池)에서 발전하는 비짓군의 정신활동의 세계는 겨우 비지의 정도를 초월할 수 없으리라고.

만약에 루이 14세 폐하가 지금 부활해서 나에게 칠면조의 요리와 베르사유 궁전의 벽장 속에서 누백년 간 늙은 향기 높은 포도주와 아니 그 위대한 만찬과 오찬으로써 나를 대접해 준다면 나인들 「위선자(僞善者)」나 「인간혐오자(人間嫌惡者)」나 「수전노(守錢奴)」 따위를 써서 그를 놀라게 못할 것이 무에랴. (모리엘 선생, 노여워 마십시오. 이것은 나의 구실이외다. 선생의 천재의 빛은 우리들 군소 무명 작가의 이러한 호언장어에는 아무 상관없이 의연히 세계 연극사상에서 빛날 것이외다.)

두부를 짜낸 뒤의 한낱 찌꺼기에 불과한 비지에 침을 삼키는 동양의 일 무명 작가의 작은 머리여, 너에게 비지 정도 이상의 것을 기대하는 나의 희망은 필경 절망에 그치고 말 것인가. 나는 그때 아무 양분도 섭취 못 하고 다만 식도와 항문 사이를 비지를 운반하는 헛수고만 한 죄없는 일 무명 작가의 위장을 위하여 어떻게 위로할 것을 찾지 못해서 쓸쓸해했다.

—《제일선(第一線)》 3권 3호(1933. 3)

입춘 풍경

　봄은 잡지쟁이의 책상 위에 먼저 옵니다.

　12월도 초승 — 4월에 갔던 봄은 아직 강남을 떠나려고 신들메도 하지 않고서 올리브 그늘에 누워서 낮잠이라도 자고 있을 때에 이 북방의 도시(서울)의 잡지사의 가난한 기자는 그래도 모양 좋게 흥도 나지 않는 신춘사를 쓰노라고 지친 그 뇌리를 학대하고 있는 것입니다.

　그의 귀는 누구보다도 먼저 봄을 감전(感電)하는 봄의 안테나올시다. 결혼 청첩을 받고는 '두 분의 봄을 비옵나이다.' 하고 축전을 치며 그리운 '그대'에게 보내는 편지를 쓰며는 반드시 '봄과 같이 따스한 그대의 품에 —'라고 쓰는 등 우리는 모든 행복스러운 일의 상징으로는, 그리고 형용사로는 봄이라는 말을 쓰는 습관을 가지고 있습니다.

　산과 들을 휩싸고 눈보라의 물질 밑에서 추위와 어둠에게 온 집의 내부를 명도(明渡)하고는 방 한구석에서 무릎을 끌어안고 오들오들 떨고 있는 북방 사람들에게 있어서 봄은 긴 겨울을 통하여 얼마나 초조하게 그들의 얼어붙은 가슴을 태우던 그리움의 대상이었던가. 북방의 농민들은 붉은 두께를 가진 새해의 역서(曆書)

를 장에서 사 오면 먼저 첫 장을 제치면서 입춘(立春) 날이 어느 날인가를 살펴봅니다. 봄을 기리는 그들의 애타는 심사(心思)가 봄의 소식을 황망히 찾게 하는 것입니다.

입춘이 오면 다음에 우수(雨水)가 오는 차례로 그러며는 이윽고 눈이 녹은 넓은 들에서 검은 흙과 그리고 폰〔牧神〕이 그들을 부르는 것입니다. 입춘은 그들에게 있어서 괴로움과 기쁨의 ―괴로움과 웃음의 ― 학대와 해방의 분수령입니다. 나는 잘 기억합니다.

입춘 날이 오면 마을 사람들이 마을에서는 제일가는 선비이던 나의 백부에게로 와서 입춘방(立春榜)을 써 가던 일을 ―. 그들은 기둥마다 「입춘대길 만사형통(立春大吉 萬事亨通)」「개문만복래 소지황금출(開門萬福來 掃地黃金出)」 등등의 문구를 쓴 입춘방을 써 붙입니다. 그날은 실로 수수낀 혹은 마저 찌그러져 가는 초가집 오막살이들이 일 년에 한 번씩 당하는 화장(化粧) 날입니다. 그러고는 그들은 이렇게 말하면서 스스로 이 일을 자랑을 삼았습니다.

"에 ― 참 입춘방을 잘 써 붙이면 지신제(地神祭) 잘 지낸 것보다 낫다는데 ―."

입춘에 잠깐 마을에 나서면 집집마다 대문장에는 문짝만큼이나 큰 액자로 범(虎) 자나 용(龍) 자를 써 붙였고 기둥들은 입춘을 맞는 반가운 글〔句〕을 붙이고 있었습니다.

어떤 무식한 집주인은 글쪽을 모조리 거꾸로 붙였습니다. 그는 그것이 바른 줄만 알았는가 봅니다. 이것을 찾아낸 옆집 젊은이

"왜 입춘방을 모두 거꾸로 붙였오." 하고 깔깔 웃었더니 무식한 집주인이 수염을 쓰다듬으며 대답하는 말이

"그게 무슨 소리요. 입춘방이라는 게 워낙 땅에 사는 우리끼리 보라는 게 아니라 하늘에 계신 옥황상제(玉皇上帝)가 보시라는 겐

데 그이가 내려다보시기가 편하라고 거꾸로 붙인 겐데 — "이었다고 —. 그래서 한동안 마을 사람들이 모여 앉는 곳마다 이야깃거리가 되더니 —.

금년은 입춘이 정월 열흘날이었습니다.

시골서 입춘 날을 맞은 나는 오래인 습관을 회상하고 아이를 시켜서 장에 가서 백노지 석장을 사 오게 한 후 잔뜩 사기 사발에 절반이나 올라오게 먹을 풀게 하였습니다. 그러고는 나는 거미줄이 어둠을 엷고 있는 벽장 한구석에서 이전에 내가 백부님 아래서 글씨 공부하던 때 쓰던 굵은 액자필(額字筆)과 무심필(無心筆)을 꺼내서 물에 담갔습니다. 기둥에 맞게 입춘방을 써 붙이고 나서 나는 잠깐 마을에 나섰습니다. 입춘 풍경을 살피려고. 웬걸 — 이전같으면 새 입춘방으로 곱게 단장하였을 집집의 기둥에는 4년 전엔가 5년 전에 붙인 입춘방이 바람에 찢기고 비에 씻겨서 겨우 모양이나 남겨 가지고 있을 뿐입니다. 백여 호 늘어앉은 길거리에 오직 두 집밖에는 입춘방을 써 붙인 데가 없었습니다.

봄이 이 거리의 주민들을 속였던가. 그들이 잘못 봄을 믿었던가. 소지황금출(掃地黃金出)할까, 개문만복래(開門萬福來)할까 해서 10년을 두고 혹은 20년을 두고 입춘 날 아침이 오면 대문을 크게 열어젖히고 뜰 앞을 훨훨 쓸어 보았으나 닥쳐오는 것은 또 한 해의 고생과 설움뿐이고 빈 뜨락에서는 황금은커녕 누런 먼지만 펄펄 날릴 뿐이었던 까닭에 오는 봄과 또 오는 봄에게 속기만 하여서 지금은 아주 봄을 신용하지 않는 까닭일까.

산천이 늙었으니 입춘 풍경도 늙었습니다.

동무의 결혼 청첩을 받으면서 이번에는 '한갓 봄에게 속지 말라'라고나 전보할까 보다. '그대'에게 보내는 편지에는 '봄과 같이

야속한 그대여, 봄과 같이 덧없는 그대여'라고나 써 보낼까 보다.

―《신여성》7권 3호(1933. 3)

밤거리에서 집은 우울

만약에 나에게 좋아하는 사람이 있다고 하면 나는 그이와 만날 시간을 결코 약속하지 않으련다. 밤중에 내가 이불에라도 반쯤 기대어 콕토의 시집쯤에 취해 있을 때 나의 문전을 울리는 조심스러운 노크 소리가 들려오기에 실없는 바람의 장난인가 하다가도 그래도 미심해서 문을 열어 보았더니 어둠 속에도 뜻하지도 아니한 그의 목소리가 깔깔 웃고 있다고 하면 나는 그를 시를 이해하는 사람이라고 부르고 싶다.

그러므로 나는 지금도 고향으로 돌아갈 적에는 전보를 치고 간 일이 없으며 대개는 밤중에 고향에 가까운 정거장에서 내리도록 기차 시간을 맞추어서 탄다. 그러면 낯익은 사람이 돌아오는 줄도 모르고 거리는 어둠 속에 잠겨서 잠이 들었고, 한적한 장명등만이 하나둘 빈 길바닥을 굽어보고 있다. 우리 집 대문 앞에 다가서면 삽사리(개 이름)조차 성나서 짖다가도 찬찬히 바라보고는 꼬리를 척척 치며 매달린다. 그래서 뜻하지도 않던 가족들을 놀라게 하는 것이 나의 악의 없는 장난의 하나이다.

약속하고 만나는 상봉처럼 싱거운 것은 없다. 말하자면 3월 1일 아침에 멋도 모르고 유치장에 끌려가는 때나 한길에서 자전거 탄

놈한테 불시에 뒤통수를 얻어 부시운 때와 같은 종류의 싱거운 일이다.

내가 봄을 만나는 것도 그렇게 만나고 싶고 봄도 역시 갈 적, 올 적 수없는 사람이 정거장에 쏠어 들여서 '안녕히 가십시오.' '어서 오세요.' 하고 떠드는 마치 대신(大臣)의 행차와 같은 시끄러운 송별이나 출영을 받고 싶은 허영에 뜬 플래퍼라고는 생각되지 않는다. 봄은 로세티의 시 속에서도 웨데킨트의 희곡 속에서도 모두 갑자기 이름을 부르면 두 볼이 빨개지는 '부끄러움 많은 시골 처녀'처럼 노래해졌고 그려졌다.

그런데 금년에는 봄이 마산포 해안쯤에 상륙했을랑 말랑 할 때에 서울서는 벌써 분주하게 봄의 전주곡을 치는 둥 '신춘특집호'가 어지럽게 거리 바닥에서 휘날리는 둥 물도 보기 전에 옷부터 먼저 벗으니 원래 부끄럼쟁이인 봄은 타고 온 흰 요트 머리를 도로 돌이켜 가지고 남해로 돌아갔는지도 모르겠다.

그랬기에 요사이에는 모처럼 신동아(新東亞) 사의 선동도 있어서 낮에는 사이가 없으나 하룻밤의 로맨스나 낚아 볼까 해서 저녁을 먹고 문 밖에 나섰다가도 연거푸 사흘째나 코를 찌르는 찬바람에게 쫓겨서는 도로 방구석으로 몰려들어올밖에 없었다. 사내자식이 이래서야 쓸 수 있나. 나는 비록 돈키호테는 아닐지라도 단연히 만용을 발휘하여 오늘 밤 로망을 찾아 어둠과 빛이 무르녹아 흐르는 시가로 향하여 아방튀르의 길을 떠났다. 사랑과 영예를 구하여 제국을 순례하던 중세기의 기사를 본받아.

어디로 갈까. 나는 안국동(安國洞) 네거리에서 바람이 쏴오고 쏴가는 길을 오락가락하기만 했다. 떠나고 생가하니 갈 곳이 없다. 파출소 순사의 시선이 너무나 오래 내 몸에서 떠나지 않는 것을 눈치채고 나니 어찌 상서롭지 못한 것 같아서 속히 방향을 정할 필요에 절박한 것을 느꼈다.

그래서 급각도로 발길을 돌린 곳은 불빛이 휘황한 남쪽 거리 길바닥에 먼지를 일으키며 건방지게 길 가는 사람의 옆구리를 쏠고 가던 택시는 극장의 아케이드에 꼬리를 슬쩍 돌려붙이더니 양복 입은 미끈한 신사와 역시 양장한 부인을 부려 놓고는 또다시 빨간 테일 라이트를 깜박거리며 종로로 꺾어져서는 사라진다. 극장에나 들어가 볼까. 그러나 그 속에는 영화막에 나타나는 검열제(檢閱濟)의 미지근한 로망의 그림자밖에는 있을 성싶지 않아서 더 심각하고 실감 있는 로망을 찾기로 하고 어두컴컴한 관철동 골목을 돌관하여 황금정(黃金町)으로 진출했다.

애달픈 기타 소리와 한탄하는 색소폰 소리에 이끌려 들어간 곳은 어딘지 몰라도 암사슴같이 발육이 매우 양호한 계집들이 붉은빛 파랑빛 자줏빛 비단에 감겨 금붕어처럼 헤엄쳐 다니는 저편에서는 흰 모자를 위태하게 머리에 기울여 붙인 보이가 폭스 트로트 유창하게 칵테일을 조제하고 있다. 중앙의 테이블에 궁둥이를 붙이기도 전에 꽤 달콤한 밥알이라고 생각을 했든지 금붕어 떼들이 와락 쏠어든다.

긴 허리, 미끈한 손길, 분 냄새, 루즈, 웃음소리, 화끈한 입김, 미지근한 체온 ─ 시각·후각·촉각들의 교향악 속에 나는 잠깐 침몰해서 질식할 뻔했다. 그러나 나는 그 괴로움을 일부러 피하려고 하지는 않았다. 모여든 금붕어들을 실망시키지 않기 위하여 목소리 당당하게 청한 것은 커피 한 잔 ─. 이 구석 저 구석에 손님이 차더니 하나 ─ 둘 ─ 셋 ─ 금붕어들은 차츰 내 테이블에서 무너져 흩어진다.

나는 갑자기 나의 호주머니를 어루만져 보았다. 어쩌면 그렇게도 우울한 포켓일까. 이 구석 저 구석에서 나의 금붕어들을 후려간 라이벌 등과 당당히 대항할 의협심은 내 가슴속에서 불타건만 호주머니와 호주머니의 단병접전(單兵接戰)에 있어서는 암만해도 자신이 없다. 나는 새삼스럽게 나의 발길이 잘못 돌려진 것을 후회하였다. 그때 나는 한쪽 구석에서 나와 마찬가지로 커피 잔에 엎드려 있는 한 고독한 사나이를 발견하고 애절한 동료감에 움직여서 찻잔을 들고 그의 곁으로 갔더니 뜻밖에도 그것은 K 군이었다. 그의 옆에는 작은 가죽 가방이 쓸쓸하게 놓여 있다.

"어쩐 일인가?"

K 군은 그만 낙향하는 길이라고 대답한다.

"왜 그렇게 갑자기 가나?"

"내 까짓것이 아무리 있으면 언제 취직해 보겠는가. 같은 구직 동료들의 방해나 되었지. 그래서 하나라도 줄어들면 다른 동료들이나 구직이 좀 편할까 해서."

"말하자면 구제 사업을 하는 셈일세." 이윽고 시계가 열 시를 쳤다.

K 군은 황망히 가방을 들고 일어선다.

나도 그의 뒤를 따라 섰다. 우리는 앉은 채 던지는 금붕어들의 괘씸한 인사는 들은 척 만 척 밖으로 뛰어나왔다.

"자네 역까지 누구 전송 가는 사람은 없나."

"없네."

"방해가 된다거든 바로 말하게."

"없네."

K 군의 홀쭉한 얼굴이 어둠 속에서 쓸쓸히 웃었다. 나는 안심

하고 그의 뒤를 따라 섰다.

마지막 북행열차가 떠나기까지는 앞으로 1분. 플랫폼에는 전송 나온 사람도 드물었다. 차창 밖으로 머리를 내밀고 K 군은 나를 굽어본다.

"언제 오려나."

"글쎄."

뛰 — 기적 소리.

나는 손을 내밀어서 K의 손목을 올려 잡았다.

"안녕히."

기차는 K 군의 말꼬리를 끊은 채 미끄러진다. 덜덜덜 — 구르는 쇠바퀴.

경성역 앞에서 전차를 탄 나는 전차 속에서 손잡이에 매달려 흔들리면서 이렇게 생각하였다. 또 한 번 호주머니의 실력을 양성해 가지고 새로 떠나나 볼까. 그래서 그때까지는 봄의 로망을 찾는 나의 아방튀르 행각일랑 무기 연기하기로 하였다.

오늘 밤 나는 거리에서 '로망'을 집으려 하였더니 또다시 우울을 집었다.

—《신동아》 3권 4호(1933. 4)

직업여성의 성(性) 문제

1 행위는 어떠한 때 정당한가

　행동하는 사람의 주관적 판단과 의지의 작용을 상반하지 않는 행동이라든지 행위는 가치가 없는 것이다. 그러한 까닭에 집을 버리고 떠나는 여자의 이야기를 우리는 수두룩하게 듣지마는 그렇다고 해서 곧 조선의 '노라'라고 불려지지는 않는다. 행동하는 사람 자체의 판단과 의지의 튼튼한 배경이 있었으니까 박인덕(朴仁德) 씨의 행위는 '노라'의 행위와 같은 가치로서 평가되었던 것이다. 거기는 약간의 무리도 있었지만—.
　그래서 한 개의 행동 혹은 행위가 도덕적으로 윤리적으로 정당하냐 정당하지 못하냐 하는 것을 판정하는 표준은 첫째 주관적인 개성의 자유로운 판단과 의지 작용의 있고 없었던 것, 둘째 개인적으로 승인을 받은 그 행동이 또 한번 사회적으로 승인을 받을 수가 있는가 하는 점에 세워져야 할 것이다. 그러한 뒤에야 그것은 도덕으로서 사람의 일상 행동의 규범이 되어서 사회의 질서 유지와 개성 발휘에 향하여 봉사하게 되는 것이다.
　이렇게 도덕에 사회성이 있다고 하는 것은 또한 도덕에는 시간성이 있다는 것을 의미한다. 왜 그러냐 하면 결코 정지해 있는 사회라고 하는 것은 없고 끊임없이 움직이는 사회만이 있는 까닭이다. 이 말은 도덕이 사회적으로 승인을 받고자 하면 움직이는 사회와 함께 걸어가야 한다는 것을 의미하는 것이다.

그렇지 않고 개인적으로만 옳다고 해서 나도 도덕이요 너도 도덕이라고 주장한다면 세상에는 같은 행동에 대하여도 수없는 도덕적 비판이 함께 서게 될 것이 아닌가. 그러나 도덕으로서 형성된 지 오래인 한 개 도덕관념이 움직이는 사회에서 뒤떨어진 대로 있으면서도 사람들에게 향하여 그것을 따르기만 강요한다고 하면 그 도덕은 사회의 진화 과정에서 당연히 배제되어야 할 것이다. 다시 말하면 한 개의 도덕이 개인의 주관적인 의지 판단이 없이 또는 사회적 진화와 보조를 맞추지 못한다고 하면 그 도덕은 벌써 아무 생명도 없는 퇴화된 것이 아닐 수 없다. 나아가서 사회적으로 벌써 생명을 잃는 혹은 잃어버려야 할 낡은 도덕이 자유로운 판단과 의지에 살아야 할 새 시대의 사람의 머리 위에 의연히 도덕으로서 군림하면 무조건하고 복종을 강제한다면 그것을 새 시대에 사는 사람이 마땅히 용감하게 싸워서 무찔러야 할 적국이 아니면 아니 된다.

2 성적 아나키의 피방(彼方)

그러면 우리들이 사는 조선 사회는 도덕 문제, 그중에서도 남녀간의 성도덕 문제는 아주 정리를 마쳤는가. 문제는 아직도 매우 혼돈한 중에서 완전한 해결에서 매우 먼 곳에 방황하는 것을 발견한다. 성 문제에는 청춘기를 맞는 모든 남녀가 한 번씩은 당면하고야 마는 생리적으로 피치 못할 난관이다. 그중에서도 직업전선의 모든 분야에서 활발하게 용감하게 그 개인 혹은 가정의 생활을 위하여 활약하는 젊은 직업여성은 성 문제에 대한 지표를 요구하며 또 가져야 할 절박한 환경 속에 버리어 있는 것이다.

그들의 어린 가슴속에서는 끊임없이 '어쩌면 좋으리까?' 하는 의문표가 용솟음치고 있다. 정당한 도덕적 지표가 없는 까닭에 그들은 한쪽에 무서운 향락주의의 깊은 연못에 빠질 위험을 한 걸음 밖에 가지고 있고 또 한쪽에 부당한 황금과 지위와 세력에 그 정조까지를 짓밟힐 위협을 받고 있는 것이다. 거기는 크나큰 우생학적·사회적·인도적 문제가 포함되어 있는 것이다.

그들 젊은 직업여성들은 지금 밤 속을 걸어가고 있다. 집으로 돌아가면 가정에서는 봉건적 도덕의 무거운 사슬이 그들을 기다리고 있고 나가면 부르주아적 자유주의의 상식이 범람하고 있으며 울트라 동무들 사이에 가면 붉은 성 사상이 그의 귀를 굳세게 이끈다. 콜론타이즘의 레몬티도 달콤했지만 린케의 우애 결혼의 포도주 맛도 그럴듯하였다. 자칫하면 그들은 성적으로 미각의 순례자가 될 위험이 다분히 있다. 밤은 아직도 혼돈 암담한 소(沼), 방황 탐구 속에서 장님의 행진을 계속하고 있고 그렇다고 해서 그들의 지평선에 새 성도덕의 태양이 떠오르는 것도 아니다.

그렇다고 해서 나 혼자만 옳다고 생각하는 것을 충분한 반성도 없이 도덕이라고 주장하기에 초급해한다면 그는 딜레탕티슴에 빠지고 말 것이다. 움직이는 사회는 그 여러 개의 제의 속에서 가장 그것에 알맞는 것을 선택하여 새 성도덕으로 지정할 것을 잊지 않을 것이다. 우리는 우리들 각자가 사회적·우생학적·인도적 — 여러 가지 각도에서 우리들의 개성의 발휘될 길을 충분히 고려하면서 새 성도덕의 수립에 매진해야 할 의무를 지고 있다.

나는 이 논문 중에서 결코 늙은 수신 교사가 되려는 것도 아니요, 조금 형식만 달라진 소위 선진이나 신사상가인 체하려는 것도 아니다. 다만 고려하여야 할 중요한 문제의 초점을 제시하여서 독자 자신으로 하여금 고민 속에서 뛰어나올 길을 결정하는 암시를 제공한다면 그것이 나의 기대의 전부이다.

3 무경비 지대에 버려진 정조

여성이 몇천 년 동안 젖어 온 부엌과 하렘을 떠나서 생활의 전사로서 대량적으로 가두에 나서기 시작한 것은 1914~18년의 세계대전 중이었다. 남자는 어린 소년으로부터 중년까지가 모조리 서로서로 국민을 죽이기 위하여 전장으로 불려 나가고 도시와 농촌에는 여자와 늙은이와 어린애와 불구자만 남아 있게 되었다. 그래서 여자들은 관청에서 회사에서 공장에서 그때까지는 남자들만이 차지하고 있던 지위와 일자리에 보충되었던 것이다.

이보다도 먼저 입센의 희곡 「인형의 집」속의 '노라'로써 대표된 일반 여성의 봉건적 가정도덕에 대한 반항의 소리와 여권 주장의 부르짖음이 전 유럽의 여성계의 사상을 휩쓸고 있었던 것이다. 세계대전은 이러한 부인들 자체의 주장과 그 실천에 한 박차가 된 절호의 객관적 찬스였던 것이다. 이러한 의미에서 부인들의 가두 진출은 그 초기에 있어서는 매우 로맨티시즘을 가지고 있었던 것이다.

대전은 끝났다. 남아 있던 병사들은 전장으로부터 돌아왔다. 배는 이미 급류에 떠서 바다로 향하여 급전직하하고 있었다. 한번 부엌과 하렘을 떠난 여성들은 발길을 다시 돌려 봉건적 도덕의 쇠사슬이 그들을 기다리는 그 침침하고 어두운 부엌과 하렘으로 돌아가기에는 지나간 날의 고민과 오뇌의 기억이 너무나 새로왔을 것이다.

대전 중의 실험에 의하여 일의 능률에 있어서 여성이 남성보다 매우 못하다고 하는 과거의 추측은 억설인 것이 증명되었다. 그 위에 대전을 치르고 난 여러 나라와의 재정적 기초와 사회적 기구는 극도로 혼란해져서 프롤레타리아트의 수효는 대량적으로 증가하고 생활난이라고 하는 공전의 중대한 문제가 대중의 앞에 나타났다. 대전에 의해서 그 가정적 행복과 이상과 희망을 잃어버린 것은 물론 중산 이하의 계급이었다.

일찍이는 해 보지 못하던 일 — 그들은 경제적 자립에까지 인도해 주리라고 해서 달게 자진해서 가두로 뛰어나오던 여성들은 다음에는 절박해 오는 사회적 정세와 물질적 필요로부터 그 당자야 원하든 말든 간에 부득이 가두로 끌려 나올 수밖에 없이 되었다. 그 위에 자본가들은 사나이보다도 적금은 싸고 노동시간은 길고 순종 잘하는 다시 말하면 매우 저열한 노동조건으로 고용할 수 있는 여자들을 더 요구하였다. 그래서 이 정세는 오늘까지도 계속해 나오며 도회에는 여공으로부터 오피스 와이프에 이르기까지 수없는 종류의 직업여성이 범람하고 있고 또 날로 그대로 증가해 가는 추세에 있다.

다시 말하면 우리 조선에 있어서도 젊은 여성들을 에워싸고 있는 환경이 10년 20년 전보다는 훨씬 달라졌던 것이다. 그래서 지나간 날의 봉건적 혹은 개인주의적 성도덕은 벌써 이러한 새 환경에 그 자체를 맞추어 갈 수 없고 새 환경은 또한 새로운 성도덕을 요구하고 있는 것이다. 이 정세를 조성하는 또 한 개의 중대한 영향은 오늘의 젊은 남자가 대량적으로 실업의 와중에서 헤매게 되고 가사 직업을 붙들었다 할지라도 그 경제적 조건이 극히 불리한 까닭에 대체로 결혼난에 빠지고 있으며 이 일은 당분간 앞으로 더욱 심화할지언정 완화할 듯한 아무러한 희망도 보이지 않는다는 것이다.

이윽고 나는 문제의 핵심에 이르기에 충분한 전제를 말해 버렸다. 이렇게 할 수 없이 생활전선에 몰려나온 직업여성에게 맡겨지는 직업의 성질은 대부분은 여성의 독특한 성적 매력이라는 것을 무기로 삼는 것이다. 점두에서 물건을 파는 여점원이나 청루(靑樓)에서 손님을 손질하는 창기나 손님을 끄는 데 있어서 애교를 수단으로 하는 점에 있어서 가엾은 공통점을 가지고 있는 것이다. 표면 평온을 극한 직업여성은 가두에서 점두에서 실상은 성적으로 무경비 지대에 버려져 있는 것이다. 그 위에 황금·지위의 폭력은 실직 앞에서는 참새와 같이 비겁할 수밖에 없는 연약한 그들의 정조까지를 위협하고 있다. 우리는 신문지상에 나타난 그러한 사실을 많이 알고 또한 신문지상에는 나타나지 않는 그러한 사실이 세상에 얼마나 수두룩하게 파묻혀 있는가를 짐작한다.

그들은 그들의 자유로운 의사의 발동을 억지로 죽여 버리고 독한 이빨에 저항 없이 걸려든다고 하면 우리는 그가 용기가 없었다고 하는, 비겁하였다고 하는 이유로써 그를 힐난할 권리가 있다고 생각한다. 아무 비판 없이 스스로 그 의사를 억제하고서 봉건적 도덕이 명하는 대로 움직이는 그를 인형이라고 부르는 것과 마찬가지로 다만 실직을 무서워서만 그의 정조까지를 비겁하게도 제공하는 그를 역시 인형이라고 부르는 데 주저하지 않으련다. 인

형이기 전에 나는 사람이어야 한다고 부르짖은 그대들의 선구자 '노라'의 말과 정신은 영구히 그들에게 있어서 진실하지 않으면 아니 된다.

사람은 그의 주위에서 부당하게 위협을 가하는 모든 장해와 지장에 대하여 굳세게 자아를 주장할 권리가 있는 것이다. 또 그렇게 하는 것이 사람으로서의 완성의 길이기도 하다.

4 퇴폐적 향락주의에

현대인은 두 개의 '바' 사이에서 방황한다. 하나는 향락장을 의미하는 바요, 하나는 ××을 의미하는 바다.

현대의 직업여성의 걸어가는 길도 이와 마찬가지로 지극히 위험하다. 그들의 환경은 그들을 일종의 데카당적 향락주의로 끌어가기에 충분한 유혹으로써 가득하다. 이 일은 비단 직업뿐 아니라 그들보다는 더 유족한 일부의 중류 이상의 가정의 부녀자들은 물론 남성들 사이에 있어서까지 한 개의 통폐가 되려고 한다. 그래서 로마제국의 ××을 연상시키기까지 한다. 이것은 아메리카니즘의 유독(有毒)한 한 부분이다. 인생이라고 하는 것은 아무 향락 없이 살아가기에는 너무나 살풍경인 것은 사실이다. 그러나 현대에 와서는 그 향락은 퇴폐적이 되었다. '값있게 산다는 것'보다도 향락 자체가 목적이 되었다.

자유라고 하는 것은 악한 일, 그른 일까지 하는 자유를 의미하지 않는다. 그가 자유의사로 향락주의를 가졌다고 생각할 때 실상은 그는 향락주의의 포로가 된 것이고 악의 유혹에서 자유로울 수 없었던 것이다.

오늘날 남녀의 성생활을 침략하고 있는 향락주의적 퇴폐적 사조는 도덕적으로뿐 아니라 우생학적으로 사회적으로 지극히 큰 문제를 품고 있다. 그들의 주위에 미친 물결처럼 몰려오는 향락주의적 유혹, 황금과 지위로부터 오는 독아(毒牙)의 위협에 대하여 그들 자신을 굳세게 방위함으로써 직업여성은 성생활에 있어서 도덕적 행동자가 될 수 있는 것이다. 그래서 그는 그의 자아의 발전과 개성의 발휘를 피함으로써 나가서는 새로운 사회질서와 조화할 그러한 고귀한 사명에까지 사적 성생활을 연장하는 것은 그 일 자체가 벌써 도덕적이다.

그러나 한 개의 큰 표준만은 세워야 하겠다. 성생활은 그 본질에 있어서는 사람의 사적 생활의 영역에 속한 것이라는—. 그것이 사회적으로 미치는 물질적·정신적 영향에 있어서만 사회문제로 발전하는 것이다. 그러므로 사적 성생활 때문에 사회적 사명이라든지 임무를 희생해서는 아니 된다. 그것은 항상 전진보다도 고도의 그리고 우위의 해결을 주장할 수 있는 권리를 가져야 할 것이다.

—《신여성》 7권 4호(1933. 4)

코스모폴리턴 일기

3월 ××일

누이는 내 목을 근심해서 미음을 주었다.

미음은 싱겁다. 나는 차라리 김치 깍두기에 물에 만 밥을 먹었다. 아침을 먹고 나서 나는 D사의 R과 C사의 B에게 놀러 와 달라고 누이를 시켜 전화를 걸게 하였다.

4, 5일 동안 병석에 누워서 동무 하나 만나 못 보니 고독하기 짝이 없다. C사의 B는 밤에 와 준다고 하였다. D사의 R은 시골서 손님이 와서 못 온다는 것이다. 그리고 조섭을 잘하라고ㅡ. 흥, R이 조섭을 하라거나 말라거나 나는 조섭을 할 것이다. 나는 R에게 절교장을 보내리라 하였다. 그렇게 생각하니 R과 나의 친교는 4년 동안 길러 온 것이 다 아깝다.

나는 병중에서 굳게 한 결심을 아마도 실행하여야겠다. 출발 시간은 내일 아침으로 작정했다. 트렁크와 바스켓을 꺼내서 짐을 꾸렸다. 목은 좀 아프다.

오후ㅡ 들창을 여니 한길에서는 눈이 휘날리고, 길 건너 살구나무 뼈만 남은 가지들이 앙앙 운다. 소름이 끼쳐진다. 누이는 그만두라고 말린다. 그러나 나는 목도리로 목을 단단히 감고 한길에 나섰다. 다리가 힘없이 허둥거린다.

D사에 갔다. 고료 2원과 새 달 고료로 3원을 더 주었다. 노비가 모자라는 까닭이다. 그 사에서 일 보시는 이(李)·주(朱)·최(崔) 세 분은 일어서서 나를 위하여 '봉보야주'를 빌어 주셨다. 고맙다. 2층을 지나면서 이 속에는 R이 있겠거니 하고 생각하니 만나고 싶다. 그러나 그의 냉정에 대한 작은 복수로 나는 그를 만나지 않고 떠나련다. 2층을 그냥 지나 내려왔다.

육군 장교의 수염을 가진 수위 씨에게 경례를 하고 밖으로 나왔다.

몸이 좀 괴롭기에 돌아올까 하다가 낯익은 S사로 찾아갔다. 그 곳에서 서(徐)·박(朴)·김(金)도 만났다. 종명(鐘鳴)은 못 만났다. 섭섭하다. 그들은 모두 내가 몹시도 서울을 떠나는 것을 아꼈다. 고마운 사람들이다. 나는 K 씨에게만은 떠난다는 말을 아니 하리라 하였다. 정희(貞熙) 씨에게 단속했다.

K 씨가 왔다. 그는 K사에서 내가 맡아 보는 잡지가 편집이 다 됐느냐고 물었다. 나는 K사를 나오고 만 것을 말할 수밖에 없었다. 그는 매우 놀랐다. 나는 여러분과 손을 나누고 S사를 나왔다. K 씨는 층층계까지 좇아 나오면서 어찌 된 사정을 물어본다. 아니 할까 하다가 다 말해 버렸다. 필경 내일 아침 서울을 떠난다는 말까지 —. 그만둘 것을 공연히 입에 올려 버렸다고 후회했다.

K 씨는 5, 6일만 가지 말고 있으라고 한다. 그러나 처음에야 누가 그르고 옳았든 나는 그를 버리고 떠났던 사람이 아닌가. 지금 그가 붙잡는다고 감사합니다 하고 주저앉는 것은 사나이 자식의 염치없는 일이 아닐까.

"아마도 가야겠습니다."

"글쎄 이 눈이 오는데 어떻게 떠납니까." K 씨는 웃었다.

"그것이 더욱 로맨틱하지요." 나도 웃었다.

"이 좋은 봄을 버리고 어디로 가렵니까." 그는 나의 어깨를 뚜드리면서 재삼 만류해 주었다.

K사에 들러서 S 씨 집을 찾아갔다.

"공연히 여러분만 시끄럽게 굴고 일은 안 되고 — 차라리 시골로 가렵니다."

"왜요" S 씨도 놀랐다. 그도 며칠만 더 놀라고 한다.

그러나 무슨 수가 있을라고 —. 집에 돌아왔다. 목이 더 아프다. 이 모양 같아서는 내일 떠날 성싶지 않다. R이 왔다 갔다고 한다.

3월 ××일

오늘은 날이 좋다. 나는 누이도 말리고 해서 며칠 동안만 더 몸조섭을 해 가지고 떠나기로 하였다. 나는 불이 나게 아버지에게 편지를 썼다. "목은 일없으니 안심하소서. 며칠 조섭해 가지고 집으로 가렵니다." 하고. 누님은 전일에 내가 심히 앓을 때에 아버지께 내가 앓는다고 편지하였다는 말을 들은 까닭이다. 무얼 이만병에 늙은이의 마음을 괴롭게 할 필요가 있었을까. 이전에 공부 다닐 때에는 돈만 며칠 늦게 오면 "병 위독, 급송"의 전보를 으레 띠었던 것이다. 그러나 지금은 그러고 싶지 않다. 연전에도 내가 집에 가서 이번처럼 편도선을 앓았을 때 아버지는 내가 다 나을 때까지 밥을 안 잡수셨다. 주름살 잡힌 이마에 구슬땀을 돋히면서 의원을 데려온다 약을 다린다 하고 분주하던 아버지를 기억한다.

나는 누이의 경솔한 것이 원망스러웠다.

　세상에서 진정한 사랑처럼 귀한 것은 없다.

　오늘 하루는 방에서 죄수 노릇을 했다. 점심에는 매부와 손님이 내기바둑을 두어서 손님이 호떡을 사 왔다.

3월 ××일

　낮잠을 자다가 밖에서 연해 부르는 소리에 소스라쳐 깨어났다. 경재(璟載)·명환(明煥)·유영(幽影)·순석(順石) 여러 분이다. 산놀이의 파기록을 짓기 위하여 떠났다는 것이다. 아닌 게 아니라 순석 군의 외투 자락 밑에는 ×주 병이 숨어 있고 팔에는 신문지 뭉텅이가 안겨져 있다. 함께 가자고 여러분은 쑤셔 댄다. 목이 더할까 의심난다.

　그러나 봄날은 인왕산 위에 높이 개었고 벗은 좋고 — 한데 하룻밤쯤 누워 앓는 것을 각오하고라도 놀지 않고 배길 수 있으랴. 목을 튼튼히 동이고 여러분의 뒤를 따섰다. 자하문을 바라보며 푸른 소나무 숲속을 꼬부라져 올라갔다. 세검정에 나갔다. 구경꾼은 우리뿐이다. 두터운 얼음장 밑에서 물소리 유랑하다.

　멀리 골짝 속에는 금잔디밭이 파릿파릿 물들어서 펴져 있다. 시인 신석정(辛夕汀) 군이 말한 '녹색침대(綠色寢臺)'다. 그 위에 나물 바구니를 옆에 끼고 치마꼬리를 뒤로 돌린 시골 색시 두서넛 있었으면 더욱 좋은 풍경이었을 것이다.

　여름이 되면 이 골목은 사람 천지라고 한다. 그러면 그때에는 이 풍경도 한없이 어지러워지겠지. 오늘 나를 이곳으로 이끌고 나온 데 대하여 여러분께 감사함을 마지않는다. 이 마을은 시골 냄새가 무르녹은 곳이다. 순석 군 댁에서 지어 주는 밥도 서울 밥보다 맛이 있었다.

해가 너울너울 산을 넘을 때에야 시내를 향하여 떠났다. 나는 몸이 괴로운 줄 몰랐다.

브라보, 우리들의 즐거운 일요일.

―《삼천리》 4권 4호(1933. 4)

여인 금제국(禁制國)

우리들이 이 무인고도를 찾아서 항구에 '잘 있거라'를 고하고 떠난 것은 아마도 1932년 늦은 가을이었다고 기억합니다. 우리가 우리들의 존경할 만한 조선(祖先) 아담으로부터 이래 몇억만 년 동안 누려오던 대륙의 항구를 무슨 까닭에 저버리고 밤이면 별만이 쓸쓸하게 하늘 위에서 웃는 이 한적한 섬으로 온 것일까. 그 이유는 아주 단순합니다. 여자를 피하여 — 이유는 다만 그것뿐이외다.

우리들이 항구에 남아 있는 동안은 언제든지 그들의 진주와 같은 눈동자는 우리들의 그렇게 튼튼치 못한 심장을 꿰뚫고야 맙니다. 어쩌면 그렇게 잔인한 큐피트의 화살일까요. 우리는 그들의 아픈 화살을 맞고는 찢어져 피 흐르는 심장을 담가(擔架)에 싣고 연애라고 하는 병원으로 실려 간답니다. 그래서 우리는 오직 '연애를 피하여' '여인 없는 나라'를 찾아 콜럼버스의 항해를 떠난 것입니다.

우리들의 나라 — 여인 없는 나라의 호적부를 잠깐 들추어 보면 그중에는 클레오파트라의 붉은 입술에서 키스를 따기 위하여 로마제국을 잃어버린 안토니오라고 하는 욕심 사나운 사나이도 있고, 세 사람의 처녀를 맞았다가 세 사람의 아내를 버린 일이 있는 서전(瑞典)의 유명한 미소지니스트 스트린드베리라는 무서운 사나이도 있고, 33인의 여자에게 사랑을 구하였다가 33인의 여자로부터 일제 거절을 당한 가엾은 사나이도 있습니다. 그는 우리들이 대륙을 떠나던 그 밤에 부두 머리에서 "여보게 나는 자네들이 찾는 여자 없는 나라로 가기 전에 차라리 지옥으로 가려네." 하고 검은 물속에 뛰어 들어가는 것을 우리들이 겨우 붙잡아서 동행을 한 사람이랍니다. 그리고 또 포터블(데리고 산보하는 여자)을 팔에 끼고 다니는 대신에 셰퍼드(개 이름)나 불도그를 끌고 백림(伯林)의 그란블로버드를 산보하던 이마누엘 칸트 선생도 물론 여인금제국에 국적을 두었습니다.

우리들은 대륙을 떠날 때에 모두 갑판 위에서 신체 수색을 당하였습니다. 그것은 다른 까닭이 아니라 만약 우리들이 여자 없는 그 섬을 찾아 정주한 후에 지극히 작은 무슨 동기로라도 또다시 항구의 암사슴들을 회상하는 일이 있다면 큰 야단이겠기에 당초에 그런 동기를 지을 염려가 있는 물건은 모조리 지니고 가지 않으려는 까닭이었습니다.

신체검사를 시작한즉 그렇게까지 열렬하게 최하급의 욕설을 늘어놓으며 여인을 저주하던 여인금제국 지원자들의 포켓 속에서는 "오, 나의 프리마돈나"라고 색실로 새긴 손수건으로부터 아름다운 칼멘, 줄리엣, 성숙 등등 수없는 여자의 사진은 물론 심지어 찢어진 슈미즈(여자의 내복) 자락을 명주 수건에 곱게 싼 것까지 나왔습니다.

우리들의 함장은 비장한 얼굴로 선언하였습니다.

"여러분 우리는 지금 우리들의 발꿈치를 깨물고 좇아다니던 이브의 종족에 대한 모든 기억·연상·동경의 전부를 우리들의 몸과 마음에서 깨끗하게 씻어 버리고 가야 합니다. 여러분은 그러한 모든 기념품을 바다에 집어 던지시오."

우리들은 할 수 없이 추억 깊은 모든 수비니어(기념품)들과도 마지막 작별을 해야 되었습니다.

우리들 중에는 좀 센티한 눈물을 손수건과 사진 위에 떨어트린 사나이도 있었습니다. 슈미즈 자락을 가졌던 사나이는 갑자기 함장의 앞에 무릎을 꿇고 두 손을 모으고 말했습니다.

"자비하신 함장 각하, 나는 나의 간악한 작은 악마를 아무 후회 없이 영구히 잊어버리겠습니다. 그러나 다만 한 번만 그리고 마지막으로 이 슈미즈 자락에나마 키스하는 것을 허락해 주십시오."

함장은 고개를 끄떡거렸습니다. 그 사나이는 미칠 듯이 붉은 헝겊 자락을 가슴에 부둥켜안고 "오 — 나의 모진 악마야, 인제는 참말 마지막이다." 하고 소리치며 느껴 울었습니다.

이리하여 우리들의 배는 물결 위에 동동 떠나가는 사진 조각 헝겊 자락들을 멀리 뒤에 남겨 두고는 떠오르는 해를 향하여 수평선을 넘어섰습니다.

우리들이 태평양상의 일고도의 안벽에 여인 피난선을 붙이고 이곳에 상륙해서 여인 금제국을 세운 지도 벌써 한 겨울(그것은 어쩌면 그렇게 지리한 시간이었던가.)이 지났습니다. 그동안 국제연맹에 가입할까 했으나 열국의 대표들은 공작과 같은 영부인과 암사슴 같은 영양(令孃)들을 데리고 위풍당당하게 주네브로 모여들었다고 하니 우리들의 대표를 그곳으로 보낸다고 하는 것은 그 사람의 얼굴을 마지막으로 보는 일이 될 염려가 있으므로 우리들은 차라리 세계의 어떠한 지도에도 그려지지 않은 대로 숨어 있는 것이 좋다고 생각한 것입니다. 그러니까 세상에서 모르는 것도 당연할 것입니다.

그동안에도 철(鐵)과 같은 여인 금제국의 헌법

"제1조 우리는 우리들의 명예에 도(賭)하여 모든 여성을 배격할 것을 엄숙하게 선언함"

이라는 엄격한 조문의 위력으로도 우리들의 공상의 날개는 제한할 수가 없었습니다. 외면으로는 누구나 이 나라를 찬미하면서도 오히려 항구에 남성을 피해서 오는 여인만 실은 여인선이 아주 우연한 일로 우리들의 섬에 닿지나 않을까 하고 공상했답니다.

우리 중에도 일찍이 예수를 믿어 본 일이 있는 사람들은

"오 하느님, 우리들 모양으로 역시 지저분한 사나이들에게 싫증이 난 여인들이 피난선을 꾸며 가지고 항구를 떠나게 해 주옵소서. 그 배가 중로에서 풍랑을 만나게 해 주옵소서. 그래서 우리 섬으로 오게 해 주옵소서."

하고 틈을 타서 기도하기도 하였습니다.

그런데 요사이 와서 지극히 우연한 일로 이 여인 금제국에는 큰 혼란과 동요가 일어났습니다.

그 우연한 일이라고 하는 것은 이러합니다. 우리들 가운데 한 사람이 바닷가로 놀러 나갔다가 돌아오더니 그만 머리를 두 주먹으로 붙잡고 절레절레 흔들면서 진정할 줄 모르고 뜰을 오락가락하고 있겠지요. 그래서 우리들은 그 사람의 주위에 몰려들었습니다. 벼락과 같이 의사를 불러왔습니다. 진찰을 마치고 난 의사의 얼굴에는 쓸쓸한 빛이 흘렀습니다.

"선생님 병명이 무엇입니까" 하고 우리는 의사에게 물었습니다. 그랬더니 의사는 고개를 기울이면서 "글쎄 아마도 춘기발동성

(春機發動性) 울화증(欝火症)인가 봅니다." 하고 대답한 후 아래와 같은 독일어로 쓴 처방을 남기고는 휙 가 버렸습니다.

청춘소생산(靑春蘇生散)
1. 여자의 키스   10그람
1. 여자의 포옹   10그람
1. 여자의 눈물   5그람
1. 효과적인 러브레터   온리 1매

우리들은 그 처방을 들고 벌벌 떨었습니다.
"무서운 병에도 걸렸구나."
"밀수입하기 전에는 이 섬에서 도시 구할 수 없는 약품들이니 이 일을 어쩌나."

모든 입에서 괴로움과 무서움에 떨리는 소리가 나왔습니다. 어느 사이에 우리들의 위원장(일찍이 함장)까지 달려왔습니다. 우리들은 정신을 못 차리는 환자의 팔을 붙잡고 "대체 자네는 바다에 나가서 무엇을 보았길래 이렇게 병까지 되었나" 하고 물었습니다.

"아 — 묻지 말아 주게." 하는 한마디만 남기고는 그는 여전히 머리를 쥐어뜯으며 고민합니다.

"글쎄 이 사람아, 무엇을 봤나."
"아 — 무서운 것을 — 에이 무서워."
"무엔가?"
"여보게들." 침묵 속에 파묻혔던 환자의 입은 다시 열렸습니다. "내가 바다에 가서 본 것이 무엔줄 아나?"

우리들의 시선은 일제히 환자의 파랗게 질린 입술로 모였습니다.

"여보게들 ― 나는 거기서 봄을 보았네." 환자의 머리는 떨어졌습니다.

"봄을" 모든 얼굴들은 서로서로 쳐다보았습니다. 그러고는 서로서로의 얼굴 위에서 놀램과 애상의 찬 빛을 보았습니다. 환자는 계속했습니다.

"그렇게 수정처럼 맑던 바다가 어쩌면 그렇게 ― 그렇게 침통하게도 흐렸을까. 마지막 그를 떠날 때의 그의 눈동자처럼 침통하게 ―."

"아 ― 그 눈동자." 우리의 목소리는 저도 모르게 반사적으로 소리쳤습니다.

"그리고 그 검었던 바다풀이 바위틈 속에서 퍼렇게 살아 나오지 않겠는가. 그의 머리칼 같은 그 풀 ―."

"아 ― 그의 머리칼." 역시 합창하듯이 우리들의 목소리가 대답했습니다. 환자의 몸짓 위에 나타났던 광란과 초조와 고민은 역시 우리들 가운데까지 감전하듯이 일어났습니다.

뜰은 마치 전광원(癲狂院)으로 변했습니다.

'오― 봄 ―, 오 ― 내가 첫사랑을 집었던 봄, 그가 나를 떠나간 봄' 이 구석 저 구석에서 이러한 부르짖음들이 떠올라왔습니다.

뜰은 이리 다니고 저리 쏴가는 어지러운 발자국 소리들을 반향했습니다.

"무서운 봄이다." 그때까지도 뜰 한구석에서 우리들의 광태를 노려보고 있던 위원장의 두터운 입도 너덜너덜한 수염 밑에서 쭉 내터졌습니다.

우리들 중의 한 사람은 위원장의 얼굴 앞에 마주 서서 호소했습니다.

"우리는 모두 '춘기발동성 울화증'에 걸렸습니다. 위원장 —."

"내게도 그 병이 전염되지 않았다고 못하겠네." 하면서 웃는 위원장의 웃음은 쓸쓸했습니다.

"우리를 항구로 보내다고 —." 환자의 목소리가 외쳤습니다.

"여자와 봄이 있는 항구로 —." 우리들도 뒤를 따라 소리소리 높게 부르짖었습니다.

그리하여 우리는 지난가을에 만리장성에 비껴서 맹서하면서 항구를 떠난 후 겨우 석 달도 되나마나 해서 북악과 같이 굳은 언약과 사나이의 위신 체면 그런 것들을 모두 저버리고 또다시 항구로 돌아오기로 결의하고 잊지도 않는 그날 — 3월 1일에 필경 여인 금제국은 해소해 버렸나이다.

그날 아침 — 우리들을 실은 배는 우울과 고독과 애수의 두터운 눈 속에 파묻힌 여인 금제국을 등지고 '여자와 봄이 있는 항구'로 향하여 높이 돛을 달고 동풍에 밀려 푸른 바다를 서편으로 달리고 있었습니다.

"영구히 강한 자여, 그대의 이름은 여자로다."

눈을 뜨니 창머리에서 아침 해가 벙글거리고 있었습니다. 나는 간밤의 꿈을 생각하고 입 안으로 "흥" 하고 웃었습니다.

—《신여성》 7권 4호(1933. 4)

잊어버리고 싶은 나의 항구

　강가에 개나리 피고 골짜기에 진달래 피기로니 대체 나는 어느 것을 생각하여야 하노. 꽃이 피는 까닭에 생각나고 눈이 내리는 까닭에 그리워지는 곳을 가진 사람은 얼마나 행복하오.
　리라의 꽃피는 레카나치의 거리와 그리고 그 검은 바닷가의 긴 모래 둑 위에서 만난 쾌활한 소녀의 옛 기억을 가지고 있던 자코모 레오파르디는 그의 전기(傳記) 기록자들이 아무리 그의 일생을 비탄과 불행의 계속이었다고만 기록할지라도 그 끝날 줄 모르는 우울 속에서도 오히려 빛나는 작은 행복이 있었소.
　꽃이 피면은 될 수만 있으면 나는 그곳과 그 사람을 잊어버리고 싶건만—. 망각의 바다에 영구히 띄워 보내려고 물 위에 던졌으나 물은 오히려 곱게 씻어서 더욱 선명하게 해 주기만 하는 그 기억.
　나는 그렇게 잊어버리고 싶은 곳 중의 그 하나에 대하여 말하려고 하오. 망양정 높은 벼랑 위에 젖빛 하늘이 높게 흐르는 때가 되면 바다는 눈물에 어린 비너스의 눈동자처럼 흐리오. 그 반투명의 액체를 통하여 바다 밑에 해초들은 붉은 혈조(血潮)에 벌겋게 물드오. 망양정의 봉우리 위에도 진달래가 붉게 피오. 바위 위로 날아드는 갈매기들은 흰 가슴을 푸른 물결에 씻느라고 물결 속에 잠겼다가는 다시 뜨오. 열두 살 때 봄에 나는 낯선 항구의 농학교(農學校)의 생도였소. 모래 위에 박히는 나의 작은 발자국을 씻어 버리는 잔물결의 잔잔한 노랫소리를 들으면서 나는 그 바닷가를 거닐었소. 4년 전 그 항구에 와서 공부하던 누이를 생각하면서. 그 항구에는 서양 사람들의 붉은 벽돌집 병원과 여학교가 있었소. 여름방학이 되면 누이는 기숙사에서 풀려서 영(嶺)을 넘어 30리나 되는 집으로 오래간만에 돌아왔소. 지붕 위에서 까치가 울면 어머니는 누이가 오는가 보다 하고 나를 등에 올려놓고는 대문 밖으로 달려 나갔소. 그러면 검은 두루마기 입은 누이가 책보를 끼고 '어머니' 하고 달려 들어왔소.

누이가 불러 주는 노래와 찬미를 나는 무척 즐겨했소. 누이가 오면 어머니는 계란을 구워 주었소. 그럴 때면 반드시 내게도 한 개를 주었소.

그러던 어머니는 이듬해에는 누이가 서울 간다고 좋아라고 뛰놀고 내가 보통학교에 처음 들어간 그해 가을에 세상을 떠났소. 사람들은 어머니가 미쳐서 먼 데로 달아났다고 나로 하여금 그를 잊어버리라고 말하였소.

아버지는 집일을 보아줄 사람이 없다고 해서 계모를 얻으신다고 하였더니 누이는 보름 동안이나 어머니의 무덤에 가서 울다가 그만 병이 들었소.

마을 사람들은 어머니의 무덤 가까이 작고 아담한 누이 무덤을 만들었소. 나는 누이는 아마도 그가 늘 노래하던 천당으로 간 것이라고 생각하였소. 그래서 누이가 공부하던 그 항구의 바닷가에서 망양정 위에 높이 흐르는 젖빛 하늘을 쳐다보면서 행여나 흰 구름을 헤치고 누이의 얼굴이 떠올라 오지나 않는가 하고 기다렸소. 어머니와 누이는 어린 시절의 나의 기쁨의 전부를 그 관 속에 넣어 가지고 가 버렸소. 지나가 버린 것은 모조리 아름답고 그립소. 가 버린 까닭에 이다지도 아름답게 보이고 그리운가. 아름답고 그리운 까닭에 가 버렸누.

―《신동아》 3권 5호(1933. 5)

협전(協展)을 보고

문외한이 하는 미술 평론은 역시 문외인이 하는 영화 비평·문학 비평·연극 비평과 마찬가지로 큰 위험을 가지고 있다. 더욱이 미술 비평은 그것을 전문가가 아닌 문외인이 쓰는 때는 그 외나무다리 건너는 장님 이상의 모험심을 요한다. 왜 그러냐 하면 미술은 수천 년의 전통을 가진 또는 지극히 전문화한 기술에 대한 지식이 필요한 까닭이다. 또한 이러한 문외인적 비평에서는 실상 미술가 자신은 이익 받을 아무것도 찾지 못할 것이다.

그럼에도 불구하고 무엇이 우리와 같은 문외한으로서 이런 종류의 붓을 드는 모험을 감행하게 하는가. 사실상 이 땅에 있어서는 미술가 제씨가 정성을 들여서 그린 한 개의 그림을 또는 전람회를 비평해 주는 진정한 의미의 미술 비평은 거의 없어 전람회나 그림은 전연 무시되며 암흑 속에 파묻힌 대로 망각 속으로 흘러버리고 그러한 까닭에 문외인이나마 비평이 아닌 감상이라도 써 보려는 충동을 느낀 것이다.

서화협회(書畵協會) 전람회는 이번으로써 제12회째다. 오늘의 조선은 미술뿐 아니라 예술의 모든 분야에 있어서 한결같이 생기 없는 저조가 흐르고 있는 속에서 전람회를 열두 번째 가졌다고 하는 것은 그 일만으로도 서화협회의 근기 있는 노력에 대하여 우리는 경의를 표하기를 주저하지 않는다. 협전의 존재는 또 한편에 있어서 조선미전의 관료주의에 대한 한 인디펜던트로서 백 퍼센트의 빛나는 존재 가치를 가지고 있다. 이 일은 이번 전람회에서 구본웅(具本雄) 씨의 「실제(失題)」를 발견함으로써 우리로 하여금 더욱 명확하게 인식하게 하였다. 구본웅 씨의 작품은 협전에서도 뛰어난 한 이채다. 우리는 지극히 불리한 환경 속에서도 그만한 경지까지 개척해 나간 구 씨의 예술에 대한 정열에 대하여 탄복한다. 조선 화단의 아카데미즘이 그에게 향하여 아무리 돌을 던질지라도 구본웅 씨는 단연히 우리 화단의 최좌익(最左翼)이다. 적막한 고립에 영광이 있으라.

그렇다고 필자는 이상범(李象範) 씨 등 몇 분의 대가를 무시하는 것은 아니다. 그들은 어디까지든지 대가다운 침착과 정교를 각각 그 작품에서 보이고 있다. 그것들은 모두 무슨 의미로든지 각각 독자의 경지에서 완성의 역에 달하였다. 그것은 희랍 고병(古瓶)과 같이 정묘한 균정(均整)을 가지고 있다.

「포즈」·「다미자(多美子)」·「수련(睡蓮)」들의 작자 길진섭(吉鎭燮) 씨는 벌써 대가의 역에 달하고 못한 여부는 차치하고도 한 개의 완성된 세계를 가지고 있는 화가인가 한다. 그의 출품은 하나도 스케일이 큰 것이 없고 세 점이 모두 소품이나 조금도 빈틈없는 수법을 보여 주었다. 그러나 균정이라고 하는 것은 여러 개의 힘의 상쇄 상태는 아닐까. 이러한 의미에서 우리는 완성이라는 것을 바라기는 하면서도 긍정하지는 않는다. 완성에는 벌써 진보와 비약의 여지가 없는 까닭이다. 완성에 향하여 부정하는 정신, 굳세고 용감한 반항만이 우리를 유혹한다. 그것은 좋은 의미로서나 궂은 의미로서나 명일(明日)을 가지고 있다.

신인 이석호(李碩鎬) 씨의 「생물(生物)」은 동양화부의 여러 작품 중에서 가장 인상이 깊었다. 그것은 화면을 뛰어나와 보는 사람의 의식 면으로 향하여 굳세게 육박한다. 그것은 예술가로서의 이 씨의 비상한 표현력의 발현이라고 생각한다.

표현력의 굳셈을 가지고 보는 사람을 굴복시키는 박력을 가진 작품으로서 이병규(李昞奎) 씨의 「해골(骸骨)」과 「명태어(明太魚)」가 있다. 씨는 사람들이 항용 보기 싫어하는 또는 가장 평범한 제재를 훌륭한 솜씨로써 표현하여 새로운 호흡을 불어넣어서 생명 있는 예술로서 우리 앞에 내놓는다. 우리가 「명태어」와 「해골」에서 느끼는 것은 생에 대한 전율과 예술화한 생의 진실에 대한 깊은 인상이다. 씨는 결코 비좁은 상아탑 속에서 외계와의 관계를 아주 차단해 버리고 있는 작은 무시(無視)의 화가는 아니다. 차라리 인생의 진실을 끊임없이 열심으로 응시하는 말하자면 인생에 충직하려는 노력을 가진 화가다.

「미고소(微苦笑)」와 「야생초(野生草)」의 작가 황술조(黃述祚) 씨는 이 씨와 딴 의미에서 인생과의 교섭을 가지려고 한다. 씨는 생의 작품 속에서 생에 대한 어떠한 아이러니를 표현하려고 의도한다. 이병규 씨에게서 발견하는 것이 생에 대한 열정적인 회의가(懷疑家)의 얼굴이라고 하면 황 씨에게서 보는 것은 어디까지든지 차디찬 시니컬한 실망자의 얼굴이라고 보인다.

여하간 현대의 회화가 차츰 양식화하고 있으며 따라서 옛날의 화가들의 습관의 하나이던 문학적인 것을 그리는 일은 그만두고 회화로서의 순수한 길을 추구하여 마지않는 때에 이 씨와 황 씨의 태도는 어떤 의미로 보면 현대에의 반역일는지 모른다. 그렇지만

이 씨의 항상 대상의 핵심을 포착하려는 심각한 리얼리즘과 황 씨의 만화적인 새티리즘은 협전의 특색의 하나가 되지 않을까. 그리고 우리에게 있어 매우 흥미 있는 것은 이 씨와 황 씨의 작품에 나타난 것과 같은 인간 심리의 리얼리티를 열렬히 추구하려는 욕구와 그리고 사회와 인생 위에 차디찬 새타이어를 퍼붓고 스스로 쓸쓸히 웃어 버리는 태도 ──. 이 두 가지의 태도는 파쇼에도 합창할 수 없고 또한 혁명의 와중에 뛰어들기에는 너무나 비활동적인, 그러나 정직한 인텔리겐치아의 세계적으로 공통한 특성인 것이다.

이 밖에 필자가 매우 재미있게 본 것은 이도영(李道榮) 씨의 「아속인관(我俗人觀)」이라고 제한 여덟 개의 소품이다. 그것들에게는 회장의 거의 전부를 차지한 서양화라든지 또는 동양화, 그보다도 엄밀한 의미에서의 일본화의 전통은 받지 않았다. 그것들이야말로 순수한 조선화의 전형이나 아닐까. 오늘의 조선에서 값 받는 아무것도 없이 그래도 꾸준히 붓대를 꺾어 버리지 않고 예술의 길에 정진하는 협전의 화가 제씨의 정열이 식지 말기를 빌며 또한 이와 같은 문외인의 망담(妄談)에도 관대한 아량을 가지기를 빈다.

─《조선일보》(1933. 5. 6~12)

어둠 속에 흐르는 반딧불 하나

그날 밤 수풀 속에서 밤의 비밀을 주고받는 시냇물의 속삭이는 소리를 엿듣고 있는 것은 느릅나무 가지에 매달린 별들과 그리고 나뿐이었소. 언덕에 걸터앉아 물속에 발을 담그고는 오솔길 위에 정적을 깨트리면서 걸어오는 작은 발자국 소리를 나는 기다렸소.

나는 바랐소. 다만 물과 같이 투명한 가슴과 가슴을 가지고서 이 물속에 나란히 발을 담그고 물 밑에서 표백된 석고와 같은 발목과 발목을 어루만지는 부드러운 물의 감촉을 말없이 즐길 수 있는 그 사람을 ─.

그것은 물론 '고독'이 그리는 탄식이었소. 그럴 때 어둠으로 진하게 칠해진 밤의 평면 위를 곡선으로 그리면서 흘러가는 반딧불 하나가 있었소. 나는 보았소. 일순간 속에 온 생명을 전율시키는 반딧불의 정열에 타는 행복을. 너무나 뜨거운 까닭에 타지 않는 그 불 ─ 너무나 끓는 까닭에 오히려 차디찬 그 불꽃을 내 마음에도 붙이고 싶었소. 그러고는 아주 센티한 이런 노래를 부른 것을 기억하오.

오 ─ 반딧불

옛 기억의 끝없는 불길 속에
스스로를 파묻는 너의
작은 정열의 나래 아래
나는 고요히 누울까.

너와 나 구름의 층층대를 밟고
밤의 궁전에 열리는 별들의 향연으로 나갈까.
천사들의 흘리는 옷깃에 매달려
깜빡거리는 별의 눈동자에 입을 맞추러.

   그러나 오늘 밤 거리 위에는 대지의 가슴을 어루만지는 물소리도 없고 별들의 얼굴조차 네온사인에 흐려져 있소. "싸구려 싸구려" 외치는 소리는 자못 시끄러우나 또다시 나를 우주의 신비 속에 실어 가는 신통한 방법을 파는 상인은 하나도 없소.
   반딧불은 아마 도시의 주민은 아닌가 보오. 반딧불과 함께 있는 그 밤은 지금은 나의 향수의 세계에 숨어 있소. 반딧불도 없는 거리 위를 오늘 밤 정열이 식은 뒤의 재만 남은 가슴을 안은 사나이 한 사람 걸어가오.

—《신가정》1권 7호(1933. 7)

웃지 않는 아폴로, 그리운 판의 오후

여름이 되면 산이 그립다. 도저히 허락지 않는 사정에 몸이 엉클어 있을 때에는 산을 그리워하는 생각이 더욱 깊다. 가도 위에서 반사하는 태양의 복사열은 대기 속을 흘러다니는 모든 물질을 분해시킨다. 그래서 늘 가깝게 하고 사람들에게서조차 우리들의 코는 뭉클한 몸 냄새를 느끼며 연애 그것조차가 여름에만은 로맨스 옷을 입을 수 없다. 그러니까 연애로부터 피난하기를 지원하는 사람도 여름에 많다. 여름은 다만 혼자서 산에 가고 싶은 때다.

바다는 품행 부정한 디오니소스다. 그런 까닭에 파파와 오빠들은 어린 아가씨들이 해수욕장으로 가는 것을 마음으로부터 즐겨하지는 아니하였을 것이다. 지상에 사는 사람들은 산과 산이 속삭이는 소리를 들은 일이 없다. 산들은 항상 구름 속에 머리를 감추고 별들과만 이야기하기를 좋아한다.

그러니까 산은 웃을 줄 모르는 아폴로다. 우리는 수풀 속의 고요한 오후에 그의 사랑하는 양(羊)을 엘리직톤이 도적질해 가는 줄도 모르고 낮잠을 자는 판(牧神)을 산속에서 발견할는지도 모른다. 골짜기를 굴러떨어지는 물소리의 음악을 들으면서 말없이 푸른 법의를 둘러쓰고 머리를 붙잡고 있는 산이 애타게 그립다.

검은 얼굴을 가진 검은 바위
타는 가슴 때문에 수수된 얼굴
가슴이 막혀 말을 뱉지 못하는
네 마음 내 마음

  나는 우연히 자하문에 기대서서 북악산을 바라보며 이러한 즉흥시를 읊은 지난봄 일이 마음에 떠오른다. 더욱이 넓은 평야를 가지지 못한 천생의 나무꾼인 우리 조상들은 높은 산봉우리의 틈틈에 사원을 세우고 암자를 닦아서 그곳에 그들의 정신 왕국을 건설하였다.
  그러므로 우리가 가진 문명은 산악 문명이다. 산악을 사모하는 그러한 조선의 피가 수천 년을 지나서 나의 혈관에서도 물결치는 까닭에 나는 산을 그리워하는지.
  대체 나는 경원선(京元線)을 벌써 수십 차나 왕복하면서도 동해로 보내는 깊은 한탄만 부질없이 남기면서 아직도 금강산 한번 보지 못하고 있다. 그러면서도 나는 산을 말할 자격이 있을까. 원생고려국(願生高麗國)하여 일견금강산(一見金剛山)이라고 한 것은 참말로 한가한 중국 사람의 한 말인지, 혹은 우리 조선 중의 어느 달팽이만 한 국수주의자가 위조한 말인지는 몰라도 해동의 백성이면서 아직도 금강산과 친면이 없다고 하는 것은 분명히 치욕이 아니면 아니 된다.
  금년에는 기어이 춘원(春園)의 『금강산 유기(金剛山遊記)』나 포켓에 넣고 금강산을 찾아가련다. 돌아와서는 그의 『금강산 유기』보다 나은 산악 문학을 쓰련다. 혹은 지금까지도 내 힘으로는 그러한 일을 할 수 없으니까 일종의 구실을 만들기 위해서 일부러 금강산을 구경하지 않은 것이나 아닐까.

그도 모를 일이다.

금년에도 로맹 롤랑은 새 창작을 계획하면서 뒤볶는 불란서를 등지고 레만 호반의 별장으로 갔을 것이다. 마르셀 마르티네는 그의 알프스 산속의 산장의 노대에 기대어 담배를 피우면서 또 다른 「밤」을 구상하고 있는지. 나도 올해는 장안사(長安寺)의 마루에 걸터앉아서 「밤」이 아니고 「아침」이나 한 편 구상해 볼까. 그러나 모두 농담이다. 죄는 나의 공상에게밖에는 없다.

——《조선일보》(1933. 7. 4)

미래 투시기(透視機)

인생이 폐업할까

　인생이라고 하는 것은 수없는 서랍을 가진 의롱(衣籠)과 같은 것이라고 생각하오. 우리들은 마치 풍파에 밀려서 무인도에 흘러 들어온 로빈슨 크루소같이 전연 예기한 일이 없이 이 인생이라고 하는 아지 못할 항구의 부두에 배를 맨 것이요. 그래서 사람들은 우연히 손에 닥치는 대로 그의 앞에 놓여진 커다란 의롱의 수없는 서랍을 이것이고 저것이고 열어 보오.
　그러나 그는 그가 열려고 하는 서랍 속에 무엇이 들어 있는가를 미리 맞출 수는 없오.
　연애의 서랍을 빼려다가 그릇 실연의 서랍을 빼고 우는 동무를 나는 본 일이 있소. 행복의 서랍을 뺀다는 것이 빼 놓고 보니 그것은 무참히도 절망이 든 서랍인 까닭에 한강으로 간 사나이의 이야기를 들은 일도 있소. 그래서 수십 척 물속에 풍덩 빠져는 보았으나 뜻밖에도 수영 선수에게 목덜미를 붙잡혀서 필경 유서까지 써 놓고 떠난 세상으로 다시 돌아왔다는 이야기를 들은 일도 있소.
　내가 만약에 지금 내가 빼려고 하고 서랍 속에 무엇이 들어 있는 것을 미리부터 잘 알고 있다면 그 서랍의 손잡이를 붙잡는 나의 손은 힘이 없을 것이고 차라리 나는 빼는 일을 단념할는지도 모르오. 그 속에 무엇이 들어 있는지도 전연 예기할 수 없는 까닭에 손잡이에 걸린 나의 팔은 떨리고 가슴은 투닥거리는 것이오.

그리하여 인생은 그칠 줄 모르는 매력으로써 실망의 구렁에서 헤매는 사람들을 또 다른 하루에로 이끌고 가는 마술사와 같은 것이요. 그래서 인생은 무한한 광야요, 또한 미지의 항해요, 처녀지를 가는 매혹적인 여행이기도 하오.

나는 월세계에 여행하려고 하여 로켓의 제작에까지 급급해하는 발명가들처럼 무서운 존재는 없다고 생각하오. 아무것이고 발명해 내어 그들이 이 앞으로 우리들의 장래의 모든 일을 비쳐 주는 '시간적 망원경'이라는 놀라운 기계인들 발견 아니 하리라고 누가 예단할 수 있겠소. 그래서 그 무서운 기계가 생겨서 나로 하여금 내가 장차 바라는 모든 서랍 속에 든 것이 무엇인가를 일일이 가르쳐 준다면— 오, 그날은 얼마나 소름 끼치는 절망의 날일까.

나는 아마도 인생에 대하여 아무러한 희망도 매력도 다 잃어버리고 인생을 폐업하고 말 것이오.

—《신여성》7권 8호(1933. 8)

바다의 환상

하숙에서 일터로, 일터에서 다시 거리에까지 잠시도 추격의 걸음을 멈추지 않는 근기 좋은 그놈의 더위를 잠깐 백화점의 식당의 테이블 가에 피하여 한 잔의 냉차에 순간의 오아시스를 구하는 것은 도회의 월급쟁이에게 있어서는 거의 신성에 가까운 일이 아니고 무엇일까.

"오늘은 좀 빛 다른 것을 해 보지."

"글세."

회계를 치를 것이 그인 이상 나는 무조건하고 동의하였다. 네 개의 시선은 넓은 식당의 네 벽에 붙은 음료 이름을 써 붙인 종잇장들을 둘러보았다.

'아이스 스트로베리 밀크', 그중에는 동뜨게 기다란 이런 종잇장이 있었다.

우리는 그 이름이 오만하고 화사한 데 끌려서 밀크라는 성을 가진 아이스 스트로베리 양을 시식하기로 하고 푸른 잉크빛 스커트를 입은 귀여운 소녀에게 그것을 명하였다.

벗은 아이스 스트로베리 밀크를 기다리는 동안에 그의 5개년 계획 중의 하나인 금강산 탐승을 이 여름에는 꼭 필한다고 말하였다. 그러한 때에 나는 연필로 테이블 위에 동해안의 해안선을 그리고 있었다. 왜 그랬느냐 하면 소녀의 스커트의 잉크빛은 나의 환상을 역시 잉크빛을 가진 동해로 실어 간 까닭이었다.

나는 원산(元山) 이남과 청진(淸津) 이북의 동해안선을 구경한 일이 없다. 그러나 시골에 갔다가도 오후 한 시 59분에 농성역에서 서울 오는 차를 타면 바로 석양편인 오후 여섯 시와 여섯 시 10분 사이에 경포와 전진 사이의 아름답고 고요한 바다를 동쪽에 바라보면서 차는 달린다.

바다로 향하여 길게 뻗힌 낮은 언덕과 그리고 그 위에 검은 물감을 쏟아 놓은 것 같은 솔밭. 거칠은 물결들은 바다의 동요를 피하여 이 언덕 밑에 고요히 가로누웠다. 언덕이 드리우는 검은 볕의 그림자 속에서 사공의 삿갓과 작은 배가 희미하게 흐려 보였다. 수면을 물들이는 붉은 노을빛에 놀라 물새는 바다로 향하여 갑자기 날아가기도 하였다.

여기는 실로 내가 본 중에서는 함경선(咸鏡線) 연선의 절승(絶勝)이다. 함경선은 실로 경포(鏡浦)와 전진 사이의 풍경을 가지고 있는 까닭에 다소간 건방을 부려도 괜찮을 것이다.

나는 몇 번인가 이곳을 지나는 차중에서 이 아름다운 해안을 종이 위에 그려 둘까 하여 원고지와 연필을 무릎 위에 꺼내 놓았다가도 나의 재주 없는 붓이 오히려 그 고요한 물 위에 조는 갈매기의 꿈을 깨울까 염려하여 붓을 집어넣었다. 검은 물결이 나래를 드리운 흰 모래 위에서 조약돌을 밟는 그와 나의 두 발자국 소리를 듣기를 나의 귀는 얼마나 바랐는지 모른다.

경포를 조금 지나가며는 거기는 또한 아무 장식도 없는 긴 해안선이 활처럼 돌아간 넓은 백사장에는 작은 모래둑들이 여드름처럼 돋아 있다. 사람들은 무덤들을 함부로 바닷가에 내다버렸나 보다. 마치 죽은 사람들은 한결같이 바다로 돌아가는 것을 원하는 듯이 낮마다 푸른 바다를 바라보고 밤마다 검은 바다의 우는 소리를 듣는 것은 무덤들에게 있어서는 얼마나 슬픈 일일까.

나는 이러한 생각도 하였다. 거기서 조금 더 가면 박명의 가인 송계월(宋桂月) 양을 낳은, 가을이면 금빛 포플러 잎사귀에 곱게 싸이는 작은 항구 신창이 있다. 잠자는 전진 바다 위에 쪽배를 싣고 쪽배 위에 달과 나의 고독과 상상을 싣고 하룻밤 그 바닷가에 머물고자 함은 지금도 역시 내가 그리는 꿈의 하나다.

그러나 소녀는 알루미늄 쟁반 위에 두 개의 아이스 스트로베리 밀크 담은 배를 싣고 와서 흰 사기 테이블 위에 부려 놓았다. 그렇지만 어쩌면 그렇게 빈약한 접시일까. 대여섯 개의 딸기와 역시 두어 조각의 얼음과 그것을 덮은 흰 우유 — 그것의 콤비네이션으로 된 이 음악은 여학교의 음악회에 나오는 대담한 합창대보다도 더 조화되지 않는다.

불유쾌한 미각 때문에 바다에의 환상조차 다 부서져 버리고 만 우리는 아이스 스트로베리 밀크의 갖는 허영심에 경멸과 분노를 느끼면서 승강기에 달려 올라가서 속히 지상으로 돌아오기를 바랐다.

거리 위에는 역시 90도를 오르내리는 혹서가 잔학성을 마음대로 발휘하고 있다. 전차 운전수의 기울어진 모자 밑에서는 구슬땀이 방울방울 이마 위를 미끄러진다. 나는 나의 하숙의 끝방으로 돌아가기 위하여 동대문 행 전차의 후끈후끈한 쿠션에 털썩 주저앉았다. 저 동해의 바닷가까지 나를 실어 가지 못하고 오직 제한된 궤도 위를 달릴 수밖에 없는 운명을 가진 전차는 내게 있어서 얼마나 슬픈 존재이냐.

―《신가정》 1권 8호(1933. 8)

어린 산양(山羊)의 사춘기

아우의 편지에 "집에 산양이 새끼를 낳았습니다. 한 마리만 낳았는데 우중에도 수컷입니다. 그런데 털이 강굴강굴한 것이 암만해도 산양 같지 않습니다."라고 한 구절을 읽고 나는 혼자서 빙그레 웃은 일이 있다.

양유(羊乳)를 짤 수 없는 말하자면 불생산적인 수컷인 데 대한 아우의 실망과 그리고 산양의 정숙에 대한 아우의 근거 없는 불신이 나를 웃게 하였을 뿐만 아니라 나는 한편으로 처음 세상을 구경하는 이 작은 동물을 하루바삐 구경하였으면 — 하는 욕망을 일으켰던 것이다. 여름에 고향에 돌아가자 나는 곧 아이들을 따라서 산양의 새끼를 구경하러 앞산으로 올라갔다.

나는 일찍이 산양의 새끼를 본 일이 없다. 어른이 다 된 산양의 성큼한 모양은 능라도 수박을 연상하도록 싱겁고 풍치 없는 것이다. 그러나 푸른 대공(大空)과 진한 주위의 풍경에 향하여 간단없이 작은 눈방울을 깜박거리며 돌리고 있는 아롱진 어린 산양의 새끼는 그 어버이들과는 반대로 매우 귀여운 인상을 준다.

어느 땐가 나는 효석(孝石)의 소설 속에서 닥치는 대로 종이를 걷어먹는 산양의 이야기를 읽고 이 소설가의 기이한 감성에 감탄한 일이 있다. 산양은 확실히 소학교 신입생처럼 함부로 종이를 소비하는 괴벽을 가지고 있다. 그 옛날에 종이의 제법이 알려지기 전에는 서양서는 양의 가죽을 엷게 늘여 가지고 그 위에 글을 썼단다. 그러한 까닭에 이 동물은 종이를 볼 적마다 본능적으로 복수심을 일으키는지도 모른다.

내가 시골집에 묵는 열흘 동안에 산양의 새끼는 어느새 생후 만 1개월이 되는 날을 맞았다. 그런데 이 놀랍게도 조숙한 어린 산양은 벌써 사춘기를 맞은 모양으로서 울음소리와 뭇 행동에 그 징후가 역력하게 나타났다. 우중에도 그 어미 양에게 대하여 연모의 정을 일으킨 모양이다. 그리하여 기다란 수염을 가진 큰 숫양은 아롱진 작은 숫양에게 대하여 질투를 느끼는 모양으로서 고것이 제 곁에 가까이 오기만 하면 뿔로 받아 던진다.

"엑 망측한 놈의 짐승, 작자가 있으면 팔아 버려라." 하고 아버지는 웃었다. 이때부터 집안 식솔과 동리 사람의 귀염을 받고 있던 산양의 새끼는 돌연 뭇 사람으로부터 더욱이 아낙네들로부터는 증오를 실은 시선의 화살을 맞기 시작했다.

어느덧 밤에는 한두 마리 기러기의 우는 소리가 들리더니 아침에 세숫물을 놓은 댓돌 밑으로부터는 연빛의 작은 귀뚜라미가 기어 나온다. 으슥한 임금(林檎) 나무 숲 그늘에서는 가을이 쭈그리고 앉아서 금방 뛰어나오려고 몸을 옴죽거리고 있는 듯싶다.

공동묘지의 무덤 위에 우거진 풀이 누르러 가는 이 시골의 가을을 예상하면서 눈에 띄게 날마다 자라 가는 산양의 새끼의 포동포동한 몸뚱어리에서도 강렬한 자연의 의지를 읽고 있다고 하는 일은 나에게 있어서는 상당히 괴로운 일이었다.

그날 오후에 나는 가지고 간 트렁크에 다시 내복가지나 한 것은 집어넣고 있었다.

—《신여성》 7권 9호(1933. 9)

나도 시나 썼으면

「신동아」의 주문을 손에 들고 나는 갑자기 일종의 호기심에 끌려서 눈을 감고 잠시 기억의 옛 서랍을 하나씩 둘씩 빼 보았소. 그랬으나 참말이지 편지를 에워싼 로맨스라고는 나는 가져 본 일이 없오. 퍽이나 로맨스가 없는 사나이거니 하고 스스로 자신의 젊음을 비웃었소.

로맨스라고 하면 사나이와 사나이 사이의 그것으로써는 흐린 날 아침처럼 텁텁한 것뿐이 아니겠소. 한 사람의 피아트리체나 카추샤도 등장하지 않는 로맨스가 그게 무슨 로맨스겠소.

시를 쓰는 사람은 항용 이성(異性)의 사모를 받는다고들 하오. 같은 일터에서 일하는 H(그는 정치평론가요.) 군은 이런 이야기를 한 일이 있소. 언젠가 호남선을 탔더니 한 미인이 곁에 탔는데 파인(巴人)의 「국경의 밤」을 들고 읽더라구. 그래서 H 군은 갑자기 '에끼 나도 시나 썼더라면…….' 하고 후회 후회하였다고.

그러나 내가 일 년에 두서너 개씩 시를 썼기로서니 그것이 한 사람의 개인 독자라도 가지고 있다고 외람히 생각한 일은 없소. 겨우 열 명 내외의 친구들이나 읽어 줄까 말까 하는 정도일 줄을 잘 알고 있소. 나는 일종의 비애에 유사한 자존심을 가지고 시트

웰의 '테이크 오어 리브'(잡을 테면 잡아라, 싫으면 그만두라.)의 태도를 가질 수밖에 없소. 이건 아주 주문을 오해한 것처럼 탈선하였소마는 나는 바라오. '신동아' 씨에게 ─ 로맨스의 향기에서는 지극히 먼 나더러 구태여 로맨스에 대하여 물으려고 하는 호기심만은 버려 주시오.

─《신동아》 3권 10호(1933. 10)

그 녀석의 커다란 웃음소리

오늘도 나는 ×사의 문을 닫고 나서다가 누구인가의 커다란 너털웃음 소리를 듣고는 나는 H 그 녀석을 생각하였다.

H는 참말 커다란 웃음을 잘 웃는 사나이였다. 그것은 결코 메이크업한 웃음은 아니었다. 참말 웃고 싶을 때 시간과 장소를 가리지 않고 그 녀석은 그 큰 입을 기껏 벌려서 웃었다. 여자들은 아마도 웃는 사람을 좋아하는지 그 녀석의 하숙을 찾아가면 언제든지 새 여자가 와서 앉아 있었다. 혹은 그 녀석이 여자에게 치근치근했는지도 모르지만, 아마 그랬으리라는 것이 오히려 사실에 가까울 것 같다. 양력설이 되면 그 녀석은 고학생이면서도 항용 귤궤를 망토 밑에다 드리우고

'여 — 잘 있나.'

하고는 우리들의 하숙 방문을 떼고 달려들었다.

그는 김치를 퍽 좋아했다. 김치를 사다 달라고 졸라댐으로 그곳 (동경 명월관 지점)이라는 조선요리집에 가서 김치를 사다 주면 20전어치를 삽시간에 혼자서 냉큼 없애 버렸다. 어떤 때에는 50전어치도 혼자서 먹어 버리기도 했다. 어떤 때는 그때 함께 있던 L이 우리들이 일주일 먹을 김치를 담궈 두면 모르는 사이에 어느새 H 그

녀석이 와서는 건더기는 모두 먹어 버리고 하였다.

그 녀석과 갈라져서 나 혼자 조선으로 나온 지도 생각하면 벌써 5년이다. 그 녀석은 지금 동경서 제법 혼인을 해 가지고 어린애까지 생겼다지. 어디서 커다란 웃음소리를 들을 적마다 그 녀석의 넓고 빛나는 이마가 생각난다.

양력설이 가까워 오니 나는 또 녀석이 가져오는 귤이 먹고 싶어진다. 응당 그 녀석도 그 너덜너덜한 망토 자락 밑에 귤 궤짝을 드리우고 나를 찾아오고 싶어 하겠지.

—《신동아》 4권 1호(1934. 1)

눈보라에 싸인 마천령 아래의 옛 꿈

픽 픽 픽…… 태공(太空)을 채우면서 아쉼 없이 퍼붓는 주먹 덩이와 같은 흰 눈송이를 나는 서울서는 본 일이 없다.

그리고 집과 나무와 울타리와 전신주와 우물과 게시판과 — 실로 땅 위의 모든 것을 뿌리채 빼어 갈 듯이 들 위에서 벼락치는 그놈의 눈보라도 여기서는 구경한 일이 없다.

어느 날 아침 여관방의 문을 열면 장독들에게 자리를 빼앗기고 남은 좁은 앞뜰에 부스러 떨어지는 힘 빠진 눈을 보기는 한다.

그러나 그것은 나의 기억의 퇴적 속에 쌓여 있는 그 풍만한 눈, 바이런의 무적(無敵)한 정열에라도 비기고 싶도록 잠들 줄 모르고 칠흑의 밤을 회색빛으로 녹이면서 퍼붓던 그 눈에 비기면 얼마나 빈약한 인상인지 모르겠다.

나의 고향은 장백산맥의 말단이 동해의 남빛 기름물 속에 슬며시 꼬리를 담근 곳 — 동짓달로부터 이듬해 2월까지 1년의 3분의 1은 눈 속에서 지내는 북쪽이었다.

대개는 동짓달 초승 밤새껏 처마 끝에 애끊는 듯한 낙숫물을 지으면서 창 밖에서 시름없이 내리던 비가 갑자기 눈송이로 변하여 픽 픽 픽 땅 위에 박힐 때 우리는 오래 기다리던 나그네 모양으로 그것을 반겼다.

 순이와 금옥이와 금순이 들은 작은 손뼉을 마주 때리면서 뜨락으로 달려 나가서는 치마폭을 벌리고 뛰어드는 눈송이들을 받았다. 새로 해 준 때때치마를 적셨다고 하여 어머니의 주먹을 등덜미에 몇 개씩 얻어맞으면서도 아기네들은 그 때문에 그들의 뜰을 아름답게 꾸며 주는 다정스러운 눈을 원망하지는 않았다.

 그들의 작은 영혼들은 벌써 걸음마를 할 때부터도 눈과 결혼하였던 것이다.

 하나씩 둘씩 뽑아 던지는 천사의 날개에 흰 눈을 비겨서 노래한 것은 레이몽 라리게였던가, 막스 코브였던가, 장 콕토였던가 나는 잊어버렸다. 그러나 그것을 들으면 몽파르나스에 내리는 눈은 퍽으나 센티멘털한가 보다. 20여 년 동안 나하고 친해 온 눈은 차라리 카추샤와 네플류도프의 이별의 밤을 지키던 「부활(復活)」속에 나타나는 북구의 눈에 가까운 것 같다. 왜 그러냐 하면 나의 고향은 북위 41도에서 백 리 못 되는 지점 안에 있는 까닭이다.

 첫눈이 지나간 뒤 다음 장날에는 벌써 거리에는 '발기'들이 나무를 싣고 산길을 넘어서 와서는 늘어서 있었다. 겨울이 되면 북쪽의 산골 사람들은 슬기는 뜯어서 '가작'에 감추어 두고 그 대신에 소가 끄는 썰매인 '발기'를 쓴다. 나무장수가 술집에서 다문토리의 김을 마시면서 황홀해 있는 틈을 타서 우리들 몇 아이들은 빈 발기를 언덕으로 끌고 올라가서 썰매를 놓았다. 눈보라는 대개는 밤이 되면 더욱 우렁차게 소리를 쳤다. 마천령(摩天嶺)과 운봉산(雲峯山) 사이에 낀 작은 들이 눈보라에 시달려 우그러지는 듯한 비명과 신음 소리와 절규를 울리는 것을 우리는 잠자리 속에서 어머니의 품에 안겨서 가만히 엿듣기도 하였다. 그럴 때면 눈보라를 피하여 산기슭으로 몰려든 늑대들의 음침한 울음소리도 반드시 마을 가까운 곳에서 눈보라의 사나운 울음소리에 섞여 애처롭게 들려오기도 하였다.

늑대가 아이들을 물어 죽였다는 소문을 신문에서 보면 늑대란 몹시도 사나운 짐승처럼 들리지만 실상은 그것은 어린아이의 울음소리와 같은 매우 비겁하고 음침한 울음을 우는 동물이다. 나는 자라서 잭 런던의 소설을 읽다가 그 속에 나오는 늑대의 묘사를 대하였을 때 마치 나의 옛동무의 이야기를 오래간만에 듣는 것처럼 가슴이 뛰는 것을 느꼈다.

이글이글하는 화로에서 감자를 파내서 벗기면서 어른들이 들려주는 곽 장군(郭將軍)의 무용담이랑 무엇이고 모르는 것이 없다는 백 선생(白先生)의 이야기에 취하는 것도 대개는 이러한 눈보라의 밤이었다. 눈보라가 심술을 부리기 시작하면 어른들은 아랫방에 모여들어서 수튀목을 펴지 않으면 대개는 『삼국지(三國志)』를 읽었다. 그들은 들에서야 눈보라가 아우성치거나 말거나 도무지 간섭하려고 하지 않았다. 그들의 이 나치스에 대하여는 그들은 아주 먼로주의였다.

검은 두루마기 등덜미에 휘날리는 눈송이를 받으면서 떠나던 그……. 엉클어진 눈발이 멀어져 가는 그 사람의 모양을 그만 씻어 버리고 마는 눈 속의 이별은 한적한 부두의 이별보다도 가슴에 남는 것이 더 많은 것 같다.

내리는 눈이 뜻이 있어서 그런 것이 아니라면 사람의 가슴에 잠들었던 기억들이 눈의 차디찬 감촉에 부딪쳐서는 그만 소스라쳐 깨어나나 보다.

시몬아 눈은 네 목덜미같이 희고나
시몬아 눈은 네 무릎같이 희고나

시몬아 네 손은 눈같이 차고나
시몬아 네 마음은 눈같이 차고나

눈을 녹이려면 오직 불의 키스
네 마음을 풀려면 이별의 키스라야만

소나무 가지 위에 설고 외로운 눈
밤빛 머리 밑에 설고 외로운 네 이마

시몬아 네 눈은 뜰에서 잠을 자고
시몬아 너는 나의 눈 내 사랑하는 이

(이하윤 씨 역시집 『실향의 화원』에서)

    이것은 불란서의 시인 레미 드 구르몽의 「눈」이라는 시다. 눈은 시인의 마음속에 애인의 그림자와 같이 투영되어 있다. 그러면 북쪽 나라의 뜰을 파묻으며 내리는 눈은 이들 위에서 깨어진 옛 꿈의 영구한 만가(挽歌)인가. 그보다도 잠들어 버린 망각의 광야에 옛님의 이름을 부르면서 쓰러진 오필리아의 노래인가.
    들과 산이 눈 속에 싸여 희어지면 희어질수록 마천령의 꼭대기에 퍼지는 하늘빛은 더욱 푸르러졌다. 그리고 흰 산맥의 육체가 그리는 부드러운 곡선이 유리빛 하늘의 배경을 등지고 더욱 선명히 나타났다. 그래서 6,70리 밖에 있는 마천령 허리를 끌고 올라

가는 말군들의 행렬조차 눈에 들어오는 듯하였다.
　겨울은 그것에서는 이렇게 원근법을 무시하는 시절이었다.
　이러한 겨울 어둠이 떨어지는 마을 밖에서 희미한 초롱불을 드리우고 먼 곳으로부터 아삭아삭 눈을 까며 오시는 읍에 가신 아버지의 발자국을 기다리던 밤에는 어머니의 무덤을 안고 있는 공동묘지에서는 부엉이의 소리조차 들리더라.
　눈보라가 심술을 부리기 시작하면 20리나 10리 밖에 있는 아이들은 집으로 가지 못하고 보통학교 근방에 있는 우리들의 집에 와서 조밥을 토장국에 말아먹고는 옛말을 하면서 잤다. 우리들은 때때로 눈보라가 이렇게 우리들의 집에 몰아 보내는 드문 손님들을 매우 좋아하였다.
　대양의 중심을 굽이쳐 흐르는 거친 한류를 피하여 S 항구에 들어왔다가 그만 해변의 흰 모래밭에 뒹굴어 나온 고래를 구경 가느라고 전교의 3백 명 생도가 눈을 맞아 가며 해변으로 가던 날—그날에 나는 처음으로 강 위를 신기하게 쏴다니는 스케이트을 보았다.
　이렇게 나의 가슴에 처음으로 깊게 인상 박힌 스케이트에 대한 동경은 그동안 여러 가지 사정으로 중지되었다가 15년 만에 금년에야 비로소 실현함을 얻어 한강 얼음판 위에서 모양 좋게 자빠질 수가 있게 되었다.
　눈 위에 녹아내리는 달빛은 더욱 차서 벗의 얼굴을 파랗게 물들였다. 그러한 밤 스무 살이 가까운 벗들은 눈길 위에 남는 날카로운 구두 소리를 들으면서 인생에 대하여, 문학에 대하여, 연애에 대하여 이야기하면서 날 밝기를 기다리던 것도 벌써 옛일인가.
　벗들은 눈 속에 싸인 그 거리를 중심으로 하고 유성(流星)과 같이 사방으로 흩어지고 지금 나의 옛 꿈만 먼 북쪽의 눈 내리는 들로…… 눈보라 속으로 참을 줄이 없이 달리고 있다.

―《조선일보》(1934. 1. 16~17)

여우가 도망한 봄

　길가에서 우연히 만난 벗이
　"인젠 아주 봄일세."
하는 말에
　"참말 그러이."
하고 대답은 하고 돌아왔으나 참말 봄은 언제 어디 왔는지 나는 모른다. 아무리 봄이 섭섭해한대도 나는 그렇게 고백할 수밖에 없다.
　사무소의 테이블의 서랍을 댕겨 보아도 거기는 무슨 봄다운 변화가 없었다. 뒤적뒤적 일기책을 들추어 보았다. 그러나 나는 역시 평범한 문자의 행렬을 습관적으로 검열하는 무감각한 대장(隊長)에 불과하다. 그저께는 청(晴)이라고 하였고 어저께 날자 밑에는 우(雨)라고 쓰여 있은들 그것들은 대체 무슨 봄다운 나의 로맨스를 지키기 위한 청천(晴天)이며 물들이기 위한 비였을까.
　일부러 거울 속을 들여다보았으나 그 속에는 찡그리는 것은 웃는 봄의 얼굴이 아니고 암만해도 메피스토의 흉악한 얼굴 같다. 지난밤에도 나는 "봄일세." 하던 벗의 말을 다시금 씹으면서 자정이 가까운 거리를 우산을 받고 종로에서 동대문으로 향하여 걷고 있었다. 우산 위를 또박또박 밟고 가는 보슬비 소리는 이상하게도 포석(鋪石)을 때리는 나의 구두 소리와 잘 어울린다.

하늘을 향하여 '공명정대한 신이여!' 하고 감탄하는 것처럼 감상적인 일은 없나 보다. 그는 바로 며칠 전까지도 희미한 눈가루로 거리를 곱게 덮어 주더니 오늘 밤은 무슨 누가 울고나 싶다는 것처럼 맑은 빗물로 빌딩과 포도(鋪道)와 가로수의 얼굴들을 씻어 주고 있겠지.

암만해도 하느님은 변덕이야. 돌연 나는 나의 곁을 자못 거만한 걸음걸이로 씻고 지나가는 여자의 치마의 바닷빛에 눈을 빼앗겼다. 그 바닷빛 속에는 밤빛이 깃들어서 나로 하여금 밤의 항해를 연상시켰다. 그 여자의 목에서는 어느새 누런 여우가 도망해 버렸다. 나는 그 여자의 웃음을 머금은 두 눈동자에서나 봄을 찾으려 하였다.

옳다. 혈조(血潮)에 뿌려서 어둠의 표면에 뚜렷이 떠오르는 붉은 입술이여, 말하려무나.

그의 바닷빛 치맛자락에는 봄이 숨어 있느냐.

딴은 입춘날 아침에 사람들은 이날에 봄이 출발한다고 떠들었다. 그리고 봄에게 드릴 진정서들을 대문짝에, 온 기둥에 수없이 붙였다. 대개는 예를 들면 '소지황금출(掃地黃金出)'이라든지 '개문만복래(開門萬福來)'라든지 돈을 달라는 소리뿐이었다. 오는 첫날부터 돈 돈 돈하고 졸라서는 봄도 퍽으나 귀찮아할걸.

역서(曆書) 장을 제치고 입춘이라고 한 것을 보고야 비로소 '봄이다' 하고 당황해 하는 것쯤이야 누구나 한문 글자만 알면 으레 할 일이다. 현명한 것은 그들이 아니고 차라리 역서의 편이다.

그런데 만약에 봄이 갑자기 온다고 하면 한겨울 동안 귀부인들의 목에 정답게 감겨서 그들의 가슴속의 심장의 고동 소리를 혼자만 엿듣고 있던 그 행복스러운 여우들은 대체 어디로 가고 말까. 나는 실없이 여우들의 행방이 걱정이 된다.

청천의 백일(白日)과 빛을 다투던 신라 천년의 호화롭던 왕조에도 좀이 먹는 때가 있었단다. (그것은 나보다도 박화성(朴花城)의 경주 기행문에게 물으면 더 잘 알 일이지만—.) 하물며 유리 조각 눈을 해 박은 숨 빠진 여우 껍질이 어디로 가고 오는 것이 무슨 걱정의 씨가 되랴. 독자는 혹은 나의 한가를 비웃을지도 모른다.

그러나 나로 하여금 여우의 행방에 흥미를 가지게 하는 것은 그것들이 우리들의 귀부인의 목에 정립하기까지에 지내 온 긴 여행 때문이다. 여우들은 적어도 함경선 8백 킬로를 동해연선의 풍경을 감상하면서 왔을 것이다. 아니 사실은 나의 흥미는 단순히 그것들의 여행보다도 그것들이 고향에 남기고 온 수없는 비극 희극에로 이끌려 간 것이다. 여우는 그 빛나는 털과 조야(粗野)하면서도 어디라 없이 유연스러운 감촉을 가지고 지난겨울 동안에 놀라운 형세로 부인 유행계를 정복해 버렸다. 비싼 오스트레일리아산의 털실로 짠 목도리를 단연 일축해 버린 이 부인들은 물산장려의 실적을 올린 최고의 공로자들인지도 모른다.

여하간 이 유행의 덕분으로 모물(毛物) 장사가 여우의 고향인 함경도 지방에 쫙 깔렸고 그들이 흘끗흘끗 엿보이는 텁석부리 영감쟁이에게 침을 꿀꺽 삼킨 시골 농군들은 뒷일이야 어찌 되었든 우선 철로판에서 훔쳐 온 화약이나 아편을 감춘 콩가루 봉지를 차고서 산발을 타고 올라간다. 도시의 한 부인이 남편이나 정인(情人)에게 요구하는 한 마리의 여우가 이 농군들의 1년의 농사를 단번에 지어 주는 것을 생각하면 이 부인들의 물산애용주의일 뿐이 아니라 실로 빈민 구제의 급선봉인 자선가이기도 하다. 그러니까 대도를 걷는 그들의 걸음이 비록 화란(和蘭)의 왕녀처럼 고만하기로 군(君)은 잠깐 그를 책망하기를 삼가라.

이야기는 다시 앞으로 돌아가서 산으로 떠난 농군들은 드디어 시퍼런 수렵 규칙 제3조에 걸려서 벌금 때문에 집을 팔고 소를 팔고 아내의 자볼기를 맞았다는 이야기를 저 눈 속에 파묻힌 함경도의 깊은 산골짝에서 나는 가끔 얻어들었다. 결국 그 여우들은 장농 속이나 전당포 창고 어두컴컴한 구석에서 쓸쓸한 이 봄을 맞을 것이나 그것들을 산에서 도회로 몰아 보낸 농군들은 지금쯤은 유치장에서 나왔는지 들었는지.

그런데 여우를 사랑하는 여자의 감정은 암여우는 평생에 오직 한 수컷밖에는 가까이하지 않는다는 그 굳은 정조 관념 때문인데 이것은 서양에서 흘러 들어온 풍속이다. 우리 동양에서는 고래로 여우는 경멸의 대상이었고 특별히 그것은 요사한 여자와 잘 비교되었으며 포사여비(褒似如妣)는 구미호(九尾狐)의 화신이라는 둥 걸핏하면 '여우 같은 년'이라는 둥 하고 욕설로 여겨 왔다. 딴은 서양에도 「여우로 변한 부인」이라는 소설을 쓴 가넷과 같은 영국 작가도 있지만 —.

그러나 대체로 여우와는 얼마 좋은 인연을 가지지 못한 우리나라 여자들이 이렇게 갑자기 여우에게 대하여 호의를 보이기 시작한 것은 어떠한 감정과 교양에서부턴가. 아마도 그 위대한 교육자는 백화점의 광고부장이 아닐까.

북방의 속담에 이른바 '여우의 눈에 눈물을 지우는 봄바람'에 실려오는 봄은 어쨌든 아름다운 시절이다. 안석영(安夕影)의 「노래하는 시절」이란 아마도 봄을 가리킨 말일 것 같다.

봄은 그의 머리와 가슴과 치맛자락을 찬란하게 꾸미는 동백

꽃, 진달래꽃, 철쭉, 민들레, 앉은뱅이, 오랑캐꽃, 할미꽃, 찔레꽃, 함박꽃, 신이화(莘荑花), 두견화(杜鵑花), 살구꽃, 배꽃, 이 수없는 꽃 때문에만 해도 사람들의 최고의 찬사를 받을 자격이 충분하다.

그 위에 부풀어 오른 들과 언덕의 오만한 얼굴을 가만히 가리는 흰 안개의 면사포와 한가한 개천가에 마음 없이 드리운 버들가지들의 가는 허리조차 흐느적거리게 하고야 마는 봄바람의 촉수는 소녀의 흉낭(胸廊) 밑에서 고요히 잠자고 있는 본능의 비둘기들을 뚜드려 일으켜서는 들로 산으로 쫓아 보낸다.

그러한 까닭에 가을은 누선(淚腺)이 생리적으로 약한 일부의 감상 시인들의 시를 위하여 눈물에 젖은 기후를 온성할 때에 봄은 마치 유행가와 같이 강변에 국경에 수도원에 도시에 농촌에 화류가에 실로 인생의 모든 영역을 밟고 간다. 그러므로 독방의 차디찬 방바닥에 쓰러져 네모진 좁은 감방(監房) 문을 통하여 쳐다보는 푸른 하늘에 나부끼는 살찐 버들가지는 더한층 원망스러운 것이란다.

오늘도 봄을 찾기에 실패한 나는 아주 기운이 없어져서 동대문행 전차에 올라탔다. 손잡이에 매달린 나를 사정없이 뒤흔들며 전차는 마치 냉혹한 집행인인 것처럼 두 줄기의 검은 궤도의 규정 위를 달린다.

유리창에 부딪쳐 부스러 떨어지는 석양볕의 최후의 불길을……. 그것을 담고 아롱거리는 진한 남빛의 쿠션은 동해의 잔잔한 수면으로 나의 연상을 유혹한다. 그리고 산맥들이 다리를 뻗고 고요한 오후의 낮잠을 즐기는 기슭에 빨래와 같이 퍼져 있는 금잔디밭과 얼음장 부스러 떨어지는 소리 유량한 강 언덕으로 나의 마음의 손을 이끌고 간다. 나는 어느새 여행에의 동경에 사로잡힌 내 자신에 놀랐다. 왜 그러냐 하면 거기에서 나는 비로소 봄의 촉수를 느낀 까닭이다.

　나는 내 가슴속에 수선화와 같이 피어오르는 봄을 부인할 수는 없다. 행복스러운 시절이다. 그렇게 냉담한 시간이 그래도 1년에 한 번씩 봄을 가지고 와서 우리들의 초라한 문을 두드리는 것은 그가 결코 인색하지 않다는 증거를 보여 주기 위한 까닭인가 보다. 거울 앞에 서서 스스로 머릿살을 쥐어뜯으며 '오, 내게서 떠나지 말아라.' 하고 피 섞인 소리를 뿜는 것은 여름을 위함도 가을을 위함도 아니다. 겨울은 더욱 아니다. 진실로 영구히 떠나지 말기를 기다리는 것은 너, 봄이다.

　이윽고 그 봄은 짙어 가는 벚나무 그늘에 쓸어가고 쓸어오는 사람 더미 속에 난만하게 올 것이다. 명랑한 일요일 아침 교외의 절간으로 바삐 달리는 자동차 속에도 올 것이다. 검은 옷 입은 배달부가 대문간에 던지고 가는 붉은 봉투 속에도 올 것이다. 그러한 봄은 1년에 한 번씩은 순이에게도 복돌이에게도 지미에게도 잔에게도 한결같이 오는 봄이다.

　그러나 내가 기다리는 봄은 그것뿐인 봄은 아니다. 그것은 속된 꽃으로 꾸미는 눈을 부시는 찬란한 치마는 두르지 않았을는지 모른다. 나를 기르던 봄동산과 같은 어머니의 품이 내게서 떠나 버리고 행복의 별이 나의 머리 위에 웃기를 그친 때부터 나는 나의 봄을 잃어버렸다. 오래전에 잃어버린 까닭에 더욱 깊이 나의 마음의 해저에 잠겨 버린 침종(沈鐘)이다. 그 밤은 언제나 나의 회색의 지평선을 빛나는 웃음으로 채우면서 오려는지. 그때에는 나의 마음의 사막에 지평선을 향하여 쭈그리고 앉은 스핑크스는 닫았던 날개를 펴고 영원의 미소를 웃기 위하여 굳게 다물었던 입을 비로소 열 것이언마는…….

그러나 지금 나의 마음속을 두 개의 눈동자가 슬프게 흐른다. 그것은 그의 향토를 「태평양상에 흩어진 뭇 진주들」이라고 노래한 비율빈의 시인 리잘의 눈동자다. 꿈꾸고 기다리던 봄을 드디어 보지 못하고 간 눈이다. 대체 두 자도 못 되는 좁은 내 가슴이 구태여 봄을 그리는 초조에 떨고 있은들 그것이 대자연의 유원한 궤도 위에 작은 아이가 철로에 던지는 작은 돌조각만 한 영향이나 미칠 것이냐. 그러나 제멋대로 왔다가 제멋대로 달아나는 봄이라, 그것이 비록 내가 기다리는 「잃어버린 그 봄」을 가져오지 못한다고 책망한들 무엇하랴.

그것은 모두 봄의 자유에 속하였다. 그렇다면 「잃어버린 봄」을 어떻게 곱게 꿈꾸고 기다린다고 하더라도 그것은 나의 자유일 것이다.

문밖에 분주하게 나를 찾는 손님아, 지금 「잃어버린 봄」을 이쁘게 단장시키고 희망의 날개 밑에서 곱게 기르고 있는 나의 꿈을 애써 방해할 것은 무엇이냐.

—《조선일보》(1934. 3. 3~5)

사진 속에 남은 것

　미운 여자도 갈라져서 오래 지나면 이상스럽게 그리워지는 법이다. 시간은 참말이지 요술쟁인 게다. 그는 지나간 날의 것이면 무엇이고 자줏빛의 회상의 안개로 곱게 싸지 않고는 우리들 앞에 갖다 내놓지 않는다.
　그러니까 나는 때때로 어떤 행복스러운 일을 당할 때면 속히 그 시간으로부터 떠났으면 하기도 한다. 그것은 물론 그 행복도 이윽고 깨어지고 말 과거의 약속하던 행복들의 또 다른 한 개의 속임에 불과하다라는 나의 절망적인 예감에서부터도 오는 일이지만 또 한편으로는 그렇게 무너지기 쉬운 까닭에 기억 속에서 그것을 우연히 만난다면 더욱 예뻐 보일 것 같아서도 그러는 것이다.
　나는 인생에서는 한 현실주의자다. 될 수만 있으면 내 앞에 닥쳐오는 순간순간의 생을 의의 있고 즐겁게 살리며 향락하고 싶다. 그런 까닭에 침울이라는 것을 나는 미워한다. 따라서 어지간히 어려운 일이 닥치더라도 그것을 어떻게 가장 용감하게 뚫고 나갈까에 대하여 생각할지언정 나를 압박하는 고민이나 난관에게 입도를 당하여 우울해지는 것은 일부러 피한다. 나는 어려서 벌써 크리스천에서 개종해 버렸다. 내세라는 말은 암만해도 센티멘털한 회고주의자의 현실도피의 비명처럼 생각되었던 것이다.

나는 평상 나의 어린 날에 대하여 그렇게 감상적이 되어 본 일은 없다. 귀여운 어린것들을 보아도 반드시 천사라고 찬미하고 싶지는 않다. 루소가 아이를 흠모한 것이든지, 마티스가 야만을 동경한 것이든지 모두 로맨티시즘에 불과한 것 같다. 어린아이를 본받으라 하고 가르친 예수도 그런 의미에서 역시 로맨티시스트다.

나는 어린아이 속에서 벌써 천사와 악마의 두 얼굴을 본 때문인지도 모른다. 물질적으로는 꽤 축복받은 환경 속에서 자라면서도 정신적으로는 한없이 쓸쓸하였고 고독하였던 나의 어린 시절의 기억이 나로 하여금 이러한 어린 날에 대한 비속한 현실주의자를 만들었는지도 모른다. 그래서 나의 어린 시절은 하마터면 아편을 먹고 자살해 버린 콕토의 무서운 아이들이 되고 말았을 것 같다.

사실 나는 열다섯 살 때에 중학교의 작문 선생으로부터 '얘가 이 뽄으로 글을 쓰다가는 필경 자살하겠다.' 하는 경고를 받은 일이 있다. 나의 본래의 정체는 역시 감상주의자였다. 내가 오늘 감상주의를 극도로 배격하는 것은 나의 영혼의 죽자고나 하고 하는 고투의 표현이기도 하다. 물론 굳은 시대의식에서부터도 나오는 일이지만 그렇거나 말았거나 나의 어린 날은 확실히 갔다. 나의 몸에서 벌써 잃어졌다. 나의 어린 날은 지금은 겨우 오래인 사진 속에나 남아 있다. 그 하나는 아버지와 그리고 공부하던 누이와 함께 박은 것이고 또 하나는 어머니와 여러 누이들과 함께 박은 것이다.

그때의 공부하던 누이와 그리고 어머니, 내가 여덟 살이 채 차기도 전에 나의 어린 날을 회색으로 물들여 놓고는 그만 상여를 타고 가 버렸다. 잔인한 분들이었다. 보들레르는 권태는 악덕의 하나라고 하였단다. 침울한 나에게 있어서 악덕의 하나다. 그것은 악마의 선물이다. 나는 그것을 피한다. 어린 날에 나를 슬프게 하던 침울은 나는 차라리 잊어버리고 싶다. 그러나 나의 침상 위에 걸터앉고 있던 천사의 얼굴은 결코 잊어버리고 싶지 않다.

그 명랑, 그 쾌활, 그 천진난만 ─ 그것들은 영구히 나의 성격 위에서 잃어버리고 싶지 않다. 사실 나의 친한 벗들은 모두 어디라 없이 어린아이와 같은 데를 가지고 있는 사람들이다.

오 ─ 역시 나는 잃어버린 어린 날을 그리워하고 있는 겐가.

─《신가정》2권 5호(1934. 5)

이화식(梨花式) 옷차림

가령 치마 길이가 무릎 위를 올라갔다가 내려갔다가 하는 것은 반드시 헝겊이 많이 들고 덜 든다는 이해타산에서 나오는 일인 것 같지는 않다. 그것은 취미의 문제여서 결국 보기 좋으냐 좋지 못하냐 하는 문제에 들어간다. 다시 말하면 실용상의 문제가 아니라 장식에 대한 유행 사상에 불과하다.

우리들의 일상 살림에는 이러한 그렇게 실용적 가치는 없으면서도 단순한 장식으로서 존재하는 것이 어떻게 많은지 모른다. 그러나 그것은 또한 그 자체의 가치를 가지고 있기도 하다. 왜 그러냐 하면 그러한 장식은 우리들의 정신적 세계를 풍부하게 만드는 때문이다. 다시 말하면 우리들의 문화의 재산을 윤택하게 만든다.

그러니까 신식 부인들의 치맛자락이 페이브먼트에서 1인치가량 더 올라갔다는 둥 내려갔다는 둥 하는 것을 헝겊이 더 든다는 둥 덜 든다는 둥 해 놓고 나무라는 것은 아마도 인왕산의 이끼처럼 낡은 생각일 게다.

그러므로 나는 여기서 그러한 입장에서가 아니라 순전한 장식이라는 입장에서 우리의 의상계의 일방의 풍조인 '이화식 옷차림'에 대한 감상을 몇 마디 말하련다. 그것은 그 자체가 단순·간

편 등의 좋은 점을 많이 가지고 있기도 하지만 그 반면에 외관상으로 적지 아니한 결점을 가지고 있다는 것 같다. 첫째, 이화식 저고리는 너무 길고 이화식 치마는 너무 짧아서 마치 저고리 길이와 치마와 양말이 키를 삼등분해서 차지한 듯한 느낌을 준다. 그래서 매우 단조로운 느낌이 있어서 선과 선의 다양과 그 통일에서 생기는 풍부한 미를 나타내지 못하는 결점을 가지고 있다. 또 겨울에 그 위에 두루마기를 입으면 그것이 역시 치마 길이보다 결코 길지 못하니까 결국은 긴 양말 위에 너무나 위태롭게 두루마기에 싸인 큰 신체가 지탱을 받는 것 같은 느낌을 주어서 안정된 입체감을 나타내지 못한다.

예를 들면 굽 높은 구두에 그렇게 익숙할 사이가 없는 일반 조선 부인들이 (단 일부의 익숙한 분들은 제외) 갑자기 잔뜩 굽 높은 구두에 운반되어 가는 것이 구경하는 사람을 항상 불안하게 하는 때와 비슷한 불안정감이다. 조선 부인들이 제일 안정되어 보이는 때는 긴 치마를 입고 조선 버선에 코신을 신고 걷는 때다. 단 그것은 신식 걸음걸이를 배운 부인들에게 한한 말이고 구식 부인들이 구식 차림을 하고 겨우겨우 발자국을 떼어 놓는 꼴은 대개는 살찐 암탉의 둔함을 생각게 하여서 불쾌하기 짝이 없다.

그러나 이것은 모두 나의 개인 취미에서 하는 말로서 '신가정(新家庭)'씨가 아무말도 해도 이「오색등(五色燈)」에 쓸어 넣는다기에 함부로 한 잡담에 지나지 않는다. 그러니까 이화식 저고리가 좀 더 길어진다든지 또는 이화식 치마가 경찰 당국이 허락하는 범위 안에서 좀 더 짧아진다고 할지라도 물론 관계없을 게다.

—《신가정》 3권 1호 (1935. 1)

상형문자(象形文字)

수풀을 사랑하는 것은 소크라테스 이래의 우리들의 고귀한 예의이냐.

호주머니 속에 숨어서 소리 죽이는 손시계처럼 나는 때때로 사람들의 요란 소리를 검은 수풀 속에 피한다. 목이 빼어난 사슴의 새끼처럼 구름 좇아서 개천가로 내려가서는 산양의 떼에 섞여서 연한 풀을 깨물어 보기도 한다. 또한 흰 구름 속에는 수없는 진기한 상형문자들을 붙잡아 가지고 돌아와서는 나의 표본실에 진열한다.

회칠한 벽에서 한 개의 백동(白銅) 바늘의 명령에 좇아 충실한 호접의 종족들은 아주 날개를 치고 그림 속에서와 같이 가는 바람소리조차 꺼린다. 일찍이는 추장의 따님이었던 왕나비, 계절의 상복을 입은 검은물나비, 여왕의 흉내 내기를 좋아하는 비단나비, 은나비, 노랑나비…….

한 떨기 꽃송이도 살릴 줄 모르는 검은 테이블은 또한 어저께와 마찬가지로 침묵한 간수(看守)다.

나는 걸어 본다.

이럴 수가 있을까.

이 풍만한 3월의 하늘 아래서 너희의 날개는 어째서 빨래와 같이 꾸겨져 있느냐.

나는 문득 벽 위에 흩어져 있는 상형문자들이 바로 내 자신의 성자(姓字)들임을 발견하였다.

나는 그것들의 앞에서 소리를 낮추어 물어본다.

"너는 대체 공자님처럼 얌전한 생쥐냐, 그렇지 않으면 이슬을 먹고 참는 게으른 호접에 불과하냐."

성자(姓字)는 작은 소름과 함께 대답하여 말하기를

"독수리다."

나는 곧 나의 독수리를 꾸짖는다.

"그러면 일어나지 않고 무얼 하니."

호접들을 데리고 나는 창머리로 간다. 밖에는 3월이 추켜 올리는 푸른 대기가 바다와 같이 넓다. 나의 지평선, 나의 은하수, 들을 미끄러지는 윤기 나는 바람.

나는 그들을 손바닥에 추어들고 즉시 날기를 명한다. 그리고 놓아 보낸다. 그렇다. 날림은 벌써 숲속에 잊어버리고 온 먼 풍속이다.

이윽고 창밑 꺼분꺼분한 공기의 저층에 빠져 잠겨 버린 수없는 호접의 시체들.

울타리 너머는 3월의 햇볕이 돌아왔나 보다.

장식(葬式)과 같이 조용한 걸음걸이로 가까이 와서 아마 울타리 속을 엿보나 보다.

— 《가톨릭 청년(青年)》 3권 3호(1935. 3)

그 봄의 전리품(戰利品)

　대체 이른 아침의 방문객은 누구일까 하는 궁금한 생각으로 문간에 쫓아나가 보았더니 웬걸 전부터 얼굴을 아는 양복점 외교원 씨가 새 샘플을 한 아름 가득히 안고 와서 봄 양복을 맞추라는 것이다. 올봄에는 낡은 양복으로 그냥 나가기로 했다고 굳이 막았더니 그는 "무얼요, 또 다른 양반들이 새 옷을 뽐내고 다니는 것을 보고는 그만 오라고 불러 가지고 나흘 만에 해달라는 둥 닷새를 넘기지 말라는 둥 조르실걸……." 하고 어디까지든지 나의 결심을 믿지 않는 듯한 커다란 웃음소리와 문 닫는 소리를 함께 뒤에 남겨 놓고는 돌아가 버렸다.
　나는 벌써 몇 해 동안의 경험에서 봄이란 결국 지내 놓고 보면 정신적으로나 물질적으로나 공허와 피로밖에 남겨 주는 것이 없는 것인 줄 알았으며 또한 사실에 있어서 이 봄에 향하여 기대할 수 있는 아무것도 가지고 있지 아니하므로 이 봄일랑 차라리 나의 골방에 피하여 오직 거울 속의 내 자신의 얼굴과 몇 권의 책자하고나 친하리라 하고 아주 계획을 단단히 세웠던 것이다. 그랬더니 우선 양복집 외교원 군이 나를 기어이 봄 속에 끌어넣으려고 유혹을 시작했다. 나는 새삼스럽게 지난여름에 공연히 월부 양복을 얻어 입느라고 이 외교원 군을 각근하게 친한 일을 후회할밖에 없었다.

아침에 있던 이 불쾌한 사건의 기억 때문에 오늘은 종일토록 우울해 있다가 석양에 나는 얼마 전부터 생각하고 있던 양산을 살 작정으로 큰 거리로 나갔다. 아니나 다를까, 길가에 나부끼는 보랏빛 치맛자락이나 정류장에 늘어서는 화려한 넥타이 빛깔에서 벌써 봄을 부정하는 것은 분명히 무모 이외의 아무것도 아닌 것이다. 약속에 충실한 한때의 애인처럼 봄은 겨울바람에 빨려 메마른 지상에 또다시 오고야 말았다.

백화점에서는 어느새 봄차림을 할 대로 하고도 오히려 부족하여 절기에 맞는 물건을 찾느라고 움직이는 손님의 어깨와 어깨들이 휘황한 전등불 밑에서 고기 떼처럼 흔들린다. 나는 이윽고 우리의 누님들과 아내가 자못 노골하게 코티 회사나 캔피 회사나 자생당(資生堂)의 충실한 고객인 것을 뽐낼 때가 왔구나 하고 속으로 뭉클해졌다. 사실 오늘의 백화점을 번영하게 만드는 유력한 지지자는 그 절대다수가 마님들이나 아가씨들일 것이다. 이 점을 각국의 상공성이나 자본가연맹에서 크게 일반 여성들에게 감사해야 할 것이어늘 불란서 같은 나라에서조차 최근에 와서 그 나라의 여자들에게 참정권을 주었다고 하는 일은 기괴한 일이다. 그들은 실로 현대 문명의 모든 소비면을 유지하기 위하여서는 물도 새지 아니할 듯한 그들의 가정의 평화조차를 용감하게 깨트리기도 한다.

"저어 화신(和信)에 악어껍질 핸드백이 왔는데 그거 사 주어요 네에?"

이러한 청탁을 받으면 보통으로 남편들은

"응."

하고 입 안에서 가볍게 대답해 버린다. 대체 이 대답이 좋다는 것인지, 궂다는 것인지 분명치 아니하여 언제든지 일쑤인 남편의 이러한 몽롱성에 대하여 매우 불만인 부인은 다시 다져 본다.

"사 줄 테에요?"

"응."

"안 사 줄 테에요?"

"응."

"아니, 왜 똑똑히 말을 못 하고 밤낮 '응'이에요?"

어느새 부인의 애교는 초조에서 다시 흥분으로 변하였다가는 필경에는 분노로 폭발하여 라디오는 방구석에서 혼자서 지껄여야 하고 죄 없는 몇 개의 그릇이 무참하게도 이 동란의 희생이 될 때도 있다.

그러나 이러한 분쟁에서 부인들은 그렇게 흔히 초지를 관철하지는 못하고 만다. 그것은 두 편의 전술의 차이에서 생기는 일이다. 남편들은 항용 지구전(持久戰)에 장기가 있는데 부인들은 이런 줄은 모르고 너무 조급하게 서둘러서 그동안에 쓸데없는 정력을 많이 소모하는 까닭에 마지막에는 힘이 다하여 필경 타협 정도로 그치고 만다.

그래서 그다음 일요일에는 우리는 백화점의 양품부 진열장에 마주 서서 핸드백을 고르고 있는 여러 쌍의 동반(同伴)을 발견할 것이다. 그러나 마침내 그들이 사고 마는 것은 백여 원짜리 악어 가죽이 아니고 7, 8원짜리 화제품(和製品)인 것도 구경할 것이다. 만약에 그것이 겨우 2, 3원 정도의 대용품일 때에는 우리는 그 경우에 그 남편은 아마 일찍이 마라톤 선수였으리라고 추측해도 좋을 것이다.

봄은 이러한 몇 가지의 작은 장난 뒤에 그를 사랑하던 여자와 사나이들의 품속에 약간의 전리품과 그렇지 않으면 약간의 상처를 남기고는 떠나갈 것이다.

―《조선일보》(1935. 3. 17)

길을 가는 마음

"가을은 벙어리같이 슬픈 때다.
그저 성가시게 어디론가 가고 싶어서
길을 떠난다. 당분간 편지 말아라"
벗은 아마도 어느 날 아침 이러한 엽서를 받았을 게다.
사실 나는 잠시 동안이나마 회합과 방문과 약속과 출근부의 감시에서 풀려서 길을 떠나고 싶었다. 그래서 호주머니 속에 다만 기차 시간표와 지도와 약간의 현금을 쑤셔 넣고 도망하는 것처럼 기차를 잡아탔다. 나는 차창에 기대서 오래간만에 철교의 근방에 웅클어선 백양나무 숲에 눈을 빼앗겼다.
그리고 푸른 하늘로 향하여 팔을 벌린 그 나뭇가지들의 방향에서 무한에로 타는 나무들의 생명의 의지를 본다. 일찍이 '다다'의 한 사람은 한 종이 위에 한 방울의 잉크를 떨어뜨리고「성모마리아」라고 화제(畵題)를 붙인 일이 있다. 당시의 파리 사람들은 그 그림 앞에서 오직 조소와 경멸을 감추지 못했다.
어떠한 시대에도 범인(凡人)의 눈은 낡은 질서에 대한 새로운 정신의 타오르는 부정의 불길에 대하여 가엾은 환쟁이임을 면치 못한다. 그 반역의 정신을 설명하는 것은 오직 생명의 말뿐이라는 것을 나는 기차 속에서 우연히 느꼈다.

한동안 서울의 시민들은 권투에 대하여 거의 탈선적인 열광을 보인 일이 있다. 그래서 권투 구경이라고만 하면 삽시간에 회장은 초만원이 되는 것이 으레였다. 흑인 보비의 이름은 실로 나폴레옹의 이름에 필적했다. 얼마동안 나는 이 현상의 원인을 몰라서 흥미를 가지고 생각해 본 일이 있는데 역시 기차 속에서 갑자기 그것을 깨달았다. 즉 권투가 가지고 있는 아름다움은 다른 경기보다도 가장 직접적이고 가장 치열한 육체와 육체의 충돌에서 발산되는 생명의 불꽃의 이상한 매력에 틀림없다. 다시 말하면 피로한 도시인의 생명적인 것에 대한 향수가 그들의 권투 열에도 숨어 있나 보다. 거기에 환경에게 억압된 투쟁 본능의 부단한 발효도 그 한 원인일 것은 물론이다.

우리 문단에서는 평론이라는 것은 우선 싸움이 아니면 아니 되는 듯한 인상을 주는 것도 이러한 곳에들 그 원인이 있는 것이나 아닐까.

멀리 마을에서 들로 나가는 중간에 마른 개천이 있고 그 개천에는 비에 젖고 바람에 씻겨 엉성한 나무다리가 엎드려 있다. 그것은 마치 엔진에 끌려가는 소란한 근대 문명을 조소하는 듯한 침묵을 지키고 있다. 그러나 나는 이 오래인 다리의 거만을 책망할 아무 근거도 그 순간에는 준비하지 못했다. 나는 새삼스럽게 쉴 새 없이 문명에게 쫓겨다니는 도시인의 생활에서 피로의 빛을 찾은 것 같다.

딴은 거리를 몰려다니는 그들의 얼굴에는 활기가 흐른다. 그러나 그것은 진정한 의미의 활기인 것 같지는 않다. 차라리 긴장의 가면인 것 같다. 달리는 전차나 자동차는 물론 신문 배달도 교통순사도 아이스크림 장사도 타이피스트의 손가락도 모두 긴장해야만 산다.

그러한 활기는 우거진 풀숲 속에서 식물의 종족들과 벗하여 사는 사람들의 혈관 속을 흐르는 활기와는 다른 것 같다. 하나는 자연 그 속에서 뿌리를 박았고 다른 하나는 삐뚤어진 문명에게 시달리는 자의 주의의 연속이 꾸며내는 활기의 추세인 것 같다.

여행은 나도 모르는 어느 사이에 나로 하여금 이렇게 한 사람의 생명 찬미론자를 만들었다. 그러나 나는 이러한 단상들에 대하여 다른 때의 글에서와 같이 엄숙하고 싶지는 않다. 왜 그러냐 하면 될 수 있는 대로 가볍기를 바라는 나의 여행에 그처럼 무거운 책임을 지우기는 싫은 까닭이다. 그것은 때때로 예기하지도 않았던 신기한 감격이나 인상이나 사색의 단서를 공급하기도 할 것이다. 다만 그러한 것을 나는 여행에 대하여 기대한다. 그 이상으로 『자본론』이나 『논어』에 대한 것과 같은 일을 여행에 향하여 바라지는 않는다.

길을 가는 마음은 다만 시를 읽는 마음이다.

—《비판》 3권 5호(1935. 10)

내가 좋아하는 여배우의 인상기

평범한 도회 여성 존 크로포드

 이전에는 활동사진이라고 하면 의례히 배우를 중심으로 이야기했고 배우 중에서도 여배우가 주장 이야깃거리가 되었던 것은 누구나 아는 일입니다마는 어느새에 우리가 활동사진이라는 말 대신에 영화라는 말을 쓰게 되었고 또 배우보다도 감독이 더 흥미의 대상이 되어 온 것 같습니다. 이러한 풍조의 영향이라 할까 저 역시 배우보다는 감독에게 흥미를 가지게 되었고 배우에게 흥미를 가질 경우에도 그것은 여배우인 때보다도 남배우입니다.
 대체로 연기도 사내들이 여자들보다 나은 것 같습니다. 사실 여배우가 얼굴이 이쁘고 여자라는 두 가지 유리한 조건의 보조가 없었던들 크게 말이 안 되었을 겝니다. 그런 의미에서 저 늑대처럼 생긴 헵번의 인기는 그야말로 그의 연기가 얼마나 훌륭한가를 느끼게 하지 않습니까. 그러나 나는 헵번은 그렇게 좋아하지 않습니다. 「아가씨 시절」, 「소목사(小牧師)」에서 보인 그의 연기는 아주 감독까지를 무시하고 대담하게 제멋대로 장난을 한 듯한 느낌이 있을 지경으로 자연스럽고 좋았습니다. 그러나 역시 1890년대쯤의 버지니아주 근방의 처녀밖에는 아니 되어 보였습니다. 「서반아광상곡(西班牙狂想曲)」에서 아마 디트리히, 그의 연기의 최고

봉을 남겼으리라고 생각합니다마는 그는 맥도날드나 코베트처럼 좀 우리하고는 동떨어지게 이뻐서 친할 수가 없는 것 같아 그만 친구가 되지는 아니했습니다.

그 사람에게 비하면 존 크로포드는 눈이 얼굴 전체에 알맞지 않도록 크고 얼굴에 매력이 그렇게 없지만 어디까지든지 도회 여자의 평범한 곳과 좋은 곳과 약점을 그대로 가지고 있어서 전차 정류장에서나 다점에서라도 쉽사리 만날 것 같습니다. 목소리만 해도 디트리히처럼 창부적(娼婦的) 같은 데가 없고 또 시골 처녀처럼 이그러진 데도 없습니다. 그저 평범한 도회의 여자입니다. 그 평범이 귀엽습니다. 저 「나의 다이나」의 그를 보십시오,

―《모던조선(朝鮮)》 1권 1호(1936. 9)

능금(林檎)의 만가(輓歌)

산골 할머니들이 광주리가 아니고 자루에다가 파란 능금을 잔뜩 넣어서 이고 장으로 안 오기 시작한 것은 벌써 오래전부터 일이다.

능금뿐 아니라 놀·왜지(앵두)·머루·다래조차 요즈음은 도무지 장에 오질 않는다. 아마도 우리들의 다음 대부터는 놀에 대한 미각은 훈민정음이나 상투나 버선이나 족보나 마찬가지로 아주 잊어버리고 말 성싶다. 늙은이들은 그러한 일에도 정감록적(鄭鑑錄的) 전설조차 만들어서 펼친다.

능금의 퇴각은 물론 우리가 지금 알고 있는 사과 또는 평과(苹果) 혹은 임금(林檎)이라고 부르고 쓰는 새 종자가 흘러 들어온 뒤의 일이다. 여기서도 우승열패의 법칙은 사정이 없었다. 오늘 능금의 운명은 홍인종과 캥거루와 한복과 그러한 모든 퇴각하는 것의 운명이다. 사실 10전짜리 백동전 한 푼만 내던지면 저 함경도 막바지에서라도 알롱달롱한 색종이를 곱게 뒤집어쓴 황주 임금을 세 개 혹은 네 개씩 쉽사리 받아먹을 수가 있는 세대에 누가 시금컬털한 능금을 사 먹을라고.

집만이라도 문화주택이 아니냐. 아니 거리에 나올 적만이라도 문화생활이 아니냐. 양복을 걸치고 수팡치마를 입고서야 어찌 체면만으로라도 능금 광주리 앞에 마주 설까 보냐. 오늘 능금의 만가(輓歌)를 쓰는 것은 아마 그 이상 없이 미련한 일일 게다. 마땅히 임금의 번영기를 써야 옳을 성싶다.

그래 그런지 나는 어느 전람회에서도 능금을 그린 정물을 본 일이 없다. 그 대신 임금을 그리지 않은 정물을 얼마 보지 못했다. 그 붉다붉다 못해서 타는 듯한 핏빛을 한 이 열매는 식욕이라느니 보단 차라리 일종 범행을 교사하는 것같이 보인다. 그러기에 수천만 이스라엘 백성과 그리고 그 뒤로도 오늘까지 수억만의 기독교인을 매혹시킨 가편「창세기」속에서 인류의 조상 이브를 죄로 유인한 실로 한 개의 붉은 임금이었다. 백옥 같은 그 이빨에 핏빛 임금을 깨물어서 그는 여성 최초의 사디즘을 혈관 깊이 즐겼는지도 모른다.

서양 기독교인들은 지옥을 미워하면서도 임금은 지혜와 죄와 함께 그리 싫어하지 않는다. 도리어 더욱더욱 왕성하게 그것을 먹는다. 날것으로 먹다 못해 파이를 만들어 먹고 빚어서 술을 만들어 먹고 구워서 꿀을 쳐서 먹는다. 그러니까 그들은 점점 교활한 지혜가 날로 늘어 갈밖에 없다. 그러므로 작가 이효석(李孝石) 씨가 임금을 좋아한다고 할 때에 나는 그 일에서 일종 근대적 이교(異敎)의 냄새를 맡고 웃었으며 또 식탁 위에 흰 접시에 받쳐 놓은 한 알의 임금을 굽어볼 때마다 그 요염한 빛깔을 통해서 인류 만대의 큰 비극적 전설과 기적을 긍정하지 않고는 마지않는다. 저 현대의 수없는 이브들이 실수의 첫걸음을 빛내드리는 것도 흔히는 다점(茶店)이나 레스토랑에서 젊은 뱀과 마주 앉아서 애플파이나 임금 조각을 삼지창에 찍어서 입술로 가져가는 순간일 게다.

사실 비타민C가 많다든가, 지혜가 난다든가 하는 등속의 이유는 아주 불문에 붙이고도 가을날 이른 아침 임금나무에서 이슬 맺힌 열매를 손수 따서 껍질채로 먹어 보는 맛이란 실로 비할 데 없는 절미(絶味)의 하나다. 우리는 왕왕 창 밖에 수직으로 떨어지는 한 잎 낙엽에서 가을을 느끼기 전에 혀끝에 상긋한 한 조각 임금에서 벌써 먼 들에 소란한 가을의 자취를 미각하기도 한다.

그러나 임금은 반드시 가을에만 있는 과일이 아니다. 여름부터 늦은 가을로 향해서 홍괴(紅魁)에서 비롯해서 유옥(柳玉)·축(祝)·욱(旭)·홍옥(紅玉)·학란(鶴卵)·봉황란(鳳凰卵)·왜금(倭錦)·비스마크·국광(國光) 등등 실로 철을 따라서 그 종류가 적지 않다. 그중에서 대체로 여름에는 축이 일미요, 가을 임금으로는 무르녹는 향기를 풍기는 봉황란 맛이 제일이라고들 한다. 하지만 나는 그러한 통설에도 불구하고 가을날 잎사귀 드문 가지가지에 달려 마치 계절의 심장인 것처럼 붉게 타는 홍옥을 제일 좋아한다. 그것은 반드시 그 몽롱한 빛깔 때문이 아니다. 맛에 있어서도 축의 대중성이나 봉황란의 귀족성과는 딴판인 다소 야성적이라고 할 그 시고 단 격렬한 맛이 저 토인의 따님을 생각게 하도록 인상적인 까닭이다.

내가 이번에 집을 떠날 때까지는 아직도 홍옥은 봉지 속에서 푸른 대로 있었다. 그러나 축은 아주 무르익었었다. 아침저녁으로 혹은 씹어 보는 그 맛이 그래도 임종을 앞둔 늦은 여름의 짙은 더위를 잊어버리기에 족하다.

그래 나는 어느 뜻하지 아니한 벗이 멀리서 찾아오면 같이 그 가미(佳味)를 나눌까 해서 우리 안의 암탉과 함께 축을 한 나무만 남겨 두게 했다.

축나무에 열매가 드문 날 아침 나는 행장을 꾸려야 했다. 아내는 암탉과 축의 처분에 대해서 내 의견을 묻는다. 나는 웃으면서 닭은 잡기로 하고 축을 모조리 따라고 했다. 그리곤 벗에게 편지를 쓰면서 끝에 이런 극시조 노래를 적어 보냈다.

우리 안 씨암닭은
살이 쪄서 뚱뚱보고
섬돌 앞 임금나무
가지가지 무겁건만
진객(珍客)이 이르지 않으매
내 다 먹고 가고저.

—《조선일보》(1936. 9. 30)

수방설신(殊方雪信)

눈이 오기 전까지는 우선 나부터도 좀체로 겨울이 온 것은 믿으려 하지 않았다. 그러한 게으른 마음으로 하여금 정말 겨울임을 믿게 하려는 듯이 향나무 가지 위에 첫눈이 무겁게 쌓이는 아침이다.

또 멀리서는 참말 독일에 겨울이 온 것을 믿게 하려는 듯이 괴벨스의 예술 비판 함구령이 구라파의 황혼 속에서 신산하게 울려 온다. 그런가 하면 엘렌 케이즘은 드디어 버킹엄 궁정의 장벽을 넘어 들어가서 때 아닌 '개척자(開拓者)'의 번뇌가 영국 황실에 깊으시다고 한다.

고민을 겨우 한 겹 피부 아래 감춘 지각(地殼)은 서반아에서 원동(遠東)에서 뒤를 이어 파열된다. 대전(大戰)에서 결정적 상처를 받아 가지고 돌아온 부상병 '세계'는 아직도 퇴원할 희망이 없나 보다. 어떠한 명의도 여전히 대수선(對數線)의 방향을 그리고 있는 그의 건강 상태의 내일의 그래프를 낙관할 수는 없다.

한편으로 내 몸을 돌아보고는 우선 우리는 너무 흥분한 스포츠맨이었던 것을 부끄러워한다. 엔간히 흥분하는 것도 좋다. 감격하는 것도 좋다. 하지만 우리 언어학자가 세계학회에 가서 문화 조선의 한 모를 널리 인상 주고 온 일에 대해서는 어째서 그다지도 냉담했을까. 지금 생각하면 그런 일에도 좀 더 흥분해도 좋았을 것 같다.

등 등 등…….

암만해도 균형을 잃은 심장이다.

어째서 올겨울은 유달리 등골이 춥다. 찾아갈 적마다 언제고 한 잔의 홍차를 주기를 잊어버리지 않던 친구의 집 온돌방이 그리움다.

나흘 전에 파리에 있던 비행가 자피 씨가 오늘은 허리를 다쳐 가지고 구주대학(九州大學)병원에 입원했다는 시절에 겨우 센다이〔仙臺〕쯤에 와 가지고 무슨 이따위 사향(思鄕) 수필을 쓴다고 하는 것은 암만해도 좀 시골뜨기의 센티멘털리즘 같아서 안됐다.

하지만 우편배달 시간마다 선배와 벗들의 편지가 저도 모르게 기다려지는 것은 무슨 까닭일까. 나는 비록 14세기에 났을지라도 콜럼버스나 가마가 되어서 근세사의 첫 페이지에 제 이름조차 적어 놓지는 못했을 성싶다. 그러기에 오늘도 정상장학회(正相奬學會)로부터 보내 주신 슬픈 선물 이은상(李殷相) 씨 저(著)『무상(無常)』을 받고도 우선은 반가워해야 하는 역시 객창의 몸이다.

넓디넓은 은하계에서는 지구도 한 점 티끌이겠거늘 그 티끌 위의 한 점에 지나지 않는 인생이 또한 어찌 티끌이 아닐 수 있겠느냐. 5백억 광년의 반경을 가진 우리들의 우주를 그래도 이만큼이라도 자질해 내고 방사선 물질의 분석을 빌어서 10억 년이 넘는 지층의 나이를 헤어 보고 있다고 하는 것은 혹은 무게가 겨우 50 온스밖에 안 되는 인간의 두뇌로서는 너무나 당돌한 일일는지도 모른다.

여하간에 문제는 제출되었다. 무슨 형식으로든지 해답을 끄집어내야 하는 것이 인간의 숙명이다. 시간과 공간의 교척점(交蹠點)

에 버리어진 사람의 적막도 자부도 또 거기 있는가 한다.

그러기에 가슴 아픈 『무상』이 한 편의 문학작품으로 또 장학회로 유상화(有常化)해서 문화에의 봉사를 지향하는 것이나 아닐까. 요는 숙제를 내던지느냐, 그렇지 않으면 역사의식을 가지느냐가 문제다. 그러나 생각하면 역사가 지워 주는 짐은 실로 크다. 하지만 내 등 힘은 거기 비해서 너무 약하다. 졸렬한 자서전에 공허한 연령만 침적(沈積)해 가는 초조가 거기 있다.

'해야, 잠깐 거기 멈춰서라' 하고 외치는 것은 인생이 아까워서가 아니라, 수없는 내 숙제의 거의 전부가 아직도 미해결대로 남아 있는 까닭이다. 제한된 인생의 수명이 안타까운 것도 오로지 그 때문이다. 평범하게 '여보오' '당신'이라 불려지다가 다음에는 '아버지'라 불려지다가 마지막에는 '할아버지'라 불려지고는 숙제의 하나도 풀지 못한 채 그만 호적에서 말살될까 보아 두려워하는 것이다.

하건만 그러한 인생이 어쩌면 이다지도 대소 부질없는 일에 저도 모르게 좀만 먹어 가는 걸까. 취직 방문에 망년회에 결혼식에 출세 운동에 모함에 과잉된 연애에—. 실로 온갖 일에 주객이 서로 엉켜서 엄벙뗑하니 지나고 나면 오늘 역서장은 그냥 붙여 둘 수 없고 남은 것은 오직 게으른 기억과 미련한 후회뿐이다.

어저께는 에브리만 문고의 플라톤을 옆구리에 끼고 대년사(大年寺) 숲속 길을 혼자 걸었다. 아무 소용도 없을 줄은 번연히 알면서도 소크라테스도 아리스토텔레스도 만날 수 없는 이 검은 속이 언제나 외로웠던 까닭이다.

이해 저물음에 어두운 태평양이 굽어보이는 언덕 위에서 듣는 안젤라스는 나치스의 잡음까지 섞여서 별로 음산하다.

　한번은 그처럼 찬란하던 단풍이 양홍(洋紅)으로 변했다가 누래졌다가 다음에는 검은빛으로 전향을 하더니 오늘은 가지에서 무너져서 나그네의 발길에 휘날리는 처량한 신세다.

　갑자기 귓가에 서풍이 달려가는 것을 깨달았다. 나는 이 서풍의 고향이 어딘 것도 또 그가 바삐 가는 곳이 어디인지도 모른다. 그 속에 숨은 계절의 준열한 논고가 무엇인지도 모른다.

　다만 그가 지나온 길가에는 내가 버리고 온 가난한 마을과 병든 거리가 있었으리라는 것만은 잘 알고 있다.

　일찍이 셸리는 서풍을 향해서 '네가 되고 싶다'고 노래했다. 또 그의 사상의 불꽃을 널리 세계에 펼쳐 달라고 애원하기도 했다. 하나 나는 오늘 한가롭게 '구름 밖으로 달리는 꿈'을 즐길 수가 없다. 약속되지도 않은 봄을 겨울 저편에 기다리지도 않는다. 내 봄은 아직 궤도에 오르지도 않았다. 공상 속에서 타오르는 불꽃의 운송은 서풍에게 부탁하기 전에 우선 어두운 내 마음에 향하여 물어본다. '무지와 혼란의 암벽을 뚫고 나갈 불에 단 사벨이 있느냐' ―.

　나는 필경 셸리에 필적할 명부(名賦)는 한 줄도 쓰지 못하고 부질없이 서풍에게 부치는 서투른 수필을 쓰고 있다.

　멈췄던 눈이 또 휘날리기 시작한다.

　오래지 않아서 강도 얼겠지. 오늘은 숯을 들여야 하겠구나. 화로도 들여야 하겠구나. 요 조그만 육첩방에조차 생활의 방비는 필요하다. 언제든지 무장을 하는 것처럼 살아야 한다는 것은 얼마나 우스운 일이냐. 참 행리(行李)에서 스케이트도 찾아내서 녹을 닦아야 하겠구나.

(12. 6. 아침 선대여사(仙臺旅舍)에서)

―《조선일보》(1936. 12. 23~24)

인제는 늙은 망양정(望洋亭)

어린 꿈이 항해하던 저 수평선

요즈음 아무라도 바다를 바라보기 위해서 일부러 산으로 올라가는 그런 한가한 사람은 드물다. 그러니까 망양정 옛터에 정자는 간데없고 비만 뿌리는 게 당연한 일이다. 아니 정자는 부활되었다. 아름드리 나무 기둥에 이끼 낀 기와지붕을 한 정자가 무너진 뒤에 시민 유지의 발기로 다시 세운 정자는 철근콘크리트다. 정자라느니보다 차라리 정사(精舍)라는 인상을 주는 이 새 정자의 건축양식이 건축학상 어느 유파에 속하는지는 몰라도 여하간에 이 정자에 오를 때마다 나는 시민들의 그리 고상하기를 바라지 않는 취미의 슬픈 바로미터를 바라보는 것 같아서 안 된다. 인천(仁川)이라고 하면 월미도(月尾島), 목포(木浦)라고 하면 유달산(儒達山), 원산(元山)이라고 하면 명사십리(明沙十里) ─. 그렇게 각각 배맞은 풍경이 있으나 가뜩이나 보잘것없는 항구 성진(城津)에 망양정조차 없었으면 실로 말이 아니었을 것이다. 항구 동남으로 뻗친 반도와 같이 생긴 망양정 산봉우리는 아찔한 절벽이 되어 동해를 가슴팍으로 내받았다. 절벽 꼭대기를 스쳐서 멀리 꼬부라져 돌아가는 산보로를 걸어가노라면 무엇인지를 알아들을 수 없는 바다의 속삭임이 끊임없이 들려온다. 서북으로 바라보이는 측후소가 마스트에 붉은 깃발이 휘날리는 날은 성낸 파도가 이리 떼처럼 모여와서 단애의 허리까지 기어오르며 짖는다. 그러나 이렇게 조용한 낮에는 얌전해진 물결들이 벼래 검은 그늘로 더위를 피해 와서 허덕인다.

 절벽 돌단에는 언제고 둥근 등대가 말쑥하게 분칠을 해 가지고 서 있다. 석고와 같이 흰 등대. 그러고 유산동(硫酸銅)보다도 더 푸른 동해수. 내 어린 꿈은 자주 사치한 굴뚝을 가진 기선을 따라서 수평선 저편으로 항해했다.

 나는 고향으로 돌아오면 가끔 이리로 찾아온다. 그러면 대체로 등대는 그대로 희고 내 마음처럼 진정하지 못하는 푸른 바다가 그대로 뒹군다. 같은 풍경을 자주 보는 것은 역시 생활처럼 지리한 일이다. 바다 저편에는 인제 아무 비밀도 없다. 물결처럼 퍼져 가는 희망을 기르려 오르던 벼래를 인생의 백지를 뒤적거리려 올랐다. 오늘도 필경에는 나는 물새처럼 슬퍼져서 돌아갈까 보다.

 10년 전까지도 여름이면 바닷가 백모래벌에는 작은 벌거숭이들이 뒹굴며 노는 것이 굽어보였다. 그러더니 근년에는 정어리 공장이 들어앉아 고깃기름에 바닷가는 아주 더러워져서 보잘것없는 우중에 저수장(貯水場)이 되면서부터 해안 일대를 완전히 콘크리트로 포장을 했다. 인제는 아이들도 갈매기도 더 모여 오지 않을 것이다. 여기서도 로맨티시즘은 추방을 당했다.

 추방을 당한 것은 로맨티시즘뿐이 아니다. 이 해안 일대는 예전부터 문어의 산지다. 그러던 것이 요즈음은 새로 축항(築港)을 하느라고 해저의 바위 구멍을 모두 부숴 버려서 문어들은 대대손손이 물려 가지고 누려 오던 그 주택들을 철거해야 될 형편이라고 한다. 나는 붉은 고깔을 뒤집어쓴 이 해저의 이민들이 어디로 향할 것을 모른다. 역시 북간도가 아니면 노령근해(露領近海)일 것이 겠지만 —.

　도시가 자라서 차츰 어른이 되어가자 요람과 유모를 부끄러워 하듯이 사람들은 점점 더 망양정을 부끄러워한다. 다만 봄철이 되면 어느새 봄을 뜬 풍속을 따라서 꽃놀이를 하느라고 남녀노소할 것 없이 이 산에 모여들어서는 떠들고 마시고 야단법석을 치다가 맥주병과 빈 간스메 통과 때때로는 모자나 두루마기까지 흘려 버리고는 돌아가는 것이 시민들이 늙은 망양정에 바치는 최후의 예의다. 그럴 적이면 진달래꽃은 손님처럼 서글프게 소나무 그늘에 피어서 눈에 선 춤과 장난을 멍하니 바라본다. 회중품(懷中品)을 주의하라는 목패에는 한 구절만 그대들의 혼도 잊어버리지 말고 각각 가지고 돌아가라고 써붙이는 것이 마땅할 것이다.

—《조선일보》(1937. 7. 31)

사상(思想)의 가을

낙엽 일기 1

　가을에는 매사 것이 익는다고 한다. 그래서 좋다고 한다. 익으면 그러나 떨어질 때가 멀지 않아 서글프다. 포도의 풍산(豐産)을 축하하는 향연이 안달루시아에 미친 듯 소란한가 하면 어느새 몽파르나스 포도 위에 플라타너스 잎사귀가 하나 떨어지고 그리고 어디서 베를렌의 슬픈 시를 읊는 소리가 들려오고 마는 것은 이 때문이다.
　익어서 향기를 풍기는 것은 좋으나 뒤미처 곧 썩은 냄새를 뿌리고 말까 보아 나는 가을을 무서워한다. 일체의 성장이 멎고 태타(怠惰)와 은둔이 시작하는 것은 바로 입추(立秋) 좌우부터인가 한다. 성장은 청춘의 표징이다. 50이나 60이 되어 생애도 어느덧 저물기 시작할 때에 인생의 가을답게 그의 풍만한 사상도 갖추어 익어 가서 높은 향기를 풍긴다면 그것은 또한 그럴듯한 일이다. 그렇지만 끝없는 성장을 더듬으려는 또 더듬어야 할 역사의 흐름 속에서 한 작은 인간이 오직 그 자서전의 완결을 위해서만 한 가을을 희망한다면 이는 얼마나 초라한 인색이랴. 끊임없이 삼단논법의 정치(精緻)를 깨뜨리고 체계를 무너트리고 더 큰 것으로 더 높은 것으로 자라 가고 싶은 까닭에 나는 차라리 왕성한 여름을 장려한다.

동양 사상의 가을은 암만해도 벌써 2천년 예전에 시작된 것 같고 다만 온 대륙에 딩구는 썩은 열매들을 소제할 기력을 그 뒤의 자손들이 가지지 못하였을 따름인 것 같다. 사상에 있어서 문학에 있어서 예술에 있어서 취미에 있어서 어느새 벌써 우리가 작은 가을을 완성하려고 꾀한다면 이는 수천 년 동안 썩은 열매들이 뿜는 독소의 중독 때문이 아닐까.

일생을 쉴 줄 모르던 저 초조한 레오나르도 다빈치, 미켈란젤로, 가까이는 로댕, 피카소의 정신은 오늘 구라파 문명을 이룬 그 굳센 탐구의 정신이 아니고 무엇이냐.

나는 비록 아직 겨울 내복과 창작과 석탄과 김장배추는 아주 장만을 못했을망정 우리 주위에서 어서 가을이 떠나기를 바란다. 그것은 사람들이 가을을 모방할까 보아서 심히 염려되는 까닭이다.

—《조선일보》(1939. 11. 22)

현대와 종교

낙엽 일기 2

나는 오직 한 사람뿐인 기독교인을 아무래도 상상할 수가 없다. 예배당에 모여서 설교를 듣고 찬미가를 부르고 그리고 잡담을 하면서 집으로 돌아오는 기독교도들은 이렇게 복수인 까닭에 유쾌한 것이라고 나는 종종 생각한다.

교(敎)라는 것은 결국 인생에 보다 나은 대용품을 제시하는 때문에 신도들로 하여금 달게 인생을 버리고 그를 따르게 만드는 것이 아닐까. 그러니까 천국은 언제든지 지상보다는 행복한 것으로서 약속된다. 나는 자살한 사람들이 지상이 싫어서 떠나갔는지, 천국이 좋다고 좇아갔는지를 잘 모른다. 하나 불교의 매력은 그 복잡 애매한 경서 때문이고, 기독교의 극복력은 산상의 교훈보다는 예배의 사회성에 있는 것이 아닌가 한다. 그러므로 나는 십계명을 암송하지 못하는 기독교인은 많이 만났으되 제3장 찬미가를 부를 줄 모르는 교인은 한 사람도 알지 못한다.

봉건 말기에 있어서 천주교가 그처럼 요원의 불길같이 민심을 휩싸 버린 것은 다른 데도 원인이 있었겠지만 이 사교성의 매력이라는 데도 적지 아니 까닭이 있었으리라고도 생각된다. 그런 때문에 그 뒤에 빈부귀천 남녀의 차별 없는 사교의 길이 활짝 열려 버리자 사람들은 교회 출석을 모르는 사이에 등한히 해 왔다. 나라고 해도 이 인생과 바꿀 만한 더 좋은 무엇만 찾아낸다면 금방이라도 모든 희망을 버리겠다. 이까짓 인생에 그리 꼬물꼬물할 달콤한 까닭은 없다. 도피라는 것은 사람들을 경멸하며 혹은 책망한다.

날개는 없이 자꾸 하늘로만 뛰다가 다치기 쉬운 로맨티시즘을 땅으로 끌어내려온 곳에 물론 리얼리즘의 공적이 있는 것을 인정하나 사실은 역사에 남는 일이란 대체로 인생을 버린 사람들의 손으로 되었다는 것은 그야말로 역사의 아이러니가 아닐까. 인생을 돌보지 않고 연구실에 파묻힌 사람의 손으로 학문상 대업이 대부분이 되었고, 위대한 문학이란 인생 그것에 필적하는 환상을 제공하는 것에 지나지 않는다.

나는 일전 처음으로 금강산을 구경하고는 속세를 피하여 이 산중에 여생을 파묻은 모든 고승선객(高僧仙客)의 채산이 결코 밑진 것이 아니라는 것을 깨달았다. 경개도 그만하면 족히 세상과 바꿀 만하다. 현대인의 불행은 현실의 악착 속에 있다는 것보다는 차라리 현실과 바꿀 만한 정열과 광신의 대상을 찾지 못한 데 유래하는 것이라고 생각한다. 전세기에는 사람들은 자연과학의 장래에 절대한 희망을 가지고 역사학조차가 글자 그대로 자연과학을 복사하려고 했다. 현대의 구라파인은 과학 문명에게 결국은 속았다고 생각한다. 전후의 불안 시대란 그런 데서 온 것일 게다.

여하간에 현대인의 불행은 그들이 아무 신념도 가지지 못했다는 데 있다. 그러므로 우리는 각각 제 자신의 종교를 찾아냄으로써 얼마간은 구원을 받을 수 있다고 생각한다. 즉 전 정열을 기울여 열중할 수 있는 대상을 찾는 일이다. 그것이 학문이라도 좋다. 예술이라도 좋다. 기업이라도 좋다. 때때로는 연애라도 괜찮다.

이리해서 우리는 제 스스로 꽤 행복을 결의할 수 있다.

다만 한 가지 각오할 것은 모든 종교가 그런 것처럼 제각기 자신의 종교를 찾았을 때 그 문전에서는 세속적인 명리와는 아낌없이 작별하는 일이다. 명리 관념이 좀먹기 시작하기만 하면 저 위대한 중세기의 가람도 인도나 지나의 대사찰도 적게는 우리 고을 향교도 그만 썩기 시작한 것을 우리는 잘 보아 왔다.

—《조선일보》(1939. 11. 23)

가정론

낙엽 일기 3

지배하는 것은 상쾌한 일일 것이다. 어려서는 이웃 동무들을 지배하고 좀 자라서는 축구 팀을 지배하고 좀 더 자라서는 정회(町會)를 지배하고 나중에는 한 사회를 지배한다.

그러나 세상의 평범한 시민 — 가령 사무원이나 고원(雇員)들은 과연 나아가서 무엇을 지배할까. 사실 지배할래야 할 장소가 없다. 그래서 그들의 지배욕을 충족시킬 장소로서 허락된 곳이 곧 집이다. 문밖 세상에 나와서는 복종하는 시간밖에 없는 그들이 그날 일이 끝나고 물러가서는 집에 들어와 단호한 지배자로서 그 아내와 자녀 위에 군림한다. 동무들이 모두 저보다 나아 보이는 날 고추를 사 가지고 돌아와서 아내와 친하는 시인의 심정과 세인트 헬레나 도상(島上)의 나옹(奈翁)의 심정과는 실로 미묘하게 일맥 상통하는 데가 있을 것이다. 나는 회사에서는 그렇게 온화하던 인물이 한번 집에 돌아오면 일순에 폭군으로 변하는 세상의 뭇 하급 사원의 심리를 잘 이해할 수가 있다.

그러면 대체 아내들은 누구를 지배할까. 부인 문제는 당연히 대두할 운명에 있다. 물론 어멈이나 자녀를 지배할 수 있을 것이다. 그보다도 현명한 아내들은 왕왕 외부에 향해서는 남편에게 완전에 가까운 지배권을 허락하면서 내용으로는 가정에 관계되는 한 남편의 용훼(容喙)를 일언반구라 할지라도 허락지 않는 단호한 그러나 유리한 자세를 잃지 않는다. 그래서 우리는 남편의 희망대로가 아니고 전연 아내들의 소망대로 자라나는 어린 것들을 많이 구경한다. 사태가 오늘 같아서는 다음 세대에도 페미니스트의 수는 점점 늘어 갈 추세에 있다. 외교가로서의 여자는 이렇게 영국형이다. 다른 사람의 체모는 어느 정도까지 세워 주면서 제 속은 속대로 차리는 실리주의다.

그래서 오늘의 가족제도는 남녀간의 지배욕의 중화 장소로서 아담한 문화주택 속에 당분간은 번영할 것이다. 가령 이번 민사령(民事令)의 개정은 '씨'라는 제도로써 바깥주인의 지배 범위를 밝혀 놓은 것인데 비록 이렇게 해서 부인들이 명의상으로는 남편에게 양보해서 그 본성을 애매하게 하고 남편의 '씨(氏)'를 좇는다 할지라도 그들의 숨은 지배는 의연히 나약한 남편들을 통솔해 갈 것이다.

—《조선일보》(1939. 11. 25)

정신의 상처

낙엽 일기 4

마치 무슨 병이고 고칠 수 있다는 듯이 말하지는 않아도 눈치를 보이는 세상의 병원이라는 것에 대해서 나는 의혹을 품는다. 겸손이라는 미덕을 갖추었다가는 제일 손해를 보는 것은 아마도 의사일 것이다. 그러므로 의사는 다소 부덕할지라도 우리들은 그렇게 노하지 않을 줄 안다. 그러나 내가 여기서 공격하려는 것은 의사가 아니고 사실은 환자들이다.

가령 우리는 넓적다리나 발꿈치의 헐미 때문에 항용 사흘나흘 드러눕는다. 아무렇지도 않은 상처인데도 운신하기 매우 불편하다. 기분이 종시 화창하지 못하다. 겨우 둘레 한 치 내외의 작은 헐미에조차 이렇게까지 불편을 느낀다. 그래서 병원으로 달려간다. 쩬다. 상한 부분을 베어 낸다. 그러고는 고약을 발라서 아물린다. 그리고 나서야 우리는 다시 상쾌해져서 동무에게 전화를 건다.

그렇다. 그렇지만 우리는 우리의 정신의 헐미에 대해서는 뜻밖에도 매우 둔한하다. 그것이 작은 티에서 대추만큼 되었다가 다시 주먹만큼 자라서 필경에는 정신 전체에 미치는 경우에도 당자는 매우 태연자약하게 건강하다. 오히려 정신에 상처가 있을 때 사람들은 체중이 불고 흉위가 늘 적조차 있다. 얼른 보면 육체는 항상 정신에 반역하는 것 같다. 그러면 대체 육체의 종처(腫處)에 그렇게 민감한 인간이 그 정신의 부란(腐爛)에 대해서는 무슨 까닭에 이다지 관대할까.

여하간에 우리는 때때로 자신의 정신의 주위를 둘러볼 필요가 있다. 어느 구석에 벌써 헐미가 상당히 깊이 곪아 있을지도 모른다. 이런 때에는 약을 쓰는 것처럼 독서나 사색의 시간을 찾는다. 반성이라는 메스로써 갈라 본다. 내가 오늘 우리 문학의 대부분에 대해서 가지는 불만은 다름이 아니라 우리가 아픈 정신을 끌고 찾아갔을 때 그 어느 것도 모두 서투른 의사인 까닭이다. 물론 한 편의 사포가 옥도(沃度) 흐름보다 더 효과가 있으리라고는 생각지 않는다. 그러나 잠시 병원에 다녀오는 것처럼 보들레르나 지드를 들추어 보고 또 장기로 도스토옙스키나 「전쟁과 평화」나 「장 크리스토프」나 「티보가의 사람」들에 입원하는 것은 정신의 위생을 위하여 매우 좋은 일일 것이다.

이렇게 건강한 정신은 건강한 육체에 깃들인다는 말은 희랍과 같은 운동선수들의 국가에서만 통용되었던 말인가 보다. 건강한 육체가 여성과 공장의 존경을 받는 것처럼 건강한 정신에 향해서도 우리는 예의를 가져 좋을 것이다. 사무소에서나 거리에서나 회석에서 잠시나마 건강한 정신의 부근에 앉아 보거나 서 본다는 것은 그야말로 인생의 향기를 맡는 것 같아서 반갑다. 그래서 인생은 삶 직하다고 어여삐 여긴다.

—《조선일보》(1939. 11. 28)

문단 불참기

나는 일찍이 문단에 나왔다고 생각한 일은 없다. 구태여 나오려고 애쓴 일도 없다. 문단이란 것은 일종 막연한 사회인데 그렇게 호적과 같은 것이 분명하게 있는 것은 아니면서도 역시 등단하는 데는 어떤 불문율인 표준이 있어서 꽤 정확하게 통용되는 모양이다. 문화의 힘이란 것은 그런 막연하면서도 표준은 서 있는 그런 것인가 보다.

사실 오늘의 문단이 필자 같은 사람에게 무언한 호적을 인정할지 안 할지는 모르는 일이지만 인정하지 않는다 할지라도 내게는 아무 불평이 없다.

발표하기 시작한 것은 우연히 신문기자였던 까닭에 자기 신문 학예난에 출장 갔던 기행문을 쓰기 시작한 데서 비롯했고 별다른 동기는 없었다. 다만 한 가지 문학을 한다는 것만은 스스로 결심했고 무엇이고 값있는 것을 만들어 보겠다는 욕심은 있었다. 가령 그래서 만들 수만 있다면 그것이 당장 인정되든 10년 후 백 년 후에 인정되든 내지는 지기(知己)를 천년 뒤에 기다려도 좋다는 엄청난 말하자면 고려자기공의 후예다운 자존심과 신념만은 있어야 된다고 생각해 왔다.

그래서 늘 두 개의 별명을 가지고 발표하곤 했다. 그러다가 내게 발표를 적극적으로 권해 준 선배는 실로 소오(小梧) 설의식(薛義植) 선생이었고 또 별명 말고 본명으로 하라고 강권해 준 것도 역 선생이었다. 본명으로 하라는 이유는 오직 취직에 편의 있다는 것이었다. 이렇게 불순한 동기로 말하자면 본명을 활자로 내걸었다는 것은 벌한다면 달게 자복하겠다. 상허(尙虛)·지용(芝溶)·종명(鐘鳴)·구보(仇甫)·무영(無影)·유영(幽影) 기타 몇몇이 구인회를 한 것도 적어도 우리 몇몇은 문단 의식을 가지고 했다느니보다는 같이 한 번씩 50전씩 내 가지고 아서원(雅敍園)에 모여서 지나 요리를 먹으면서 지껄이는 것이 — 나중에는 구보와 상(箱)이 그 달변으로 응수하는 것이 듣기 재미있어서 한 것이었다. 그때에는 지나 요리도 퍽 싸서 50전이면 제법 술 한잔씩도 먹었다.

구인회는 꽤 재미있는 모임이었다. 한동안 물러간 사람도 있고 새로 들어온 사람도 있었지만 가령 상허라든지 구보라든지 상(箱)이라든지 꽤 서로 신의를 지켜 갈 수 있는 우의가 그 속에서 자라 가고 있었다는 것은 지금 생각해도 유쾌한 일이다. 우리는 때때로는 비록 문학은 잃어버려도 우의만은 잊지 말았으면 하고 생각할 때가 있다. 어떻게 말하면 문학보다도 더 중한 것은 인간인 까닭이다.

지금도 나는 이렇게 생각한다. 문단이라는 것은 좀 경멸하고 달려들어도 좋다고 — . 나보다 나이 어린 동무들 가운데서 문단 진출을 바라는 이야기를 들을 때처럼 나는 섭섭한 때가 없다. 그 대신 그가 오직 창조에 대한 열과 야심과 신념을 말할 때처럼 반가운 적은 없다. 요는 문단에 호적을 걸었느냐 안 걸었느냐는 문제가 아니다. 값있는 일을 남기느냐 못 남기냐가 문제다. 그까짓 문단에 출세했자 기껏해서 출판기념회 같은 모임에 상론도 받는 일 없이 발기인에 한몫 들고 안 드는 정도다.

—《문장(文章)》 2권 2호(1940. 2)

인형의 옷

비평이라는 말은 자전에 찾아보면 사람이나 물건이나 일의 값을 따지는 것이라고 쓰여 있습니다. 그것뿐이면 구태여 여러분이 달마다 실리는 이 여성 시평 난을 다소 두근거리는 가슴으로 펴들지는 않을 것입니다. 그러므로 자전에도 그 아래 대목에는 '특히'라는 주의 아래서 특히 비평이란 나무라는 일이라고 하였습니다. 비평가란 원래가 그러니까 남의 흉을 잡아내는 사람이고 따라서 관대한 비평가라는 것은 그리 인기가 없는 것이 상례입니다.

오늘의 젊은 아내들이 그 남편에게 향해서 "당신은 내게 향해서 비평가가 되지 말고 감상가가 되어 주시오." 하고 탄원 혹은 공갈한다면 그것은 아주 현명한 일입니다. 원체 상처를 가진 환자조차가 의사에게 상처를 발견당하는 것을 즐겨하지 않는 것이 사람의 상정입니다. 게다가 사람은 제각기 스스로는 완성되었다고 생각하는 버릇이 있습니다. 다만 바보만이 그러나 위대한 바보만이 늘 제 자신의 결점에 눈을 뜨고 저를 책할 줄 압니다. 나는 이런 바보가 오늘의 현명한 젊은 여성 사이에 그리 많으리라고는 믿지 않습니다. 그러나 백화점이나 차 안에서 보는 여성은 저마다 연모족(軟毛族)의 비너스처럼 완성되어 모나리자와 같이 미소합니다. 아마도 적당한 수입을 가진 가정에서 혹은 주부로, 혹은 영양(令孃)으로 존경되면서 소유하고 싶은 것을 소유하면서 상인들을 기쁘게 하면서 자못 원만하게 생활해 가는 것이리라고 믿어집니다.

　나는 결코 이 글에서 비평하려고 하는 것은 아니었습니다. 남의 비평은 왜 하는 거야? 하는 것이 왕왕 동네 싸움의 중대한 원인이 되어 있습니다. 그러기에 예수도 남을 비평하는 자는 어디론가 가느니라고 경계하였던가 기억합니다. 여성을 비평하다가 어디론가 간다는 것은 우선 죄명부터가 그리 버젓하지 못합니다. 그러기에 이 글은 비평은 안 할 방침입니다. 다만 우리들이 반성하고 싶은 것은 우리는 밖으로는 원만하게 살아 나가는 듯하나 또 어느 정도까지 완성된 듯하나 안으로도 역시 그런가 하는 역설 같기는 하나 사실 나는 여러분의 외모로 미루어 가지고 그 정신까지가 그렇게 원만하고 완성되어 있을까 보아 불안했던 것입니다. 차라리 나는 여러분의 정신이 미완성이고 규각(圭角)이 나기를 바랐던 것입니다. 당신이 만약에 완성되었다고 생각할 때 사실은 정돈(停頓)되고 있는 것인 때문입니다. 당신은 더 나가야 될 것이었습니다. 내가 당신에게서 보고 싶은 것은 의상의 미뿐이 아니었습니다. 물론 그것도 찬탄합니다. 그러나 거기다 한 가지 더해서 끊임없이 성장하는 정신이 보고 싶었습니다. 사실 조선서 여학교 4년간의 교육의 결과가 오직 졸업 앨범 속에만 남는다면 슬픈 일입니다. 졸업이라는 것이 피어리어드여서는 아니될 것입니다. 좋은 의미에서 새로운 계기이어야 될 것입니다.

　나는 물론 오늘 조선 여성의 향상과 자기 발전을 위하여는 가족제도 기타의 여러 가지 외적 장해와 모성의 부담이라는 편무적인 생리적 숙명 등등 불리한 일이 수두룩하다는 사실도 모르는 것이 아닙니다. 그러나 그러한 불리와 장애물들을 뚫고도 오히려 여러분의 정신이 자라가고 커 간다면 그야말로 여러분은 참말로 위대해질 수가 있습니다. 여러분이 위대해지지 않고는 여러분의 어린것들은 말쑥한 정제품은 될 수 있을지라도 위대한 정신의 소유자는 될 수 없을 것입니다.

여성이 단순히 감상의 대상이었다는 것은 역사적 사실입니다. 여기 특히 동양 여성의 하렘성(性)이 있습니다. 의상이라고 하는 것은 결국 입은 사람의 인격이나 개성을 나타내고 있는 것으로서 아니 차라리 그 사람의 인간의 일부분인 까닭에 그것은 극히 중요한 것입니다. 그런데 요즈음의 여성의 의상처럼 감상성이 풍부한 적은 아마도 조선 근대사상 예가 없었던 것 같습니다. 선과 색채에 대하여 민감한 점은 실로 한 폭 회화에도 비할 만해서 나는 거리를 걸을 적마다 항용 어느 화랑을 걷는 듯이 착각합니다.

조선 옷(여자 옷만)의 특징은 그 단아한 포름에 있는가 합니다. 저고리의 윤곽과 치마 굽이가 꾸미는 구도의 단정에서 오는 균형감과 고름과 치마 주름의 섬세한 선의 효과, 의문(衣紋)의 유선(流線)의 쾌적 같은 곳에 생명이 있는가 합니다. 지난봄쯤에는 신여성의 구식 옷 애용의 경향이 눈에 띄어서 우리는 그 현상의 뒤에 무슨 의미를 읽고자 했습니다. 심미안이 높아 가는 조선 여성은 그 의장의 고전적 형식 속에서 드디어 그것의 고유한 미를 발견한 것이리라 하여 그들의 감성을 흠모하기까지 했습니다. 그들은 스스로의 미, 값 있는 것, 전통에 눈을 뜬 것이리라 하여 그 총명을 지녔습니다.

그러나 그 뒤의 유행은 도도하게 난숙한 색채로써 포름과 선을 어지럽혀 버리는 방향으로 움직입니다. 퍼머넌트라는 것은 경모족(硬毛族)에 대한 연모족적(軟毛族的) 가공이었습니다. 파리라든지 종림의 유행이라는 것은 결국은 프로스티튜트 문화입니다. 가령 저고리가 길어 가고 그 반비례로 치마 길이가 황금률을 무시하고 줄어든다든지, 주책없는 숄을 뒤집어써서 어깨의 선을 덮어 버린다든지, 치마 주름을 넓게 해서 의문(衣紋)의 효과를 말살한다든지 하는 것은 아름다운 조선 여복의 자살이 아닐까 합니다.

일찍이 영국 비평가 토머스 카라일은 『의상철학』이라는 책을 써서 사람이 만들어 가는 모든 기구가 결국은 옷과 같은 것이어서 변해 가는 것이라는 의미의 말을 했습니다. 나는 이 말을 거꾸로 해석해서 의상이라고 하는 것은 입는 사람의 혹은 한 사회의 정신의 상태를 계시하는 기호라고 생각합니다.

현란한 오늘의 우리 의상 문화가 어떤 난숙한 문명의 말기적 징후와 일맥상통한 것이 있다면 이는 무서운 일입니다. 「인형의 집」은 가정만이 아니라 조선 여성의 의상이 어느새 '인형의 옷'이 되었다고 하면 그들은 그들 자신의 명예를 위해서 일각이라도 바삐 인형의 옷을 벗고 다시 자신의 인격에 눈떠야 될지 모를 것입니다.

나는 여러 가지 의미에서 20년 전 긴 치마를 몽땅 잘라 버리고 딱지저고리를 허리까지 길게 입기 시작한 조선 여복의 대담한 개혁자들을 존경합니다. 그것이 단순히 유행의 추이였다면 풍속사적 흥미 이상의 아무것도 없겠지만 거기는 수천년 동안의 고루한 인습에 대한 자각한 신여성의 항의가 그대로 나타나 있기 때문입니다.

노라는 다시 한번 이번에는 '인형의 옷'을 벗을 것입니다. 그리고 그는 인생에 놀라고 사회에 놀라고 역사에 놀라고 이렇게 끊임없이 경이의 눈을 가지고 환경을 보고 헤아리면서 스스로 자라나가는 정신의 소유자가 될 것입니다.

—《여성》 5권 7호(1940. 7)

건강

시골 가 있다가 여러 달 만에 서울 오니 또 모든 게 어수선하다. 이렇게 늘 주위의 사정이 어쩐지 저절로 내가 거진거진 서울 사람이 다 될 맛이면 시골로 불러가고 불러가곤 해서 아주 서울 사람이 될 수가 없다.

길거리에서 처음 만난 친구가 손목 잡고 잠시 묵묵히 내 얼굴만 바라보다가 하는 인사인즉

"우선 건강합시다."라는 한마디였다.

나는 좀 어안이 벙벙했다. 내가 떠나 있는 동안 친구들은 퍽 건강이 좋지 못했나 보다. 이 한마디는 무언지 서울이 내게 내던지는 무슨 경고와 같은 음향을 풍겨서 소름이 끼친다.

여하간에 그것은 매우 좋은 말이다. 또 좋은 일이다. 위생과 포스터에서 흔히 읽는 문구였건마는 이날 유달리 가슴에 울린 것은 아마 내 감기 탓도 있었으리라. 나는 이 친절한 친구의 말을 좇아 건강하기로 작정한다. 사실 친척이나 동무들이 건강한 대로 혹은 일을 보고 혹은 공부하고 혹은 성공하는 것을 보면 퍽 반갑다. 창백한 얼굴을 보고 돌아간 날은 그날 외출이 항상 슬픈 법이다. 내 자신을 위하여 또 나를 걱정해 주는 분들을 위하여 건강해야 되겠다.

사람들은 왕왕 건강의 목적을 장수(長壽)에 둔다. 그러나 건강만이 장수의 유일한 조건은 아니다. 그 증거로는 충분히 건강하면서도 스스로 장수를 버리는 사람도 있다. 건강의 미덕은 차라리 죽음조차를 달갑게 맞을 수 있는 용기에 있다. 가장 병이 깊은 사람과 또 가장 건강한 사람만이 실로 죽음을 무서워하지 않을 수 있다. 이런 의미에서 오늘 세계를 지휘하는 수령들의 대부분이 대단 혈기왕성한 점으로 보아 나는 세계의 전도(前途)를 낙관하는 한 사람이다. 저마다 10종경기 선수들처럼 거뜬한 체격을 가지고 적당한 신진대사를 활발하게 해 가며 그 위에 희랍 사람의 아름다운 습성이었던 이성마저를 갖춘다면 지상은 즉각으로 저 올림피아처럼 즐거워질 것이다.

나는 이제 새삼스럽게 오엔스일 수도 없고 세계의 관중을 열광시킬 신기(神技)는 더군다나 닦을 수가 없다. 적당하게 파손을 수리해 가지고 겨우 꽤 튼튼한 폐함(廢艦)으로서나마 출범하는 것이 당면해서 가능한 일인 것 같다.

벗이 만약 견디어 주면 나는 오늘부터라도 우선 치과엘 다녀서 충치를 고치고 외과엘 가서 종처(腫處) 째서 인제부터 3개월만 지나면 넉넉히 수리를 필할 수 있을 것이다. 그러면 바로 꽃피는 4월을 기다려 새로이 어느 부서로 출근할까 ─ 될 수 있으면 이 김에 불건강한 사상, 불건강한 감정, 불건강한 충동도 베어 버렸으면 ─ 시가의 미관을 위하여 그것은 우선 필요할 것이다.

─《조광》 7권 3호(1941. 3)

건망증

없어서 그리 안 되었다고 생각지 않는 것은 겨우 병쯤일까. 있다는 것은 늘 없다는 일보다는 축복된다. 이유는 이르는 곳마다 환영되고 소득의 다소는 가정에서조차 가장의 지위에 스스로 고저를 생기게 한다. 없다는 일보다는 있다는 일에 더 무게를 두는 것은 칸트가 누락해 버린 사람들의 생각의 한 근본적이 카테고리의 하나인가 보다.

기억력은 사람들의 정신적 창고에 남보다 더 소유한 것이 많다는 이유로 해서라도 비단 수험생뿐 아니라 누구에게서나 존경을 받는 것이 당연한 일이기는 하다. 그러나 기억력은 있는 것의 카테고리에 들고 건망증은 실로 없는 것의 카테고리에 든다고 해서 하나는 힘으로 취급되는 한편 다른 하나는 병의 일종으로 꺼림을 받는 것은 항용 상식이라는 것이 갖는 편견이 하나가 아닐까. 나는 생각건대 위대한 기억력이 인생에서 높이 추대된다면 그와 같은 정도로 때때로는 그 이상으로 건망성도 평가될 것인가 한다.

왜 그러냐 하면 인생에는 기억할 가치 있는 일보다는 얼른 잊어버릴 필요가 있는 일이 얼마나 더 많은지 모르는 까닭이다. 부질없이 왕성한 기억력 때문에 도리어 인생을 필요 이상으로 번거롭게 살아가는 사람을 우리는 때때로 구경한다. 가령 조그마한 원한·적개심, 들뜬 허영, 남에게 대한 스캔들 등등 이런 종류의 쓸데없는 부스러기들이 얼마나 많이 제군의 기억의 포켓에 차 있는가. 그러므로 나는 제군의 정신의 위생을 위하여는 차라리 기억의 건전보다는 합리한 망각을 권하고 싶다. 저 이조 5백 년의 커다란 기억력의 낭비였던 보학(譜學)을 잊어버린 다음 우리는 얼마나 더 건강해졌는가. 사실 이 무용한 찌꺼기들을 일일이 기억해 두기에는 인생 70이 너무 짧은 것이다.

이런 생각을 하면서 마치 기억 속을 걸어가는 것처럼 정초에 낯익은 거리 플라타너스 그림자를 밟고 가다가 나는 지금 문득 나의 잊어버렸던 꿈의 하나를 집었던 것이다. 대체 내 서재에 대한 아름다운 설계는 그 뒤에 어찌 되었던가.

생각하면 내가 객지 생활에 엔간히 싫증을 내고 서울에 내 집을 한 채 가지고 싶어 한 것은 실상은 반드시 대리석 문패를 내건다든지, 부회(府會) 의원 후보 제군으로부터 겸손을 다한 편지를 받고 싶어서는 아니었다. 물론 내가 독재권을 발동시킬 수 있는 2,30평의 영역이나마 차지해 보고 싶다는 30 남아의 자연스러운 충동도 있기는 했다. 나가면 종일토록 주임이나 과장이나 부장이나 국장이나 사장 앞에서 온건착실할밖에 없는 세상의 수많은 평사원들이 돌아가 그 억눌렸던 지배 본능을 풀어놓을 곳은 제 살림집밖에 없는 것이다. 그것조차도 좀 우세한 여왕을 모셨을 적에는 실로 명의상 가장에 그치는 일이 많기는 하지만ㅡ. 그러나 그런 이유보다도 어느 이유보다도 실상은 두서너 칸 정도의 내 서재를 어서 바삐 갖고 싶었던 것이다. 거기 비교적 완전에 가까운 고독과 사색의 권리를 수립하려 함에 있다.

그러니까 아무리 절약된 주택 설계에서라도 내 서재가 차지할 스페이스에는 별로 큰 가감이 없었을 것이다. 알렉산드리아 시대의 주택은 침실을 중심으로 하고 지었고, 근세의 서구 사람들은 식당을 중심으로 한 주택을 지은 듯하나 우리 집은 말하자면 서재 중심의 주택일 것이다. 나는 물론 부엌이라든지 안방에 비해서 너무 횡포할 정도로 서재가 크다는 가족들의 항의나 불평을 예기하였다. 그 경우에는 나는 그 대신 그들에게 허락할 여러 가지 유리한 조건을 준비했었다.

나는 내 서재 둘레에 작은 잔디밭을 꾸밀 것이다. 그리고 거기 몇 그루 열대 부근을 연상시키는 활엽수를 심었을 것이다. 이슬이 함뿍 내린 아침에는 참새가 놀러 올지도 모를 것이다. 가무는 석양에는 잔디밭과 나무에 물을 끼얹다 말고 찬기가 몸을 으스리는 저 고산지대를 눈썹 아래 그려 볼지도 모른다.

한 옛날에는 왕후장상(王侯將相)의 영화보다는 차라리 한줄기 맑은 강과 한 떼 수풀을 가린 극히 서투른 산술가도 흔히 있는 모양이나 근일에는 상식의 발달 덕분에 사람들은 내남없이 거친 잔디보다는 차라리 안락의자의 포근포근한 쿠션에 대한 애착을 안다. 내 서재 한구석에는 소파 하나쯤 있을지 모른다. 그것이 이 방 안에서 한 독재자의 지위에 맞음 직한 오직 한 가지 시설일지 모른다. 독서에 지쳤거나 생각에 머리가 무거워질 적에 게으른 독재자는 때때로 그 소파에 가로누워 눈을 감을 것이다.

어느 청명한 아침에는 나는 그 소파 위에서 인류의 고향에 대한 명상을 할지도 모른다. 사람의 원조는 아무리 생각하여도 회사나 공장에서 나타나지는 않았을 성싶다. 원숭이에 흡사했을 그들의 원산지는 물론 야생의 동산이었을 것이다. 그러한 까닭에 빌딩의 그을은 벽에도 한 폭 풍경화가 걸려 있으며 포장도로를 쇠바퀴를 단 전차를 타고 돌아다니다가도 돌아와서는 좁은 뜨락 한구석에나마 늙은 돌을 옮겨 놓고 또 화초를 심어서 숨은 향수를 달래는 것이리라. 창 밖에 물끄러미 나의 잔디밭을 내다보며 이런 신선한 사상에 눈뜰지도 모를 것이다.

어떻게 열두 칸 집을 장만하고 서재라고 갖추기 시작한 지도 이럭저럭 3년이다. 그동안 칸반밖에 안 되는 건넌방으로부터 두 칸 반 안방으로 서재를 옮기고 마루와 문간방 한구석을 조금씩 점령한 것은 내 성공이었으나 나는 드디어 내 서재에 아내의 작은 옷장이 들어오고 아이들 물건을 걸기 위한 줄을 느리우는 것을 거절 못 하였다. 가족 사이에는 무책임한 침입을 꾀하는 무리가 늘어 간다. 지난겨울에는 드디어 연소 절약을 위한 냉방의 하나로 지정되고 말았다. 속무(俗務)로 해서 나는 자주 이 방을 비우고 여행을 해야 한다.

이 방에서 기대한 놀라운 과실은 하나도 딸 사이 없이 지난해까지도 나의 서른네 해는 역시 영(零)이었다. 슬픈 방정식이다. 나의 창고에도 이렇게 물론 몇 가지 폐물이 된 꿈쯤은 없는 것도 아니다. 그러나 나는 그것들을 위하여는 다만 건전한 건망증을 길러 갈 뿐이다.

일찍이 호랑이는 호피를 남기는데 사람은 이름을 남겨야 한다고 부르짖은 사나이가 있었거니와 한 클레오파트라도 염문을 남겼고 평범한 시민조차가 때때로 신문기사를 남길 줄 알거늘 대체 내가 남길 것은 무엇인가. 물론 세 개의 그리 이쁘지도 못한 상형문자는 아니다. 나도 모르는 사이에 사람들이 그들의 귀중한 기억의 한 모퉁이에 거두어 둘 보람을 느낄 그런 과실이라면 하나쯤은 따고 싶다.

 인생을 하직하는 최후의 순간에 있어서 사람들이 한 마지막 의례란 실로 남김없이 잊어버리는 일이 아닌가. 차마 잊을래야 잊을 수 없어 악착하게 찌푸린 데드마스크란 말할 수 없이 추한 것일 것이다. 모든 것을 놓아보내듯이 손길을 펴고 누구의 부르는 소리에도 다시는 눈을 뜨려 하지 않는 그러한 얼굴을 굽어볼 때 그가 저지른 무서운 죄조차를 사람들은 용서하는 것이다. 그들은 잠깐 망각의 미에 취하는 것이다. 이윽고는 몇 사람 극친한 사람들의 머리에서조차 그는 깨끗이 사라져 버린다.

 결국 잊어버리며 잊혀지기 위하여 그는 구태여 왔던 것 같다. 다만 모든 것이 잊혀진 오랜 다음에라도 그가 흘린 선물이 발송인이야 익명이든 아니든 간에 역사라고 하는 인류의 공동 창고의 어느 구석에나마 남아 쓸모가 있다면 그의 일생은 승리였던 것이다.

―《국민문학(國民文學)》 2권 3호(1942. 3)

분원유기(分院遊記)

1 양수(兩水)를 떠나

　부풀어 오른 강물 줄기를 타고 미끄러지는 듯 배는 삽시간에 양수 철교(兩水鐵橋)를 멀리 뒤에 남겼다. 조심조심 여울 물소리를 헤치면서 싱싱히 검은 절벽이 서남으로 가로막힌 그늘에 닿으니 물빛은 갑자기 짙어져 음산한 요기(妖氣)조차 떠돈다. 한 그루 철 놓친 진달래가 절벽에 남아 피어 겨우 살기 띤 소(沼)의 얼굴에 한줄기 미소를 흘린다. 불러 '두멍소(沼)'라 한다. 미련도 한 이름이다.
　바른손에 백사장을 끼고 왼손에 남한강을 맞아들이면서 두 물줄기가 한데 합수되어 강은 예로부터 활짝 폭이 펴진다. 남북으로 한강이 흘러 3백 리. 여기 좌우 산세(山勢)와 들을 한데 끌어 모아 한 폭 담담한 남화(南畫)를 이루었으니 이 강 수역에서도 절경이라 한다. 산천이 이렇자 수세도 뜻을 알아선가 자못 느리다. 근원(近園) 화백이 먼저 화첩을 던지며 숨겼던 술병을 끄르니 근엄한 상허(尙虛)조차 두어 잔은 구태 사양치 아니하여, 이리하여 배도 흥에 무거워 제절로 출렁거린다. 청정(靑汀)의 일장 분원부침사개설(分院浮沈史槪說)에 사공조차 노를 놓고 귀를 기울이더라. 먼저 노래를 뽑은 장본인은 아마도 건초(建初)였던 것 같다. 여기 약간의 방탕이 인간에게 있은들 어떠랴. 죄가 있다면 이는 오로지 이 아름다운 자연에게 있으리라.

2 배알머리에 배를 대니

흐린 하늘빛을 받아 청동거울처럼 둔하게 음기(陰氣) 나는 수면. 한강은 예다가 한 아담한 호수를 감아 놓고 좌위 예봉산(禮蓬山)을 돌아 팔당(八堂) 협곡으로 빠져 나타났다. 물은 고인 듯 잠기는 듯 꿈을 꾸는 듯. 이 변하지 않는 것 위에 세월만은 자취 없이 몇천 년을 늙었느냐. 분원 예술가가 때 없이 그 회상을 자아낸 것도 여기일세 분명타. 바로 분원자기(分院磁器)에서 부스러 떨어진 것 같은 나루가의 돛대배 하나 둘. 배알머리 산벼랑에 다닥다닥 기어붙은 오막살이 지붕인들 흰 바탕에 아청 윤곽만 둘렀다면 그대로 분원자기의 한 모록이 아니랴.

강 건너 운길산(雲吉山) 그늘에 신록에 묻힌 마을이 하나 보이니 들은즉 이조 실학파의 거유(巨儒) 정다산(丁茶山)이 그 만년을 보낸 곳이라 하며 묘소도 바로 그 뒷산에 있다 한다. 개화 전야의 한 모더니스트인 줄만 알았더니 그도 또한 노을에 한숨짓고 달에 운 호반시인이었던 것이다. 일대의 풍치가 과연 좋기는 하나 다만 한이 되는 것은 움직이지 않는 풍경이어서 이조(李朝) 문화의 안타까운 일면을 그대로 연상시킨다.

배알머리에 배를 대고 신장군(申將軍)의 석호정(石虎亭)에 올라 그 규모의 옹졸함에 한번 웃고 내려와 주인없는 주막집 정자에 짐을 끌렀다. 당일의 병참부대(兵站部隊) 인곡(仁谷)·근원(近園) 두 분의 세심 주도함을 연해 격찬하면서 갓 지은 흰 밥을 상추에 싸서 잔뜩 점심을 먹고 나니 비록 늦게 당도하여 강고기를 먹지 못함이 한이 되기는 하나 그러나 저마다 도도하여 말이 많아서 저도 몰래 어느덧 왕년의 호반시인이 되었다.

3 분원이 예고나

때 한 점도 발리지 않은 말쑥한 마을. 초가지붕마다 금방 벗겨 놓은 것 같다. 집집이 무슨 신기한 재주나 자랑을 간직한 것 같다. 아청 치맛자락처럼 싸리 울타리 얼싸 휘어 싸안고 돌아앉은 몸맵시 분원 3백 호가 요리사 모조리 깨끗도 하랴, 아담도 하랴, 청초하랴.

개울에도 부스러진 사기 조각, 길바닥에도 사기 조각, 울타리 사이사이로 새어 흐른 분원 4백 년의 꿈 조각이리라. 마을 뒷동산 일대의 사기 조각 언덕을 밟고 올라가 옛날 요(窯)가 있던 자리를 찾았다. 비록 요 같은 자취는 남지 않았을망정 바로 여기가 동서 도자애완가의 탐상(耽賞)을 받는 분원자기의 산처였던 것이다. 경사(京師)에 있는 사옹원(司饔院) 관원들의 곡절이 많은 시하 살림을 그래도 견디어 가며 분원 예술가들이 혹은 흙을 빚으며 혹은 한강 산수를 본떠 화필을 날리며 유약을 칠하며 남몰래 제 예술에 심혈을 기울이기도 했으며 또는 스스로 감흥에 취하기도 했으리라.

—《춘추(春秋)》 3권 7호(1942. 7)

영광스러운 삼월

해 없는 나라, 굳게 닫힌 겨울의 문, 어두운 육지에 퍼지는 빙하에 밀려나 식어 가는 역사의 하상에, 그러나 영광스러운 3월 구름 사이 새어 흐르는 가녀린 햇빛에도 생명과 샘과 싹은 화산처럼 솟아졌다. 누가 막으리. 철이 돌아와 가꾸는 이 없어도 산과 들 우거져 피어 눈이 모자라는 진달래꽃을—.

민족의 기억 속에 높이 세운 기념비, 우리들의 3월에 해마다 감기우는 젊은이 마음 또한 꽃다발이니 푸른 하늘 우러러 피어오르는 짙은 핏빛을 자유와 아름다운 죽음보다 사랑하여 열렬함이라.

늙은이는 이윽고 모든 것 무덤에 파묻어 잊어도 버리건만 아 달이 널린 곳 해마다 뒤이어 피어나는 젊은 싹 녹여 버리는 식은 하늘과 소나비. 세계가 모이는 날 나라 없는 머리 추어들 곳 없이 잃어버린 조국은 목숨보다 비싸더라. 어버이와 자손들 드디어 일어났으니 조여드는 독충의 허리 비틀어 퉁기며 라오콘보다 사나웁게 소리쳤더라. 조상 적 남기신 여러 번 빛나는 사연과 용맹한 기록 가지가지 지니지 못하는 못난 자손들, 미운 굴욕의 역사 지워 버리려 상처받은 민족의 노염, 불길처럼 국토에 덮여 우리들의 삼월은 하늘하늘 뻗치는 세기의 봉수불이었다.

창칼에 땅은 찢겨 다시 어두운 강산이 꽃 같은 피와 눈물에 젖어 감추어진 민족의 마음 하늘가에 이즈러진 무지개 걸리어 닥쳐오는 시간의 저편에 새 나라 찾아 민족의 방랑은 시작하였었다. 구슬과 눈물 아롱져 빛나는 달 3월을 안고 젊은 3월달 아네모네 곱게 타는 달은 우리들의 자랑 무지한 세기의 암벽에 피로 쓴 아름다운 항의. 흐린 하늘과 어지러운 밤과 사막에 흘리던 태양의 예언자 일어나라…… 외치는 목쉰 소리였다.

  인제 3월은 꺼질 줄 모르는 횃불, 우리들의 앞날 곤하고 괴로운 먼 길에서 변심과 회의(懷疑) 비겁의 그림자 일일이 살라 버리는 거룩한 불길이어라.

—《만세일보(漢城日報)》(1946. 3. 2)

출판물 배급 시급(時急)

우리는 새 조선을 건설하는 데 물적 기초에 있어서나 문화에 있어서나 씩씩한 생기에 차고 젊은 나라가 되기를 원합니다. 우리들 문화인은 우리들의 생활이라는 것이 현재 문필 활동을 통하여 보장되지 못하고 있는 것을 물론 불만으로 생각합니다마는 그러나 온 백성이 다 도탄에 빠져 있을 때에 우리들만이 홀로 잘살겠다고는 생각지 않습니다. 그보다도 우리가 뼈아프게 생각하는 것은 조선의 문화 향상에 이바지할 출판의 딱한 현상입니다. 종이의 기근(饑饉)은 지금 극도에 달하였습니다. 문화 수준을 일각이라도 빨리 높여야 할 이때 그 정신적인 양식 ─ 즉 출판물이 잘 배급되고 있는가 하고 생각하면 실로 한심합니다. 국판(菊版) 백 페이지 가량의 책이면 벌써 4, 50원에 달하며, 다달이 나오는 잡지 하나 변변히 없는 오늘의 현상은 오직 부끄러울 뿐입니다. 딴은 그날그날 식량의 배급조차가 말이 아닌 이때에 정신적 양식을 운운하는 것은 사치스러운 일일는지 모르겠습니다. 그러나 물질적으로 못하는 점은 물질적 자력이 부족하다고나 하겠지요.

이와 함께 또 한편으로 문화의 진정한 발전을 위하여 절대로 필요한 언론·집회·사상의 자유는 어떻게 되고 있습니까. 당국은 이것을 얼마나 적극적으로 보호하고 있습니까. 정간중(停刊中)에 있는 신문들의 속간에 대한 하지 장군의 약속은 일전에 들었거니와 강연회를 한번 하려면 까다로운 제약 때문에 주최자가 결국은 기진맥진해서 단념을 하게 되는 오늘의 현상은 시급히 고쳐야 할 것입니다. 조선 문화의 건전한 발전을 위하여 당국은 민주주의의 기본적 요구인 언론·출판·집회의 자유를 문화인에게 보장하여야 할 것입니다. 삼가 고견을 들어 보고자 합니다.

―《경향신문(京鄕新聞)》(1946. 10. 19)

공위(共委) 휴회 중의 남조선 현실

　일제 붕괴한 후 약 이태 동안에 조선 민족이 겪은 정치적 시련은 실로 평상시의 몇십년에 해당하는 귀중한 경험과 훈련을 받을 기회를 우리에게 주었던 것이다. 그런 의미에서 조선 인민은 정치적으로 비약적 성장을 하였던 것이다. 그동안에 조선 인민은 상당히 높은 정치적 감각과 통찰력과 실천력을 발휘하였으며 이런 점으로 보아서 우리 민족의 전도는 물론 많은 난관을 예상하면서도 가장 양양하다고 생각해도 좋을 성싶다.
　특히 '공위(共委)' 휴회 중의 약 일년간은 조선 인민에게 말로만 경계하던 이른바 반동이 그 실체를 남김없이 적나라하게 들추어 내놓은 점에서 반동에 대한 집약적인 실물 교훈의 시간이었다. 중립적 위치에 선 편에서조차 모든 '선의의 해석'을 철회하지 않으면 안 되었다. 반동이란 다름 아닌 인민의 기본 권리인 언론·집회·결사·파업의 자신의 위기였다. 신문의 입을 틀어막는 일이며, 대학의 황폐며, 모리배의 발호며, 집회의 차별적 봉쇄며, 용지 배급의 의식적 차별대우며, 민주단체의 해산 대량 검거며 드디어는 민간 테러 단체의 백주횡행(白晝橫行)이며 함부로 쏘는 총질 등등이었다.
　요컨대 지난 1년 동안은 이른바 반동이 모든 종래의 체신과 가면을 내던지고 윗저고리마저 벗어 팽개치고서 내의 소매를 걷어 올리고 달려든 집중적·전형적 반동기였다. 바꾸어 말하면 민주주의의 일대 위기였다. 인민은 그것을 낯으로 보아 안 것으로서 백,

천의 말보다도 반동의 정체를 똑바로 마주본 것이다. 따라서 노동자·농민·소시민·문화인 할 것 없이 이러한 전인민의 넓고도 튼튼한 단결만이 이 반동의 광란에 대한 유일한 방파제가 될 수 있다는 것도 이론이 아니고 현실 그 자체에서 배워 낸 것이다.

―《문학(文學)》4호(1947. 7)

나의 서울 설계도

대체 나는 나의 사랑하는 서울의 미래에 어떤 꿈을 그려야 할 것인가. 토머스 무어의 『유토피아』나 윌리엄 모리스의 「노웨어(無可有鄕)」를 본받아 천진난만한 꿈을 꾸며 볼 것인가. 여하튼 꿈을 가지는 것만은 세상의 아무런 법령도 권력도 막지 못한다. 그러니까 꿈은 권력이 없는 사람들의 영토요, 노리개인 것이다.

그러나 나의 사랑하는 서울은 나날이 눈을 떠 보면 딱한 이야기와 먼지만 쌓여 간다. 따스한 봄볕이 쪼이고 기름비가 뿌려도 싹트지 않는 불모의 땅 — 그것이 엘리엇의 「황무지」였다. 그러기에 이 황무지에서는 꽃피는 4월도 도리어 잔인한 달인 것이다.

그렇다고 올더스 헉슬레의 「훌륭한 새 세계」의 패러독스를 나의 서울 위에 연상해야 옳을까. 그는 현대문명의 물질주의와 기계론이 끌고 갈 끝판의 세계의 바삭바삭한 기계 그것과 같은 생활과 환경을 가상해 놓고 그것에 빈정대는 의미에서 '훌륭한'이라는 형용사를 붙였던 것이다.

그러면 도대체 나의 서울에는 그런 의미의 물질문명이나 기계문명이라도 진행하고 있는 것일까. 무엇보다도 저 19세기의 해어진 선로를 달리는 박람회 퇴물 같은 깨어진 전차를 보라. 원자력 이야기나 양자론을 외우는 젊은 자손들이 타고 다닐 물건짝인가 아닌가. 불란서 코티와 연지를 바르고 전기장치로 머리에 인조 웨이브를 나부끼며 익숙지 못한 굽 높은 구두를 간신히 조종하는 우리 나라 아가씨들을 위하여도 실로 미안하기 짝이 없다. 승강기 하나, 에스컬레이터 하나 구경할 수 없는 서울 — 그러면서도 국제 정국의 사나운 바람이란 바람은 모조리 받아들여야 하는 벅찬 도시 — 낙관론도 비관론도 끌어낼 수 없는 기실은 말할 수 없이 딱한 도시 —.

가령 적어도 1만 톤급의 상선이나마 인천 부두에 두세 척은 놓아 붙여서 원료를 부리고 그 대신 가공품을 실어 내며, 월미도에서 기동차를 잡아타면 서울까지 내처 일체 전기로 돌아가는 공장지대 부평(富平)·영등포(永登浦) 벌을 이글이글 타는 전기로와 컨베이어의 벨트 소리를 보고 들으면서 외국 손님들이 아이론에서 금방 빠진 남빛 제복에 흰 목도리 단 차장 아가씨에게서 받은 금강산 안내를 한두 장 제끼며 감탄하는 사이에 어느새 한강 철교를 건너 서울역에 닿는다 하자. 김포공항 설계는 건물과 시설에 일체 흰빛을 쓸 것을 조건으로 하고 헨리 무어 군에게 한번 해 보라고 하면 어떨까. 불순한 동기를 가진 일체의 비행기는 통과조차 금할 것이며, 모양과 성능에 있어서 우수한 나라 여객기에만 들리기를 허락할 것이다.

거기에 들어서면 근무 마감 시간인 오후 세 시 — 단 서머타임이 아니다 — 까지는 거리에는 바쁜 사람뿐이고, 집에는 할아버지·할머니쯤 남아 있을 것이며 젖먹이는 탁아소에, 아이들은 학교에, 앓는 이는 국립병원에, 어머니는 혹은 부락 공동빨래터에 당번이 되어 갔을지도 모른다. 식사는 본인의 의사에 따라 전문가의 칼로리 계산을 기초로 한 영양식을 국가의 감독 아래서 제공하는 부락마다 있는 공영식당에서 하는 게 좀 편하고 좋으랴.

오후면 거리에는 산보하는 사람들로 넘칠 것이며, 극장과 영화관에서는 일체의 데카당스는 구축되고 창조적 예술가들의 높은 예술 활동의 자유로운 무대가 시민들의 오후와 초저녁을 위하여 제공될 것이다. 혹은 케이블카로 남산 꼭대기로 공 치러 가는 사람도 있을 것이다. 진고개 어구로부터 구리개·종로 네거리에 이르는 일대는 공공기관과 백화점 및 대내·대외의 비즈니스 센터로 고층 건물의 불럭이 된 것으로 그 적에는 '반도호텔' 쯤은 어느 틈에 끼어 버려서 그리 눈에 뜨이지도 않을 것이다.

경관의 사무는 주장 교통정리나 집 잃은 아이 맡아 보기가 고작이 되고 말 것이고 절도·강도·사기·횡령의 파렴치죄들이 생길 필요와 틈바귀가 없는 여기서는 경찰 사무는 거지반 여자 경찰이 처리하고 말 것이다. 힘이 자랑인 패들과 목적 없는 공격 정신이 그저 왕성해 못 견디는 치들을 위해서는 그렇다. 서울운동장을 개방해서 하루 일 마감 뒤에는 스포츠를 장려하면 그만이다. 그리고 회의에라도 나가면 한바탕 떠들지 않고는 생리적으로 배기지 못하는 패들을 위해서는 런던 하이드 파크를 본뜬 공원을 몇 개 시내에 준비할 것이다. 그리고 그 테두리에는 방음장치를 할 것이며 공원 안에는 원숭이를 많이 기를 것이다. 변사의 기운을 돋기 위해서는 그 원숭이들에게 박수를 연습시키면 좋겠다.

낙산(駱山) 밑 일대의 대학촌에 접어들면 거기는 이 나라 모든 계획의 과학적 연구와 조사와 준비가 진행되는 곳으로 세계의 각 대학들과 연락되어 있으며, 창경원은 대학에 연결되어 대학 박물관·식물원·동물원으로 운영될 것이며, 원남동에서 연건동을 돌아 혜화동 로터리에서 끝나는 일대는 이른바 대학가로서 아스팔트로 쭉 포장한 한길 양편에는 주로 학생을 위한 책점·찻집, 간단한 밀크 홀, 비어홀, 학용품 점만이 허락될 것이다. 그리고 낙산 밑으로 해서는 교수와 직원들 사택이 여유 있게 준비되어서 인제 교수끼리 사택 때문에 경쟁이 붙어 싸울 것까지는 없이 될 것이다. 그러면 대체 그 낙산 일대의 움집과 하꼬방들은 어찌 될까. 만약에 찾을 사람이 있어서 그리로 가서는 아무 소용도 없을 것이다. 그들은 벌써 남산 너머와 신당리(新堂里)·정릉리(貞陵里)·당인리(唐人里) 쪽 아파트와 전원주택으로 옮아가고 낙산은 녹림 지대가 되지 않았는가. 그리고 그들은 주회(周廻) 기동차와 급행버스로 도심 지대의 일터나 공장으로 다니는 것이다.

그러나 어쩌랴. 이도 저도 한바탕 꿈이 아닌가. 꿈으로서는 너무나 억울한 꿈이다. 혹은 후세 사람들이 비웃어 '8·15의 꿈'이라고 부를지도 모른다.

그러나 잠시 권력 싸움과 음해질을 그만두고 요만한 정도의 꿈은 좀 더 성실히 서로 반성해 볼 수는 없을까. 우리는 그만 꿈은 꿈이 아니라 최소한도의 당연한 도시계획으로 내일부터라도 위원회쯤 만들어 볼 일이 아닐까. 하면 될 수 있는 일이다. 우리의 운명의 열쇠를 환경의 손에 내주어서는 아니 된다. 우리 자신이야말로 우리 운명의 주인이라야 할 것이다. 금후의 정치가란 권모술수의 명인이 아니고 기실은 얼른 보면 무미건조한 기사인 것이다. 그리하여 플라톤은 『공화국』의 개정판을 내서 그의 『공화국』에서 주책없는 눈물의 마술사·시인뿐만 아니라 정객마저 입국을 금하고 국가의 경영을 기사의 손에 맡겨 버리게 될지도 모른다.

─《민성》 5권 5호(1949. 4)

꽃에 부쳐서

진달래 개나리 피는 시절이 왔다. 잣나무 전나무 할 것 없이 마구 찍어 내는 판에 어디 꽃나무라고 남겨 두었을까 보냐. 이 강산에 진달래 우거지지 않으면 산새들 슬퍼서 어쩌랴. 소월(素月)의 넋이 서러워 통곡하지. 꽃을 즐기는 마음은 국왕의 법령으로 금할 수는 없다. 그것은 자연이 준 권리인 때문이다. 일찍이 백장미 홍장미를 가슴에 붙이고 싸운 전쟁도 옛날에는 있었다. 전쟁에도 꽃이름을 붙여 '장미 전쟁'이라고 해 놓으면 '원자탄 전쟁'보다는 어쩐지 감상(感傷)에 겨운 소년들의 마음을 건드리기 쉬움 직하다. 그러기에 꽃은 옛날부터도 문화의 심벌로 쓰여져서 꽃피는 문화, 문화의 꽃에서처럼 서로 끌어댕기는 짝지은 말이 되어 왔다. 그러니까 피디아스, 프락시텔레스의 조각을 희랍의 꽃이라 하며 레오나르도 다빈치, 미켈란젤로, 라파엘의 예술을 르네상스 이탤리의 꽃이라 하지 않나.

진달래 개나리 우거지듯 이 땅에도 문화의 꽃이 만발했던 것은 언제였던가. 신라 전성시대에 한때 이 나라에서는 처음 보는 찬란한 문화가 피었던 것은 오늘 석굴암의 불상과 불국사 석탑에 자취가 남았거니와 1천 년도 더 되는 긴 봉건시대의 황혼 속에서는 건강치 못한 봉건 문화가 궁정과 양반의 집 두터운 담장 안에 조화(造花)처럼 다소 피었던 것뿐이다. 방방곡곡 진달래 피듯 이 강산에 찬란한 문화 골고루 무럭무럭 피어오르게 하고 못하는 것도 기실은 지금부터 우리들의 일인 것이다.

꽃은 아무가 보아도 좋다. 그러기에 꽃에는 국경이 없다. 풍토를 따라 키의 장단과 빛의 짙고 연함이 다소 갈리나 이 나라 모란꽃이 저 나라 모란꽃에 적의를 품거나 서로 모함하는 일은 없다. 영국에서는 라일락이라고 하는 것을 불란서에서는 리라라 부를 뿐 마찬가지로 두 나라 색시들의 사랑을 받는다. 문화에 국경이 없음이 마치 꽃과 같아야 셰익스피어를 영국은 독점할 수가 없고 차이콥스키를 불란서나 이태리가 봉쇄할 수도 없는 것이다. 석굴암의 말없는 석불이 그 앞에서 한 이방 사람 데카르트의 머리를 수그리게 하기도 하는 것이다. 그러므로 문화는 언제고 따뜻한 동정과 공명과 이해 위에 성립하는 것이며 그리하여 사람과 사람, 국민과 국민 때로 적과 적 사이의 장벽을 무너뜨리며 적의와 오해를 풀고 녹여 거기 정신의 통로를 여는 것이다.

꽃이 빛을 좋아하듯 문화는 또한 그늘을 싫어한다. 그래서 문화는 항용 빛에 비하기도 한다. 빛인 까닭에 녹이고 얽히게 한다. 얼어 튕기게 하는 것이 아니라 풀려 한곳으로 모여 흐르게 하는 것이다. 반발과 부정을 목숨으로 하는 문학이나 예술이 없는 것은 아니며 더군다나 그러한 치열한 예술일수록 감동시키는 힘이 더 팽팽한 것도 사실이나, 그럴 적에도 그것은 더 고차의 원리와 이해와 포옹으로 높이고 융합하기 위한 계기로서만 존재의 이유가 닿는 것이다.

가령 인류애와 같은 한 단 더 높은 원리만이 작은 사랑의 희생,

아니 때로는 미움마저를 긍정하게 되는 것뿐이다. 위대한 예술은 오직 사랑에서만 튕겨 나오는 것이요, 이해가 있는 곳에 비로소 사랑이 따른다고 한 로맹 롤랑의 말에는 분명 옳은 데가 있다. 정치가가 분열의 논리를 궁리하고 있을 적에 끊임없이 대상을 이해하려고 하며 또 이해를 북돋아 가는 것이 문화의 기능이요 문화인의 성스러운 사명인 것이다.

꽃은 바람을 싫어한다. 바람이 일면 티끌을 퍼 얹기 쉽다. 그나 그뿐이랴, 하룻밤 미친 바람에도 솔로몬의 영광을 족히 압도하던 꽃의 화려한 모습, 높은 향기가 일조에 진창이 되고 말기도 하는 것이다. 꽃에 있어서 바람은 로마 유서 깊은 문화를 짓밟던 반달의 족속인 것이다.

문화는 전쟁의 포연 속에서는 질식하기 쉽다. 아드리아 대양 안 햇빛 아래서만 눈부시는 페리클레스 시대가 나타날 수가 있었다. 나폴레옹 민법과 몇 개의 포술상의 기술로써 나폴레옹 전쟁의 문화적 정당성을 말할 수는 없다. 전쟁은 때때로 평화를 위한 전쟁이라는 패러독스를 내세우기도 하였으며 정의와 민주주의가 그 표방이기도 했다. 그러나 전쟁은 오히려 새로운 대립과 위기를 배어 더 큰 공포를 키워 간 것은 어쩐 일인가. 그것은 현대에 와서는 전쟁은 언제고 모순의 폭발인 때문이다. 새로운 전쟁이 있을 적마다 세계는 더 큰 규모에서 더 파괴적인 무기를 들고 마주 서는 것이었다. 제2차 세계대전 뒤에 드디어 오고 만 것은 무엇이냐. 영구한 평화와 더 큰 자유와 더 높은 인류의 행복에 대한 개인과 민족들의 꿈은 날이 갈수록 깨어지고 땅을 뒤덮는 검은 구름장과 설레는 비바람을 품은 폭풍 전야의 새 공포 속에서 인류는 떨고 있는 것이다. 불란서 서정시인 슈페르베에르가 2차 대전 전야에 소름치며 노래로 경고하던 피 묻은 에이프런을 빌린 마르스의 딸들이 청춘의 목숨을 거두려 또다시 지상을 헤매고 돌아다니는 것이다. 실로 모든 수단을 다한 연후에 오직 최후에서도 최후의 팻장으로 내놓아야 할 부득이한 수단이 거지반 처음부터도 들쳐 나오는 것이다. 정치가가 발음하는 전쟁이라는 두 실러블에는 기실은 한 나라의 수십만의 청춘, 아니 이번 전쟁만 해도 2천만의 생령의 운명이 뒤흔들리고 있었던 것이다.

그러므로 전쟁이라는 말은 정치가의 입에 오른 그의 어휘의 최후의 단어라야 할 것이다. 그러나 오늘 처칠 씨나 마셜 씨, 그 밖에 소련의 인사들은 이 말을 너무나 유창하게 발음하는 것 같다. 처칠 씨 자신은 과연 한 전쟁에서 일곱 바다에 걸친 제국에 첫 금이 실렸고 또한 전쟁에서 그것이 거지반 무너진 것을 기억해야 할 것이다. 더군다나 또 하나 다른 전쟁은 아무도 그것을 완전히 침몰시키고 말지도 모르는 것이다. 일찍이 왕후(王侯)의 감정 때문에 전쟁이 일어나던 동화 같은 시절도 있었다. 인간과 목숨의 존엄에 대한 자각이 없던 고대나 중세가 그랬다. 그러나 근세의 전쟁은 늘 이해의 싸움이었다. 그러므로 한 전쟁에 이익을 보는 것은 어느 나라며 또 누구누구라는 것을 더군다나 약소민족들은 정밀하고 신중하게 타산해 보아야 할 것이다. 감정이 아니고 이해가 아니고 실로 이성에서 파괴적 수단을 회피하면서 인류의 행복과 민족의 이상을 실현할 길을 열어 갈 수는 없을까. 사람들은 수없는 전쟁에서 번번이 쓰라린 문화의 휴가를 경험하였던 것을 잊어서는 아니 된다.

찢기고 상한 쇠잔한 남은 가지에서도 진달래는 피려 한다. 조상 적부터 죽어라 좋아하던 민족의 꽃이다. 금년 잘 가꾸면 내년 후년에는 또다시 이 강산 방방곡곡을 곱게 단장할지도 모른다. 그처럼 이 땅의 문화의 꽃도 송이송이 우거져 피게 되어야 할 것이다. 평화와 자유가 없는 신산한 그늘에서는 문화는 피기가 어려운 것이다. 그러므로 평화와 자유는 문화의 개화를 위한 없을 수 없는 풍토인 것이다. 또 그것은 꽃이 그렇듯 살찐 토양에서만 자라날 수 있는 것이다. 왕성하고 풍부한 생활만이 활발하고 찬란한 문화의 토양이 될 수 있는 것이다. 그리하여 새 문화의 건설은 힘찬 생활의 건설로 돌아서고 돌아서는 것이다. 살찐 생활의 토양에서 피어난 문화의 꽃은 다시 충실한 열매가 되어 생활 속으로 환원하는 것이며 거기서 새로운 싹이 되어 다시 트는 것이다. 그리하여 문화는 꽃처럼 국경을 넘어 나부낄 것이며 모든 인류의 가슴에 향기를 풍길 것이며 평화와 자유의 맹우로써 세계에 차오르는 쌀쌀한 적의와 오해와 감정을 깨트리고 녹이며 그로 하여 가로막히고 얼어붙은 빙하지대에 끊임없이 이해의 통로를 뚫어 갈 것이다.

―《국도신문(國都新聞)》(1949. 4. 10~4. 12)

학생과 연애

1

 인생에 우리가 태어난 이상 반드시 한번은 죽고야 말 것처럼 때가 오면 누구나 한번은 어떤 이성에 대한 열중을 경험하고 말 것이라는 것도 사실이다. 탄생이나 죽음처럼 거의 한 개의 숙명과도 같이 인생이 있는 곳에 반드시 일어나고야 마는 그 사건은 대체 무엇이기에 그러는 것이며 인간과 사회에 대하여 가지는 그것의 의미는 또한 무엇인가.
 필자는 일찍이 유럽 문학을 읽어 오는 동안에 시와 소설과 희곡의 거의 전부라 해도 과언이 아닐 정도로 그것들이 구경에 가서는 이러한 남녀관계를 이모저모에서 다루고 있다는 사실을 알고 매우 놀란 적이 있다. 그 일은 반드시 유럽에만 한할 게 아니라 동양 고대의 문학이 또한 그랬던 것이다. 『시경』에 수록된 민요의 주제의 대부분은 무엇이었던가.
 저 고대 유럽의 천재적 민족 희랍 사람들은 에로스와 사이키의 고운 신화를 남겨 화살과 하트로써 사모와 정열과 고민과 애정의 그 복잡한 불도가니를 상징시켰던 것이다. 아폴로와 다프네의 신화가 또한 그랬다. 호머의 서사시는 사람과 사람, 사람과 신, 신들과 신들 사이의 무수한 애정의 갈등에 얽혀 있었던 것이다. 희랍 최대의 또 최고의 서정시인 사포는 다름 아닌 애정의 시인이었으며 동시에 아드리아 바다에 몸을 던져 끝마친 애정의 순교자였던 것이다.

사람의 행동마저 동물의 기본 충동인, 자기보존의 본능과 종족보존의 본능의 두 모에서 설명하려는 생물학자들은 종족보존의 본능에 환원시켜 남녀간의 애정의 실상을 밝히려 든다. 딴은 그렇기도 하다. 동물의 세계에서도 일정한 사이를 두고 주기적으로 서로 이끌고 이끌리는 특수한 활동이 자웅 사이에 일어나는 게 사실이다. 이렇게 서로 이끌고 이끌리는 남녀 사이의 어떤 강한 견인 작용 — 자기가 결정하는 것이면서도 때로는 자기의 힘으로는 걷잡을 수조차 없어 보이는 전기의 불꽃과도 같은 그 형식에는 진화의 오래인 시초 단계에서 배운 버릇의 자취가 남아 있는 것 같기도 하다. 다만 인간의 경우에는 주기적인 제한은 없으나 이른바 사춘기에서 시작되는 일정한 나이를 전후해 가지고 양성은 어떤 어두운 힘에도 필적하는 강한 견인 작용에 저도 몰래 예기하지 않은 때와 곳에서 서로 사로잡히고 마는 것이다. 그것은 그들이 인생에 태어난 뒤에 처음으로 당하는 가장 격렬한 감정의 회오리바람이라고도 할 또 전에 없던 기이한 폭발성을 띤 체험인 것이다. 거의 그것은 회피할 여유와 권리를 허락하려 들지 않는 맹목적인 충동으로써 돌발하는 듯하다. 자못 침착과 냉정을 자랑하던 사람조차가 이 정열의 선풍 앞에는 굴복하고 마는 경우가 대부분이다. 대체로 부모와 가정의 각별한 두호 아래서 어리광을 부리다가도, 소년 또는 소녀가 부모와의 관련이 없이 돌연히 당하는 일이며, 또 그 자신의 능력으로서 처리해야 할 맨 처음의 중대 과제가 바로 이것이다. 만약에 건전한 전통, 교양 있는 환경이라면 그들은 주위나 가정에서 받은 예비지식을 가지고 조금도 당황하는 일이 없이 사건을 잘 처리할 것이나, 오늘과 같은 현상으로서는 그러한 제목은 가정에서나 주위에서나 떳떳하게 입 끝에 오르지 않고 도리어 쉬쉬하는 가운데서 젊은이들은 마치 밀교와도 같이 은밀한 장소와 기회에 이 '터부'에 걸린 화제에 대한 불건전한 통일 없는 지식을 집어 가지고 스스로 모색하게 되는 것이다. 그리하여 그들은 거기서 어른들이 일부러 감추어 둔 함정에 스스로 걸리고 마는 것이라고 해도 무방하다. 때로 거기서 천사들의 죽지는 부러지기도 하고 비둘기의 가슴에 상채기가 돋기도 한다.

번민을 지닌 젊은이들이 혹은 신부 혹은 교사의 문을 두드리나 거기서 얻는 것은 흔히는 몇 개의 새로운 수갑이나 족쇄일 따름이다. 예에 좇아서 무수한 '그래서는 아니 된다'에 자라 가는 젊은이들은 거기서도 부딪치고 만다.

왜 좀 더 터놓고 얘기해서는 못쓰는 것일까. 감춰 둔다고 해서 회피할 수라도 있는 일일까. 아무리 어른들이 돌려놓고 돌려놓는다고 했자 젊은이들은 어느 틈엔가 벌써 제각기 그 문제에 맞부딪치고 있는지도 모른다. 더군다나 경우를 따라서는 무수한 사고가 일어나고 있는 것이다. 대체 언제부터 어찌해서 이 문제는 '터부'가 되기 시작한 것일까. 그 일을 밝히기 위해서는 혹은 인류학의 지식을 빌어와야 할 것이나, 여기서는 다만 현재도 오히려 무슨 뚜렷한 이유나 근거가 없이 이 문제는 사회적으로 '터부'가 되어 있다는 사실과 아울러 그 일은 결국 인생의 중대한 문제의 하나가 신비주의와 미신과 무지의 농무에 싸인 채 버리어 있음으로 해서 앞으로 올 젊은 세대들이 부당하게도 전 시대의 낡은 함정을 되풀이해서 밟게 된다는 사실에 주의를 끌고자 할 따름이다.

2

저급한 생물일수록 그것은 자연의 명령에 충실하게 복종하는 것이다. 그리하여 저급한 동물일수록 본능의 충동에 스스로를 맡겨 두고 사는 것이다. 거기는 희로애락과 같은 정의는 나타날 수 있으나 정신적 활동의 증후가 뚜렷해지는 것은 인간에 이르러 처음 보는 일이다. 막스 셸러가 지적한 것도 그것이었다. 정신적 활동이 시작된다는 증후는 인간이 그에게 주어진 자연의 제약을 넘어서 스스로의 창의에 의한 창조 활동을 시작할 적에 나타나는 것이라 하겠다. 문화라고 하는 것은 이러한 정신의 창조적 활동의 산물임은 말할 것도 없다. 그런 의미에서 문화는 자연과 대립되는 개념이라고 불려지는 것이다. 그것은 자연을 그 소재로 이용하기는 하나 또 자연이 내포한 법칙을 캐어 응용하기는 하나 그것을 일정한 의도 아래서 가공하며 개조하며 다시 구성하는 것이다.

동물은 자기의 본능적 충동을 만족시키기만 하면 그만이며 그 이상의 것을 더 바라지 않는데 유독 사람만이 그 이상의 것 — 즉 행복을 추구할 줄을 아는 것이다. 일찍이 루소는 자연으로 돌아가라고 외쳤다. 그러나 그것은 문화의 부정 또는 포기를 의미하지는 않았다. 다만 18세기 프랑스 문화 널리는 유럽 문화가 너무나 지나친 로코코 취미, 장식의 과잉에 타락한 것을 바로잡으려는 항의요 비판이요 건의였었다. 그런 점에서는 그 주장 자체가 높은 창조적·정신적 활동의 결과며 한층 더 높은 문화의 단계를 지향한 비판행위였던 것이다.

젊은 남녀가 서로 이끌고 이끌리는 견인 작용의 뿌리에는 물론 자연의 명령이 지배하는 모가 있을세 옳다. 그러나 그 자연적 측면을 축으로 하고 그 테두리에 인간은 자못 복잡한 정신적 교섭의 영역을 쌓아 놓는 곳에 우리가 남녀 간의 애정 즉 연애라고 부르는 일의 특징이 있는 것 같다. 선사시대와 우리와의 사이의 거리에 해당하는 거리가 기실은 자연적 충동과 애정과의 사이에도 생기고 만 것이다.

사람만이 가지고 있는 이러한 정신적 측면은 아래와 같은 일에 가장 잘 나타난다. 아직 성숙하기 전 어릴 적부터 소년 소녀는 그윽히 마음속에 이상(理想)의 이성(異性)을 그리는 경향이 있다는 것이다. 그래서 그 이상의 이성을 그리는 경향이 있다는 것이다. 그래서 그 이상의 이성의 이미지는 처음에는 그의 마음속에만 숨겨져 있으나 이윽고는 현실의 어떤 구체적 대상에게 투영되어 그를 불낳게 사모하고 추구하게 된다고 한다. 일찍이 땅 위의 현실을 하늘 위의 '이데'의 세계의 그림자라고 단정하고, 그러므로 인간은 끊임없이 그 본연의 자태 즉 실재인 '이데'를 연모하게 된다고 한 것은 플라톤의 유명한 '이데'설이었다. 여기서 따다가 앞에서 본 소년 소녀기의 깨끗한 정신적 연모를 가리켜 플라토닉 러브라고 부른다.

정신분석학은 한 걸음 더 나가서 소년의 어린 가슴속에 자라가는 이 이상의 이성의 원형은 결국 그 어머니의 이미지에서 오는 것이라고 설명한다. 알프레트 애들러에 의하면 소년은 대체로 그 어머니와 같은 타입의 여성을 찾게 된다는 것이다. 때로는 어머니와 소년 사이에 어떤 불행한 긴장 상태가 있을 수 있으며 그럴 적에는 소년은 그 반발로 그 어머니와는 정반대 타입의 이성을 그리 게 된다고 한다. 이렇게 추구되는 타입은 정신적 면 즉 성품 같은 데만 그치는 게 아니라 눈과 얼굴 머리의 모습과 같은 외모의 사 소한 점에까지 미친다고도 한다. 어머니가 좀 과한 편으로서 소년 이 늘 어머니에게 억눌려 지냈다면 그는 후일 이성을 꺼려하는 경 향을 보이기 쉬우며 그의 이상적 대상은 연약하고 복종 잘하는 타 입이기 쉽다고 하였다. 그의 성격이 강할 적에는 그 반발로 후일 자기의 애인이나 아내를 학대하는 버릇에 떨어지기 쉽게 된다. 즉 어머니에 대한 복수를 무고한 딴 여성에게 실행하는 것이 된다. 미소지니스트(女性憎惡家)로 유명한 스웨덴의 대 극작가 스트린드 베리에서 보는 일반적인 남성과 여성의 심각한 싸움은 이런 모를 강조한 것에 지나지 않는다. 어려서 어머니를 잃어버린 소년이 이 성과의 관계에 있어서 조숙하는 경향이 있는 것도 너무나 일찍 빼 앗긴 어머니의 이미지에 대한 반발적인 추구에서 오는 현상일 것 이다. 여하간 소년의 정신적 불행의 대부분은 그 어머니와 관계가 있다는 것은 사실이다. 그러므로 어머니의 건강과 성격과 행동은 소년의 앞날에 지대한 영향이 있다는 점에서 어머니 자신은 물론 주변의 사람들마저 한가지로 이 일은 명심해야 할 일이겠다. 변태 심리학(變態心理學)에서 다루는 이른바 '문제의 아이(The problem child)'는 대체로 그 어머니에게서 이성에 대한 불행한 이미지를 물려 가졌거나 그로해서 마음이 비꼬여 버린 비극의 아들들인 것 이다. 지난해에 「마음의 고향」이라는 영화가 나와서 한때 평판이 되었었다. 저버리고 떠난 어머니의 이미지를 부둥켜안고 말할 수 없는 정신의 굶주림에 우는 소년의 이야기였다. 어머니를 잃어버 렸거나 좋지 못한 어머니에게서 받은 불만에서 소년은 때때로 그의 최초의 마음의 고향을 쫓겨난 정신의 망명자가 되는 것이다.

또한 정신분석학에서 말하는 '인피리어리티 콤플렉스(Inferiority Complex)' 또는 '슈피어리티 콤플렉스(Superiority C.)'로 해서 자기 자신이 부당하게 못났다고 생각하거나 터무니없이 뛰어난 것으로 자임하고, 이성에게서 지나친 도움을 기대하거나 또는 저의 못남을 감추기 위한 허장성세로 상대편에 마치 군림하듯 대하는 데서 자못 건전하고 탄탄하여야 할 상대와의 교섭에 어두운 그림자가 끼치고 마는 경우가 많다.

3

1274년 어느 날 포르코 풀리티나리의 저택 대연회에 그 아버지를 따라갔던 당시 아홉 살난 단테는 거기서 뜻하지 않은 일을 당하였다. 그집 따님인 여덟 살 난 베아트리체와의 첫 상봉이 여기서 있었던 것이다. 이날부터 베아트리체의 이미지는 단테의 마음의 성소에 마돈나와 같이 걸리고 만 것이다. 그는 훗날 친구의 아내가 된 베아트리체를 한 번 다시 만났을 뿐, 젊어서 죽은 그 여자는 단테의 일생을 통해서 그의 가슴속에 불멸의 여성 아니 여신으로서 살아 있었으며 그의 걸작 『신곡(*Divina comedia*)』과 『신생(*La vita nuova*)』에 또한 남아 오늘의 우리 눈앞에까지 그 편모를 전해 주는 것이다. 단테는 드디어 베아트리체와의 관계를 땅 위에서 맺지 못한 채 오직 꿈과 이념 속에 살려 두고 연모하였을 따름이다. 그러므로 그는 플라토닉 러브를 대표하는 전형적인 사도와도 같이 불려지고 있는 것이다. 일찍이 중세기 동안 인류에게 원죄(Original Sin)를 끌어들인 장본인으로 지목되어 땅 위의 불행의 전책임을 혼자 걸머지고 갖은 학대와 굴욕에 오로지 복종할 따름이었던 봉건 여성이 가톨릭의 성모 마리아 숭배 유행의 덕택으로 어느새 천사의 지위로 올라선 것이었다. 그러나 같은 중세라 하여도 귀족의 궁정이나 저택과 농노의 농촌 또 수공업자 장사치들 세계 사이에는 신분적·사회적 장벽이 넘을래야 넘을 수 없는 경계를 이루었었다. 담 너머 엿보이는 꽃은 유달리 눈에 띄는 법이다. 이리하여 중세 귀족의 집 부녀들은 격리된 세계에 감금된 채 먼 데서 바라만 보는 사람들의 눈에는 일종의 신기루 속의 그림자처럼 사실 이상으로 미화되어 보였던 것이다. 또 신분상의 장벽에 산산이 찢겨 남녀의 교섭이 그들의 자유로운 의사에 의하여 행해지지 못하는 봉건시대에는 자연스럽게 결실하지 못할밖에 없었던 이성 관계가 플라토닉 러브의 모양으로 타협되고 말리라는 것은 그럴 법한 사세였다. 12세기의 유명한 아블라르와 엘로이즈처럼 갖은 장애를 물리치고 나간 용감한 연애의 기사들은 필경 거기 해당하는 비극적 운명을 맞아야 했다. 브라우닝의 여러 시편의 제재가 된 것이라든지 중세 말에 유행하던 많은 민요의 제재가 무릇 이러한 봉건시대의 산물인 플라토닉 러브를 중심으로 하였던 것임은 모두가 잘 아는 일이다.

    14세기에 르네상스의 횃불을 단테에게서 물려받은 페트라르카는 휴머니스트의 입장에서 천상의 가치를 하찮게 여기고 그 대신 지상의 가치를 높이 내세운 사람이거니와 그가 생각한 사랑이라는 것도 따라서 형체 없는 그림자만 따르는 플라토닉한 것이 아니고 보다 확실하고 형체 없는 그림자만 따르는 플라토닉한 것이 아니고 보다 확실하고 형체 있는 실재에 대한 것으로 변했었다. 그의 노라는 단테의 베아트리체와 달라서 천상의 천사라느니보다는 지상의 귀부인이었다. 그러나 르네상스가 발견한 새 인간이 현실의 인간이기보다는 이념으로서의 인간형이었듯이 노라도 또한 비록 육체는 가졌을망정 갖은 덕을 갖춘 한 정신적 대상으로서 사모된 것이었다. 모양은 천사와 같으며 하늘 위의 순결한 정령이요 살아 있는 태양이었다. 이상의 여성은 신기루로부터 정신의 세계에까지 내려오기는 했으나 아직 완전히 땅바닥을 밟지는 못하였다. 여기 이른바 페트라칸 러브의 특징이자 한계가 있은 것이다.

페트라르카의 시풍을 이태리로부터 영국에 끌어들인 17세기의 존 단 등에 이르러 사랑에 있어서의 정신 편중의 사상은 지양되어 영과 육의 완전한 결합의 경지야말로 사랑의 극치라는 생각이 확립되었었다. 이상의 여성이 천사로부터 결국 인간에까지 끌려 내려온 것이다. '건전한 정신은 건전한 육체에 깃든다.'는 희랍의 격언에 나타난 고전적 이상이 그대로 여기에 나타난 것이다.

모든 점에서 중세와 근친 관계가 있는 낭만주의는 중세적인 플라토닉 러브의 정신을 부활시켰으나, 그 반동으로 자연주의는 인간을 다시 짐승에까지 차내려뜨렸으며 이성 관계에 있어서 1점의 신비도 신성함도 허락하지 않는 데까지 이르렀다. 여성을 마치 영과 대립하며 그것을 부정하는 육의 권화처럼 고발하는 다눈치오·스트린드베리나, 정신의 종교에 대항시켜 육의 종교를 기도한 로런스는 자연주의의 변형이었다고 할 수도 있겠다.

다만 이러한 생각의 변천이라는 게 결국은 남성의 편에서 본 여성에 대한 견해요 또 남녀 관계에 대한 해석이었지, 한편의 당사자인 여성의 편에서 본 의견이나 주장은 아니었다. 엘렌 케이에 이르러 여성은 처음으로 그들의 대담 활발한 대변자를 얻었던 것이다. 또 하나 중요한 것은 같은 여성은 아니었으나 그 진정한 벗인 입센의 새 해석이었다. 입센의 노라는 두 가지 중요한 여성의 항의를 대변하였던 것이다. 그 하나는 여성의 인간으로서의 평등성의 주장이요, 다른 하나는 여성의 생활에 있어서도 남녀 관계의 면이 그 전부는 아니라는 주장이었다.

4

봉건적 체제 아래서는 남녀 관계는 완전히 키가 같은 안정된 균형 관계가 아니라 한 개의 절름발이의 관계였다. 우리나라 가정에서와 또 사회적으로도 이 절름발이 관계가 아직도 완전한 평등 관계로 바로잡히지 않은 까닭에 그것을 가리켜 봉건적 잔재 또는 봉건유제라고 한다. 그것은 아직도 마저 청산되지 않은 다른 사회적·경제적·문화적 봉건잔재·봉건유제에 떠받치어서 아직도 그 여명을 보존하는 듯싶다.

가정에 있어서 또 사회적으로 여성이 차지하고 있으며 허락되어 있는 경제적 지위와 권리가 남성에 비해서 매우 낮은 것임은 속일 수 없는 현상이다. 오늘 가정에서 사회에서 경제생활을 농단하는 것은 남성으로 되어 있으며, 그것이 당연하다는 생각이 아무 의혹 없이 통용되고 있는 것이다. 그러므로 남성은 여성을 길러 간다는 관념이 어느새 행동거지와 매사에 인 박혀 버렸으며 여성은 그가 원하거나 안 하거나 붙어사는 한 기생(寄生) 생활에 휩쓸려 들어가고 마는 것이다. 이러한 관계가 바로잡히지 않고서는 다음 세대의 젊은 남녀가 어느 편에선가 지배한다는 느낌 없이 또 지배된다는 무의식적인 굴욕감 없이 대등한 인격과 인격의 교섭으로서의 고도의 윤리 관계를 맺기 어려울 것은 물론이다.

남녀 간의 평등 관계를 세우기 위해서는 두 가지 방식이 예상된다. 하나는 여성의 지위를 현재의 남성이 누리고 있는 뭇 특권의 수준까지 끌어올리는 방식이다. 그러나 그것은 매우 좋지 못한 결과를 가져올 위험성이 있다. 왜 그러냐 하면 오늘 남성이 누리고 있는 특권이라는 게 기실은 퇴폐적인 반윤리적인 부면이 많아서 그러한 부도덕한 면에 여성마저 휩쓸린다는 것은 안 될 일이기 때문이다. 가령 이름이야 기생에서 업태부(業態婦), 접대부로 바뀌어졌든 말았든 간에 남성이 자기 아내나 애인이나 어머니 누이들에게 대하여 미안하다는 생각이 없이 자못 아무렇지도 않게 놀이처로 출입하며 사교 이상의 추태를 연출한다는 것은 무엇인가. 이러한 추태의 하나하나에서 그는 자기의 아내나 애인뿐 아니라 다른 모든 여성을 모욕하고 있는 것이다. 또한 남성 편으로서는 스스로는 봉건유제의 떳떳치 못한 혜택으로 자기 자신을 타락시키고 있는 것은 잊어버리고 있는 것이다.

권리의 주장은 언제고 옳은 일의 주장이라야 할 것이다. 썩은 특권마저 주장할 것은 없다. 차라리 불건전한 퇴폐적인 특권은 거세하고 건전하고 옳은 일의 수준에서 평등 관계를 세워가야 할 것이다. 일찍이 유럽에서 '볼트스타킹'이라는 말이 유행했다. 남자 모양으로 담배 피고 술 먹고 마구 돌아다니며 난판을 부리는 그릇된 말하자면 데카당적인 여권론자에게 붙여 준 별명이다. 원래는 그 말은 18세기 후반에 프랑스 사교계에서 문학을 즐겨 화제로 삼는 일단의 신여성에 붙인 별명이었으나 나중에는 나쁜 데만 갖다 붙이게 되었다.

일을 할 수 있는 기회, 우중에도 제 마음에 내키는 일을 할 수 있는 기회와, 자기의 소질과 역량을 살릴 수 있는 편의와, 사회와 민족과 인류에 이바지될 보람 있는 일을 할 수 있는 기회를 여성은 남성과 마찬가지 정도로 가져야 할 것이다. 인격적으로 평등한 교섭이 남녀 양성 사이에 성립되기 위한 모든 물질적인 기초가 우선되지 않으면 아니 된다.

    그러나 사회적 활동의 모든 무대에 여성이 남성 틈에 어깨를 비비고 들어서야 된다는 것은 아니겠다. 전쟁 중에 참전한 나라들에서는 남자들이 전쟁터에 나간 뒤에 남기고 간 빈자리를 속속 여자가 메워 들어가서 평소 같으면 여자로서는 엄두도 못 낼 방면에까지 여성이 진출한 것은 사실이었다. 그러나 매우 예외적인 일부 여성 밖에는 격렬한 전투 장면에 참여하지 않았으며 주장 그들은 전쟁터에서도 간호와 구호 방면에서 활동하였었다. 아무리 전시일지라도 무거운 노동 같은 것은 역시 원칙적으로는 여성의 몫이 될 수 없었다. 그 생리적 조건과 가정생활에 있어서의 기능의 차이로 해서 관심과 활동의 방향이 본질적으로 갈리게 되는 것을 어찌할 수가 없다. 남녀 양성의 활동을 일색으로 칠해 버리느니보다는 각각 그 특수성에서 오는 사회적 기능의 분업을 살리는 것이 더 원만하고 능률 있는 사회생활을 실현하며 추진하는 데 도움이 될 것이다. 그러한 사회적 기능이 분립에는 그 쌍방에 무슨 가치의 고저가 있는 듯이 어느 편에서고 생각하는 것은 완고의 발로 밖에는 아니될 것이다. 피차에 침노하기 어려운 특수한 분야는 서로 존중해 마땅할 것이다.

5

    연애지상주의라는 말은 누가 만들었는지는 몰라도 폭언이라도 한심한 폭언이다. 연애를 가지고 인간 생활의 모든 가치의 왕좌에 올려놓는다는 것은 하나의 편견이지 인간 생활의 전체를 종합해서 본 통찰은 아니다.

거기까지는 가지 않아도 적어도 여성에게 있어서는 연애가 그 생활의 핵심이요 최대의 관심사라는 편견이 특히 남성 사이에서 떠도는 것을 듣는다. 그것은 적어도 여성에 대한 모욕이고 중상 같다. 그러한 여성도 있을 수 있다. 먹을 것 입을 것이 흥청망청 있는 데다가 할 일은 없고 하니까 연애 유희에 날을 보낼밖에 없는 이른바 유한 마담이라는 층이 있다. 그런 종류의 쓰잘것없는 치들은 반드시 여성에만 있는 것이 아니다. 그런 종류의 남성도 얼마든지 있다. 인류와 민족과 이웃을 위하여 보람 있는 일거리를 갖지 못하고 조상이나 남이 벌어놓은 것을 파먹고 지내자니까 따로 할 일이 없어 퇴폐한 생활에 빠져 버려 제 자신과 사회를 썩게 하고 있는 사내들인들 없다더냐. 그러한 독소가 혈청이 되지 않는다면 그 사회는 건강을 회복하였다 하기 어렵다.

인생에 있어서 연애를 너무나 지나치게 클로즈업하여 그것이 마치 인생의 전부거나 적어도 가장 중요한 부면이라는 듯이 인상시킨 데 대하여는 문학과 그 밖의 모든 예술이 적지 아니 책임을 져야 할 것이다. 딴은 우리들의 생애에 있어서 가장 감정의 파동이 드높고도 뭉치는 것이 연애일진대 인간 생활의 정의(情意) 면의 집중적 표현인 예술이 그것을 즐겨 주제로 삼는 것도 극히 자연스러운 일이다. 그중에서도 낭만주의 계통의 문학 예술에 있어서 이 애정 생활은 과중 평가되었으며 낭만주의란 말 자체가 로맨스와 관계 있으며 로맨스란 중세 말의 기사들과 귀부인의 현란한 애정 생활을 주제로 한 꿈같은 이야기를 가리켰던 것이다. 오늘도 로맨스라는 말은 그런 뜻으로 쓰여지며 또 그 사람 로맨틱하다는 말은 실생활에는 어둡고 연애에 기울기 쉬운 태세를 가진 성격을 두고 쓰는 것이다.

그러면 연애 말고 우리 생활이 가지고 있는 더 넓은 모라는 것은 무엇이냐. 그것은 일을 중심으로 한 생활 부면이다. 물론 개미도 일을 한다. 두더지도 날짐승도 일을 한다. 들의 나리꽃은 일을 하지 않아도 솔로몬의 영광에 못진 것이 아니라 나리꽃 뿌리와 잎은 물론 그 사치스럽기 한량없어 보이는 꽃잎파리마저 일을 하고 있는 것이다. 그러나 그들의 일은 자연이 지시해 준 대로 그 안에서만 뺑뺑 돌고 있는 것이다.

인간이 하는 일이라고 하는 것은 그러나 자연이 지어 준 궤도에 국한된 것이 아니라 그것은 자기의 손으로 자기의 운명을 개척하듯, 자기가 정한 목적을 향해서 자연 이상으로 이외의 것을 창조해 나가기까지 하는 것이다. 인간은 이러한 창조적인 일을 통하여 역사를 만든 것이다. 그리하여 이 땅 위에 신을 놀래일 만한 문명을 만들어 냈으며 에덴동산의 백화난만을 압도할 만한 문화의 꽃을 피워 온 것이다. 다만 인간은 아직도 완전히 지혜롭지는 못해서 스스로 만든 꽃동산을 때로 전쟁이라는 진흙발로 이따금씩 부숴 놓으며 또 제 피로써 적시는 것은 슬픈 일이다.

일이 개인의 이익과 생존에만 직접 달려붙은 것일수록 그것은 동물들의 일에 가까워지고 있는 것이다. 그 일이 이웃의 이익에 연결되고 민족의 행복에 줄이 닿고 인류의 복리에 이바지되는 것일 때 그 의의는 그만치 커지는 것이다.

인생에 있어서 이러한 일의 보람을 느끼는 사람에게 향하여 연애지상주의의 교리는 흥미가 있을 리 없다. 그러면 일을 위하여는 끊임없이 연애를 부정해야 될까. 괴테 모양으로 연애에서 자꾸만 도망질쳐야 할까. 연애와 일이 서로 모순이 되어 그중 어느 하나만을 가려야 할밖에 없는 양자택일의 막다른 골목에 막혀버렸을 때는 과연 어느 길을 가릴 것인가. 특히 그 일이 높은 창조적 의미를 가진 것일 경우에는 어쩔 것인가. 이것은 우리 사이에서만 도 수없이 되풀이되는 딜레마다. 연애지상주의자라면 서슴지 않고 일을 버리고 연애의 길에 순교할 것이다. 그러나 그는 이윽고는 뉘우치고 돌아오고야 말 것이다. 왜 그러냐 하면 높은 이상에 차 있지 않은 연애는 결국 육체와 더불어 쉽사리 식어 버리기 쉬운 때문이다. 그것은 한 영화 상영 시간을 겨우 지탱할까 말까일 것이다. 그래서 영화 한 토막 속에서조차 대개는 완결되지 못하는 것이다. 물론 디킨스의 「크리스마스캐럴」 속에 나오는 저 유명한 수전노 모양으로 아까 말한 것처럼 자기 자신의 생존에만 달려붙은 그런 종류의 저속한 일이라면 그런 일 때문에 연애를 희생하여서는 아니 된다. 바라고 싶은 것은 높은 이상에 타는 창조적인 일과 연애가 조화가 되어서 그로 해서 일과 연애가 동시에 살뿐더러 서로서로의 추진력 때문에 둘 다 더 깊고 높아 갈 수 있는 경지다.

여성을 가리켜 연애의 노예라는 모욕은 당치 않다. 여성을 육(肉)의 권화라고 고발한 미소지니스트의 문학은 남성인 작가들의 편견이었다. 요란 필데스의 「낚시질 고양이의 거리」나 버지니아 울프의 「등대로」의 여주인공에서 여류 작가가 말하려는 여성의 자태를 보라. 값없는 연애일 적에 여성은 도리어 용감하게 그것을 차 버릴 수 있다. 뜻있고 보람 있는 생활을 찾아서 그들은 얼마나 애끓게 모색하나. 여자로서 가장 뼈에 저린 굴욕은 자기가 사랑한다고 생각하는 사내가 보잘것없는 사내임을 발견하는 순간에 오는 것이다. 한 사람의 남편이나 아들을 세상에 내보내는 뒤에는 얼마나 많은 여성의 잔걱정과 조바심과 보살핌이 속절없이 남몰래 제공되는 것일까. 그러한 간접적인 길뿐 아니라 더 직접적인 모양으로 민족과 인류에 이바지할 수 있는 더 솔직하고 탄탄한 길이 여성의 앞에도 인제는 열려야 하겠다. 그게 문제다. 남성과는 다른 여성의 독특한 사회적 기능을 그 기능의 가치에 차이 없이 동등한 인격과 권리를 가지고 실현할 길이 열려야 할 것이다. 그게 또한 문제인 것이다.

노라가 한 경고는 그것이다. 여성의 인간으로서의 평등한 지위의 요구. 보다 더 적극적이고 직접적인 모양으로 인류에 이바지하고자 하는 여성의 성스러운 의욕의 표시. 여기서 알프레트 애들러의 충고를 듣기로 하자. 그는 「생활의 과학」 속에서 이렇게 말하였다. "사회적 관심이라는 것이 성질을 알고 보면 연애와 결혼 문제는 완전한 평등의 기초 위에서만 만족하게 해결될 수 있다는 것을 깨닫게 된다. 이 기본적인 상호 보충은 중요한 일이다. 한편이 저편을 존중한다는 것은 그리 중요하지 않다. 연애 그 자체는 사태를 해결하지 않는다. 그것은 여러 가지 종류의 사랑이 있는 때문이다. 연애가 옳은 방향을 찾아가며 결혼이 성공하는 것은 평등의 정당한 기초가 서 있을 적뿐이다. 그리고 만약에 사람들이 연애와 결혼 문제를 강조하여 남다른 중요성을 붙여 줄 적에는 생의 조화는 깨뜨려지는 것이다." "앞날에는 여자는 더한층 사회적 관심을 기르도록 가르쳐져야 할 것이다. 항시 남이야 어찌 되었든 그들 자신의 이익만을 추구할 것은 아니다. 그러나 그 일을 이루기 위해서는 우리는 남성의 특권에 대한 미신을 먼저 없이해야 한다." 지금 부당하게 우월한 처지에 있는 편은 남성이다.『데카메론』을 읽으면 봉건 여성들조차가 멋없이 뽐내며 뻗대는 남편을 곯리는 여성 특유의 복수 수단 — 즉 불충실이라는 무기를 쓸 줄 알았었다. 더군다나 현명한 오늘의 여성이랴. 남성은 진정으로 여성의 전부를 차지하기 위하여 불명예스러운 봉건적 유산인 모든 남성의 특권을 팽개쳐야 할지 모른다. 그렇지 않다가는 그는 여성의 복수를 스스로 기대해야 할 것이다. 복수 중에도 가장 잔인한 '불충실'이라는 무기에 걸릴 것을 알아야 할 것이다. 그러면 남녀 양성의 사회적 기능이 갈리는 점은 또 갈려야 할 점은 어떤 데 있나. 가령 남성이 전쟁에 능숙하다고 할진대 여성은 평화에 훨씬 더 용감해 보인다. 남성의 팔다리와 생각이 무겁고 거친 일에 더 알맞다고 한다면 여성은 차근차근하고 부드럽고 온화한 분위기를 돕는 데 익숙해 보인다. 꽤 용감한 왈가닥 여성도 세상에는 많지만 그래도 어느 나라에고 국회에 여자 대의원이 반수 이상이라면 공격적인 전쟁의 선포를 결의하는 일은 없음 직하다. 인간적으로 평등한 관계에서 분담하는 것이라면 또 견식과 지혜를 가지고 할 수 있는 여유가 있어서 하는 게라면 가정에서 하는 일 아이 기르기까지라도 여성만의 일로써 뜻깊은 것이 아닐까. 그리하여 어떤 프랑스 신사의 말마따나 "Vive la difference!"가 지당해진다.

그리하여 우리는 가장 경계해야 될 연애지상주의의 말로를 지목해 놓아야 하겠다. 높은 인간적 이상이 없는 연애란 결국 연애의 장난에 떨어지고 만다는 일이다. 즉 연애를 향락의 수단으로서 추구하는 일이다. 이러한 건전하지 못한 순례의 전형적 인물로서 예로부터 '돈 후안'의 이름을 든다.

다행히 오늘은 생활에 쪼들리고 쪼들리는 나머지 영어에서 말하는 '손에서 입으로'의 생활에 몰려 도시 연애를 생각하는 것이

사치인 시민이 많아서 이러한 불건전한 기풍이 떠돌 여지가 없어 도 보인다. 그런 기풍을 만들며 또 거기 젖어 있는 것은 배불리 먹 고 나면 할 일이라고는 따로 없는 사람들이며, 또 그런 종류의 인 간이 나올 수 있는 곳이면 대개 그들의 좋은 미끼가 될 수 있는 가 엾은 여성들을 적당하게 가난이라는 물건이 보급하도록 되어 있 는 법이다. 사회적으로 민족 전체로 본다면 도대체 그게 모두 병 집이어서 국가 백년의 앞날을 좀먹는 결과가 되기 십상이다. 그들 의 능력과 소질을 보다 더 옳고 보람 있는 일에 부을 수 있도록 국 가적으로 조절이 되어야 할 것이다. 어떤 사람들은 돈 후안이 마 치 인간의 본연의 자태인 것처럼 개탄하거나 정해 버린다. 그렇 지 않다. 다만 돈 후안들은 배가 덜 고픈 데다가 할 일이 없는 때문 에 그리 되는 것이다. 그들에게는 일거리가 없다는 게 그들의 타 락을 돕는 결과가 된 것이다. 적당한 일을 주거나 밥을 덜 주면 그 런 병쯤 쉽사리 나아 버리는 것이다. 해방 후 이 나라에서 처음으 로 중학·대학에서 남녀공학이 공인되었을 적에 사람들은 곧 학생 의 풍기 문제로 꽤 골머리를 앓을 줄 여겼었다. 그러나 정작 당해 놓고 보니 우리의 젊은 동생 조카들은 제법 현명하게 이런 걱정을 쓸어 버렸다. 만약에 학교라는 곳이 하는 일이 없는 곳이라면 그 래서 저기 막연히 젊은 남녀를 모아 둔다면야 별의별 일이 다 생 길지 모른다. 그러나 학교에서 그들은 공부한다는 큰 일을 제각기 가지고 있는 것이다. 그들 자신의 먼 장래와 또 국가와 민족의 운 명에 연결된 큰 공부를 그들은 하고 있는 것이다. 그러한 정황 아 래서는 연애 문제는 그것의 분수 이상의 발효를 할 수가 없다. 그 러므로 학생의 풍기 문제를 미연에 막으려던 학교 자체가 청춘의 모든 정열을 빼앗기에 족할 만치 보람 있게 또 꽤 바쁘게 공부를 시켜가야 하는 것이 상책일지도 모른다. 아니라면 여겨 보자. 오늘 대부분의 여학생들이 그럴 만한 나이가 다 찼으면서도 의복이나 화장에 왜 그리도 담담한가. 왜 공부에 열중하는 학생들일수록 더욱 그런가. 마음속에 깊은 생각이나 높은 희망이 없는 여자들일수록 마치 텅 빈 형체를 감추려는 듯이 얼굴과 머리와 손끝에 지나칠 정도로 물감과 가루를 가지고 진하게 칠하는 것이 아니냐. 사회적 풍습이 화장하기로 되어 있다면 할 수 없는 노릇이다. 그러나 거기는 정도가 있다. 일찍이 18세기에는 유럽에서는 사내들이 오늘의 여자 모양으로 사내답지도 않게 분을 바르고 연지를 찍고 머리를 꾸미고 의복에 갖은 장식을 다하던 때가 있었다. 귀족이라는 특권층이 행세를 하던 때라 저마다 귀족임을 자랑하거나 적어도 귀족인 체하려던 시절에 또 같은 귀족끼리도 제각기 제 지체를 뽐내기 위하여서는 화장과 단장에 호소하였던 것이다. 사내들의 옷이 평범해지고 보통 얼굴이 더 유행하게 된 것은 평민이 도리어 높이 대우받는 민주주의 사조와 제도가 자리 잡은 다음부터의 일이다. 인간으로서의 깊이와 인격의 가치가 통틀어 문제가 되지 않고 물질이 모든 평가의 기준이 되는 동안은 화장과 단장이 여성들의 큰 관심거리가 됨직도 하다. 그러나 높은 이상과 창조적인 일에 대한 열중이 따르지 않는 칠보단장과 화장만은 오히려 그 속에 영혼의 시체가 누워 있는 회칠한 무덤에 지나지 않는 것이다. 여성은 그가 지닌 참말 가치 있는 것을 가지고 자신을 자랑하는 게 아니라, 기실은 코티 기타 모모 화장품 회사와 직조 회사의 상품을 광고해 주는 쇼윈도요 마네킹의 일을 비싼 값을 치러 가면서 해 주고 있다는 것을 본인도 모르고 있는 것이다. 만약에 그로 하여 그가 박수갈채를 받는다면 그것은 그 자신이 받는 게 아니라 사실은 모모 회사가 받고 있는 것이다. 현명한 여학생들이 그것을 피하는 것은 너무나 당연한 일이다.
　무엇보다도 인간이 앞서야 하겠다. 제군은 화장하지 않고 이성을 만나야 하겠다. 또 화장을 하지 않은 자신을 이성 앞에 보여야 하겠다. 만약에 찬란한 옷이나 화장으로 저를 숨기고 만났다가는 훗날 그 옷이 다 해지고 화장이 떨어지는 날에 올 웃음거리를 어떻게 할 것인가. 어느 날 눈보라나 진탕 속에서 그 옷과 화장이 산산이 찢기고 적시우고 뭉겨질 때는 어쩔 것인가.
　영국 옛날 민요에「베드놀 그린의 거지 장님의 딸」이라는 것이 있다. 아리따운 소녀 베시에게는 구혼자가 여럿이 있었다. 기사도 있었고 양반도 있었고 큰 장사꾼도 있었고 젊은 도련님도 있었다. 그러나 색시가 베드놀 그린의 거지 장님의 딸이노라고 내붙이자 넷 중의 세 구혼자는 코웃음을 치고 내빼고, 잘난 기사만이 남아서 베시와 결혼한다는 것이다. 오늘날에 이르기까지라도 아직도 사람 그 자체가 아니라 그 지체라든지 문벌이라든지 가세 형편이라든지 그런 것에 먼저 눈이 팔리는 일은 없을까, 베드놀의 경솔한 구혼자들은 아직도 세상에는 수두룩하지나 않을까. 그러니까 베시는 여전히 여간 조심하지 않다가는 실수하기가 예사겠다.

6

　여기 또 하나의 위험이 있다.
　꿈은 청춘의 특권이라고들 한다. 청춘은 자기의 발밑만 보려들지는 않는다. 그는 '현재'의 주민이라느니보다는 차라리 '미래'의 주민인 것이다. 그들은 현실에 사는 게 아니라 꿈에 사는 기이

한 종족인 것이다. 그러므로 웬만한 현실의 불만 부족은 미래의 이름으로 참고 견딜 수도 있는 것이다. 이른바 플라토닉 러브의 심리도 여기 있는 것이다.

 소년 소녀는 제각기 마음속에 어슴푸레 이성의 환영을 어느새 지니고 있다고 한다. 그들은 항용 때가 익어 처음 만나는 이성에게 자기의 마음속의 환영을 뒤집어씌워 그를 사실 이상으로 미화하여 자기의 마음의 성소에 모셔 버리는 것이다. 이리하여 평범한 여성도 여신이 되고 천사로 승격되는 것이다. 억울한 것은 저도 몰래 어느새 신기루 속에 올라앉고 마는 편이 된다. 청춘은 이렇게 땅 위의 실재한 인물 그 자체를 사모한다느니보다는 그 실재의 인물에 비겨 제 꿈을 좇아다니고 있는 것이다. 상대편에서는 상대편대로 이 편에서 열중하는 것이 실은 이 편의 꿈인 줄은 모르고 자기당자이거니 착각해 버린다.

 그러나 그들은 서로 언제까지고 상대편에서 뒤집어씌우는 꿈과 환영의 안개 속에 숨어 있을 수는 없다. 어느 날 이윽고는 안개가 거치는 날이 오고야 만다. 연막 뒤에서 실재의 인물의 원형이 들추어날 때 다행하게도 꿈 그대로 훌륭한 인간일 적도 예외로 있을 수도 있겠지만 대체로는 그런 인간은 드문 것으로서 아무리 옥일지라도 군데군데 흙과 돌멩이가 섞여 있는 게 인간의 상정인 것이다. 그리하여 천사는 하루아침 한 벌거숭이 인간으로 떨어지고 마는 것이다. 보아서는 아니 될 것을 보고 마는 것이다. 청춘은 이성과의 관계뿐 아니라 인생과 사회와 세계 전체에 대하여 사실은 이러한 꿈에 사는 게 그 특징인 것이다. 어른들의 젊은이에 대한 제일 큰 무이해는 청춘의 꿈이 많은 사람들이라는 것을 잊어버리기 쉬운 점이다. 그러기에 청춘의 하늘에는 유달리 별이 많은 것이다. 그들은 저들의 무수한 희망이라는 별들마저 뿌려서 그들의 하늘을 장식하는 때문이다. 그러나 어느 날 그 맑은 어린 마음이 추한 현실의 사태에서 배신을 당하고 마는 것이다. 이른바 시인이 라든지 예술가라고 부르는 발육이 불완전한 종족들만이 나이 들어 가도 그대로 그 꿈을 버리지 못하고 있는 것 같다. 꿈이 하도 많기에 반생을 두고 조국을 떠나 르네상스의 햇볕을 목전에 둔 유럽의 여명 속을 한없이 헤매던 단테를 보라. 그리고 임종하는 순간에조차 빛을 찾아 허우적이던 레오파르디나 괴테를 보라.

그리하여 청춘의 무대에 전개되는 그들의 최대의 사건인 연애가 항용 흥분과 정열과 희망의 각광을 떠받고 시작되었다가는 필경 실망과 우울과 침체 속에서 끝나는 것을 구경한다. 「무도회의 수첩」이라는 영화가 있었다. 거장 뒤비비에가 우리 앞에 한 여주인공의 이렇게 깨어지고 만 꿈들을 다시 펴 보여 주도록 꾸며 놓은 것이다. 인생이라는 것은 실상 이러한 작고 큰 꿈의 비극을 무수히 접어둔 수첩인지도 모르겠다.

그러나 비극은 회피해야 할 것이다. 더군다나 우리가 지혜롭지 못하다거나 생에 대한 그릇된 태도 때문에 스스로 빚어내는 비극이라면 지혜를 회복하고 태도를 바로잡음으로써 비극을 회피할 수도 있을 것이 아닐까. 꿈이 나쁜 것이 아니다. 꿈에 죄가 있는 것도 아니다. 꿈이 없는 청춘이야 향기 없는 꽃이나 다름이 있느냐. 또 꿈이 없는 인생은 사막밖에 될 것이 무엇이냐. 꿈이 없는 민족 — 그것은 화석밖에 될 것이 없다. 잘못은 꿈이 허공중천에 떠 있다는 점이다. 꿈을 끌어다 땅 판에 발을 붙이게 해야 할 것이다. 현실과 떨어진 꿈을 공상이라고 부른다. 현실에서 유리된 꿈의 장난을 환상이라고 부른다. 공상과 환상에 사는 사람을 몽상가라고 한다. 그와 달라서 현실과 늘 결합된 꿈, 현실의 미움의 발견 자각에 입각하여 그것을 더욱 아름답고 만족한 상태로 끌어올리는 그런 꿈도 있을 수 있다. 또 있어야 한다. 공중누각이 아니라 늘 땅 위에 꾸미는 꽃동산이요 우리가 그 속에서 살고 지낼 새 생활의 터전을 자꾸만 쌓아 올리는 것 — 그리하여 우리 생활에 있어서 늘 창조적 활동을 자극하며 북돋아서 우리의 생을 더 높은 데로 이끌어 올리는 한 지표로서의 꿈 — 그러한 꿈에 사는 사람을 우리는 이상주의자라고 부른다.

한 옛날 크레타섬 왕의 궁정 어용 목수의 아들 이카루스 소년은 나무로 만든 날개를 밀로써 겨드랑이에 붙이고는 하늘 꼭대기까지 날아갔다고 한다. 너무 높이 올라가서 태양 가까이 갔었으므로 밀이 햇볕에 녹아서 그만 날개가 떨어져서 그는 지중해에 거꾸로 떨어져 빠져 죽었다는 것이다. 이카루스의 비극은 그대로 공상가의 운명처럼 일러져 온다. 당시의 크레타 문명의 수준으로서는 그것은 공상일세 분명하다. 20세기에 들어서서 라이트 형제의 꿈이 현대 과학기술의 현실과 결합했을 적에 비로소 전설이 아닌 사실상의 비행기가 하늘을 날게 된 것이다.

가장 실증적이요, 현실주의적이라고 지목되는 근대과학도 무시로 피어나는 수없는 과학자들의 꿈과 현실의 기이한 결혼에서 생긴 아들인 것이다. 근대과학의 공적은 비단 그 여러 성과의 놀라움에만 돌릴 것이 아니다. 그 성과가 이용되는 부면만 해도 물론 크다. 그러나 그와 동시에 과학이 생기고 자라나는 그 과정에서 또 그 성과로 해서 우리 생활에 일어난 변화로 하여, 우리의 생각하는 방법 사물을 처리한 방식 생활을 조직하고 밀어 나가는 태도 전반에 당연히 와야 할 근본적인 정신적 혁명이랄까, 하는 것은 아직도 이루지 못하고 있는 것이다. 이카루스적인 생각 방식 사물 처리 방식은 말하자면 신화 시대에 맞는 것이며, 또 그러한 세계에서 솟아난 것임에 틀림없다. 플라토닉한 생각은 암만해도 중세적인 분위기의 소산일세 옳다. 3백 년의 과학의 세례를 받은 오늘의 청년 남녀에게는 그들만이 차지할 수 있는 새 시대의 사고 방식 사물 처리 방식 생활 태도가 섰어야 할 것이다.

우리가 지금 다루고 있는 문제에 있어서도 마찬가지다. 이윽고는 깨트러지고 말 어떤 환영을 상대편에 투영하는 허망한 몽상가의 잠꼬대에서 깨어야 할 것이다. 세상에는 '완전한 인간'이라는 것은 있을 수 없다고 말한 것은 잘한 말이다. 어디라 없이 부족한 데를 가지고 있는 것이 인간의 속임 없는 모습인 것 같다. 요는 그 부족과 결함을 끊임없이 스스로 살펴 찾아내서 고쳐 가는 일이다. 더군다나 세상에는 '그것은 그 사람의 단점이자 장점이다.' 하고 평하는 말이 잘 돌아다닌다. 단점이 장점이 될 수 있는 것은 그것을 좋은 결과에 살릴 수 있는 경우다. 장점도 단점도 아울러 상대편의 속임 없는 모습을 알고 마는 것 — 그것이 이해에 도달하는 첫 출발점인 것이다. 알고만 만다는 것은 그러나 그것에만 그칠는지 모른다. 그 부족한 점을 고치고 또 바로 이끌어서 더 완전한 인격에로 자라갈 수 있는 가능성을 찾고 못 찾는 것이야말로 문제다. 서로서로 완전한 것의 허수아비를 좇아다니는 게 아니라 약하고 부족한 인간으로서 서로서로 의지하고 돕고 힘써 나가는 길에서 어울리는 그때에만 참말 굳센 애인으로서 만나는 것이 된다. 스스로 완전하다고 생각하는 것, 노력을 잊어버린 순간, 우리는 사실은 스스로 사망신고에 서명한 것이나 마찬가지다. 그와 동시에 남을 완전한 양으로 쳐 버리고는 후일 그렇지 않다고 해서 자기의 책임에서 도망질칠 구실을 삼는다는 것은 악의로 무고하는 것밖에 아니 된다.

7

환영이 깨지고 꿈이 깨지는 것만이 연애에 파탄이 오는 유일한 원인은 아니다. 그러나 그 가장 보편적인 원인인 것만은 틀림없다. 원래가 이기적인 모가 강한 인간의 일이라 환영을 만들어 씌워 놓은 것은 이편이면서도 환영과 실재가 맞지 않는 것이 마치 환영을 닮으려 애쓰지 않는 실재인 저편에게만 책임이 있는 듯이 고발하기 시작한다. 사람들은 이런 것을 가리켜서 사랑이 식는다고 한다. 그렇다. 열은 모든 것을 녹여서 한 덩어리를 만든다. 두 인격은 진정한 애정 관계에서는 단둘이 아니라 하나인 것이다. 서로서로가 상대편에 자기를 포기하는 것이다. 자기를 희생한다는 고통이 없이 하는 자기희생의 극치가 나타나는 것은 바로 여기서다. 아무러한 의식적인 요구도 준비하지 않고 다만 모든 것을 던져 주려는 태, 절대적인 자기부정, 끝이 없는 봉사, 그것은 사랑이라는 것의 일반적인 성격이다. 그러나 사랑은 모성애에서와 마찬가지로 남녀 간의 애정에서 또 하나 그 원형을 발견하는 것이다.

어떤 한 사람의 인격은 그가 무엇을 받을 적에 그 받는 모양에도 나타나지만 그보다도 그가 무엇을 남에게 줄 적에 어떻게 주나 하는 그 독특한 포기 방식에 더 잘 나타나지나 않는가 생각된다. 서로서로가 아낌없이 던져 주려고 하는 동안은 애정은 가장 순탄한 항해를 하고 있는 것이 된다. 그러나 상대편에 향하여 차츰 요구를 내걸기 시작하는 순간부터 애정은 사실상 식어 가고 있는 것이다. 무조건한 무제한한 자기부정에서부터 홱 토라져 뻔뻔스럽게도 머리 추어드는 자기주장은 벌써 애정의 포기 신호인 것이다. 그리하여 애정은 항용 아름다운 서곡에서 시작하여 추한 종막으로 끝나는 희극이나 비극이라느니보다도 참극인 경우가 많다. 알베르 카뮈는 그의 걸작 「페스트」속에서 이런 뜻의 말을 한 일이 있다. 한 거리의 성격을 알려면 그 거리의 주민이 어떻게 일하며 어떻게 사랑하며 어떻게 죽는가를 살펴보아야 한다는 것이다. 한 사람의 인간의 됨됨이나 참모양은 그가 어떠한 연애를 하였나에 가장 잘 나타나는 것 같다. 가장 저열한 사람은 가장 저열한 모양으로, 가장 비겁한 사람은 가장 비겁한 모양으로, 또 가장 경박한 사람은 가장 경박한 모양으로 그들의 연애를 경험하나 보다. 가장 아름다운 추억으로 남을 수 있는 연애를 가져 본 사람이라면 스스로 자기가 착한 사람으로 자인해 무방할 것이다.

한 사람의 인간이라고 하는 것은 무엇이냐. ① 그만이 가진 독특한 유전소(Genes)와 ② 체험(Experiences)과 ③ 교양(Culture)의 셋의 종합이라고 한다. 그리하여 그는 이러한 것의 전부를 가지고 그가 스스로 택해 가는 이성 관계의 모양에 틀을 부어가는 것이다. 거기서 그의 인격은 가장 자유롭게 또 가장 충분하게 실현되는 것이다. 애정에서 위선을 하는 것은 그 위에 없이 비열한 일이다. 인간과 인간과의 빈틈없는 이해가 정립되는 한 전형이 또 여기 있는 것 같다. 언제 되쳐 생각해도 떳떳하고 아름답고 또 누구의 앞에서도 서슴지 않고 말할 수 있는 그러한 애정을 모함할 권리는 어떠한 신부에게도 교사에게도 있을 수 없다. 어떤 시인의 노래의 한 구절에 이런 것이 있다.

사랑은 아름다운 노래와 같은 것
그러나 아름다운 노래란 짓기가 어려우니라

예술에 있어서조차 그 속에서 자기를 속이지 않는 이른바 성실성은 예술의 최고의 미덕이라고 한다. 그러므로 글은 그 쓴 사람의 인격의 반영이라고 한다. 예술보다도 더 엄숙한 생의 가장 열렬한 시간에 있어서는 성실성은 더한층 지상명령일터이다.

항시 높은 이상에 의하여 인도되며 인류와 민족에 대한 성스러운 사명으로 얽히며 인간성의 가장 풍부한 발로로 해서 빛나며 끊임없는 자기완성의 노력에 떠받치우며 그 위에 창조적인 일을 통하여 나타나는 공동 투신·자기연소는 생의 가장 충실한 실현일 것이다.

8

누군가 말하였다. '결혼은 연애의 무덤'이라고. 그것이 만약에 봉건적인 결혼 관계를 저주한 말이라면 그럴세 옳겠다. 당사자 본인들의 자유의사는 전혀 문제되지 않고 부형이나 통치자나 상전이 그들 자신의 물질적 필요에서 또는 정략상 동기에서 또는 한때 변덕에서 정해 놓은 결혼이라면 그것은 과연 무덤일세 옳다. 그 밖에 또 부를 적당한 이름이 따로 있을 수 없겠다.

그러나 오늘에 와서 그 말이 결혼 문제를 얘기할 적에 돌림구처럼 되는 때가 있는 것은 무슨 때문인가. 그 하나는 연애를 그 자체로서 완결되는 사건으로 잘못 여기는 편견에서 오는 일이요 그 둘은 연애를 한낱 향락의 도구로 여기는 퇴폐 사상에 연유하는 것이요 그 셋은 연애에서 시작되기조차 한 결혼이 청춘이 항용 가지는 터무니없는 환영의 반동으로 오는 이른바 환멸기 때문으로 해서 파탄에 임하게 되는 것을 자주 구경하는 데서 오는 말 같다.

연애는 위에서 살펴 온 그 성격으로 보아서 결코 일시적일 수도 순간적일 수도 또 생애의 어느 토막에만 국한될 것도 아니다. 그 자체에서 끝날 리가 없어 보인다. 우리의 장구한 생의 노력과 함께 있는 것이요 그것에 연결되어 있어야 하는 것이다. 그리하여 그것은 당연히 결혼으로 발전할 계기를 품고 있을밖에 없는 것이다. 결혼이라고 하는 것은 연애의 공인밖에 아무것도 아니다. 연애에 있어서 추구하는 노력은 그대로 결혼에서 계승되어야 할 것이다.

다만 결혼은 오늘에 있어서는 사회적 제도요 법적 관계인 면이 더 현저할세 옳다. 오늘 같아서는 이미 연애 관계에 있는 젊은 남녀가 새삼스럽게 주체 앞에서 맹세를 바꾸는 것은 그제서야 피차의 책임을 시인하는 진지한 생활로 들어가는 것이요 그때까지의 연애 관계는 무책임한 시험기에 지나지 않았다는 듯이 여기는 것같이 된다. 연애에서라고 책임이 가볍고 결혼에서라고 책임이 더 무겁다는 것은 구식 생각이다. 어느 것에서고 자기의 전 인격을 내놓고 하는 일이라면 전후에 책임의 경중이 있을 리 없다. 남이 보는 데라고 더 책임을 느끼고 남 못 보는 데서는 아무래도 좋다는 생각은 비열하기 짝 없는 생각이다.

결혼식은 차라리 연애 관계의 공인을 위한 예식으로 되어 버리는 것이 더 옳겠다. 사회적으로 다루기 시작하게 되는 외부에 대한 일정한 표시 방식이다. 당사자들의 책임에 있어서는 마찬가지라야 할 것이다. 결혼에서 엄격한 점은 연애에서도 엄격해야 할 것이다. 또한 결혼은 결혼식에 의하여 널리 공포됨으로 해서 당사자 이외의 사람들의 그런 것으로 알고 대우하며 그들이 지켜야 할 예의와 조심을 바치게 되는 것이다. 국가는 또한 일정한 법적 절차를 기다려 거기 해당한 법적 보호와 구속을 시인하는 것이다. 그런데 결혼식과 혼인신고에서 시작되는 혼인 관계에 오늘 붙여 주는 사회적·법적 구속력의 면만을 과신한 나머지 당사자들이 연애에서와 마찬가지의 인격적·전인간적 노력을 게을리한다면 분명 파탄이 오기 쉬울세 옳다. 그러한 노력이 끊어지고 오직 혼인 관계라는 차디찬 사회적·법적 제약만이 남는다면 그 시간부터는 그것은 진정한 결혼생활일 수 없고, 굳이 말한다면 결혼의 형해만 남는 게 된다. 그러한 결혼은 무덤일세 옳다. 그렇다. 연애가 죽은 결혼은 연애가 없는 결혼과 마찬가지로 그것은 무덤이다. 모든 결혼이 연애의 무덤인 게 아니라 연애가 없는 결혼만이 무덤인 것이다. 그 속에 사는 사람은 두 사람의 관계에서만은 산송장이나 마찬가지가 된다.

 그 시초와 진행에 있어서 뜨거운 애정의 고조가 있었더니만치 하루아침 그것이 파탄에 직면하는 경우에는 실로 수습할 수 없는 심각한 모양으로 나타나며 어저께까지의 애정이 오늘은 극단의 미움으로 되쳐 버리게 된다. 파탄은 될 수만 있으면 면해야 될 것은 물론이다. 그러나 어쩔 수 없이 청산해 버려야 될 파국에 다닥치고 마는 경우 또한 없으라는 법은 없다. 실수는 인간의 자랑은 아닐지나 인간인 까닭에 때로 피하지 못하는 함정인 것이다. 그러므로 서양에는 '죄를 저지르는 것은 인간이요 용서하는 것은 신(神)'이라는 속담이 있다. 실수를 않는 것이 제일 좋으나 한번 실수는 대번 고쳐 가는 데 인간의 진실한 모습이 있는 것인가 한다. 물론 그동안에 그는 응분의 책임을 져야 할 것이다. 실수를 파묻어 두는 것은 옳지 못하다. 더군다나 실수를 합리화하거나 제 실수를 남에게만 뒤집어 씌우려 드는 것은 순진치 못하다 할밖에 없다.

또 연애를 향락의 수단으로 여기는 결과 결혼으로써 그런 향락의 기회의 소멸이라 보고, 그런 의미에서 결혼은 연애의 무덤이라고 한다면 그것은 한낱 퇴폐 사조라 함은 앞에서도 말한 일이 있다. 전쟁과 같은 어떤 사회적 불안 동요가 압도해 와서 내일 일 모레 일에 대한 확실한 예상이 서지 않는 곳과 때에는 항용 이러한 퇴폐 사조가 그 누이들인 신비주의 또는 미신과 더불어 독가스와 같이 침투해 들기 쉬워 보인다. 경제적 안정이 없음으로 해서 생활의 불안에 항시 몰리는 곳에서도 마찬가지다. 더군다나 생활 자료를 얻을 길이 막막할 적에 어떤 층의 여성이 쉽사리 여성이라는 특성을 상품으로 내돌리기란 매우 첩경이다. 혼기에 이른 남녀가 이러한 환경 아래서는 정당한 결혼의 시기를 이래저래 놓치고 말게 될 것은 물론이다. 제1차 대전 이후의 공황과 이번 대전 이후의 유럽의 사정은 그 전형이다. 한편에 물질과 시간의 여유가 너무나 옹색해서 데카당스의 흙탕에 빨려 들어가는 이들이 있다고 하면, 또 한편에는 물질의 여유는 과잉하고 너무나 많은 여가를 어쩔줄 몰라서 가는 곳이 데카당스의 길밖에 모르는 딱한 치들이 있는 것이다. 이러한 여러 가지 조건이 연애를 향락의 수단으로 쓰는 사조의 좋은 온상인 것이다. 그들의 대부분은 결혼이라는 무덤에 들어 있기 전에 벌써 다른 의미의 여러 가지 무덤에 각각 몸을 두고 있는 까닭에 구태여 결혼의 무덤이 고통이 될 것이 없다. 그러한 사조가 사회적으로 퍼져 있다면 그것은 그 사회 자체가 불건전한 증거가 될 것이다. 건전한 생활 체제를 다시 세움으로써 그것은 일소될 수 있을 것이다.

셋째로 결혼 뒤에 얼마 안 가서 적당한 시기에 반드시 오고야 만다는 그 무서운 환멸기 때문으로 해서 결혼 자체를 무덤이라고 저주하는 것이다. 만약에 환멸기를 가리켜 연애가 죽는 날이라고 하면 결혼식은 연애의 사형선고의 날밖에 될 것이 없다. 그런 게 아니라 차라리 연애는 결혼에 이르러 참말 완성에 가까워 가는 것이다. 환멸기는 분명히 무서운 폭풍일세 옳다. 그러나 아까 본 것처럼 연애에도 그런 위기는 있는 것이며, 그 위기의 대부분은 인간 자체의 지혜롭지 못한 탓에서 오는 것 같다. 환멸기를 잘 뚫고 나가서 결혼 생활로 하여금 무덤이나 사망이 아니라 꾸준히 행복의 동산이게 하고 못하는 것도 어느 정도까지는 인간의 지혜 여하에 달려 있지나 않은가 싶다.

가령 왕년의 체코슬로바키아의 극작가 카렐 차페크는 그 아내인 유명한 여배우와 한 울타리 안에 집을 둘을 가지고 갈라 있으면서 1주일에 한두 번씩 찾곤 하였다고 한다. 그러함으로써 피차 제 일에 몰두할 수 있었고 오래오래 환멸기를 피해 넘겼다는 이야기가 있다. 물론 차페크의 집은 성에 필적하는 큰 저택이었고 물질적으로 유족하였다는 조건이 스스로 그런 꾀를 부릴 여유를 허락은 했지만, 지혜로운 처사의 하나였던 것만은 틀림없다. 생활이라는 것은 결국 우리가 꾸려 가는 모가 크며, 따라서 역사라는 것도 우리가 만들어 가는 부분이 적지 않은 것이다. 무의식적으로 외부의 힘이나 자연의 힘에 밀려가는 부분이 물론 있어서 그것은 마치 우리의 힘을 넘어선 딴 힘으로 움직이는 것같이 보이기도 한다. 그 부분을 너무나 크게 보고 그것에 스스로 압도되어 굴복하고 들어가면 숙명론이 되어 버린다. 또 이줄 저줄 모르고 자기의 힘에 대한 아무런 자각 없이 외부의 힘과 자연의 명령에 그저 무의식적으로 순응해 가기만 하는 패가 있다. 그것은 한 개의 생존일지는 몰라도 저 길가의 한 개 돌멩이의 존재와 마찬가지로 거기 있어서 존재를 지속해 간다는 것뿐이다. 그렇지 않고 우리는 시시각각으로 새로운 결의를 하며 계획을 세우며 우리의 생활에 새 의장을 베풀어 뜯어고치며, 그러한 것의 총합으로서의 사회적인 노력으로서 역사가 또한 이루어지는 것이다. 즉 역사와 생활에는 만들어지는 부분이 또한 막대하다는 것을 잊어서는 아니 된다. 그런 의미에서는 즉 자연발생적인 출현만이 아니라 창의와 가공을 베풀어 합목적적으로 만들어 가는 것이다. 자연의 약속에 묵묵히 복종하는 게 아니라 목적의 실현에의 꾸준한 노력을 안에 품었다는 의미에서 헤겔은 역사의 이성을 말하였으며 역사적 정신을 상정하였던 것이다. 자기의 결의와 책임에서 결정해 가는 행동이며, 목적과 수단, 이상과 현실의 끊임없는 대립과 모순에 다닥치면서 하는 전진인 때문에 그러한 장면의 핵심에 서 있는 주관, 더 정확히는 주체이므로해서 그에게는 끊임없이 고민과 실망과 또 새 희망의 소생과 불안과 모험과 또 실현의 기쁨이 다름으로써 셸리가 노래하듯

 삶은 가지가지 아롱진 둥그런 유리 천정과도 같이
 영원의 흰 광채를 색색으로 물들인다
 죽음이 그것을 산산이 밟아 부셔 버리기까지

 그럴진대 산다고 하는 것, 다시 말하면 생활을 창조해 간다는 것, 역사를 만들어 간다는 것은 결국 생의 기술을 전제로 하는 것

이다. 목적과 수단, 의도와 재료를 매개하여 새로운 창조로 향하여 실현해 가는 것은 실천이요 행동이겠다. 연애라고 하는 것도 결국은 이러한 행동의 카테고리에 속하는 것이겠다. 환멸기라는 것은 반드시 결혼 뒤에만 오는 것이 아니다. 연애가 진행되는 동안에도 작고 큰 환멸과 실망은 여러 번 되풀이해 올 것으로 생각된다. 그럴지라도 그때그때 그것을 파탄으로서 결산을 지을 한 실패한 기성사실로 돌려 버리지 말고 다시 더 굳은 결합으로 유도하는 계기로 살리는 것 — 거기서 인간 형성의 애끓는 노력을 보고 싶다.

모성애·우애, 그러한 것과 마찬가지로 연애는 인간의 사회적 관계의 자못 구체적이며 단초적이며 아톰적인 애정의 원형일 것 같다. 이러한 구체적인 인간 관계의 생생한 아날로지(유추)로서 실속이 들어 있지 않는다면 인류애와 같은 말도 지극히 공소한 말이 되어 버릴 것이다. 참말로 성실하게 애인을 사랑할 수 없는 사람이라면 이웃도 인류도 성실하게 사랑할 수 없을 것이다.

애정에 있어서 서로서로가 보이는 그 열렬한 관심 — 그러한 관심은 이 지상에서 인간과 인간이 보일 수 있는 관심의 가장 집중적인 전형이라고도 할 수 있다. 인간과 인간이 두 겹 세 겹 열 겹 스무 겹 이 땅 위에서 서로 교차시켜 놓은 관심의 그물이 아톰으로서의 개개인을 이웃으로서 연결하고 다시 민족으로 결합하고 나가서는 인류로 포섭해 가는 것이다.

서머싯 몸은 연애가 파탄된 처참한 결과는 미움에 있는 것이 아니라 차라리 무관심에 있다고 하였다. 질투라고 하는 것은 관심의 한 변태인 것이다. 벌써 미워할 줄도 모르고 질투할 줄도 모르게쯤 된다면 그 관계는 파탄의 절정에 닿고 만 것이다. 돌아올래야 돌아올 수 없는 데까지 다다른 것이다. 만약에 이 땅 위에 사는 사람과 사람 사이에 이러한 쌀쌀한 무관심만이 흐르고 있다고 하면 세상은 빙하와 다른 것이 무엇이랴.

생활은 어떤 모에서는 아니 현저하게 기술적인 데가 있다. 그렇다고 하면 오늘의 젊은 세대는 그들 자신의 어떤 특징적인 방식으로 제 생활을 창조해 갈 것이다. 그럴진대 연애 문제에 대처해 가는 그 방식에 있어서도 그들 자신의 창의를 잘 발휘할 것으로 믿는다. 역사라고 하는 것이 소용이 된다면 그것은 실패의 되풀이를 막을 수 있다는 일이겠다. 그리하여 역사의 가치는 지혜의 양식이 될 수 있다는 점이다.

우리는 연애의 기초에 평등성의 문제가 바로 해결되어 있어야 한다는 점을 밝혔었다. 연애에 지상가치를 붙여 주는 것과 같은 것은 생의 조화를 깨트린다는 점도 지적했다. 향락의 수단으로서 연애를 이용하려는 퇴폐 사상도 경계하였다. 결혼에로 연결되지 않는 연애의 옳지 못한 점도 보았다. 무엇보다도 '일'을 통하여 결합되며 생의 창조에 그대로 어울려 가는 인간관계의 한 개의 원형으로서 그것을 보려 하였다. 그리하여 정신과 정열의 완전한 결합, 서로서로의 인간적 이해와 인격적 존경 위에 선 희망과 이상에 바치는 능동적인 적극적인 가장 집중적인 인간관계로서의 현명한 연애는 인류의 한층 더 행복스러운 미래를 건설하는 데 이바지될 수 있을 것이다.

9

최후로 우리나라의 한 통폐인 관념주의가 이 문제에 있어서도 폐를 끼칠 것을 여기서 경고해 놓는 것이 적절하다고 생각된다.

사랑이라는 말이 대체 언제부터 우리나라에서도 남녀간의 애정 관계를 포함시켜서 쓰여지기 시작했던가. 「춘향전」에서만도 벌써 그런 의미로 쓰여졌었다. 그러나 유럽적인 의미 내용을 넣어서 쓰기 시작한 것은 이 나라에 기독교와 유럽 문학이 들어온 뒤의 일인 것이다. 그리하여 오늘에 이르기까지도 사랑이라는 것의 구체적이며 실질적인 면보다도 사랑이라는 말에 지나치게 혹해버린 듯하다. 마치 양복을 입고 양식을 먹듯이 유럽식의 현란한 말을 입끝으로만 받아넘기는 느낌이 없지 않다. 유럽 문학이나 또 그것을 받아들인 우리나라 신문학을 통해서 도시에서는 그보다도 더 영화를 통해서 물려가지고 있는 것이 우리가 사랑이라는 말과 연합하여 생각하는 의미의 전부다. 우리들은 자칫하면 소설에서처럼, 영화에서 하듯, 또 시적으로만 연애를 생각하는 탓으로 생활적인 내용이 충실하지 못한 모양으로 그것을 맞으며 처리해 가는 것 같다. 말하자면 공소한 어휘를 지니고 있는 느낌이 없지 않다. 연애의 실체를 체험하는 게 아니라 연애라는 관념의 테두리를 헤매고 있는 듯하다. 가령 연애편지라고 하는 것에 붙은 문자가 '나는 당신을 사랑합니다.'이다. 거기서 받는 인상은 어떤 모호한 분위기의 암시밖에는 없다. 말하자면 거기는 사랑이라는 관념밖에 나와 있는 게 없다. 사랑한다는 말보다는 사랑한다는 증거를 행동으로서 보여 주어야 할 것이다. 가령 앓는 사람을 사랑한다는 증거는 그에게 그를 사랑한다는 말을 들려주는 데 있는 게 아니라 실제로 병구완을 잘해 주는 데 있는 것이다. 게으른 애인보다는 충실한 간호부가 사실은 환자를 더 사랑하는 게 된다.

그러면 사랑의 실체는 어디 있는가. 그것은 끊임없이 곁에 있고 싶다는 생각에 있다. 좋은 것을 보면 먹이고 싶고 좋은 옷을 보면 먼저 입히고 싶고, 상대편이 좋아하는 일이라면 어떻게고 해 드리려는 그 생각과 그런 일을 실지로 해 가는 그 실천 속에 있는 것이다. 가장 일상적인 일에서 구체적으로 나타나는 것 — 거기 사랑이 실체의 단초가 있어 보인다. 그러한 생활의 실천을 통하여 맺히고 굳어지는 관계의 누적이라면 눈보라 속에서도 진탕 속에서도 꺼꾸러지지도 무너지지도 않을 것이다. 허수아비와 같은 관념을 좇고 있는 때문으로 해서 그 관념은 어느 날 거센 기류에 휩쓸리면 안개처럼 사라져 버리기 쉬운 것이다. 나는 이런 의미에서 정황은 달라도 우리 조상이 남긴 최대의 연가를 여기 적어서 이 다루기 어려운 논문의 끝을 맺고자 한다.

겨울날 따스한 볕을 임의 등에 쪼이과저
봄미나리 살찐 맛을 임의 손에 드리과저
임이야 무엇이 없으리오마는 내 못 잊어 하노라.

—《학생(學生)과 학원(學園)》(首都文化社, 1950. 3)

설문답(設問答) 기타

(1932~1947)

나의 총결산

1. (가) 닥쳐올 모든 폭풍우를 뚫고 나갈 만한 '군센 정신의 좋은 숙소'로서의 건전한 육체의 축조.(진행 중이올시다.)

(나) 개인 생활에 유모어를 주입할 것(5분(分)쯤 성공).

2. 돈을 좀 벌자던 것이 다 틀렸습니다.

3. 시집의 발간, 연극 운동은 금년에도 미결 사항 속에 다시 적어 두나 봅니다.

(설문(設問): 신년에 결심했다가 금년 중에

    1. 성공한 일

    2. 실패한 일

    3. 아직 착수도 못 한 일)

―《신동아》 2권 12호(1932. 12)

당신이 제일 이쁜 때는

이전에 어떤 잡지사에서 '돈 없이도 부자처럼 사는 법'을 현상 모집한 일이 있었습니다. 1등 당선된 대답은 '남편을 보고 하루에 세 번씩 웃어 보시오.'라는 것이었습니다.

여인이여! 당신의 얼굴이 제일 이쁠 때는 당신이 웃을 때입니다. 당신의 아기를 즐겁게 하고 당신의 남편을 향하여 노하고 싶을 때 오히려 웃음을 보이시오. 그런데도 남편이 당신을 천사라고 부르지 않는다면 그 남편에게 벌이 있을 것이외다.

—《신가정》1권 4호(1933. 4)

어머니

모성애는 자연이 인류에게 준 다른 한 개의 태양이 아니고 무엇이랴.

(설문 : 어머니에 대한 경구 한마디)

—《신가정》1권 5호(1933. 5)

송년사

　나는 나의 친한 분들에게 이전부터도 참말 미인이 되는 '마음의 화장법'을 역설해 왔습니다.
　그것은 당신의 얼굴과 몸에 '명랑한 웃음'과 '넘치는 활력'을 가지는 것입니다.
　그러므로 내가 연말을 당하여 당신에게 묻고 싶은 것도 이 말입니다.
　지난 한 해 동안 마음의 화장법을 시행해 보셨습니까.

―《신가정》 1권 12호(1933. 12)

1934년에 임하여 문단에 대한 희망

무엇보다도 작품이 많이 나왔으면 좋겠습니다. 작품이라도 재래의 형(型)을 깨트린 새로운 작품이 많이 나오기를 희망합니다.

―《형상(形象)》1권 1호(1934. 2)

피서(避暑) 비법

다른 가족들의 출입을 엄금한 후 뒤뜰 앞에서 냉수를 두어 번 뒤집어쓰고 나서는 거적을 끌고 나무 그늘로 나갔습니다. 그러나 지금은 하숙 생활이라 그렇지는 못하고 그저 아무 방위 없이 더위에게 항복합니다. 의자에 기댄 짧은 동안의 낮잠이 때때로 더위에서 나를 건져 줍니다.

―《신가정》 2권 8호(1934. 8)

명사와의 독서 문답

1. 매일 독서 시간은 두 시간이 되나마나 합니다.(하루에 몇 시간 읽나)

2. 밤과 이른 아침에 항용 읽습니다.(어느 때 읽나)

3. 주로 문학, 그중에서도 시에 대한 것을 읽습니다.(무엇을 읽나)

4. 그 밖에 취미로는 국제정국에 대한 것을 읽습니다.(전공 이외로는 무엇을 읽나)

5. 어려서 「불쌍한 동무」에 감동했습니다.(감명 깊었던 책은)

6. 건전한 정신은 건전한 신체에 깃든다.(좌우명은)

7. 「자조론(自助論)」인 것 같으나 시골에 두고 와서 연월일 같은 것은 자세히 모르겠습니다.(가장 오래 가지고 있는 책은, 또 언제부터)

8. 「신문학전관(新文學展觀)」.(8월 10일에 샀습니다. 단 외상인데 그래도 샀다고 할 수 있을는지요.)(최근에 산 책은)

——《신가정》 2권 10호(1934. 10)

작품 연대표(年代表)

1930년 추(秋) 첫 시 「가을의 태양(太陽)은 플라티나의 연미복(燕尾服)을 입고」를 《조선일보》에 발표.

1933년 동(冬) 첫 단편 「어떤 인생」을 《신동아》에 발표.

1936년 7월 장시 『기상도(氣象圖)』 자비 출판.

1. 골드워디, 포사이트 사가.
2. ……
3. 고운편석촌(孤雲片石村), 도화류수세(桃花流水世)에서 땄습니다.
4. 산보, 시네마, 독서.
5. 성진(城津), 센다이(仙臺), 30세.

(설문: 어느 해에 처녀작 시·소설의 무엇을 어느 잡지에 발표하였으며, 어느 해에 시집 또는 창작집 무엇을 어디에서 초판 혹은 재판했읍니까.

부기(附記): 1. 과거에 애독한 작가와 그 작품.
2. 선생이 친밀히 교우하는 문인 제씨.
3. 아호(雅號)의 뜻과 그 유래.

4. 무얼로 소일합니까.

5. 고향은? 지금 계신 곳은? 나이는?)

―《삼천리》9권 1호(1937. 1)

신념 있는 생활

모든 신념을 차례차례로 다 잃어버린 생활처럼 지옥은 없을 것이다. 무엇이고 신념을 가지고 살고 싶다. 지극히 희미한 일, 지극히 작은 일이라도 좋으니 거기 신념을 가지고 꾸준히 걸어가고 싶다.

—《조광》5권 1호(1939. 1)

문학자의 말

1. 모든 혁신 세력을 규합하여 광범하고 강력한 민족통일전선을 결성하여 연합국으로 하여금 하루바삐 막부결정(莫府決定)의 약속을 이행시켜야 할 것이다.
2. 오늘의 현실 속에서 인민이 무엇을 느끼며 고민하며 갈망하는가를 그 진실한 모양대로 모든 것 그리고 그 속에서 값있는 생활의 길을 탐구하는 일이라고 생각한다.
3. 높은 수준을 잃지 말면서 동시에 넓은 시야를 가지기를 바란다.

(설문: 1. 조선 독립의 길은 2. 청년문학자의 당면 임무는 3. 《국학(國學)》지에 대한 요망은)

──《국학(國學)》 2호(1947. 1)

소설·희곡·기타

4

소설

(1934~1936)

어떤 인생

1

학교에서 돌아오니 하숙에서는 아우의 편지가 기다리고 있었다. 간단한 그 편지는 마을의 새로운 소식으로 참봉 영감의 죽음을 전해 주었다.

2

땅 위에 엉클린 굳은 얼음과 눈덩이를 거두어 가지고 삼월은 함경도의 동해안에서 어느새 떠나갔다.

미지근한 지온(地溫)에 몸을 맡기고 한겨울 동안 깊은 잠을 즐기고 있던 개미들은 양지 바닥 댓돌 밑 굴 어구에 머리만 내밀고 작은 뿔을 휘둘러서 굴 밖의 대기의 온도를 살핀다.

참봉은 아침해가 졸리운 듯이 맥없이 흘러나는 뜨락에서 후치(극젱이의 방언, 쟁기 비슷한 농구(農具), 편집자 주(註))와 가락이를 고치고 있었다. 열어제친 외양간 문안에서는 뿔이 기다란 황소의 긴 얼굴이 후치와 가락이를 내려다보면서 "음매 — ㅁ, 음매 — ㅁ"

하고 애처로운 울음을 운다.

　흥, 또 저것이 이 온 봄을 내가 끌어야 할 겐가 —. 아마도 황소의 마음이 근심에 떨리는 게지.

　지나가는 벌레가 늙은 나무뿌린가 하여 앉았다가도 날아가는 이 늙은이의 손등눈에는 작년 흙이 그대로 말라붙은 데도 있었다 —. 그 손가락이 위를 더듬거리고 있을 때 늙은이의 주름살 잡힌 얼굴이 흰 털이 대부분인 그의 엷은 수염을 붙이고 이리 기웃 저리 기웃하였다.

　이렇게 졸음을 오게 할 듯한 일하는 늙은이를 에워싸고 작은 뜨락이 부풀어 있고 그 밖으로 수숫집 울타리가 넓은 운명의 바다로부터 작은 평화의 항구를 보호하기 위하여 한 바퀴 돌아갔고 물이 흐르는 듯한 그늘이 그 아래 누워 있었다.

　"음매 — 음매 —"

　암소의 연해 가엾이 떨리는 울음소리가 참봉의 발을 부엌으로 이끌어 들였다.

　그의 손은 구유 밑에서 마른 짚 한 줌을 웅켜서 구유 너머로 기다랗게 드리운 암소의 입에 대어 주었다. 푸른 핏줄이 툭툭 삐져진 손이 암소의 등덜미를 척척 두드렸다.

　"흙이 뜰에서 너를 기다린다."

　두터운 입술기가 검은 이빨을 드러내 놓고 소리 없이 웃었다. 암소의 푸른 눈망울이 자주 껌벅거렸다. 물동이를 머리 위에 올려 놓은 그의 아내가 문턱에 한쪽 다리를 넘겨 놓자마자 여자의 등에 서는 어린 아기의 고무 볼 같은 주먹이 엄마의 등을 방망이질한다.

　"빠 — 빠 — 빠 —"

　늙은이보다는 엄청나게 젊은 아내다.

"에구 아비를 부르는데두."

조롱하기 위하여 생긴 듯한 여자의 길쭉한 입이 굉장히 큰 기름기 없는 목소리를 뿜어 놓았다.

"응?"

홱 돌리는 늙은이의 얼빠진 듯한 얼굴 위에서 작은 두 눈이 불시에 빛났다.

좀체로 떠들기 전에는 듣지 못하는 늙은이의 귀는 이 동리에서는 유명하였다. 그의 아내는 학교 선생이 구령을 부르듯이 남편에게 말을 거는 습관 때문에 비록 고저는 없을망정 성악가와 같은 굵은 목소리를 가지게 되었다.

그러나 이 동리의 구장 영감조차 그것을 간섭하지는 않았다.

그러나 이 귀의 거리와 나이의 거리가 잘 맞지 않는 두 부부 사이에 일어나는 정다운 속삭임 소리를 우리는 그 집을 지나가도 잘 엿들렸다. 가다금 가다금 영감의 높다란 너털웃음에 섞인 속닥속닥하는 그 소리를 — .

그럴 때에 마침 동리 애들이 돈 심부름을 왔다가는 그만 "이 집에서 또 싸우는 게다 — " 하고는 돌아서는 일이 빙빙하였다.

누가 길에서 영감을 붙잡고

"참봉 영감, 요새 어떻소."

하고 말을 걸면

"허허 그나저나 요새는 날세가 어찌 좋은지."

하고 묻는 말과는 얼토당토 아니한 대답을 한다. ……

"에구 얼라 부르는데두."

아내는 어깨너머로 물동이를 인 머리를 돌려서 어린것을 보았다.

"응 내 새끼가 내 가깔인가! 나는 누구라구……."

늙은이의 두 볼은 번갈아 가며 애기의 얼굴을 쓰다듬었다.
"에구 그 수염을 뜯지두 앙이쿠."
그러나 춘기 청결까지는 며칠이 남아 있었다.

3

들을 줄을 모르는 참봉 영감의 귀는 참말 어쩔 수 없는 귀였다. 바로 그다음 순간에 몰려드는 운명의 발 구르는 소리가 문턱 너머까지 굴러온 것을 그의 귀는 듣지 못하였다. 얼음이 녹을랑 말랑 한 웃물여부락에 미끌어져 참봉 영감의 애지중지하는 아내가 머리 위에 인 물동이와 함께 자빠졌다. 아— 하고 터지는 아내의 울음소리—. 그는 필경 참봉 영감의 어깨에 업혀서 집으로 들어가서는 아랫목에 이불을 가리고 누운 채 일어나지 못하였다.

넓은 갓을 쓴 의원이 다녀갔다. 약탕관이 분주하게 불룩불룩 끓었다.

둘째 날은 낙담에는 화태 편작이라는 아랫동네에서 사는 소경 의원이 참봉 영감의 집 뜨락에서 소술기에서 내렸다.

보지 못하는 손이 더듬더듬 병자의 허리와 전부를 주무르며 수없이 침질을 하고 돌아갔다.

그다음 다음 날에는 무녀가 끌려왔다.

밤을 새는 징소리와 그리고 수없는 귀신들의 이름을 총기 좋게 외는 무녀의 독경 소리—.

그다음 날은 거리에서 양복을 입은 신식 의사가 왕진 가방을 든 참봉 영감의 뒤를 따라서 뜨락에 들어섰다.

의사는 아무 약도 시키지 않고 그냥 상처를 주무르던 손을 약물로 씻고 일어났다.

"대체 무슨 병이오."

백리나 되는 산골에서 기별을 듣고 달려온 병자의 어머니가 물었다.

"골수염이오. 곧 낫겠소."

"선생님 무슨 약이라도……."

하고 묻는 말에 의사는 픽 웃고 나서

"틀렸소. 거기 약을 써서 가난한데 빚만 되게 —"

하고 말끝을 채 맺지 않고 그만 걸음을 재촉하였다.

그날 밤 어머니의 품에 안긴 채 병자의 가슴팍은 급하게 오르내렸다. 얼굴이 이즈러졌다. 내리감은 눈은 뜨지 않았다.

"이 사람 정신을 차리게."

바락 지르는 참봉 영감의 소리에 병자의 눈은 겨우 벌어졌다.

"저 어린것들은 어쩌구 가는가."

"잘 — 길 — 르 — 오"

푸른 입술이 겨우 움직였다. 그 뒤에는 빈 입술만 우물우물거렸으나 그만 더 움직이지 않았다. 눈은 절반쯤 뜬 채 더 감지 않았다.

옆집 할머니가 병자의 눈을 가려 주었다.

"에구 —"

정 참봉은 주먹으로 땅바닥을 한번 갈기고는 와락 밖으로 뛰어 나왔다. 어둠이 빈틈없이 스민 밤이다. 하늘 위에서는 말 없는 별들이 서로 마주 보고 있었다.

사흘 만에 동리의 장정들의 팔에 들린 관이 방문을 넘어서려고 할 때에야 비로소 참봉 영감은 그의 아내가 아주 떠나가는 것을 느낀 듯이 목을 놓아 울었다.

4

여름 해는 마치 하늘의 맨 가를 도는 것처럼 될 수 있는 대로 오래 이 마을의 머리 위에 남아 있었다.

어스름 밤빛이 골짝에 넘쳐서 평지에까지 넘어 흐를 때에야 사나이들은 소를 앞세우고 마을을 향하여 언덕을 내려온다.

산꼭대기에 올라앉은 해를 쳐다보면서 꼬부랑 산길을 굴러서 내려오는 것을 치마꼬리 앞춤에 훨쩍 올려다 낑기고 건오금을 무릎 밑까지 댕겨 친 마을의 아낙네들이 다 남편들이 오기 전에 저녁을 지어 놓아야 할 의무가 그들을 먼저 밭에서 부르는 것이다.

그러한 아낙네들의 행렬 틈에는 팔을 뒤로 꼬고 먼 산을 바라보면서 메투리 신은 발을 터벅터벅 땅에 내려놓는 참봉 영감의 모양도 섞여 있었다.

석양이 되면 이 마을 중에서 제일 분주한 것은 아마 우물일 것이다. 아낙네 새악씨 처녀들은 마치 금단의 샘물을 도적하는 것처럼 바삐바삐 두레박으로 물을 퍼올려 가지고 무거운 물동이를 받쳐 이고는 달음질쳐 간다.

참봉 영감은 동이를 들고 멍하니 그러한 아낙네들 뒤춤에 서서 자리가 나기를 기다렸다.

무거운 물동이를 앞에 드리우고 앙기앙기 걸어가는 참봉 영감의 뒷 모양은 마치 쫓겨가는 집오리 모양으로 앞뒤로 흔들렸다.

그의 뒤에서 터지는 여자들의 웃음소리를 그러나 참봉 영감의 귀는 듣지 못하였다.

참봉 영감은 저녁을 지으려고 이남박을 내려놓고 쌀 됫박을 들고는 윗목에 놓인 쌀독으로 갔다. 독 뚜껑을 든 그의 눈망울은 갑자기 둥그래졌다.

독 뚜껑과 쌀 됫박을 손에 든채 그는 맨발로 한길로 뛰어나왔다.

"순남아 — 순남아."

참봉 영감의 미어질 듯한 소리가 온 동리의 조심스러운 저녁편의 정적을 뒤흔들어 놓았다.

"또 저 집에서 무슨 일이 났는지."

쌀을 일고 있던 앞집 젊은 며느리가 부엌에서 불을 때는 시어머니를 내려다보면서 웃었다.

"글쎄 그늠 영감이 요새는 아주 환장을 했는게다. 날마다 아이들만 못살게 굴구."

시어미도 무심히 웃었다.

뒷골목으로부터 이남이를 둘러업고 달려 나오는 순남이의 "야 — 야 — " 하는 대답 소리가 바로 참봉 영감의 머리 뒤에서 났을 때에야 참봉은 돌아섰다.

"야 이년아 제 아비 부르는데 대답두 앙이하고 — 재우 디리거러라 — 이년 오늘은 죽어 봐라."

넋없이 정주 문턱을 넘어서는 순남의 뒤통수에 참봉의 손바닥이 철석 붙었다.

"야 이년아 쌀독에서 무시게 쌀을 퍼 가는 줄도 모르고 어디 가 돌아 댕기니 응."

순남의 입이 먼저 "내제마 — " 하고 터졌다. 그러나 순남이의 등에 달려붙었던 이남이도 먼저 "음마 — " 하고 소리를 내질렀다.

털석 앞으로 주저앉아 버린 순남이의 머리를 겨누고 있던 참봉 영감의 주먹은 그의 머리 위에서 멈춰 섰다.

돌아서는 참봉의 발은 소구유로 가까이 갔다.

말없이 멀거니 그를 바라보는 암소의 푸른 눈망울에 비치어 흔들리는 자기의 풀어진 얼굴을 그는 유심히 들여다보았다.

늙은 동물은 양귀를 벌죽거리면서 가까워 오는 영감을 반겼다.

참봉은 가마 밑에 손을 담가 보았다. 손길에 닿는 죽물은 써늘하다. 소는 영감이 퍼 주는 죽물 속에 코를 박고 씩씩 들이킨다.

5

"이놈아 먹어라."
"아니 먹니."
"에구— 시루."

일남이는 누런 조밥 덩이가 넹쿵 담긴 숟가락을 이남이의 입가에 대고 쑤신다. 이남이의 작은 고개는 한편으로 돌아만 가고 낑낑거린다.

창봉 영감의 손가락 사이에서는 철컥하고 숟가락이 미끄러져 떨어졌다.

"이남아 먹어라 으응."

영감은 고개를 기웃거리며 어리광을 해 보았다. 그러나 이남이의 비위는 돌아서지 않았다.

"앙이 먹깠니"

벼락같이 지르는 영감의 소리와 같이 어린애는 "음마—" 하고 내울었다.

"아가 오늘 명덱이너 집에 가서 이밥으 주는지 먹구서는 조밥은 앙이 먹슴메"

순남이가 숟가락을 밥그릇에 세우고 말했다.

"이밥으 먹겠니"

이남이의 울음은 그쳤다. 작은 얼굴이 아버지의 입을 쳐다보고 꺼떡이었다. 영감은 웃목으로 달려가서 쌀독마다 팔을 넣어 휘저어 보았다.

그러나 질그릇의 땅땅한 감촉이 손바닥을 막을 뿐이다.

투정을 쓰던 이남이도 그만 지쳐서 팔다리를 내던지고 자빠져 잠이 들었다.

이남이는 갑자기 어머니의 젖에서 떨어진 뒤부터는 날마다 얼굴이 못되어 갔다. 어머니가 병들어 누웠을 때에도 그래도 앙기앙기 걷던 것이 요사이 와서는 도로 서지도 못한다.

히멀끈한 얼굴에서도 날카롭게 높은 콧나루 그늘에 가로 잠긴 눈자위의 유달리 푸른 빛깔 —.

영감의 손은 어린것의 다리를 어루만져 보았다. 시들은 무우와 같이 싸들싸들한 그 다리 —.

영감의 머릿속에는 지난겨울에 신수점을 쳐 주던 젊은 장님의 흰 눈알만 번뜩거리던 얼굴이 그리고 그의 귀는 다시 그 장님의 말소리를 듣고 있다.

"막동이는 영감 아이 앙이오 남으주"

무서운 자신을 가진 그 단정 —.

"그거 어떻게 남으줌메"

"그럼 빨리 남에게 일흠으 짓소 그러채이문 그 아이는 명이 길지 못하겠소……"

영감의 가슴속에서는 갑자기 찬바람이 홱 불고 지나갔다. 무엇을 아주 잃어버린 듯한 허수허수한 느낌이 가슴에 차온다.

"날래 누어라"

영감은 아직도 가마목에 조롱조롱 앉아 있는 일남이와 순남이를 재촉하여 자리에 몰아넣었다.

누더기를 끌어다가 어린것들의 가슴 위에 가려 주었다.

이남의 아래윗 입술이 젖을 빠는 것처럼 우물거렸다.

영감은 기둥에 기다란 그림자를 끌고 달려 있는 등불을 입김으로 불어 껐다. 그는 그래서 이남의 얼굴을 더 보지 않는 것이 좋다고 생각했다.

6

"빌어먹을 년이 죽어두 원수야"

참봉은 오늘은 웬일인지 아침부터도 투덜거린다. 서릿빛에 물든 수염이 바늘끝처럼 일어섰다.

"오늘은 무슨 일이 있었소"

묻는 나의 말에 그의 이야기란 아래와 같다.

─ 상점의 심부름꾼이라는 젊은 사람의 눈은 올빼미의 눈처럼 또렷또렷하였단다.

참봉의 말대로 하면 "그게 누구 집 자식인지 발가두 졌드라"

"어서 이번에는 참아주 먹구 사는 것두 이만저만인데 어찌갰수 생걸이사"

애질이라고 하는 것은 육십 년 동안 그가 길러 가지고 온 습관이요 전술이다. 그러나 그 전술은 이 세대에 와서는 아주 무디어 버렸다.

"그러지 말구 내장예수에는 꾸려 놓소. 주인이 오면 공연히 큰일 나요"

젊은이의 목소리는 꽤 톡톡하였다.

"어서 염려 마오 내장에는 돼지비"

"그럼 내장에는 꾸려 놓소"

소년은 다행히 자전차에 올라 앉아서 나가 버렸다—.

하소연에 섞인 이야기는 이렇게 맛없이 끝났다. 그리고는 "비러먹을 년이 나르 그저 빗구렁에 처너쿠는 저는 평안히 누어 있지 비 장렌지 무시겐지 치르구 나이 수탄 빗이오 퉤퉤"

연해 싱거운 침을 뱉으면서 꼬부랑 대통을 한 손에 흔들며 집으로 돌아가 버린다.

그는 정주 아랫목에 힘없이 주저앉았다. 그의 눈은 윗목에 놓여 있는 먼지 낀 쌀독으로 옮겨갔다.

"밥으주" 소리치는 이남이의 미어지는 입이 홱 눈앞을 가린다.

그러한 환상을 보지 않기 위하여 그는 눈을 감았다. 그의 마음은 연기 속에 파묻힌 것처럼 답답하였다. 목덜미를 내리누르는 빚의 멍에—.

책보를 둘러메고 모자를 뒷통수에 기울여 붙이고는 일남이가 서슬이 등등한 걸음으로 달려든다.

"어째 오늘은 이리 빨리 왔니"

하고 묻는 영감의 가슴은 한켠으로 울렁거렸다.

"어디 아푸냐"

"앙이 핵교서 집으루 가라구 합데 월새금으 가지구 오라구—"

일남이는 도로 온 것이 결코 자기의 게으름 때문이 아니라는 것을 내세우기 위하여 의기양양하게 설명한다. 참봉의 눈은 방문장에 붙여 놓은 월사금 독촉장을 올려다보았다. 일전에 내가 보아

준 것이다. "십륙원 —" 그의 머리 속에 막연한 숫자의 환상이 지나간다.

"잘 됐다. 잔득 글 이르기르 시러하드이 내일부터는 남기나 해라"

"저 — 기 그러구 떨어진 월새금은 보름날까지 가져오랍데, 그러채이문 집행한답데"

"무어 집행?"

갑자기 벼락같이 지르는 영감의 소리가 들렸다.

7

이튿날 아침

참봉은 지난가을 처가에 제보러 갈 때에 한 뒤로는 처음으로 세수를 하였다. 궤문을 열고 아내가 접어 둔 버선을 꺼내서 신었다. 빗으로 머리 품을 빗어올리고는 우그러든 갓을 머리에 올려놓았다.

마루 끝에서 이남이를 데리고 돌장난을 하던 순남이에게 집을 잘 보라고 이르고는 일남이를 앞세우고 집을 나섰다. 일남의 모자에서는 벌써 교표가 없어졌다.

거리의 가게 앞에서 놀고 있던 사람들은 영감의 이러한 심상치 않은 행차를 보고는 궁금해서 너도나도 묻는다.

"참봉 영감 어디루 가오"

영감은 공손히 두손을 앞에 모으고 허리를 굽혔다.

"흥 세월도 잘 거거던"

"아니 어디를 가오"

묻는 말은 한층 더 높았다.

"예? 핵교로"

"어째서 가오"

"이놈아르 아매 핵교서 떼사하겠소, 월새금만 탕탕 빗이 돼 자라나가구 살기두 구차한데 어찌겠음메"

8

사무실 문 앞에서 영감은 다시 한번 갓을 잡아 썼다. 면소에 세금 때문에 불려갔을 때처럼 이번에도 두루마기 안고름 밑에서 푸덕푸덕 뛰노는 가슴을 어루만지면서 문턱 넘어 고무신을 벗어 놓고 방으로 들어섰다.

"어째서 떼자고 하오"

일남이의 담임선생은 그의 테이블 앞에 합장하고 섰는 참봉을 쳐다보았다. 영감은 더군다나 자기의 울렁거리는 심장의 고동 때문에 담임선생의 말은 들을 수가 없었다.

"무시게라는두 늙은 게 귀까지 먹어서"

담임선생은 이쪽으로 향하는 참봉의 한편 귀에 향하여 호령을 부르듯이 소리쳤다.

그제야 참봉은 두 손을 마주 쥐고 비빈다.

"그저 어찌겠음메, 늙은 게 시방은 못하겠음메"

"그래두 떨어진 월사금은 보름날까지 가 주오. 그렇지 않으면 군에서 집행을 하오"

"글쎄 어찌겠음메 가추지비, 나랏빗이사 지구 배게나는 법이 있음메"

일남이를 앞세우고 돌아서는 참봉의 어깨는 무엇을 하나 짐을 내려놓은 것처럼 불시에 가벼워졌다.

참봉은 집에 돌아오기가 바쁘게 헌 옷으로 갈아입고 호미를 들고 뜨락에 내렸다. 일남이는 지난봄에 아버지가 장난삼아 만들어 준 지게의 질바를 벼락같이 손질하고 있다.

영감의 머리에는 지난봄에 처음으로 일남이를 학교에 보내 놓고 영감 마누라가 하나는 가마목에 하나는 아랫목에 마주 앉아 주고받던 이야기가 안개처럼 떠오른다.

"어떻게든지 저거 하나사 글으 해야 하지비"

"한뉘를 고래처럼 나무집살이사 시키겠수, 일남이사 자라서 훈장을 시키지비"

"그러채우쿠……"

그러던 일남이 — 모든 희망으로부터 오늘 절연선고를 받고 산으로 갈 준비를 하고 있는 일남이 — 그 일남이의 운명 위에 영감은 자기의 육십 평생의 고달픈 남의 집살이의 일생의 연장을 느끼고 몸서리쳤다.

그의 지평선에는 하늘을 쳐다보면 희망의 성루가 차례차례 한 구석 한구석씩 무너져 간다. 지금 깨어지고만 일남에 대한 희망은 그의 앞날을 물들이고 있던 가장 찬란한 무지개였던 것이다.

9

소는 아무것도 모른다고 믿어도 좋을 성싶다. 나무 그늘에 피하여 가로 자빠져서 모리를 모리고 있는 것이 그의 하나뿐인 낙인가 보다. 대체 나무 수레를 끌고 장에서 삼십 리나 되는 읍으로 가지 않으면 가락틀에 들어서서 간 이랑을 또 오고 온 이랑을 또 가는 것이 소의 일생이다. 이 주인의 집에서 저 주인의 집으로 끌려다니는 것은 그들이 그에게 향하여 친절을 보여 주거나 사랑을 드리워 주고 싶어서 하는 일은 아니다. 다만 그들은 소에게 향하여 부역을 기대한다. 그야말로 소와 같은 순진과 부지런과 능률과 복종과 그것을 강제한다. 그리고는 그들에게 있어서 그 이상 소가 봉사할 수 없을 때 소는 도수장으로 끌려간다. 사람들의 입들은 쇠고기는 맛이 있다고 하여 즐긴다. 그것들은 소의 고기를 씹다 씹다 못하여 마지막에는 물까지 짜먹는다. 대체 그 소와 나의 신체와는 무엇이 다를까 ─. 싸리비로 소의 몸을 빗겨 주고 있던 참봉은 그의 팔이 이상하게도 힘이 없어지는 것을 느꼈다. 눈만 껌벅거리고 있는 이 늙은 동물의 머릿속에서는 무슨 생각이 떠돌고 있을까. 혹은 내게 대한 반역의 불길이, 분노의 불길이 눈 속에서 타오르는 것이나 아닐까.

참봉은 지금 말 못하는 소에게 대하여 더할 수 없는 죄를 짓는 것 같았다.

"쇠야 조치비, 모리를 잘하구 부역이 조쿠 아무러나 읍으로 갈 때 술기를 메워서 신작노에 내세우문 이 쇠를 따루는 쇠는 없음명이"

그는 입을 모아서 그의 뜨락에 모아선 거간군들과 소장사들에게 향하여 그의 소에 대한 자랑을 늘어놓았다. 그러나 그것은 결코 장사붙이들의 야릇한 습관에서 나오는 말과는 다르다. 사실에 있어서 그것은 그의 아들이나 딸에 대하여, 자기가 지은 곡식에 대하여, 돌아간 아내에 대하여 가지는 자랑과 똑같은 성질의 자랑이었다.

"그러쿠말구 쇠는 좃슴머이"

"닷장 반이문 잘 삿슴머이"

"고기값만 해두 그게사 앙이되겠오"

커다란 입을 가진 거간군들이 주고받는 말이다.

소장사의 얼굴이 빙그레 웃었다. 이윽고 소는 끌려 나갔다. 잠시 동안 작은 뜨락을 뒤붉고 있던 여러 사람의 떠들던 소리도 그만 없어졌다. 그리고 끝없는 정적과 공허가 그 자리를 차지하였다.

이 집의 자라 가는 빛과 닥쳐오는 보릿고개 — 이 집의 짐이란 짐은 결국 말할 줄 모르는 소가 먼저 걸머지고 갔다.

정주 아래 목에 털석 주저앉은 그의 눈 앞에 흐려 있는 텅빈 외양간의 음침한 어둠 — 마른 뽕나무 입사귀를 대통에 채워 가로 물고 불을 붙여 댔다. 목가에 떠오르는 싱거운 풀맛 — 술이 마시고 싶은 생각이 왈칵 목줄기를 올라 달았다.

10

초저녁부터 앞마을에서 기운차게 울려 들어오는 떡치는 소리만 듣고도 일남이의 작은 가슴은 들떴다. 일없이 부엌에서 정주에서 정주에서 방으로 들락날락하였다. 일남이는 방에 들어가서 상복을 미리 정주에 내다두어야 마음이 놓일 것 같았다. 순남이도 까닭없이 일남이의 꼬리만 따라다니면서 좋아한다.

"너는 어째 조와하니, 내일 아츰에 우리는 공동묘지루 간단다야"

"나두 가네 예 —"

"너는 못 간단다. 야 — 집으 지킨단다야 — "

일남이의 머릿속은 어서 날이 밝아서 아버지의 앞장을 서서 공동묘지로 간다는 생각으로 가득하다. 내일도 요 먼저 명절 때처럼 아래웃 마을 아이들이 울긋불긋한 옷을 차려입고 모여 오겠거니 — 그 속에서 나만이 상복을 입고 상막대를 끌고서 뽐내겠거니 — 그러한 생각을 하면서 잠이 들었다.

참봉은 지금 낮에 의원이 시키고 간대로 검정소의 침을 숟가락에 떼서는 이남이의 비스듬히 벌어진 입에 부어 넣었다. 입술까지 가득 찼던 거품은 기침과 함께 와락 흘러나온다. 참봉의 두 눈방울은 할딱이는 어린것의 작은 가슴과 내리깔린 파란 두 눈자위 위에서 정신없이 굴렀다.

"이남아 좀 먹어 다구"

애원하는 듯한 참봉의 목소리에 대하여 어린것은 오직 숨찬 호흡 소리로써 대답할 뿐이었다.

오월 단오날이다.

날이 밝자 일남이와 순남이는 동리집에서 갖다준 떡으로 우선 요기를 하고 나서 상복을 떨쳐 입고서 앞집 식솔을 따라서 공동묘지로 갔다.

참봉은 이남이의 곁을 떠날 수가 없었다.

"아이 어떻소"

이따금 동리에서 머리를 디밀었다.

"어떻겠소, 틀렸소"

그리고는 참봉의 입에서 커다란 한숨이 터져 나왔다.

어느새 일남이는 상막대를 둘러메고 "엇들 엇들" 하며 활개를 치면서 들어온다. 순남이가 고무신을 벗어들고 그 뒤에 미쳐서 달려 들어온다.

"에미 앞에서 절으했느냐"

"예 세 번으 했소, 저건 아이함메"

일남의 남카로운 눈짓이 순남이를 흘겨 보았다.

"에구 나는 절으 하게두 못 하면서"

순남이의 눈에는 분한 눈물이 핑그르르 굴렀다.

"그래 네 어미 반갑다구 하드냐"

참봉은 눈앞을 가리는 부연 안개를 소매 자락으로 씻고는 웃었다.

11

산모록의 넓은 신작로에는 이른 아침부터도 엿장수와 사탕 장수가 궤짝을 둘러메고 달려들었다. 이 거리로 떨어지는 두 곳 영마루의 큰 길과 들을 건너오는 세 갈래의 한길에는 붉은 저고리 파랑 치마 온갖 물색옷을 흘려감은 아낙네들과 헌 두루마기를 쭉 다려 입은 젊은 사나이들이 몰려온다. 거리의 한 모퉁이 넓은 장판을 신작로 너머로 굽어보고 앉아 있는 산이마에는 어느새 청치마 분홍 저고리의 꽃밭이 이루어졌다.

뒤숭숭한 작은 거리의 하늘을 째는 한방의 빈 총소리와 함께 장판에서는 어린아이들이 깃대를 휘두르면서 체조를 시작한다.

붉은 헝겊 조각 흰 헝겊 조각을 머리에 돌린 아이들이 번갈아 나와서는 뛴다.

"달려라 달려라 —"

일남이는 신작로 턱에 성을 이루고 늘어선 어른들 틈으로 머리만 내밀고 장판을 굽어보았다.

"야 — 명식이네 팽신이 다 일등을 했네"

일남이는 손벽을 때리면서 비웃었다. 가슴이 울렁거렸다.

일등을 했다고 해서 혹은 맨꽁무니를 했다고 해서 실로 어머니들은 모든 이유로 어린 전사들의 손목을 끌고 과자전이나 엿전에 와서 한아름 무엇을 잔뜩 사 안겨서는 다시 전장으로 내보내곤 한다. 그들은 명료히 그들 곁에 뻔히 서서 그 모양을 바라보고 있는 일남이나 순남이를 주의해 보려고 하지 않았다.

아이들 중에는 도리어 일남이와 순남이의 몸에 걸려 있는 때 묻은 홑옷을 곁눈질하면서

"널널이 주에두 상사두"

하고 웃어 대는 패도 있었다.

"이놈아 무시게라니 각 박아노리라"

일남의 입술은 깨물어졌다. 다음 순간에는 작은 두 볼에는 부끄러움을 품은 붉은빛이 홱 떠올라왔다.

일남이는 사람들 틈을 걸어오는 아버지를 보았다. 철 아닌 검정 두루마기를 입은 채 두 팔을 뒤로 꼬았고 머리 위에는 아무것도 올려놓지 않았다. 별로이 사람들 사이를 헤치려고 하는 것 같지도 않은데도 사람들은 좌우로 길을 피하였다. "아베" 하고 일남이는 오늘의 모든 설움과 분함을 하소연하려는 듯이 불렀다. 그러나 참봉의 눈은 먼 곳만 쏘고 있다.

그가 지나가는 때마다 사람들은 혹은 "어째 나왔소" 하고 혹은 "어린아 어떻소", 또 다른 이는 "집은 누가 지킴메" 하고 물어도 참봉의 눈은 그들을 거슬러 보지도 않고 입도 벌리지 않았다. 간혹 가다가는 너덜너덜한 수염 밑에서 입술이 이지러지며 외마디 웃음을 웃었다. 사람들은 모두 그의 귀의 죄라고 하여 더 탓하지 않

왔다.

해는 이윽고 이 거리를 버리고 떠났다. 어느덧 밤의 조수가 이 거리의 큰길과 골목과 우물 속에까지 빈틈없이 기어들었다. 사람들은 어족의 떼와 같이 중얼거리며 신발을 질질 끌면서 몰려 다닌다. 건너 마을 그네터에서 웃고 떠드는 아낙네들의 소란한 소리가 밤하늘을 건너와서 거리의 머리 위에서 흩어졌다.

그네터에서 늦게 돌아온 누나의 말에 나는 이불을 차고 일어났다.

"무에야?"

"순남이네 아밴갑슴데, 어린 아들 안구서 무에라구서 무에라구 아이 하구 얘기를 하면서 개천 건너루 갈데."

나는 그 뒤를 더 듣지 않고 참봉의 집으로 달려갔다. 뜨락에 서니 부엌문으로부터 넘쳐나오는 희미한 불빛에 낮은 마루가 젖어 있다.

"참봉 영감"

"……"

"참봉 영감"

"……"

나는 정주 문안으로 머리만 들이밀고 둘러보았다. 비스듬히 열려 있는 가마, 가마목에 꼬부라진 일남이와 순남이— 유령의 얼굴처럼 희미하게 빛을 쏘는 조앙(살강의 방언, 편집자 주) 위에 늘어 앉은 그릇들, 쥐조차 어디서 부스럭거리지 않는다.

"경식이 자는가"

"누군가"

잠이 채 깨지 않는 소리.

"일어나게 참봉 영감이 없어졌네"
"만손이 자니…… 일어나게"
"정수 일어나게"
이윽고 우리들은 세대로 나누어서 초롱불을 앞세우고 개천을 건너갔다.
하루 동안의 뒤볶던 소란이 아주 잠들어 버린 마을의 밤하늘의 정적을 깨트리는 것은 마른 땅에 박히는 우리들의 발자국 소리뿐이었다. 별들은 아득한 하늘 위에 말없이 붙잡혀서 이따금 먼 하늘에 컹컹 개가 짖는 소리를 엿듣고 있다.
"참 — 봉 — 영 — 감 —"
우리들 속에서 터지는 이 소리가 빽빽한 어둠을 깨고 먼 들가에 꼬리를 끈다. 우리들의 머리 뒤에서는 어느새 닭이 울었다.
탁 우리들의 발은 멈춰 섰다. 세 개의 초롱불은 누런 새 무덤 옆에 주저앉아 있는 참봉의 얼굴을 잔인하게도 숨김 없이 비춰었다.
"허허 아늠으새끼 그래도 자꾸 제 어미 곁으로 오겠담메"
참봉의 얼굴은 우리들을 쳐다보지도 않으면서 중얼거렸다.
땅 위에 눕혀 놓은 이남이의 고요히 감긴 두 눈, 비스듬히 벌여진 아래위 입술, 그것을 에워싼 핼쑥한 얼굴을 내려다본다.
"그래 오니 좋으냐, 어서 마음대루 젖을 파먹어라, 허허허허"
마을 닭들이 닥쳐오는 새벽의 발자취 소리에 갑자기 놀래서 소리를 모아 운다. 동쪽 영마루턱에서 새벽은 흰 얼굴을 조금씩 들추어 내놓는다. 마을은 한 모씩 두 모씩 몸에 감긴 어둠을 털고 대담하게 나타나기 시작한다. 아침 해는 그날도 그 전날과 똑같은 모양으로 동쪽 산꼭대기에서 일어났다. 마치 세상에는 아무 일도 없었다는 듯이.

12

　나의 귓속에서는 지금도 참봉 영감의 텅 빈 듯한 웃음소리가 남아 있어서 운다. "허 허 허 허" 하던 바람소리에 섞인 그 소리가.

(1933. 11. 5 脫稿)

―《신동아》 4권 2호(1934. 2)

번영기(繁榮記)

1

고깃배들은 아침이 되면 어느새 부두에 들어와서 안개 속에 줄을 치고 늘어서 있다. 아직 짐을 풀지 아니한 배에서는 고기를 세는 소리, 흥정을 하는 소리, 사람을 찾는 소리가 한데 엉클어져 거품처럼 끓어오른다.

부두에 고기가 던져지기가 바쁘게 함지에 담아서 머리에 올려놓고는 아낙네들은 땅판에 감도는 안개를 차면서 얼마 멀지 아니한 어업조합 도매장으로 달음질친다. 수상파출소 유리창문이 와르르 열리며 박 순사가 어저께 아침이나 꼭 마찬가지로 양복저고리 단추를 끼면서 나온다. 바닷가에서는 사람들은 요란한 목소리로라야 이야기를 하는 버릇이 있다. 그 이야기가 어느새 싸움으로 변하면 박 순사는 양편을 모두 파출소로 불러다가 뺨을 몇 차례씩 후려갈겨서는 돌려보낸다.

벌써 짐을 다 푼 뱃전에서는 아침밥을 짓는 연기가 가늘게 선 데도 있다. 그러한 큰 배들 틈에 끼어 있는 창호의 배에서도

"열이오 — 열에들이오……"

하고 세는 소리가 한참 신이 났다. 굵은 팔이 뱃전 밑에서 금빛 두께를 번적이는 생복을 집어 올리는 게다. 사나이의 팔은 마지막으로 빨간 문어 새끼를 들고 나온다. 갑자기 그의 귀는 축대를 차는 둔탁한 구두 소리를 들었다. 그 소리와 아울러 앞뒤 구두 뒤축에 채이는 군도 소리도 들었다. 그 소리들은 필경 그의 머리 위에서 멈춰 선다. 치어드는 그의 눈은 주둥아리가 벌컥 올라간 구두 끝…… 다음에는 무릎이 삐어져 나온 양복바지…… 그다음에는 채워지지 아니한 양복저고리의 다섯 번째 단추…… 마지막으로 아직 잠을 채 깨지 못한 박 순사의 넓은 얼굴을 보았다.

"나으리."

아침 햇빛을 담은 구릿빛 얼굴이 웃어 보였다.

"자네는 감찰두 앙이 내는가."

"나리사 요 조꼬만 배에 감찰이 무슨 감찰이오"

"그래서는 앙이 될걸."

오늘은 별로 고기가 안 잡히자 자욱해 들어오는 운무를 피하여 일찍이 돌아온 일을 그는 새삼스럽게 후회하고는 작은 한숨을 삼켜 버린다. 그는 박 순사의 얼굴과 그의 손의 문어 새끼를 몇 번인가 번갈아 보다가는 그만 문어 새끼를 박 순사 편으로 내민다.

"나리 문어르 좀 자세 보겠오."

"글세" 이윽고 돌아서 가는 박 순사의 팔에 드리워져 여덟 개의 다리를 가엾게 허우적이는 문어 새끼를 그는 한참이나 바라보았다.

부두에서는 "햇 햇 햇" 하는 웃음소리가 굽어본다. '곤니찌와' 영감이다. 이십 년 전에 석달 동안 우체부를 다닌 일이 있는 이 영감은 '곤니찌와'라는 한마디를 배워 가지고 쫓겨 나왔다. 그러니까 그는 지금도 지나간 날의 그의 이력을 자랑하는 듯이 아침이나 저녁이나를 가리지 않고 만나는 사람마다 이렇게 인사를 하므로 어느 틈에 그만 별명이 되어 버렸다.

"창호두 어물적해, 햇 햇 햇."

"곤니찌와, 햇 햇 햇."

사실 배 밑창에는 아직도 해금 날짜를 보름도 바라보는 미역이 한 아름이나 감추어 있었다. 곤니찌와 영감은 깡충 뱃전에 뛰어오르더니 발아래 무룩히 싸인 생복 더미를 툭툭 발길로 찬다.

"얼마?"

"두 장."

픽 하고 영감은 창호를 힐긋 흘겨본다.

"그럼 얼마?"

"한 장."

"노꼬줏센만 더 내라."

영감은 생복과 미역을 바구니에 담아 가지고 다시 부두로 뛰어오른다. 배짱을 닫은 후 창호는 궁뎅이 호주머니 속의 동전들을 한번 다시 소리를 내 보고는 부두에 나섰다.

벌써 해가 세 길이나 올라왔을까, 햇볕에 안개발이 찢어져서 환하게 들추어낸 축대 밖 푸른 수면에는 여기저기 흰 배가 떠다니면서 물근 떼를 분주히 옮겨 놓고 있다.

"저목장(貯木場) 저목장 하등이 실루됐구나."

창호는 말소리 나는 편으로 머리를 홱 돌렸다. 큰 뱃전에 팔짱을 끼고 서서 담배를 빨면서 역시 저편을 바라보는 좌상 영감이 별로 누구를 들으라고도 하는 일 없이 내던지는 말이다.

"실루된 담베?"

"저게 앙이오, 지금 충양하쟁임메?"

창호는 발길을 거리 쪽으로 옮겨 놓는다. 지난가을엔가 김도 평의와 목촌상공회장이 저목장의 실현을 진정하기 위하여 서울로 떠날 때에 그도 정거장을 채운 수없는 시민들의 틈에 끼어서 무수히 기를 흔들며 만세를 부른 한 사람이다. 삼십육만 원 공사라니 그 돈이 거리에 떨어지면 꽤 흥성흥성할 게다. 창호의 몸에는 더운 피가 홱 돈다. 산허리의 심상소학교에서는 아이들이 떠드는 소리가 한창 요란하다.

2

또 오늘도 부엌 이마를 때리는 부지깽이 소리와 양철을 두드리는 것 같은 아내의 바가지 긁는 소리가 귀를 채울 것을 생각하고 다소 불안을 느끼면서 창호는 비청거리는 다리를 대문턱에 넘겨 놓는다. 그의 손은 궁뎅이 호주머니를 주물러 본다. 역시 너 푼밖에 남지 않았다. 공연히 해장집 앞을 지난 일을 후회하고 입맛을 다신다.

그러나 그의 걱정과는 딴판으로 설거지를 하던 물속에 팔을 세우고 남편을 쳐다보는 아내의 얼굴에는 웃음까지 흐른다.

창호는 혹은 아내의 요사스러운 술책이 아닌가 해서 더욱 불안해하면서 정주에 올라섰다. 꾸겨진 중절모를 머리에서 움켜쥐어서 구석에 던진다. 먼지가 펄쩍 일어난다.

"여보오ㅡ."

전에 없이 부드러운 아내의 목소리를 의심하는 듯이 그는 거의 둥그레진 눈을 아내에게로 돌렸다. 그의 시선은 가마두께 위의 흰 술이 잠복한 두 홉 들이 술병까지 집었다. 그는 도대체 아내의 이 다정한 태도가 미덥지 아니해서 아내의 입에서 떨어질 다음 말을 듣고 싶어 반쯤 벌어진 아내의 흰 이빨을 노려본다.

"여보오 저어 저목장이 된담메."

"나는 또 별소리나 한다구."

그는 돌아서 와락와락 웃을 벗기 시작한다.

"남의 얘기는 들어두 앙이보구 뒷마을 남수네는 이번에 글쎄 저목장 바람에 물역에 아모쩡산에두 못쓰든 솔바트 팔아서 부자 됐담메."

"흥 남이 잘된 게 내 못된 것만 하우?"

"그런데에 우리 집이 모두 멧 펭이오?"

창호는 이 당돌한 물음을 받고는 벗고 있던 셔츠 속에서도 놀리던 팔을 멈추고 머리를 아내의 편으로 돌린다.

"그건 왜?"

"저 아까 다나카 상이 와서 당신을 보자구 합데."

다나카 상이? 무슨 일로 보자구 할까? 그는 궁금했다. 어디 보낼 고기라도 특별히 부탁하려는 겔까? 그러나 아내의 말을 들으면 바로 그 뒷집에도 며칠 전에 다나카 상이 와서 집터와 집을 팔라고 해서 이전이면 겨우 한 평에 이삼 원 가던 것을 이십 원씩에 팔았다는 게다. 아내는 다나카 상이 그를 보자고 하는 것도 필경 그런 일인가 보다고 말한다.

그렇게 들으면 정거장 앞 다나카 상의 변변치 못한 과실 가게에는 요사이 빛다른 간판이 붙었더라. '토지중개인 전중선장(土地仲介人 田中善藏)' 간판이 분명히 그렇게 쓰여 있었다. 한창 흥이 나서 지껄이던 아내는 남편이 아무러한 대답은커녕 표정도 얼굴에

짓지 아니하는 것을 보고는 그만 싱거운 듯이 다 말쑥해진 놋그릇만 일없이 더 문지른다.

밖에서 영수의 휘파람 소리가 가까워 오더니 그는 안이 비죽비죽 나온 양복저고리 호주머니에 두 손을 꾹 박고 코끝을 빨갛게 해 가지고 달려든다. 호주머니에서 종잇장을 꺼내서 창호의 앞에 펴 놓는다.

"아버지 도장 찍어주 저, 송본상회 급사 시험에 붙었는데 아부지 도장 받아가지구 오랍데."

송본상회라면 일찍이는 북청에 본점을 두고 자동차로 혜산진과 장백부 방면에 포목을 먹이던 함경도 일판에서는 이름 있는 큰 무역상이다. 이번에 이 항구가 새로 놓일 길혜선(吉惠線) 종점이 되고 또 국경 일대의 대산림에서 나는 목재들이 그 선에 실려서 이리로 와서는 팔려 갈 동안 머물고 있을 대저목장이 또한 여기 앉으리라는 소문과 함께 그 상점에서도 여기에 지점을 낸다는 소문은 창호도 귀곁에 들은 일이 있다. 영수는 집안 식구 몰래 며칠 전에 보통학교에서 여러 동무들과 함께 그 집 급사 시험을 보았는데 뜻밖에도 합격이 되었다는 것이다.

창호의 평생 한탄은 어려서 부모가 소학교조차 삼년급에서 떼버리고 공부를 안 시켰다는 일이다. 여름마다 금단추를 번쩍이는 양복을 입고 서울 유학생들이 거리로 돌아오면 그는 이윽고 그들과 함께 방학에 돌아올 영수의 모양을 속으로 그려 보면서 혼자 좋아하기도 했다.

"뼈를 갈아서라도 영수는 공부를 시켜야지, 웃사람을 만들어야지."

몸에 술기운만 돌면 입버릇처럼 하는 소리다. 그러나 영수가 보통학교를 졸업하던 지난봄에는 별로 고기가 잡히지 않았다. 교모를 벗어 던지고는 그 대신 캡을 한쪽 머리에 붙이고 공차기판이나 해수욕장으로 좇아다니는 영수를 그저 굴레 없는 망아지처럼 버려둘밖에 없었다.

"급사?"

그를 굽어보는 아들을 처다보다가 그만 머리를 돌리는 창호의 얼굴은 삽시간에 어두워진다.

3

"이놈아, 그래 니 애비두 모르게 그랬니?"

창호는 복받치는 분을 아들에게 쏟으려고 눈을 부릅떴다. 사실 미안한 듯이 입을 오므린 아들의 얼굴에 죄를 뒤집어씌우자니 너무 억울하다. 그는 그만 입안에 도는 침과 함께 꿀꺽 울분을 삼켜 버렸다.

"하기는 잘했다. 아모렴 별수 있니. 삼돌이를 보니 배회사 급사로 있다가두 사무원두 되드라."

어려서는 일본집 심부름을 하다가 필경 오늘에는 소방서 조두가 된 순성상회 주인이라든지 군청 소사된 몸을 일으켜서 도평의까지 된 김 도평의라든지 그러한 입지전만 기억에 물려 봄으로써 그는 헝클어져 가는 마음을 스스로 수습하려고 애썼다.

"내 새끼사 그저 애비를 닮아서 총명하지비."

"홍 그아 외편으 닮아서 그렇지, 네 아비를 닮은 줄 암매?"

"그래두 애비르 닮았지비, 그까지 외편이 다 무시게냐? 그래 월급은 얼마라디?"

"팔원으 준답데."
"괭이칭이다. 보통핵교를 어지그제 맞추구 그만하믄 —."
"에이구 벌써 아들 신세를 입게 됐승이 어찌갰오?"
술병을 대접 뚜껑에 기울이던 창호는 픽 웃는다.
"다 팔재 좋와서 그렇지."
마침 밖에서 "리상" 하는 소리가 들렸다. 아내는 남편의 귀에 입을 가져다대고 속삭인다.
"다나카 상이오."
창호는 벌걱 일어나 밖으로 나간다. 방 안으로 손님을 데리고 들어오는 기척이 들린다. 몇 마디 주고받는 인사가 끝나더니 아니나 다를까 다나카 상은 그 말을 끄집어낸다. 여자의 얼굴은 삽시간에 벌겋게 달려온다. 가슴팍이 함부로 뛰기 시작한다.
"집이나 팔아 하겠오?"
여자는 숟가락을 든 채 방문 밑에 바짝 다가앉는다.
"앙이 팔겠소."
"그로지 마오. 한 평에 십 원씩 파오."
"앙이 파오."
"십 원?"
"앙이 파오."
"그롬 이십 원."
"앙이 파오."
"쳇 조찌앙이 안 팔아."
"우린 앙이 파오, 한 평에 백 원이라두 앙이 파오."
"옷째서?"
"글쎄 그런 일이 있소."

884

여자의 손가락에서 숟가락을 내리고 자리 바닥에 떨어진다.

손님을 보내고 밥상을 돌아온 창호는 갑자기 아내가 돌아앉아서 설거지를 시작한 것을 보고 잠깐 당황했다. 웬걸, 아내는 일부러 숟가락과 놋그릇을 서로 마주쳐서 쇠소리가 온 정주에 왁자그르하다. 헐떡이는 아내의 급한 숨소리조차 들려온다. 남편이 밥숟가락을 다시 잡았을 때는 아내의 입은 필경 터지고야 말았다.

"밤낮없이 빌어나 먹었지비 ─ 남은 좋다구 팔구 촌에 들어앉는다는데 ─ 그 좋은 시세에 앙이 팔구 어찌잔 말인구 ─ ."

남편은 아내의 독살의 까닭을 그제야 알았다. 그는 숟가락으로 밥상모를 한번 때려부순다. 상 위의 거지반 비어 가는 그릇들이 일제히 왕 운다.

"엑 망할 년, 그래 부모가 물려준 선영 재물이라구 집 한 채하구 집터 한 삼사십 평 되는 거마저 팔아먹지 못해 그러니?"

이윽고 남편의 발이 상을 차서 엎질러 놓았다. 조왕다리(살강, 편집자 주) 밑에서 고양이가 뛰어나와서 쏟아진 국그릇에 달라붙는다. 또 시작한 것을 본 영수는 어느새 슬그머니 밖으로 빠져나와 버렸다.

똑바로 남편에게로 돌아앉아 악을 쓰며 바락바락 지르는 아내의 소리를 문 소리와 함께 닫아 두고 그는 뜨락으로 나와 버렸다. 커다랗게 가래침을 하나 뱉고는 한길에 나섰다. 마침 남은 사십 전을 마저 아내를 주지 아니한 것을 다행으로 생각했다.

북에서 나오는 열 시 차가 방금 길게 고동을 티우면서 장 뒤 철교를 건너나 보다. 망할 것, 갑자기 놈이 새 부자가 되었기로서니 그게 무슨 일에 네가 흥분한 까닭이 되느냐. 아내란 역시 남의 사람이야. 내 선영의 유물이 아까운 줄도 모르는 것만 보지. 그러한 생각에 이끌려 가는 사이에 그는 어느새 거리의 번잡한 사람들의 물결 속에 휩싸여 버렸다. 얼마 모자도 안 쓴 얼굴들이 번들번들한 마빡을 치켜들고 거리를 내려만 간다. 저마다 유쾌한 듯한 얼굴이다. 이런 아이들은 벌써 어디서 한손에 종이 깃발을 얻어 들고 뛰다시피 달려 내려가기도 한다.

4

어깨에 얹히는 손바닥에 깜짝 놀라서 머리를 돌린 창호의 눈은 등 뒤에 늘어선 벙글거리는 영만이와 춘수와 철수의 세 얼굴과 마주쳤다.
"웬일이냐?"
"이놈아. 오늘이 저목장과 축항 설치 축하연하는 것도 모르니?"
인쇄소를 하는 영만이는 그들중에서는 제일 세상일에 밝은 인텔리다.
"일주르 멕인단다"
이발사 춘수의 말이다.
"실루?"
창호의 입에서는 어느새 침이 돌았다. 그의 눈은 세 얼굴 중에서도 병원 조수 철수의 얼굴을 찾는다. 풍만 치고 다니는 두 동무와는 달라서 철수만은 그를 속인 일이 없는 까닭이다.
"그럼."
철수의 입에서 그 말을 들은 다음에야 창호는 세 사람과 함께 어깨를 걸고 길을 덮은 사람들의 장벽을 앞뒤로 밀어 제치면서 해안편으로 뚫고 내려갔다. 산꼭대기의 측후소 지붕에서는 붉은 깃발과 파랑색 삼각기가 활발하게 펄럭인다.

연회장인 망양정 산허리의 소학교 운동장에는 벌써 사람들의 성벽이 겹겹이 둘러섰다. 복판에 마련해 논 높은 궤짝 위에서는 새까만 목복을 입은 김도평 의원이 군중의 요란 소리보다도 가엾게 작은 목소리로 무어라고 연설을 한다. 다음에는 군수와 목촌상공회장이 차례로 연설한 모양이나 창호의 일행은 술통 부근을 찾아가느라고 연설은 한마디도 얻어듣지 못했다. 마지막으로 김도평 의원이 단에 올라서서 만세를 부른다. 군중은 그 소리에 산이 떠나갈 듯이 우렁찬 소리로 만세 만세를 세 번이나 불렀다. 어느 구석에선가 군악대가 경쾌한 행진곡을 분다.

군서기·면회계·철도국 사람들일랑 그 눈이 까다로운 재판소 서기조차가 오늘은 허리를 굽석거리면서 잔을 들고 사람의 코앞을 돌아다닌다.

창호 일행은 물론 잔이 자주 돌아오기에 적당한 자리에 늘어섰다. 작은 잔 바닥에 붙은 노르께한 액체를 단숨에 들이켠 네 사람은 서로서로 돌아다보고는 그 얼굴에서 각각 볼만한 빛을 이루었다. 이러할 적에 누구보다도 민첩할 줄 아는 춘수는 어디서 벌써 깊숙한 찻잔 하나를 집어 가지고 왔다.

"인쇄소로 칠 년을 하다가 사수가 났다."

"이놈아, 너두 사공질은 그만하구 공장에나 들어가자. 물역에 공장이 여들 개나 들어앉는단다."

"여들 개?"

"목재 공장이 여슷 개, 세멘 공장이 하나, 철 공장이 하나⋯⋯ 그렇다더라. 나두 이발소구 무시게구 걷어치우구 공장에나 들어

가겠다."

"정말이냐?"

"말 말아라. 그래서 부자될 것 같으이? 우리 병원 김의사르 보렴. 앙이 그 물역에 버려뒀던 생모래판을 글쎄 이번에 목재 공장이 앉는다는 바람에 한 평에 십오 원씩 팔았단다. 그래 그저 하로아츰에 부재되쟁있니? 부재라는 게 벌어서 되는겐 줄 아니? 자— 그래서 운이 티우문 되는 게다."

"야— 그거 좋겠다."

"쯔 쯔 쯔."

"이놈아, 그래두 축항이랑 저목장이랑 돼 봐라. 우리두 괭이챙이라. 돈만 흥성흥성하문 우리 집에두 오는 게 있겠지비."

이 술통에서 저 술통으로, 저 술통에서 또 다른 술통으로 돌아다니는 동안에 어지간한 일주 따위로는 취할 성싶지 않던 네 사람도 갑자기 주위가 조용해진 것을 느끼고 서로서로 돌아다보았을 때에는 그 넓은 뜰 앞에서는 복판에 양복쟁이들이 몇 사람 남아 있고는 그 수많은 사람들은 벌써 언덕을 내려가서 철길 밖에 멀어져 가는 것이 분명치는 않으나 흐릿한 속에서도 바라보인다. 황망히 네 사람은 찢던 낙지 조각을 호주머니에 쑤셔 넣고 손등으로 입을 비비고는 사람들의 뒤를 쫓아 내려갔다.

길에서도 그들은 하목상점 공신행 등 큰 상점마다 문 앞에 술통을 내 놓고 지나가는 사람에게 술을 권하는 것을 거의 하나도 빼놓지 않고 맛을 보았다.

"자! 한잔 잡우시오. 우리 단단이 좋은 날이오."

"예! 영감— 상 단단이— 좋— 은 사람이오."

"좋소 좋소 좋소."

거리는 완전히 흥분 속에 싸였다. 집집의 부엌에서 주고받는 아낙네들의 이야기의 화제조차도 모두 저목장과 축항과 누가 갑자기 부자 된 소문과 그리고 거리가 흥성흥성해지리라는 희망에 대해서다.

5

눈을 뜬 창호는 어느새 집에 돌아와 있는지 생각이 잘 나지 않아서 드러누운 채 집안을 둘러보았다.
"영수에미— 영수에미—"
몇 번을 불렀으나 아내는 아직도 어시장에서 돌아오지 않았나 보다.
서글픈 마음으로 툭툭 털고 일어나서 물동이로 갔다. 물바가지에 한 그릇 물을 잠북 떠서 꿀꺽꿀꺽 들이킨다.
탕— 탕— 탕— 물결이 들이치는 백모래밭이 그게 돈이라냐? 흰 모래알이 아니고 금싸래기였다. 그것을 모르는 눈도 눈인가. 그는 잠깐 입안에 물을 문 채 잠잠히 눈만 껌벅거린다. 그만 갑자기 물바가지를 내던지고 집을 뛰어나온다. 옳다, 그건 분명히 아버지의 소유였다. 내가 스무 살이 되어서도 가을이면 거기서 캔 배추로 김장을 했지. 그것은 바로 김 의사의 땅이 있는 근처였다. 똑똑히는 몰라도 천 평은 넘을 게다. 한 평에 십 원만 쳐도 그렇지만 원이구나.
"여보 친구."
어깨를 마주 붙잡은 사나이에게 길을 가로막혀서 그는 수그린 머리를 추어들었다.

"이놈들 인제는 나두 부자다. 아니꼬운 놈들 — 핫 핫 핫 — 여보 우리 요리집으로 갑세."

찌어졌던 사나이의 눈자위는 다시 풀리면서 창호의 얼굴에 부드러운 웃음을 뿌린다. 사나이의 뒤에서 와 — 하고 웃음소리가 터진다. 그는 사나이의 어깨 너머로 그쪽을 살펴보았다. 어린아이들이 혹은 손에 돌멩이를 쥐고 혹은 나뭇가지를 들고 떼를 지어서 몰려서서 사나이의 등에 갖은 조롱과 웃음을 퍼붓는 것이다.

사나이는 슬며시 창호의 어깨를 놓아주고 넓은 골목을 훨훨 활개를 치면서 걸어간다. 바지저고리 바람인데도 발을 벗었고 헌 바지의 아랫도리가 진흙투성이다. 과일 가게 앞에서 팔을 끼고 바라보다가 껄껄 웃고 돌아서는 좌상 영감의 앞으로 창호가 다가섰다.

"김 주사가 어찌 저렇게 됐오? 어젠가 그젠가두 멀쩡해서 출근으 하등이."

"흥, 말 마오. 그저께부터 미쳤다오."

김 주사는 월급 이십오 원야의 군청 고원이라 그가 그 적은 월급에서도 술 담배를 끊고 푼푼이 저금한 돈으로 아무것에도 못쓸 바다가의 솔밭을 한 평에 일 전 오 리씩 주고 오천 평이나 산 것은 바로 재작년 봄 일이다. 그 솔밭에 이번에 뜻밖에도 철공장이 들어앉게 되어서 한 평에 십오 원씩에 팔라는 교섭이 들었다.

칠만오천 원 — 꿈같은 일이다. 그것도 적어도 김 주사가 삼십 년이나 사십 년 이후에 바랐던 일이다. 그는 사무상에 마주 앉아서는 요새는 날마다 수판만 튀기고 있었다. 그리고도 엄청나게 그 많은 숫자가 종시 잘 믿어지지 않아서 튀긴 숫자를 또 튀겨 보고는 했다.

그러던 그가 바로 그저께 아침이다. 갑자기 고함을 치고 일어서니 그만 그길로 바닷가로 뛰어 나가서 솔밭 속을 지향 없이 헤매 다니면서 그저 두 손으로 머리를 붙잡고는 하늘을 우러러 너털웃음을 웃더라는 것이다.

창호는 그 말을 다 듣고는 한번 쓰게 코웃음을 웃고 돌아섰으나 이상하게도 만 원이라는 수가 머리를 흐르면서 등골에 선뜻 끼쳐 오는 소름을 느꼈다.

창원이네 대서소 마루에는 흰 고무신 검정 고무신 반고무화 분명히 편리화도 널려 있다.

"형님 있오."

"누구요 — 아 창혼가 어째서."

"바뿌오 좀 나오!"

영문도 모르고 뛰어나온 창원이의 딸을 끌고 창호는 문밖까지 나왔다.

"저기 좀 가 봐 주."

"어딘?"

"저 아버지 생시에 저 물역에 배추밭이 한 천 평 있었음넹이. 그게 갑인년 물에 밀려간 다음에는 배추도 심거 먹지 못했는데 아매 아버지 일흠으로 있을 게요."

"그래 나두 생각나네, 그게 그로 어딘고 하니 저목장이 앉는 덜세, 가세."

모자를 쓰고 나온 창원의 뒤를 따라서 창호는 읍사무소로 왔다. 창원이가 토지대장을 들추어보러 들어간 동안에 창호는 읍사무소 뜰 앞을 오락가락하면서 뛰는 가슴을 도무지 진정할 수가 없었다.

6

바로 읍사무소 언덕 밑에서는 물결치는 소리가 축대가 으스러질 듯이 요란하다.

정어리 기름통을 산더미처럼 실은 손수레가 팔짱을 낀 모리꾼보다도 더디게 덜거덕덜거덕 큰 길을 기어간다.

읍사무소 유리창문이 자주 열리면서 양복쟁이 검정 두루마기 깨끗하지 못한 흰 두루마기가 쉴 새 없이 드나든다.

이윽고 창원이가 나왔다. 드문드문 수염을 붙인 얼굴은 자주 깎지를 못해서 텁수룩한 머리털 밑에서 아주 이지러졌다. 창호는 끌려가는 것처럼 그 앞으로 달려간다. 부루퉁하게 다물어진 창원이의 입술을 거의 원망스러운 시선으로 쏘아본다.

두 사람은 아무 말 없는 채 큰길까지 나왔다.

"틀렸네, 틀렸어."

"옛, 어째서."

창호의 발길은 저절로 멈춰졌다.

"벌써 읍유지루 편입이 됐네."

창호는 다시 앞선 창원이를 달려가듯이 쫓아갔다.

지나가고 지나오는 사람은 저마다 무슨 바쁜 일이나 있는 듯이 서로 말도 없이 쏴가고 쏴오기만 한다.

"아마 물에 간 다음에는 세금은 내 본 일이 없지?"

발등만 굽어보면서 걷던 창원이가 머리를 들고 돌아본다. 빈 자동차가 기운 없는 경적을 울리면서 두 사람의 옆을 스치고 지나간다.

그렇지 그래. 언제 그 땅에 대한 세납 고지서를 받아 본 일이 있었던가?

"달란 말두 없든데."

자전차가 종을 성가시게 때리면서 두 사람의 앞을 돌아서 달아난다.

"그런 게 아니네. 자네 편에서 신고를 해야 자네 게 되는 걸세. 벌써 나하구 얘기하지. 물에 밀려갔을 적에는 인젠 버리게 됐승이 세금을 없이해 달라구 신고만 해 놓구 글쎄 이십 년을 내버려두었으니……."

"아무리 그렇다구 한번 말두 없이 그런담."

두 사람은 고기 굽는 냄새가 섞인 흰 김이 쏟아져 나오는 길가의 부엌문 앞에서 '서울집'이라고 먹으로 쓴 때가 꾀죄죄한 보자기를 들고 열린 문 안으로 쓰러지는 듯이 들어갔다.

가마에서는 허옇게 튀어오른 소발쪽과 가죽을 벗긴 소대가리가 끓어 번지는 국물 속에서 용솟음친다. 널판 앞에 기대서서 두어 사나이가 모자를 뒤통수에 밀어붙이고 막걸리 사발을 들었다 놓았다 한다.

"아즈머니 다문토리 한 잔찍 주."

서울집은 김을 피해 가면서 얼굴을 찡그리고 술잔을 두 사람의 앞에 밀어 놓고는 맑은 소주를 붓는다. 다음에는 국을 두 그릇을 떠서 역시 술잔과 나란히 늘어놓는다.

아버지는 나보다 분명히 글자도 더 알았건만 왜 신고를 안 했을까? 모두 등한한 탓이지. 밤낮없이 술이나 취해 다니노라니 언제 그 일을 생각해 낼 틈이 있었다고 ─ . 술은 안 먹을 물건이야. 그렇지만 이렇게 화가 날 때에야 안 먹고 견디나?

"술이나 드우."

"어머니 실이 어디 있우?"

쇠붙이를 때리는 듯한 짜릿한 목소리와 함께 뒷방문이 열리면서 여자의 얼굴이 쑥 내민다. 하얗게 분칠한 얼굴에서 진한 눈썹과 둥근 눈망울이 검게 빛난다.

"저 아랫목을 봐 —."

여자는 미끄러운 아청 치마 아래서 긴 다리를 꼬아 놓으며 정주로 뛰어나온다. 벽 밑에 굴러다니는 광이에서 실패를 집어들고는 갈라져서 흰 고의가 들어나는 웅뎅이께서 치마꼬리를 잡아다가 앞으로 돌린다. 그리고는 창호와 창원이를 곁눈질해 보고 픽 웃음을 보내고는 다시 뒷방으로 사라진다.

"얘 — 고것."

문이 닫힌 뒤에도 창호는 잔을 든 채 김에 누레진 문살을 한참이나 바라보다가 깜짝 정신을 차린 듯이 창원이를 돌아보았을 때에는 그도 역시 잔을 든 채 뒷방문에 눈을 뺏기고 있다. 서로 마주보고 한번 웃고는 벌걱벌걱 술을 단숨에 들이킨다.

"아즈머니 웬 색시오?"

창호는 김치를 집는다는 것이 젓가락으로 널판만 긁는다.

"이번에 주인이 원산서 다려오지 않았우?"

서울집은 자못 뽐내는 말씨다.

7

"요새는 애들 중에선 우리 채선이가 제일이라오. 인물이 얌전하지, 소리가 제법이지. 저 어시장에 온 색시들이야 쓸 거 있다구 그러우? 모두 말괄량이 같은 것들, 잡가 한마디 변변히 하는 줄 아우?"

아닌 게 아니라 요즈음 어시장 뒷골목은 집집이 색주가가 들어앉았다. 이전엔들 없었으랴마는 요새 와서는 거의 그 골목이 아주 색주가 거리가 되다시피 갑자기 수가 늘었다. 창호도 영만이와 춘수와 철수에게 끌려서 바로 이달 초생에도 간 일이 있었다. 흥, 무얼 먹자구. 미끼가 하나 떨어지니 와— 고기 떼처럼 쓸어든 게지.

"요새는 아즈버니야 수 났겠우. 토지 흥정이 많으니—."

"그만두우. 수는 무슨 수? 모두들 땅값을 달아만 매구 팔아야 하지. 그저 말뿐이지."

"어디 대서소뿐이오? 막벌이꾼도 괭이챙이치. 어쨌든 우리처럼 그날그날 벌어먹는 패야 공장이 많애사."

으슥한 구석에 쭈그리고 앉아서 담배를 피우던 작자다.

"그렇지 않구, 정어리 일이 한산해진 담에야 어디 벌이가 있었다구 그리우?"

문밖에서 기침 소리가 혼란하게 들리더니 부엌에 찬 흰 김을 헤치고 나타난 것은 인쇄소의 영만이 얼굴이다.

"어디서 오니? 무슨 좋은 일이나 있니?"

"모르겠다."

하고 말하는 영만이의 목소리에도 얼굴에도 이전에 그렇게 좋아하던 농담의 흔적은 찾을래야 찾을 수 없다.

"술이나 먹어라."

창호의 손에서 잔을 받아드는 영만이의 팔은 적이 떨린다.

"이놈아, 모두들 온 거리가 좋아서 야단인데 왜 요모양이냐?"

"말 말아라, 인쇄소두 다 해먹었다."

"왜?"

창호는 들려던 술잔을 널판 위에 도로 내려놓고 유심히 눈가가 꺼진 영만이의 얼굴을 들여다 본다.

"양력 사월이문 관청이나 상점이나 새 장부를 쓰쟁이니? 작년까지두 모두 내가 맡아 했단다. 그래서 그렇게만 여기구 오늘 각 관청으루 댕겨 봤드니 벌써 북청문화주식회산가 한데서 다 — 주문을 맡아 갔다고 하는구나."

창원이도 깜짝 생각이 났다. 지난 양력설 전에 벌써 그 회사 외교원이 와서 각 관청과 상점과 은행으로 돌아다니면서 달력을 나눠 주던 일이 번개같이 머리에 떠온다.

"어쩐지 수상하더라, 하는 짓이. 올에 우리 대서소에두 주문으 왔드라. 자본금이 이십만 원이라든가"

"활판 기계르 셋이나 가지구 들어와서 여기다 지점으 낸다오. 그렁이 우리 같은 게사 해먹겠오. 평판으 하나 가지구 덜거덕거리니 —. 별수 있오. 인제는 그늠의 회사 직공으루나 들어가지비."

"듣기 싫다. 술이나 먹어라."

동무의 불행에 대한 가엾음과 그 자신의 깨어진 꿈에 대한 업신여김과 그리고 또 까닭 모를 울분이 한데 엉클어져서 끓던 가슴 속의 울화를 창호는 긴 한숨 소리에 실어서 토해 버린다.

"한잔 더 들게, 형님도 드오."

"그만두겠네."

"한잔만 더 하오."

"어디 그럼 한잔씩만 더 하구 갈까?"

"나 원 나 같은 사공에게는 되려 방햄 것 같소. 공사니 무시게니 해가 지구 고기만 먼 바다로 내몰지나 앙이는지."

그러나 흐린 바다와 같은 창호의 가슴속 한구석에서도 한가지

튼튼한 생각이 들어앉고 있었다. 땅값이 올랐으니 팔지는 않았을망정 집터만 해도 천 원짜리는 된다. 춘수 자식이 밤낮없이 나하고 둘이서 이발소를 냈으면 좋겠다고 하더니 집터를 잡히면 이발소 하나쯤이야 염려없이 꾸미겠지. 실상은 인제는 사공 노릇도 하기 싫어졌다. 나도 예전에 이발 일을 춘수 자식에게서 좀 배운 일이 있으렷다. 그까짓 이 판에 중대가리 이층머리 상고머리 막 깍아먹지 ─.

"그런데 형님, 다나까가 우리 집터 팔라구 왔읍데."

"얼마에?"

"평에 이십 원씩 주자구 한데."

"팔지비."

"거둬치우. 그래서 부자되겠우? 선영 재물이라구 그것뿐인데. 얼마오?"

"팔십 전이지요."

창호의 모가 진 손아귀가 호주머니에서 지갑을 꺼내서 널판 위에 거꾸로 털어놓는다.

8

"밤에 색시 구경을 오세요."

하는 서울집의 말소리를 뒤에 흘려 버리면서 창호와 창원이와 영만이는 김의 연막을 뚫고 밖에 나왔다.

어느덧 하늘은 으스름 황혼빛에 물들기 시작하였고 거리의 음지 쪽에는 수묵 같은 엷은 그늘이 벌써 싸늘하게 깔렸다.

창호는 아침에 아내와 싸우고 나온 일을 갑자기 기억해 냈다.

응당 지금까지도 그러고 있을 아내의 잔뜩 꾸겨진 얼굴이 그의 눈앞에 떠오른다. 그는 아내의 굳은 무장을 해제할 전술을 머릿속에서 이리저리 궁리해 본다. 다리목에서 세 사람은 갈라졌다. 거리에서는 전등불이 불시에 켜지면서 지나가고 지나오는 사람들의 얼굴과 알롱달롱하게 꾸며 놓은 가게 앞뜰을 밝힌다.

어둑한 뜨락에 들어서자 희미한 남포불에 젖은 창문 안에서는 아무 기척이 없다. 창호는 기침을 크게 하고 일부러 발을 쿵쿵 굴러서 발자국 소리를 내면서 문으로 가까이 갔다. 될 수 있는 대로 눈을 찌푸리고 미간에 주름살까지 세우고 문을 뗐다. 그것이 그가 세운 전술이다. 그러나 뜻밖에도 그를 맞는 아내의 얼굴은 아침보다도 더욱 부드럽다. 아버지의 험상한 눈짓에서 이번에도 한바탕 일이 날 것을 예감한 영수의 겁낸 눈동자가 창호의 얼굴로 향하여 자주 깜박인다. 창호의 마음의 긴장은 차츰 풀어지기 시작했다.

커다란 응뎅이가 방바닥에 펄썩 주저앉자 도무지 분노를 품지 아니한 목소리가 밥상을 청하는 것을 듣고야 영수의 작은 손아귀는 꾸겨서 틀어쥐었던 모자를 슬그머니 놓아 버린다.

아내는 생각한다. 다달이 일정한 월급을 받는다고 하는 것은 얼마나 재미스러운 일일까? 첫째로 계에 들 수가 있을 게다. 둘째로 사공이라고 해서 받는 천대의 뭇사람의 눈짓과 말씨에서 얻어 보지 않고도 재낼 수 있을 게다. 남편의 월급과 영수의 월급을 합하면 에그머니 삼십 원은 넘겠네. 술을 즐기는 일 한가지만 버리면 남편은 실상 힘이 없는 사내. 그렇게 사내답고도 인정머리 있는 사근사근한 남편이야 또 어디 있을까. 비록 때때로 아내의 머리채를 휘어잡는 손버릇이 있으나 그만한 짓이야 아니 하는 사내가 어디 있을라고. 올해는 그러기에 수가 핀다고 한 게지.

아내는 지난 정월에 신수점을 쳐 준 무녀의 말을 속으로 되풀이해 본다. — 올에는 만사형통이오, 삼사월에는 좋은 소식을 듣겠오. 동으로부터 귀인이 와서 도와주겠오. — 그때 무녀는 눈을 내리감고 산가지를 상 위에서 거두면서 자못 확신을 가지고 단언했다. 그는 무녀에게 이십 전만 준 것을 지금 와서 후회한다. 사십 전을 줄걸 그랬지.

"여보오 인제는 우리두 사공이란 소리도 앙이 듣게 됐오."

"왜?"

남편은 아내의 또 이상스러운 말에 도리어 불안을 느끼기 시작했다.

"저어 영수 댕기는 상점에서 인부를 하나 쓴담메. 월급은 이십오 원이람매. 그래서 저애가 당신 애기르 했등이 래일 당신으 대리구 오라구 하드람메."

밥술을 든 채 아내의 말을 마디마디 놓치지 않으려는 듯이 아내를 노려보던 창호는 아내의 말이 끝나자마자 숟가락으로 와락와락 물말이를 퍼서 입에 넣는다.

"그럼 우리두 내일 일 모레 일 날마다 걱정하쟁이쿠 남처럼 맘 놓구 살아 보쟁이캤오. 부자간은 월급으 받구, 나는 삯바누질이랑 삯빨래랑 하구……."

창호는 물말이를 다 없애고 김치국까지 마신 후 상을 물리고 나서 호주머니 속을 뒤져서 겨우 먹다 남은 마코 토막을 끄집어낸다. 불을 붙여서 입에 물고 한꺼번에 여러 모금 빨아서는 길게 내뿜는다. 앞을 가리는 담배 연기 속에서 그의 두 눈은 허공을 바라본다. 두터운 입술이 무겁게 떨어진다.

"나두 남처럼 허리가 좀 곰상곰상 했드문 지금쯤은 회계원은 몰라두 면서기는 됐을 게오.”
 아내는 깜작 생각해 냈다. 남편은 열네 살 때에 면소 심부름을 들어갔다더라. 그러나 어느 날 아침 면장의 첩이 두부를 사 오라는 것이 하도 아니꼬아서 돈과 그릇을 누이를 주어서 돌려보내고는 면소에서 그렇게 불러도 다시 가지 않고 그날부터 낚싯대를 둘러메고 바다로 나갔단다. 그의 사공의 이력이 시작된 시초라고 들었다.

9

 거의 자랑하다시피 이러한 이야기를 두고두고 하는 남편이다. 그럴 적마다 그는 남편의 고집불통을 속으로 원망했다. 자칫 했으면 나도 회계원 마누라 노릇쯤은 했을걸⋯⋯.
 “흥 그까지 놈들 사공이라고 깔보면 말지. 내가 저들으 쳐다보는데?”
 아무리 부딪쳐 보아도 소용이 없을 완고한 남편임을 잘 아는 아내는 그만 가벼운 한숨을 뱉고 돌아앉아서 잠자코 상을 치우기 시작한다.
 창호는 부엌의 선반에 가서 주낙 광주리를 내려다가 아랫목에 놓고 헝클어진 낚시를 가리기 시작한다.
 눈앞이 깜작깜작 어지러워서 골라서 광주리 가에 세워 놓은 낚시가 하나가 둘 셋으로 흐려 보인다. 나루에서는 물결 소리가 점점 굵어진다. 집이 배짱처럼 흔들리는 것 같다. 바다, 바다가 제일 좋지. 바다는 “주인님”이라고 부를 필요가 없다. 위할 것도 없다. 일 년에 다만 한 번 사월 초파일날 아내를 시켜서 바닷가에 나가서 기름 냄새를 피우는 것도 오직 이편의 미안한 심사에서 나온 일이다. 그러지 않을 때에도 고기만 잘 잡혔다. 그러니까 아무에게도 "주인님" 하고 아무에게도 머리를 수그려 본 일이 없다. 사촌 형이 제아무리 뒷거리에서 고래등 같은 기와집을 쓰고 산들 쌀 한 되 그 앞에 가서 꾸어 본 일이 있나? 어느 선주인의 배에서 일하는 것도 아니고 비록 목욕통만 할망정 내 배를 타고 나대로 바다에 나가서 내 멋대로 갓도리를 해 오면 그만이다……. 연거푸 밖에서 "편지요" 하는 소리에 얻어맞은 것처럼 창호는 정신을 번적 차려 가지고 문을 밀었다. 환한 가스불이 문으로 쏟아져 들어온다. 창 불빛에 퍼렇게 적은 창호의 얼굴이 눈이 부시는가 보아 찡그린다.

"도장 주."

불빛의 저편에서 우체부의 목소리가 다시 들린다.

"무슨 도장?"

"서류요."

"서류랑이?"

"재판소에서 오는 갑소."

"재판소?"

창호의 가슴은 이 소리가 전하는 어쩐지 언짢은 느낌에 뭉클했다. 그는 성냥을 들고 캄캄한 방 안에 들어가서 벽장 구석에서 도장 주머니를 찾아 가지고 나온다.

탕탕 구르며 돌아서 나가는 우체부의 발자욱 소리가 아주 한 길에 사라진 다음에야 창호는 문을 닫고 돌아선다. 손바닥 위에서 커다란 봉투를 달아 본다.

떨어졌던 영수의 월사금도 지난 구월까지 다 물었고 세금은 비록 최하등이 돼서 몇 푼 안되지만 기한을 넘겨 본 일이 없는 데……. 어쨌든 재판소 서류란 상서롭지 못한 것 같다.

"재판소랑이?"

아내도 설겆이를 하다가 물에 젖은 손을 치맛자락에 씻으면서 남편에게로 걸어온다. 눈이 둥그래진 영수의 얼굴도 어머니의 등 뒤에 따라선다. 창호는 봉투를 들고 다소 떨리는 손바닥에 아내와 아들의 무거운 시선을 한꺼번에 느꼈다.

그만 호주머니에 봉투를 접어서 넣고 벽에서 두루마기를 벗겨서 입으면서 허둥거리는 발길이 정주에서부터 고무신짝을 찾는다. 주낙 광주리가 발길에 채어 뒤집어져서 낚시가 온 아랫목에 산산히 흩어진다. 무슨 속 시원한 대답을 기다리는 아내와 아들의 편은 돌아도 보지 않고 그는 한길로 뛰어나갔다. 높다고 올려딛는 데가 낮고 낮다고 내려딛는 데가 도리어 높아서 대중할 수가 없다. 길바닥이 우글부글 꿈틀거린다.

길 양편에 두 줄로 느려서 달아 놓은 오색 초롱불빛에 큰 거리는 더욱 휘황하다. 초롱과 초롱 사이의 새끼줄에서는 기다란 은빛 금빛 종이 술이 바람에 휘날린다. 김 순사가 뒷짐을 집고 오락가락하는 파출소 옆 홈을 끼고 돌아서 그는 창원이의 대서소 대문을 들어섰다.

사무실 방에는 불이 꺼졌고 마루에서 한참 암놈을 노리던 숫고양이놈이 후닥닥 담장을 뛰어 달아난다.

그는 정주 문으로 걸어갔다.

"형님 어디 갔소?"

그릇 소리가 달그랑거리는 안으로 향해서 물었다.

창원이의 마누라가 문을 열고 내다본다.

"뉘귀요?"

"내요."

"생원이요, 저 명수네 하구 채화네 하구 오늘 땅 흥정이 돼서래 그래서 연회 있다구 갔는데—"

"어디메서 연회 있답네?"

"조일정이오."

창호는 인사도 잊어버리고 바삐 돌아섰다.

10

집집이 대문에 둥그런 등을 내단 골목으로 들어선다. 이 집에서도 저 집에서도 웃음소리와 떠들어 대는 소리와 손뼉 치는 소리와 장고 소리와 노래 소리가 한데 섞여서 골목으로 터져나온다. 대낮의 흥은 그대로 이 요리집 모퉁이에 남아서 끓고 있나 보다.

창호는 골목이 거의 다해서 꼬부라진 모퉁이의 대문 안으로 들어선다. 조약돌 깔린 길을 조심스럽게 밟고 문지방을 넘어섰다.

정면으로 자빠져 있는 넓은 층층계를 요란한 소리가 와—쏟아져 내려온다.

합비를 등에 걸치고 일본 짚신을 끄은 문지기가 창호의 아래 위를 훑어본다.

"창원 씨 좀 불러주."

납작한 여자의 발자욱 소리가 타닥타닥 층계를 밟고 올라간다. 이슥히 지나서 창원이는 한 손을 난간에 걸고 휘청거리는 다리를 비꼬아 놓으며 내려온다.

"창호가?"

"형님 좀 보오."

대문 앞까지 슬리퍼를 끌고 나온 창원이에게 그는 봉투를 내밀었다.

"이것 좀 봐 주."

창원이는 봉투를 찢어서 안의 종이장을 등불 가까이로 추어든다.

"사백 원?"

그는 거의 소리를 지른다.

"저 천 주사네게 빚을 진 일이 있는가?"

"천 주사네게? 없는데."

"아즈버니 때두 없었는가?"

"가만 있소…… 예 아부지 생존에 누구 보증이 있다구 하든 것 같소."

"그게네 그거야. 흥, 땅값이 오르니 벌써 그 눈치를 채리구 지불명령 뗐군."

창원이는 팔짱을 끼고 무거운 눈초리로 건너편 집 담장을 쏘아본다.

"불계하구 오늘 밤에 다나카를 가 보구 그 값에 집으 팔랑이."

"그러쟁이쿤 앙이되겠소?"

"경매가 붙이문 자넨 몇 푼 구경두 못 하구 날라가네. 공연히 다나카가 이 눈치를 알문 값을 깎을 게네. 슬그머니 오늘 밤에 가서 파세"

"그럼 형님 어서 들어가 보오."

창호는 봉투를 도로 호주머니에 집어넣고 돌아섰다.

물러갔던 운무가 다시 바다로부터 육지로 퍼져 들어와서 골목과 거리를 채우기 시작한다. 먼바다에 떠다니는 배에 항구의 위치를 알리노라고 등대에서 이따금식 울리는 기적 소리가 뚜— 뚜— 뚜— 안개 속을 흘러온다.

그는 일부러 불빛이 밝은 거리를 피해서 뒷골목에 들어섰다. 기다란 재판소 울타리를 끼고 내려간다. 아침마다 바다로 나가는 길에 지나고 또 지나던 울타리다. 지금까지는 그는 그건 모두 그와는 아무 상관이 없는 집들이라고 생각했다.

중앙목재소의 빈 뜨락의 한구석에는 만들다가 버려 둔 검은 목선이 안개 속에 뾰죽한 주둥아리를 추어들었다.

"빚쟁이놈들이란 어쨌든 꾀가 있으니까."

그는 혼자소리를 쓴웃음과 함께 뱉아 버린다.

새 송지 냄새를 홱 풍기는 허연 간판 앞에서 그의 발은 멈춰 선다.

문을 열다가 말고 돌아서서 두어 번 문 앞을 오락가락하다가 그만 문을 밀고 들어가 버린다.

일곱 시 남행차에 내린 손님들이 정거장으로부터 쏟아져 나와서 다나카 상의 문 앞을 스쳐서 아직 준공이 덜된 삼층집 극장 옆을 돌아 거리로 빠져나간다. 버스가 커다란 등불을 켜 가지고 부— 소리를 질러서 사람들을 길 한편으로 몰면서 지나간다. 근방은 다시 조용해지고 나루의 물결 소리만 우렁차다. 창호는 나무 화로를 안고 깔깔 웃어 대는 다나카 상의 웃음소리를 피하는 것처럼 머리를 수그리고 밖으로 나와서 등 뒤로 문을 닫아 버렸다.

그의 손은 호주머니 속의 불룩한 돈뭉치를 만져 본다. 내일 그의 앞에 손바닥을 펴 들 천 주사의 멀쑥한 얼굴이 그를 굽어보면서 빙글거린다. 그는 눈을 꽉 감아 버렸다. 다음에는 옷고름을 박박 물어 찢으면서 돌아앉을 아내의 얼굴이 그리고는 그를 향해서

쌩긋 웃던 채선이의 얼굴이 —.

거리에는 주로 아이들로 된 제등 행렬이 소리를 모아서 부르는 합창 소리가 물보다도 더 크게 울려 온다. 다음에는 행렬의 선두에 선 악대가 부는 무슨 행진곡의 가볍고도 급한 멜로디가 운무에 덮인 거리의 상공에 폭죽처럼 분수처럼 흩어진다. 맵쌴 바람이 코끝을 스친다. 그는 일순간 몸에 끼쳐오는 소름을 느끼고 어깨를 으쓱 치켜올렸다.

—《조선일보》(1935. 11. 2~11. 13)

철도연선(鐵道沿線)

1

기차는 지금 동해안의 그렇게 장식이 없는 풍경 속을 북으로 달음질친다. 수없는 발을 가진 기차. 중얼거리는 피스톤. 달려가는 열차의 등허리에서는 누른 햇빛이 꿈틀거린다. 산 바위 들 강 마을 거리 할 것 없이 그것은 아무 거리낌도 차별도 않고 한 개의 목적으로 향해서 줄곧 쏴간다. 마치 각 사람의 의사는 아주 무시하는 역사의 잔인한 돌진과도 같이 — . 궤도에 평행해서 검푸른 바다가 달려온다. 줄배들이 자빠져 온다. 전봇대가 거꾸러진다. 거두어들인 뒤의 마른 거루만 남은 논바닥과 흰 돌멩이뿐인 개천과 굴레를 벗기운 송아지들과 그러한 것들이 유리창의 한구석을 축으로 하고 바쁘게 달려 돌아간다.

누런 얼굴들이 푸른 의자에 기대서 흔들리운다. 한면에 에디오피아라는 글자를 다섯 개씩이나 실은 신문지가 검은 구두 끝에 밟혀 있다.

손님은 손수건 밑에서 눈을 떴다.

"아 — 함."

벌컥 일어나서 창선을 붙잡은 그의 팔이 우루루루루루 떨린다. 기차는 지금 철교를 구르며 건너가나 보다.
"예가 어딘구?"
손님은 거진 혼잣말처럼 유리창에 향해서 중얼거린다.
손님과 마주 앉아서 역시 멍하니 밖을 내다보던 다른 손님이 손님을 돌아다본다. 주름살 잡힌 구리빛 얼굴에 그래도 윤기가 흐르고 반나마 흰 털이 섞인 텁수룩한 수염이 그리 거칠지 않게 턱을 둘러쌌다.
"이게 업동 다리지 아매."
"엑 아찔한걸."
이윽고 기차는 기 ─ 다란 고동을 티우고는 굴속으로 기어 들어간다. 천정에서 전깃불이 불시에 켜진다. 숨가쁜 어둠 속에서 쇠바퀴가 궤도를 좇는 소리만 투덜거린다. 이슥히 지나서야 기차는 다시 환한 천지로 뛰어나왔다.
"꽤 긴걸. 어딘가요?"
"이게 바로 원평굴이오."
"굴이 많은데요"
"아 이전에사 아주 드문 산골이지비."
"예서 서울이 몇 리나 되나.요"
"똑똑히는 몰라두 말루는 일천오백리라구 함머니."
"참말 고마운 세대야."
"그렇기야 하지비. 이전에사 서울루 가자문 어떻든지 말바리르 타구 장장 한달으 가따이까.…… 이런 산골에 차길으 놓느랑이 별의별 일이 다 있었지비."
하고 말하는 텁석부리의 얼굴에는 삽시간에 어두운 표정이 흐른다.

"벼라별 일이라니요?"

"예 별일이 다 있었담메."

아직 갈 길은 멀고 책을 펴면 글줄이 흔들리고 누워도 잠이 안 오는 판이라 손님은 기어이 텁석부리를 졸라서 그 별의별 일 중의 한 가지를 이야기하게 하였다. 텁석부리는 손님이 권하는 피존을 피워서 한 모금 길게 들이빨고는 천천히 입을 연다.

기차는 커다란 산그늘을 자주 지나가나 보아서 차실 안이 갑자기 흐렸다가도 환해지고 환해졌다가도 곧 흐려진다. 이 근방부터 기차는 바닷가의 풍경을 아주 버리고 오직 산골짝으로만 쏠고 들어간다.

이러한 산들은 모두 장백산맥이 동남으로 부채살처럼 편 꼬리의 꼬리로서 지금으로부터 십 년 전 찻길이 놓이기 전에는 그 산빨과 산빨 사이에 깊이 패인 골짝에는 태고 삼황적 꿈이 그대로 졸고 있는 마을들이 있었다. 그 마을과 마을을 연결하는 오솔길 위에는 부근의 장날 외에는 좀체로 사람의 발자국은커녕 마소의 발자국도 박힐 줄 몰랐다.

새로운 개화(開化)를 실은 윤선을 이 산골에서는 가까와야 칠팔십 리씩이나 되는 동해안의 항구와 포구 바닥에만 머릿기름과 일본 넝마와 모본단과 국제연맹의 소식을 실은 신문들을 부려 놓고 갔다.

그럴 때에 이 산골의 마을들은 산구비가 좀 돌아앉은 곳에 지붕을 웅크려 붙이고는 이러한 소란과 세상으로부터는 귀를 딱 틀어막고 있었다. 그때에서도 십 년을 더 거슬러 올라가서 이 지방에서 일백이십 리나 백두산으로 더 가까이 올라간 곳에 구원회사(久原會社)가 동광(銅鑛)을 시작한 뒤부터 그곳을 동점(銅店)이라고 불렀고 그곳과 성진(城津) 항구 사이를 탄탄한 신작로가 쭉 뻗쳤다.

두터운 바퀴에 무쇠테를 감은 커다란 달구지가 동쇠를 싣고 그 길을 다닐 때면 달그랑거리는 풍채술기와 겨울이면 '발귀'라고 부르는 썰매와 같은 것이 유일한 교통기관인 줄만 알고 있던 이 지방 사람들은 신기한 눈으로 그것을 바라보았고 그 수레가 가는 곳에는 막연이나마 그들의 세상과는 다른 세상이 있을 것처럼 생각했다. 이 신작로에서도 오리를 산골짝으로 더 피해 앉은 작은 마을 도리소 박존이 영감의 방 안에서는 주인 영감은 메투리 짝을 차고 신을 삼고 있었고 김참봉 영감은 아랫목에 드러누워서 책장이 너덜너덜한 고대 전책을 추어들고 "각설 이때에 —" 하면서 밭을 갈듯 느릿느릿 소리를 높여 글줄을 더듬고 있었다.

벽에 기대 자빠진 최풍언의 입에는 긴 담뱃대가 가로 물렸다. 문을 닫아 맨 방안에서는 부스러 떨어지는 벽의 흙냄새, 독한 잎담배 냄새, 퀴퀴한 발등 냄새, 매캐한 사람 냄새가 한데 섞여서 점점 공기가 답답해 가더니 담배를 들이키던 최풍언 영감이 그만 담뱃대를 내던지고 재채기를 한다. 그는 뻐어진 주먹으로 눈물을 씻고는

"참 저 아랫 말 허도감이 온 아침에 상새 났다는데." 하고 두 영감을 둘러보았다. 박존이는 짚을 고르는 손을 멈추고 최풍언을 쳐다보았다.

"온 아침에?"

김 참봉도 전책을 놓고 벌떡 일어났다.

"불쌍한 일이지, 한뉘르 거저 고생만 하다가 —."

"그래두 그 영감은 해쉐두 다 갔다 오구. 우리보다사 낫지비."

"그런데 존이 영감 들었오? 철길이 여기두 들어온다는데?"

"철길이랑이?"

"나두 어디서 얼어 들었소마는—."

"이 영감은 모르능겠군. 저 불술기 길 말이오."

"응 불술기—(박존이는 고개를 한번 끄덕이고 나서) 그놈의 술기는 산으 막 뚫구 달아난다는데—."

"풍언 영감이사 저 해쇄 갔다 온 우리 사춘이 얘기하는데 불술기는 하로에 천리를 간다는데—."

"듯겝쟁인 소리르—. 천리사 어떻게 가겠소?"

장에서 돌아오는 길에도 노름판에서도 강을 뛰고 산을 뚫고 달려오리라는 그들에게 있어서는 뜻하지도 아니한 새 괴물인 불술기에 대한 이야기가 일종의 무서움과 아울러 주고 바뀌어졌다. 더군다나 늙은이들의 마음에는 불술기는 무슨 말할 수 없는 불행을 가지고 이 평화한 마을의 오래인 정적과 전설을 짓밟아 버리러 오는 것 같았다. 그 대신 젊은이들은 몇백 년 동안 잠자고 있던 이들과 골짝의 무거운 꿈을 산산이 부셔 줄 무슨 큰 기적을 철길과 함께 기다렸다.

이해 구월 중순.

무명 보자기로 머리를 지끈지끈 동여매고 누런 각반을 다리에 칭칭 감은 인부군들이 남쪽으로부터 수없이 이 산골로 흘러 들어왔다. 그들은 구장의 주선으로 박 도감과 최 생원과 김도유사네 집을 한 달에 이 원씩에 세를 맡아 가지고 한 집에 한 오륙십 명이 나누어 들었다. 그 집들에서는 날마다 알아들을 수 없는 이상 야릇한 사투리가 떠들썩거리고 가끔 "아리아리랑 쓰리쓰리랑 아라리가 났네"가 우렁차게 울려 나왔다. 서당에서는 요즈음은 "맹자 왈 공자 왈" 하고 떠들던 글소리가 어쩐지 풀이 죽었다. 명식이는 흥분된 머리를 숙이고 으스름 황혼 길을 집으로 바삐 발을 옮겨 놓고 있었다. 그는 머리 위에서 갑자기 기러기 울음 소리를 들었다. 마을에는 새로 지은 주막들이 벌써 이곳저곳에서 음식점이라는 문패를 내걸었다. 눈치 빠른 김 초시는 마침 길가에 나앉은 그의 집 방마루를 헐고 벽을 뜯고서 가게를 만들었다. 읍으로부터 양말장수 조끼 장수가 짐짝을 걸머지고 밤인데도 사람이 모여앉은 집이면 으레히 기웃거려 본다. 희미한 남포불이 켜 있는 주막 정주에서는 분홍 저고리에 아청 치마를 입은 색주가들의 분 바른 얼굴이 혹은 기름이 반지르한 머리 뒤가 힐끗힐끗 엿보였다. 그러한 정주에서는 모진 경상도 사투리가 튀겨져 나오기도 했다. 명식이는 자기 마음뿐 아니라 마을 전체가 어수선해서 먼 길을 떠나는 나그네의 마음처럼 뒤숭숭한 것 같은 것을 느꼈다. 정주 문을 떼고 부엌으로 발을 들여놓자 희미한 어유불에 아내와 재수의 얼굴이 절반씩 보인다.

"그래 갔던 일이 어찌 됐는가?"

박존이의 얼굴이 방문을 밀치고 내다보았다.

"낼부터 일하게 됐오."

"이 동리에서 인부가 몇이나 뽑혔는가?"

"한 이십 명 되나 마나 하오. 남도에서 온 치도꾼과 한산 인부가 어찌 많은지."

"그래 하루 곡가는 얼마라디?"

"야사는 사십 전이구, 난포군은 육십 전이람메."

"그거 괭이챙이타. 그래 야사라는 건 뭔가, 난포란 건 뭐구?"

"야사란 건 평지에서 일하는 거구, 난포란 건 저 난포질으 하는 거 말이오."

"그래 자넨 야사에 붙었는가? 그게 좋으이 그게 좋아."
"예 난포질은 좀 배워야 한다이까. 저 그러구 재수두 댕기게 됐오."
"앙이 저런 아이들두 되는가?"
"나히 열여섯 살이 어리오?"
"재수두?"
아내의 얼굴이 김과 어둠과 불빛 속에서 웃었다.
"야 그거 실루 잘 됐다. 하루에 팔십 전이문 적쟁이타."
저녁상을 받고서 온집 식솔은 그들의 조용하고도 답답하던 살림살이에 뜻하지 아니한 변동을 가져온 철로판 일을 화제로 이야기의 꽃을 피웠다.

마을 밖에서 울려오는 요란한 난포 소리가 마을을 두름아귀에 끼고 솟아 있는 높은 산등어리를 함부로 흔들었다. 그 소리는 박존이의 낮잠을 넋 없이 깨워 놓았다. 그는 벌컥 일어나 앉아서 방문을 주먹으로 쳤다. 정주 문지방에 기대서서 밖을 내다보고 있던 며느리를 불렀다.

"아가 이게 무슨 소리냐?"
"그게 난포 소리람매."
여자는 간밤에 이불 밑에서 남편에게서 얻어들은 지식을 자랑스럽게 내놓았다.
"그래 그게 거 저 일아전쟁 때 불랑귀 소리 같구나."

그날부터 꽝꽝하는 난포 소리가 마을의 땅판을 들어 놓으면서 아침부터 저녁까지 거의 쉴 새 없이 들려왔다. 며칠 뒤에 박존이의 꼬부라진 몸둥아리가 오졸오졸 언덕 위의 싸리문을 벗어져 나오더니 마을 앞 큰 길을 동으로 꺾어져서 여전히 오졸오졸 걸어가고 있었다.

　장정이란 장정은 모조리 철로판으로 불려가고 마을에서 만나는 것은 오직 돌장난을 하는 아이들이 아니면 뜨락에서 이를 잡고 있는 늙은이들과 물동이를 이고 다니는 아낙네들뿐이었다. 길가의 참봉네 집 방 문턱에는 노랑 저고리에 파랑 치마가 돌아앉아서 콧노래를 잉잉거린다. 새까만 뒤통수가 햇볕에 번쩍이고 둥그런 궁둥이가 문턱을 가로타고 밖으로 드리웠다. 방 안에서도 분칠한 흰 얼굴이 한길을 내다보면서 콧노래에 맞춰서 낮은 목소리로 "신고산이 우루루 기차 가는 소리 — "를 부른다.

　김 초시네 집 정주간 마루에서는 이번에는 분홍 저고리에 맨 고쟁이 바람인 색주가가 걸터앉아서 마루를 빗자루로 패면서 '이 팔은 청춘'을 부른다. 그 집에는 울타리조차 없다. 영감의 눈동자는 처음에는 둥그래져서 그것들을 유심히 노려보았으나 다음에는 길바닥으로 얼른 떨어지고 말았다.

　그의 입에서는 "쯔쯔쯔" 혀를 갈리는 소리가 연상 흘렀다.

　꽝 —

　그의 귀는 또 한번 난포 소리에 놀랬다. 그는 얼굴을 찡그렸다. — 망할 놈의 집, 울타리도 없이. 치마를 안 입은 그년이나, 그 꼬락서니를 울타리도 없이 내놓고 구경시키는 그놈의 집주인이나 — . 암만해도 모두 좋은 징조는 아닌걸 — .

　그는 마을에서는 오직 둘 중의 하나인 싸리 울타리를 돌아서 목숨 수(壽) 자와 복 복(福) 자를 커다랗게 써 붙인 대문을 쪼개고 안으로 들어섰다. 마루 아래 몸을 웅크리고 누워 있던 강아지는 한번 머리만 들어서 쳐다보고는 낯을 안다는 듯이 다시 머리를 수그리고 눈을 감는다.

"에헴."

크게 기침을 하고 나서 그는 소리 질렀다.

"구장 영감 있소—."

책상에 마주 앉아서 무엇을 적고 있던 검은 수염을 붙인 멀쑥한 얼굴이 번쩍 들리더니 안경 너머로 윤기 나는 두 눈이 내다본다.

"아 존이 영감이오. 날래 들어오."

노랗게 그슨 돗자리 위에 박존이의 궁둥이는 주춤주춤하다가 그만 앉아 버렸다. 벽에는 세납 영수증과 봉투들이 쇠줄 끝에 복판을 꿰뚫어져서 달려 있다. 언제나 구장이 면소 출입을 할 때면 함께 거동하는 배나무가지를 굽어서 만든 지팡이가 여전히 문지방 위에 얹혀 있다.

"구장 영감 봤오? 참봉이랑 초시네는 염치두 없지비. 그게 무슨 꼴이람? 엑, 퉤퉤퉤."

담뱃대 꼭지는 녹슨 놋재떨이를 마구 때린다.

"어째서?"

무엇을 생각하는 듯이 문서책 위에서 붓대를 흔들고만 있던 구장은 얼굴만 이편으로 돌렸다.

"그 갈보들 말이오. 그러구 저 난포 소리에 암만해두 이 동리 지신이나 산신이 안정할 것 같쟁이오."

하고 말하고는 다음에 혼자소리처럼 옆을 돌아보면서

"암만해도 거저 일은 아니야."

하고 중얼거렸다. 그의 얼굴은 지난번 산제사에 축문을 읽던 때보다 조금도 지지 않게 엄숙했다.

구장은 그제야 붓을 벼룻장에 담고 문서책은 종잇조각을 끼워서 덮은 연후에 여러 문서책 위에 얹고 나서 안경을 벗어서 갑에 넣어서 책더미 위에 놓은 다음에야만 이쪽으로 아주 돌아앉았다.

"존이 모르는 소리르."

하고 말을 떼는 목소리는 둥글고도 부드러운 속에 위엄을 품었다.

"그래야 이 마을에 돈이 떨어지지비. 그래 무슨 일을 해서 참봉네나 초시네 집에 하루에 삼사 원씩 생기겠오? 그러구 존이네만 해두 무슨 일을 해서 하루에 칠팔십 전으 줴 본단 말이오? 다 철로판 덕이앙이오?"

구장은 일찍이 이 동리 철길 예정지의 땅임자들에게서 근방의 어느 동리보다도 제일 먼저 도장을 받아 바친 사람이다. 존이의 땅조각이나 한 것도 적지않게 철길에 들어갔다. 다시 듣는대야 바로 그때에 하던 그 소리다. 그 말에 내리눌려서(그는 오히려 그 말보다도 그 말을 무게 있게 만드는 구장의 지위와 재산의 힘에 눌린 것이라고 생각한다.) 도장을 찍어 주었더니 이듬해 봄에 나무로 만든 작은 잔이 내려왔다. 구장은 속으로 생각해 보았다. 그래도 두서너 번은 면소에서 온 면서기들과 함께 색주가에 가 본 일을 ── . 그는 결코 찌푸린 얼굴로 돌아오지는 않았다. 무어니 무어니 해도 구장은 동리에서는 제일가는 아니 오직 하나뿐인 진보 사상가다. 면소의 새로운 통달이면 하나고 찬의를 표하지 않은 일이 없다. 이 동리에서 누구보다도 먼저 중절모를 쓴 것도 그다. 아마도 머리를 깎기 전에 모자를 먼저 쓰고 다녔다는 말도 있다. 철길이 놓이기만 하면 박면장의 뒤를 이어 면장이 되리라는 소문이 그의 집안 안식솔들의 입에서 거의 내놓고 흘러나왔다.

"아 그러구사 아이들으 어떻게 기르겠소?"

"아무렴 그놈아들이 이 동리에 색주가가 없으문 장에 가서는 앙이 가는 줄 아오. 그저 세상은 제절루 개화르 해가는 검머니. 모르는 소리는 하지두 마오."

 박존이의 마음은 결코 구장의 진보 사상에 항복하는 것은 아니었다. 그러나 그는 감히 반항할 수 있는 논리를 준비하지 못했다. 또한 문서를 들고 다니는 청결 때면 순사의 앞장을 서서 다니는 행세꾼인 구장의 앞에서는 존이의 입은 조심하여야 하였다.

 "그렇기두 하지비."

 그는 구장의 말에 항복하고만 것인지, 그보다도 자기의 지위의 무력에 대한 탄식인지도 모르는 이러한 말을 남기고는 마루에 나와서 신을 찾아 신었다. 연상 기침을 하면서 강아지의 옆을 지나서 뜨락을 건너 나왔다.

 마을의 앞 뒤에 불끈 솟아오른 양편 산봉우리의 꼭대기까지 어둠이 잠뿍 찾을 때에야 명식이네 부자는 땀에 축축해진 홑옷을 전해오는 밤의 냉기에 몸을 오슬거리면서 그래도 바삐바삐 집으로 돌아온다. 문턱을 넘어서기가 바쁘게 그들은 힘 빠진 다리를 아래목에 내던지고 털썩 주저앉는다.

 존이는 방 문턱에 윗몸을 걸치고 그날 하루 동안 마을에서 일어난 작고 큰 사건을 하나도 빼놓지 않고 아들과 손자에게 일러바친다. 그 동안에 명식이는 아내가 들어다주는 밥상에서 된장남비 김치그릇 누른 밥 그릇 할 것 없이 심지어 물대접까지 부시고 나서 움쭉 일어나서 밖으로 나간다.

 이웃집에서는 일터에서 돌아온 남도 인부꾼들이 마치 하룻동안 닫아 두었던 말들을 한꺼번에 터뜨려 놓는 듯이 한참 떠들어대는 소리가 울타리를 넘어 들려온다. 윤 씨는 남편보다 언제든지 밥상을 늦게 물리는 아들의 앞에 마주 앉아서는 그날에 지낸 철로판의 이야기를 소군소군 물어본다. 난포 한 방에 아무렇지도 않게 산이 부스러지는 이야기, 흙을 파 싣고 달아나는 도록고 이야기, 인부꾼끼리 싸움이 터져서 머리가 깨어진 이야기······. 그러한 이야기는 모두 윤 씨에게는 신기하기 짝이 없다. 윤 씨는 이른 새벽마다 아침 물을 길으러 우물로 나갔다가는 울타리도 없는 김 초시네 뜨락에서 마침 일터로 나가느라고 바쁘게 서두르는 광목으로 머리를 삐쭉하게 동이고 누런 각반에 지까다비를 신은 인부꾼들의 모양을 잠깐 머리속에 그려 본다. 그중에서도 아래위를 검은 양복으로 쭉 빼고 중절모에 안경을 쓴 키 큰 십장의 모양이 더욱 뚜렷해 보인다.

어느새 저녁을 먹고 모두들 흩어진 모양이어서 이웃집에서는 인부꾼들의 말소리는 끊어졌다.

그 대신 참봉네 집을 비롯하여 삼십 호 남짓한 동리에서 십여 집이나 되는 음식점에서는 정주칸마다 유달리 큰 남폿불이 켜졌다. 집 안으로부터는 도야지고기 닭고기 쇠고기 냄새와 함께 화끈화끈한 흰 김이 무럭무럭 쏟아져 나왔다. 그 집들에서는 이방 저 방에서 술상을 복판에 놓고 오륙 명씩의 인부꾼들이 돌아앉아서 경상도나 평안도 사투리로 저마다 떠들어 댄다. 그러고는 번갈아 가면서 그 꿋꿋한 무릎 위에 색주가의 포동포동한 궁덩이를 올려 앉혀 본다. 그리고는 터져나오는 큰 웃음소리 틈을 비비고 나오는 가느다란 웃음소리와 자못 구슬픈 수심가와 능청맞은 육자배기와 멋진 단가 토막과······. 삼태성이 마을 앞 수양버드나무 꼭대기를 넘어갈 때까지도 마을은 잠이 들지 않았다.

개들도 떠들어 대는 마을의 아우성 소리에 맞추어 짖다 짖다 못해서 인제는 아주 지쳐서 더 짖지 않는다. 그러한 밤이면 마을에서는 반드시 한 쌍이나 두어 쌍의 싸움이 벌어졌다. 누구의 머리가 깨어지지 않으면 몇 사람의 눈덕에 멍울이 졌다. 색주가들의 머리채도 점점 가늘어 갔다.

재수는 장에 가서 처음으로 함석지붕을 인 집을 보았다. 면사무소였다. 남쪽에서 온 인부꾼들은 일터에서 잠시 잠시 쉬는 틈틈에 그에게 수없는 놀라운 지식을 가르쳐 주었다. 검은 윤선이 고함을 치고 드나드는 항구의 이야기 — 그 항구에는 함석지붕을 인 집은 말할 것도 없이 이층 삼층집이 늘어서고 둥그런 두 눈을 부릅뜬 자동차가 거리를 쏴다닌다고도 한다. 재수는 그 밖에도 인부꾼들이 혹은 점심시간에 혹은 저녁에 곡괭이를 둘러멘 어깨를 축드리우고 일터에서 오리나 되는 길을 걸어 들어오는 동안에 그들에게서 얻어들은 그 이상스러운 이야기의 토막토막을 잇고 붙이고 떼어서 제멋대로 자못 찬란한 항구를 머릿속에 그려 본다. 저녁을 먹고 나면 요즈음은 으레히 할아버지의 눈치를 살피다가는 움쭉 일어선다.

"아 일즉아니 자거라. 곤하쟁이냐?"

"예—."

하고 대답은 했지만 그는 어느새 삐걱하는 조심스러운 정주 문 소리를 뒤로 남기고는 어디로 사라진다. 윤 씨는 어쩐지 옆집 인부꾼들의 떠드는 소리에 허리가 들뜬다. 마음이 팔린다.

온 아침이다.

윤 씨는 물이 잠북 찬 물동이를 우물 귀틀에 올려놓고 손바닥으로 물동이 거죽에 발려 있는 물방울을 훔치고 있었다. 인부꾼들은 벌써 한길에 나서서 서로 부르고 대답하느라고 소란하다. 그는 머리 뒤의 안경 쓴 십장의 눈초리를 느끼고는 공연히 사지가 뻣뻣

해져서 자리를 떠나지 못하고 허둥지둥 머리 뒤를 쓰다듬어도 보고 옷깃을 바로 여며 놓아도 보곤 하였다. 그의 귀는 분명히 그의 뒤에서 점점 가까와 오는 발자취 소리를 들었다.

"아즈머니 물 좀 빌리우."

그 목소리는 남편의 거친 말씨와는 딴판으로 미끄러웠다. 윤 씨는 말없이 바가지를 집어서 동이에서 숫물을 반쯤 떠서 말소리의 방향으로 돌렸다. 그러나 사나이의 얼굴을 쳐다보지는 못했다. 그 대신 고기비늘처럼 정연하게 감아올린 사나이의 꿋꿋한 다리의 각반을 보았다. 그러고는 그위에 풍채 늠름한 사나이의 윗몸뚱이를 상상했다.

그날은 종일토록 윤 씨의 마음은 실없이 들락날락했다. 열네 살 나는 겨우 고사리 같은 아기네로서 벌써 그때에 장작개비처럼 꿋꿋해진 덜멍 총각이던 지금의 남편에게 시집을 와서 신기하게도 다음 다음해에 재수를 낳고는 그만 후산을 잘못하고 단산이 된 윤 씨의 몸은 아기설이를 많이 한 다른 동갑들보다도 아직은 토실토실한 대로 남아 있다. 어머니 없는 홀아비들 집에 시집을 와 가지고는 십오륙 년을 하루같이 시아버지의 얼굴과 남편의 얼굴과 그리고는 그 얼굴과 똑같은 마을 사람들의 얼굴만 쳐다보고 살아 왔다. 남들이 다 몇 번씩 가 보았다는 장에도 시아버지의 저녁밥 때문에 가 본 일도 없었다. 오십 리나 산골로 더 들어가야 있던 친정집에서는 서간도로 이사해 간 후 햇수를 잊어버릴 지경이다. 그는 지금 마을 사람들보다는 어디라 없이 늠늠한 데가 있는 인부꾼들의 가끔 도적질해 보는 몸짓과 말소리에 이상하게도 마음이 끌리는 것이다. 그렇지 않아도 단산이 된 것도 며느리의 탓이라고만 생각하고 가끔 무뚝뚝한 소리로 빈정대던 존의는 오늘 시집와서 처음으로 며느리가 점심밥상에 수저를 잊어버린 것을 보고는 방문을 주먹으로 내다때리고는 소리를 질렀다. 조왕 다리를 훔치다가 윤 씨는 실로 열일곱 해 만에 처음으로 이웃에 부탁해서 장에서 사 온 사기그릇 두 개 중에서 파란 놈을 떨어뜨려서 깨었다. 그는 깨어진 사기 조각을 치마 앞에 싸가지고 빨래를 나가던 길에 방천 위에 버렸다.

그날 밤부터는 윤 씨에게는 저녁 물을 긷는 새 습관이 생겼다. 그맘때면 십장은 반드시 세숫대야를 우물로 들고 나와서 비누 냄새를 무럭무럭 피우면서 얼굴로부터 목덜미까지를 물에 담그고 씻는다. 윤 씨는 사나이가 청하는 대로 몇 번인가 세수물을 갈아 떠 주기도 했다.

색주가들의 얼굴에 바르는 그 분을 윤 씨는 똑 한 번만 발라 보고 싶었다. 그들의 머리를 윤기 나게 하는 머릿기름도 언제고 바르고 싶었다. 이 무명 치마저고리를 벗어 놓고 옥당목 치마는 하나 있으니 거기다가 그 연분홍 저고리를 입었으면 얼마나 좋으랴—. 그날 밤도 세숫물을 떠 주었더니 십장은 사방을 두련두련 살펴보다가 양복 바지 주머니에서 흰 헝겊 뭉치를 불쑥 내민다.

"아주머니 신세를 좀 갚아야지."

"별소리르 다 함메."

여자는 입으로는 이렇게 말하면서도 머리를 들어서 이리저리 살핀 다음에 어둠이 마침 그들의 수작을 알맞게 감추어 주는 것을 느끼자 얼른 그것을 받아서는 허리춤에 쑤셔 놓은 후 그만 물동이를 머리에 올려 놓고 넋없이 집으로 달려 들어왔다.

방에서는 시아버지의 코 고는 소리가 높았다 낮았다 한창이다. 윤 씨는 소리 나지 않게 방문을 밀어서 닫고는 허리춤의 것을 등잔 아래 펴놓았다. 옥색 관사 저고리감에 돋은 무늬가 눈을 부신다. 그리고 그 밑에는 세수수건이 개켜져 있었다. 바로 그 세수수건은 허리띠며 비누갑이며 가죽지갑이며 분갑이며 벌려 놓은 화장사의 가게에 걸려 있던 것이다. 윤 씨는 얼른 다시 개켜서 고방의 의롱 속에 치워 두고는 조앙 다리 밑에 선채 이슥이나 자기의 가슴 뛰는 소리에 귀를 기울였다.

다음 날 저녁에 역시 물을 길으러 나갔던 윤 씨는 이전처럼 십장의 대야에 물을 채워 주려고 두레박을 들고는 잠깐 사나이를 쳐다보았다. 그의 얼굴은 저도 모르게 웃었다. 그러나 사나이의 손에는 대야도 수건도 들지 않았다. 불이 나는 두 눈이 바로 이편의 얼굴 복판을 쏘고 있을 뿐이다. 여자는 잠깐 젖가슴에 끼치는 몸서리를 느꼈다. 얼른 물동이를 머리에 올려놓고 돌아서다가 갑자기 두레박을 든 편 손목에 감기는 굿센 사나이의 손아귀에 멈춰섰다. 여자의 가슴은 옷섶 아래서 함부로 뛰었다. 손아귀는 지긋이 끌어당긴다.

"이리 좀 오시오."

사나이의 목소리는 조금 떨렸다.

"가마 있소……물동이르두구……."

여자의 목소리도 가늘게 그러나 비단을 찢는 소리처럼 또렷하게 그러나 역시 떨렸다.

물동이를 부엌 이마에 내려놓자 두 손은 또아리를 주무르면서 잠깐 망설이고 있었다. 그러나 다음 순간에는 벌써 신 소리를 죽여 가면서 그는 뜨락을 건너 나왔다. 대문 밖에 나서자 십장의 커다란 그림자가 앞을 선다. 그들은 아무 말 없이 두 수수밭 사이 오솔길을 골짝으로 내려갔다. 건너편 숲 속에서는 볼을 타는 부엉이 소리가 들려왔다.

윤 씨의 코는 어느새 남편의 겨드랑이에서 나는 냄새를 알게 되었다. 그의 눈은 남편을 똑바로 보지 않고 가로 보는 버릇을 배웠다.

박존이의 눈도 이와 못지않게 벌써 며칠 전부터 일자로 밀려진 며느리의 이마를 유심히 바라보았다. 이마 복판을 반듯하게 가르고 올라간 똑바른 금을 보았다. 며느리는 아침마다 설거지를 하고 나서는 머리 감을 물을 데느라고 군불을 땐다.

요즈음은 마을에는 날이 새기만 하면 반드시 새 소식이 흘렀다. 장정이 또 한 사람 난포에 치어 죽었다는둥 인부꾼 녀석이 순녀네 울타리를 뛰어 넘다가 순남이에게 나무토막으로 얻어맞아서 다리가 부러졌다는둥 건너마을 큰 부자집 맏아들이 필경 색주가에서 병을 옮아가지고 수은 냄새를 쏘이다가 독을 타서 죽었다는둥 낮에 들은 이러한 일이 머리에 왕래해서 베개 위에서 이편저편으로 돌아만 눕던 박존이는 정주에서 움직이는 심상치 않은 풍운에 기미를 차렸다.

"어찌라구 이럼메?"

"어쨌니?"

"좀 발이나 씻소께."

"어느 때는 발으시쳤니?"

"에구 구린내 나라."

"되지 못한 게."

"되지 못하긴 뉘가 되지 못해? 흥 즛하리 값으 함메."

"이연아, 무시게 어찌구 어째?"

며느리는 떳떳하게 아들을 모욕하는 게다.

박존이의 숨은 가빴다. "괘씸한 년." 그의 귀는 짐짓 며느리의 궁덩이나 등덜미를 후려 갈기는 아들의 손바닥 소리를 기다렸다.

"으 — ㅁ"

아들은 그러나 돌아눕고 마나 보다.

"못난 자식, 애비난 닮아도 그렇잖을 건데. 잘난 외편으 닮아스 이 저렇지."

박존이는 통분을 그만 삼켜 버렸다.

시들은 무우와 같이 비틀비틀해져서 돌아온 남편의 앞에 밀어다 놓은 밥상도 이상하게 철썩 소리를 내고야 만다. 물을 떠 달라는 소리가 두 마디 세 마디가 지나야 겨우 한번 힐끔 독살스러운 눈초리를 남편의 세수를 못 한 지저분한 얼굴에 보내고야 겨우 아내의 궁덩이는 떨어졌다.

잔뜩 화가 난 남편의 눈살은 그날 밤은 별로이 기름이 번지르한 아내의 머리를 붙잡았다. 머리는 이전처럼 꽁꽁 땋아서 얹지 않았고 살짝 흘려서 얹었다. 머리카락의 빗자국이 올올이 보일 듯했다. 때가 꾀죄죄 흐르는 아래위 무명옷 때문에 그 머리의 윤기는 더욱 눈에 뜨인다. 남편의 시선은 더군다나 그 머리꼭지에 꽂혀서 번쩍이는 셀룰로이드 머리바늘에 빨려서 떨어지지 않았다. 남편의 무릎 앞에 때려붙이는 대접에서 물이 튀어서 사나이의 발등을 추겼다. 상에 떨어지는 숟가락 소리. 거칠은 손바닥이 상을 물리려고 굽힌 여자의 미끈한 뺨을 갈겼다.

"이년."

악물었던 사나이의 입이 찢어졌다.

"어째 어째 치오? 이 — 이잉."

사나이의 손은 엎드려진 여자의 머리채를 감아쥐었다. 그러나

머리채는 미끗하고 손가락 사이로 빠진다. 사나이는 주먹을 코에 가져간다. 콧마루가 가로 찡그러진다.

"이년아 이 머리찌름은 어디서 생겼니?"

"……"

"머리바눌은 어느 군놈이 사 주디?"

"……"

어느새 좁은 뜨락에는 구경꾼이 늘어섰다. 이웃집 여자들의 눈이 울타리에 쭉 매달렸다. 깨어지는 그릇 소리, 살이 살덩이를 투기는 둔탁한 소리.

"애고 ― 사람 살리오 ― ."

사나이는 살같이 고방으로 쏴들어갔다. 장롱 문이 부서지는 소리. 옥색 모본단 저고리감이 고방 문에서 정주칸으로 튀어나온다. 시꺼먼 구름노즌 위에 흩어지는 분통, 마지막으로 사나이의 주먹은 머릿기름병을 움켜쥐고 뛰어나온다.

"이년아 말해라. 이게 어디서 생겼니?"

어느새 여자는 빠져나왔다. 동리 두 장정이 팔이 각각 좌우에서 명식이의 팔을 붙잡았다.

"이 사람 이게 무슨 즈신가?"

"아이 놔두. 그 년으 죽이구야 말겠오."

"엑 불민하게."

"에구 ― ."

사나이는 두 팔에 허공 들려서 몸부림친다. 캄캄한 방에서는 박존이의 "으 ― ㅁ 음" 배알을 앓는 소리와 침 뱉는 소리와 재떨이를 때리는 대통 소리가 연방 들렸다. 구경군들은 흩어지기 시작했다. 언덕을 내려오는 여인들 사이에서는 이러한 소리가 들렸다.

"이재사 눈치르 채려꾸만—."
"느렁쳉이 느렁쳉이 해두 성을 냉이 무섭소."
"그 도적놈 같은 십장놈은 어째 앙이됐는지. 구경두 앙이 나오구 방에서 꿀종지 같은 눈으 껌버억 껌버억 하구 있겠지비."

논과 밭 그리고 넓은 들에 한 발 두 발 철길은 잔등이를 일으키고서 자라난다. 지도 위에 푸른 선으로 그린 예정선을 일분 이분 검게 칠해진다. 바위가 가로막히면 부수고 나간다. 산이 막혔으면 뚫고 나간다.

길의 두 편에 늘어서서 흙을 떠올리는 삽들.

"자아—."

"역사 역사 역사."

삽들은 삽시간에 도록고에 흙을 채웠다. 짐을 잠북 실은 도록고는 먼 개천가로 뻗어진 궤도를 미끄러져서 쏴간다.

살덩이를 벗겨 가는 산은 흰 골격만 앙상하게 남았다. 명식은 바위의 벽에 정을 세우고 구멍을 뚫고 있다. 그 전날 밤 괘씸하게도 대들던 여우처럼 맹랑한 아내의 얼굴이 눈앞에 떠올랐다. 그리고는 뜨락에 몰려들었던 구경군들의 인정머리 없는 얼굴들이—. 그는 그의 곁에서 일하는 일부꾼들과 일꾼들의 눈이 모두 자기에게로 쏠리는 것만 같아서 얼굴이 들리지 않는다. 점점 테두리가 넓어져 가는 그 구멍 속에 숨어서 아주 자지러들어 버렸으면 했다.

바위를 상해 놓으며 파 들어가는 정에 내리맞는 함머가 이상하게도 팔에 울린다. 겨냥을 잃은 함머가 두 번이나 정을 잡은 왼손가락을 때렸다. 뭉크러진 손가락이 갑자기 검은 피에 젖었다.

그러나 그의 얼굴은 아무러한 아프다는 표정을 보이지 않았다. 그는 지금 그의 집 고방을 엿보고 있는 것이다. 아버지는 이웃에라도 나갔을 테지. 아내의 손목을 잡은 하이칼라의 벙글거리는 얼굴. 기름이 흐르는 치머리. 그놈의 콧마루에는 일 원 오십 전짜리 새 취경이 번쩍일지도 모른다. 그놈의 손은 아내의 손바닥에 분통을 쥐어 줄 것이다. 다음에 방긋 웃는 아내의 얼굴. "엑, 집어치어라" 함머는 한꺼번에 날세게 손과 정을 후려갈겼다. 함머끝이 피에 잠겼다. 그의 얼굴은 꾸겨진 휴지와 같이 함부로 이즈러졌다.

"자— 피껴."

난포수가 돌구멍에 다이나마이트의 관을 박았다. 검은 손이 획 성냥을 그었다. 심지에 얼른 성냥가지를 가져갔다. 다이나마이트를 박은 곳을 중심으로 하고 급한 다리들이 와르르 원주로 향하여 다름질친다.

꽈— 꽈광— 꽝.

땅을 울려 오는 진동은 달아나는 발목을 흔든다. 다음에는 뱃장을 울린다.

와르르— 산이 무너진다. 나무 그루 잔디 풀숲을 휩싸안고 굵은 사태가 폭포처럼 내리 쏟아진다. 돌멩이가 굴러떨어진다.

"앗."

어느 입이 소리쳤다.

"명식이."

다른 입이 외쳤다.

벌써 명식이 섰던 자리에는 작은 언덕이 생겼다. 수많은 삽이 번개처럼 흙을 찍어 낸다. 십 초…… 삼십 초 일 분…… 이 분…… 오 분…… 십 분 만에야 누구의 부삽이 흙 밑에서 팔을 건드렸다.

두 인부의 팔이 번쩍 명식의 어깨를 추켜 들었다. 찌그러진 얼굴. 피와 흙이 엉클어 죽이 된 옆구리. 둥그레진 눈들이 넋없이 명식이의 파기된 몽뚱아리로 쏟아진다.

"쯔."

어느 입이 혀를 갈랐다. 어디서 재수가 달려왔다. 둘러선 사람들의 장벽을 헤치고 들어왔다.

"아버지."

한마디 찢어내는 듯한 소리를 지르고는 시꺼멓게 변해 버린 명식의 얼굴 위에 엎드려 버렸다. 재수의 몸부림에도 불구하고 거적은 명식의 몸뚱아리를 가려 버렸다.

"자— 일해 일해."

하는 십장의 독촉 소리에 등덜미를 밀려서 검은 그림자들은 삽을 끌고 일자리로 돌아선다. 수그린 머리들이 힘없이 앞을 내디디는 둔한 발등을 굽어본다.

이윽고 명식의 시체는 두 인부꾼의 들채에 담겨서 다른 인부꾼들보다는 먼저 집으로 돌아왔다. 그는 이렇게 마지막으로 마을로 돌아간 다섯 번째 시체였다.

2

방문이 열리더니 박존이의 얼굴이 내다본다. 어슴푸레한 초저녁 어둠이 뜨락을 적시고 있다.

"인제 오니?"

"네."

재수는 삽을 벽에 기대 세워 놓고 부엌으로 들어갔다. 늙은이의 얼굴은 다음에는 부엌으로 향한 문으로 나타난다.

"아, 아가 저기 날래 밥을 줘라"

그러나 며느리의 대답 소리는 아무 데서도 들리지 않는다.

"또 어디루 간게군 —."

늙은이는 군소리처럼 혼자 중얼거린다.

박존이는 아들이 죽은 뒤부터는 거의 밖으로 나간 일이 없었다. 부근 모임이 있다고 도감이 데리러 와도

"내사 가서 뭘하겠오"

하고 나가지 않았다. 아들의 상문 밑에서 베개를 이리 돌리고 저리 돌리는 것이 그의 일과의 대부분이었다.

재수는 부엌에서 대야를 집어들고 우물로 나간다. 이슥이 있어서야 들어온 며느리의 얼굴에는 분이 발렸다. 검은 바탕에 겨우 엷은 분을 바른 얼굴빛은 희지 못하고 도리어 푸르렀다. 눈자위에는 검은 가락지가 돌아갔다.

"야 재수가 버얼서 와서 밥을 기다리다가 나갔다. 어디 가 때가는 줄도 모르고 다니니?"

아침저녁으로 남편의 상문에 드리는 상식도 저녁은 대개 늦었다. 다 어두운 다음에야 어디 갔다가 황망히 돌아와서는 잊어버렸던 일을 생각해 낸 것처럼 얼른 밥을 지어서 상문에 상식을 드리고 두서너 번 "애고— 애고—"하고 동리가 들으라고 울음 소리를 내고는 상을 물린다. 박존이는 그동안에 아랫목 벽에 기대앉아서 퍼억퍽 담배를 피운다. 빈 창자에서 거시가 우는 소리가 뚜렷하다. 들이키는 담배 연기가 창자 속을 더욱 텅 비게 만드는 것 같으면서 허리가 자릿자릿 저려 온다. 박존이는 문턱을 붙잡고 일어나서 밖으로 나온다.

동리 사람들은 거의 저녁마다 언덕 위에서 동리를 굽어보면서 손자를 부르는 박존이의 넓은 목소리가 산 끝에 퍼지는 것을 듣는다.

재수는 아마도 우물가에 두었다가 집어가지고 오는 겐지 그래도 대야를 들고 들어온다. 흙과 기름과 땀을 씻어 버린 얼굴이 등잔불을 받고 빛난다.

박존이는 재수의 얼굴 속에서 그 자신의 어린 때의 그림자를 보는 것처럼 느낀다. 손자의 속에는 내가 있을 게다. 또 너는 언제까지든지 네 속에 나를 가지고 있어야 할 게다. 그래서 대대손손이 방학동 박존이 댁의 그림자를 담아 가지고 내려갈 게다. 그는 이렇게 생각했다. 사실 아들이 죽은 뒤부터 박존이의 마음은 손자에게로 걷잡을 수 없이 기울어져 갔다.

한편으로 재수는 저녁 밥숟가락만 빠지면 으레히 십장이 오라고 합네, '구미'에서 모임이 있음네 하고 구실을 만들어 가지고는 기어이 나가 버린다.

며느리는 재수가 들어오는 것도 보지 않고 또 어디로 나가 버렸다. 조앙 다리 밑에서 식지를 둘러쓰고 있는 밥상을 재수는 손수 들어다가 된 조밥을 물에 말아서 퍼먹는다.

박존이는 입에서 대통 꼭지를 빼고 물끄러미 시선을 손자의 밥상으로 돌린다. 뚝배기에 반쯤 담긴 된장, 동그란 대가리를 오골보골 흰 사기그릇가에 나란히 추어든 달래김치, 밥숟가락이 닿기도 전에 와르르 부스러지는 조밥.

콩이나 두지. 아니나 다를까 밥그릇이 절반도 비기 전에 재수는 숟가락을 철컥 상에 때려붙이고 상다리를 다리로 밀어 놓는다.

"일즉아니 자라. 저녁마다 곤하쟁이?"

"구미에서 오랍데."

서슴거리던 재수는 신발도 바로 발에 끼지 않고 밖으로 나가 버린다. 어두운 산 그림자가 머리 위에 기울어졌고 하늘에는 별들이 수없이 눈을 떴다. 논두렁에서는 벌써 개구리 우는 소리가 장날처럼 요란하다. 눈앞에 깔린 마을의 색주가와 국수집과 중국 사람의 호떡집들의 뜨락은 휘황한 남폿불에 달아 있다. 재수는 잠깐 머리를 돌려 죽은 듯이 어둠 속에 웅크리고 있는 집 편을 바라본다. 희미한 등잔불이 사라지는 듯 어려 있는 정주 문창 저편에서는 이따금씩 마디가 꺾어져 들려오는 할아버지의 기침 소리가 그 집이 살아 있다는 것을 겨우 알려 주는 것 같다. 그는 언덕에 꼬부라져 붙은 오솔길을 불빛이 밝은 한길 편으로 향하여 굴러떨어지는 듯이 다름질쳐 내려간다.

김 참봉네 방안을 힐끗 들여다보았다. 몸집이 둥글고 입이 커다란 함흥서 왔다는 인부꾼들 복판에 들어앉아서 무어라고 떠들어 댄다.

영수네 집 좌수네 집 풍언네 집 그러고는 대동네 집이다. 그 집에는 얼굴이 갸름하고 눈망울이 둥근 색주가가 있었다. 아침저녁으로 일터로 가고 오는 재수의 길을 반드시 그 문 앞을 지난다. 혹은 마루에 걸터앉아서 행길을 하염없이 바라보기도 하고 혹은 문간에 기대서서 해가 지고 만 뒤의 노을만 남은 서편 산빨을 모든 것을 잊어버린 듯이 쳐다보는 그 여자를 그는 몇 번인가 띠어 보았다. 그 여자의 몸은 시들은 배추와 같이 날씬해 보였다. 그 짐승과 같이 사납고 손아귀가 센 인부꾼들에게 주물리고 시달려서 아마 그런 게지. 그 여자의 이름은 순남이라더라. 일터에서 김 서방이며 박공이며 허생원의 이야기는 점심시간에 곡괭이 자루를 베고 자빠져서 쉬는 동안에 가끔 순남이를 끌어오는 것을 들었다.
"아이구 고년 깜찍해라."
그것은 사람 좋은 허 생원의 말이다.
"입두 맞추지 못하게 해."
다음에는 간사한 김 서방의 말이다.
그러면 마지막에는 대개는 험상한 박공의 입이 귀밑까지 찢어진다.
이러한 이야기도 재수의 귀는 내놓지 않고 빨아들였다.
대동네 집 방 안은 함뿍 남폿불을 물었다가 열려진 방문으로 뱉어 놓은 것처럼 마루를 건너 뜨락에까지 원광을 던지고 있다. 재수의 눈은 그 불빛에 빨리는 듯이 방 안만 바라보면서 간다. 그만 길가의 돌멩이를 걷어차고 발길이 주춤했다. 그러나 그와 부딪친 것은 돌멩이가 아니라 길가의 반석에 걸터앉은 사람의 발이다. 둥그래진 재수의 눈앞에서 대담하게 웃는 것은 순남의 얼굴이다.
"어디로 가오?"
갑자기 여자의 묻는 말에 얻어맞은 재수의 다리는 허둥거린다. 가슴속에서 무엇이 떨어진 것 같다. 얼굴에 홱 물을 껴얹은 것 같다.
"저기."
그는 이 한마디를 남기고 그만 줄달음을 쳤다. 길모퉁이를 꺾어져서야 그의 발길은 천천해졌다. 가슴이 함부로 울렁거린다. 다시 한번 화끈해지는 얼굴을 왼손바닥으로 어루만졌다. 사내가 퍽으나 못생겼다고 순남이는 비웃었을 게다. 김 서방이며 박공이며 허 생원은 대수롭지 않게 그저 색주가들을 때리고 꼬집고 웃고 웃기고 하는데 나는 이게 무슨 모양이야? 그의 가슴은 이러한 뉘우

침과 부끄러움에 쭈글어드는 것 같았다. 그는 어느새 왕가의 호떡집 유리창 앞에 섰다. 문을 와락 밀었다. 더운 김이 불시로 얼굴에 끼얹힌다. 보얀 김에 둘러싸여서 김 서방과 허 생원과 영식이와 그 밖에 두서넛의 얼굴이 혹은 가로 혹은 정면으로 혹은 겨우 귀밑만 보인다. 부엌에서는 왕가의 꼬부라진 허리가 흰 치마를 두르고 양판 위에서 밀가루 떡덩이를 이리 때리고 저리 다지고 한다. 허 생원과 김 서방은 화투를 친다. 여럿은 재수가 들어온 것을 알았는지 말았는지 눈 한번 이리로 돌리지 않고 화투판만 굽어본다.

"보자 누가 술을 내는가."

그것은 영식이의 빈정대는 소리다.

"정신차려, 벌써 사백끗이여."

김 서방의 전라도 사투리가 별려쥔 화투장 너머로 허 생원을 비웃었다.

"염려 말게, 사백은 죽은 백이야."

강원도서 농사를 짓다가 기어왔다는 허 생원의 말소리와 몸짓에는 언제든지 여유가 있었다. 그도 그의 앞에 던져진 화투장을 집어든다.

"정신 차려, 국화만 나오면 대포여."

"염려 말아."

허 생원은 담배를 비스듬히 입가에 가로 물고 바른손으로 왼손에 펴쥔 화투장을 다시 고눈다.

김 서방은 말하자면 재수의 보호자다. 재수가 가지고 싶다고 말하면 지갑이고 허리띠고 무엇이고 사 주었다. 거의 밤마다 호떡을 사 주었다. 그러나 이 봄을 잡아서부터는 재수의 몸뚱아리 속에서는 한 개의 반항의 소리가 자라 가고 있었다. 소유되고 있는 불만은 차츰차츰 소유하려는 욕망으로 변해 갔다. 이러한 감정이 지금도 그로 하여금 허 생원이 이겼으면 하는 감정을 느끼게 했다.

과연 김 서방의 말대로 허 생원이 번진 것은 국화였다. 어느새 김 서방의 손에서 비가 떨어지면서 국화와 함께 끌어들인다. 김 서방의 가는 눈초리가 웃음을 친다.

"졌어, 무얼 더해?"

"가만 있게."

허 생원은 거진 탄 담배를 두어 모금 길게 빨아서 내던진 후 판을 굽어보더니 새로 번적진 다섯끗찌리 비를 얼른 집어들여가고는 화투줌을 내던진다.

"칠띄여?"

김 서방도 픽 웃고 역시 화투장을 던지고 일어선다.

"가 — 재수 안 가?"

이전 같으면 으레히 "우리는 안 가오." 하고 돌아앉았을 재수 언만 오늘은 어쩐지 허리가 움찟했다. 그의 눈은 영식이를 찾았다. 그는 벌써 일어섰다. 다른 아이들은 그들하고는 아무 상관없는 일이 일어나려고 한다는 듯이 어른들이 버리고 간 화투장을 집어 가지고 한판 새로 차린다. 재수는 가도 좋다는 뜻인지 그런 데를 누가 가느냐 하는 뜻인지 어느 것인지 모를 웃음을 띠운 얼굴로 두 어른을 쳐다보다가는 그만 아이들 화투판에 끼어앉는다. 영식이도 주춤주춤 앉아 버린다.

한편이 져서 호떡을 내서 나누어 먹고들 밖에 나왔을 때는 삼태성이 벌써 서산 이마에 머리를 맞댔다. 네 길 어부름에서 아이들은 흩어졌다. 뒷골목에 들어선 재수의 귀는 자주 거리에서 떠들어 대는 시끄러운 소리로 기웃거렸다. 그는 머리 뒤에 좇아오는 발자국 소리를 들었다. 어깨에 얹힌 것은 영식의 손이다. 어둠 속에서 영식의 눈동자와 흰 이빨이 빛난다.

"색주가 구경을 앙이 가겠니?"

"글세."

대답은 정하지 못하는 듯하면서도 재수는 어느새 돌아서서 명식이와 어깨를 나란히 걷고 있었다.

"자란이들뿐이 돼서 어디 가겠니?"

"일없다. 자란이들이 못 보는 데 가 놀지."

"그런 데 있니?"

"응!"

영식은 역시 몇 차례 가 본 모양이다.

대동네 집 안방은 불이 눈부시다. 떠들어 대는 인부꾼들의 소리가 행길에서도 붙잡을 듯이 들린다. 두 사람은 발자국을 죽여가면서 굴뚝을 끼고 뒤 골방문 앞으로 돌아간다. 영식의 손이 가늘게 깜깜한 골방문을 두드렸다.

"누구요?"

안에서 사십 남짓한 여인의 목소리가 묻는다.

"내요"

"배나뭇집 생원인가?"

목소리는 어느덧 목소리를 알아들었다. 재수는 영식의 뒤를 따라서 벗겨 주는 방문 안으로 들어섰다. 남포불이 갑자기 두 사람의 얼굴에서 어둠을 벗겼다. 재수는 대동의 마누라가 보기 전에 얼굴을 벽으로 돌렸다. 대동네 마누라가 나가 버린 다음에 재수는 영식의 얼굴을 힐끗 돌아다보았다. 그는 대수롭지 않게 웃는다.

문소리가 삐걱 나자 술상머리가 들어왔다. 재수의 눈은 그것을 피하여 천정의 거미줄을 쳐다보았다. 상이 땅에 내려앉는 소리…… 주전자 뚜껑이 철렁거렸다……. 철철철 술을 따르는 소리……. 영식의 손에 팔을 끌려 돌아앉은 재수는 그의 앞에 등잔불을 띄운 흰 술잔을 굽어보았다. 일순간 뒤로 물러앉았다. 그의 시선은 술잔을 받든 양초빛 손으로 옮겼다. 거기서 다시 노랑 비단 저고리 위에서 웃는 흰 얼굴을 한번 건너다 보았다. 순남이다. 그는 어찌할까를 가르쳐 달라는 듯이 영식의 눈을 찾았다. 어디까지든지 잔인한 영식의 얼굴은 딴 데를 향하고 있다. 떨리는 손이 위로부터 술잔을 찾았다. 손가락에 부딪치는 여자의 손가락이 따끔하게 차다.

영식의 대구입이 훌적 여자의 손에 든 잔에서 한입에 술을 빨아 버린다. 재수는 두어 잔 술에는 자신이 있었다. 그는 배가 아플 적마다 집에서 제주병에 남은 술을 가끔 약으로 먹은 일이 있다. 그렇지 않더라도 여자의 앞에서 영식이만 못한 꼴을 보이고 싶지는 않았다. 그는 영식이가 하는 대로 단숨에 들이켰다.

잔이 거듭하는 사이에 머리를 흔들며 오는 이상한 현운 속에서 여자의 허리에 돌아가는 영식의 팔을 보았다. 여자는 어느새 영식의 무릎 위에서 웃고 딩군다. 재수는 그가 차지해야 할 권리를 늦게야 찾아낸 듯한 후회조차 느꼈다. 여자는 다시 재수의 곁으로 돌아왔다. 그의 왼 무릎은 여자의 바른손 바닥이라느니보다도 그 위에 쏠리는 여자의 전신의 무게를 받치었다. 고개를 길게 빼서 여자의 왼손에 든 잔을 빨았다. 그의 몸뚱아리를 얽고 있는 혈관의 밧줄이 굵어지는 것 같았다. 그의 팔은 여자의 허리를 슬며시 돌아가 보았다. 일순간 코끝을 저리게 하는 분 냄새, 구역이 날 듯 날 듯한 동백기름 냄새 그리고는 포근한 살덩이의 탄력이 팔을 감았다. 그는 그를 감시하는 유형무형의 모든 것에 반항하고 싶었다.

재수와 영식이가 어둠 속에서 오줌을 싸고 섰을 때에 순남이는 편리화 소리를 끌고 나와서 재수의 귀에 입을 가져다 대고

"또 오우."

하고 속삭였다. 그의 고개는 반성도 하기 전에 먼저 꺼떡였다. 어두운 골목으로 다시 돌아나오자 영식이는 재수를 돌아다보고 소리는 내지 않고 얼굴만 웃었다. 재수도 그 웃음에 저도 모르게 대답해 버렸다. 우중충한 황철나무 밑에서 두 사람은 말이 없이 동으로 서로 서로서로 갈라졌다.

박존이는 어느 날 아침 밥상을 들고 들어온 며느리의 이마가 일자로 밀린 것을 보았다. 이마를 미는 것은 분도 모르고 기름도 모르는 산골색시들의 유일한 화장법이었다. 며느리는 벌써 십여 년 전에 이마를 미는 일은 잊어버렸을 터이다. 그러한 며느리가 상복을 입고도 이마의 잔털을 미는 버릇을 다시 시작한 것이다. 그의 흘겨보는 눈은 며느리의 이마에서 머리 복판으로 똑바로 가르고 올라간 금을 보았다. 며느리의 얼굴은 적어도 오 년은 젊어 보인다. 보리빛 살갖이 기름끼를 띠면서 윤기까지 흐른다.

지난 한식에 가 보았을 때에 아들의 무덤에는 벌써 몇 대의 풀이 섰었다. 그는 손수 삽으로 잔디를 떠다가 무덤의 울긋불긋한 데를 나란히 만들어 주었다. 그동안에 무덤 앞에 앉았던 며느리는 멀리 소나무 밑에서 춤추고 떠드는 젊은이들의 놀이판을 바라보더라. 며느리란 아들을 통해서만 내 집의 사람인 게야. 그의 마음은 분명히 이 집으로부터 멀어져 가고 있는 게다. 그러면 어서 재수를 장가를 보내야지. 오 생원네 집에서도 벌써 재수에게 마음을

두나 보더라. 그렇지만 그 집 이쁜이는 사람이 생긴 품이 너무 느려서 그 애보다는 뒷마을 박 초시네 생금이가 났지. 그러나 그런 부자집에서 웬걸 우리 같은 것을 딸을 줄라구? 생금이 앞으로는 암소가 세 필이고 묵밭이 이틀 갈이라든가? 되기만 하면 우리야 큰 수가 난 셈이지. 무얼 저희도 괜찮지. 이 부근에야 인물이든지 똑똑하기가 우리 재수만 한 녀석이 있나 보지. 첫번에는 물론 안 된다고 하다가도 구장만 내세우면 될 말이냐? 그러니 구장을 움직여 낼 수가 있어야지? 아니 한 열 량 작정하고 술을 먹여 놓으면 그 녀석은 수염을 씻어 올리면서

"암 될 말인가? 내가 혼망을 가는데 박 초시가 제가 막아 보낼라고?"

하고는 게트림을 할 게다. 그런데 어째서 며느리는 그 생각을 못할까. 제가 그러면 갈 데로 가라지. 나는 재수하고 손부하고 셋이 살지.

박존이는 아들을 잃은 뒤부터는 마치 뿌리를 빼앗긴 나무처럼 마음이 손자에게로 쏟아지는 것을 느꼈다. 더군다나 며느리의 마음이 부엌에서 점점 떠나가는 것을 보자 그의 마음은 더한층 손자에게로 기울어졌다.

그러는 재수가 밤마다 가지가지 구실을 만들어 가지고 마을돌이를 나갔다. 온갖 구실이 다하자 인제는 아무 구실도 없이 으례히 저녁 밥술만 빠지면 일어나 나가 버렸다. 어느새 그 일은 습관이 되어서 박존이도 별로이 잔소리를 아니 하게 되었다. 박존이는 그의 목소리가 저도 모르게 손자에게도 점점 위엄을 털어 버리고 잔소리가 걱정으로 변해 가는 것을 알면서도 다시 이전의 위엄을 찾아오려고는 하지 않았다. 지금의 재수는 예전처럼 매질을 하며

길러 갈 게 아니라 차라리 그가 의지하고 붙잡으려는 나무 그루인 까닭이다.

그러나 박존이는 거리의 유혹이 무서웠다. 색주가나 술집에는 제가 천만에 갈 수가 없겠지만 그 의리를 모르고 가르침을 받지 못하였다고 생각되는 인부꾼들의 영향이 무서웠다. 그리고 호떡집이나 국수집에 가서 매식질을 하는 것은 부랑패류가 되는 시초라고만 생각했다.

그는 일찍이 자기는 장에 가서 나서 처음이요 마지막으로 수수떡을 서푼어치 사 먹은 것밖에는 평생에 매식질을 한 일이 없다는 자신의 이야기를 틈이 있는 대로 손자에게 들려주었다. 남도에서 흘러 들어온 인부들이란 모두 그 고향에서 무슨 패륜의 짓이나 망신을 하고 영영 집을 하직한 녀석들이어서 그들의 말을 듣다가는 몸을 망친다는 이야기를 해서 손자의 철없는 귀를 깨우치려 했다. 그러한 늙은이의 걱정과는 상관없이 젊은이의 밤돌이는 심해만 갔다. 박존이는 드디어 적극적으로 간섭해야 되리라고 결심할 밖에 없었다.

그날 밤도 저녁을 먹자마자 엉덩이를 들먹거리는 재수에게 박존이는 오래간만에 이전의 쇳소리를 가다듬어서 소리쳤다.

"야 인제는 밤이믄 나가지 말아라. 못된 놈들 판에 가서 못된 말이나 들었지. 한푼어치나 소용이 있니. 일즉아니 나하구 자자."

박존이는 손수 아랫목에다 하나뿐인 홑이불을 깔아 주고 나서 그도 목침을 윗목에 세워 놓고 먼저 누웠다. 잠자코 곁에 와 누운 재수의 몸을 팔을 늘여서 한번 어루만져 보고는 어둠 속에서 빙그레 웃었다. 다음에는 가슴에 전해 오는 짜르르한 진통을 느꼈다. 너무 지나치게 몹시 구는 것 같아서 마음이 아팠다.

처음에는 두 사람의 조심스러운 숨소리가 희미하더니 나중에는 늙은이의 숨소리만 높아 가서 아주 문창에 울리는 코 소리로 변했다. 재수의 눈동자는 어둠의 밑에서 빛났다. 그의 손은 잠꼬대를 하는 체하고 늙은이의 허리를 건드렸다. 코 고는 소리만이 방안에 높아 간다. 재수의 허리에 감겼던 이불이 아랫목에 밀려 떨어졌다. 초저녁에 벌써 방문을 한번 열었다가 살짝 닫아 두었던 것이다. 손가락 끝이 슬그머니 방문을 밀었다. 잠깐 삐걱거리는 소리는 늙은이의 코 고는 소리에 아주 삼켜 버렸다. 닫혀지는 문틈으로 젊은이의 얼굴이 코 고는 소리에 향해서 픽 코웃음을 쳤다. 먼 나루의 울음소리조차 들려왔다. 오 리 밖 철로공사장 저편 설봉산 허리에 낮과 같은 찬달이 박혔다. 재수는 언덕에서 흰 장승과 머리를 마주쳤다. 소름이 가슴에서부터 발끝까지 쫙 끼쳤다.

"어디 가니?"

겁낸 여자의 목소리가 물었다.

"제미는 어디 갔다오?"

재수의 목 너머서 아니꼬운 생각이 메슥메슥해 올라왔다.

"인차 들어와 자라."

여자의 목소리는 울타리를 돌아섰다. 정주 문소리가 들릴 때까지도 재수의 눈은 어머니의 기다란 몸뚱아리가 쪼개고 간 어두운 공간을 노려보았다. 그리고는 거의 본능적으로 커다란 침 뱉는 소리를 냈다. 그의 다리는 저절로 언덕을 내려오는 길을 찾아 걸었다. 눈앞에는 그 싸움하던 날 저녁에 새파랗게 죽었던 아버지의 얼굴이 나타났다. 그의 얼굴은 그의 혈관에 어떠한 반항을 속삭이는 것 같다. 그의 귀는 그의 어머니에게 향하여 복수를 명령하는 소리를 들은 것 같았다. 지금까지 그의 속에서 자라 가고 있던 어머니에게 대한 이웃의 생금이 이쁜이 치애 순녀 그리고 순남이에게 대한 신앙이 일순간에 무너진다. 도시 건드려서는 안 될 듯이 생각되던 그들에게 대한 신성한 연상이 그만 흙물을 둘러쓴 물굽이가 되어 그의 머릿속을 물결치며 흘러간다. 그는 복수의 대상을 우선 순남에게서 찾았다. 호떡집으로 가던 길을 남으로 꺾어져서 거의 달음질쳤다.

그날 밤은 영식이도 없이 다만 혼자서 순남이를 앞에 놓고 부어 주는 잔을 쉴 새 없이 받아서 마셨다. 진흙빛이 다된 재수의 얼굴에서 점점 더 찢어져 올라가는 눈자위를 놀램과 무서움이 서린 순남의 눈초리가 유심히 바라보았다.

"그만 자시오."

"일없오, 한 순배 더 주."

재수는 빈 주전자를 여자의 무릎 앞에 밀어 놓았다.

술을 마실수록 정신은 이에 반항하는 것처럼 점점 더 맑아만 간다. 그만 일어섰다. 웬걸 다리가 허둥댄다. 정주칸에서는 모두들 불을 끄고 자나 보다. 여자의 팔에 의지해서 뒷문을 돌아나왔다.

"갠까지 다려다쥬."

"그러오."

순남이는 어깨를 전부 사나이에게 맡기면서 오솔길을 개천까지 내려갔다.

개천물을 여윈 달빛이 거슬러 올라간다. 돌멩이와 돌멩이 사이를 낮은 소리를 내면서 물굽이가 비꼬며 흘러간다. 뒷마을에서는 무엇에 놀랐는지 개가 갑자기 짖는다. 부엉이가 울었다. 재수는 혼자서 언덕을 올라갔다. 몸이 텅 빈 것 같다. 달빛이 부끄러웠다. 파기를 거두어 가지고 돌아가는 게 낫지 않을까. 어머니에게 복수했다. 그러나 어쩐지 도리어 자신에게 복수한 것 같다. 문밖에 섰다. 여전히 할아버지는 아무것도 모르고 코를 골고 있었다. 할아버지의 얼굴이 절반만 수염을 붙이고 달빛을 받고 희미하게 엿보인다. 그는 벽을 향해서 드러누웠다. 아랫목에 꾸겨져 굴러 있는 이불을 발끝으로 당겨다가 허리를 감았다. 헐떡이는 숨소리를 조심스럽게 벽으로 뿜었다. 할아버지의 코 고는 소리가 딱 그쳤다. 무슨 무서운 꿈에 놀래서 깼나 보다. 부드럽지 못한 할아버지의 손바닥이 더듬더듬 재수의 허리를 어루만져 보고는 슬며시 떠나갔다.

꿈인지도 생시인지도 모르는 수없는 무서운 연상에 그의 머리는 헝클어질 대로 헝클어졌다. 사나이를 삼켜 버릴 듯한 순남이의 음탕한 정열, 순남이는 그가 입술을 깨물어 가면서 그 함정에서 솟아나려고 할 때에 도리어 쌀쌀하게 웃었다. 어머니와 그놈은 아버지의 장례날 저녁에도 역시 그러한 언덕에서 만나고 그렇게 웃었겠지. 김 서방도 박공도 허 생원도 모두 한 굴에서 나온 늑대 새끼다. 여우. 그리고 여우들의 뽀죽한 이빨이 늑대들의 넓적다리를 깨문다. 피를 빤다. 무덤 속에서 해골이 으르렁거린다. 해골의 쑥 빠진 두 눈이 그를 노려본다. 여우들의 샛노란 눈알이 간사한 웃음을 띤다.

눈을 뜨니 창이 환하다. 그는 어머니의 부르는 소리에 잠을 깬 일이 깨끗하지 못했다. 할아버지는 벌써 일어나서 뜨락을 쓰나 보다. 머리가 베개에서 얼른 떨어지지 않는다. 허리가 풀어졌다. 먼 한길에서는 일터로 나가는 인부꾼들의 지절대는 소리가 마치 앓음 소리와 같다. 미리 들여다 놓은 밥상에서 밥을 두어 술 떴다. 혓바닥이 그렇게 밥덩이를 반가와하지 않는다. 부엌에서는 그릇을 댕그렁거리는 소리가 들린다. 물론 어머니의 손이겠지! 정주에는 얼굴도 내밀지 않고 그는 벽에서 모자를 벗겨서 머리에 올려놓고 문을 나왔다. 뜨락에서 할아버지는 빗자루를 멈춰 세우고 죄 없는 두 눈이 기다란 눈썹 아래서 삽을 끌고 뜨락을 건너가는 손자를 물끄러미 바라본다.

"일즉아니 자구 일즉아니 일어나니 정신이 나지"

할아버지의 그러한 소리를 뒤에 듣자 찬빗물에 등골을 얻어맞는 것 같아서 잠깐 재수의 다리는 머뭇거렸다.

박존이는 며칠을 두고 그가 손자에게 대해서 취한 강압이 훌륭하게 성공한 것을 자못 만족하게 생각했다. 그와 손자의 사이에 아들이 지어 놓고 간 거리가 다시 메꾸어져 간다고 생각했다. 다음에는 며느리, 그러나 며느리와의 거리는 너무나 동떨어진 것 같다. 손자에게는 틀림없이 자기의 피가 흐를 것이나 며느리야 연면하게 이어 가는 그의 집의 혈통이 잠깐 머무는 객주밖에 무엇이랴. 그러나 며느리의 전 마음도 집으로 돌아와야 할 게다. 그러려면 역시 강압 정책밖에 또 방침이 없다고 생각했다. 그는 며느리 앞에서 어떻게 무서운 눈짓과 노한 수염을 뽐낼 것인가를 목침 위에서 궁리해 본다. 재수는 아주 잠이 든 게지.

어느새 그도 잠이 들었다.

어떻게 깼는지도 모르게 잠이 깼다. 그는 정주에서 새어 들어오는 이상한 소근거리는 소리에 온몸이 끌려가는 것처럼 문틈으로 귀를 가져갔다. 남도 사투리가 들릴락말락하게 중얼거린다. 며느리의 낮은 목소리가 가끔 끊어지는 남도 사투리의 중간을 잇는다.

"으 — ㅁ"

하고 그는 방문 앞에 물러앉았다. 대통 꼭지가 무수히 재떨이를 때린다. 얻어맞은 재떨이가 소리를 내서 운다. 멀리 뒷문이 살그머니 열리는 소리가 난다.

"야 죽당이 이렇게 다 죽었느냐? 일어나가라. 이놈아, 집에 도적놈이 든 줄두 모르니?"

벽 밑에 누웠을 손자를 찾아 더듬던 늙은이의 손에 빈 이불이 잡혔다.

"이놈두 나르 소켰구나."

그는 대통을 든 채 일어났다. 길지 못한 다리가 방문을 박찼다.

"재수야 재수야—."

뜨락을 향해서 불렀으나 아무 데서도 대답이 없다. 언덕을 더듬더듬 내려왔다. 달이 금방 진 뒤의 산기슭은 먹보다도 더 까맣다. 허둥지둥 다리가 높고 낮은 데를 가리지 못하고 함부로 디디다가 땅바닥에 담뱃대를 쥔 채 거꾸러졌다. 떨리는 팔로 땅을 짚고 일어섰다.

"재수야—."

넓고 긴 목소리가 온 마을의 구석구석에까지 퍼졌다. 마을의 개들이 앞뒤에서 일제히 짖는다. 박존이의 목소리를 제일 먼저 들은 것은 영식이다. 순남이의 소리의 뒤를 받아서 방금 '이팔은 청춘'의 꼭대기를 떼어 놓은 재수의 손등을 영식의 손이 꽉 붙잡았다.

"가만 있거라!"

영식의 눈은 천정을 보면서 귀를 밖으로 향해서 송긋거린다. 다른 얼굴들도 영식의 둥그레진 눈방울을 쳐다보면서 귀를 밖으로 기울엿다. 모든 귀가 분명히 박존이의 목소리를 들었다.

"재수야—."

그 목소리는 점점 가까워 온다. 재수는 벌컥 일어났다. 진흙빛 얼굴이 그만 무쇠빛으로 검어졌다. 술상에 둘러앉았던 김 서방 허 생원 박공과 어느새 그 자리에 섞여 버린 재수와 영식의 친구들의 얼굴이 일제히 문을 향해서 좌우로 흔들면서 나가는 재수의 등을 근심스럽게 바라보았다.

그것은 벌써 결코 뒷방이 아니고 당당한 앞방이었다.

재수가 나간 후 얼마 있다가 영식이도 재수의 뒤를 따라 나섰다.

박존이는 숨이 막힐 듯한 분기가 목까지 올라왔다. 목이 타는 것 같다. 담뱃대를 드리우고 뒷골목을 앞 마을로 향해서 걷는다.

대동네집 방문에서 흐르는 불빛에 희미하게 떠올라와 보이는 골목이 갑자기 더 캄캄한 골목으로 꺾어진 곳에서 그는 그의 얼굴과 가슴을 한꺼번에 무엇에 부딪쳤다. 이 다리에서 저 다리로 급하게 옮기는 몸의 중심을 겨우 지탱하면서 조심스럽게 골목을 돌아가던 재수는 머리가 아찔해졌다.

눈이 돌아간다. 담장인가 해서 옷소매를 땀이 돋은 얼굴을 씻고 눈을 크게 떠서 앞을 살펴보았다.

할아버지의 얼굴이 이편을 노리고 있다. 부릅뜬 눈이 움직이지 않는다. 수염이 떤다.

박존이의 쏟아지는 듯한 시선이 그의 앞에서 비틀거리는 손자의 몸뚱아리를 싼다.

재수는 우물쭈물 돌아섰다. 다음에는 길가의 양편을 다리에 이리 부딪치고 저리 쓰러지면서 고르지 못한 발자국 소리를 쿵쿵 내며 달아난다.

박존이의 눈자위는 선웃음을 친다. 눈두덩의 근육이 줄어들었다가 펴졌다가 한다.

다음 순간에는 아무것도 잊어버렸다. 길바닥에 쓰러진 박존이의 허리를 먼저 걷어찬 것은 영식의 발길이다. 그는 그 길로 대동네 집으로 달려가서 방 안에 있는 사람들을 급히 불렀다.

대동 영감이 한 손으로 바지허리춤을 붙잡고 한손에 남포불을 켜 들고 뛰어 나온다. 감 초시댁이 치마를 안으로 둘러입고 맨발로 달려나왔다.

영식이 어머니는 머리를 얹는 것조차 잊어버리고 자던 길로 나왔다. 만식이의 울타리보다 더 높은 키가 성큼성큼 걸어왔다.

남포불빛에 사정없이 비쳐진 박존이의 쓰러진 몸뚱아리 위에 사람들의 넋없는 시선들이 모여들었다.

그는 만식의 넓은 어깨에 업혀서 영식이와 대동이 팔에 부축이 되어 그의 방으로 돌아왔다.

문을 열고 일행을 맞는 며느리는 될 수 있는 대로 놀란 체하고 거들었다. 아무도 그것을 믿지 않았다. 사람들이 돌아간 후 방 안에는 박존이의 앓음소리만 그치지 않았다.

이튿날 아침 눈을 뜨자 벽으로 향하여 누운 박존이의 머리맡에 김이 나는 물 대접을 갖다가 놓은 손을 그는 보았다. 그 손의 저편에 며느리의 얼굴이 있을 것을 생각하고 그는 머리를 돌리지 않았다.

그 일이 있은 날 밤 이후 재수는 다시 집으로 돌아오지 않았다. 그날 아침에 읍으로부터 온 장꾼들의 말을 들으면 그들은 그날 새벽에 원평 고개 위에서 재수와 영식이를 보았다는 것이다.

그리고 그들은 이러한 말까지 붙여서 이야기했다. 재수와 영식이의 코에는 똑같이 새치경이 걸렸고 다리에는 십장이 치는 그런 종류의 각반이 감겼고 또 조끼에는 백통 시계줄이 드리웠더라는 것이다.
　마을 사람들은
"아마 부령 청진으로 간 게군."
하면서 별로이 대수롭지 않게들 생각하고 잊어버렸다.

　　3

　작은 산골짜기 밖에는 벌써 철로 뚝이 밭과 산허리에 띠를 두르고 돌아갔다. 그 위에 검게 빛나는 두 줄의 철길이 수없는 나무 베개를 베고 길게 가로누웠다.
　새까맣게 그을은 기관차가 모래를 잔뜩 실은 '도록고'를 십여 개씩 끌고 왱왱 소리를 지르면서 그 위를 달아난다. 철로공사에 쓰는 모래를 운반하는 모래차다.
　갑자기 소리치고 달려오는 이 괴물의 모양에 깜짝 놀란 농군들은 밭에서 논에서 풀밭에서 호미와 낫을 세우고 허리를 쭉 펴고는 그놈을 멍하니 바라본다. 이편 산모퉁이에서 저편 굴속으로 그 긴 꼬리가 사라질 때까지도 ─ .
　동리에서 제일 부자인 김 첨지는 자기 집 농군들이 모래차 때문에 일을 못 한다고 해서 기차와 철길을 몹시 욕했다. 사실 이 부근의 농가의 김은 모래차 덕분에 적지 않게들 늦어 갔다.
　동리에 들어 있는 이백여 명의 인부꾼들은 간다는 말도 없이 어느새 시름시름 모래차를 타고 이 동리를 물러갔다. 그들이 들어 있던 박 도감 김도유사 최 생원네 집 아낙네들은 뜰 앞에서 다리를 훨씬 걷어올리고 흙을 이어서는 인부꾼들의 냄새와 침과 오줌과 사투리가 발려 있는 벽들을 새 흙으로 분주히 바르기 시작했다.

동리의 총각들과 색시들의 아버지와 어머니들은 실없이 가슴을 내리 어루만졌다. 인부꾼들의 한 떼가 떠나던 날 밤 그들의 딸의 몇 사람이 골방에서 이부자리 더미 속에 머리를 박고 소리 없이 우는 것을 어머니들은 보았다.

마을의 총각들은 인부꾼들이 들어온 후 마을 처녀들의 흥미와 시선이 벌써 그들에게서 떠나서 인부꾼들에게로 옮겨 간 것을 깨닫고 그 뒤로 불쾌한 이태를 보냈다. 그러나 지금 그들은 잃어버렸던 지위를 다시 회복한 기쁨에 그윽히 가슴이 부풀어 올랐다.

참봉네 집을 비롯해서 열 집 가까운 색주가들도 차츰 짐을 꾸려 가지고 혹은 달구지를 세를 내서 타고 혹은 둘씩 셋씩 패를 지어 가지고 도보로 마을을 떠나갔다. 그들은 산에서 풀을 베던 아이들이 낫등으로 지게다리를 때리면서 그들이 가지고 들어온 노래를 부르는 것을 듣고는 쓰게 웃었다.

신고산이 우르르
기차 가는 소리
구고산 큰 애기
밤 보따리만 싼다.

왕가도 어느새 그 커다란 왜가마와 도마와 양푼과 몇 해를 두고 물 냄새도 맡아 못 본 이부자리와 이 거리에서는 제일 호화롭던 유리창의 유리를 뽑아서 수레에 싣고 어느 날 아침 별로 인사도 없이 여기서 삼십 리나 되는 장으로 떠나갔다.

밤이면 앞 마을 한길에서 휘황하던 남폿불도 비치지 않고 어둠 속에 나지막한 지붕들만 이전과 같이 몸을 웅크려 붙이고 있다. 그리고 그 지붕 위에서는 별들이 옛날의 모양대로 가만이 반짝인다.

번영은 인부꾼들과 함께 이 마을에서 떠났다.

계수 영감은 오랫동안 잊어버렸던 향도 모임을 불러모으기로 했다. 그 덕분에 이태 동안이나 산제를 받아먹지 못하던 이 마을의 산신들도 오래간만에 쇠고기 냄새를 맡아 보게 되었다. 젊은이 늙은이들은 인제사 버려두었던 밭을 찾아 다시 호미를 메고 소를 끌고 나간다.

분주하고 시끄럽고 소란하던 이태는 이 마을에서 조수처럼 밀려가고 그 뒤에는 옛날의 근심스럽고 으슥한 적막이 모래둔처럼 들추어났다.

김 초시네랑 참봉네랑 그렇게 밤을 새워 가며 부어라 마셔라 하더니만 모은 돈으로 밭을 샀다는 소문도 별로이 들리지 않았다. 색주가를 두었던 여덟 집 중에 여섯 집은 다시 농사를 시작했고 다른 두 집은 끝내 떠 가지고 이번에는 색주가를 따라서 가까운 장으로 이사해 갔다.

박존이가 병석에서 일어나서 바깥출입을 하게 되자 마을은 벌써 이다지 변하였다. 그는 적지 않게 숨을 내쉬었다. 얼마 지나면 손자놈도 돌아오려니! 며느리도 이럭저럭 집에 진정하려니! 늙은이의 마음에는 새로운 희망이 자라났다.

그러나 한가지 불안은 옆집에 든 십장 녀석이 다른 인부꾼들은 다 보내 놓고도 아직 혼자 남아 있는 일이다.

옆집 인순이 할머니에게 슬며시 물어보았더니 구미에서 아직 셈을 아주 치르받지 못해서 남아 있다는 것이다. 그렇지만 사실은 구미에서도 벌써 마을 어구에 지었던 널집 사무소를 헐어 가지고 떠난 뒤다. 어쩐지 십장의 모양은 박존이의 가슴에 가시와 같이 찔린다. 첫째 기름을 바른 치머리가 햇볕에 반짝이는 것도 싫었다.

그는 낮잠을 깨어서는 항용 방문을 열고 부엌을 내다본다. 그리고 텅 빈 집에 남아 있는 것은 그 혼자뿐인 것을 느낄 때 가슴이 써늘해지고 콧마루가 저려 왔다. 고독하다는 서글픔은 그의 가슴 속에서 상처처럼 자라났다. 번연히 대답이 없을 줄 알면서도 뜰 앞을 향해서

"아가 —."

하고 정답게 불러 본다.

종일 부엌을 비워 두었던 며느리는 그래도 저녁때에는 때 가는 줄을 안다는 것처럼 슬며시 돌아온다.

그날 밤에는 오래간만에 강풍언 영감이 때문은 베감투를 이마빡에 올려붙이고 놀러 왔다. 그는 그 전번 향도 모임에서 일어난 일들을 전한다. 그는 명년이면 일흔 줄에 들면서도 아직도 아들과 손자들을 따라서 밭으로 나간다. 향도가 모일 적에는 그를 부르지도 않지만 언제나 그의 얼굴은 좌석의 맨 마지막 귀퉁이에 끼었다.

"구장이 얘기를 하는데 내일이 철길 개통식이라는데."

"개통식이라니?"

박존이는 뻑뻑 들이빨던 담배를 입에서 빼고 강풍언의 입을 쳐다보았다.

"저 철길이 내일부터 아주 댕긴다구 연회를 한담매."

"어디서?"

"저 벌에 새루 된 정거장 앞에서 아주 야단으루 하리라는데!

군수도 나오구 서장도 나온다니까."

박존이는 머리를 끄덕였다. 작년에 죽은 구장 친아버지 김게수 영감의 환갑잔치 때 일이 그의 머릿속에 떠올라왔다. 그것은 이 골짝이 벌어진 후 첫 일이었다. 읍에서 기생도 불러왔다. 광대가 소리하고 땅재주를 부렸다. 구장네 집 넓은 뜰 앞에는 김게수를 복판에 두고 두 줄로 늘어 앉은 늙은이들의 얼굴에서 벌어진 입들이 다물 줄 몰랐다. 구장과 같은 아들을 두지 못한 늙은이들은 모두 그이를 부러워했다. 아마도 그런 잔치겠지!

"행세하는 사람들이사 좋지비."

강풍언은 재만 남은 담뱃대를 마루 돌에 두어 번 때린 다음에 박존이의 담배 쌈지에서 마른 뽕잎을 꺼내서 대통에 채우며 중얼거린다.

"어쨌오?"

박존이는 담뱃대를 다시 입으로 가져가는 강풍언을 건너다 보았다.

"철길을 놓는데 땅을 기부한 사람이랑 유력자게는 차표를 보내서 내일 타 보게 한다는데!"

"늬귀 그럽대?"

"구장 사촌이 얘기하는데 명천까지 타 본다등가."

"뉘귀뉘귀 왔답데?"

"어쩐지 구장이란 김 초시랑 간다드구만."

박존이의 머리는 끄덕였다. 그러다가 긴 눈썹 밑에서 두 눈이 환해졌다. 비록 세납은 없는 땅일망정 거의 다섯 짐 남짓한 산모퉁이의 땅을 철길을 놓는 데 기부했다. 아들이 죽었을 때에는 구미의 주인이 일부러 와서 존이를 철길 때문에 아들까지 바친다니

실로 이 동리에서는 제일 큰 공로자라고 말했다. 필경 무슨 실수겠지. 구장이 잊어버린 게지. 설마! 나를!

강풍언은

"우리사 내일 같이 구경이나 가고."

하고 웃으면서 일어난다.

박존이는 공차를 못 타 보는 강풍언의 신세에 오히려 불쌍한 생각조차 품었다. 대문 앞에서 강풍언을 돌려보내 놓고는 방에 들어와서 정주에서 급히급히 설겆이를 하고 있는 며느리를 불렀다.

"아가 모시 두루매기 있느냐?"

"어째 그럼메?"

"낼 개통식에 좀 참석해야 하겠다. 그러구 보선이 있나?"

"모시 두루매기는 있어두 보선은 집어 둔 게 없오."

"무시게 어쩌구 어째? 보선이 한 커레두 없다니?"

박존이는 화가 바락 나서 대통을 내흔든다.

"저기 감이 있음메. 시방 집지비."

그다음에야 박존이는 안심하고 자리에 누웠다. 다시 벌떡 일어나서 오랫동안 닫아 두었던 벽장 문을 열고 그 안에 걸어 두었던 갓과 망건을 끄집어 냈다. 등잔불에 비쳐 가면서 먼지를 털었다. 벽장에 다시 가서 아들이 읍에서 씨름을 해서 상을 타 온 편리화도 찾아내왔다. 갓과 망건과 신을 나란히 아랫목에 놓은 다음에 정주에 향해서

"아가 아츰을 좀 일즉안이 해라."

하고 일렀다.

"예 내일 아침에는 산제사를 좀 붙여사 하겠는게."

"그러냐 그럼 빨리 오려므나."

그는 삼던 신을 마저 삼아서 골을 맞춰서 벽에 걸어 놓고는 자리에 누웠다. 아마도 구장이 잊어버린 게지. 설마 그럴 리야 있을라고!

이른 아침부터 도리소 골짜기를 내려오는 좁은 길을 사람들은 마치 단오나 추석인 것처럼 말쑥하게 차리고 새로 난 정거장으로 쏠려 내려온다. 그 정거장을 복판에 두고 사방으로 모여드는 길마다 젊은이 늙은이 아낙네 어린애들 할 것 없이 분주한 발자국 소리로 소란했다. 어느덧 정거장 앞 넓은 뜰 앞에는 사람의 성벽이 한 겹 두 겹 두터워갔다.

박존이는 자리에서 일어나자 아랫목을 둘러보았다. 거기는 새로 깁은 버선이 놓여 있었다. 그는 뜰 앞을 쓸고 나서 빗자루를 마구간 벽에 갖다가 세워 놓고 길게 기지개를 켰다. 산제를 지내러 간 며느리는 아직도 돌아오는 양이 없다. 해는 벌써 산마루턱을 넉넉하게 올라섰다. 큰길을 달려가는 마을 사람들의 모양이 굽어 보인다.

그는 차츰 초조했다. 방에 들어갔다. 담배를 지갑에 넣고는 밖에 나섰다. 그는 구장의 집으로 달려갔다. 그는 큰 목소리로 구장을 불렀다. 방문이 열리자 안경을 쓴 구장의 얼굴이 내다본다.

"아이구 존이 영감 어저는 아주 출입을 하는구만 들어오오."

구장은 종이에 무엇을 쓰는 것을 멈추고 돌아앉는다. 존이는 자리에 앉아 아주 천연스럽게 말을 붙였다.

"개통식에 아니감메?"

"예 시방 곧 내려가사 하겠오. 또 무슨 축산가 해사 하겠능게. 아이구 요새 같아서는 바빠서 죽겠오. 비료니 양잠이니 무시게니

무시게니 해가지구 잔뜩 바쁜 데다가 또 개통식이라는가?"

"아니 모두 공쩨루 차를 타 본다는데?"

박존이의 눈꼬리는 좀 겸연쩍은 듯이 구장의 얼굴을 엿보았다.

"예 — 저 동리 유럭재들께 차표들이 왔음멍이."

그것은 박존이가 기대한 대답은 아니었다. 필경 "앗차 잊었군, 영감께 가는 표를……"할 줄만 알았던 것이!!

그래도 미상해서 그는 다시 다졌다.

"그래 우리 동리에서는 뉘귀뉘귀 감매?"

"저 나하구 김 초시하구 박대동하구 아매 그렇기 가지비."

역시 박존이의 이름은 부르지 않았다. 그는 두어 모금 담배를 빨아 보고는 재떨이에 타다 남은 담배를 털어 버리고 일어섰다.

구장은 벌써 일어나서 옷을 갈아입기 시작한다.

"어째 오늘 구경이나 오지비."

"나까짓게 가 뭘 하겠오."

그 말을 한 다음에는 박존이의 귀에는 아무말도 들리지 않았다.

방에 돌아오자 아랫목에서 갓과 망건과 신과 버선을 거두어서 도루 벽장에 던져 넣어 버렸다. 입안에서는 이따끔식 "으 — ㅁ 으 — ㅁ"하는 앓음 소리와 같은 소리가 들렸다.

며느리는 돌아온 기척이 없다. 그는 정주 문을 열어 보았다.

웃목에 그릇이 함부로 흩어져 있다. 놋주발 놋대접 두 벌이 왜 보이지 않는다. 뒷방문이 주책없이 열려 있다. 그는 넋 없이 정주에 뛰어 들어섰다. 뒷방 문 앞에 섰다. 뒷방 벽에 기대서 이편으로 향해서 놓은 장농 문이 역시 아래 위 다 열려 있다. 그는 성큼 뒷방 문턱을 넘어섰다. 거멓게 그림자가 진 장농 속을 들여다보았다. 옷가지라고는 없다. 방 안은 마치 도적맞은 뒤처럼 헝클어졌다.

"갔구나." 하고 혼자 중얼거리고는 실신한 것처럼 이윽이나 멍하니 서 있었다. 방으로 달려 들어갔다. 벽장 문을 열어제치고 마디진 손가락이 새 버선짝을 찾아서 움켜쥐었다. 다음 순간 버선짝이 슬며시 손에서 떨어진다. 그 옆집으로 그길로 달려갔다. 마루 한구석을 언제든지 지키고 있던 그놈의 십장의 나막신이 없어졌다. 방문 앞 기둥에 걸려 있던 우체꾼 복장 같은 노동복도 없다.

"이순 에미 있소?"

박존이의 목소리는 떨렸다. 대답하고 나온 것은 그집 할머니의 능청맞아 보이는 말얼굴이다.

"십장 나리 있소?"

"갔음메."

눈썹도 없는 질펀한 미간이 될 수 있는 대로 표정을 짓지 않으려고 애쓴다.

"영 갔오?"

"예 아주 갔는데."

"언제?"

둥그래진 존이의 눈이 문지방에 기대선 허여멀쑥한 얼굴을 쏘았다.

"새벽에 가면서 어쩐지 아츰 모래차를 탄다듯이."

그는 돌아서다가 다시 인순어미와 마주섰다.

"우리 애기를 못 봤오?"

"못 봤오."

대답은 천연스러웠다.

그의 잦은 발길은 어느새 오솔길로 나섰다. 길을 거진 채우고 내려가는 흰 두루마기 노랑 저고리 분홍 저고리 아청 치마 옥색 치마 맨바지 저고리 속을 뚫고 허둥지둥 달음박질쳤다.

붉은 기와를 인 정거장으로 달려 들어갔다. 남빛 양복쟁이가 앞을 막는다.

"모래차는 떠났음메?"

"예 벌써 새벽에 떠났오."

"새벽에?"

박존이의 입은 거의 흉내 내는 것처럼 되씹어 보았다. 돌아서 나오다가 다시 양복쟁이의 쪽으로 달려갔다.

"그 차에 웬 양복쟁이 젊은 아깐을 데리구 가는게 없음메?"

"예 ― 저 도리소에 오 있든 십장이 웬 아즈머니를 데리구 갑데."

양복쟁이는 영감의 얼굴을 굽어보면서 껄껄 웃는다. 그는 젊은이의 비웃는 눈초리를 피하는 것처럼 얼른 돌아섰다.

갑자기 머리 위에서 꽝 하는 요란한 난포 소리가 들렸다. 하늘로 향한 그의 전신은 공중에 뭉크린 흰 연기 뭉치를 붙잡았다. 그 큰 뭉치는 다시 몇 개의 작은 뭉치로 쪼개지면서 먼저보다는 좀 낮은 몇 개의 폭음을 흘린다.

그는 또한 그 흰 연기 뭉치의 바로 밑에서 높은 기구 꼭대기에 달려 찢어질 듯이 팔락거리는 큰 깃발을 보았다. 그 깃발 아래서 좌우전후로 늘인 줄에서는 파랗고 노랗고 빨간 무수한 작은 기폭들이 진정한 나위 없이 바람결에 휘날리고 있었다. 그의 눈은 깃발을 단 깃대를 따라서 아래도 내려갔다. 그 깃대는 사람 더미가 성을 둘러싼 복판에 꽂혔다. 그는 끌려가는 것처럼 사람들의 뒤에 가 섰다. 겹겹이 둘러선 어깨와 어깨 사이에서 낮은 어깨를 찾느라고 기웃거렸다. 겨우 한구석에서 좀 낮은 틈바퀴를 찾아서 얼굴을 들이밀었다.

검정 양복을 입은 사람들이 책상 좌우편 걸상에 늘어앉았다. 그중에는 수염까지 빗질한 구장의 얼굴도 긴장해 끼어 있었다. 흰 보자기를 둘러쓴 책상 위에는 오색꽃이 넘칠 듯이 난만하다. 양복쟁이가 끝난 데서부터는 말쑥한 흰 두루마기를 입은 몇 사람이 빛나지 않는 수염을 드리우고 역시 걸상에 조심스럽게 응덩이를 붙이고 앉았다.

김 초시와 박대동의 얼굴도 그 말석에 쪼그라들어 있다.

이윽고 금테안경을 쓴 몸이 뚱뚱한 양복쟁이가 일어나서 책상 앞에 다가선다. 그보다도 키 작은 양복쟁이가 그 곁에 나란히 선다.

지절대던 군중은 좀 잠잠해졌다.

"저게 군수라지비?"

"앙이오 군수 대리로 온 서무주임이람메."

그러한 소리를 박존이의 귀는 얻어들었다.

서무주임은 맨 처음에는 낮은 목소리로 그다음에는 좀 더 높은 소리로 외쳤다. 키 작은 양복쟁이가 그것을 일일이 조선말로 용하게 옮겼다.

요컨대 철도가 생긴 까닭에 이 부근 주민은 여간 편리하게 된 것이 아니고 또한 지방의 산업이 발달되고 따라서 살아가는 일이 전보다 풍성풍성해질 것이라는 의미의 말을 필하고 자리로 돌아갔다.

다음에는 몇 사람의 양복쟁이가 번갈아 일어나서 모두 철도의 개통을 치하하는 말을 했다. 그다음에는 구장이 나와서 그의 독특한 에— 에— 소리를 연상 섞어 가면서 똑같은 의미의 말을 하고 나서 끝으로 특히 군청 손님이 촌으로 다니기 편리하다는 점을 철도의 또 한 가지 공덕이라고 칭송하고 물러갔다.

그리고는 서무주임이 다시 일어서서 이번 철길을 놓는 데 특히 물질로 성의로 보조를 아끼지 않은 분들에게 철도국에서 감사장을 드린다고 하고는 한 사람씩 한 사람씩 불러서 책상 위에 쌓아 두었던 종잇장을 한 장씩 전해 준다. 구장은 그렇지 않지만 김초시와 박대동은 서무주임의 손에서 종잇장을 받을 때에 두 팔과 바지의 주름살까지 떨렸다. 이윽고 읍에서 개통의 첫길을 떠나 들어오는 기차가 산모퉁이 저편에서 한번 긴 고함을 치고는 흰 김을 무럭무럭 뿜어 올리면서 사나운 짐승처럼 정거장에 달려들었다.

사람의 성벽의 한구석이 그만 무너져서 정거장 나무 울타리 밖에 엎친 데 덮쳐서 늘어섰다. 수없는 눈들이 멈춰 선 다음에도 여전히 바퀴 밑으로 흰 김을 쏘아 내보내면서 씩씩거리는 기차를 신기한 듯이 노려본다. 박존이도 사람들 틈에 낀 채 그대로 밀려서 어느새 나무 울타리 맨 앞에 나서 있었다. 차창마다 수없는 얼굴들이 밖으로 내밀면서 저마다 웃음을 띠었다. 마치 검은 바탕에 아낌없이 꽃송이를 수놓은 것 같다.

이윽고 이편에서도 새로이 사람들이 오른다. 구장이며 초시며 대동도 여러 사람 틈에 서서 플랫폼을 건너서 승강대로 기어 올라간다. 모자에 금테 두른 양복쟁이가 손을 들었다.

기차는 다시 검은 굴뚝에 흰 김의 기둥을 쏘아 올리면서 요란한 소리를 지르며 기기 시작한다. 어느덧 달음질친다. 구경꾼들 속에서는 조수와 같은 소리가 일어났다. 기차에 끌려가는 수없는 얼굴들이 이편을 향하여 끊임없이 웃음을 보낸다. 혹은 손을 흔든다. 모자를 내두른다. 박존이의 시선은 기차가 철교를 돌아서 백양버들 숲속에 아주 모양을 감출 때까지도 오랫동안 그 뒤를 바라보았다.

　기차는 아직도 검은 그늘을 드리운 험한 산봉우리가 많은 골짜기의 비좁은 평지를 이리저리 비꼬고 들어간다.
　손님은 세 번째 피죤을 피워서 이야기를 하는 텁석부리에게 내밀었다. 저편 문으로부터 차장이 불쑥 나타나더니 모자를 벗어 들고 "여러분 다음 역은 영안(永安)이올시다. 내리실 분은 준비하십시오." 하고 외치면서 그 소리보다도 바쁘게 객차 안을 지나간다. 텁석부리는 갑자기 창밖을 내다보면서
　"아 왔군."
하고 소리를 지르고는 피우던 담배 끄트러기를 땅바닥에 부벼 버리고 나서 치롱 위에서 보퉁이를 내린다.
　"그래 당신은 대체 누구세요?"
　손님은 궁금해서 필경 입을 열었다.
　"예 색주가집 참봉이오."
　그는 빙그레 가벼운 웃음을 입술에 띤다.
　"아 그래요? 그래 지금 어디 가세요."
　"나두 그 동리를 떠났지요. 이럭저럭 해서 영안까지 불려왔오. 영안이 하두 좋다구 해서 왔더니 그것도 신통하다구 그러오? 지금은 조고맣게 여관을 하나 냈지오."
　이윽고 차는 역에 닿았다. 차창 밖으로 급작스럽게 지은 함석 지붕이 많은 거리가 으스름 황혼빛을 둘러쓰고 산 밑에 널려 있다.
　군데군데 중유 공장의 탱크가 검은 먹방울처럼 흩어져 보이고 그 위로 고가선이 여러 줄 하늘을 지나갔다.
　참봉은 정거장 지붕 바른편 한구석으로 비스듬이 엿보이는 비

뚤어진 간판을 손가락질하면서

"바로 저 관북려관이 우리 집이오. 혹 지나시거든 들르시오."
하고 말한다.

손님은 돌아나오는 길에 틈이 있으면 들기로 약속했다. 털이 부시시한 방한모를 머리에 올려놓고 보통이를 옆구리에 끼고는 참봉은 여러 승객 틈에 섞여서 내린다. 객차 밖에 나서더니 다시는 이편을 돌아다보지도 않고 총총히 거리편으로 사라진다.

점점 짙어 가는 밤빛이 더욱 두텁게 차체를 둘러싼다. 찬 안개가 산빨을 내려와서 차창을 씻으면서 흐른다. 다만 이 빽빽한 어두운 기류를 쪼개고 달리는 기차의 숨가쁜 바퀴 소리만 점점 날카로워 간다.

—《조광》(1935. 12〜1936. 2)

사랑은 경매 못 합니다(번역)

스니드 오그번 작(作)

그들은 집을 짓기 위하여 돈을 꾸었다.
그들은 이윽고 집은 내 것이 되겠거니 하고 착착 물어 갔다.
왔다, 그들이 꿈꾸지도 않던 일이.
모든 물건이 그들이 은행에 미처 물지 못한 것 때문에 가 버렸다.
낙망이 그들의 가지고 있는 전부와 같이 되었다.
그와 그의 아내와 어린아이들과 다섯만 남기고
그리고 아내는 ─ 그러나 아내는 그렇게 나쁘지 않다고 말했다.
그들이 모두 살아 있다는 것은 얼마나 훌륭한 일이냐.
"아무 일도 없어요. 뒷골목의 집도 일 없지 않아요."
"우리는 다시 신랑과 신부로 출발하지요."
"그들은 당신에게 대한 나의 사랑까지 경매할 수는 없지 않아요."
"그 위에 다섯 아이들의 사랑을 생각하게."
"그놈들은 우리 집을 빼앗지만 눈물은 흘리게 못했지요."
"아마도 이렇게 저이끼리 축복한 셈이지요."
"고마운 일이에요, 몇 해를 두고 그것을 얻었지요."
"고마운 일이지요, 우리는 아무 잘못한 일 없이 그것을 버렸지."

그래서 그들은 분발해서 일하면서 그들의 사업에 직면했다.
그리고 동무들은 동무들답게 정다웠다.

오늘 나는 그들의 문전에 멈춰 섰다. 따스한 봄볕과 향기로운 바람을 쏘이러.

—《삼천리》 5권 1호(1933. 1)

희곡
(1931~1933)

떠나가는 풍선(風船)

등장인물
난파선(難破船)의 사공들 12명(가, 나, 다, 라, 마, 바, 사, 아, 자, 차, 카, 타)
소년(사공「사」의 아들)
바람에 불려온 해적의 수령

때
현대. 어느 해 초겨울 동반구(東半球)의 긴 밤

곳
북해의 고도(孤島)

무대
검푸른 바다와 어둠을 등지고 회색의 이끼 낀 바윗돌들이 우중충하게 서 있다. 그 사이로 타선된 풍선 고려호(高麗號)가 뱃머리를 추어 들었다.
　바위틈에 피어오르는 모닥불을 에워싸고 사공들이 둘러앉아 있다.
무거운 침묵―

가   아 ── 하 오늘 밤에도 구조선(救助船)은 없을 텐가?
(탄식하는 것처럼)

나   어지간히 먼 바다라고 ──.

다   준 이틀이나 밤낮 불려왔으니 몇만 리를 왔는지 누가 알아. 오늘이 벌써 엿새째인데 지나가는 배 하나 없는 것만 보지.

라   그래도 설마 ── 배가 오고 말겠지. 하느님이 무심치 않으니.

나   자식, 치워라. 하느님처럼 괘씸한 것이 어디 있다고 그러니. 이렇게 바람에 불려다 놓고는 마른 송장을 만든 사람의 새끼가 하늘과 땅이 저버려진 이후에 몇 십만 명이나 되는 줄 아니. 그래도 하느님은 모르는 척하지.

마   흥, 말은 듣기 좋지. "오늘 밤에야 설마 ── 설마"하는 말도 인제는 다 귀 밖에 지나간다.

라   무슨 소리냐. 우리들 열한 목숨의 애타는 애원 소리가 하늘에 사무쳤을 게다.

바   그만둬라. 배가 있을 게면 스물네 번이라도 있었겠다. 여기가 어딘데 그래.

라   그래도 모른다. 요동의 곽장군은 밤중의 도적처럼 온다구 안 했니. 오늘 밤에야 우리를 구조해 줄 배가 슬그머니 바다를 넘어 오겠지. 불이나 잘 피우고 기다리자.

바   은하수가 저렇게 돌아갔으니 밤중은 훨씬 넘었을 게다. 얼마 안 있으면 동이 트겠지. 흥 언제 배가 오긴

	온단 말이야. 다 쓰러진 뒤에 송장이라도 거둬 가라.
라	어 추워, 나무가 없니.
사	그것 좋지. 다 붙었다. 인제는 어쩌니. 지나가는 배에 알릴 것은 그만두고 당장 얼어죽겠구나.
라	그 도끼 이리 보내. 인제는 뱃전이라도 패서 피워야지. (도끼를 집어들고 배로 올라간다)
	(널장 패는 소리. 떵 떵 떵 떵)
바	허 허 허 꼭 바루 관 짜는 소리다.
라	(널 조각을 한 아름 안고 와서) 꾸준히 불을 피우자. 그래야 지나가는 배가 불을 보고 찾아오지.
바	야 야 그만둬라. 배가 무얼 온다고 그러니. 내 생각에는 우리가 '감차시끼'도 더 온 것 같다.
라	하다못해 개발회사 배라도 걸리겠지.
바	저것 봐라. 벌써 삼태성이 바다에 꼬리를 박았다. 새 날이 밝기까지도 얼마 없다. 밝은 날 아침에는 염라대왕께 첫 조회나 드리지.
소년	('사'에게 향하여) 아버지, 우리는 언제 엄메 집으로 가우.
사	응 곧 간다 곧 가구 말구.
라	이놈아 너 저 먼바다 쪽만 노 — 살펴봐라 이제 우리를 실어 갈 큰 윤선이 거기서 뛰 — 고함을 치며 온단다.
소년	아버지 — 나는 — 배고파 — 추워서 — 이가 막 쫒기오.
라	가만 있거라. 윤선만 오면 될 소리냐. 떡도 밥도 많이

신고 온단다.

사 (큰 한숨을 내쉰다)

(더욱 사나워 가는 미친 물결 소리 — 무거운 침묵 —)

바 야들아, 저기 못 보니. 북쪽 하늘이 왜 불시루 저렇게 먹빛이 돼 가니. 구름장이다. 구름장이라도 예사 구름장이 아니다.

가 어디.

나 어 어 어느 거냐.

바 저기 안 뵈니. 큰 풍랑이 다시 바다를 휩쓸어 올 좋지 못한 징조구나.

가 정말.

다 큰 풍파다.

마 어쩐담.

가 아 —.

바 우리보다도 먼저 풀 밑에 모습을 파묻은 많은 생령들이 저기 검은 물결 속에서 우리를 부른다. 이번에는 우리의 차례다.

가 저 풍파가 닥쳐오기만 하면 요까짓 섬은 천길 물속으로 장사 지내고 말겠다.

다 요까짓 것은 있었던둥 말았던둥 자취도 없을 게다.

소년 그래 우리는 다시 집으로 못 가요. 아이구— 엄마가 보고 싶어 — 으 — 으으 — 으 — 으으 —.(느껴운다)

사 (헐떡이며 아들을 붙잡는다) 아니다. 아가 풍파가 밀기 전에 윤선이 온다. 네 어미한테로 가자. 응 우지 마라.

소년 아버지 윤선이 꼭 오우.

사	그래 오구 말구. 아 — 오지 않어.
소년	아버지 나는 배고파 못살겠오. (배를 끌어안고) 아이고 — (악을 빽 쓴다)
사	뭐 뭐 뭐. (미친 사람처럼) 고기 주마 고기 주마. (돌아앉아서 다리의 고기를 썩 비어서 아이를 준다) 고기 고기 —. (그만 쓰러진다)
소년	야 고기다 고기다. (입맛을 다시며 모닥불에 고기를 쪼인다)
가	이놈아 아 이 자식이 몰래 먹어서는 못쓴다. 이리 좀 다구.
소년	싫소, 아버지가 준 겐데 —.
가	아니 되기는, 망할 놈의 새끼. (어린애의 손에서 고기를 빼앗는다)
소년	아버지 저것 좀 다시 뺏아 주.
나	이놈아 너만 먹으라는 법이 있니. 이리 좀 내라.
다	나도 한 점 다구.
마	자 — 나도. (손을 쭉 쭉 '사'에게 내민다)
가	자식들 못났다. 되지 않는 흥정은 아예 그만두어라. (맛있게 생고기를 씹는다)
나	이놈이 도끼 맛을 보자구 그러니 예라 — (도끼를 얼른 집어 '가'를 찍는다)
가	악. (거꾸러진다)
나	이래두 안됐니 하 하 하. (얼른 고기를 집는다)
다	흥 이놈아 너는 살려 둘 줄 아니. (몽둥이로 '나'의 골통을 때려 부순다)

나　　　아이구.(고기를 내던지고 거꾸러진다)

라　　　이 이 이거 무 무 무슨 짓이야. ('다'의 손목을 붙잡는다) 이런 다 같이 죽음을 눈썹 끝에 두고 몇백 년을 살겠다고 이 싸움질이냐. 엑, 기가 막혀. (도끼와 몽둥이를 뺏아 쥐고) 이건 다 화단의 근원이야. (바다에 집어던진다) 풍더덩 — 풍.

소년　　(고기를 찾아다가 몇입 찢어 먹고 나서) 아버지 이것 좀 잡수. 내가 또 집어왔우 응 아버지. ('사'의 자빠진 몸뚱이를 흔든다) 에구 아버지 어째서 이렇게 피투성이요 에구. (고기를 들고) 이건 아버지 다리 고기구만 — 으으 — 으으 — 으으으 아버지 으으 다시는 배고프다고 안 할게 — 일어나요 으으아 — . (기절해 '사'의 몸 위에 자빠진다)

바　　　이게 지옥이 아니구 뭐냐. 차라리 저 풍랑이 벌써 불어와 죽었더라면 — 에이. ('바'와 '다', 네 주검을 바다로 끌어다 버린다)

라　　　모두 지나간 일인데 무얼 새삼스럽게 되풀이해서 마음을 아프게 하니? 어리석은 일이니 지나간 좋지 못한 기억은 한번 돌아다보고는 차 버릴 게다. 사람이 잊어버릴 줄 아는 것은 이런 지나간 일 때문이다. 이리들 와서 불을 지키자.

아　　　(일어나 발을 구르며) 저 저 저것 봐라. 불이다. (바다의 한 끝에 반딧불만 한 불이 움직인다)

사공들　(모두 일어선다)

마　　　불이다.

바	배다, 배다.
라	됐다, 그러게 내가 무어라든. 분명히 이리 오는 게다.
마	불을 본 게다.
라	(모닥불을 높이 추어들고 불 오는 쪽만 노려본다)
바	웬일이냐. 아이고, 금시 이리 오던 불이 작아지니.
마	딴 데로 가지 않니.
라	가긴 어디로 가. 물결이 불길을 감춰 버린 게지.
	(바다의 불은 점점 죽어 간다. 이윽고 없어진다)
사공들	(머리를 드리우고 제 자리로 돌아온다)
라	(모닥불을 힘없이 땅바닥에 던지고 바위 틈 위에 털석 주저앉아 머리를 붙잡는다)
마	사랑하는 여편네의 지어 주는 손동자도 인제는 먹어 볼 길이 없구나.
다	그 남실남실하는 막동이 놈, 나는 단 한 번만이라도 그놈의 얼굴을 보고 죽었으면 한이 없겠다.
아	아 그래도 행여나 돌아갈까 했더니.
자	오— 강남땅, 언제나 우리는 그 땅의 포근한 품속으로 돌아가겠니. 만약에 영영 그 땅의 얼굴을 보지 못한다면—.
마	아—.
다	아—.
아	바다를 깨어 줄 놈은 없느냐? 응
자	무지한— 여태껏 그래도 우리는 바다를 믿고 살았지.
바	(일어나며) 실낱같은 한가지 희망조차 인제는 영영 별처럼 우스운 일이다.

흘러갔으나 그것도 또한 나를 달래고 속여 오던 수없는 별그림자의 하나였다. 오— 하늘의 별들이여, 나의 눈앞에는 너희들은 무자비한 독사의 눈동자 같다. 나는 너의 조소에 가득 찬 눈짓 아래서 인생을 하직하겠다. 또 무슨 꼴을 보아 마지막 남아 있는 몇 순간을 더러운 광경으로 흐릴는지도 모르겠다. 오— 죽음이여 내가 너를 찾아가마. (바위 위로 기어 올라간다. 바다에 몸을 던진다)

(물소리, 풍— 더덩)

라 역시 배는 아닌가 보다. 별그림자가 지나간 게지.

다 이 사람, 그만두게. 다 듣기 싫어오— 죽음— 내 앞에서 발을 구르는—.

아 엑, 귀찮다. 내 귀에는 너희들이 하는 말이 모두 송장들의 지껄이는 소리 같다. 얘들아, 저것 좀 봐라. 북극에 머리를 박은 저 큰 구름을— 허 허 허 온 하늘을 에워싸며 춤춘다.

마 오— 바다, 흉악한 놈아 우리들을 기어이 삼켜 먹으려고 끊임없이 검은 입을 벌리고 호통을 친다.

다 운명아, 너는 참혹하게도 나를 속였구나. 얼른얼른 너의 마지막 잔을 내게 부어라. 더 너의 험상한 장난감이 되어서 벌벌 떨기 싫다.

마 인젠인젠 지나간 생애에 넘고 지나온 눈물과 고생의 바다를 마지막으로 쓸쓸한 웃음으로써 돌아보기나 하자. 이 사람들아, 진주의 별 아래 고요히 누워 우리들의 밝은 눈동자를 광막한 하늘에 향하여 크게 벌리

	게, 죽음 — 오 — 너는 너는 고생과 슬픔과 그리곤 아무 미련도 없는 이승에서 영락의 저승에 실어다 다구. 얼른 — 너의 날개는 크기도 하다. 엄숙하다.
다	이것이 될 대로 된 우리 운명의 회계냐. 우리의 살림이란 그리도 아무것도 아니냐. 에 — 헤에 — 헤어지면 이렇게도 이렇게도 힘없는 저주받은 전율뿐이냐. (침묵)
마	밥을 밥을, 먹을 것이 없느냐? 아 — .
다	차라리 죽음아 빨리 오너라.
카	밥 — 밥 — 밥 — .
타	얘들아, 인제야 할 수 있니? 저 사람은 기왕 자빠져 죽었으니 그 시체를 다시 끌어다가 집어서 그 고기라도 구워 먹지, 할 수 있니. 배고파 죽겠다.
마	(입맛을 다신다) 그럴듯도 하다.
카	좋은 칼도 있고 불이 있으니 — .
다	글쎄 그렇기도 하다.
자	그 애들은 우리를 욕하지 않겠지. 아무렴, 그 애들이 살아날 수 있다고. 이래도 물새의 밥, 저래도 물새의 밥 — 그럴 바에는 우리나 차라리 먹자. 배고파 차마 못살겠다.
라	얘들아 — 그만둬라, 차마 못할 일이다. 차라리 한번 더 바닷가에 들추어 보자. 그래도 새로 물결에 밀려 나온 것이 무에 있을지 아니.
다	그렇기도 하다. 우리 한번 더 들추어 보자.
카	만약에 우리가 빈 손으로 돌아온다면 그때에는 할 수

	없지 않으냐?
사공들	(일어나서 상수와 하수로 각각 퇴장)
	(무대 잠깐 공허)
해적	(찢어진 옷을 걸고 칼을 짚고 비청거리며 바위 사이로 나타났다) 하하하하하어어어. (웃음이 울음으로 변한다) 삼십여 명의 부하를 다 바다에 장사하고 나 하나만 살아 남은들 — 허허허. (칼을 굽어본다) 오 칼 칼, 사람놈들의 피를 보는 때마다 어 — 나는 얼마나 통쾌했던가 —. 거친 물결에 향하여 그러면서도 쓸쓸한 큰 웃음을 뿌렸다. 바다는 끝없는 청춘에 사는데 — 그러나 지금 나는 이 인적이 끊어진 외로운 섬에서 물짐승의 밥이 되다니 — 칼이 무슨 소용이 있느냐. (바다를 향하여 팔을 벌리고) 오 — 육지, 거기는 흙냄새 향기로운 봄이 있는데 — 꽃이 핀 동산을 이 발아 왜 밟아 못 보고 나는 가다니 —. (바윗돌 위에 쓰러진다)
사공들	(커다란 무엇을 끌고 상수로 등장, 불가에 놓고 둘러앉는다)
다	이만하면 됐다.
마	이런 물개의 주검이 바닷가에 있을 줄 누가 알았겠니.
라	불을 피워라. (불을 피우고 모두 앉아서 고기를 뜯어 불에 쪼여서는 막 먹는다. 말없이)
아	맛있다.
자	맛있지.
차	응.
라	배부르다. (뒤로 물러앉는다)

다	(입을 씻으며) 기름지다.
자	흥.
라	(아직도 여럿이 먹는 것을 바라보다가) 얘들아 우리는 역시 사람의 고기를 먹었구나.
자	뭐?
다	응?
사공들	(여태껏 먹고 있던 것을 굽어본다)
해적	(깨어난다. 일어나 사공들을 바라보다가 얼른 칼을 집고) 이놈들아.
사공들	(그쪽으로 머리를 돌린다)
해적	행상들이냐?
라	(하늘을 우르러) 하하하 우리는 동무의 고기를 먹었구나. 하하하하하.
해적	있는 것을 모조리 내놓아라. 여기 칼이 있다.
라	제발 맙소사. 우리는 동무를 잡아먹었다.
해적	목숨이 아깝지 않으냐?
라	흥 흥 불알밖에는 빼앗길 것이 아무것도 없는 우리에게 무엇이 무섭단 말이냐.
해적	(칼을 굽어보다가 땅에 던지며) 목숨과 같이 귀중히 여기던 너 너도 아무 소용이 없구나. 내게 먹을 것을 좀 다고.
라	여기 사람의 고기밖에 없다. 아 — 하 강남으로 강남으로 인제는 무슨 면목으로 간담.
해적	(깜짝 놀라서 '라'를 처다본다. 달려가서 '라'를 붙잡는다) 벼 벼 병삼이 — .

라   (놀라서 돌아본다) 오 — 정운이 아니냐? 야 — 어찌 된 일이냐?

사공들   무어? 정운이 (해적을 노려본다) 야 정운이 정운이다.

라   어찌 된 셈인가? 응.

해적   흥 이렇게 해적이 됐다네. 그러나 지금은 혼자 남았네. 혼자 — 그래 어떻게들 지냈나? 나의 아내를 뺏아간 선주인 놈은? 응 내가 죽였지. 그리고 나의 두 어린 것은 — .

라   응, 잘 자라네.

해적   그 자식들도 내 뒤를 밟아 잘 짖겠던가?

라   자네가 원한을 품고 고향을 떠난 뒤에 자네가 어떻게 장쾌하게 원수를 갚고 있었다는 것을 들었네.

해적   응, 나는 바다네. 육지는 나의 적이었네. 나는 육지에 대한 바다의 복수를 했다네.

라   자네가 떠난 후 고향의 집집에는 웃음 소리 한번 흘러나와 본 일이 없어서 쓸쓸한 어유(魚油)불과 함께 눈물과 한숨의 긴 밤이 지나갔을 뿐이네, 목숨을 내던지고 바다와 싸우는 우리들의 살림에는 주림과 추위와 뱃주인의 학대만 쌓여 갈 뿐이네.

해적   사람의 역사와 시대가 바다와 육지 위에서 죽어 버릴 때까지야 역시 잔인한 밤이 깊어 갈 뿐이지.

라   강남의 백성들은 따뜻한 햇볕 아래로 나갈 것을 얼마나 애타게 바라는지 모르네.

해적   여보게, 나는 육지로 가고 싶네. 그만 싸움의 바다에 작별을 고하고 육지에 돌아가서 검은 흙덩이에 얼마

	나 입을 맞추고 싶었던지 —. 나의 행복을 빼앗은 놈의 피를 굽어보는 찰나에도 고향에 향하여 솟아오르는 눈물을 입술에 깨물어 삼켰다네. 원한에서 키운 복수의 칼을 잔인하게 휘두르면서 고향에 남아 있는 자네들의 머리 위에 떨어지는 불행을 생각할 때는 가슴이 가슴이 터졌네.
라	이 사람아, 그러나 우리는 영영 육지로 돌아갈 것 같지 않네. 우리는 밤낮 이틀 동안을 바람에 불려 이 섬에 와서 주야 엿새를 지나가는 배를 기다려도 그림자조차 보이지 않네.
해적	(바다를 가리키며) 육지로 가세. 뱃머리를 강남으로 돌리세.
다	철없는 소리 말게. 바다는 이렇게 노기등등해 있고 큰 풍랑이 당장 바다를 끌어올릴 텐데.
해적	바다 — 그것은 아무리 큰 물결을 일으키고 모진 바람을 일으킬지라도 타고 넘기 위하여 우리 앞에 있는 걸세.
자	그러니 이 사람, 우리가 이 절해의 고도에서 무엇을 한단 말인가. 게다가 다 깨지고 남은 저 배를 가지고 —.
해적	힘이 없다니 — 죽음의 앞에 버티고 서는 때 사람은 제일 강한 것이네. 만경창파 한가운데서 하늘 땅을 뒤집을 바람을 앞에 두고 우리가 서 있지 않은가? 지금이야말로 우리가 일할 때네. 저 깨어진 장에 못을 박고 뚫어진 구멍일랑 기워 붙이지. 부러진 돛댈랑은

얽어매 가지고 강남으로 뱃머리를 돌릴세.

타　(몸을 부르르 떨며 눈을 크게 부릅뜨고) 자네 말이 옳으니. 아 — 바다, 이것이 우리가 그 손에 끌리지 않으려고 몸부림치며 발버둥치던 바다냐? 너는 우리를 삼켜버리려는 검은 독수리였다. 죽음이었다. 우리가 기진맥진한 이 시간에 우리의 목숨을 순순히 너의 손에 절하며 넘겨줄 줄 알았니? 차라리 죽음을 한 걸음 앞에 둔 마지막 순간까지라도 우리는 노래부르며 너를 짓밟아 주겠다.

사공들　(일제히 일어선다)

다　옳다.

마　그렇다.

라　우리는 여태껏 멀쩡한 헛것을 바랐구나.

아　우리의 힘이야말로 구조선이다.

해적　배로 가자.

라　(시체 앞에 꿇어앉는다)

사공들　(그쪽으로 돌아서서 머리를 숙인다)

라　좋은 시절이 돌아오면 영혼이라도 강남의 바닷가로 흘러오게 응 — 꽃을 피운 훌륭한 무덤을 만들어 우리는 자네를 생각하겠다. 저 깊은 바다 밑에서 자네가 일생 가져 못 본 조용한 안식을 마음껏 가지게. (시체를 두 팔에 안고 바위로 올라간다)

사공들　(그쪽으로 향한다)

라　(바위 꼭대기에서 시체를 바다에 던진다)

물소리　(풍 — 더덩)

라	(바위에서 내려온다) 자 — 배로 가세.
사공들	(배로 쏠려 간다)
못박는 소리	떵 — 떵 — 떵 — 떵 — . (분주히 배를 수선한다)
해적	다들 됐는가.
사공들	됐네.
해적	그러면 따리꾼은 따리 잡고 노질꾼은 양편에 갈라서고 돛잡이꾼은 돛대에 붙어 서게.
사공들	(제자리씩 차지한다)
해적	(뱃머리에 올라선다)
	(노래)
	사공들아 배 띄워라
	해당화 피는 나라
	바다 건너 강남 땅에
	내 나라에로 우리 배 떠나간다
	어기여차요.
사공들	어기여차 어겨차요. (돛이 절반이나 올라간다)
해적	거친 물결 새벽 바다
	바람도 살세고나
	그러나 우리 배는
	저 물을 따라
	해 돋는 나라로만
	저어 가세.
사공들	어기여차 어겨차요. (돛이 다 올라갔다. 風船「高麗號」는 높이 단 돛에 갈바람을 잔뜩 안고 천천히 움직이기 시작한다)
해적	(하늘을 둘러보며) 어 — 날씨가 장관이군. 북극의 험

라	상한 구름장도 서북의 수평선 너머 흩어졌군.
	섬에서 볼 때보단 물결도 그렇게 세지 않군. 역시 급한 마음이 우리를 더욱 사지를 못쓰게 했네. 오 — 대지에 뿌리박은 굳센 바위, 물들아 사람의 면목 없는 비겁의 사적을 비웃어 길이 잘 있거라.
해적	오래지 않아 새날이 밝으면 우리 배는 포근한 아침볕에 안겨 더 빨리 떠갈 거네. 육지로 육지로 — . (새벽이다. 연두빛 구름장이 수평선 위에 피어 오른다. 하늘과 땅을 휩싸고 있던 어둠의 휘장을 헤치고 새벽의 가슴이 들먹거리는 것이다. 별 하나가 영롱하게 놀란 눈을 깜빡거린다. 풍선 고려호는 소리 없이 둥기둥실 떠나간다. 새벽에로 — 희망에로 — 육지로 —)

막(幕)

—《조선일보》(1931. 1. 29~2. 3)

천국에서 왔다는 사나이

등장인물

남편(제2장에서는 목 없는 사나이, 제3장에서는 시체)

아내

아들(둘)

공(남편의 동무)

고리대금업자

싸전

반찬 가게 장수

나무 장수

신문배달

전도사

천국 문지기

하느님

이사야

천국 백성들 약간

순사

신문기자

의사

간호부

때

1931년 2월(음력 섣달 그믐날)

곳

서울 시외

제1장
쫓겨 다니는 천사(天使)

무대

하수로 초가집 건너 밖이 있고 컴컴한 뜰의 어둠이 그것을 에워싸고 있다. 희미한 촛불이 아무것도 없는 밤의 공허를 흘겨본다.

('역 체인지'로 제1장이 제2장으로 옮길 때에는 이 밤만이 간단한 커튼으로 가리어졌다가 제3장에서 다시 나타나고 제2장은 역시 커튼이 숨겨 줄 것이다.)

싸전   (등장) 여봅쇼, 여봅쇼. 그래 섣달그믐에도 쌀값 안 내시려우? 이번엔 ─ 꼭 받아 가고야 말걸. 신발이나 사 주면서 이 모양이오.

아내   (안에서) 아직 밖에서 안 돌아오셨어요. 돈 구하러 나

	간 게 — 오늘 밤 전에야 갚아 드리지요.
싸전	그리 못 물어 쩔쩔맬 테면 아예 쌀을 가져오지 않을 것이지. 그래도 입은 있다고. 안 돼요 안 돼. 오늘은 하늘이 열두 조각이 나도 받고야 말 테니 먹은 밥이라도 토해 놓아요 — .
아내	(안에서) 오죽해서 외상쌀을 팔아다 먹겠나요. 입을 내놓은 하느님이 잘못이지 쌀을 도루 찾고 싶거든 이 뒤에 중국 사람 채마밭에 가 달라구 하구려. 이따 오시면 되지요.
싸전	꼭 돼야 하오. 이따 또 올께.
아내	(안에서) 염려 마세요.
싸전	이따 또 와요. (퇴장)
반찬 가게	(등장) 주인 있오. 여태 들어 안 온 셈이오. 반찬 가게서 왔오.
아내	(안에서) 아직 안 오셨답니다.
반찬 가게	아니 어디로 돈 가질러 갔게 여태껏 안 와요? 흥 어디 누구의 집에 가서 맡겨 둔 것을 찾아온답디까. 어서 날라다 먹은 값이나 보내 주어요.
아내	(안에서) 여부 있나요.
반찬 가게	번연히 속는 줄 알면서두 또 도루 간단 말이야. 그럼 믿구 갑니다 — . 이따 보내 주.
아내	(안에서) 그렇게 하지요.
반찬 가게	(퇴장)
아내	(안으로부터 애기를 안고 나온다) 아이 이이가 어찌 된 셈인가? 여태껏 안 오니? (근심스럽게 문을 열고 뜰을

　　　　　내다본다)

나무 장수　에헴 에헴 (등장) 나무값 주세요 —.

아내　(문을 닫고 안으로 들어가며) 아이고 발이 불이 나게도 온다. 좀 있다 또 오세요. 밖에 나가신 이가 아직 돌아오지 않았으니.

나무 장수　밖이구 안이구 내야 안답디까? 나무값밖에 무슨 소용이 있담. 어서 주어요. 그런 핑계는 고만두고요.

아내　(안에서) 글쎄 밖에서 오셔야 하지요.

나무 장수　오늘 밤은 기어이 받아 가지고 가야 하겠우. 그럼 어디 순순히 갈 줄 알았우. 주인이 올 때까지 여기서 기다리지요. (혼잣말로) 예 — 에 집에 간대야 별수 있나. 빚쟁이한테나 졸렸지. 이왕이면 돈이나 되지 말아라. 핑계가 좋으니 여기서 한잠 자다가 닭이나 울면 가지 —. (안으로 향하여) 나 여기 있오. 돈 주어야 가요. (마루에 걸터앉는다)

아내　(안에서) 맘대로 하구려.

나무 장수　아 — 함, 애 — 다리가 쑤신다. 여북 받으러 다녔나? 아 — 나의 대견한 다리야. (드러눕는다) 그래두 내 팔자두 영 하치는 아니란 말이야. 남에게 빚을 걸머지고도 섣달그믐날 밤에 거드름을 빼고 빚을 조르게 됐으니 —. 흥 괜찮다. 암 그럴 수 있나. (이슥해서 코 고는 소리, 드르렁 드르렁)

고리대금업자　으흠 으흠. (등장) 맹 서방 있나. 이게 어떻게 된 셈이냐. 으흠 (마루에 올라섰다가 유심히 나무 장수의 자는 꼴을 들여다본다) 음 이놈 여기와 자빠져 있구나,

이 자식아.

나무 장수   (깜짝 놀라 벌컥 일어난다) 이게 웬 건방진 자식이냐. 나의 단잠을 함부루 막 깨워.

고리대금업자   요 자식이 ― , 너 여기 있었구나. 어찌라니, 그래 변리도 안 끌 테야?

나무 장수   저 ― 저 ― 저 ― 저 ― 저.(머리를 붙잡고 빙빙 돌아가다가 그만 내뺀다)

고리대금업자   망할 자식 ― 으흠 으흠 있나. (문을 열고 신을 신은 채 방에 들어선다)

아내   (나온다) 나리 오셨어요.

고리대금업자   응 그래, 갖춰 놓았나? 이리 내게.

아내   나가서서 아직도 돌아 안 왔어요.

고리대금업자   밤낮 밖에 나가신 이 나가신 이 하다가 밤을 새우겠나? 안 되네 안 돼. 오늘은 하다못해 묵은 변전이라두 끄야 하지.

아내   그래두 그이가 돌아오셔야 어떻게라두 하지, 내야 어쩝니까.

고리대금업자   아니 내가 어떻게가 무어란 말인가? 그래 누가 벌건 손으로 집어왔단 말인가?

아내   그이가 돈을 얻어 가지고 오셔야 안 합니까.

고리대금업자   그래 볼일 많은 사람이 멀거니 그 자식을 기다리구 있으란 말인가? 허허 ― 예 ― 기 큰일 나겠군. 어서 내 ― .

아내   어디 있습니까 돈이 ― .

고리대금업자   그럼 물건이라두 내야 하지. 남의 불나는 돈을 그저 막 먹어 버리기야? 원.

아내 　물건이 뭐 있다구 그럽니까? 비로 쓸어 놓은 것같이 반반한데.

고리대금업자 　그래도 하다못해 밥 지어먹는 솥이라도 있겠지.(안으로 들어가려고 한다)

아내 　이 이 이보세요.

고리대금업자 　(여자를 뿌리치고 안으로 들어간다)

아내 　(일어나서 안으로 따라 들어간다)

남편과 공서방 　(술이 얼근히 취해서 말도 어울리지 못하며 서로 붙잡고 밀며 등장)

남편 　공서방 어쩐 말이냐 ─ . 아무리 놈들이 내니 ─ 내니 해두 ─ 내가 제일이지 ─ 안 그렇소, 공서방.

공 　암 그렇지, 빚을 걸머지고 살지 않을 놈이야 나 원 세상에 어디 있나.

남편 　그렇잖구, 나라도 ─ 빚이 있는데 자식들 ─ 퇴퇴 덜됐어 ─ 엑 치워라. 구세군 자식은 오늘도 길거리에서 혼자 지껄이겠지. 뭐 천국이니 쥐똥이니 해 가지고 ─ . 그놈들이 다 도적놈들이다, 도적놈이야 ─ . 죽어 가서 천국이 무슨 소용이냐 ─ . 치워라 ─ 퇴퇴 살아생전에 한잔 술만 하냐? 안 그래 공서방.

공 　여부 있나, 그저 마셔라 부어라.

남편과 공 　(노래한다)

이팔은 청춘에 ─ 에에
소년몸 되고서 ─ 어어.

남편   야야야 치치 치워라 가거라 다다 다 왔다. 이게 우리
       집이 아니냐. (옷을 바로 입는 모양을 한다)

어린애 (안에서) 애 ― 애애 애 ― 애애.

아내   (안에서) 여보세요 여 여 여보세요 나으리.

고리대금업자 (안에서) 놓아라. (무엇이 무너지는 소리 우드루, 가마
       를 한 손에 들고 안으로부터 나온다)

아내   나리 나리. (따라 나오며 고리대금업자의 옷소매를 붙잡
       는다)

고리대금업자 ―. (휙 뿌리치고 밖으로 나온다)

공   그럼 난 ― 가네.

남편   응 ― 내일 또 보세. 설 고개를 정히 하게 넘으세.

공   (퇴장)

남편과 고리대금업자   (딱 마주친다)

남편   누구야 ― 남의 집에 함부로 들어온 자식이 ―.

고리대금업자 (맹서방의 아래 위만 훑어본다)

남편   아 ― 아 ― 건넌방 김 주사, 나는 누구라구. 우리
       가서 한잔 합시다.

고리대금업자 이 자식이 제정신이 있나 없나?

남편   댁이 장하오. 술 사 주자는데 그러면 사달라고나 했
       더라면 뿔이 빠질 뻔했구려.

고리대금업자 그 남편, 장 ― 하군. 기다릴 만하군. 남편 왔
       오 ―.

남편   그그그 손에 든 게 무어요.

고리대금업자 홍.

남편   그게 무언 줄 알고 가져가우.

고리대금업자   가마지, 뭐긴 뭐야.

남편   칙, 그게 밥을 끓여 먹는 거에요. 밥을 — 치 에 — 여보, 정신없이 밥은 어디다 끓여먹으라구, 밥 먹어야 살지 — .

고리대금업자   원 이놈이 제정신이 있나 없나. 누구더러 야로야 — , 네가 살고 안 사는 것을 내가 아니.

남편   나으리 — 그럴 바에는 우리 여편네와 — 내 창자두 마저 가져가시오 — .

고리대금업자   자식, 네 집 쌀독에 거미줄 쓴 줄도 모르고 다니니 가마는 해서 무얼해.(총총히 퇴장)

남편   여여 여보 여보 여보 — 저런 망할 자식 봐라, 에헴 에헴. (문을 열고 방으로 들어온다)

아내   (엎드려 느껴운다)

남편   울긴 — 뭘 — 울어. 여보 일어나요.

아내   (눈을 비비며 일어 앉는다) 글쎄 가마까지 빼갔으니 어쩌란 말이요, 어쩌란 말이야. 그러구두 어디 가 술은 처먹고 온 게요.

남편   에 — 말버릇이 고약하다. 쌀은 있우.

아내   쌀이 무슨 쌀이유. 언제 사두었습디까. 한 알두 없오.

남편   그랬던가, 그럼 잘됐군. 쌀도 없는 판에 가마는 해 무엇에 쓴단 말이요. 다 가져가라지.

아내   밥 지어먹을 염려도 없이 잘 됐오, 잘됐어. 내일부터는 글쎄 어떻게 살아간단 말이우. 어린것마저 창창 젖만 차중하는데 자란인들 먹어야 젖두 나오지. 에

그머니 이를 어째.

남편　그럼 삐— 삐— 삐— 삐 아가 내 젖을 먹지. 염려 마르우. 새날이 오면 새해는 우리의 가난의 멍에를 벗겨 주려고 꽃수레를 타고 온답니다.

아내　아니 벌떼 모여들 듯하는 빚쟁이는 어쩐단 말이요. 글쎄 글쎄— 당신은 걱정도 없어 좋긴 하오.

남편　빚? 무어 돈 말이야? 영웅이 어디 조그마한 돈에 걱정하는 법이 있소. 안 될 말이지— 고래로 큰 영웅이라는 게 돈같은 게야 발길로 차고 다녔지—.

아내　영웅? 아이구— 기막혀라. 이제 보지, 빚쟁이들한테 이리 굴리고 저리 채는 저 영웅의 꼬락서니를—.

남편　어디 내가 못나 그런가? 놈들이 고약해 그렇지—.

아내　기를 자그마치 막게 하고, 어떻게 해요 글쎄 빚장이나 좀 막아 봐요.

신문배달　(방울 울리며 등장, 신문을 방 안에 넣는다) 신문이요.

남편　(신문을 받아서 죽 훑어본다. 문 열고) 여보— 배달.

신문배달　(나가다 도로 들어온다) 부르셨어요.

남편　신문 도루 가져가요.

신문배달　왜요.

남편　이런 신문 일 없오. 밤낮 절도 강도 실업 자살— 죽겠다는 아우성뿐이야. 과학이구 문명이구 다 거짓말이지. 그래두 행여나 어디서 먼저 밥 안 먹구 사는 법을 발명하는 자식이 있나 해서 신문만 보았더니 '차페린' 비행선이 어쨌단 말이야— '로키트'가 무

	에야. 소용없어, 가져가요, 일 없어.
신문배달	그럼 지난 신문값을 주세요.
남편	저 저 여보게. (아내를 돌아보며) 좀 두구 볼까? 그럼 두고 가오. (문을 닫는다)
신문배달	(방울을 차며 퇴장)
아내	어떻게 해요 해 글쎄.
남편	글쎄 가만 있게. 수가 나겠지. 휘. (신문을 들여다본다) 예배당에서 쌀을 노나 준다고. 별 직업이 다 있다. 없는 놈을 핑계해 가지구 있는 놈의 것을 뺏아다가는 가난뱅이를 주는 척하고 남에게 자선가라는 말을 듣구, 저두 먹구살구. 또 신문쟁이까지 써먹구. 휘 못난 녀석들이 자살은 또 웬 자살이야 자살 자살 ─ . 여보게 우리 죽지 않으려나. 죽은 뒤에야 누가 아나. 빚쟁이가 오겠으면 오고 어디 밥 근심이 있겠나. 그것 좋으니 시원히 죽어 버리세. 뭐 자네나 나나 무슨 미련이 있나.
아내	그렇게라두 해야 하지. 오늘 밤을 어떻게 견딘단 말이요. 차라리 얼른 죽여라도 주세요. 날마당 이 꼴일 테니 산들 별수 있을라구.
남편	죽으면 제 손으로 죽지. 괘 ─ 니 남을 또 사람 죽였다는 말까지 듣게 하려구 ─ 원 그런데 여보게 안 됐네 안됐어. 자살하는 것도 좋기야 하지 ─ 만 안 됐네. 그래두 우리가 죽으면 세상놈들은 멋도 모르고 우리가 죽고 싶어서 죽은 게 아니라 빚쟁이와 효박한 세상에 몰려서 죽었다고 하겠지 ─ . 여보게

	그건 창피하이 ─. 그까짓 놈들한테 몰려서 죽다니. 죽어 가서 들 면목이 없네, 없어. 말이 되나 그놈들을 못 이겨서 ─ 쓰러진다니 안 그런가? 안 그래.
아내	그만둬요, 그만둬. 아무일도 못 치르는 주제에 그래두 말은 크겠지. 저걸 그래두 남편이라구 믿구 기다리구 있었구나. 너 같은 녀석을 한뉘 늘 붙잡고 있다가는 입에 쉬를 슬겠다. 나간다. 앨랑 젖두 잘 먹이구 혼자 살아 봐라. 어디 가면 너만 못한 사내야 없겠니. (떨치고 일어난다)
남편	(멍하니 쳐다본다) 아주 나가?
아내	뒤나 돌아나 볼 것 같소. 너 같은 녀석을 믿고 살 년이 어디 있어. 시골로 간다.
남편	(팔로 얼굴을 가린다) 호호 홀아비라는 것은 언제든지 서러운 것이야. 여보 오죽이나 내 일이 설겠오. 호호호 그럼 잘 가우 ─ 호호호 아 노래나 부를까.
아내	아 ─. (도로 달려와서 남편의 다리에 매달린다)
남편	(밖을 가리키며) 어머니에게로 가세. 무조건한 사랑의 포근한 잠자리로 가세. 자네를 기다리는 안일에로 달려가세. 나는 붙잡지 않겠다. 내게는 아무 권리도 남아 있지 않으니까 ─.
아내	아니에요, 아니에요. 역시 괴로운 속에 나를 두어 주어요.
남편	(머리를 흔든다) 아니다, 가거라. 어머니에게로 ─.
아내	싫어요.
남편	(하늘을 쳐다보며) 여보 그래도 봄이 되면 ─.

아내	그래요, 봄이 되면.
남편	내일은 춘분까지 서른두 날밖에 남지 않았지?
전도사	(쌀 주머니를 둘러메고 등장) 여보 쌀을 받으우, 시미(施米)요 ─ . (문을 열고 쌀 주머니를 마루에 올려놓는다)
아내	(갑자기 얼굴이 빛나며) 아이구 쌀! 가만히 계세요. 그릇을 가지구 나갈께. (안으로 들어간다)
남편	(아내를 노려본다)
아내	(쌀됫박을 들고 나온다) 나갑니다.
남편	(아내를 가로막는다) 여보 ─ 차라리 굶읍시다. 남의 것을 얻어 먹기 싫어 ─ 싫어 ─ 싫어.
아내	(묵묵히 머리 숙인다. 돌아선다. 쌀됫박이 그의 손에서 미끄러져서 떨어져 깨어진다) 내가 잘못했소. 노하지 마르우. 내가 철이 없지.
남편	(성이 나서 전도사에게 향하여 쌀 주머니를 차 던지며) 자선일랑 너희들 거리에 가서나 팔아라.
전도사	(황망히 퇴장)
아내	그렇지만 이제 또 몰려올 빚쟁이는 어떻게 합니까?
남편	흥 우리가 자살하는 수밖에 없네.
아내	아까는 싫다더니 나도 어쩐지 싫어요. 마지막으로 내던지고자 하니 역시 세상이라는 게 아깝구려.
남편	안에 들어가서 종이장과 필묵과 어린애 허리띠를 가지고 나오게.
아내	(안으로 들어가더니 허리띠와 종이장과 필묵을 들고 나온다)
남편	우리 유서를 써서 밖에 붙이고 허리띠로 목을 매고 자빠집시다.

아내 정말 죽어요?

남편 닭 울 때까지만 그러구 있지 무얼.

아내 아이구 그러나 가짜로 자살해요? 그게 됐어.

남편 유서는 무어라고 쓸까? 우선 "우리들은 세상이 보기 싫어서 한 식솔이 천국으로 이사하노라" 됐다. (종이 위에 쓴다)

아내 그랬다가 빚쟁이들이 가장집물을 막 마음대로 집어 가면 어쩝니까.

남편 그래 ── 워낙 놈들이 심한 놈들이니까 그러기 쉽지. 그럼 이렇게 쓸까 "우리들은 가장집물을 저승에 가지고 가서 쓸 터이니 하나도 손을 대지 마오." 하고 ──.

아내 당신은 늘 어린애야. 누가 곧이 들을라구 ── 그러지 말고 "누구든지 우리 집물을 집어 가면 우리가 귀신으로 따라가서 해살할 터이다." 하고.

남편 그거 됐네, 옳지. 그러면야 그놈들 못 가져가지. (내려 쓴다) 됐지 풀을 가져오게 풀을 ──.

아내 (안으로 들어가서 풀을 가져온다)

남편 (밖에 나가서 글발을 붙이고 들어온다) 자네는 안에 들어가서 목을 매구 아이를 데리구 자게. 나는 여기 자빠질께. (허리띠로 제 목을 맨다)

아내 그럼 나는 들어갈께.

남편 응 응.

아내 (안으로 퇴장)

남편 (문턱에 드러눕는다) 자네 자나?

아내   (안에서) 네 —— 춥지 않으세요.
남편   관계찮아.
아내   (두 손으로 문안으로부터 보자기를 펴서 남편의 허리에 감아 준다. 다시 사라진다)
남편   (코고는 소리, 그르릉 그르릉)
(다크 체인지)

제2장
꿈나라

무대
천국의 문전
하늘에 닿는 높은 성문으로 올라가는 층층대 —— 성문 저쪽에는 끝없는 어둠과 반짝이는 별 두어 개. 문에는 천국만원 입국사절(天國滿員 入國謝絶)이라 쓴 패가 달렸다.

문지기   (붉은 옷 입고 긴 수염을 가졌다. 성문 앞에 걸상 위에 걸터앉아서 코를 골며 졸고 있다)
목 없는 사나이   (남루에 싸여 더듬더듬 등장) 여보세요, 영감님.
문지기   (여전히 자빠져서 코만 곤다)
목 없는 사나이   영 —— 감 —— 님.
문지기   (깜짝 놀라 깨어난다) 음 —— (눈을 부비고 유심히 사나이를 바라보다가) 너 웬 놈이냐?

목 없는 사나이   나, 인간 세상에서 왔어요.

문지기   엑 그놈 고약하다. 그만 단잠에 깜짝 놀랐거던 ─.
대체 네 따위 놈을 천국에서 언제 불렀단 말이냐?

목 없는 사나이   불러서 오나요. 마음에 있으면 오지. 돈 없고 먹을 것 없는데 그래도 섣달그믐이라고 떡장수 온갖 빚쟁이는 다 모여드는구려. 그래 생각다 못해서 그만 나는 이 손으로 바로 이 손이외다, 아내와 어린것들의 목을 비틀어 죽이고 그리고 내 손으로 내 목을 매어 죽었답니다.

문지기   그래 이 뒤에 네 아내와 어린것도 온단 말이냐?

목 없는 사나이   그렇습니다.

문지기   그 자식 철딱서니도 없다 ─. 이 자식아 그런데 너 주책없이 모가지는 어디다 떼어 두고 다니는 게냐? 지각 없는 녀석이라는 게 ─ 내가 문지기 벼슬을 시작해서 수천 년이 돼도 모가지 없는 귀신이라고는 보다 처음이다. 그래도 제 모가지는 다 가지고 다닐 줄 아는데 저 자식은 모가지 하나 간직해 가지고 다닐 줄 모른다메 ─ 미련한 자식.

목 없는 사나이   나으리 그런 게 아니라 내 모가지는 지금 서울 동양직조주식회사에 있답니다.

문지기   무에 어째? 목이 떨어진 데를 알면서도 집어 가지고 못 오니?

목 없는 사나이   지난 정월에 (中略) 으시시한 후에 이 업계내는 공전의 불경기가 몰려왔답니다. 물가는 끝없이 내려가나 돈은 귀하기 짝이 없이 되자 우리 회사 주인은 소위 산업합리화(産業合理化)를 단행한다고 하고 우리들 직공 삼십 명을 한꺼번에 목을 뱄답니다. 아무리 많이 만들어도 값이 싼 우중에 팔리지 아니하니 일꾼을 줄인다는 게랍니다.

문지기   아 — 니 그래, 너같이 모가지 없는 자식들이 또 스물아홉 명이나 있어?

목 없는 사나이   흥 영감님 망령이십니다그려. 그나 그뿐이면 좋겠어요. 국제노동국(國際勞動局)의 조사에 의지하면 전 세계에는 나처럼 모가지 없는 사람이 일천일백팔십만 명이나 된다고 하나 그 외에 이러저러하게 된 놈까지 합치면 이천만이 넘어요 글쎄.

문지기   (깜짝 놀라며) 무에 어쩌고 어째?

목 없는 사나이   금년 일년 동안의 세계 각나라 모가지 없는 사람들의 수효를 통계로 보면 저 — 구라파의 오스트리아가 십구만일천 명이고 독일(獨逸)이 이 삼백이십오만이천 명이고 영국(英國)이 일백오십칠만구천 명이고 이태리(伊太利)가 사십일만육천 명이고 폴란드가 이십이만삼천 명이고 동양의 일본(日本)이 삼십육만일천 명이랍니다. 그 밖에도 차례에 빠지는 나라가 없답니다.

문지기   (실망한 듯이) 아서라, 맙소사—이러다가는 모가지 있는 귀신일랑 아예 볼 수가 없겠구나. 이 자식들아, 그러면 너희는 모가지를 아니 잃어버리는 방법이란 없더란 말이냐?

목 없는 사나이   나라마다 생산과잉이 자꾸 계속돼서 창고에 물건은 산같이 쌓여 있으나 온 세계에 그것을 팔 시장이 없으니 부자들은 우리들 목숨 없는 일꾼 밖에 줄일게 어디 있습니까. 그저 고른 것은 우리들이지요.

문지기 그런 소리가 아니다. 이 자식아, 너는 너의 회사 사장이나 과장이 어디 행차하시면 으레 정거장에 전송이나 마중을 나가고 윗사람에게 다람쥐처럼 알랑거렸니?

목 없는 사나이 비열하게 생각돼서 어디 그러겠습디까.

문지기 미련한 자식, 그래도 윗사람에게는 뱃가죽에 가시가 박히도록 굽실거리고 제 동료를 잡아먹을 줄 알아야 네 모가지가 온전하지.

목 없는 사나이 그거 어디 그렇겠습디까.

문지기 그러니까 말이다. 너희들 모가지 없는 자식들은 모두 집비둘기같이 선량하니 천국에만 모여들 테지. 얘, 이러다가는 천국 문을 닫아 버릴 지경이 되겠다. 으—ㅁ, 이런 변이 있나.

목 없는 사나이 그런데 영감님, 제가 저의 아내와 애들을 뒤에 두고 먼저 달려온 까닭은 저의 잃어버린 목을 천국 관청에서나 찾아주십사 하고 호소하려고 한 까닭이외다. 제가 모가지 없이 천국에 들어가면 제가 어린 시절에 첫사랑을 바친 그 여자를 만난들 어떻게 얼굴을 알아봅니까. 우리들은 이승에서 완고한 부모의 반대와 내가 돈 없는 탓에 사랑을 이루지 못하고 저승에서 다시 만나서 그리운 꿈을 맺기로 하고 그

	때에는 하잘것없는 웃음 파는 계집애, 그 여자는 강물에 빠져 죽었답니다.
문지기	못난 자식도 있나. 잃어버리기는 어디서 잃어버린 모가지를 누구더러 찾아달라고 한담 —— 하지만 딴은 그럴듯도 하다. (고개를 끄덕인다)
목 없는 사나이	그 여자는 천국에서 우리가 만나면 옛날에 그가 부르기 좋아하고 내가 듣고서 취하던 그 노래를 끝이 없이 부르며 개나리 피어 아물거리는 은하수 강변을 손에 손목을 마주 잡고 하늘의 별처럼 밤을 새우며 놀러 다니자고 약속하였답니다. 그리고 내가 천국으로 찾아올 때가지 그 여자는 천국의 문 안을 방황하면서 나를 기다리겠다고 했답니다.
문지기	그러나 이 자식아, 천국에서는 너를 부른 일도 없다. 가만 있자. (문서 같은 것을 뒤적인다) 너는 아직도 서른두 해 석달 후에 일흔세 살 때에 불러올 작정이다. 천국도 옛날처럼 땅이 넓고 백성이 적을 때는 살기도 좋고 그래 더러는 너처럼 부르기 전에 온 사람들도 들여놓았지만 지금은 아주 글렀다. 구석마다 사람이 만원이고 더군다나 일자리가 빈틈이 없다. 이러다가는 천국에서도 모가지 없는 귀신이 생길 지경이다. 그래서 (문쪽을 가리키며) 저것 못 보니. 인제부터는 천국도 만원이 돼서 입국을 아주 사절했단다.
목 없는 사나이	그렇지만 하다못해 문지기라도 시켜 주면 천국에 있을 테야요.
문지기	하다못해라니? 엑 그 자식 그렇지 않아도 내 모가지

가 요새는 암만해도 그리 안전하지 못하고 흔들흔들하는 판인데 — 이 자식아 안 된다 안 돼.

여자 (아이를 하나는 업고 하나는 손목을 끌고 등장) 아이 여보, 어쩌면 그리도 한심해요? 당신만 허덕허덕 달려오면 어린애를 업고 내가 혼자서 어떻게 따라옵니까? 마지막 길을 오면서도 글쎄 함께 오지는 못합니까?

문지기 이것 봐라. 이건 웬 몽달귀신들이냐?

아이 엄마, 여기가 천국이에요?

여자 그렇다. 이 성문 안에는 네가 늘 그리워하던 목마도 인형도 온갖 놀음감도 다 있단다.

아이 그러구우 호떡도 있우? 저 — 뒷집 금순이가 늘 사먹던 초콜레트랑 미르구랑 능금두 —.

여자 암 그렇구 말구. 우리들은 세상에서 아주 착한 사람이란다. 내가 늘 너하고 말하지 않던? 남의 것을 도적질 말고 우리보다도 더 불쌍한 이웃 사람을 생각해 주라고 —.

아이 응, 그래서 나는 그때 엄마가 구워 준 감자를 움집에 사는 불쌍한 복남이와 나누어 먹었어, 그랬지? 참말 복남이도 그 움집에서 춥고 배고파서 벌벌 떨지 말게 우리가 데리고 왔더라면 — 엄마 안 그래?

여자 옳다, 그렇게 네가 착한 까닭에 너는 천국에 왔단다. 저 은하수 기름진 강물이 굽이쳐 흐르는 강변에는 무성한 과일나무마다 사시장철 온갖 과일이 동실동실 무르녹게 익어 있단다. 그리고 너는 우유를 좋아하지? 떡도 좋아하지? 과자도 좋아하지?

아이   응, 엄마 난 그거 모두 좋아한다오.

목 없는 사나이   (힘없이 돌아서) 여보 마누라 그만 돌아갑시다.

여자   네? 무어에요?

목 없는 사나이   돌아갑시다.

여자   난 싫어요. 난 죽어도 안 갈 테에요.

아이   엄마 나도 그래.

여자   또 그놈의 빚꾼과 주림과 추위와 천대의 구렁으로 다시 돌아가다니 나는 아주 진저리가 나요.

목 없는 사나이   그렇지만 어찌합니까. 저것 좀 보아요. (성문을 가리킨다) 천국도 만원이랍니다. 일자리마다 꽉꽉 찼답니다.

여자   네? 그러면 이를 어쩝니까.

목 없는 사나이   갑시다, 가요 —.

여자   또다시 산 지옥으로 돌아가다니 여보 아무래도 지옥 같은 세상으로 돌아갈 바에는 그래도 낯선 지옥이 나을 테니 차라리 지옥으로라도 보내 달라고 청해 보구려.

목 없는 사나이   글쎄 그럴까?

여자   그래도 지옥에서야 설마 굶어죽기야 하겠우? 배를 쫄쫄 조리는 것보다야 낫겠지.

목 없는 사나이   (돌아서서) 문지기 영감님, 그럼 지옥에라도 보내 주세요. 우리는 참말 그놈의 세상에는 다시 돌아가기 싫어요.

문지기   말두 말게. 지옥도 만원이라네, 만원이야. 불지옥 오물지옥도 가시지옥도 모두 꽉꽉 찼다네. 천국에도 너무 배고파서 지옥으로 가겠다는 지원자가 하두 많으나 낄 자리가 없어서 모두 퇴각됐다네.

목 없는 사나이 　흥, 할 수 없는 일이다. 천국과 지옥조차 있을 자리가 없으니 모가지 없는 귀신은 여기도 저기도 갈 길이 없구나.

여자 　천국도 달콤한 꿈이었구나. 미련한 우리를 속인 게구나 —— 그만 돌아갑시다.

문지기 　여보게 맹 서방, 자네 잠깐 나를 보고 가세.

목 없는 사나이 　무업니까?

문지기 　자네 세상에 돌아가거든 어디 그 경성부에서 쓰레기를 담아내는 소제부 자리라도 빈 데 있거든 내게 곧 전보를 치게. 암만해도 내 모가지도 위태한걸, 위태해.

목 없는 사나이 　그러지요 영감님. 그럼 나는 다시 천국이나 지옥에는 아니 오겠어요. 내는 세상에서 내 모가지를 도루 찾아가지고 모가지를 잃어버린 나의 벗들과 함께 라인강과 다뉴브강과 양자강(揚子江)을 이어 은하수를 만들 터에요. 그리고 구름 밖에 떠다니는 태양을 우리들의 땅덩이에 가까이 붙잡아다가 어둠 속에 가리운 지구의 반편마저 햇빛이 포근히 내리쪼이는 사시장춘을 만들렵니다. 싸움이 땅 위에서 불을 끄고 온 세상 사람이 모가지를 잃어버릴 염려 없이 은하수에 발을 담그고 따스한 햇볕의 나래 아래서 노래 부르며 무화과를 볼이 터지게 씹어먹는 천국보다도 더 행복스러운 곳을 ——.

문지기   자네 그때면 이 천국의 쓸쓸한 성문을 지키고 있는 부지런하고 외로운 늙은이를 잊어버리지 않겠지.
목 없는 사나이   안녕히 계시오.
문지기   잘 가게. (일어서서 뒷짐 지고 성문 안을 오락가락한다) 이런 변이 있나. 천국도 못살아 먹겠다. 대만원 광고를 ××일보에라도 크게 내야 하겠군 어참.
(성문 저 너머서 흘러나오는 노랫가락)
밤의 궁전으로 가자
어린 딸들이 흘리는 옷깃에
매달려 깜박거리는
별의 눈동자에 입을 맞추러
아니 오려니
아니 오려니
아니 오려니
오 반딧불 옛 기억의
끝없는 불길에 스스로를 파묻는
작은 정열의 나래 아래
너와 나 고요히 몸을 버리자
아니 오려니
아니 오려니
목 없는 사나이   오, 오, 오, 저 소리다. 나의 여자 ─. (성문으로 달려온다)
문지기   (가로막는다. 머리를 흔든다)
하느님과 이사야 (성문 옆으로 피해 달아나는 것처럼 뒷걸음질쳐서 층층대에 나타난다)

노인

하느님 여보게 이사야, 큰일 났네. 저놈들이 또 데모를 일으켰네그려.

이사야 천국에도 인제는 말세가 왔나 봅니다.

하느님 양처럼 온순하던 천국의 백성들이 근자에 와서는 벌써 몇 차례인가? 번번이 반항을 하니 옛날에 우주를 채우고 있던 나의 위엄도 백성들은 믿지 않는 게지.

이사야 그런가 봐요. 지금의 천국 백성들은 세상에 있을 때에 다른 하느님의 세례를 받았답니다. 그래서 하느님의 위엄은 그들이 믿지 않아요.

하느님 다른 하느님? 하느님이 나밖에 누가 있단 말인가?

이사야 있어요.

하느님 그럼 사탄인가.

이사야 아니에요. 그의 이름은 기계(機械)랍니다.

하느님 기계? 처음 듣는 소리다.

이사야 그는 검은 주둥아리와 팔다리와 강철의 의지를 가진 괴물이랍니다. 지금 그는 땅 위에서 모든 사람을 — 사람의 역사를 발아래 짓밟고 있답니다. 사랑과 미와 선이 세계를 그는 남김없이 그 진흙발로 어지러트리고 있답니다.

하느님 그놈하고 나의 힘은 어떤가? 나는 싸우려네.

이사야 어림없어요. 이윽고 기계는 우리들의 천국까지 자기의 공장에 몰아넣을지 모릅니다.

하느님 그놈이 다 천국에 싸움을 건단 말인가. 여보게 이사야 어쩌면 좋단 말인가?

이사야 기계와 싸우는 것은 하느님에게 불리합니다.
하느님 그러면 어쩔까?
이사야 당신은 언제든지 지상의 새 권세와 결탁하지 않았습니까?
하느님 그래 — 그래 — 기계하고 공수동맹을 체결하지. 그래 그러면 여보게 자네 나의 명을 받들고 지상에 내려가서 기계라는 괴물을 만나 보고 이해로써 잘 말해 보게.
이사야 천만의 말씀 마세요. 저는 땅 위에 내려가며는 다시는 목숨이 못 붙어 옵니다.
하느님 왜 그렇단 말인가?
이사야 순하고 선량하면 천국의 백성이 된다고 공연히 지껄여 놓고 정작 천국은 만원이 돼서 왔다가도 도로 간 사람이 여간 많지 않은데 그놈들을 만나면 "이 거짓말쟁이가 왔다. 잘 만났다"고 그냥 고려장을 지낼지 누가 압니까. 난 싫어요.
하느님 그러니 어쩐단 말인가. 뭇 신하가 모두 나에게서 떠나간 오늘날에 자네밖에 누가 간단 말인가?
이사야 그러면 가 보지요. 기계란 놈이 워낙 무지막지하니까 어떨까? 원 —. (층층대로 내려온다)
하느님 여보게 기계라는 괴물의 도성은 어디인가.
이사야 뭐 그놈의 발이 미치지 않은 데가 있는 줄 아십니까? 하지만 그놈의 대가리는 아마 맨체스터에 있을걸요.
하나님 그러거든 저 가는 길에 험랜드, 드튼에 들려서 카이

	자를 찾아보고 오게. 내가 안부나 전해 달라고 하더라고. 그리고 그 험랜드에 어떠한 한적한 시골이 있거든 통지하라고 하게. 나두 아마 은퇴해야 하겠네, 하겠어.
이사야	그렇게 하지요. 그러나 다시 못 뵐는지도 모를 것을 생각하면 어쩐지 떠나기 싫어요.
하느님	이 사람 용기를 내게. 그리고 파리에 들러서 니콜라이의 무덤에 꽃다발이라도 두고 오게. 옛날에야 다 오직이 친근한 사이였던가. 그 사람은 나를 위해서 예배당을 수백 개를 세웠다네.
이사야	(나오다가 목 없는 사나이의 일행과 마주친다) 악.(깜짝 놀란다)
여자	아— 목사님 이사야 목사님—.
목 없는 사나이	오— 목사님 우리는 천국을 찾아왔습니다. (더듬더듬 이사야를 찾아 붙잡는다)
여자	양처럼 순하고 선량하면 천국에서 맞아들인다고 하였지요. 우리가 세상에서 목사님의 말을 하나도 빼지 않고 지켰는데 어째서 천사 한 사람도 마중도 안 해 줍니까?
이사야	가 가 가만 있자. (슬금슬금 도망을 쳐서 층층대로 기어 올라간다)
하느님	웬일인가?
이사야	아이구 무서워— 모가지 없는 귀신이 문 어구에서 기다리고 있어요.
하느님	그러면 뒷문으로 가지.

이사야   못 가겠어요.
하느님   그러면 어쩐단 말인가? 응 글쎄 이 사람아.
이사야   부디 안녕히 계십시오. 하직 길인지도 모르는 것
         을 — 에 — 할 수 없이. (층층대 옆길로 퇴장)
하느님   아 — 내가 정신없이 한때의 질투로 왜 아담과 이
         브를 에덴에서 쫓아 내보냈더람. 아니 — 왜 흙을
         빚어 사람을 만들었더람. 그게 잘못이지, 잘못이야.
         (군중의 어지러운 발자국 소리, 성문 안에서) 열어라, 열
         어라.
성 밖의 사람들   (모두 놀라서 성문을 들여다본다)
한 사나이   (성 위에 올라선다. 올라서서 성 안의 군중에게) 얘들
         아 — 너희는 — 순량한 택함을 받은 양떼가 아니
         냐—. 흥 하느님은 자기가 천국에서 절 받고 호사
         하기 위하여 — 세상에 우리를 예비해 두었던 것이
         아니냐?
군중   옳다 그게 참말이다. 참말이다.
한 사나이   그는 우리들을 — 세월이 끝나는 날까지도 영원히
         그의 줄 아래 — 안심하고 얽매어 두기 위하여 —
         우리들의 마음에서 본능에 대한 정열과 악에 대한
         반항과 타오르는 가슴속의 불길을 — 달콤한 회색
         의 주문으로 꺼 버리고 — 다만 양 떼와 같이 먹여
         주는 대로 잘 굽혀 줄 것과 눈물 흘리며 — 그의 손
         길에 매달려 애원할 줄만 가르치지 않았느냐.
군중   그렇다 그래. 분명코 그렇지.
한 사나이   응, 그래서 지금 천국에서 그가 약속한 것을 무엇을

　　　　　우리에게 주었느냐? 영원한 행복과 허락 대신에 영
　　　　　원의 고생밖에 무엇이 있느냐? 그 위에 천국에 땅
　　　　　은 없고 백성은 불었다고 우리들의 아들딸들은 천
　　　　　국의 문 앞에서 도로 쫓겨나고 있다.
군중의 소리　응, 심한 일이다.
한 사나이　데이빗의 노래도 — 예언자의 설교 — 눈물 흘리
　　　　　며 애원하는 꼴도 엑 그만둬라. 모두 거짓말이다.
　　　　　(사나이 성 안에 사라진다)
군중의 소리　거짓말이다. 하느님을 붙잡아 내라. 옳다, 붙잡아
　　　　　내라. 어디 있느냐?
하느님　　(어쩔 줄 모르고 빙빙 돌아간다) 이런 변이 있나. 이사
　　　　　야, 요한, 데이빗, 거기 아무도 없는가 아 — 아 —.
　　　　　(성문이 열리며 컴컴한 속에서 군중의 얼굴이 떠올라 보
　　　　　인다. 선두에 선 사람은 바른손에 횃불을 높이 들었고 어깨
　　　　　에는 '타도 기만적 천국(打倒 欺瞞的 天國)'이라고 쓴 깃발을
　　　　　메었다. 군중을 가로막으며) 오 — 나의 양 떼들아 너
　　　　　희들은 사탄의 꾀임에 귀를 기울이지 말아라.
군중　　　양 떼, 듣기 싫다. 듣기 싫어.
하느님　　시작한 날이 없고 끝날 날이 없는 천국의 영광을 너
　　　　　희들은 어째서 일조에 타 버리려고 하느냐? 너희 자
　　　　　신의 영원한 행복을 제 손으로 깊은 연못에 던져 버
　　　　　리는 미련한 짓을 그만둬라 —.
군중　　　영원한 행복? 영광? 거짓말이다. 사기한 엑 요술쟁
　　　　　이 —. (몰려나오려고 한다)
하느님　　(돌아서서 문지기 영감에게) 너는 인제부터는 들어오

　　　　　　는 놈들을 막는 대신에 도망질을 하는 놈을 막아라.
군중　　　하 하 하 하.
목 없는 사나이　이건 아주 감옥이네.
여자　　　참말 그래요.
목 없는 사나이　가게 어서 가게.
　　　　　　（다크 체인지）

　　　　　　제3장

무대
제1장과 같다.

(어둠 속에서 방울 소리) 철렁 철렁 철렁.

신문배달의 소리 호외 호외 천국 소란 호외 호외.
(무대가 밝아 온다. 문턱 위에는 남편이 자빠져 잔다)
순사　　　(아크등을 들고 등장. 발꿈치로 사벨을 차는 소리 철렁철렁)
　　　　　여보 ― (문을 연다. 방안에 들어선다)
남편　　　(벌떡 일어나며) 호외 호외 ―.
순사　　　미쳤나 이 녀석이 ―.
남편　　　호외 주 ―.
순사　　　호외가 무슨 호외.
남편　　　당신이 방울을 흔들지 않았우.

순사	내가 배달이냐.
남편	하 하 —— 나리 천국에도 두 나라가 있나요.
순사	너 이 집 주인이냐?
남편	(집을 둘러보며) 이전에 아마 그랬나 보우.
순사	그래 지금은 주인이 누구냐?
남편	모르지요. 나는 죽었으니까. 그 뒤에 누가 주인이 됐더라.
순사	응? 죽다니?
남편	죽었어요. 내가 여편네하구 아이들하구 설날 밤에 목을 매어 죽었어요.
순사	그래 너는 귀신이냐?
남편	싸우러 돌아온 유령이랍니다. 이 지상에 천국을 꾸미기 위하여 나는 돌아왔답니다.
순사	어찌 이게 무시무시하다. 분명히 너 죽었니?
남편	암만요. 증거가 있지요.
순사	어디 보자.
남편	(순사의 손을 끌고 밖에 나가서 벽을 가리키며) 이게 내가 죽을 때에 써 놓은 유서랍니다.
순사	흥, 죽기는 죽었구나. 연말 경계 보고 재료가 하나 생겼는데. 가만 있자. 나도 써 붙일 게 있다.(방으로 들어온다)
남편	(따라 들어온다)
순사	마침 종이두 필묵도 있구나. (붓대를 잡는다. 손이 덜덜 덜덜 떨린다) 이거 수전증이 난다. 자네 좀 써 주려나.
남편	그렇게 하지요.

순사	부르는 대로 쓰게. '자살 사건이 일어난 집이니' 썼는가 응 '경찰이 검시할 때까지는 누구든지 출입 엄금 경찰서' 응 됐네 — (글장을 벽에 내다 붙인다) 그럼 내가 서에 보고하고 경찰을 데리고 올 때까지 자네는 문전으로 한 걸음도 나가서는 안 돼.
남편	그렇거지요.
순자	(퇴장)
싸전과 반찬 가게	(등장) 이 자식이 왔나. 여보 — 여보 — (문을 열고 방으로 들어가다가 벽에 붙인 게시를 본다) 이거 뭐야 엑. (성냥을 그어서 벽을 비친다) 뭐? 자살했어?
나무 장수	(등장) 고리가시(사채업자)가 갔다. (슬금슬금 사람들 뒤에 와 선다) 응 죽었어?
싸전	온 식솔이 다 죽었대.
반찬 가게	내 돈 다 먹구 갔구나.
나무 장수	나무값 삼백마흔닷량이나 물고 가지.
싸전	자식마저 저승으로 도망갔구나.
나무 장수	그 사람 잘 갔지. 실상은 우리가 보낸 셈이야. 워낙 조르기를 여북 심하게 졸랐나.
반찬 가게	그렇지 그래 우리가 심했어.
나무 장수	생전에 사람 좋더니.
반찬 가게	도무지 미워할 수 없는 사람이야.
공	(등장) 이 사람 있나? 에 — 헤 날이 밝은 셈인가? 웬 밤이 이렇게 길어.
나무 장수	간밤에 목을 매 죽었네.
공	(슬퍼한다) 세상이 그를 죽였지 필경. 그 사람은 몹시

　　　　　도 살려고 애를 썼는데, 그러나 자식이 아무래두 갈
　　　　　바에는 내 빚마저 걸머지구나 가지.
반찬 가게　글쎄 말이야, 내 돈이나 물구 가지.
신문기자　(등장) 무어 있습니까.
공　　　　일가족 모두 자살이에요.
신문기자　엣, 죽은 사람 이름이 뭐요? 왜 죽었어요?
공　　　　성은 맹간데 사람 좋았지. 저기 벽에 유서가 붙었구
　　　　　만.
남편　　　(벽에 귀를 대고 엿듣는다)
신문기자　어디? 어디? 아하 (수첩을 꺼내서 적는다) 이단 재료
　　　　　는 된다.
남편　　　　(슬그머니 방에서 나와서 사람들 뒤에 다가선다)
사람들　　(그런 줄은 모르고 뻑뻑 담배만 피운다)
남편　　　여보게들 무슨 일이 있었나.
싸전　　　이건 어디서 이런 자식이, 남의 일에 웬 참견이냐.
남편　　　혼자 알라는 법이요.
나무 장수　이 집 주인이 죽었어.
남편　　　참말인가? 그 사람이 죽었어. 어째 정말인가 싶다.
나무 장수　누가 거짓말하나. 저승으로 도망을 갔어. 빚에 몰
　　　　　려서.
남편　　　에끼 아니다, 그 사람이 자네들 빚쟁이가 무서워서
　　　　　도망을 가? 아 ─ 니다, 어림없다. 그럴 사람이냐,
　　　　　제가 가고 싶으니 간 게지. 그런데 확실히 간 게지.
공　　　　나는 내일부터 누구와 함께 어깨를 끼고 술 먹으러
　　　　　다닐까.

남편	떠나갔다구 하는 것은 언제든지 섭섭한 일이야.
싸전	자네 그 사람하고 친구인가?
남편	아닐세.
싸전	그럼 친척인가?
남편	누가 그렇다는가.
싸전	그럼 어찌 되나?
남편	가를래야 가를 수 없는 사이지.
싸전	자네 어디서 왔나?
남편	나는 금방 천국에서 왔네.
나무 장수	에?
반찬 가게	천국에서?
공	이게 괜찮다.
신문기자	이것 봐라.
나무 장수	그럼 자네 무슨 하느님의 전령이나 가지고 왔나?
남편	그까진 말을 누가 들어.
나무 장수	그렇지만 천국에서는 하느님이 제일 권세가 있구 힘이 세다구 하지 않은가.
반찬 가게	아마 저 바위돌쯤은 염려 없이 들걸.
공	하느님이 술을 마시기 시작하면 천국의 온 술집의 술독은 단번에 밑이 날걸.
싸전	하느님은 바늘 구멍으로 낙타를 몰아낸다지.
남편	체, 나도 하느님은 그런 젠 줄만 알았더니 정작 만나 보니 그렇지도 못한가 보데. 게다가 겁쟁이구. 하느님은 세상에서 권세 있는 놈하구 어깨를 걸지 않으면 혼자서는 아무 일도 못한단다.

나무 장수	그럼 그거 반편이구나.
반찬 가게	아주 반쪽이구나.
남편	나는 이 눈으로 하느님이 천국 백성들이 떠드는 바람에 그만 낙담해서 가슴을 붙들고 뺑뺑 돌아가는 것을 보았단다. 하 하 하.
싸전	그럼 그거 아무것두 아니구나.
공	밤낮 그렇게 하느님 하느님 해도 모양일랑 일체 사람의 눈에 보여 안 주는 까닭이 그 까닭이구나.
나무 장수	그 꼬락서니 좀 보았으면 좋겠다. 하 하 하.
남편	하느님은 우리 세상에 수없는 사자를 보내서 우리에게 "너희는 선량해라. 왼뺨을 때리거든 오른뺨을 마저 물려내라. 너의 적은 사랑해라" 하고 경 외우듯 하는 것은 사람의 무리가 자기에게 반항할까 보아서 사람의 마음에서 힘을 거세하느라고 애쓰는 것이지.
공	자기가 뽐내고 싶은 때문이렷다.
남편	그렇지 그렇지.
나무 장수	흥 그런 거라!
반찬 가게	그래 천국은 시세는 어떻던가. 거기서야 이 돈 곤란이야 모르겠지. 거기서는 사람들은 — 사시장춘 노래만 부르고 산다니까.
남편	여보게 말두 말게. 천국도 인제는 말이 아니라네. 내가 떠날 때두 백성들이 "일자리를 주, 먹을 것을 주" 하고 하느님께 대들지 않겠나 —.
나무 장수	밤낮 하늘에서는 잔치만 한다더라. 자네 떡이나 더

	러 얻어먹어 보았나.
남편	잔치가 다 무엔가. 천국도 인제는 대만원이 돼서 모두 문 앞에서 헤매다가 쫓겨온다네.
공	그래 자네도 쫓겨왔나?
남편	말하자면 그런 셈이지.
순사와 의사와 간호부	(아크를 들고 등장, 방 안으로 들어간다)
순사	이 자식이 어디 갔나? (앞뒤로 찾아 나선다)
남편	그래서 여보게들 나는 이런 생각을 했네. 맨 마지막에는 힘과 힘의 싸움이 아니겠나. 그러니까 하느님처럼 힘 있는 놈의 힘을 믿거나 그렇지 않으면 적의 힘을 주사로 빼 버리느라고 말고 제 힘을 기른단 말일세. 그건 굉장한 걸세. 혼자 힘이 아니라 무더기 힘이란 굉장하네. 글쎄 하느님이 벌벌 떨더라니까.
나무 장수	그건 그렇지. 우리들 나무 장수가 산 주인하고 틀렸을 때도 워낙 우리는 무리가 많으니까. 생전 혼자서는 그놈 앞에서 머리 한번 쳐들지 못하던 동무들이 쑥쑥 대드는데 그것 참 상쾌하더라 야 —.
남편	힘 중에도 말이야, 눌려 있는 힘이 그것 무서운 것인데 눌렸던 놈들이 탁 튀기면 그것 굉장하다. 대포도 총도 다 그 힘에 가는 게다. 그래서 사람들이 자기 힘에 눈 뜨고 눌렸던 힘을 탁 튀기는 날이면 그때야말로 힘의 영웅적 시대가 온단 말야.
반찬 가게	그거 얘기 괜찮다.
싸전	들을 만하다.
남편	그래서 나는 이 힘의 새 전도를 하기 위하여 천국에

　　　　　서 땅으로 돌아왔다네.
순사　　　(밖에 나와서) 이 사람들 거기 서 있은 지 오랜가.
사람들　　오래지요.
순사　　　여기 시체가 하나 걸어가는 것 못 봤나?
나무 장수　시체라니오, 주검 아뇨? 우리 그런 것 못 봤지? (동
　　　　　료들을 돌아본다)
싸전, 공, 반찬 가게　암 그래 그래.
나무 장수　나리, 시체가 걸어갔어요? 난 처음 들어요.
남편　　　천국에서도 그런 얘기를 들은 일이 없는데.
순사　　　아하 네다, 이리 온.
남편　　　나요? 나는 천국에서 금방 왔어요.
순사　　　(남편의 손목을 끌고 방으로 들어간다) 너하구 나하구 아
　　　　　까 여기서 이야기했지.
남편　　　그랬지요. 내가 금방 천국에서 왔을 때지요.
순사　　　너 여기서 자살한 사나이 시체가 어디로 걸어가든?
남편　　　그 시체요. 난 몰라요. 나는 내 시체하고는 벌써 떠
　　　　　난 지 오래니까.
의사　　　그럼 당신은 무어란 말이오.
남편　　　영혼이지요.
의사　　　아하 ─ 그러면 당신 시체가 여기 있다가 당신이
　　　　　천국에서 돌아오자 또 당신에게 돌아갔나 봐요.
순사　　　옳지 옳지 그런게군.
남편　　　그랬는가?
순사　　　그럼 자네 여기 드러눕게.
남편　　　왜요?

순사   글쎄 드러눕게.

남편   (드러눕는다)

간호부   (흰 보자기를 맹의 얼굴 몸에 덮는다)

순사   우선 검시하고 해부하지요.

의사   자살자니까 해부해야지.

간호부   (가방을 열고 메스와 가위 등 수술 기구를 꺼내 놓는다)

의사   (간호부를 보고) 먼저 배를 갈라야지. 그래서 내장 훑어보고 ——.

간호부   글쎄요. (시체를 어루만져 보며) 뱃가죽이 엷어요. 아주 먹지 못했나 봐요. 가르기 쉬울 것 같아요.

의사   그러구 나중에 네 각을 뜰 텐데. (팔을 걷고 메스를 들고 맹에게로 간다)

남편   (벌떡 일어난다) 배를 갈라요? 아예 그만두세요. 난 싫어요.

의사   난 원 이렇게 건강한 시체는 처음 봤어.

순사   그냥 누워 있어. 죽은 시체를 해부하는데 무얼 자네야 무얼 일 있나.

남편   딴은 그렇지요. (다시 드러눕는다)

의사   (메스를 남편의 배에 세운다)

닭의 울음소리   (먼 데서) 꼬교 ——.

아내   (안으로 나오며) 아이 여보세요. 그만 자구 깨나요. 인제는 자살의 기한도 끝났으니, 먼 데서 닭이 울어요. (여러 사람을 보고 깜짝 놀란다) 악 ——.

남편   (일어나며) 당신두 도로 왔우. 아 그랬지 참말 —— (일어나서 아내를 끌어안는다) 그래서 인제부터는 좋은 나

	의 일동무가 되겠구려.
의사	그런데 대체 시체는 어디 있오?
순사	그 시체가 어디로 걸어갔나? 저건 아닌가 본데.
아내	여보세요, 인제 닭이 울었습니다. 쓸데없어요, 잘 얘기 됐으니 문을 채우게 돌아들 가세요ー. 새날 밝기 전에 이 괴로운 꿈들은 지나간 해의 깨어진 마차에 끌려 밤길을 떠났답니다. 자ー 새해가 왔습니다. 저 컴컴한 영마루 위에 (략(略)) 나래를 떨치며 새해가 내려옵니다. 우리들에게 새로운 힘과 희망의 배와 새벽의 믿음을 가지고ー 바다 위에 황금빛 웃음을 뿌리며 오는 그를 맞으려 아니 갑니까ー.
	(막이 내린다)
나무 장수	(막 뒤에서) 유쾌하지, 그 천국에서 왔다는 사나이의 이야기는ー.
공	(막 뒤에서) 그래.
반찬 가게와 싸전	그래 그래.

—《조선일보》(1931. 3. 3~3. 21)

미스터 불독(전 2막)

때
1933년 전후

곳
어떤 도회

사람
똥쇠, 후에는 미스터 불독(30세)
주인(은행가, 50세)
주부(그의 아내, 42, 3세)
명숙(그의 딸, 20세)
경남(명숙의 약혼자)
그 밖에 망나니, 어멈, 문경

제1막

어두워 가는 때
은행가 P 씨의 집 큰 대문 앞
돌기둥 두 개와 층층대
기둥에는 등불이 하나 희미하게 걸려 졸고 있다. 층층대 아래는 개〔犬〕막이 있다.
막이 열리자

어멈	(그릇에 개가 먹을 것을 담아 들고 대문안으로부터 등장, 개막 안에 그릇을 들여보낸다)
주인	에, 헤, 헴 퉤 퉤 에 ― 헴. (연미복에 실크해트, 비청거리며 등장, 어멈의 뒷모양을 보고 뒤로 젖히고 살금살금 뒤에 다가선다. 슬그머니 얼굴을 어멈의 어깨에 올려놓는다)
어멈	악. (홱 돌아선다)
주인	(수염을 만지면서) 놀라기는 무얼 ―.
어멈	누구시라고 ―. 그러다가 사람이 보면 어떡헙니까?
주인	흥 하늘 위에서 별들이 눈을 깜빡거리고 뜰 앞에서는 올빼미가 둥그런 눈망울을 굴리고 있지만 그러나 그것들은 말이 없으니까 괜찮아 하하하 그런데 정숙이는 있나?
어멈	아까 택시를 불러 타고 극장에 갔어요.
주인	혼자?
어멈	저저저 네네네.

주인   그럼 우리들의 천지구나. 웬 말이냐, 들어가세. (어멈의 어깨를 끌어다가 끌어안고 층층대를 올라간다)

(똥쇠와 망나니 슬금슬금 등장)

(주인과 어멈 대문 안으로 퇴장)

똥쇠   하하하하.

망나니   허허허허.

똥쇠와 망나니   어허 허허허 하하하.

망나니   여보게 똥쇠 하하하.

똥쇠   별꼴 다 보겠다, 하하하.

망나니   자네 물 좀 빌어오게.

똥쇠   갈증이 나나?

망나니   엑 그 꼴을 보고 어디 눈이 더러워 쓰겠나, 눈을 씻겠네. (층층대에 걸터앉는다)

똥쇠   (층층대에 철썩 주저앉는다) 집어치세. 벌써 사흘 동안이나 밥 한술 못 먹었으니 나는 이 사람 괜찮네마는 쪼록쪼록 슬픈 음악을 하고 있는 창자 속의 주린 거시(회충이라는 뜻으로 쓰임, 편집자주(註))들을 위하여 나는 자못 슬프네.

망나니   딴은 그래. 거시들이 여북하면 우리같이 빼빼 마른 실업쟁이들의 몸에 붙어 살겠나?

똥쇠   그러게 말이 아닌가? 그런 점으로 보아서는 이나 벼룩이 놈들이 아직은 행복이야. (허리춤에서 이를 하나 집어서 돌에다 눌러 죽인다) 그래도 우리 몸에 가죽은 붙어 있으니까.

망나니   이 사람 그런 잔인한 짓일랑 아예 그만두게. 겨우 자

	네 몸뚱아리에 먹을 곳을 찾아 논 이들은 자네가 먹을 자리에서 쫓아내면 그것들은 어쩐단 말인가.
똥쇠	딴은 그렇기도 하다. 오 — 나의 손가락 때문에 희생된 동물들이여, 나는 후회한다.
개	(개막 속에서) 으르릉 으르릉
망나니	엑 개가 있다.
똥쇠	애 그것 살이 잘 졌다.
망나니	그것 기름져 보인다. (입맛을 다신다)
똥쇠	애 요 먼저 저 동묘 다리 밑에서 총에 맞은 개를 잡았을 때는 그 고기 참말 맛있더라.
망나니	저놈 좀 잡아 먹을까?
똥쇠	글쎄.
망나니	야 그놈 등덜미의 살이 좋기는 하다. 동묘하구 성터의 애들을 논아 주었으면 좋겠다.
똥쇠	엑 저 자식이 무얼 먹는다.
망나니	참말 비프 스테이크를 먹는구나.
똥쇠	야 부잣집 개는 신세두 좋다. (휘파람을 분다)
망나니	(개막 앞으로 다가선다)
개	으르릉 으르릉 왕
망나니	그놈 성미 고약하다. 애 똥쇠야, 우리가 만약에 이 개의 신세로 바뀌 태어났으면 오죽이나 좋겠니. 글쎄 라이스 카레에 비프 스테이크를 잡수시는구나.
똥쇠	두말 있느냐, 나는 그놈을 목을 찔러 죽일까 혹은 배를 갈라 죽일까 하고 생각하고 있네.
망나니	이 자식은 무슨 일을 하고 이렇게 잘 먹고 지낸담.

똥쇠 그놈의 신세가 상팔자지. 비록 개막이라고 부를망정 우리들 움집에 비하겠나? 좋은 벽돌집 속에서 실컷 자빠져 자다가 수상한 손님이나 오면 두어 마디 컹컹 짖으면 그만일세.

망나니 (손뼉을 때리며) 얘 좋은 수가 있다. 수상한 그림자 보고 짖는 것쯤이야 누군들 못하겠니. 얘 이만한 일자리두 얻기 어렵구나. 그러니까 우선 저놈의 개를 갖다 잡아먹고 나서 우리 여기 와서 개 대신에 때때로 짖어나 주고 좋은 양식을 얻어먹으면 여북 좋겠나.

똥쇠 그것 참 좋으니 저 군대 밥칸으로 도적질 갈 때 쓰고 다니던 개가죽이 있지 않나. 그 놈을 쓰고 엎드려 있으면 누가 보든지 갠줄만 알걸. 됐어 됐어.

망나니 이 사람 자네까지야 좋아할 것 무엇 있는가. 별 실없는 사람 다 보겠네. 나도 그런 생각은 했다네.
(자동차와 사이렌 소리, 밖에서) 뛰 — .

망나니와 똥쇠 (개막 뒤에 몸을 숨긴다)

주부 (모던 보이의 팔을 끼고 등장. 층층대 아래 와서) 행복스러운 우리들의 이 하룻밤의 기념으로. (모던 보이의 이마 위에 키스한다.)

모던 보이 내일 밤은?

주부 화월(花月)에서.

모던 보이 틀림없이.(퇴장)

주부 (콧노래를 부르며 댄스의 스탭으로 대문 안으로 퇴장)

망나니와 똥쇠 하하하하.

똥쇠 이 사람 그래 이 일자리를 자네 혼자 차지한단 말인

망나니	가?
망나니	내가 먼저 생각했지, 자네가 먼저 생각했나?
똥쇠	나는 속으로 벌써 생각했다네. 그럼 우리 제비를 뽑아서 이기는 편이 일자리를 차중하기로 함세.
망나니	아무렴 사지 동무니까 그럼 그럴까?
똥쇠	자네 하늘을 쳐다보아서는 안 돼. 삼태성이 올라왔겠나, 안 올라왔겠나?
망나니	가만 있자, 올라왔겠네.
똥쇠	나는 올라 안 왔겠네.
망나니	어디 보자. (하늘을 쳐다본다) 그럼 내가 졌네. 나는 개나 가지구 가지. 약이 남은 것 있나?
똥쇠	미안하이. 개 잡는 약 말인가. 여기 있네. (망나니에게 던진다)
망나니	그 개 점잖다.
개	으르릉 왕.
망나니	(약을 떨어뜨린다) 이것 좀 잡수시오.
개	(개막 안에서 고민하기 시작한다. 점점 앓는 소리를 높이 지른다)
망나니	인제는 한명(限命)이 오래지 않다 히히.
똥쇠	됐나?
개	(잠잠해진다)
망나니	아 ─ 멘. (개막 문을 비틀어 열고 쓰러진 개를 끌어낸다. 허리춤에서 보자기를 꺼내서 땅바닥에 쭉 펴 놓고 그 속에 개를 싸서 들어낸다)
똥쇠	자네 그것 혼자 가 먹겠나? 간 조각이나 하나 보내

	게, 망나니.
망나니	그럼세 있게.
똥쇠	개가죽은 곧 갖다주게 응?
망나니	응.
똥쇠	(개굴로 들어간다)
망나니	(룸펜의 노래를 부르며 퇴장)

말없는 전선주가
어둠의 바다에 다리 씻으며
지새는 별들을 쳐다보는 밤

거리 거리 휩쓰는
안개의 물결에 몰려가는
임자를 잃은 주린 개 한 마리

길룩길룩 골룩의
두터운 어둠을 흘겨보는
눈물의 빛나는 두 눈망울아.

막(幕)

제2막

(은행가 P 씨의 집. 영양 명숙의 방 정면에 밖으로 나가는 문이 있고 좌수에는 P 씨의 방을 통하는 도어가 닫혀 있다. 벽에는 액면이 두어 개 걸려

있고 우수의 들창을 새어 들어오는 석양볕의 무대 한가운데 놓인 테이블과 의자들을 부드럽게 에워싸고 있다. 들창 그늘에는 긴 소파가 숨어 보인다. 막이 열리자 명숙이는 들창 아래 소파에 팔을 집고 시들어져 박혀 있고 그의 동무 문경이가 핸드백을 왼손에 든 채 안방을 오락가락한다).

문경   애 글쎄 나는 원 꿈에도 경남 씨가 그런 분인 줄은 생각두 못했단다. 어쩌면 사람이 그러니? 남자들이라는 게 모두 봄철 고양이 모양으로 질펙한겐가 보아. 애 우리들이 모여 앉으면 늘 우리 동창생 중에는 명숙이처럼 행복스러운 사람은 없어. 어쩌면 경남 씨 같은 사람을 낚시질해서 맞췄을까. 돈 있고 마음 순하고 나이 어리고 사람 잘나고 마지막을 문학사지? 그러던 게 웬걸 자기 집 어멈하고 글쎄 망측해라. 그래도 애기까지 뺐으니 말이지 그렇게 밖에 표적이 없었던들 애야 명숙아, 너는 깜쪽같이 속았겠지?

명숙   사내들이라는 게 모두 그러니까 너 같은 애들도 밥 먹구 살지. 어디 그런 사내가 없어 봐라. 아무리 네가 오후 세 시까지 진고개를 돌아다닌들 걸릴 게 있을라고.

문경   하긴 그렇지만, 어쩌면 그렇게 외모가 얌전한 사내가 그러니 글쎄.

주인과 주부(외출할 차림을 하고 P 씨의 방으로부터 등장)

주인   흥 일은 딱하게 됐어.

주부   경남이두 그 애를 말리는 꼴이 가엾어요. 세상 사내

	들이라는 게 어디 그 사람만 그렇답디까 원.
문경	아이구 그러니 제집 어멈하고 그러는 꼴이 어디 있어요.
주인	(몸이 뒤로 자빠질 뻔한다)
문경	참말 만천하의 사나이들의 명예를 위하여 사내들이 떠들고 일어날 일이 아니에요, 아저씨.
주인	응응응 그 자식 꽤 영리하다 원.
주부	명숙아, 세상 사내라는 게 결혼식장에 나오는 그 말쑥한 꼴을 보면 여자들은 침을 삼킬 지경이지만 어디 한번 모자를 벗기고 옷을 활짝 벗기구 똥구녕을 들추어봐라. 문경이 너두 잘 알겠지만 모두 똥내가 물큰물큰 나 코를 찌르는 법이다. 아무렴 여자가 남자의 팔에 의지할 운명을 가진 이상에는 별 사내가 없느니라.
주인	아 그 사람 별 망측한 소리 다하네. 그만두게 그런 게 아니라 명숙아, 사내도 사람인 이상에 어찌 허물이 없겠니. 아니 좋은 옷을 보면 입고 싶고 이쁜 여자를 보면 욕심이 없으라는 법이 있느냐. 그러니까 여자두 마찬가지지.
주부	아—니 여보, 어쩌고 어째요. 그래 당신은 욕심이 나면 아무 일도 해도 좋단 말이요.
주인	하—이 사람 보게. 자식을 달래는 법이 우선 그렇단 말이야, 가만 있게.
주부	어디 두고 봅시다. 별 잘못돼먹은 늙은이를 다 보겠네.(의자에 털썩 주저 앉는다)

주인　　명숙아 어서 내 말만 들어라. 만약에 네가 경남 군을 용서 아니하고 이 약혼을 파혼시키면 그저 눈앞에 오십만 원을 불 속에 집어넣는 게 된다. 경남 군이 내 약대로 오십만 원을 던져 아니 주면 우리 은행은 파산이다 파산이야. 이 집이고 파카아드고 양복이고 다 날라가 버린다. 그러니까 너무 심신히 생각을 돌려서 이런 중대한 기회를 놓치지 말아다고 응.

주부　　(의자에서 일어나서 명숙의 앞으로 간다) 그렇게 말하는 게 아니요. 늘 자기 욕심만 차리고, 그런 게 아니다 애야, 우리들 여자는 너무 오랫동안 사내들의 이익 때문에 끌려 다니기만 했단다. 그러니까 인제부터는 우리들 여성들은 남편을 우리들 자신의 이익을 위하여 이용해야 하지 않겠느냐? 그렇지 않니?

문경　　명숙 어머니는 그래 지금이야 깨달으셨어요? 우리들 젊은 시대의 여자들은 그것쯤은 다 벌써 뱃속에 굳히고 있답니다.

주인　　어―허 이것 공연히 쓸데없는 말들을― 그런 선동적 언사는 우리 집에서는 금물이요. 그만두시오. 그런데 이애 명숙아―.

주부　　흥 그러니까 남자라는 건 모두 이기주의자란 말이오. 정당한 여편네를 두고도 제 집 하인과 밀통하기가 일쑤고.

주인　　원 원 그래도 근래의 신문에는 점잖은 남편 있는 여편네들의 간통 사건만 많이 실리더라. 얘 얘 명숙아.

명숙　　네?

주인　그 어멈이라고 하는 여자가 경찰에 경남 군을 걸어 강간죄로 고소하고 한편으로 못된 브로커놈들에게 넝큼 넘어가서 정조 유린 위자료 청구의 소송을 제기한 모양이더구나. 하지만 전과자라는 게 없는 놈에게만 탈이지 제것만 있으면 세상은 제절로 앞에 와서 굽실거리게 되는 법이다. 그러니까 경남 군이 네게로 와서 잘못했다고 하면 그저 좋게 처단해라 응. 우선 은행을 건져야 아니하니? 그리고 이윽고 세상에도 유명한 백만장자요, 그리고 모모 회사의 지배인이요 모 은행의 두취 박경남 영부인 김명숙 여사라고 세상은 훌륭한 이름으로 너를 부르며 쳐다들 볼 게 아니냐?

명숙　글쎄 저도 생각이 다 있어요. 경남 씨는 어디 계세요.

주인　응응 그럼 오냐 오즉 좋겠니, 그저 내 딸이사. (이마의 땀을 씻으며 안으로 퇴장)

주부　영리한 것이야 그저. (역시 안으로 퇴장)

경남　(얼빠진 사람처럼 허둥지둥 안으로부터 등장. 명숙의 무릎 아래 꿇어 앉는다) 명숙 씨 명숙 씨, 저를 용서하세요. 한때의 들뜬 마음을 이기지 못하여 실상은 그 여자가 세상에도 드문 음란한 여자로서.

문경　여보세요. 사죄하거든 똑바로나 하시오. 왜 여자 편에만 책임을 전가합니까. 사내답지도 못하게, 비겁하긴.

경남　네, 그런 게 아니라 명숙 씨 당신 품속에 오직 하나뿐인 피난처를 찾아온 매맞은 새를 차 버리지 말아

주세요. 순진한 당신의 사랑까지 잃어버리면 저 갈 곳은 저세상뿐입니다. 너그러운 당신의 가슴을 벌려 주세요.

명숙   (사나이의 머리를 끌어안고 두 손으로 어루만지면서) 화살을 맞은 나의 작은 비둘기, 나는 당신의 상하는 가슴 위에 눈물을 흘려 주고 싶어요.

문경   (홱 돌아서 명숙이를 노려본다)

경남   오— 명숙 씨 명숙 씨 나의 명숙 씨. (얼굴을 여자의 무릎에 비비면서) 참으로 당신은 마리아의 따뜻한 마음을 가지고 있습니다그려. 그러면 나는 안심하고 가겠습니다. (일어선다. 여자의 손을 붙잡고 키스한다) 오— 나의 세뇨리타. (퇴장)

문경   아—니 명숙아, 너 정신이 있니? 없니? 그렇게 더러운 자식을 보고 무엇 나의 작은 비둘기? 나의 똥통이 어떻냐? 그리구 자식 멀쩡하지 너하고 세뇨리타? 저 경수는 어쩌구? 대학생 만수는 어쩌구? 하하하.

명숙   (빙그레 웃는다) 애야 너는 암만 그래도 밤거리에서 사내들을 낚시질하는 데는 일쑤일지 몰라도 인생에서는 아직 유치원이다. 그래서는 번번이 실패다 실패야. 그래 결혼을 하는 거야. 한 사람의 사내를 대장 대신으로 임명하는 것에 무에 다를 게 있니. 우리들의 산보나 여행이나 환락을 위하여 그 자금의 출처를 장기간으로 보증시키는 것밖에, 그뿐이지. 우리들이 생을 향락하는 자유나 권리야 늘 우리의 것이지.

문경   그러면 너는 그런 돼지 같은 놈과 결혼하면 그 비싼 아내의 의무를 값싸게 바친단 말이냐?

명숙   누구 어디 다 바친다나? 생활수단의 보수로는 얼마간만 내 자유를 그에게 비어 준단 말이지. 이애야, 그렇게 유력한 파트론이 아니고는 우리들의 생활의 권리를 마음대로 부려 볼 수 없지 아니하냐? 그러니까 결국은 그 사내가 문젠 게 아니라 문제는 그것이다, 그것 말이야.

문경   돈?

명숙   물론이지, 너는 아직도 연애 제일년생이야 일년생이야. 이것이 연대전술의 제일과란다.

문경   아이고 훌륭한 프로페서 —.

명숙   얘 농담은 그만두고 백운장으로나 놀러 가자. 마마.

주부   (안에서) 왜 그래. (나온다)

명숙   저 마마 우리 얘랑 함께 백운장으로 가요, 저녁 먹으러.

주부   그래라, 너 아버지에게도 차리라고 해야지.

명숙   마마, 우리 오늘 날도 따뜻한데 개를 데리고 가요. 지금 헐리우드에서는 여배우들이 개를 데리고 산보하는 것이 유행한대요. 저 집의 문 지키는 불독을 끌어내 와요.

주부   아이구 너의 취미는 참 고상하고나. 나도 한창 어렸을 때는 장안의 유행계의 급선봉이었단다. (퇴장)

문경   나는 아마 가야겠다. (시계를 본다)

명숙   이번에는 좀 살찐 독을 붙잡았구나 흥.

문경   (퇴장)

주부   (밖으로부터) 얘야 이런 별일이 있니? 글쎄 우래 개가 겨울을 지나더니마는 말을 한단다. (문을 열고 등장. 사슬로 목을 채운 개가죽을 쓴 똥쇠가 끌려 기어 들어온다)

명숙   마마, 그 어느 게 개라고 그러우. 사람인데 사람을 가지고.

똥쇠   (똥쇠 벌떡 일어선다) 네에 — 실상은 저는 직업을 잃고 돌아다니다 못해서 그만 댁의 문 지키는 개의 지위를 잠깐 실례한 것이랍니다.

주부   아이구 그럼 그 개 상해에서 주인이 다리고 온 불독은 어쩌고.

똥쇠   네, 저의 동무들이 잡아먹었대요.

주부   얘야, 경찰서에 어서 전화를 걸어라. 아이구 멀쩡한 개 도적놈.

똥쇠   네 어서 그렇게 하세요. 나를 감옥에 보내 달라고 경찰서에 가서 세 번이나 간청했으나 들어주지 않았답니다.

주부   아이구 이런 법을 무서워 안하는 부란당은 처음 보았네.

똥쇠   그렇지만 마담, 그 개는 수상한 사람의 모양이 댁의 문전에 나타나면 두어 마디 짖어서 안에 알려 주는 직능밖에 무엇을 합니까. 나는 그 개보다도 훨씬 잘 짖는답니다. 그 위에 반가운 손님 미운 손님 가지각색 손님의 그림자가 나타날 때마다 나는 영리하게도 일곱 가지로 짖지 않았어요.

주부   하기는 그렇더라. 얘야 미스터 박이나 닥터 김이 올

	때면 우리 집 개의 목소리는 아주 노랗게 센티멘탈했어.
똥쇠	그 위에 여보세요. 저는 대학을 나왔답니다. 브라우닝의 시까지도 이해한답니다. 당신들이 주문하시면 주문대로 그 굴통바지 모던 보이 군에게 아주 유려한 러브레타도 써 드리지요.
주부	(벌벌 떨며) 아이구 얘야, 어서 전화 전화 — 주인이 오기 전에 경찰에 보고해라.
명숙	(주부의 귀에 속삭인다)
주부	응 응 그럴듯하다.
명숙	미스터 불독 — 나는 당신을 나는 당신을 나의 미래의 남편으로 가지고 싶어요. 어쩌면 그렇게 훌륭한 풍채와 이력을 가졌습니까.
똥쇠	칙 연애니 결혼이니 그런 것은 그야말로 개에게라도 던져 주고 싶어요. 고만둡시다. 농담의 말씀은 그저 문전의 개굴에 오래 두어 두세요.
주부	아이구 별 사양을 다하시는구려. 참말 사내다운 사위야.
명숙	(안으로 향하여) 용남아 거기 택시를 불러라. 그리고 실크해트와 모닝을 준비해라. 새 서방님이 출입하신다.
똥쇠	그러면 더 짖지 않아도 좋습니까.
주부	아이구 듣기 싫어요.
똥쇠	그래도 라이스카레는 여전히 주시렵니까. 당신들이 개에게 요구하는 것은 수직하는 일이 아닙니까. 나

	는 훌륭히 그 일을 해 드리지요. 같은 값이면 저를 그냥 두어 두세요 네. 국가도 그것을 환영할 것입니다. 한 사람이라도 실업자 통계의 숫자가 줄어들지 않습니까?
명숙	아이구 미스터 불독, 나는 아주 당신에게 흥미를 느꼈어요.
주부	아이 애야 무서운 취미.
명숙	미스터 불독, 당신의 이름은 무업니까.
똥쇠	애들이 부르기 좋다고 똥쇠라고 하지만 대학의 학적에는 맹수운(孟秀雲)이라고 뚜렷하게 써 있지요.
명숙	그것 틀렸어요. 내가 하나 이름을 프레젠트하지요. 박경남 씨라고, 좋지 않수 마마.
주부	응응 참 훌륭하다. 아주 백만장자의 이름 같구나.
똥쇠	흥 어쩐 말이냐. 거기 어서 실크해트를 가져와요. 나는 오늘 훌륭한 행운을 잡았구려. 그러면 결혼식은 언제로 할까요.
주부	내주에. 애야 다리고 들어가서 옷을 갈아 입혀 드려라.
똥쇠	시뇨리타 어디입니까? (팔을 내민다)
명숙	(사나이의 팔을 낀다. 두 사람 안으로 퇴장)
주부	(수건을 꺼내서 이마를 씻으며 테이블에 기대앉는다. 작은 한숨을 내쉰다)

막(幕)

—《신동아》(1933. 7)

바닷가의 하룻밤

사람

영희(여자, 28세)

경수(그 아들, 8세)

노파

사나이(영희의 옛 남편)

때

1931년 동지달 초승 어느 날 밤

곳

함경도 해안의 작은 어항(漁港)

고기잡이하는 여자의 집

무대

정면에는 밖으로 통하는 문이 닫쳐 있고 방 한구석에 놓여 있는 궤짝 위에는 낡은 이부자리가 쌓여 있다. 도벽도 하지 아니한 흙벽이 울룩불룩한다. 정면 기둥에는 큰 사진이 한장 걸려 있고 이부자리 곁에는 바다로 나갈 때에 입는 여자의 헛옷과 골보가 걸려 있다.

막이 열리자 무대는 캄캄하다.

영희   (컴컴한 속에서 불을 켜서 정면 기둥에 달려 있는 석유등잔에 불을 붙인다. 방다닥에 놓여 있는 괭이 앞에 앉아서 주낙(낚시의 일종)을 수선하고 있다. 멀리서 가끔 바람소리에 섞여서 물결 소리가 탕탕 우르르 울려온다)

노파   (밖에서) 경수 에미 있나. (문을 열고 들어온다)

영희   할머니 오셨소. (일하던 괭이를 한쪽에 밀어 놓고) 어쩌다가 이렇게 —— 이리 내려와 앉으세요.

노파   (영희의 옆에 와서 마주 앉는다) 흥 자네 집으로 어디 오지 못할 사람이 돼 그러는가. 그저 내가 늙은 게라, 요 몇 해 동안은 좀 발이 떨어져서 그렇지. 이전에 자네 에미 생전에야 여북들 서로 가깝게 지냈다고 그러는가.

영희   그렇구 말구 ——.

노파   그래 요새는 살아가기 어떤가.

영희   그저 이럭저럭 살아가지요. 여기서 이십 리나 되는 장으로 전 새벽에 한 번, 석양에 한 번 두 차례씩 고기를 이고 간대야 한번에 겨우 십 전 오 전이 남는 노릇을 ——. 그것도 동무가 여럿일 때는 못 팔고 밑졌었는데두. 우중에 경수 월사금이라는 게 석 달이나 밀려서 날마당 학교하구 군청에서 돈 받으러 오는데 여간 걱정이 아니오.

노파	그렇구 말구, 우리 손자놈아두 백주에 여덟 달이 밀려서 어저께는 군청에서 와서 바리 대접을 다 들어갔다네. 살아가노라니 발길의 힘이 등골에 올라가지. 경수는 어디 갔는가.
영희	모르오. 제 동무들하고 아까 나가더니.
노파	그런데 경수 애비께서는 더러 편지나 있는가.
영희	편지 — 무슨 편지 있겠수.
노파	저런 망할 놈들이 있니. 새파란 청춘을 속만 팔팔 태우게 하구, 그런 법이 있니. 벌써 간 지 십 년은 되지 않겠니.
영희	글쎄 벌써 햇수로 팔 년이니.
노파	글쎄 사람이나 어떻게 얌전한 것을 내버리고 그런 말괄량이를 차고 갔단 말인가. 그녀석도 눈이 멀었지 멀었어. 어디가 벌써 잘못됐는 갑다. 그러게 지금까지도 소식이 영 없지. 여편네는 몰라도 아이를 보구 싶어두 한번쯤은 소식이라도 있겠는데 — 그래도 얌전하지. 그런 남편을 기다리고 십 년을 수절을 하다니.
영희	아이구 할머니두 별소리 다 하네. 그까짓것을 누가 기다리고 있는다구.
노파	암 그렇구 말구, 그까짓 놈을 무에라고 믿구 있겠니, 아직은 삼십 이전이니 전정이 만리 같은데 아 — 문 좋은 세상을 보아야 하지. 왜 젊으나 젊은 청춘이 속절없이 시들어지고 말겠니. 들을라니까 너는 고집이 메우 세다고 하더라만 그런 못난 짓을 아예 말

아라. 어디 얌전하고 마땅한 데만 나서거던 어서 옮겨 앉아라. 누가 어디 너를 열녀 충신이라고 할 줄 아니. 나두 앉아서 다 들었다. 그놈의 집 집안 년놈인들 드나들기나 하니. 여자도 삼십이 훌떡 넘으면 틀린다.

영희   그렇게 권하는 분들이 많다오, 그렇지만.

노파   그렇지 않구. 어떻게 상심했던지 그 좋던 얼굴이 아주 말 못 하게 새까맣게 잠이 돋았구나. 글쎄(버쩍 영희의 곁으로 다가앉는다) 그런데 자네 내 말을 듣겠는가. 한곳 좋은 데 있네, 있어. 요 너머 박 주사 말이네. 요 만저 상처를 하지 않았나. 그 사람이 젊은 사람인데 벌써 행상을 해서 밑천량이나 착실히 들어쥐었지. 사람 얌전하지. 그런데 처녀 가진 집에서 나도 나도 하고 욕심을 내지만 당자는 다 싫대. 화처(한번 시집간 여자) 라도 얌전한 곳이 있으면 차라리 그런 곳이 좋다고 한다네. 그런데 오직이 좋은가.

영희   (치마자락을 눈으로 가져간다. 느껴온다)

노파   그래 얌전한 서방을 맞아서 보라는 듯이 하고 뽐내고 살 일이지, 이게 무슨 고생인가. 그런 데로 가기만 하면 호사 호사지. 앉은 일이나 하고 때질이나 할 게지. 주낙광이나 고기 함지가 다 무엔가.

영희   (눈물을 씻으며) 할머니 그런 말씀일랑 마오. 나는 그렇게 호화롭게 지내고 싶지 않소. 그저 어린것만 탈 없으면 —— 내가 어디 남편을 기다린다고 그러우. 그 사람이 다른 여자를 쫓아 다니니까 먼저 살림을 가르자구 말을 꺼낸 것은 나라오 —. 그런 모욕을 당하면서 그냥 그 사람의 여편네라는 말을 듣고 있기는 참말이지 통분해서 못 견디겠지네 —. 인제는 사내라는 것은 대체로 믿을 것이 못 되거니 — 그저 내 발꿈치가 닳아 없어지고 손끝이 부스러지는 한이 있을지라도 내 홀몸으로 살아가겠거니 하고 마음을 먹고 나섰오 —. 그래서 아주 갈라진 뒤에 맨 처음에는 나는 그 사람을 어떻게 원망했는지 모르오. (눈물 다시 씻으며) 그렇지만 — 날이 가고 달이 가니까 차츰차츰 그 원망은 사라져 없어지고 옛날에 둘이서 고생하며 지나던 즐겁던 일만 그리워지겠지 —. 그다음에는 내 체면도 고집도 모두 버리고 만약에 돌아오기만 하면 반갑게 맞아들이구 싶어요 —. 지금도 행여나 돌아오는가 — 문 밖에서 큰 기침 소리만 나도 인제 오지나 않는가 쿵쿵 구르는 발자국 소리가 뜨락에서 들려도 이렇게 불시로 오는 게 아닐까 — 하고 번연히 속는 줄 알면서도 가슴을 두근거리고 있는 때가 몇 번인지 모르오. 할머니 아직은 그냥 버려두우. 그래두 내 손으로 내 힘으로 살아가느라면 그까짓 녀석이야 돌아오든지 말든지 —.

노파 홍 그게 다 후회할 날이 있네. 아예 나 같은 늙은 것의 말을 들어 보게. 큰 탈이 없을 게네. 잘 생각을 돌려 보세. (일어난다)

영희 어째 그만 가우. (따라 일어선다)

노파	또 오지 못하니. (밖에서는 바람 소리 물결 소리) 아이구 날씨라는 게 왜 이리 사나운지. 바다에 간 배들은 다 돌아왔는지.
영희	글쎄 말이요.
노파	간다. 잘 있거라. 또 오마 ─ . (나간다)
영희	할머니 어둡소. (문을 열고 내다본다)
노파	(밖에서) 일없다.
영희	(천천히 사진 앞으로 간다. 울음 섞인 소리로) 원망스러운 사나이 ─ 나는 ─ 너를 ─ 죽이고 싶도록 ─ 미워한다 ─ . 하지만 ─ 너는 ─ 역시 ─ 세상에 ─ 제일 이쁜 사나이다.
경수	(들어온다) 어무니 이거 보우. 저 부두에서 웅 아주 키 크다란 어른이 나하고 웅 영희네 집이 어디쯤인가구 물어봄메. 그런데 웅 그 어른 얼굴이 저기 저 사진하고 똑같아요. 눈망울이 큰 게든지 둥글한 얼굴이든지 꼭 같아요. 어무니 ─ 영희가 누구오. (어머니 품에 안긴다)
영희	(깜짝 놀란다) 영희를 찾디. 그래 아 야 야 니 그 어른 얼굴 잘 봤니.
경수	응.
영희	저 얼굴에 저 왼쪽 이마에 검은 점이 없디.
경수	저 ─ 웅 웅 옳지 그런데 콩알만 한 게 있었음메.
영희	(갑자기 어쩔 줄 모르고 주먹을 마주 쥐고 돌아간다) 이걸 어쩐단 말이냐. 그래 그 집을 모른다고 했니.
경수	글쎄 모른다고 했지.

영희 잘했다 잘했다. (가슴을 내리만진다)

경수 어째 나는 알기만 했으면 다려다주겠는걸. 아주 점잖은 어른이라요. 나를 개누깔(사탕)이랑 사 줌메.

영희 그렇지만 그 사나이는 세상에서도 제일 나쁜 사람이다.

경수 아주 좋은 어른이던데.

영희 너는 모른다. 어서 너는 누워 자거라. 그 못된 사나이가 우리 집으로 찾아오면 어쩌니. 아예 문을 채워 두자. (문고리를 건다)

경수 (베개를 내려놓고 자리에 드러눕는다. 바다에 우는 소리, 바람이 우는 소리, 점점 가까이서 울려온다)

영희 (경수의 몸에 이불을 덮어 주고 불을 낮춘다. 무대 어슴푸레해진다. 경수에게로 와서 무릎을 꿇는다) 경수야 인제야 안심했다. 문을 걸어 놓고 불까지 낮추어 놓으면 아무리 그 사나이가 흉악하기로 들어올 수가 있니.

경수 어무니 저 소리가 뒷산 수풀에서 바람 우는 소리가 — 그리고 먼 나루에서 바다가 우는 소리가 아주 듣기 좋소. 나는 저 소리에 귀를 기울이고 있으면 어느 사이에 잠이 소르르 오는지 모르오.

영희 옳다. 바다가 너의 어린 영혼을 길러 주는 게다. 바다와 같이 그렇게 기쁘게 — 그리고 너는 바람을 본받아라. 그렇게 날쌔게 기운 있게 — 너는 바다와 같은 사나이가 되어야 한다. (경수의 얼굴에 제 얼굴을 갖다가 비빈다)

경수 그 어른이 꿈에 오면 어째.

영희	눈 꽉 감고 자라. …… 그렇지만 그렇지만— (꿈꾸는 것처럼) 야 그래 네가 본 그 사나이가 아주 점잖은 사내더냐.
경수	예, 실루 썩 났음메. 그 어른의 눈은 바다물처럼 깊어 보이오. 몸은 어쩌문 그렇게 바위같이 튼튼한지.
영희	(무엇을 꿈꾼다) 어서 말 말고 자거라. 너의 이야기를 듣고 있으면 어쩐지 그 사나이가 무섭지 않고 마음이 점점 슬퍼진다. 무슨 까닭인지.

— 간(間) —

경수	(잠이 든다)
영희	경수야 경수야 경수야 자니.
경수	……
영희	아이구 자는구나(독백). 그이가 그렇게 먼 데서 찾아왔다가 문이 걸렸다고 도로 가시면 어쩌누. 아마도 벗겨 놓아야겠다. (문으로 달려가서 문고리를 도로 벗긴다) 불이 없다구 도로 가면 어째. (등잔 앞으로 가서 다시 불을 돋아 놓는다. 두 주먹을 서로 비비면서 땅을 굽어보며 생각에 잠긴다) 참말 그이의 사진을 저렇게 걸어 두었다가 그이에게 들키는 나는 부끄러워서 어째. (사진을 벽에서 벗긴다. 으슥히 들여다본다. 가슴에 부둥켜안고 머리를 뒤로 던지며 독백) 팔 년 동안에 나는 당신이 한없이 미웠었소. 나를 버리고 다른 여자를 따라갔을 때 나는 당신을 죽이려고 했었소. 그렇지만 당신

은 역시 세상에서 제일 그립소. 내가 당신을 대하면 팔 년 동안 이 가슴에 쌓이고 쌓인 원한을 어떻게 이루 다 하소연하오. 예. (잠깐 놀라며) 네가 이게 무슨 소리를 하고 있나. (얼른 앉아서 사진을 이불 밑에 집어 놓는다)

(문이 슬그머니 열린다. 수부의 옷을 입은 사나이, 그림자와 같이 나타난다)

영희 (앉은 채 고개를 홱 돌린다)

사나이·영희 (서로 말없이 한참이나 바라본다)

사나이 영희— 영희— 영희.

영희 ……

사나이 나를 어서 벌해 주우. 그렇게도 몹시도 당신을 괴롭힌 악독한 마음을 가진 사나이를— 채찍을 많이 갖추어 두었오?

영희 ……

사나이 그 여자는 나를 속였구려. 돈을 빼앗아 먹고 정력을 모조리 빨아먹고는 내 품에서 뛰어나가 버렸오. 나는 벌써 당신에게로 돌아오고 싶었지만 부끄러워서 너무 부끄러워서— 상처가 가득한 이 부랑자를 당신의 품을 벌려 품어 주오. 인제는 내가 바다에 나서 날마다 벌겠소. 바다와 싸워 가면서— 오— 아가 그동안에 너도 많이 컸고나. 무지한 아버지를 너는 얼마나 욕했니, 원망했니. 영희, 인제는 아무 일 없오. 내가 뼈가 가루가 되도록 벌겠소. 그러면 우리 세 식솔은 얼마나 행복스럽겠소.

영희	행복 —— 행복 —— .
사나이	그렇소. 행복은 우리를 아직도 저버리지 않았소. (팔을 벌리고) 영희 어서 이리 오오.
영희	(일어나서 더듬더듬 사나이에게로 가다가 중도에서 멈춰 선다) 그만두오. 당신이 나를 버린 것은 아니라오.
사나이	천만에 나의 눈에 막이 가리워서 뱀 같은 계집 때문에 그만 나는 당신의 진정을 모르고 당신을 버렸오.
영희	그런 너저분한 사내들의 자존심은 털어 버리오. 세상에 누가 누구한테 버림을 받으란 말이오. 사내란 버리게 생기고 계집이란 버리우기만 한답디까. 그리고 그 여자가 무엇이 나쁘기에 그를 나무라오. 사랑하고 싶은 사내를 사랑하는데 그에게 무슨 잘못이 있소.
사나이	아니오, 아니오. 영희 그렇지 않소.
영희	가만 있소. 우리들은 누가 버린 것도 아니고 버리운 것도 아니고 서로 똑같이 사랑할 수 없으니까 갈라진 것이 아니오. 우리는 아주 벌써 남남이 되었오. 당신은 나에게 지금 갑자기 와서 지나간 옛날을 되풀이할 것도 없으니 옛날은 옛날 속에 파묻어 버려두는 것이 좋소. 그리고 지금의 내 살림 속에 당신은 뛰어들 아무 까닭도 없소.
사나이	(머리를 숙인다)
영희	나는 지금 바다의 무서운 위협 소리와 사나운 눈보라 속에서 살아 나가오. 어린것을 데리고 두 목숨이 그 속에서 꺼질까 보아서 서로 부둥켜안고, 그러나

검은 물결을 헤치며 나가오. 사랑 — 사랑 달콤한 미끼(餌食)가 아니오. 수없는 여자들이 그것 때문에 남자들의 하는 대로 그들의 손바닥에 여자의 온갖 것을 바치지 않았소.

사나이　오 — 당신은 여전히 나를 원망하는구료.

영희　아니요, 원망이 무슨 원망이요. 어서 이곳을 떠나오. 우리들은 아주 남남이 아니오.

여자의 목소리　(밖에서) 성님, 대구배가 들어왔소. 나가지 않겠수.

영희　　아이구 배가 들어왔니, 그럼 나가마.

사나이　그럼 할일 없소. 어린것을 데리고 거친 세상에 부디 잘 있소. 먼 바다의 한끝에 가서도 내가 드리는 축복의 기도 소리가 늘 당신의 집 위를 떠돌 것이오.

영희　그만두오. 나는 그러한 축복도 기도도 누구에게 바라지 않소. 내 힘으로 거친 바다를 헤치고 나가겠소. (벽에 가서 헌 옷을 벗겨서 옷 위에 껴입는다. 머리보를 쏜다)

사나이　영희 그러면 마지막으로 어린것의 이마 위에 입을 맞추어 주는 것을 허락해 주오.

영희　(하염없이 어린애의 얼굴을 굽어본다. 이슥이 지나서) 그러면 애기의 잠을 깨우지 마오.

사나이　(조용히 어린애의 앞에 간다. 무릎을 꿇고 부르르 떨면서 껴안을 듯이 덤빈다. 그만 주춤거리며 아기의 이마에 덮인 머리를 쓸어 올리고 가만이 이마 위에 입을 갖다 댄다) 잘 있거라. (일어난다. 문으로 걸어간다)

영희　(머리를 숙이고 서 있다)

사나이　(나가 버린다. 문 닫히는 소리, 바다가 우는 소리, 바람이 우

	는 소리)
영희	(정신없이 땅을 굽어보다가 문으로 달려간다. 문을 열고 밖을 으슥이 내다본다. 힘없이 문을 닫고 문을 등지고 기대선다. 방안을 거닌다) 역시 아무 의뢰도 없이 아무 구속도 없이 아무 간섭도 없이 내 팔 다리로 살아가는 게 제일 좋다.

막(幕)

—《신가정》1권 12호(1933. 12)

어머니를 울리는 자는 누구냐

인물

늙은 대위 마샨

그의 아내 엠마

그의 아들 아벨

병사 1

병사 2

병사 3

때

1917년 가을

곳

불란서 북방 국경 지대의 농가

무대

작은 테이블과 의자. 페치카에는 불이 꺼졌다. 좌수(左手)로 안으로 통하는 문이 있고, 정면에는 밖으로 내려가는 문이 닫혀 있다. 침상 한 개. 정면과 우수(右手)의 들창을 통하여 아침 햇빛이 방 안으로 넉넉하게 퍼붓는다.

막이 열리자 의자에 기대 벌써부터 졸고 있는 늙은 대위 마샨을 발견하리라.

아벨   (안에서) 어머니, 염려 마세요. 저는 벌써 천정의 고양이 소리에도 놀라던 어린애가 아니랍니다.

엠마   아벨아, 너는 그러면 끝내 끝내 어머니보다도 전쟁을 가려느냐? 응? (울음소리 속에 말끝을 잃어버린다)

아벨   (안으로부터 들어온다. 번쩍거리는 불란서 의용병의 군복을 몸에 걸쳤다. 그 뒤를 따라 엠마가 에플론 자락으로 가리고 들어온다) 아버지.

마샨   (잠에서 깜짝 놀라 깨어난다)

아벨   아버지, 저는 오늘 징병 자격에 합격돼서 전선으로 나갑니다.

마샨   무어? 네가 전선으로?

아벨   그렇답니다.

엠마   아벨아, 시험관은 대체 누구더란 말이냐. 너 같은 어린애가 어떻게 전쟁을 한다고 글쎄. 굴뚝에서 생쥐가 달각거려도 눈이 둥그래지던 네가.

마샨   그래 꼭 떠나느냐?

아벨   네.

마샨   언제?

아벨   지금 당장. (밖에서는 유량한 군대의 나팔 소리가 들려온

다) 취집 나팔이올시다. 가야겠습니다.

마샨   잠깐 있거라. (간신히 일어나서 벽장 앞으로 간다. 벽장문을 열고 옛날의 군복과 군모를 몸에 걸치고 돌아서 온다. 저 고리의 가슴에서는 십여 개의 훈장들이 찬란하게 빛난다) 때는 일천팔백칠십 년 — 나폴레옹 3세 폐하께서는 그 포악한 독일병에게 세단에서 포위되셨단다. 지금의 늙은 대위 마샨은 당시는 용감한 시종사관이었단다. (가슴 위의 훈장을 가리키며) 이것들은 모두 그때에 총알의 빗발과 창검의 숲속을 뚫고 달려 다니면서 독일병을 제친 공로의 표상이다. (포켓에서 작은 책을 꺼낸다) 수십만 불란서 군대 속에서도 제일등에 가는 총사 마샨의 총 맞춘 기록을 보아라. 시월 이십팔일 적의 머리를 맞춘 것이 이십육 명, 이십구일에 역시 십팔 명. 그 이튿날도 사흔날도 지금은 이렇게 시들어져 보잘것없는 팔이나 이 팔에 걸리면 걸리는 대로 무사히 살아간 독일병은 없었단다. (아벨의 어깨에 손을 얹는다) 자 가거라. 영광스러운 총사 마샨의 이름을 빛나게 해라. 조국은 사장으로 불란서의 피끓는 젊은 국민을 부르고 있다.

아벨   (어머니의 팔을 붙잡는다) 어머니 염려 마세요. 하루 바삐 우리들은 적병을 무찌르고 승전해 가지고 개선하겠습니다.

엠마   전선으로 가면 거기서는 누가 너의 잠자리나 먹을 것까지 걱정해 주겠니? 너는 될 수만 있으면 총알이 덜 퍼붓는 곳으로만 다녀라. 그리고 속히 다녀 오너

	라. 결코 위험한 곳에는 뛰어들지 말아라.
아벨	어머니 고맙습니다. (돌아서서 아버지에게 거수(擧手)의 예를 한다)
마샨	(엄숙하게 역시 거수하여 반례한다)
아벨	(밖으로 나간다)
	(다시 행진의 나팔 소리가 용장하게 울려온다. 밖에서는 군인들이 지나가는 발자국 소리가 울려 온다. 마샨과 엠마는 문턱에서 손을 들어 흔든다. 차츰차츰 흔드는 손이 힘없어 간다. 그만 내려지고 만다)
엠마	(두 손으로 얼굴을 가리우며 느끼어 운다) 아벨은 끝내 갔구나 으 으 으.
	(막이 잠깐 내린다. 다시 막이 열릴 때는 무대는 전과 같으나 창 밖에서는 흰 눈송이들이 펄펄 휘날리고 페치카에는 불이 벌겋게 달아 있다. 그날은 바로 1918년 십일 월 십일 일 서부 전선(西部戰線)에 마지막 총소리가 들리고만 휴전(休戰)의 날이다. 무대는 잠깐 텅 비고 밖에서는 요란한 방울소리에 섞여 "호외 호외"를 외치는 소리가 어지럽게 들려온다)
마샨	(밖에서 들어온다. 몸에는 외투와 털모자와 목도리를 걸었다. 흰 눈송이가 온몸에 그 터덜터덜한 유명한 불란서 사람의 수염에까지 달라붙었다. 바른손에 호외 한장을 들고) 전쟁이 끝이 났다. 엠마, 엠마, 어디 갔나? 전쟁이 끝이 났다.
엠마	(안으로부터 나온다) 네? 무어에요? 전쟁이 끝났다구요?
마샨	그래, 그래, 인제는 저 불란서의 농촌을 짓밟고 있던 말발굽 소리도 대포 소리도 구라파의 맑은 하늘을

흐리던 소란한 프로펠러 소리도 연막도 다 거두고 대륙과 지중해는 또다시 눈을 부시는 포근한 햇볕을 둘러쓰고 벙글거리게 되었다네. 이 호외를 보세. 평화다, 평화다.

엠마   네? 참말이우? 그러면 나의 귀여운 아벨도 돌아오겠구만—.
이것 보세요. (허리춤에서 편지를 꺼낸다) 아벨이 바로 어저께 아침에 참호(塹壕)에서 부친 편지에요. 전선에도 이윽고 평화가 오리라는 소문이 퍼져서 여기서도 저기서도 "평화, 평화" 하고 수군거린다고 했어요. 그리고 휴전의 명령만 한번 떨어지면 어머니에게로 달려온다고 했어요.

마산   (편지를 읽어 보면서) 이 자식아, 이 늙은 것들은 너를 전지에 보내 놓고 얼마나 보고 싶어 했는지 아니?

엠마   여보, 그러면 저 아벨이 썩 좋아하던 치즈며 소세지며 팬케이크를 만들어 두고 기다려야 아니 합니까. 저녁을 먹게는 오겠지요?

마산   그 애가 나가 있던 참호는 여기서 그렇게 멀지 아니하니까.

엠마   그러면 나는 곧 장 보러 갔다가 와야 하지요. (어쩔 줄을 모르면서 머리에 보자기를 쓰고 어깨에는 넓은 목도리를 두르고 안으로 들어가서 바구니를 가지고 나온다)

마산   여보, 마누라, 그럼 저 포도주도 사 가지고 오. 아무리 얌전한 애들도 전지에 나가면 술 먹는 재간도 꼭 배워 가지고 오는 법이라오. 그러니까 늙은 장군인

	아버지와 젊은 병사인 아들과 오래간만에 만나서 함빡 마시고 취해 보려오.
엠마	어서 그러세요. 참말 하느님의 덕이지, 전지에 나간 불란서 장정은 다시 돌아오지 못하고 사장의 이슬이 되는데 우리 아벨은 다행히 살아 돌아오다니 그게 우리 두 늙은 것을 위한 하느님의 기적이 아니고 무어겠수?
마샨	그 자식은 아마 전쟁에서 퍽으나 지쳤겠지. 그러니까 마누라, 나는 마누라가 장에 다녀오는 동안에 방을 치워 놓고 그 자식을 위해서 포근하고 두툼한 침상을 꾸며 놓지요. 그 부드럽던 자식의 불기짝도 아마 전지 생활에서 꽤 굳어졌을걸. 우리 그놈이 돌아오면 훌쩍 벗겨 놓고 불기짝을 꽝꽝 울려 봅시다, 응.
엠마	(뛰어서 밖으로 나간다)
마샨	(혼잣말로) 오늘은 해가 지기 전에 아벨이 돌아오겠지. 그 달 같은 얼굴을 벙글거리며 방울 같은 두 눈에 눈웃음을 치면서 달려들 게라. 인제는 그 자식의 팔다리도 꽤 꿋꿋해졌을걸. 에끼 이 자식, 어서 오려무나. 나는 너를 붙잡고 실컷 웃으련다. 그리고 울련다. 그래도 나는 육군대위 마샨이다. 군인의 예로써 개선장군 아벨 각하를 맞아 주어야지. (벽장에 가서 군복을 꺼내 갈아 입는다. 그리고 베드를 손질한다) 어서 오려무나, 이 자식아. (잠깐 침묵, 문 두드리는 소리 요란하다) 들어오시오. 누구세요.
병사1	(들어온다. 거수의 예를 한다. 마샨, 답례한다) 각하께 이

런 소식을 전하는 직책을 맡은 것을 민망히 생각합니다. 용감한 상등병 아벨 군은 — .

마샨 (눈이 둥그레진다) 아벨이 어쨌단 말입니까, 네? 네? 우리들은 지금 따스한 잠자리와 달콤한 음식을 준비하느라고 이렇게 바쁘게 있답니다. 그애는 언제 옵니까? 오늘 옵니까? 몇 시쯤 해서 옵니까?

병사1 네, 아벨은 전선에서는 남달리 뛰어난 총사로서 전쟁의 최후의 일 년 동안에 일백육십오 명의 적병이 군의 손에 걸려 넘어지고 말았습니다.

마샨 아무럼 그랬겠지요. 세단의 용사 마샨 2세의 이름을 받기에 족했겠지요.

병사1 그러던 그가 바로 전쟁이 끝나는 최후의 날, 바로 어제께 오후였답니다. 적의 참호로부터 날아오는 탄환이 — .

마샨 네? 무어라고요? 탄환이 어쨌단 말입니까. (황망히 병사의 소매를 붙잡는다) 어서 말씀하세요.

병사1 아벨 군의 심장을 맞췄답니다.

마샨 네? 참말입니까? (소맷자락으로 얼굴을 가리면서 테이블 위에 거꾸러진다. 병사 2와 병사 3의 들채 위에 아벨의 시체를 담아 들고 천천히 돌아온다. 마샨은 얼 빠진 사람처럼 시체 위에 두 눈을 쏟는다. 두 병사 들채를 땅에 놓는다. 병사 1 거수의 예를 하고 나간다. 두 병사도 따라나간다. 마샨은 천천히 시체에 가까이 가서 두 팔로 추켜 안고 침상으로 간다. 고요히 눕히고 이불을 덮어 준다)

엠마 (바구니에 수북하게 먹을 것을 담아 들고 눈을 털며 들어온다. 밖에서는 행진의 나팔소리) 아이구 여보세요. 전지에서 병사들이 돌아오느라고 네거리는 아주 말이 아니게 소란해요.

마샨   (아내를 돌아본다) 아벨이 돌아왔소.

엠마   네? 아벨이 왔어요? 그러면 나의 아벨은 어디 있습니까?

마샨   (손가락으로 시체를 가리킨다)

엠마   (두 눈망울이 둥그레진다. 바구니가 그의 손에서 미끄러져 땅에 떨어진다. 소시지랑 팬케이크랑 온갖 먹을 것들이 땅에서 뒹군다. 넋없이 낮은 목소리) 아벨아, 아벨아, (이끌려 가는 것처럼 침상에 다가선다. 이불을 훌쩍 벗긴다. 피에 잠뿍 젖은 가슴이 들추어난다. 강한 빛을 쏘는 훈장 한 개. 꿇어 앉아서 시체의 손을 잡는다) 아벨아, 아벨아, 왜 말이 없느냐? 네 어미다. 네 어미다. 네가 평생 좋아하던 소시지랑 치즈랑 아니 먹구 가려니? 아, 아하하 호호호. (시체의 가슴 위에서 빛나는 훈장을 발견하고 잡아 뜯는다) 이것은 네가 수없는 독일의 아들들을 쏴죽인 용감한 공로의 표상이구나. 그렇지만 네가 어떻게 후일에 땅 밑에서 슬퍼하는 독일의 수없는 어머니들의 얼굴을 본단 말이냐? 너는 어깨에 아무것도 붙이지 말고 가슴에 아무것도 달지 말고 피묻은 벌건 몸뚱어리로 하느님의 앞에 서라. (손의 것을 불속에 집어넣는다. 먼곳으로부터 마르세유의 웅장한 합창 소리가 울려온다. 불란서의 승리를 축하하는 국민들의 소리다. 엠마, 마샨을 돌아본다) 당신은 아벨이 나의 품에서 마산   젖을 빨 때부터도 "너는 불란서를 위하여 싸워라. 아버지와 같이" 하고 가르쳤지요. 아벨은 당신의 말대로 전쟁에 나갔습니다. 그리고 전쟁은 아벨을 빼앗아 갔구려. 그리고 그리고 불란서는 승리했답니다. (그동안 장승처럼 뻗치고 서고 있다. 두 눈은 무엇을 보았는지 허공을 노리고 있다. 이윽고 팔을 들어 가슴의 패물을 쥐어 뜯는다. 패물이 땅바닥에 흩어진다)

막(幕)

부록

해설 __ 김기림의 산문과 수사학

1 『바다와 육체』

『바다와 육체(肉體)』는 1948년 12월 평범사에서 발간한 김기림의 수필집이다. 판형은 국판으로 전체 264쪽으로 이루어져 있다. 이 책에 수록한 글들은 모두 해방 이전에 신문과 잡지에 발표한 수필이다. 이 책의 서문에서 김기림은 수필을 "비교적 짧고 가볍고 또 툭 털어놓은 그러한 문장"으로 규정한다. 그리고 수필의 양식적 속성에 대해 다음과 같은 설명을 덧붙인다.

수필은 문학의 한 장르로 다룰 것인가, 아닌가에 대해서는 의혹을 품는 사람이 적지 않다. 시나 소설이나 희곡이 문학이라는 데는 아무도 의심을 갖지 않는다. 그런 의미에서는 그것들은 문학의 당당한 적자(嫡子)들이라고 할까. 거기 비한다면 수필은 알쏭달쏭하다. 의젓하게 그들과 어깨를 나란히 하고 서지 못한다. 문학사 속에서도 대체로는 푸대접을 받는 게 상투다. 말하자면 문학의 대가족제 속에서는 서자(庶子)가 아니면 사생아처럼 눈총을 맞는다. 여하간에 사람들은 문학론이나 문학사를 써 가다가도 문득 이 수필을 어떻게 대접할까에 대하여 가끔 당황해지나

보다. 적어도 그때까지의 문학의 정의를 좀 뽀개 놓아야 할 것을 느낀다. 사실상 수필이 어떻게 한몫 단단히 문학에 끼어들어야 기행이니 일기니 이른바 기록문학이니 하는 따위들이 대서게 될 것이다.

이 책의 내용은 전체 5부로 구성되어 있다. 1부에 수록한 글들은 일상적 체험과 감상을 기록한 「결혼」, 「오월의 아침」, 「행복」 등과 같은 수필적 산문에 해당하며 2부에는 「어머니와 자본」, 「이브의 약점」 등과 같은 여성 문제에 관한 단상을 적은 글들을 수록했다. 3부는 여행의 감상을 기록한 기행적 산문으로 「주을온천행」, 「생활의 바다」가 있다. 4부에는 「동양에 관한 단장」이라는 글 한 편이 수록되어 있는데 이 글은 일제강점기에 널리 논의되었던 '동양주의'에 관한 담론을 중심으로 하는 사변적인 글이다. 5부에는 1930년대 중반에 발표한 「오전의 시론」 가운데 『시론(詩論)』에 수록하지 못한 글을 옮겨 놓았다.

이 책의 1부에 수록된 「길」, 「기적」과 3부에 수록한 '관북기행'은 발표 당시 산문이 아니라 시로 구분되어 있었다. 그러므로 이 세 편의 글은 시집에 실리지 못한 미수록 시로 구분하여 전집 1권에 수록했음을 밝힌다.

2 『문장론신강』

『문장론신강(文章論新講)』은 1950년 4월 민중서관에서 발행했다. 이 책은 사륙판으로 전체 390쪽이다. 해방과 더불어 우리말로 이루어진 문장론이 필요하다는 새로운 시대적 요구에 부응하면서 대학의 강의 교재로도 활용할 수 있도록 만든 책이다. 해방 직전에 나온 이태준의 『문장강화』(1940)가 수사학의 영역에서 우리 문장 작법의 전범을 보여 주고 있는 점과 달리 이 책은 서구의 현대 언어학의 기본 이론과 수사학의 방법을 우리 문장에 적용해 설명하고 있는 것이 그 특징이라고 할 수 있다. 실제로 이 책의 서문에서 김기림이 밝힌 저술의 의도를 보면 이 같은 사실을 확인할 수 있다.

원래 말과 글은 우리의 인식(認識)을 교환하며 의사를 소통하며, 나아가서 문화를 보존하며 전달하는 자못 중요한 연장으로서, 그것이 있음으로 해서 비로소 우리의 역사적·사회적 문화의 전통이 이루어져 갈 수 있는 것이다. 말과 글은 그리하여 사람이 그 환경을 극복하며 공동생활을 추진하는 데 있어서 연대 관계를 성립시키는 가장 유력한 무기다. 그러나 연장이요 무기인 까닭에 그 성능을 잘 알아서 건설적인 목적을 위해서 숙련된 솜씨로 잘 써 간다면 그 본래의 사명을 다할 수 있겠지만, 그 성능을 잘 알지 못한다든지 그릇된 목적을 위해서 서투르게 다루거나 함부로 휘두를 적에는 헤아릴 수 없는 큰 화단을 끼치는 것이다. 마치 사람의 편인 프로메테우스가 위험을 무릅쓰고 신(神)의 나라로부터 훔쳐다 주었다는 불은, 그 성능을 살려서 잘 쓰기만 하면 중공업으로부터 부엌일에 이르기까지 인류의 생활에 이루 말할 수 없는 도움이 되다가도 한순간 불조심을 잘못한다든지 흉악한 목적으로 쓰여질 적에는 그 미치는 손해는 실로 막대한 것이다. 말과 글을 다루고 길들이고 부리기를 실로 불 다루듯 해야 할지 모른다. 언어의 과학으로서 언어학(言語學)이 있는 한편에 말과 글의 실천의 모에 있어서 언어학을 기초로 한 한 개의 응용과학으로서 새로운 의미의 수사학(修辭學)은 있어야 할 것같이도 생각된다. 이 책의 의도는 주로 그런 데 있었음은 물론이다.

이 책의 내용은 1. 이론 편, 2. 실천 편, 3. 부록으로 나뉘어 있다. 1부 '이론 편'에서는 언어 일반에 대한 기본적 해설이 중심을 이룬다. 언어는 인간 생활의 기초를 이루는 의사소통의 수단이다. 언어는 인류 문화의 핵심적인 기반이며 인간의 삶에서 떼려야 뗄 수 없는 소중한 존재다. 언어를 과학적으로 연구하는 학문이 언어학(言語學, linguistics)이다. 언어학은, 언어의 본질은 무엇일까, 언어의 구조는 어떻게 되어 있을까, 어떻게 하면 의사소통을 효과적으로 할 수 있을까, 그리고 언어는 어떻게 변화해 오늘에 이르렀을까 등, 언어에 관한 여러 과제를 연구한다. 이 책에서 주목되는 것은 현대 구조 언어학의 이론적 기반을 제공한 프랑스 언어학자 페르디낭 드 소쉬르(Ferdinand de Saussure)의 언어 이론에 기초해 언어의 본질과 기능을 설명한 점이다. 소쉬르는 언어의 본질을 '기호의 일종'이라고 규정한다. 기호는 반드시 외적인 형식과 내적인 내용이라는 두 요소를 갖추고 있어야 한다. 그런데 인간의 언어 역시 형식의 측면인 말소리(음성)와 내용의 측면인 뜻(의미)이라는 두 요소를 가지고 있다. 말소리는 뜻을 실어 나르는 형식이며, 거기에 실린 뜻은 상대방에게 전달하고자 하는 내용이다.

현대 언어학에서 언어의 말소리를 연구하는 분야에는 음성학과 음운론이 있다. 음성학은 우리가 쓰는 구체적인 말소리가 음성 기관을 통해 어떻게 만들어지며, 그러한 말소리의 물리적인 성질은 어떠한지에 연구한다. 음운론은 우리 머릿속에 인식되어 하나하나 구별되는 추상적인 말소리, 즉 음운의 체계를 연구한다. 어떤 언어에 나타나는 자음과 모음 그리고 말소리의 높이, 길이, 세기의 목록을 확정하고 이들이 서로 어떠한 관계를 맺고 있는지를 밝힌다. 현대 언어학의 한 분야로 언어의 말뜻을 연구하는 의미론도 중요하다. 이 책은 리처즈(I. A. Richards)와 오그던(C. K. Ogden)의 의미론 연구를 소개하고 있다. 의미론은 단어와 문장의 의미 관계를 연구한다. 단어끼리 서로 어떠한 의미 관계를 맺고 있는지를 밝히기 위해 의미의 확대, 의미의 축소 그리고 은유 표현, 문장의 중의성 등에 대해 연구하며, 또한 같은 소리에 서로 다른 뜻을 가진 단어(다의어, 동음이어), 같은 뜻이 서로 다른 말소리로 나타나는 단어(동의어, 유의어), 서로 의미가 대립되는 단어(대립어) 등을 찾아 연구한다. 현대 언어학에서 언어의 문법 구조를 밝히는 분야인 문법론은 언어에 내재해 있는 규칙과 원리를 찾아 설명한다. 언어에 내재해 있는 규칙과 원리를 문법이라 한다. 한 개의 단어를 구성하는 데 어떤 규칙이 있는가, 어떤 방법으로 문장이 구성되는가를 밝힌다. 결국 언어를 이루는 세 가지 기본 요소인 음성, 의미, 문법을 제대로 이해해야만 하나의 문장을 바르게 쓸 수 있게 된다.

  2부 '실천 편'은 전통적인 수사학 이론과 리처즈의 수사학 연구에 근거해 실질적인 글쓰기의 기술 방법을 설명한다. 말하자면 일반적인 작문의 원리를 쉽게 풀이해 설명하고 있는 셈이다. 말과 글의 대상에서는 메시지를 전달하는 글의 상황이 중요하다는 점을 강조하며, 글의 양식과 형태에서는 각종 글의 양식과 그 특징을 소개하고 있다. 글쓰기의 구상과 글의 기술 방법은 실제로 글을 쓰고자 할 경우 주제 선정하고 글의 전개를 구상하는 작업이 중요하다는 점을 밝히고 있다. 글의 기술 방법에서는 주로 설명, 논증, 묘사, 서사 등의 실천적인 글의 기술 방법을 소개한다. 하나의 완성된 글을 제대로 해석하기 위해서는 글의 구상과 기술 방법을 정확하게 이해하지 않으면 안 된다는 것도 강조하고 있다.

이 책의 '부록'은 「우리말의 당면 과제」라는 제목이 말해 주듯이 광복 이후 일본어 청산과 우리말 바로잡기 등에 관한 논제를 깊이 검토하고 있는 「새 문체의 요망」, 「새 문체의 갈 길」, 「새말 만들기」, 「한자어의 실상」 등 김기림 자신이 발표한 네 편의 논설을 수록하고 있다. 여기에서 강조하고 있는 것은 우리 민족의 역사적 현실과 그 요구에 따라 정착 확대한 국문체를 새로운 시대의 문체로 발전시켜야 한다는 점이다. 이를 위해 필요한 두 가지의 과제가 신조어와 한자의 처리 문제이다. 「새말 만들기」에서는 새로운 시대적 조류에 따라 밀려드는 외국어를 우리말로 어떻게 표현해야 하는지를 놓고 검토해야 하는 여러 문제를 소상하게 밝혔다. 「한자어의 실상」에서는 개화기 이후 그 문화적 기능을 상실한 한문의 실상을 논하면서 국문체의 확대와 한자의 배격이 우리말의 주체인 민중의 요구라는 점을 강조한다. 이러한 태도는 『문장론신강』의 기술에 있어서도 그대로 드러난다. 김기림은 이 책에서 한자와 한문 투를 버리고 쉬운 우리말로 글쓰기를 실험하고 있다. 그는 서문에서도 "이 책이 의도한 또 하나 여벌이라고도 할 효과는 언어학의 한 부면일망정 과연 좀 쉬운 말로는 서술될 수가 없을까 — 어려운 한자와 한문 투로서만 학문은 기재될 수 있는 것일까 — 하는 문제를 스스로 힘 자라는 데까지는 한번 시험 삼아 해결해 보려는 데 있었다. 저자의 생각으로는 까다로운 한자와 한문 투로 된 개념 구성과 서술은 그 태부분은 학문의 위풍을 떨어 보려는 속없는 허장성세인 경우가 많은 것 같다. 높은 진리(眞理)일수록 쉬운 말 쉬운 글로 나타내는 것 — 그것이야말로 말과 글의 극치일 것이다."라고 밝혔다.

연보 __ 다시 정리한 김기림의 삶과 문학

1908년

5월 11일(음력 4월 12일), 함경북도 학성군 학중면 임명동 275번지에서 아버지 김병연(金秉淵)과 어머니 밀양(密陽) 박(朴)씨의 6녀 1남 중 막내로 태어났다. 본관은 선산(善山)이며 아명은 인손(寅孫), 호는 편석촌(片石村)이다. 광복 후 서울에 거주할 당시 가본적(假本籍)을 서울특별시 종로구 이화동 196번지에 두었다. 아버지 김병연은 젊어서 만주와 시베리아 등지를 오가며 토목 사업으로 가계를 유지하면서 고향에 대규모 전답과 무곡원(武谷園)이라는 과수원을 매입 경영하여 경제적 여유를 누렸다.

1914년(7세)

4월, 고향 소재의 임명보통학교(4년제)에 입학했다. 이해 가을 어머니 밀양 박씨가 임명동 자택에서 전염병으로 병사했으며, 뒤에 단천에서 전주(全州) 이(李)씨가 계모로 들어왔다. 어머니를 잃어버린 충격으로 셋째 누이 신덕(信德)이 병을 얻어 세상을 떠났다. 소년기에 겪은 충격적인 사건이 김기림에게 적지 않은 영향을 끼쳤다.

1918년(11세)
보통학교를 마친 후 집안에서 2, 3년간 한문과 글씨를 공부했다.

1920년(13세)
성진에 있는 농학교(農學校)에 입학해 약 1년간 수학했다.

1921년(14세)
서울 보성고등보통학교(5년제)에 입학했다. 보성고보 진학 당시 동기생으로 김환태가 있었고, 이상, 이헌구, 윤기정, 임화 등이 1년 선후배로 동문이 되었다.

1923년(16세)
보성고보 재학 중 병으로 1년을 장기 휴학하고 고향에서 요양했기 때문에 보성고보를 정식으로 졸업하지 못했다.

1925년(18세)
일본 동경(東京) 소재 명교중학(名敎中學) 4학년에 편입했다. 일본행을 택한 이유로는 보성고보에서 장기 휴학으로 인한 학년 진급 누락 때문으로 알려져 있다.

1926년(19세)
명교중학 졸업 후 니혼대학(日本大學) 전문부 문학예술과에 입학해 본격적인 문학 수업을 쌓았다. 대학 재학 중 당시 일본 문단에 유행하기 시작한 서구 모더니즘의 사조에 관심을 가졌다.

1930년(23세)

니혼대학 전문부를 졸업하고 귀국과 동시에 4월 20일 자로 조선일보 사회부 기자로 임용되었으며, 뒤에 학예부 기자로 일했다. 당시 조선일보사에서 가깝게 지내던 이들로는 양재하, 이홍직, 이여성, 설의식 등이 있었다. 기자 활동을 하면서 초기에는 주로 G. W. 라는 필명으로 글을 발표했다.

〔시〕

西班牙의 노래 (《女性朝鮮》제1호, 8)
가거라 새로운 生活로 (《朝鮮日報》9. 6)
슈르레알리스트 (《朝鮮日報》9. 30)
가을의 太陽은 플라티나의 燕尾服을 입고 (《朝鮮日報》10. 1)
屍體의 흘음 (《朝鮮日報》10. 11)
저녁별은 푸른 날개를 흔들며 (《朝鮮日報》12. 14)

〔산문〕

午後와 無名作家들 ─ 日記帖에서 (《朝鮮日報》4. 28~5. 3)
新聞記者로서 最初의 印象 (《鐵筆》1권 1호, 7)
詩人과 詩의 槪念 (《朝鮮日報》7. 24~30)
豆滿江과 流筏 (《三千里》2권 4호, 9)
貞操問題의 新展望 (《朝鮮日報》9. 2~14)
最近 海外 文壇 消息 ─ 하이네의 銅像 問題 (《朝鮮日報》9. 3)
一人一文: 찡그린 都市風景 (《朝鮮日報》11. 11)
「노벨」文學賞受賞者의 푸로필 (《朝鮮日報》11. 22~12. 9)

1931년(24세)

〔시〕

훌륭한 아츰이 아니냐 (《朝鮮日報》1. 8)

詩論 (《朝鮮日報》1. 16)

꿈꾸는 眞珠여 바다로 가자 (《朝鮮日報》1. 23)

木馬를 타고 온다던 새해가 (《朝鮮日報》3. 1)

出發 (《朝鮮日報》3. 27)

三月의 「프리즘」 (《朝鮮日報》4. 23)

屋上庭園(散文詩) (《朝鮮日報》5. 31)

戀愛의 斷面 (《朝鮮日報》6. 2)

SOS (《朝鮮日報》6. 2)

撒水車 (《三千里》3권 7호, 7)

날개만 도치면 (《新東亞》1권 1호, 11)

苦待 (《新東亞》1권 1호, 11)

아침해 頌歌 (《三千里》3권 12호, 12)

가을의 果樹園 (《三千里》3권 12호, 12)

〔산문〕

剽竊行爲에 대한 저널리즘의 責任 (《鐵筆》2권 1호, 1)

尖端的 流行語 (《朝鮮日報》1. 2~13)

피에로의 獨白 ― 포에시에 對한 思索 短篇 (《朝鮮日報》1. 27)

떠나가는 風船 (《朝鮮日報》1. 29~2. 2, 희곡)

詩의 技術, 認識, 現實 等 諸問題 (《朝鮮日報》2. 11~14)

都市風景 Ⅰ·Ⅱ (《朝鮮日報》2. 21~24)

天國에서 왔다는 사나희 (《朝鮮日報》 3. 1~21, 희곡)

어째서 네게는 날개가 없느냐 (《朝鮮日報》 3. 7~11)

食前의 말 — 우리의 文學 (《朝鮮日報》 4. 7~9)

인텔리의 將來 — 그 위기와 分化過程에 관한 硏究 (《朝鮮日報》 5. 17~24)

「環境」은 無罪인가 (《批判》 1권 2호, 6)

解消可決 전후의 「新幹會」 (《三千里》 3권 6호, 6)

現代詩의 展望, 象牙塔의 悲劇 — 싸포에서 초현실파까지 (《東亞日報》 7. 30~8. 9)

바다의 誘惑(上中下) (《東亞日報》 8. 27~29)

어머니를 울리는 자는 누구냐? (《東光》 3권 9호, 9, 희곡)

文藝時評 — 「紅焰」에 나타난 意識의 흐름 (《三千里》 3권 9호, 9)

1932년 (25세)

1월, 집안의 주선으로 길주(吉州) 출신의 평산(平山) 신(申)씨 보금(寶金)과 결혼했다. 조선일보사 기자로 활동하는 한편 꾸준히 작품 창작에 몰두해 시, 평론, 소설, 수필, 희곡 등 전 영역에 걸쳐 많은 작품을 발표했다. 12월, 장남 세환(世煥)이 고향 임명동 자택에서 태어났다.

〔시〕

어머니 어서 이러나요 (《東亞日報》 1. 9)

오 — 어머니여 (《新東亞》 2권 2호, 2)

잠은 나의 배를 밀고 (《三千里》 4권 4호, 4)

봄은 電報도 안 치고 (《新東亞》 2권 4호, 4)

오 — 汽車여(한 개의 實驗詩)(《新東亞》2권 7호, 7)

아롱진 記憶의 옛 바다를 건너(《新東亞》2권 12호, 12)

暴風警報(《新東亞》2권 12호, 12)

黃昏(《第一線》2권 11호, 12)

〔산문〕

聽衆 없는 音樂會(《文藝月刊》2권 1호, 1)

1932년의 文壇展望 — 어떻게 展開될까, 어떻게 展開시킬까? (《東亞日報》1. 10, 설문답)

新民族主義 文學運動(《東亞日報》1. 10)

별들을 잃어버리는 사나이(《新東亞》2권 2호, 2)

내게 感化를 준 人物과 그 作品 — 로맨 로랑과 「장 그리스토프」 (《東亞日報》2. 19)

風雲中의 二巨星: 前獨帝 카이자, 愛蘭帝相 떼. 발레라氏(《三千里》4권 3호, 3)

結婚(《新東亞》2권 3호, 3)

붉은 鬱金香과 로이드 眼鏡(《新東亞》2권 4호, 4)

金東煥論(《東光》4권 7호, 7)

月世界旅行(《新東亞》2권 8호, 8)

가을의 裸像(《東光》4권 9호, 9)

미쓰 코리아여 斷髮하시오(《東光》4권 9호, 9)

잊어버린 傳說의 거리(그 江山과 그 文學)(《新東亞》2권 9호, 9)

現文壇의 不振과 그 展望(《東光》4권 10호, 10)

첫 기러기(《新東亞》2권 12호, 12)

「나의 總決算」에서(《新東亞》2권 12호, 12, 설문답)

1933년(26세)

8월, 이종명, 김유영, 이태준, 이무영, 이효석, 정지용, 조용만, 유치진 등과 함께 구인회를 결성하고 회원으로 활동했다. 김기림은 1936년 이 모임의 회지인 《시와 소설》이 발간될 때까지 줄곧 관여했으며 구인회 회원 중 이상, 박태원 등과 특히 친밀한 관계를 유지했다.

〔시〕

바닷가의 아침 (《新東亞》 3권 1호, 1)

祈願 (《新東亞》 3권 1호, 1)

새날이 밝는다 (《新東亞》 3권 1호, 1)

離別 (《新東亞》 3권 3호, 3)

十五夜 (《新東亞》 3권 3호, 3)

街燈 (《新東亞》 3권 3호, 3)

람푸 (《新東亞》 3권 3호, 3)

구두 (《新東亞》 3권 3호, 3)

午後의 꿈은 날 줄을 모른다 (《新東亞》 3권 4호, 4)

들은 우리를 부르오 (《新東亞》 3권 4호, 4)

古典的인 處女가 있는 風景 (《新東亞》 3권 5호, 5)

噴水 — S氏에게 (《朝鮮日報》 5. 6)

遊覽뻐스 — 動物園 (《朝鮮日報》 6. 23)

光化門

慶會樓

光化門

파고다 公園

南大門

漢江人道橋

한여름 (《가톨닉靑年》 1권 3호, 8)

海水浴場의 夕陽 (《가톨닉靑年》 1권 3호, 8)

카피盞을 들고 (《新女性》 7권 8호, 8)

하로ㅅ길이 끗낫슬 때 (《新女性》 7권 8호, 8)

林檎밧 (《新家庭》 1권 9호, 9)

나의 探險船 (《新東亞》 3권 9호, 9)

바다의 서정시 (《가톨닉靑年》 1권 5호, 10)

가거라 너의 길을 (《新家庭》 1권 11호, 11)

日曜日行進曲 (《新家庭》 1권 11호, 11)

編輯局의 午後 한 時 半 (《新東亞》 1권 3호, 11)

어둠이 흐름 (《新女性》 1권 3호, 11)

밤 (《朝鮮文學》 1권 4호, 11)

飛行機 (《朝鮮文學》 1권 4호, 11)

새벽 (《朝鮮文學》 1권 4호, 11)

貨物自動車 (《中央》 1권 2호, 12)

〔산문〕

黃金行進曲 (《三千里》 5권 1호, 1)

사랑은 競賣 못 합니다 (《三千里》 5권 1호, 1, 스니드 오그번 원작 콩트) 번역

生活戰線偵察 (《三千里》 5권 1호, 1)

新聞小說 올림픽 時代 (《三千里》 5권 1호, 1)

生活과 파랑새 (《新東亞》 3권 1호, 1)

써클을 鮮明히 하라 — 文藝人의 새해 선언 (《朝鮮日報》1. 4)

文人座談會 (《東亞日報》11. 1~11)

앨범에 부처 둔 노스탈자 (《新女性》7권 2호, 2)

봄의 傳令 (北行列車를 타고) (《朝鮮日報》2. 22)

立春風景 (《新女性》7권 3호, 3)

비지 (《第一線》3권 3호, 3)

당신이 제일 이쁜 때는 (一鼓一鳴) (《新家庭》1권 4호, 4, 설문답)

詩作에 있어서의 主知的 態度 (《新東亞》3권 4호, 4)

밤 거리에서 집은 憂鬱 (春景의 로만스) (《新東亞》3권 4호, 4)

코스모포리탄 日記 (《三千里》3권 4호, 4)

종달새와 가치 (心琴을 울린 文人의 이 봄) (《東亞日報》4. 22)

職業女性의 性問題 (《新女性》7권 4호, 4)

女人禁制國 (《新女性》7권 4호, 4)

心臟 업는 汽車 (《新東亞》3권 5호, 5)

詩評의 再批評 — 딜렛탄티즘에 抗하야 (《新東亞》3권 5호, 5)

잊어버리고 싶은 나의 港口 (《新東亞》3권 5호, 5)

協展을 보고 (《朝鮮日報》5. 6~12)

어머니 (《新家庭》1권 5호, 5, 설문답)

五月의 아침 (《新東亞》3권 6호, 6)

스타일리스트 李泰俊氏를 論함 (《朝鮮日報》6. 23)

어둠 속에 흐르는 반딧불 하나 (《新家庭》1권 7호, 7)

포에지와 모더니티 (《新東亞》3권 7호, 7)

미스터 뿔떡 (全二幕) (《新東亞》3권 7호, 7, 희곡)

웃지 안는 아폴로, 그리운 폰의 午後 (《朝鮮日報》7. 2)

劇詩「武器와 人間」短評 (《朝鮮日報》7. 2~4)

바다의 幻想 (《新家庭》1권 8호, 8)

최근의 미국 평론단 (《朝鮮日報》8. 4~6, 번역)

未來現代藝術의 原始에 對한 欲求 ─ (手帖에서 上) (《朝鮮日報》8. 9)

現代詩의 性格 原始的 明朗 ─ (手帖에서 下) (《朝鮮日報》8. 10)

透視機 (《新女性》7권 8호, 8)

文壇時評 (1)隨筆을 위하야, (2)不安의 文學, (3)카톨리시즘의 出現 (《新東亞》3권 9호, 9)

田園日記의 一節 (《朝鮮日報》9. 7~9)

바다의 幻想 (《新家庭》1권 9호, 8)

어린 山羊의 思春期 (《新女性》7권 9호, 9)

나도 詩나 썼으면 (《新東亞》3권 10호, 10)

藝術에 있어서의 리알리티, 모랄 問題 (《朝鮮日報》10. 21~24)

毛允淑氏의 리리시즘 ─ 詩集『빛나는 地域』을 읽고 (《朝鮮日報》10. 29, 30)

藝術座談會 (《朝鮮文學》1권 4호, 11)

어네스트 헤밍웨이의 작품「戰爭아 잘잇거라」原作者 (《朝鮮日報》11. 2)

바닷가의 하룻밤 (《新家庭》1권 12호, 12)

送年辭 (《新家庭》1권 12호, 12) 설문답

1933년 詩壇의 回顧와 展望 (《朝鮮日報》12. 7~13)

1934년(27세)
3월, 장녀 세순(世順)이 고향 임명동에서 태어났다.

〔시〕

밤의 SOS (《가톨닉靑年》 2권 1호, 1)

첫사랑 (《開闢》 복간 1권 1호, 1)

散步路 (《文學》 1권 1호, 1)

초승달은 掃除夫 (《文學》 1권 1호, 1)

食料品店 (《新女性》 8권 1호, 1)

나의 聖書의 一節 (《朝鮮文學》 2권 1호, 1)

小兒聖書 (《朝鮮文學》 2권 1호, 1)

날개를 펴렴으나(새해 첫 아츰에 드리는 詩) (《朝鮮日報》 1. 1)

航海의 一秒前 (《朝鮮日報》 1. 3)

거지들의 크리스마쓰 頌 (《形象》 1권 1호, 1)

님을 기다림 (《新家庭》 2권 3호, 3)

스케이팅 (《新東亞》 4권 3호, 3)

惡魔 (《中央》 2권 3호, 3)

詩 (《中央》 2권 3호, 3)

除夜詩 (《中央》 2권 3호, 3)

港口 (《學燈》 2권 2호, 3)

煙突 (《學燈》 2권 2호, 3)

님을 기다림 (《新家庭》 2권 3호, 3)

호텔 (《新東亞》 4권 5호, 5)

風俗(近作詩 1) (《朝鮮日報》 5. 13)

觀念訣別(近作詩 2) (《朝鮮日報》 5. 15)

五月 (《朝鮮日報》 5. 16)

商工運動會(近作詩 3) (《朝鮮日報》 5. 16)

아스팔트 (《中央》 2권 5호, 5)

旅行 (《中央》2권 7호, 7)

裝飾 (《新家庭》2권 8호, 8)

七月의 아가씨 (《朝鮮日報》8. 2)

航海 (《朝鮮日報》8. 15)

旅行風景(上) (《朝鮮日報》9. 19)

    序詩

    (1) 待合室

    (2) 海水浴場

    (3) 咸鏡線

    (4) 高原附近

    (5) 元山以北

    (6) 마을

    (7) 風俗

    (8) 咸興平野

    (9) 不幸한 女子

旅行風景(中) (《朝鮮日報》9. 20)

    (10) 신창역

    (11) 숨박곱질

    (12) 뽀이

    (13) 東海

    (14) 식충

    (15) 東海水

旅行風景(下) (《朝鮮日報》9. 21)

    (16) 벼룩이

    (17) 바위

　　　　(18) 물

　　　　(19) 따리아

　　　　(20) 山村

　　　　(21) 바다의 女子

光化門通 (《中央》 2권 9호, 9)

향수 (《朝鮮日報》 10.16)

海邊詩集 (《中央》 2권 10호, 10)

　　　　(1) 汽車

　　　　(2) 停車場

　　　　(3) 潮水

　　　　(4) 孤獨

　　　　(5) 에트란제 (이방인)

　　　　(6) 밤 港口

　　　　(7) 破船

　　　　(8) 待合室

戲畫 (《가톨닉靑年》 2권 11호, 11)

마음 (《가톨닉靑年》 2권 11호, 11)

밤 (《가톨닉靑年》 2권 11호, 11)

〔산문〕

그 녀석의 커다란 웃음소리 (《新東亞》 4권 1호, 1)

눈보래에 싸힌 마천령 아래의 옛 꿈 (《朝鮮日報》 1. 3)

어떤 人生 (《新東亞》 4권 2호, 2)

1934年을 臨하야 文壇에 對한 希望 (《形像》 1권 1호, 1, 설문답)

女流文人 片感寸評 (《新家庭》 2권 2호, 2)

여호가 도망한 봄(上中下)(《朝鮮日報》3. 2~4)

신문-한국-어린이 세계(《朝鮮日報》3. 9)

1日 1文: 散步路의 異風景 ― 행복스러운 나폴레옹군에 對하야 (《朝鮮日報》3. 11)

文藝時評 1. 文學에 對한 새 態度(《朝鮮日報》3. 25)

  2. 批評의 態度와 表情 上(《朝鮮日報》3. 28)

  3. 批評의 態度와 表情 下(《朝鮮日報》3. 30)

  4. 作品과 作者의 距離(《朝鮮日報》4. 1)

  5. 인텔리겐챠의 눈(《朝鮮日報》4. 3)

寫眞속에 남은 것 ― 잃어버린 나의 어린날(《新家庭》2권 5호, 5)

진달래 참회(《朝鮮日報》5. 1)

五月에게 주는 선물(《朝鮮日報》5. 8~9)

現代詩의 發展:

  難解라는 非難에 대하여(《朝鮮日報》7. 12~13)

  超現實主義의 方法論(《朝鮮日報》7. 14~18)

  스타일리스트(《朝鮮日報ㅍ, 7. 19)

  아름다운 音樂性(《朝鮮日報》7. 20)

  感情과 知性의 彫塑性(《朝鮮日報》7. 21)

  速度의 詩 文明批判(《朝鮮日報》7. 22)

「避暑秘法」중에서(《新家庭》2권 8호, 8)

아이스크림 항구(《中央》2권 8호, 8)

關北의 숨은 絶勝 ― 朱乙溫泉行(《朝鮮日報》10. 24~11. 2)

名士와의 讀書問答(《新家庭》2권 10호, 10) 설문답

가을의 누이(《中央》2권 11호, 11)

將來할 朝鮮文學은?: 文學上 朝鮮主義의 諸樣姿(《朝鮮日報》

11. 14)

　　　朝鮮의 舞臺에서 世界文學의 방향으로 (《朝鮮日報》11. 15)

　　　新휴매니즘의 要求 (《朝鮮日報》11. 16)

　　　怠慢 休息 脫走에서 批評文學의 再建에 (《朝鮮日報》11. 17~18)

　嫉妬에 대하야(上下) (《朝鮮日報》12. 8~9)

1935년(28세)

대표작인 장시 「기상도」를 잡지 《중앙》과 《삼천리》에 연재했다. 본격적인 학문 연구의 필요성을 느끼고 제2차 일본 유학을 결심했다.

〔시〕

窓 (《開闢》2권 1호, 1)

層層階 (《詩苑》1권 1호, 2)

俳優 (《詩苑》1권 1호, 2)

膳物 (《中央》3권 2호, 2)

戀愛 (《中央》3권 2호, 2)

들은 우리를 부르오 (《三千里》7권 3호, 3)

나 (《詩苑》1권 2호, 4)

生活 (《詩苑》1권 2호, 4)

習慣 (《詩苑》1권 2호, 4)

氣象圖 I ― 아침의 表情, 市民行列, 颱風의 起寢, 손 (《中央》3권 5호, 5)

바다의 鄕愁 (《朝鮮日報》6. 24)

氣象圖 II ― 滿潮로 향하야 (《中央》3권 7호, 7)

기적(산문시) (《三千里》7권 9호, 9)

바다 (《朝光》1권 1호, 11)

氣象圖 Ⅲ — 올배미의 노래 (《三千里》7권 11호, 11)

氣象圖 Ⅳ — 車輪은 듯는다 (《三千里》7권 12호, 12)

금붕어 (《朝光》1권 2호, 12)

〔산문〕

梨花式 옷차림 (《新家庭》3권 1호, 1)

봄은 詐欺師 (《中央》3권 1호, 1)

新春朝鮮詩壇展望(1~4) (《朝鮮日報》1. 1~5)

現代詩의 技術 — 詩의 繪畫性 (《詩苑》1권 1호, 2)

詩에 있어서의 技巧主義의 反省과 展望 (《朝鮮日報》2. 10~14)

어느 午後의 스케트철학 (《朝鮮日報》2. 19~20)

象形文字 (《가톨닉靑年》3권 3호, 3)

그 봄의 戰利品 (《朝鮮日報》3. 18)

現代詩의 肉體 — 感傷과 明朗性에 對하야 (《詩苑》1권 2호, 4)

午前의 詩論: 第一編 基礎論

    現代詩의 周圍 (《朝鮮日報》4. 20)

    詩의 時間性 (《朝鮮日報》4. 21~23)

    人間의 缺乏 (《朝鮮日報》4. 24)

    東洋人 (《朝鮮日報》4. 25)

    古典主義와 로맨티시즘 (《朝鮮日報》4. 26, 28)

    도라온 詩的 感激 (《朝鮮日報》5. 1, 2)

現代詩의 難解性 (《詩苑》1권 3호, 5)

午前의 詩論: 基礎編續論

    角度의 問題 (《朝鮮日報》6. 4)

몇 개의 斷章 (《朝鮮日報》6.5)

詩의 制作過程 (《朝鮮日報》6.6, 7)

詩人의 포즈 (《朝鮮日報》6.8)

秩序와 知性 (《朝鮮日報》6.20)

客觀에 대한 詩의 포즈 (《藝術》1권 3호, 7)

生活의 바다 — 濟州島 海女 尋訪記 (《朝鮮日報》8)

時代的 苦悶의 深刻한 縮圖 — 文學의 擁護 (《朝鮮日報》8.29)

午前의 詩論: 技術編

思惟와 技術 (《朝鮮日報》9.17~19)

言語의 要素 (《朝鮮日報》9.22)

用語의 問題 (《朝鮮日報》9.27)

意味와 主題 (《朝鮮日報》10.1~4)

길을 가는 마음 (《批判》3권 5호, 10)

現代批評의 「딜렘마」 (《朝鮮日報》11.29~12.6)

淸凉里 (《朝光》1권 1호, 11)

多島海 亂想 (《朝光》1권 1호, 11)

繁榮記 (《朝鮮日報》11.1~13) 소설

鐵道沿線 (《朝光》1권 2호~2권 2호, 1935.12~1936.2)

「하나」 選後感 (《三千里》7권 12호, 12)

乙亥年의 詩壇 (《學燈》3권 1호, 12)

1936년 (29세)

4월, 조선일보사를 휴직하고 동 신문사에서 후원하는 正相獎學會의 장학생 자격으로 일본 센다이(仙臺) 소재의 동북제대(東北帝大) 법문학부 영문과에 입학했다. 일본에 체류 중이던 7월, 첫 시집 『기상도』가 이상의 장정으로 창문사에서 발간되었다.

〔시〕

戀愛와 彈石機 (《三千里》8권 1호, 1)

어떤 戀愛 (《三千里》8권 1호, 1)

祝電 (《三千里》8권 1호, 1)

除夜 (《詩와 小說》1권 1호, 3)

關北紀行斷章 (《朝鮮日報》3. 14)

    夜行列車

    機關車

    山驛

    마을(가~다) (《朝鮮日報》3. 16)

    故鄕(가~다) (《朝鮮日報》3. 17)

    豆滿江 (《朝鮮日報》3. 18)

    國境(가~라) (《朝鮮日報》3. 18~19)

    밤중 (《朝鮮日報》3. 19)

    東海의 아침

    肉親(가~나) (《朝鮮日報》3. 20)

    出程

파랑 港口 (《女性》1권 1호, 4)

追憶 (《女性》1권 3호, 6)

아프리카 狂想曲 (《朝光》2권 7호, 7)

장시집 『氣象圖』 (《彰文社》7)

〔산문〕

鄭芝溶詩集을 읽고 (《朝光》 2권 1호, 1)

詩人으로서 現實에 積極關心 (《朝鮮日報》 1. 1~5)

「사슴」을 안고 ── 白石詩集讀後感 (《朝鮮日報》 1. 29)

秒針 (《朝鮮日報》 2. 28)

길 (《朝光》 2권 3호, 3)

傑作에 대하여 (《詩와 小說》 1권 1호, 3)

女像一題 (《女性》 1권 1호, 4)

촌 아주머니 〈村婦〉 (《여성》 1권 3호, 6)

나의 關心事 ── 民族과 言語 (《朝鮮日報》 8. 28)

내가 좋아하는 女排優의 印象記 (「모던, 《朝鮮》 1권 1호, 9)

林檎의 輓歌 (《朝鮮日報》 9. 30)

殊方雪信 (《朝鮮日報》 12. 24~25)

1937년(30세)

3월 20일, 보성의 1년 선배이자 구인회 회원 이상과 동경에서 만났다. 이상이 일본 경찰에 구금되었다가 병환으로 석방되어 동경제대 의과대학 병원에 입원하기 직전의 일이었다. (이상 4월 17일 새벽 사망)

〔산문〕

作品年代表 (《三千里》 9권 1호, 1)

科學과 批評과 詩 ── 現代詩의 失望과 希望 (《朝鮮日報》 2. 21~26)

故 李箱의 追憶 (《朝光》 3권 6호, 6)

인제는 늙은 望洋亭 ── 어린 꿈이 航海하던 저 水平線 (《朝鮮日

報》7.31)

旅行(《朝鮮日報》7.25~28)

吳章煥 시집『城壁』을 읽고 (《朝鮮日報》9.8)

1938년(31세)
5월, 차남 세윤(世允)이 고향 임명동에서 태어났다.

〔산문〕

現代詩와 詩의 르네상스 (《朝鮮日報》4.10~16)

1939년(32세)

동북제대 영문학과를 졸업했다. 영문학자로 저명한 土居光知 교수의 지도를 받아 영국 비평가 리처즈(I. A. Richards)의 비평 이론을 중심으로 하는 「심리학과 리처즈(Psychology and I. A. Richards)」(1939)라는 졸업논문을 작성해 제출했다. 이 논문의 원본은 태평양전쟁 당시 미군의 폭격으로 소실되어 전하지 않지만, 김기림이 해방 후 발간한 『시의 이해』(1950)의 부록으로 수록한 논문 「I. A. 리처즈 비판」을 통해 그 내용과 성격을 확인할 수 있다. 4월, 대학 졸업과 동시에 귀국해 조선일보사에 복직하면서 가족과 함께 서울 종로구 충신동 62의 10에서 생활하기 시작했다. 9월, 제2시집 『태양의 풍속』을 학예사에서 발간했다. 이 시집에는 일본 동북제대 영문학과로 유학하기 전까지 발표했던 등단 초기의 시들이 실렸다.

〔시〕

바다와 나비 (《女性》4권 4호, 4)

連禱 (《朝光》4권 4호, 4)

續東方紀行詩: 에노시마 (《文章》1권 5호, 5)

    Ⅰ「가마꾸라」海邊

    Ⅱ「에노시마」海水浴場

    Ⅲ 軍港

續東方紀行詩: 瀨戶內海 (《文章》1권 6호, 7)

    Ⅰ 安藝幸崎附近

    Ⅱ 神戶埠頭

海洋動物園: A. 코끼리 (《朝光》5권 7호, 7)

    B. 낙타 (《朝光》5권 7호, 7)

    C. 잉꼬 (《朝光》5권 7호, 7)

    D. 씨 라이언 (加洲産 물개) (《朝光》5권 7호, 7)

餞別 Ⅰ·Ⅱ (《女性》3권 9호, 9)

療養院 (《朝光》5권 9호, 9)

山羊 (《朝光》5권 9호, 9)

시집 『太陽의 風俗』(文藝社, 9)

共同墓地 (《人文評論》1권 1호, 10)

겨울의 노래 (《文章》1권 11호, 12)

〔산문〕

信念 있는 生活 (《朝光》3권 1호, 1)

山 ─ 詩人散文 (《朝鮮日報》2. 16)

葉書 (《女性》4권 5호, 5)

朴泰遠 兄에게 (《女性》4권 5호, 5)

서울 색시, 窓-파라솔 (《女性》4권 6호, 6)

「心紋」의 生理 (《朝鮮日報》6. 2)

東洋의 美德 (《文章》1권 8호, 9)

모더니즘의 歷史的 位置 (《人文評論》1권 1호, 10)

푸로이드와 現代詩 (《人文評論》1권 22호, 11)

詩壇의 動態 (《人文評論》1권 3호, 12)

落葉日記 (《朝鮮日報》11. 22, 23, 25, 28)

촛불을 켜 놓고 — 辛石汀詩集 讀後感 (《朝鮮日報》12. 25)

1940년 (33세)

서울 종로구 이화동 196번지로 이사했다. 고향인 함경북도에서 떨어져 지내던 부친 김병연이 사망했으며, 7월에 차녀 세라(世羅)가 태어났다. 8월, 조선일보가 폐간되면서 서울에서 실직 상태로 머물다가 가족과 함께 고향으로 돌아왔으며 해방될 때까지 문단과는 단절된 상태로 지냈다.

〔시〕
흰 장미같이 잠이 드시다 (《人文評論》2권 4호, 4)

〔산문〕
文學의 諸問題 (新春座談會) (《文章》2권 1호, 1)

소나무頌 (《女性》5권 1호, 1)

言語의 複雜性 (《한글》8권 1호, 1)

文壇不參記 (《文章》2권 2호, 2)

科學으로서의 詩學 (《文章》2권 2호, 2)

詩壇月評 — 感覺, 肉體, 리듬 (《人文評論》2권 2호, 2)

詩人의 世代的 限界 (《朝鮮日報》4. 20)

斷念 (《文章》2권 5호, 5)

詩와 科學의 會話 — 詩學의 基礎가 될 言語觀 (《人文評論》2권 5호, 5)

인형의 옷 (《女性》5권 7호, 7)

二十世紀의 敍事詩 — 올림피아 映畵「民族의 祭典」讚 (《朝鮮日報》7. 15)

퍼머넌트(語彙集) (《朝鮮日報》7. 17)

행복(語彙集) (《朝鮮日報》7. 18)

1941년(35세)

5월, 고향인 함경북도 경성고등보통학교 영어 교사로 부임했다. 일본의 교육정책으로 영어 교육이 폐지되자 수학을 가르쳤다. 이 시절 경성고등보통학교에서 가르친 제자로는 시인 김규동, 영화 감독 신상옥, 언론인 이활, 전 동국대 교수 서정수, 만화가 신동헌 등이 있다.

1945년(38세)

8·15 광복 직후 다시 서울로 올라왔으며 종로구 이화동에 새로 집을 마련했다. 임화, 이태준 등이 중심을 이룬 조선문학건설본부에 가담해 활동했다.

〔시〕

울어라 인경아 (《新朝鮮報》12. 27)

世界에 웨치노라 (1~3) (《新朝鮮報》12. 29, 30~31)

1946년(39세)

2월, 조선문학건설본부가 조선프롤레타리아문학동맹을 흡수해 조선문학가동맹(위원장 홍명희)으로 개편되면서 중앙집행위원 및 시부위원장, 서울시 문학가동맹위원장을 겸했다. 4월, 제3시집 『바다와 나비』를 신문화연구소에서 발간했다. 5월, 삼남 세훈(世勳)이 태어났다. 12월, 대학 강의용 교재의 성격이 강한 『문학개론』을 신문화연구소에서 발간했다. 이 무렵부터 서울대, 연희대, 중앙대 등의 영어과 전임 교수로 활동했으며, 동국대, 국학대 등에서 강의했다.

〔시〕

榮光스러운 三月 (《漢城日報》3. 2)

진달래 피는 나라 (《漢城日報》3. 5)

殉敎者 (《新文學》1권 1호, 4)

시집『바다와 나비』(《新文化硏究所》, 4)

나의 노래 (《서울신문》, 4. 29)

무지개 (《大潮》1권 2호, 6)

새나라 頌 (《文學》1권 1호, 7)

어린 共和國이여 (《新文藝》2권 2호, 7)

한 旗ㅅ발 받들고 (《人民評論》, 7)

自由로운 아메리카 (祝詩) (《現代日報》7. 4)

다시 八月에 (《독립신문》, 8. 2)

우리들 모두의 깃쁨이 아니냐 (《民聲》 9호, 8)

八月 데모 行列에 부치는 노래 (《現代日報》 8. 16)

〔산문〕

우리 詩의 方向 (《朝鮮日報》 2. 14~15)

建國運動과 知識階級 (《大潮》 1권 2호, 6)

共同體의 發見 (《詩壇瞥見》) (《文學》 1권 1호, 7)

出版物配給時急 (《京鄕新聞》, 10. 19)

새로운 詩의 生理, 일련의 詩人에 대하야 ——「前衛詩人集」에 부침 (《京鄕新聞》, 10. 31)

『文學槪論』 (新文化硏究所, 12) 단행본

1947년(40세)

11월, 시론집 『시론』을 백양당에서 발간했다.

〔시〕

詩와 文化에 부치는 노래 (《文化創造》 2권 1호, 3)

말과 피스톨 (《中央新聞》, 4. 27)

人民工場에 부치는 노래 (《文學評論》 1권 3호, 4)

句節도 아닌 두서너 마디 더듬는 말인데도 (《開闢》 9권 1호, 8)

百萬의 편을 잃고 —— 夢陽先生을 일코 (《朝鮮中央日報》 8. 7)

希望 (《新天地》 2권 10호, 1 2)

〔산문〕

前進하는 詩精神 (《國學》1권 2호, 1)

하나 또는 두 世界 (《新聞評論》1권 1호, 4)

政治와 協同하는 文學 (《京鄕新聞》, 4. 8)

어머니와 資本 (《文化日報》4. 11)

이브의 弱點 (《萬歲報, 4. 20)

共委休會中의 南朝鮮 現實 民族主義 危機 (《文學》2권 4호, 7)

民族과 文學의 隆盛에 必히 成功되기를 熱願 (《京鄕新聞》, 6. 6)

『詩論』(白楊堂, 11) 단행본

詩와 民族 (新文化)

1948년(41세)

고향에 남아 있던 부인이 자녀를 데리고 월남함으로써 가족 전체의 서울 생활이 시작되었다. 4월, 제4시집『새노래』를 아문각에서 발간했으며, 6월에 번역서『과학개론』을 을유문화사에서 발간했다. 9월에는 장시『기상도』의 재판을 산호장에서 펴냈다. 정부 수립 이후인 10월, 조선문학가동맹과의 관계를 청산하고 보도연맹에 가입했다. 12월 9일, 한국문학가협회 정식 회원이 되었다. 12월, 수필집『바다와 육체』를 평범사에서 발간했다.

〔시〕

시집『새노래』(《雅文閣》4)

統一에 부침 (《新民日報》4. 18)

財産 (《民聲》합병호, 7. 8)

쎈토르 (《開闢》10권 3호, 5)

窓머리의 아츰(T. S. Eliot 원작) (《自由新聞》11. 7)

〔산문〕

슬픈 暴君 (《民聲》4권 3호, 3)

朗讀詩에 대하여 (《新民日報》3. 13)

肉體에 타이르노니 (《新世代》3권 3호, 3)

憤怒의 美學 —— 시집 『葡萄』에 대하야 (《民聲》4권 4호, 4)

「科學槪論」(J. A. Thomson 원저) (을유문화사, 6, 번역서 단행본)

藝術에 있어서의 精神과 技術 (《文章》4권 1호, 10)

I. A. 리챠아즈論 (《學風》1권 1호, 10)

文學의 前進 (《朝光》123호, 1)

새 文體의 確立을 爲하야 (《自由新聞》10. 31~11. 2)

T. S. 엘리엇의 詩 (《自由新聞》11. 7)

『바다와 肉體』(平凡社, 12, 단행본 산문집)

體驗의 文學 (《京鄕新聞》1. 1)

1949년 (42세)

〔시〕

새해 앞에 盞을 들고 (《週刊서울》1. 10)

哭 白凡先生 (《國都新聞》6. 30)

〔산문〕

나의 서울 設計圖 (《民聲》5권 5호, 4)

꽃에 부처서 (《國都新聞》4. 10~11)

李箱 文學의 한 모습 (《太陽新聞》4. 26~27)
새말의 이모저모 (《學風》2권 5호, 7)
漢字語의 實相 (《學風》2권 6호, 10)
民族文化의 性格 (《서울신문》11. 3)

1950년(43세)

2월, 교양서인 『학생과 학원』(공저)을 수도문화사에서 간행했다. 4월, 본격적인 시론 연구서인 『시의 이해』를 을유문화사에서 발간했으며, 대학 교재용으로 구상한 『문장론신강』을 민중서관에서 발간했다. 미국에 교환교수로 떠날 준비하던 중 한국전쟁이 발발하자 피난을 가지 못하고 서울에 머물러 있다가 북에서 내려온 정치보위부원에 의해 연행되어 서대문형무소에 수감되었고 북한으로 이송된 후 행방을 알 수 없게 되었다.

〔시〕
祖國의 노래 (《聯合新聞》5. 24)

〔산문〕
評論家 李源朝君 民族과 自由와 人類의 편에 서라 (《以北通信》5권 1호, 1)
『學生과 慾愛』(共著) (首都文化社, 3, 단행본)
文化의 運命(20世紀後半期의 展望) (《文藝》2권 3호, 3)
『詩의 理解』(乙酉文化社, 4, 단행본)
『文章論新講』(民衆書館, 4, 단행본)
小說의 破格 — 까뮈「페스트」에 대하여 (《文學》6권 3호, 5)
時調와 現代 (《國都新聞》6. 9~11)

엮은이 **권영민**	충남 보령에서 태어났다. 서울대학교 국문과를 졸업하고 동 대학원에서 박사 학위를 받았다. 서울대학교 국문학과 교수로 재직했고, 하버드대학교 한국문학 초빙교수, 캘리포니아 버클리대학교 한국문학 초빙교수, 일본 도쿄대학교 한국문학 초빙교수 등을 역임했다. 현재 대한민국예술원 종신회원이며 서울대학교 명예교수, 중국 산동대학교 외국인 석좌교수로 활동 중이다. 주요 저서로 『한국 현대문학사』, 『한국 현대문학비평사』, 『서사 양식과 담론의 근대성』, 『한국 계급문학 운동 연구』, 『이상 연구』, 『한국 현대문학의 이해』, 『이상 문학의 비밀 13』, 『오감도의 탄생』, 『정지용 시 126편 다시 읽기』, 『문학사와 문학비평』 등이 있다. 현대문학상, 김환태평론문학상, 만해대상 학술상, 세종문화상, 경암학술상 등을 수상했다.

김기림 전집 3
산문·기타

1판 1쇄 찍음   2025년 7월 23일
1판 1쇄 펴냄   2025년 8월 20일

엮은이   권영민
발행인   박근섭, 박상준
펴낸곳   (주)민음사

출판등록   1966. 5. 19. 제16-490호
주소   서울시 강남구 도산대로1길 62(신사동)
                강남출판문화센터 5층 (우편번호 06027)
대표전화   515-2000 | 팩시밀리 515-2007
홈페이지   www.minumsa.com

© 권영민, 2025. Printed in Seoul, Korea

ISBN 978-89-374-0494-8 (04810)
ISBN 978-89-374-0491-7 (세트)

* 잘못 만들어진 책은 바꾸어 드립니다.